津市年鉴

（2018）

津市市人民政府　主办
津市市地方志办公室　编

方志出版社

图书在版编目(CIP)数据

津市年鉴. 2018 / 津市市地方志办公室编. — 北京：方志出版社，2019. 1

ISBN 978-7-5144-3630-3

Ⅰ. ①津… Ⅱ. ①津… Ⅲ. ①津市市—2018—年鉴 Ⅳ. ①Z526.44

中国版本图书馆 CIP 数据核字(2019)第 024674 号

津市年鉴(2018)

编　　者:津市市地方志办公室

责任编辑:罗　滔

出 版 人:冀祥德

出 版 者:方志出版社

地址　北京市朝阳区潘家园东里 9 号(国家方志馆 4 层)

邮编　100021

网址　http://www.fzph.org

发　　行:方志出版社图书经销中心

电话(010)67110500

经　　销:各地新华书店

印　　刷:石门县教育印刷厂

开　　本:889×1194　　1/16

印　　张:24

字　　数:949 千字

版　　次:2019 年 1 月第 1 版　　2019 年 1 月第 1 次印刷

印　　数:0001~1500 册

ISBN 978-7-5144-3630-3　　定价:180.00 元

津市名片：

全国卫生城市
全国平安建设先进县市区
全国平安畅通县市
全国道路交通管理优秀城市
全国科技进步先进县市
全国法制宣传教育先进县市
湖南省文明城市
湖南省园林城市
国家新型城镇化综合试点县市
全国中小城市综合改革试点城市
全国农村生活垃圾分类和资源化利用示范县市
全国养老服务社会化示范县市
全国智慧城市建设试点县市
全省美丽乡村整域推进示范县市
全省海绵城市建设试点城市

2017,

面积：558平方公里

户籍人口：235205人

建成区面积：17.02平方公里

城市化率：65.8%

地区生产总值：150.3亿元

规模以上工业总产值：224.7亿元

全社会固定资产投资：135.7亿元

社会消费品零售总额：68亿元

国地税收：5.87亿元

财政总收入：7.08亿元

数　字　津　市

规模以上工业企业：105家

高新技术企业：13家

省级工程技术研究中心：5个

金融机构年末存款余额：129.6亿元

城镇登记失业率：3.18%

森林覆盖率：24.1%

空气质量优：99天

良：204天

城镇居民人均可支配收入：30664元

农村居民人均可支配收入：14259元

津市鸟瞰

津澧大道

津市城东片区鸟瞰

津市澧水二桥

津市澧水大桥夜景

城市创建，面貌一新

津市澧水北岸城区

城市综合体宝悦乐城

津市城西片区

城市创建，面貌一新

车胤大道中段

孟姜女大道

澧水南岸城区

市区鸟瞰

车胤大道西段

津澧大道东段

车胤广场鸟瞰

津澧大道西段

津市城西片区鸟瞰

提质改造三湖公园

三湖公园全景

东湖七孔桥

三湖公园夜景

九曲桥

湖中游道

凤凰桥

万寿桥

湖心岛廊亭

三湖公园一角

环湖游道

提质改造
三湖公园

三湖公园西湖湖心岛

湖边游廊

三湖公园一角

湖边茶馆

打捞浮草垃圾

三湖公园之西湖

航拍高新区

高新区一角

高新区一角

高新区一角

高新区一角

高新区一角

美丽乡村建设

新洲镇孟姜女文化公园

新洲农民新村

生活污水一体化处理设施

保河堤污水处理管理中心

生态示范户建设

大关山草原

村民健身广场

嘉山风景区

药山农民新居

阳由垸万寿湖一角

食用菌大棚

乡村 大舞台

毛里湖湿地公园

省委常委宣传部长蔡振红来馆视察

副省长盛茂林、常德市委书记周德睿来馆视察

湖南省党史研究室主任张志初视察陈列馆

津市市党史陈列馆

（津市市红色收藏展览馆）

省文化厅副厅长鄢福初考察展馆

常德宣传部长胡丘陵视察红色展馆

津市市党史陈列馆（红色收藏展览馆），是津市市爱国主义教育基地，展馆总面积约1000平方米，属津市市委宣传部主管，津市市党史办，津市档案局，民建津市市委原委员、省红色收藏家傅闵鑫合作组建，陈列馆由红色收藏、贺龙元帅、早期共产党员朱务善、津市革命烈士共四个展厅组成。展出的各类红色藏品达3000多余套（件），由津市党史办、傅闵鑫提供。

2017年，相继接待湖南省委常委宣传部长蔡振红，副省长盛茂林、省委党史办主任张志初、省精神文明办副主任熊科文、省文化厅副厅长鄢福初、常德市委书记周德睿、常德市委常委宣传部长胡丘陵，常德市政协副主席张业梅、民建中央原副主席朱元成、津市市委书记傅勇、市长黄旭峰，市人大主任王育平，市政协主席姜正才等领导，免费开放，接待干部群众、中小学生共达3000人次。2017年傅闵鑫被湖南省收藏协会授予红色收藏家称号。

《津市年鉴(2018)》编纂委员会

名誉主任：傅　勇

主　　任：黄旭峰

副 主 任：熊　斌

杜登全

陈顺勇

委　　员：韩宝诚　　甘雪林

齐绍进　　周晓奇

李子牙　　易　榕

蒋勇林　　刘定平

陈克元　　黄毅明

赵　宇　　雷忠武

《津市年鉴》编辑部

总　　编：熊　斌

主　　编：雷忠武　　向满华（执笔）

编　　辑：谈凤翔

编辑说明

一、《津市年鉴》是由中共津市市委、津市市人民政府主办，津市市人民政府地方志办公室编纂、出版的综合性地方年鉴。《津市年鉴 2018》收载 2017 年津市市经济和社会发展基本情况和基本资料。

二、《津市年鉴》是一部资料、知识、信息高度密集的地情工具书，《津市年鉴》以马克思列宁主义、毛泽东思想、邓小平理论、“三个代表”重要思想、科学发展观、习近平新时代中国特色社会主义思想为指导。它全面、系统、真实地记载了津市市自然、经济、政治、文化和社会发展的历史进程，为各级党政领导科学决策提供可靠依据和最新信息，为国内外广大读者了解津市、研究津市提供基本资料；为编纂《津市市志》积累保存史料。

三、本年鉴采用分类编辑法，以“部类”为单元，“部类”由“分目”和“条目”组成，“条目”为收录资料信息的基本单元。本年鉴所有资料，均由市直各部门、各乡镇街道及驻津各单位负责撰写，并经撰稿单位领导审核，资料具有权威性。

四、本年鉴凡涉及津市市国民经济发展的全面性数据概以津市市统计局提供的数据为准。因统计口径等原因，有关部门所用的个别数据可能与“统计资料”中的数据不尽一致，采用时请酌选。市级领导名录、市直单位及乡镇街道领导名录由中共津市市委组织部提供，各驻津单位领导名录由相关单位提供，任职时间截止于 2017 年 12 月 31 日。

五、本年鉴的编辑出版，得到了全市各部门、各单位及驻津各单位的大力支持，在此谨向有关部门和单位表示感谢，并希望继续得到各方面的关心和支持。

编　者

2018 年 12 月

目录

市委市政府中心工作

专文

大事记

津市概况

中共津市市委员会

津市市人民代表大会

津市市人民政府

中国人民政治协商会议津市市委员会

民主党派　群众团体

军　事

检察　审判

公安　司法

工业　科技　电力

农业　水利

商　贸

金 融

财政 税务

经济执法与监督

教　　育

卫生　计生　医疗

文化　新闻　体育

镇　街道

津市高新技术产业开发区

地　方　文　献

城市创建工作

【成功创建国家卫生城市】1月6–8日，国家卫生城市技术评估组一行8人，由宁夏回族自治区卫计委巡视员白秀荣带队，对津市爱卫组织与管理、市容环境卫生、食品安全、健康教育与健康促进、重点场所卫生、公共卫生与医疗服务、病媒生物预防与控制、环境保护等8个方面的创国卫工作进行考核验收，评估组对津市创国卫工作取得了成绩给予了高度肯定，同时指出了卫生镇创建活动发展不平衡、城市街道公用设施陈旧破损和职业病防治措施落实不到位等问题和不足。

1月9日，津市召开由主创部门、街道社区和相关单位负责人及专干共74人参加的国家技术评估反馈问题整改调度会，下发了《关于进一步抓好国家技术评估反馈问题整改工作的通知》(津爱卫〔2017〕1号)，针对爱卫机构建设相对滞后、健康教育专业队伍人才培养力度不够、慢性病综合监测水平不高等问题，明确责任、分解到人、强化追究，保障了整改实效。经过两个多月的扎实工作，除在建项目外，全部问题整改到位。3月12日，受国家爱卫办委托，省爱卫办主任倪友新带队对津市国家卫生城市技术评估反馈问题督办验收，省专家组一行对津市反馈问题的整改表示满意。同日，津市向国家爱卫办上报国家技术评估问题整改情况报告。

6月23日，全国爱卫办(全爱卫发〔2017〕3号)命名津市为国家卫生城市。7月27日，全国城镇和健康城市交流会议在山东威海召开，会上对津市国家卫生城市正式授牌。市创建指挥部副指挥长王文军代表津市市委、市政府接受国家全国爱卫会授予津市的国家卫生城市牌匾，由此津市成为2014—2017周期全省成功创建国家卫生城市的唯一县级市。成功创建国家卫生城市，提高了津市的知名度和美誉度。2017年6月起，相继有本省慈利县、汉寿县、汨罗市、娄底市、醴陵市和河南省桐柏县等10多批次外地创建卫生城市考察团来津参观学习。(李炳泉)

【创建国家卫生城市总结表彰大会】10月24日，市委、市政府召开全市创建国家卫生城市总结表彰和推进暨全市卫生与健康大会。大会的主题是，回顾津市创国卫的不平凡历程，弘扬“敢于挑战、勇于超越”的创国卫精神，表彰创国卫过程中涌现出的先进集体和个人，部署下一阶段巩固提升创建成果、建立健全长效机制工作任务，进一步加快健康津市建设步伐，促进津市卫生与健康工作再上新台阶。大会由市委副书记杨文惠主持，市委副书记、市长陈章杰作主题报告，市委书记傅勇讲了话。全市副科级以上行政事业单位负责人和各企业代表、受表彰的先进个人共300多人参加了大会。襄阳街街道等5

2017年10月24日全市创建国家卫生城市工作总结表彰大会会场

市委书记傅勇、市委常委、市政府常务副市长熊斌、市政府副市长徐兴勇、市政协副主席雷光键督导街道创国卫工作

个街道办事处、市卫计局等12个牵头单位、市委办等32个一般责任单位、市委组织部等10个路段包保单位、市委办等13个社区后盾单位、三洲驿后湖社区等12个城市社区、桥北社区工贸小区等5个居民自治管理示范小区、郭天明等165名先进个人受到通报表彰。市食药工质局、襄阳街办事处、新村社区党支部书记毛春风在大会上作了典型发言。(李炳泉)

【弥足珍贵的"创国卫"精神】津市六年的创国卫历程，是一次凝心聚力、协同攻坚的过程；是一次历练意志、磨砺作风的过程，是一次心系民生、共筑梦想的过程，突出表现为"齐心共创、众志成城"的团队品格，集中体现为"敢于挑战、勇于超越"创建精神：

心系群众、共建共享的民本精神。创建以来，津市基础设施的加强、城市功能的完善，老城改造的推进、新城建设的突破，让群众享受到了创国卫带来的实惠。市委、市人大、市政府、市政协、市人武部领导主动参与其中，全体市级领导到所联社区参与创建，正是体现了心系群众、共建共享的精神。市委书记傅勇不仅亲自调度指导创建工作，还经常在八小时之外暗访调研，现场解决创国卫中的重大问题；人大主任王育平亲临一线，现场办公，筹资30多万元解决机电学院臭水塘问题；政协主席姜正才亲力亲为，亲自上路包保劝导，现场制上不文明行为。

咬定目标、勇于超越的进取精神。六年的创国卫，各部门特别是主创部门始终坚持精力向创建倾斜、资源向创建集中，确保了攻坚会战、专项整治圆满完成。农贸市场的"脏乱差"状况，一度是创建中的"老大难"问题，市场服务中心一班人痛下决心整治，关键时刻他们就在办公室过夜，随时待命，最终使农贸市场这个"老大难"变成了创国卫的亮点；为维持市容市貌秩序，市城管局48名执法队员中有24名队员受到围攻负伤，为按期完成生产街市场迁转，他们连续10多天通宵达旦地工作；市场监督管理局59岁的老同志郑毅，被全局上下创国卫热情所感染，主动参与各项创建活动，直到国家暗访结束的最后一天才正式办理退休手续。

团结向上、甘于奉献的协作精神。六年的创国卫活动中，从市级领导到社区一线干部，从市直部门到驻津单位，大家都心往一处想、劲往一处使，形成了市街共建、条块结合，上下联动、全民动手的创建共同体。三洲驿街道办事处主任肖蝉、金鱼岭街道办事处主任余崴崴，不顾大月份身孕，带领街道社区干部，坚守在各项环境卫生整治现场；后湖社区支部书记张丽芳，右腿患骨刺、关节炎，不能长时间行走，她强忍疼痛，仍一瘸一拐地楼上楼下找居民，问情况，特别是去年8月，她爱人因心脏病在长沙住院，为了不影响迎检，只得请

干净整洁的津澧大道

侄儿去照顾老公；丝绸社区支部书记余昭进，2015年底进行了肿瘤切除手术，身体状况不佳，医院劝他休息，但他仍常年坚持每天早上6点到丝绸菜场维护秩序，晚上带领社区干部开展流动摊贩整治；襄阳街街道志愿者协会会长朱德文，带领志愿服务人员活跃在卫生整治纠察第一线；社会热心人士易继明六年如一日义务宣传创建，自筹资金帮助小区建设。

攻坚克难、百折不挠的拼搏精神。创国卫是一场没有硝烟的战斗。市级领导披挂上阵，分头指挥，社会各界全力参与，有序推进，打响了一场创国卫攻坚战。针对卫生死角、陈年垃圾、僵尸车辆的处置清运，针对老旧小区、老机关院落的改造和责任划分，针对大型遗弃家具、大规模建筑垃圾以及城中村乱堆乱放问题的规范处置，闯过了一个又一个难关，打赢了一场又一场硬仗。凭的就是这种攻坚克难、百折不挠的拼搏精神。创建之初，欣运车站环境卫生状况堪忧，作为创国卫必检区域，这里成了主创单位的一块心病，市交通运输局投入38万多元，调动局内的精兵强将进站督阵，先后完成车站内外场坪、候车大厅安检设施等硬件的提质改造，并对站内车辆分区隔离带等破损部位进行维修和美化，确保了欣运车站在省检、国检中一分未丢；襄阳街街道开展"文明卫生示范户"评选活动，用典型带动营造创建氛围，使昔日卫生状况堪忧的城中村和城乡接合部，变成了一道道靓丽的风景线；金鱼岭街道和文家湾、丝绸社区自筹30多万元资金，提质改造清远路、丝绸路两处农贸市场，确保了创国卫达标过关。（李炳泉）

【创园、创交模、创森、创文顺利推进】培育典型，厚植创建全国文明城市的社会基础。推选傅绍荣、朱德文两个先进典型，拍摄"感动人物"微电影，引起良好社会反响；开展"移风易俗"专项整治，推进乡风文明建设，常德市农村移风易俗工作现场经验交流会在津市召开，津市作为示范县市介绍了经验；筹备召开了全市创建文明单位培训会，

2017年7月27日王文军代表津市市在山东威海召开的全国卫生城镇和健康城市工作经验交流会上领取国家卫生城市奖牌

再次获得"湖南省文明城市"称号。升级扩张，夯实创建省级森林城市资源基础。完成城区新增绿化面积450亩；完成农村人工造林1万亩，封山育林1万亩，退化林修复0.6万亩，森林抚育2万亩；建设森林村庄6个、绿色庭院示范户100个；启动森林康养示范基地建设；强化林业执法力度，未发生非法侵占林地、湿地滥捕乱猎野生动物等破坏森林资源重大案件；完成省级森林城市申报工作。项目引领，补齐创建国家园林城市绿色短板。完成全市26家2012年以前已获命名的"湖南省园林式单位"、"湖南省园林式小区"普查复查；投入4209.4万元，完成了三湖公园景观改造、水生态治理、氧化塘黑臭水体治理等7项园林工程项目；完成双济路、车胤大道东段、津澧大道东段绿化提质建设工程。规范设置，充实创建国家交通管理模范城市示范内涵。规划并实施三湖公园等停车场建设工程；实施市委路口等交通渠化工程；完善津澧大道（洞庭大道至涔水桥）、孟姜女大道（桥南广场至清远路口）、双济路（津澧大道至车胤大道）等条道路交通标志标线设置、公交专用道、安全设施设置；启动交通引导设施设计建设工作；启动智能交通指挥中心设计建设工作。完成18套电子警察等原有设备升级改造；实施公交停保站建设和公交首末站建设工程。（李炳泉）

【建立完善城市创建工作机构】国家卫生城市成功夺牌后，在继续保留津市市城市创建工作指挥部及津市市城市创建工作指挥部办公室（简称"创建办"）的基础上，成立津市市国家卫生城市管理办公室（简称"国卫办"），与市创建办、控违办、爱卫办合署办公，由市创

环卫工人清扫路面

和平市场秩序井然

生态修复后的三湖公园一隅

建办统筹城市创建工作，王文军同志负责创建办日常工作。创建国家园林城市、省级森林城市、国家交通模范管理城市、全国文明城市工作，分别由相关牵头单位组成国家园林城市办公室（简称“创园办”）、创建省级森林城市办公室（简称“创森办”）、创建国家交通管理模范城市办公室（简称“创模办”）、创建全国文明城市办公室（简称“创文办”），由相关分管市级领导负责。为进一步巩固国家卫生城市创建成果，不断提升城市建设和管理水平，市委、市政府两办印发了《关于进一步推进城市创建工作的实施意见》（津办〔2017〕41号）。总的要求是“三个结合”，即：部门工作与创建工作结合；部门创先争优与创建夺牌结合；创建投入与当年城建盘子结合。确保部门工作与创建夺牌两促进、两不误。（李炳泉）

【探索建立城市管理长效机制】 2017年9月，市创建办下发了《关于组织开展城市管理长效机制课题调研的通知》，确立了小区自治管理、农贸市场农残检测、建筑工地（土场）管理、城区绿化道路养护管理、渣土运输管理、市容市貌管理、马路市场集中整治、“门前三包”责任管理、控违拆违长效管理、小餐馆、小食品、小作坊管理、小餐馆、小美容美发店管理、职业病防治工作等11个调研课题，明确了责任单位和联系市级领导。10月13日，徐兴勇副市长受傅勇书记委托，主持召开了各调研单位“一把手”参加的调度会，进一步强调了调研要求和时间节点。11月30日，各调研单位完成调研任务，并向创建办上报了调研文稿。在对调研文稿审核提高后，市创建办从2018年起将按长效机制的内容开展常态化考核。（李炳泉）

脱贫攻坚工作

【概况】2017年，津市被评为全省脱贫攻坚工作先进县市区。津市认真贯彻落实中央、省、常德市关于脱贫攻坚工作重要精神，扎实推进突出问题集中整改，着力构建“大扶贫”工作格局，全市7个贫困村、427户1353名贫困人口顺利退出，截至年底，还有未脱贫人口930户2572人，返贫人口6户22人，全市贫困发生率为1.83%。（马珊珊）

【驻村帮扶】2017年，按照上级全面实施“两个全覆盖”的有关精神，津市对11个贫困村每个村由1名以上市级领导联点，派驻1支驻村帮扶工作队，实现驻村帮扶全覆盖；按照贫困村、贫困人口在100人以上非贫困村和贫困人口在100人以下的其他村三个层次，全市126家后盾单位及各镇（街）村（居）干部1236人结对帮扶2728户贫困户，实现结对帮扶全覆盖。结对帮扶人定期走访贫困户，制定帮扶计划，落实5条以上帮扶措施。驻村工作队和结对帮扶责任人严格按照要求，带着感情和责任帮扶贫困村、贫困户，获得较高的群众满意度。（马珊珊）

【产业扶贫】2017年，津市投入产业发展专项扶贫资金343万元发展油牡丹和柑橘特色种植产业、光伏发电，全市共发展种植业1665亩，建立光伏发电70千瓦基站一个。重点发展土桥村柑橘协会加工厂和复兴食用菌2个重点产业项目。（马珊珊）

【金融扶贫】2017年，津市金融精准扶贫贷款金额922万元，金融扶贫服务站已全部建成并运行顺利。2017年通过与农商行合作，发放金融扶贫小额贷款117户397万元；通过与邮储银行合作，发放105户525万元，截止到年底，贷款已全部发放完成。（马珊珊）

【雨露计划】2017年，职业教育扶贫方面上半年雨露计划申报22人，下半年申报80人，按1500元每人每学期的标准给予补贴；特困家庭义务教育助学安排5万元，完成补助50人；农村实用技术培训安排10万元，扶贫补助项目实施14期完成培训1000人；贫困村创业致富带头人培训完成培训23人；针对农村贫困家庭“两后生”参训人员特点，开展B2驾照、月嫂技能培训，共有28人参加B2驾照员培训，1人参加月嫂培训。（马珊珊）

【电商扶贫】截止到2017年，津市已累计举办培训班11期，培训农村网销人员440人，参与培训贫困户42人；累计举办电子商务培训每月组织2次，培训学员人数为每期40人。津市开展网销农产品与开发工作，整合牛肉米粉、农家土鸡蛋、农户瓜果蔬菜、小吃等具有津市特色的农产品，形成南北特豆干、创奇食品、津市牛肉米粉、津市木子腐乳、山茶油等网销农产品。为电商扶贫提供专业化服务，拓展农特产品网上销售渠道，推动农特产品外销。津市通过融合各方扶贫资源与当地资源对接，组织各种形势的线上线下相结合的扶贫活动，实现信息共享。在津市市湘村购平台、淘宝网、煜云网、云宝科技等平台销售农产品、开设特色馆等。湘村驿站收购散户农户及贫困村农户产品，之后统一在湘村购等网站进行销售。通过线上线下结合的方式将农产品推介给城市消费者。截止年底农产品进城网销额共计482.3万元。（马珊珊）

【农村危房改造】2017年，根据贫困退出“一超过、两不愁、三保障”的标准，全市纳入危房改造建档立卡贫困户287户，截至年底，建档立卡贫困户危房改造全部完成。（马珊珊）

【健康扶贫】2017年制定《津市市健康扶贫工程实施方案》、《津市市健康扶贫工程“三个一批”行动计划实施方案》、《津市市农村贫困住院患者县域内先诊疗后付费工作实施方案》、《津市市农村贫困人口大病专项救治工作实施方案》等4份实施方案；全市所有建档立卡贫困人口的家庭医生签约率达到100%。成立64个家庭医生团队，并进行公示。制作家庭医生签约协议书，在每个贫困户门口张贴便民服务卡，为每名贫困人口建立专属档案；全市所有医疗机构已全面启动先诊疗后付费工作，所有医疗机构已设立先诊疗后付费服务窗口、“一站式”结算窗口。截止年底，全市先诊疗后付费共救助247人次；津市投入48万元专项配套扶贫资金，为全市建档立卡贫困人口购买 “扶贫特惠保”家庭综合保障保险。（马珊珊）

【社会扶贫】2017年10月17日津市开展扶贫日活动，以“1017你我同行”为主题在兰苑宾馆、桥头法治广场举行了脱贫攻坚政策、相关精神宣传活动，并安排宣传车辆，就脱贫攻坚上级有关精神、有关政策等下到乡镇、村组进行宣传；号召各后盾单位在扶贫日前后按照“七个一”要求到贫困户家中开展结对帮扶活动，帮助贫困户解决实际困难和问题；2017年10月开展中国社会扶贫网上线启动工作，截至年底，累计注册村级管理员68人，爱心人士1003人，贫困人口注册1899人，发布需求521条，成功对接112条；大力推进“百企联百村”精准扶贫行动，组织引导企业参与精准扶贫，截至年底，津市共有20家非公企业、商协会参与帮扶7个贫困村，实施帮扶项目31项，企业投入总金额4249万元，受帮扶贫困人数628人。（马珊珊）

【基础设施建设】在农村道路建设方面：2017年津市农村公路提质改造项目18公里，农村安保设施建设项目5.9公里已全部完成；建制村通客车率已达100%。在农村饮水安全和农村电网升级改造方面：全市所有建档立卡贫困户农户饮水安全问题和农村电网升级改造任务全部得以解决，津市已实现城乡供水一体化。（马珊珊）

项目建设

【概况】2017年，津市共确定重点建设项目70个，年度总投资76.31亿元，其中投资亿元以上的项目29个；向上争资任务23.06亿元。全市上下按照常德市“项目推进年”的总体要求和“开放强市、产业立市”战略部署，紧扣市委、市政府确定的“坚持工业立市、突出产业兴城”的发展主题，狠抓项目建设及向上争资。70个重点建设项目已开工62个，开工率88.6%，完成投资76.86亿元，占年度计划总投资的101%。重点项目建设平稳推进。已开工的项目进展顺利。已开工的62个项目中，形象进度达到90%以上的项目有28个，其中已建成的项目18个。未开工的项目进度加快。未开工的8个项目中，除5个项目暂停外，通过努力其余3个项目预计12月底前可动工。重点项目建设投资拉动有力。在重点项目的支撑下，全市完成固定资产投资135.7亿元，累计同比增长14.2%，70个重点项目完成投资约76.86亿元，占年度计划总投资的101%。其中项目建设投资占固定资产总投资的57%，做出的贡献较大。项目策划开发形势较好。全市各部门攻坚克难、广泛调研，巧借科研院所、行业协会、咨询机构等“外脑”，积极主动谋划项目。项目开发的良好氛围正在形成。如市人社局、市卫计局、市高新区等单位超额完成全年开发任务；市统战部、市人防办、市城管局等没有项目开发任务的单位也积极参与项目策划开发工作。全市项目开发任务42个，已完成89个项目的初步策划，其中完成可研文本49个。开发项目的转化率较高。已开发项目中，预计可转化21个，转化率达50%。其中已动工建设的项目有9个，未动工但具备开工条件的项目有2个，转化为明年前期项目的有10个。引战工作取得新突破。在年初与广东溢多利生物科技股份有限公司签订了战略合作协议后，8月又成功引进了省中粮集团投资津市市特色食品产业园，并签署了战略合作框架协议。（孟祥英）

加快建设澧水流域现代化的中心城市

——在2017年市委经济工作会议上的讲话

市委书记　傅　勇

（2017年2月6日）

同志们：

这次会议的主要任务是，贯彻落实中央、省委、常德市委经济工作会议精神，回顾总结去年工作，研究部署今年工作。下面，根据市委常委会研究的意见，我讲三个方面的问题。

一、总结成绩，坚定发展信

2016年，是“十三五”的开局之年，面对错综复杂的宏观经济形势，十二届市委接过历史的接力棒，认真贯彻落实中央、省委、常德市委决策部署，确立了建设澧水流域现代化的中心城市发展定位。这一年，市委团结带领全市上下开足马力、攻坚克难，基本完成全年经济社会发展主要目标任务，在洞庭湖区率先实现全面小康，为全面建成澧水流域现代化的中心城市奠定了坚实基础，实现了“十三五”良好开局。全年实现地区生产总值132亿元，增长9.8%；实现规模工业增加值43.9亿元，增长10.2%；完成社会固定资产投资118.8亿元，增长10.9%；完成财政总收入6.43亿元，增长7.2%；完成社会消费品零售总额61亿元，增长12%；城乡居民人均可支配收入分别达到28236元、13142元。

科学应对下行压力，产业后劲显著增强。工业经济占全市经济的“半壁江山”。生物医药板块快速成长，生物酶制剂及应用特色产业基地被列为国家火炬特色产业基地，鸿鹰生物、龙腾生物、润农生态茶油成功申报为高新技术企业，我市被评为全省科技成果转移转化示范县市。工业园区获批省级高新园区，跻身全省园区20强。对企业实施贴息、减税、降费、派驻特派员等帮扶举措，天泰食品等一批企业得到盘活，仁和盛二期、荣威服饰等一批新项目竣工投产。澧水流域首家公共保税仓和海关工作站在我市挂牌运行。电商产业园开园并孵化创业主体20多家。现代农业发展加快。生猪、食用菌、生态林果、休闲农业等特色产业发展来势较好，畜牧业生态循环养殖“津市经验”被农业部推介，我市被列为全国畜禽水产养殖污染防治整县推进试点县。服务业发展稳步升温。长沙银行、湘淮村镇银行进驻津市，银行、保险、金融等各类业态不断增多。宝悦乐城、博联家居建材广场建成开业。“津市牛肉米粉”旗舰店走进长沙，享誉湖南。

全力推进城乡一体，城乡面貌持续改观。继续推进“五城同创”、棚改攻坚、农村环境综合整治，城乡基础设施、人居环境显著改善，城市管理明显提质。顺利通过“国家卫生城市”评估验收和“省文明城市”复检。新洲、毛里湖、药山、白衣等特色集镇建设强力推进。美丽乡村建设、农民权益维护和农民负担监管工作被评为全省先进县市。城乡供水一体化经验在全省推介。毛里湖湿地公园虽然起步较晚，但发展较快，成功摘得常德唯一国家级湿地公园牌子，正式获评3A级旅游景区，毛里湖综合环境治理工作被央视深度报道。全面启动洞庭湖水环境综合整治五大专项行动。药山景区建设稳步推进，竹林禅院建成开院。城乡公路建设全面加强，澧水二桥、窑坡渡千吨级码头、S238新药线、渡棠公路项目建设有序推进。成功应对澧水流域多轮强降雨袭击，防洪抗灾能力显著增强。

有力有序深化改革，内生动力明显增强。全面落实简政放权，深化行政审批制度改革，规范行政权力运行，加快转变政府职能。稳妥推进合乡并村、公车改革、机关事业养老保险改革、投融资改革、“营改增”等各项改革。国家新型城镇化改革、国家中小城市综合改革、省海绵城市、省智慧城市“四大试点”建设和津澧融城实质性推进。我市自主改革项目农村垃圾分类处理“绿色存折”制度被中央深改办向全国推介，并被常德市委作为2017年十大自主改革项目之一，在区县(市)全面推开。市民论坛“社区民主协商”课题，被国家民政部评为重点创新项目，并在民政部深圳会场典型发言。

大力实施惠民工程，民生保障更加有力。扎实开展脱贫攻坚，实现脱贫540户1846人。社会保障更加健全，城乡低保标准进一步提高，基本养老保险、基本医疗保险在制度上实现全覆盖，失业、工伤、生育保险覆盖所有用人单位，城乡居民医疗保险实现一体化管理。实现城镇新增就业5805人。教育卫生“三年攻坚”完美收官，办学基础明显改善，被评为全国义务教育发展基本均衡区县(市)；公共卫生计生服务稳步提升，中医院成功创建二级甲等中医医院，人民医院完成“二甲”医院复评第一阶段工作。住房保障更加全面，累计投资8亿元，启动西河街、双济路等12个棚户区的征收改造，涉改居民8130户；大力实施农村危房改造，累计投资5000万元，改造危房2500户。养老服务更加完善，乡镇敬老院改扩建有序推进，市养老服务中心二期工程启动续建。文化体育事业蓬勃发展，圆满承办湖南省自行车邀请赛津市站比赛。

深入推进依法治市，社会大局和谐稳定。坚持把稳定作为第一责任，不断加强和改进社会治理。法治建设深入推进。坚持领导干部带头学法，强化全民普法，荣获全国“六五”普法先进县(市)称号。社会治安、安全生产、信访维稳等工作扎实开展，全省社会治安综合治理民意调查测评居全省前列、常德第一。我市领导接访特色工作经验，被《湖南日报》《常德日报》等媒体广泛报道。

全面从严管党治党，干事氛围日益浓厚。坚持党建引领全局，全面从严管党治党。圆满完成党委、人大、政府、政协换届选举工作。基层党建工作继续加强，各级班子和干部执政能力不断提升。扎实推进“两学一做”学习教育，干部作风不断改进。严格压实“两个责任”，“四风”问题得到有效遏制。着力加强党对人大、政协工作的领导，加强党的统一战线和群团工作，加强党管武装工作，更加广泛地凝聚了干事创业力量。

这些成绩的取得，离不开全市广大干部群众的艰辛努力和奋力拼搏，离不开各位企业家的负重奋进和突出贡献，也离不开社会各界人士的长期关心和大力支持。在此，我代表市委，对大家表示衷心的感谢和崇高的敬意！

成绩属于过去，未来任重道远。展望新的一年，我们要按照市第十二次党代会的战略部署，牢牢把握政策机遇，因势利导、顺势而为，依靠基础扎实的园区平台优势、宜居宜业的生态环境优势、特色鲜明的文化资源优势、高效优质的服务环境优势，坚持一张蓝图干到底，不忘初心、继续前进，加快建设澧水流域现代化的中心城市。

二、紧盯目标，聚力四大会战

今年是全面贯彻市第十二次党代会精神的第一年。做好我市今年的经济工作，要全面贯彻党的十八大以来中央系列全会精神，落实省委、常德市委经济工作会议精神，坚持稳中求进工作总基调，紧扣“新常德新创业”总要求，坚持市第十二次党代会战略定位不动摇，解放思想、克难奋进，扎实开展园区攻坚、城镇带动、交通跨越、脱贫攻坚“四大会战”，加快建设澧水流域现代化的中心城市，以优异成绩迎接党的十九大胜利召开。市委考虑，今年全市主要经济指标的预期目标是：地区生产总值增长8.5%以上，规模工业增加值增长10%以上，固定资产投资增长15%以上，财政总收入增长10%以上，社会消费品零售总额增长12%以上，城乡居民人均可支配收入增长8.5%以上；完成上级下达的节能减排目标任务。

按照常德的部署，结合我市实际，今年经济工作就是以“四大会战”为重点，推动产业升级、城乡统筹、交通区位、民生事业四个方面发展取得新突破，为实现市第十二次党代会目标奠定坚实基础。

1.以园区攻坚大会战为重点，推动产业转型升级新突破。园区是我市发展最大的优势和希望所在，我们要锁定创建“国家级经济技术开发区”的目标，打响园区攻坚大会战，实现工业重点突破，农业服务业全面挺进。

构建现代工业体系。实施创新开放战略，以更强的领导力量、更大的工作力度、更多的资金投入，加快推进澧水流域工业经济中心建设。全力实施“1115”工程，力争年内新增规上企业10家以上，新引进1亿元以上工业项目10个以上，新增高新技术企业5家以上，实现园区技工贸总收入200亿元，入库税金2亿元。一是建强园区平台。对照国家级经开区创建标准，加大投入，加快建设，进一步提升园区形象、服务功能和配套能力。今年投入1.87亿元，完善园区基础设施建设，推进调区扩规，土地储备完成500亩以上。遵循“三生协调”理念，推进“一园三路三配套”建设，初步拉开国家级经开区框架。即：推进创新创业园建设，推进杉堰路、团湖路北延和沿江路3条道路建设，加快污水管网配套，新洲生态防护林、长山湖公园一期、团湖公园和边坡防护、交通设施等基础配套，完善园区生产性、生活性服务业配套。继续深化园区“一权两制一司”、人事制度、行政审批制度改革，大力优化经济发展的软环境。二是发展支柱产业。围绕生物医药、机械制造、休闲食品、新材料等重点产业，推进现代专业园区建设。着力打造“两湖”生物医药产业园。加快溢多利四大基地系列项目建设，力争引进3-5家带动性强的生物制药企业，年内新投产2-3个龙头项目，奠定生物医药百亿产业基础。着力打造机械制造产业园。发挥中联车桥整车资质和致远汽配市场营销的优势，加大招商力度，重点抓好新能源汽车引进战略合作伙伴、襄樊邦乐迁转回津等工作，打造湖南一流的商用车桥生产基地。着力打造休闲食品加工产业园。以新中意食品等龙头企业为依托，积极支持新产品开发，培育糖果、特色食品等产品系列，力争建成湘北食品加工基地。着力发展战略性新兴产业。支持欣龙非织造新材料扩大规模，引进一批新材料及新能源企业，做好战略性新兴产业项目储备，培育工业经济新的增长点。三是加快建设创新研发中心。依托溢多利、中联车桥、新中意食品、欣龙非织造等骨干企业，建立国家级生物医药研发中心、省级机械制造研发中心、省级健康食品研发中心和省级新材料技术研发中心。发挥科技成果转移转化示范县优势，积极申报省级科技企业孵化器，支持苏州引航生物科技博士后工作站、比亚迪天泰电池研发基地建设，鼓励各类企业加大研发投入，重构产品研发体系。加强与中国农大、中国中医药大学、中南大学等科研院所的交流合作，推进产学研一体发展，加速成果转化。发挥龙头企业在行业内的优势，开展学术交流活动，营造浓厚的创新研发氛围。四是推进投融资体系建设。发挥财政资金的杠杆作用，引导银行加大对实体经济投入，鼓励财鑫担保拓展业务，支持津鑫公司加大工业企业帮扶力度，着力构建多渠道、低成本的投融资体系，解决融资难、融资贵、过桥成本高等问题。发挥好企业家协会的桥梁纽带作用，鼓励企业加强相互交流、相互配套、合作并购，抱团取暖、共同发展。采取切实可行的措施，加大园区存量资产盘活和困难企业帮扶力度。

构建现代农业体系。跳出传统农业的发展模式，着力抓好农业产业生态、绿色、品牌化发展，使农业成为有奔头的产业。一是建立优质农产品种养体系。按照“传统＋现代”“标准＋特色”思路，提质发展生态林果、食用菌、有机葛果、生猪养殖等种养产业，重点加大白衣镇、毛里湖镇等有机葛果种植基地建设，推进沿五泉、关桥一线“香菇种植走廊”建设，壮大佳和农牧、旺森农牧等农业产业化企业，建设一批无公害畜禽产品、绿色蔬菜、有机瓜果产业基地。二是建立农产品加工体系。依托园区发展平台和本地优质农产品资源，紧盯大北农、湖南粮食集团等战略合作伙伴，引进有发展潜力、有市场前景、有带动能力的农产品加工项目，努力在农业产业寻求新的爆发点。推进仕林生物新三板上市、旺森农牧与鑫广安农牧并购重组，培育壮大一批龙头企业，推动农产品加工规模化、产业化、标准化，拉动区域农业经济纵深发展。加大张老头、木子腐乳、润农灵犀山茶油、“绿滑源”稻米油等品牌推广，开展有机葛果、食用菌等品牌塑造，打响特色农产品品牌。整合农产品监管检测力量，确保农产品质量安全，让生态农副产品成为津市一张绿色名片。三是建立农业经营体系。围绕农业供给侧改革，深化农村集体产权、土地“三权分置”、供销社综合改革，大力发展多种形式的规模经营，积极培育新型农业经营主体，引导和支持种养大户、家庭农场、农民专业合作社、龙头企业等发展壮大。依托美丽乡村建设，支持各镇村发展休闲农业，积极培育休闲农业经营主体，推动农业产业多元发展。

构建现代服务业体系。发展服务业是我市集聚人气、提升活力的当务之急，是补齐发展短板、再现商业繁荣的必然选择。一是加快建设现代物流中心。顺应电商产业园的市场需求和澧水流域物流业发展需要，发挥窑坡渡千吨级码头、公共保税仓、海关工作站及三湘和达等物流基础优势，完成电子商务产业园二期、城乡物流配送中心、4A级综合型物流企业、蔬菜水果批发市场等项目建设，启动海关A保中心项目前期工作，构建区域性现代物流网络和城乡一体化物流综合服务体系。二是加快建设金融服务中心。依托人民银行现金供应中心的辐射作用，引入银行、证券、保险等各类金融机构和战略投资者，力争2017年引进、注册登记保险公司11家，支持长沙银行、湘淮村镇银行年内开业，支持方正证券津市营业部扩大业务规模，进一步做大金融机构集聚效应。加强与上级金融机构战略合作，争取扩大信贷投放规模、创新金融服务产品，拓展业务范围。加大金融风险管控，加快信用征信体系建设，维护金融秩序和社会稳定。三是加快发展文化旅游业。瞄准国家5A级景区建设目标，加快推进毛里湖景区前期工作，聘请国内顶尖设计策划团队，做好毛里湖“旅游＋康养”产业发展策划设计，继续推进毛里湖湿地公园一期能力建设；加快药山景区及周边环境配套改造，提升景区旅游配套接待能力。组织开展环毛里湖、药山景区的节会、赛事活动，提高知名度，逐步打响毛里湖、药山两张文化旅游名片。启动城市商业文化旅游，结合澧水沿江风光带打造，围绕西河街片区，建设“商旅文”新型综合体。四是做大做强养老产业。加快养老服务体系建设，探索医养结合新路径，构建居家养老、社区养老、机构养老“三位一体”的新型养老模式；加快毛里湖健康养老产业园开发，完成养老服务中心二期扩容项目建设，打造集旅游、休闲、养老、医疗为一体的健康养老产业基地。五是稳步发展房地产业。通过片区开发，打造城市商业地产新地标，大力提升物业管理和配套服务水平，拉动楼宇经济；继续推进房地产“去库存”。六是积极谋划专业市场。围绕博联家居建材广场，抓好东城区专业市场谋划引进工作，着力构建专业市场集聚区，提升区位辐射力。七是加快发展电子商务。加快电商孵化园、电商产品优选库建设，支持电商创客企业与湖湘商贸、三湘和达等电商平台、要素企业深度合作，实现“线上线下”融合发展。

2.以城镇带动大会战为重点，推动城乡统筹格局新突破。瞄准建设澧水流域现代化的中心城市目标，以“一街两片”“一水两岸”“一带四镇”为抓手，深入推进城镇带动大会战，拉开城市框架，提升城市品质，焕发城市活力。

抓好城市建设。按照“扩容提质、完善功能”的发展思路，统筹推进城市“三规合一”，加快城市建设。一是拉开“大框架”。对城北区、阳由片区、高新区三大城市板块，做好功能分区规划，制定分步建设方案。依托澧水二桥、沅澧快速干线5号大道建设和津澧大道、车胤大道、孟姜女大道提质改造，推进区域间互联互通，拉开城市框架、扩大城市规模。二是打造“新亮点”。强力推进棚改攻坚，在城北区重点抓好“东、西入城口”和澧水沿江风光带、西河街等片区规划设计，完成片区地块征拆，引进知名战略合作者，打造一批地标性商住城建精品；阳由片区的发展要引入社会资本战略合作，推进河湖连通，打造特色小镇，年内重点抓好南区污水管网建设和路网、水系规划；高新区重点加大中设新城综合商贸开发，实行拆迁公寓式集中安置，打造一批精品商住小区，推进产城一体。三是完善“硬设施”。大力推进海绵城市建设，加强城市生态修复、城市修补，推动城市广场、澹津公园改造升级，完成城市路段改造和绿化，完善城市公共停车场、农贸市场等配套设施，改善城市人居环境。

建设特色村镇。凸显城镇乡风民俗、山水文化特色，深入推进新洲荆楚古城、毛里湖湿地风情小镇、药山唐风小镇、白衣生态宜居镇及原灵泉、李家铺、棠华等特色集镇建设，重点加强集镇道路、管网、农贸市场等基础设施建设，着力完善集镇功能，提高集镇的环卫、秩序等管理水平，推动集镇品质、内涵同步提升。继续实施美丽乡村“五年行动”，建设新型农村社区，深化环境综合整治，实施贫困村、美丽乡村示范村“点亮农村”工程，充分展现集镇特色风貌。完成西毛里湖排涝泵站等工程建设，完成高标准农田建设，夯实农田水利基础，发展生态新型能源，全面改善农村基础条件。

加强城市管理。持续推进城市创建，加快智慧城市建设，推动城市面貌和城市管理再上新台阶。构建“大城管”格局，落实省委改革精神，推进城市管理执法体制改革，实现住房城乡建设领域行政处罚权集中行使，以及相关部门部分行政处罚职能划转，初步构建现代化的城市治理体系，推动城市管理全面走向城市治理。深入推进“3+N”社区自治模式，支持全面推广开放式小区卫生保洁、秩序维护等方面自治管理，推动城市每一个“细胞”管理升级。坚持问题导向，针对城市管理中的控违拆违、渣土整治、乱停乱靠、马路市场等问题，重拳出击、严管重罚，优化城市生活环境。树立城市经营理念，盘活公共资源、资产，加快土地、特许经营权等有形、无形资产开发，清理规范广告标示标牌，推广户外电子显示屏，使公共资源发挥最大经济效益。探索成立投融资管理委员会、土地经营管理委员会、国有资产经营管理委员会，规范城市经营管理。

推进津澧融城。按照津澧两地联席会议确定的方案，启动和推进落实津澧融城十件实事。一是围绕津澧新城建设，编制《津澧新城城市总体规划及控制性规划》《津澧新城经济社会发展规划》《津澧新城土地利用总体规划》；二是按照“政府主导、市场运作、优化配置、提高效率”的基本原则，搭建津澧市级投融资平台；三是共同加大两地园区基础设施建设，实现园区资源共建共享；四是对照国家级经开区申报标准，加强津澧对接，全面启动各项申报工作；五是加快津澧两地相向发展，全力推进津澧大道建设；六是围绕津澧公交一体化，启动津澧汽车总站建设；七是围绕生态环保一体化，深入谋划津澧城市防洪圈及澧水沿江风光带建设项目；八是围绕津澧公共服务一体化，开通津澧市县城区公交线路；九是统一津澧两地高中阶段招收政策，推进津澧教育均等化；十是研究津澧两地居民医保无差别化报销制度，实现津澧医疗卫生并轨发展。

3.以交通跨越大会战为重点，推动交通区位改善新突破。交通区位不优是制约我市发展的最大短板，改善交通区位条件是全市人民多年的期盼。我们要抢抓机遇，以超常的举措、超强的力度、超大的投入，扎实开展交通跨越大会战，努力构建“对内大循环，对外大开放”的交通新格局。

谋划交通发展格局。按照“水陆铁并进”的思路，积极与上级对接，大胆谋划、储备一批交通项目。积极推进澧水航道疏浚项目，争取淞虎航道项目挤入国家交通项目规划，尽早打通津市港北上长江的出口，重现津市水运枢纽优势。积极争取对接长江港口的G353接线延伸项目，启动安慈高速津市段及国省干线公路项目，构建纵横交错的公路路网格局。全力争取“常岳九”铁路过境，积极谋划荆州—常德城际铁路，争取石门—临澧—津澧—安乡城际铁路津澧段尽早纳入上级规划笼子，扎实做好相关前期工作，改善津市交通条件。

推进交通项目建设。投入交通基础设施建设资金约6亿元。加快推进津市港、窑坡渡千吨级码头及口岸建设，基本完成澧水二桥主体工程。加快沅澧快速干线5号大道建设；完成S238棠华—药山段省道建设，加快S238棠华—新洲段省道扩建前期工作；完成S306津市—临澧改线项目前期工作。完成九澧大道、车胤大道、沿河大道三条对接澧县城区道路的建设。完成农村公路“窄路加宽”提质改造工程、农村公路安保工程，推进县乡道边界路提质改造。加强质量安全监督，规范工程管理，确保工程质量。

完善交通管理服务。依托智慧城市平台，加快智能交通系统、公安交通指挥集成平台建设，改造升级现有老旧设备，提高交通管理科技化、规范化水平。完善城市公交客运基础设施，加强公交线路管理，加快公交首末站建设；开通澧县小渡口—津市城区—澧县经开区西区、津市新洲镇—澧县经开区南区两条津澧公交线路。加强交通运输管理服务，规范出租汽车运营，健全出租汽车行业信誉考核体系，提升群众出行舒适度和满意度；强化执法监管，完善道路标示标线等交通设施，加强非法营运、超限超载运输等违规行为查处力度，规范交通运营秩序。

4.以脱贫攻坚大会战为重点，推动民生事业发展新突破。

脱贫攻坚是贴近民声、直指民心的民生工程，我们要以脱贫攻坚为重点，推进民生事业新发展，努力让全市人民过上更舒心、更有尊严的生活。

推进脱贫攻坚。坚持“两个帮扶全覆盖”“五个精准到户”，激发农民主体意识，推动真正脱贫、整体脱贫、长效脱贫、高水平脱贫。突出产业扶贫。以争取政策、撬动民间资本和农村资源为抓手，带动群众脱贫致富。鼓励贫困村户进行资源承包、资产出租和股份合作，直接脱贫一批有资源的农户。加强农业生产技术和农产品营销技能培训，对接电商平台，支持贫困家庭开设网店。结合农民人口市民化，探索实施“基地培训＋企业就业”扶贫模式，脱贫一批“特贫户”。注重兜底扶贫。按照办好新一轮脱贫攻坚“六件实事”的要求，分类施策、逐一兜底、不留锅底。确保年内11个贫困村全部实现脱贫。继续推进农村危房改造，力争改造农村危房500户。

打造生态津市。秉承绿色发展理念，从源头入手，治理和管控环境污染，打造绿色、美丽津市。全方位加强环境治理。大力推进“蓝天碧水净土”行动，抓好工业污水、生活污水、黑臭水体、重要河段治理及河湖连通工程，抓好城乡饮用水水源地保护。加强土地污染防治，建立土壤污染防治示范区。按照“治气、减量、降尘、控车、严管”思路，推动大气污染防控，切实改善区域环境质量。全覆盖实施绿化工程。大力实施林地综合管理，重点推进嘉山、药山植被恢复工程和古大同森林公园、毛里湖植物园建设。加强西毛里湖生态环境保护和湿地生态建设，争取纳入国家大江大湖治理规划。加快绿色走廊和“美丽庭院”建设，继续加强农村环境综合整治，全面推广农村垃圾分类处理及“绿色存折”制度，打造秀美村庄。全过程健全长效机制。加大环境监察执法力度，严厉打击环境违法犯罪行为。加强市、镇(街)、村(社区)三级环境网格化监管力度，鼓励公众参与环保志愿服务和污染投诉举报，构建公众广泛参与的环境监管格局。开展绿色机关、绿色企业、绿色社区等绿色创建活动，大力倡导绿色、低碳、环保的生活方式和消费习惯。

加快发展教育卫生事业。坚持教育优先发展战略，办好人民满意教育。以“九澧一流、常德领先”为目标，持续加大投入，改善办学条件。全面启动农村薄弱学校、城区美丽校园建设，加快职教集团南北校区合并，推进三中、特教学校升级改造；按照民办公助的模式，启动东城区高标准寄宿制幼儿园小学一体化建设，打造澧水流域高品质小学。努力提高教育质量，打造以津市一中、职教集团、德雅中学为龙头的教育品牌。推动“名师工程”，探索实施校长、教师城乡流动机制。推进“智慧教育”工程，提升教育现代化水平。切实保障人民健康。投资近2亿元，启动人民医院改扩建；投资1亿多元，启动中医院异地新建；启动妇幼保健院搬迁工作。加强专科建设，力争创建1个国家级、2个省级专科。与常德人民医院开展合作，全面提升医疗服务水平。推进社区卫生服务中心提质改造，积极创建计生基层示范镇村、满意镇卫生院，改善群众就医条件。抓好重大疾病防控、妇幼保健工作，严厉打击非法行医和“两非”等违法违规行为，保障公共卫生安全。

统筹发展其他社会事业。按照“人人参与、人人尽力、人人享有”的要求，着力解决民生突出问题，提高群众的获得感，让全市人民享有更高水平的社会保障和民生服务。完善社会保障体系。落实国家社保惠民和优抚安置政策，挖掘社保扩面潜力，依法保障职工合法权益；继续实施城乡低保“四个提标”，不断提高就业率和救助率；继续抓好住房保障、医疗保障工作。完成殡仪馆搬迁，推动殡葬改革向农村延伸。发展文化体育事业。以文化“活”城为抓手，加强与五环集团合作，加快五环大厦、工人文化宫等场馆建设。充分挖掘荆河戏等本土文化资源，加强药山寺、益泰绸布庄等遗址申报工作。积极举办“欢乐津城”等文化主题活动，打造省散文创作基地，推动文化产业规模化、集约化、专业化发展。培育体育市场，积极组织、承办体育赛事，推广全民健身。

深入推进依法治市。深化法治津市建设，全面推进“七五”普法，落实“谁执法、谁普法”责任制，深化部门、行业依法治理，推动各层面人员学法用法，提高全社会法治意识。以争创全国法治先进县(市、区)为契机，建设法治政府，规范行政执法行为，落实政府购买公共法律服务制度，全面推进市、镇(街)党政法律顾问机制，进一步拓宽法律援助覆盖面，打造服务型阳光政府。深入推进平安津市建设，扎实推进“三化一制”“三台合一”等工作，重点打击网络诈骗、“两抢一盗”“涉毒”等各类违法犯罪行为；加强“无上访”村(社区)创建，于法于情处理信访问题，提高人民群众安全感和满意度，力保全国平安建设先进县(市)金字招牌。着力加强安全生产隐患排查，加强重点行业、重点领域安全监管力度，坚决遏制重特大安全事故发生。

三、党建总揽，推进干事创业

换届伊始，新班子开启新征程，新征程呼唤新作为。在加快建设澧水流域现代化的中心城市的新征程中，全市各级党组织必须认真履行管党治党责任，突出党建引领发展的核心作用，全面掀起新一轮干事创业热潮。

1.突出思想引领，形成干事创业共识。思想是行动的先导。我们要用好思想建党这个传家宝，掀起新一轮思想大解放，激发加快发展的内生动力。要树立开放意识，拓展津市发展的广度。我们建设澧水流域现代化的中心城市，必须“走出去”看世界，做到一起步就要与世界同步，绝不能闭门造车，关起门来搞建设。要以更加开放的胸怀、更加广阔的视野，抢抓长江经济带、洞庭湖生态经济区发展机遇，主动靠前，在更宽广的区域寻求合作，借势、借力推动津市发展。要进一步扩大政务事务的开放领域，运用市场手段，吸引更多的民营资本、高端人才参与到津市发展中来。企业要树立开放意识，以开放的姿态靠大联强，以开放的姿态引进先进生产力，以开放的姿态集聚生产要素，推动企业加快发展。要树立创新意识，提升津市发展的高度。要用新理念来提出新思路，用新举措来应对新情况，用新办法来解决新问题。企业要把创新作为推动自身发展的不竭动力，在科技研发、管理模式等方面下大力寻求新突破，加快提升生产管理水平和产品质量，增强核心竞争力，争做行业的领跑者。我们的干部特别是领导干部，要有创新意识，针对发展中的新情况、新问题，用新的管理理念，主动探索新思路、新办法，争取更多的支持、更多的资源，在各领域创出更多的“津市模式”。要树立工匠意识，增加津市发展的精度。要坚决破除谋事不细、做事不深、韧劲不足的“浅作为”问题，把工匠精神融入抓发展和做每一件具体工作的全过程，各项工作都要力求完美、追求极致，做到精雕细刻、精益求精，不断提高发展质效。在工作谋划上，要把方案考虑得更细一些、更深一些、更全面一些，做到谋无遗策，确保在实际操作中出实绩、出效果；在工作推进上，再难的事情也决不动摇、不敷衍、不将就，尽全力把工作做到百分之百；在工作成效上，不能抱着“差不多、过得去”的心态，定了的目标就要按时、按质、按量完成，力争做到最好、最出彩。

2.突出导向引领，凝聚干事创业力量。把选人用人导向作为最核心的价值导向来树立、来坚守，用事业吸引人才，凭实绩选用干部，为干事创业凝聚更加广泛的力量。要重用埋头苦干的干部。埋头苦干是成事之基、发展之要。埋头苦干，就是要少说多做。不能夸夸其谈、心浮气躁，有一点成绩就忙于总结汇报，干了一点事就急于提拔交流，要紧盯目标不放松、不达目的不罢休，咬定青山、心无旁骛。埋头苦干，就是要“不跑”“不要”。绝不允许“干得好”不如“跑得好”、“能干事”不如“会来事”，坚决不让会干事的人吃亏，坚决不让“不跑”“不要”的人吃亏。埋头苦干，就是要持之以恒。要格外关注那些长期在条件艰苦、工作困难地方努力工作的干部，多加留意那些不图虚名、踏实干事的干部，绝不亏待那些埋头苦干、注重长远打基础的干部。要重用敢于担当的干部。敢于担当，勇于负责，体现着一个人的蓬勃朝气、昂扬锐气。敢于担当，就是要迎难而上。要有“先天下之忧而忧，后天下之乐而乐”的担当情怀，不图安逸，不为享受，难事面前勇挑重担，急事面前挺身而出。敢于担当，就是要直面问题。要有逢山开路、遇水搭桥的精神。遇到紧急情况，有胆有识、果断决策，决不能优柔寡断、患得患失；遇到重大事情，要第一时间赶赴现场，临危不惧、靠前指挥，决不能躲闪回避、贻误时机；遇到突发事件，要及时深入一线，抓紧研究解决办法，决不能敷衍塞责、激化矛盾。敢于担当，就是要一抓到底。要有强烈的事业心和责任感，对认准的事，要善始善终、善做善成，雷厉风行，一抓到底。要重用奋发有为的干部。坚持“以发展论英雄，凭实绩用干部”，让奋发向上的干部“有为有位”。奋发有为，就是要讲学习强本领。在不断学习、不断实践中提升能力、增强本领，争当学习标兵、业务尖兵，用过硬的本领折服人。奋发有为，就是要讲团结作表率。在团队中体现自身价值，在群体中争做表率，善于团结人、带领人，用优秀的品质感染人。奋发有为，就是要讲奉献有作为。在经济发展、社会进步、安全稳定等方面建功立业，用优异的业绩带动人。

3.突出组织引领，夯实干事创业基础。基础不牢，地动山摇。建强基层组织、建好基层班子、建优基层队伍，才能将组织优势转化为发展优势。要把基层组织建设成最牢固的堡垒。严格落实基层党建工作责任制，认真落实责任清单和述职评议等制度，推动党组织书记聚焦主责主业，重点推进农村基层党建“八大建设”、城市基层网格支部建设、两新组织“两个覆盖”及机关事业单位各领域基层党建工作，推动基层党组织全面进步、全面过硬。严格规范党内政治生活，认真落实“三会一课”、民主生活会、民主评议党员等制度，增强政治生活的政治性、时代性、原则性、战斗性。全面加强基层基础保障，建立健全党内关怀帮扶、村干部待遇正常增加机制，加强村级服务平台建设，确保基层党组织有经费、有阵地、有能力为群众服务。要把领导班子打造成最坚强的核心。抓好领导班子建设，是集中换届后的重要政治任务。要加强思想建设。切实加强党的十八届六中全会精神教育培训，特别是要加强对《准则》《条例》的学习宣传，开展专题研讨，力求学深学透。要加强制度建设。全面贯彻执行民主集中制，严格按照党的组织原则和党内政治生活准则办事，在班子内部形成良好的政治风气。要加强能力建设。要下大气力建设本领过硬的班子，提高统揽全局的本领，集中精力议大事、抓大事；提高科学谋划的本领，登高望远，远谋近施；提高依法办事的本领，让依法依规成为思想自觉和行为习惯。要把党员干部培养成最鲜艳的旗帜。抓好党员干部队伍建设，做到一名党员一面旗、一个干部一座桩。要不拘一格使用干部。不唯学历、不唯身份、不唯资历、不唯年龄，用好各年龄段干部，用好女干部和党外干部，做到人尽其才、才尽其用。要注重干部考核。把干部实绩考核面向一线，变“听广播”为“看直播”，着力在脱贫攻坚、项目建设、民生保障、维护稳定等工作一线考察考核干部，真正树立“干部在一线培养、实绩在一线考核”导向。要加强正向激励。建立健全容错纠错、正向激励机制，改变多干事多出事、少干事少出事、不干事不出事的逆向激励，严格落实“三个区分开来”，为敢于担当的干部担当，为敢于负责的干部负责，为敢于干事的干部撑腰。

4.突出作风引领，浓厚干事创业氛围。优良的作风、严明的纪律是事业成功的保证。全市上下都要高度重视作风纪律建设，着力打造风清气正的干事创业环境。要倡导更加严明的作风。就是要始终听党指挥、对党忠诚，牢固树立和自觉践行“四个意识”，做政治上的明白人。要坚决贯彻上级和市委、市政府的决策部署，做到立场坚定，绝对服从、坚决落实。要加强自我约束，在工作上、生活中严格要求自己，强化自我修养，永葆共产党人先进本色。要倡导更加爱民的作风。就是要把群众的利益放在首位，常怀亲民、爱民、为民之心，以实际行动赢得民亲、民爱、民赞。广大干部要坚持从群众中来，到群众中去，和群众打成一片，多解决老百姓关心的热点难点问题，多干群众看得见、摸得着的民生实事，真正让群众受益。各级部门特别是窗口单位，要扑下身子、放下架子，平等对待群众，热情接待群众，对群众的诉求，能解决的，不敷衍、不推拖，一件一件去解决、一项一项去落实。对现行政策一时解决不了的，要把政策说明白、道理讲清楚，取得群众的理解。要倡导更加清廉的作风。要把清正廉洁作为立身之本。广大党员干部要树立正确的权力观、地位观、利益观，不断深化“两学一做”学习教育，严格对照中央八项规定，查找不足，自觉整改落实，始终做到廉洁奉公、清正为民。各级各部门要严格落实全面从严治党要求，压实“两个责任”，抓好“两个专项整治”，完善谈心谈话、责任清单、签字背书等制度，始终保持惩治腐败的高压态势，着力构建不敢腐、不能腐、不想腐的体制机制，从源头解决发生在群众身边的不正之风和腐败问题，打造一支作风优良、人民信任的干部队伍。

同志们，一年的工作任务艰巨，一年的发展令人期待，一年的时间只争朝夕。让我们紧密团结在以习近平同志为核心的党中央周围，闻鸡起舞，登高望远，撸起袖子加油干，为加快建设澧水流域现代化的中心城市而努力奋斗！

2017 年 2 月 6 日，中共津市市委经济工作会议召开。

2017 年政府工作报告

——在津市市第十七届人民代表大会第二次会议上

市长　陈章杰

（2017 年 2 月 7 日）

各位代表：

现在，我代表市人民政府，向大会报告工作，请予审查，并请各位政协委员和其他列席人员提出意见。

过去四年及 2016 年工作回顾

过去四年，是津市发展历程中极为重要、极不平凡的四年。面对复杂的形势和艰巨的任务，全市人民在市委的坚强领导下，适应新常态，善于新作为，敢于新突破，坚持小康总揽，突出“三大战役”，不断攻坚克难，实现了经济社会发展的新跨越。

——四年来，我们全力以赴兴产业，综合实力大为增强。地区生产总值增长到 132 亿元，财政总收入增长到 6.43 亿元，金融机构各项存贷款余额达到 110.9 亿元、35.2 亿元；累计完成固定资产投资 390.9 亿元，实施 1000 万元以上重点建设项目 277 个；成为全省全面小康达标县市。工业实力稳步提升。规模工业企业户数由 71 家增长到 95 家，规模工业总产值与增加值分别增长到 193.5 亿元、43.9 亿元。工业园区成长为“百亿园区”、省级高新园区，跻身全省园区综合评价前 20 强，“两湖”生物医药园初具规模，生物酶制剂及应用特色产业基地被核定为国家火炬特色产业基地。农业基础更加夯实。农林牧渔业总产值增长到 33.5 亿元。农业规模化、现代化水平稳步提升，食用菌、果蔬、休闲农业等特色产业不断壮大，成功争取到全国畜禽水产养殖污染治理试点、国家小农水重点县、省产油大县等重点项目。服务业发展步伐加快。社会消费品零售总额增长到 61 亿元。“津市牛肉米粉”获得国家地理标志证明商标，“中意果冻”、鸿鹰“梅花”牌商标获得中国驰名商标。率先组建农村商业银行，华融湘江银行开业运营，湘淮村镇银行、长沙银行签约入驻，宝悦乐城商业综合体、博联家居建材广场、电商产业园投入运营，城市人气越来越旺。

——四年来，我们凝心聚力抓建设，城乡面貌明显改善。城市功能品质持续提升。相继开展“两城”创建、“三改四化”、“五城”同创等主题活动，取得了国家森林城市通过验收、国家卫生城市通过国家技术评估等阶段性成果，成功争取到国家智慧城市试点、省海绵城市试点。累计投入资金 10 多亿元，新建改造主次干道及小街小巷 67 条、农贸市场 7 个、老旧小区及城中村小区 68 个，建设雨污管网 55 公里，告别了城市内涝的历史。完美社区建设稳步推进，投资 3000 多万元，为 23 个城市社区配套建设了 300 平米以上的办公用房。筹资 20 多亿元，建设保障性住房 10766 套，改造棚户区 22150 户，基本实现了城乡住房保障的全覆盖，棚改“津市模式”被《人民日报》等媒体广泛报道。城乡一体化建设稳步推进。成为常德市唯一的城乡一体化试点，实现了城乡公交、城乡环境整治等一体化，在常德各区县中率先实现安全饮水全覆盖，构建了全省率先、常德唯一的城乡供水一体化模式。扎实推进美丽乡村建设，累计投入资金 12.5 亿元，完成农村断头路建设 242 公里、水利工程 2630 处，获评全省美丽乡村建设先进县市，关桥村被评为湖南省美丽乡村建设示范村，真正让农村成为了农民安居乐业的美丽家园。生态环境更加秀美。深入开展“蓝天碧水净土”行动，划定水源保护区、畜禽养殖适养区、限养区和禁养区。生态建设成果多次被央视深度报道，成功争取湖南省首批农村环境综合整治整县推进项目，在全省率先实现集镇污水集中处理全覆盖，“户分类、村收集、镇转运、市处理”的农村生活垃圾处理模式在全省推广，农村垃圾分类处理“绿色存折”制度被中央深改办专题推介。嘉山森林公园成功申报为国家森林公园，毛里湖进入国家良好湖泊名录，成为常德市首个正式授牌的国家级湿地公园，并成功创建3A级旅游景区。

——四年来，我们攻坚克难促改革，发展活力不断迸发。重点领域改革实现新突破。顺利完成政府机构改革、合乡并村、行政审批制度改革，商事制度、不动产统一登记制度、医药卫生体制等改革取得明显成效，公车改革稳步推进，获评常德市全面深化改革先进单位。成功申报国家新型城镇化和中小城市综合改革试点，参与编制了《津澧城市空间发展一体化规划》，津澧融城进入实质推进阶段。园区"一权两制一司"体制机制改革、投融资体制改革稳步实施，环卫保洁、公交站台、管线入地等市场化运作改革走在了常德前列。对外开放提质增效。先后引进新项目133个，总投资121亿元。外向型经济加速发展，一批企业建立了境外营销和研发中心，注册了海外商标，四年累计完成进出口总额1.5亿美元，年均增长25%，成为全国最大的酶制剂生产和出口、甾体原料药生产基地。设立了常德首家县级海关工作站和公共保税仓，澧水航道津市段疏浚工程、窑坡渡千吨级码头启动建设，津市港蓄势待发，正在重新焕发出新的生机。

——四年来，我们坚持不懈惠民生，人民福祉全面提升。城乡居民人均可支配收入分别达到28236元、13142元。社会保障水平稳步提高。新增城镇就业人员2.37万人。累计支付社会保险金22.2亿元，基本养老保险、医疗保险实现法定人员全覆盖，企业职工基本养老金实现"十三连增"。建成全省一流的养老服务中心，高标准推进一乡一敬老院、一村一幸福院建设，建成各类养老机构77所，被评为"全省社会养老服务先进县市""全国第四批养老服务示范单位"。脱贫攻坚扎实推进，通过贫困人口建档立卡、开展驻村帮扶、完善基础设施、发展扶贫产业等措施，帮助1740户、6283名贫困人口脱贫。各项社会事业协调发展。教育卫生三年攻坚圆满收官，投入2亿多元，新建改造校舍8.5万平米，实现了城乡中小学校教育信息化、寄宿制学校热水供应、合格化学校建设"三个全覆盖"，被认定为全省教育强市、国家义务教育发展基本均衡县市。投资近1亿元，完成了120急救体系、疾控卫监能力建设，新建改造了19家社区卫生服务站、79家村卫生室，医疗卫生条件明显改善。稳妥实施公立医院改革，被评为全国基层中医药工作先进单位。新图书馆建成运行，乡镇综合文化站、农家书屋实现全市无缝覆盖，虎爪山遗址成功申报为国家级重点文物保护单位，并列为国家"十三五"大遗址保护项目。国防动员、国防教育、人民防空和民兵预备役工作水平显著提高。编制、监察、统计、审计、物价、外事侨务切实履行了职能。广播电视、体育、民族宗教、地震、档案、保密、老龄、史志、残联等各项工作都有新的进步。各民主党派、工商联、工会、共青团、妇联、文联发挥了重要作用。

——四年来，我们持之以恒优服务，自身建设得到加强。法治建设进一步深化。坚持市政府常务会议会前学法，实施重大行政决策听证，聘请政府法律顾问，规范政府合同管理。主动执行市人大及其常委会决议，自觉接受市人大及其常委会的法律监督和工作监督、市政协的民主监督，办理人大代表议案和建议255件、政协委员提案357件，解决了一大批老百姓关注的实际问题。政风行风进一步好转。大力实施"六个压减"，推行市直部门行政审批职能"两集中三到位"、重大投资项目联合审批等制度，加强市长热线、市长信箱、公共资源交易等平台建设，行政效能明显提升。扎实开展党的群众路线教育实践活动、"三严三实"专题教育和"两学一做"学习教育，严格落实改进作风各项规定，狠抓审计监督和行政监察，查处了一批违法违纪人员。社会治理能力进一步增强。推进信访工作制度改革，实行领导坐班接访、包案化解积案，信访形势稳定可控。推进平安津市建设，完善社会治安防控体系，严格安全生产责任制，人民群众安全感持续上升，在全省综治民调中连续两年排名常德市第一。

各位代表！四年来，我们最为珍视的是，在市委的坚强领导下，津市人民谋发展、求发展的氛围更浓，津市干部敢想敢干、敢闯敢试的劲头更足；我们最为骄傲的是，在全市下上的共同努力下，先后获得全省全面小康"十快进县"、全省农民权益维护和农民负担监管工作先进县、全省社会管理综合治理先进县、全国"六五"普法先进县、全国计划生育优质服务先进县、全国科技进步先进县等多项荣誉，并连续八年保持全国平安建设先进县称号；我们最为感动的是，津市人民对我们共同生活的这座城市认同感越来越高，归属感越来越强，自豪感越来越足！此时此刻，我们由衷地为这座城市点赞，为善良、勤劳、智慧的津市人民点赞，为忠诚、干净、担当的广大党员干部点赞！

刚刚过去的2016年，我们顶住压力，积极应对，以工业经济为主导，以项目建设为载体，以"三大战役"为抓手，精准施策，奋发作为，稳增长、促改革、惠民生、保稳定，实现了"十三五"的良好开局。地区生产总值增长9.8%，财政总收入增长7.2%，社会消费品零售总额增长12%，城乡居民人均可支配收入分别增长8.5%、8.9%。一年来，所做的主要工作和成效是：

1.持之以恒抓工业发展，发展来势持续向好。规模工业总产值和增加值分别增长8.5%、10.2%。夯实园区平台。胥家湖路东段、中小企业孵化园标准化厂房、嘉山电排、嘉山幼儿园等项目完工，工业污水处理厂、长沙燃气公司厂区配套管网建设稳步推进。帮扶企业发展。出台了《津市市帮扶工业企业十条（暂行）》、《关于加快工业发展的若干意见》等一系列惠企文件，组建了企业特派员队伍，派驻到30家重点企业开展个性化服务。取消、停征、降标了56项涉企行政事业性和服务性收费项目，为企业减轻负担1500余万元。发放企业贷款贴息530余万元，安排2000万元工业企业帮扶解困专项资金，出资1000万元开展中小企业"助保贷"、2000万元入股省高新产业创投基金、1000万元建立财鑫担保风险池等，撬动银行贷款约4亿元，为企业走出困局送去了真金白银。

2.持之以恒抓项目带动，发展后劲不断增强。推行招商引资首位战略。市领导亲身示范，部门整体联动，瞄准大项目，对接大企业，紧盯战略性投资，共签约引进新项目36个，总投资22亿元，其中亿元项目8个。坚持项目建设一号工程。牢牢抓住项目建设这个“牛鼻子”，完成固定资产投资 118.8 亿元，增长 10.9%，72 个重点建设项目，56 个开工建设，49 个前期项目中，41 个超形象进度目标，24 个项目提前开工建设。向上争取资金首次突破 20 亿元大关，达到 23.8 亿元，争取国家专项建设基金项目 7 个，获批基金 4.12 亿元，在常德各区县位列前茅。加快交通攻坚步伐。按照“水陆并进”的思路，大胆谋划、大干快上交通项目，澧水二桥、新药线、渡棠线等建设改造项目强势推进。

3.持之以恒抓城乡统筹，发展面貌显著改观。城市功能不断完善。提质改造了津澧大道东段、银苑中路、阳由巷等主次干道和小街小巷，完成了汤家湖东路、银苑东路等路段路灯安装改造，真正修好了群众门前的路，点亮了百姓门前的灯。智慧城市建设取得实效，天网工程、智慧城管、智慧教育等子工程建设初步完成。海绵城市试点稳步推进，编制了海绵城市实施方案，澹津公园、清远观公园一期工程基本完成，三湖公园景观提质改造及水体治理工程全面启动。村镇面貌持续改观。以镇村示范建设引领城乡一体化试点建设，启动了集镇提质改造和新型农村社区建设工作，实施了城区周边“绿色走廊”、湘北公路沿线绿色景观带建设工程。深化农村环境整治，健全了环境保洁网格化包保机制，垃圾清运市场化运作在各镇全面铺开，集镇污水处理站全部投入运行。农村土地确权登记颁证和畜禽退养工作稳步推进。

4.持之以恒抓民生改善，发展局面更加和谐。全力推进精准脱贫。通过“两个全覆盖”，落实重点贫困村“五个精准到户”“六件实事”，硬化贫困村村级公路 60.8 公里，维修沟渠、机埠 45 处，整修堰塘 83 口，所有贫困村均接通了宽带，村部建设均已达标，540 户、1846 人成功脱贫。扎实抓好棚改攻坚。累计投资 8 亿元左右，启动了西河街、双济路等 12 个棚户区的拆迁改造，涉改居民 8130 户。大力开展教育卫生攻坚。完成了农村薄弱学校改造、农村中心幼儿园提质、市一中教学科技综合大楼、职业教育基础能力建设提质等工程建设，理顺了三中办学体制。推进了金鱼岭社区卫生服务中心综合楼、白衣卫生院公卫楼等工程建设，中医院成功创建为二级甲等中医医院。协调发展各项社会事业。城镇新增就业 5805 人，五大社会保险扩面 3074 人，支付各类社会保险费 7.2 亿元，初步建立了统一的城乡居民医疗保险制度。文体事业蓬勃发展，圆满举行湖南省自行车邀请赛，启动益泰绸布庄修缮工程。科技创新能力持续增强，获批全省科技成果转移转化示范县市。突出提高防灾抗灾能力，成功迎战澧水流域近十年来最大洪峰，有力保障了人民群众生命财产安全。帮助社区减负增效，明确社区“事务目录”，将 167 项社区事务清理、归并为 90 项，社区、村(居)运转保障经费分别提高到 17 万元、11 万元，落实了 5 万元的城市社区惠民保障资金。

各位代表！在过去的四年里，我们取得的每一点成绩和进步，都是市委统揽全局、科学决策的结果；是市人大、市政协积极支持、有效监督的结果；是全市人民团结奋斗、顽强拼搏的结果；是社会各界广泛参与、鼎力支持的结果。在此，我谨代表市人民政府向各位人大代表、政协委员，向广大干部群众，向各位企业家，向各民主党派、工商联、无党派人士和人民团体，向驻津部队、武警和消防官兵，向省市驻津单位，向离退休老同志，向所有关心支持津市建设发展的各界朋友，表示衷心的感谢和崇高的敬意!

成绩总是属于过去，问题需要时刻警醒。我们在前进道路上还面临着不少挑战和困难，政府工作还存在不少差距和不足，主要是：工作层面有不足，受多种因素影响，固定资产投资、财政总收入、城乡居民人均可支配收入等经济指标未实现预期目标；发展层面有短板，财政收支平衡压力较大，产业结构失衡，工业运行困难多，农业基础薄弱，现代服务业发展滞后，基础设施特别是交通设施建设还有欠账；民生层面有差距，社保、住保、环保、就业、就学、就医、扶贫解困、食品安全等公共服务与人民群众的需求还不够适应；作风层面需加力，一些部门服务意识不强、行政效能不高、工作落实不到位，少数干部不作为、不会为、乱作为，消极腐败的现象仍然存在。对于这些困难和问题，我们一定高度重视，认真加以解决，绝不辜负组织的重托，绝不辜负人民的厚望！

今后五年政府工作的总体要求

今后五年，是津市加快建设澧水流域现代化中心城市的关键期，也是津市加速崛起、进位赶超的攻坚期。当前，我们面临许多发展机遇。国家实施积极财政政策和稳健货币政策的宏观政策取向没有变，供给侧结构性改革的效应逐步显现，长江经济带、洞庭湖生态经济区和促进中部崛起新十年规划等战略加快实施，特别是津澧融城加快推进，为津市发展带来了政策利好和重大机遇。我们必须应势而动、抢抓机遇，在有利趋势中赢得发展先机。我们打下了良好的发展基础。经过这些年的奋斗，我们形成了基础扎实的园区平台、宜居宜业的生态空间、宽松优质的服务环境，为谋求跨越发展奠定了坚实基础。经过这些年的努力，一大批重点项目相继开工、建成受益或取得实质性进展，津市发展的能量正加快释放。特别是市第十二次党代会明确了加快建设澧水流域现代化中心城市的战略目标，市委经济工作会议围绕这一目标任务，提出了园区攻坚、城镇带动、交通跨越、脱贫攻坚“四大会战”，为我们提振了信心、指明了方向。我们必须乘势而上、后发赶超，在前进态势中加快发展步伐。我们有政通人和的干事创业氛围。今天的津市，各级干部同心合力、共谋发展的氛围日益浓厚，全市人民渴求发展、渴望美好生活的期盼更加强烈，未来的津市，跨越发展的预期普遍看好。我们必须顺势而为、奋发进取，倍加珍惜发展的大好局面，奋力实现发展的美好蓝图。

根据新的形势和任务，政府工作的总体要求是：认真贯彻习近平总书记系列重要讲话精神，全面落实中央、省、常德及市党代会工作部署，按照“五位一体”总体布局和“四个全面”战略布局的要求，牢固树立“创新、协调、绿色、开放、共享”五大理念,主动对接长江经济带,加快融入洞庭湖生态经济区,紧扣新常德新创业,抢抓津澧融城重大战略机遇,坚持工业立市、突出产业兴城,为建设澧水流域现代化的中心城市而努力奋斗!

“坚持工业立市、突出产业兴城,建设澧水流域现代化的中心城市”是市第十二次党代会认真研究、集体决策提出的发展主题和定位,这一目标的确定,遵循了既充分体现上级的要求,又紧密结合津市发展阶段性特征的考量。按照这一总体目标,今后五年经济社会发展的主要任务是,从打造工业经济中心、现代物流中心、金融服务中心、创新研发中心四个方面率先突破,推动经济社会更高质量、更高水平、更加持续地发展。

面对新的形势和任务,要把美好的发展愿景变为现实,必须突出以下发展重心:

——坚持以工业立市为核心。强化招商引资,壮大产业集群,夯实园区平台,优化服务保障,实施创新驱动,积极推进产业转型升级、企业创新创造,加速推进新型工业化步伐。

——坚持以开放发展为驱动。对接长江经济带,融入洞庭湖生态经济区,力推津澧融城,建立开放的平台、开放的环境、开放的政策、开放的体制,推进对外通道、港口码头建设,加大产业、市场等领域的对外合作,努力实现开放崛起。

——坚持以项目带动为主线。始终把项目放在经济工作的中心位置,把服务项目、建设项目贯穿于稳增长、促改革、调结构、惠民生的始终。

——坚持以民本民生为根本。加快发展社会事业,多做顺民意、解民忧、得民心的实事,努力以政府的辛苦指数,提升人民群众的幸福指数。

2017 年工作安排

各位代表!2017 年是新一届政府的开局之年,我们肩负的发展和改革任务十分繁重,必须以中央、省委、常德和市委经济工作会议精神为指针,牢牢把握稳中求进的工作总基调,扎实推进园区攻坚、城镇带动、交通跨越、脱贫攻坚“四大会战”,奋力开创经济社会发展的新局面。经济社会发展的主要预期目标是:地区生产总值增长 8.5%以上,规模工业增加值增长 10%以上,固定资产投资增长 15%以上,社会消费品零售总额增长12%以上,财政总收入增长 10%以上,城乡居民人均可支配收入增长 8.5%以上,完成上级下达的节能减排约束性指标。

围绕实现以上目标,重点抓好以下六个方面的工作:

一、着力推进工业发展

工业是津市发展的基础和支撑,必须高举工业立市大旗,坚持存量与增量、数量与质量并举,重振工业雄风。

夯实园区平台。津市经济发展的出路在工业,工业发展的出路在园区。坚持力量向园区集中、要素向园区集聚、政策向园区倾斜,打好园区攻坚大会战,真正使园区成为经济建设的主阵地、主战场,力争园区技工贸总收入达到 200 亿元,入库税金突破 2 亿元。加快园区基础提质,投入 1.87 亿元,重点推进“两湖”生物医药园道路管网建设,抓好工业污水处理厂、热电中心及亮化、绿化等配套建设。推进园区“职住平衡”,以保税仓、千吨级码头建设为带动,大力促进商贸、物流、金融等服务业发展。巩固“一权两制一司”体制机制改革,努力构建“园区事园区办”和“一站式服务”的园区行政审批模式。探索推行园区人事制度改革,打破人员体制身份界限,实行全员竞争上岗和岗位绩效工资,让想干事的人有机会、能干事的人有舞台、干成事的人有地位。

推进产业升级。深入推进“1115”工程,全年新增规上企业 10 家以上。制定产业集群扶持政策及发展规划,围绕生物医药、机械制造、休闲食品等重点产业,推进现代专业园区建设,改造提升纺织、盐化工等传统优势产业,培育发展新材料新能源等新兴产业。探索设立产业发展专项基金,成立产业协会,促进产业向上下游延伸,形成聚集效应。坚持龙头带动战略,支持企业采取兼并、收购、控股等方式,整合资源,促进产业集群快速发展。实施小微企业成长计划,落实扶持政策,建设标准化厂房,完善配套设施,形成小微企业铺天盖地、大型企业顶天立地的生动局面。搭建企业创新平台,强化企业创新主导地位,支持企业建立研发中心、开展技术合作,全年新增高新技术企业 5 家以上,发明专利 30 件以上。积极开展质量品牌行动,大力实施标准化战略,弘扬企业家精神和“工匠精神”,支持企业创建名品名牌,培育津市的“百年老店”。

帮扶实体经济。优化涉企服务。坚持全民动员,落实“领导联产业、部门服务企业”“企业特派员”制度,严格实施“一企一策”贴心帮扶,立说力行为企业办实事;采取点对点精准服务的方式,继续做好停产破产企业的帮扶工作,推进“二次招商”,盘活存量资产资源;财政性资金和国有企业资金支出项目,同等条件下鼓励优先采购使用本地企业产品。减轻企业负担,坚决落实各项惠企优惠政策。强化融资服务。落实各级小微企业融资服务政策,加大过桥资金融资帮扶力度,试点政府平台公司直接参与企业投融资。当前,实体经济、小微企业正处在爬坡过坎的关口,我们要和企业家站在一起、想在一起、干在一起,设身处地为企业着想,真心实意为企业服务,大张旗鼓为企业家创业和发展助威,让一大批有本事的企业家、有志向的创业者在津市这块热土上,满怀信心发展,轻装上阵发展,大踏步地发展!

二、着力推进项目建设

始终坚持项目建设“一号工程”,着力抓好一批补短板、促升级、惠民生的重大项目,全年实施 1000 万元以上的重点建设项目 70 个。

做好项目谋划。深入研究国家产业政策,强化项目管理和部门联动,重点在产业发展、基础设施、城市建设、民生工程、节能环保等方面,包装策划一批项目,扎实做好可研、环评等前期工作,力争有更多项目挤进国家、省市规划笼子,形成重点项目申报一批、开工一批、储备一批的梯次推进格局。完成重大项目前期 26 个,重点项目开发 42 个以上,确保争资总额在 24 亿元以上。

扩大招商引进。继续实行招商引资一把手工程，强化园区主体责任，推动形成招商引资的良好氛围。强化精准招商，以最大的决心和诚意引进一批战略投资者和企业。提升专业化招商水平，整合共享招商引资信息，做好行业招商、商会招商、产业链招商、PPP项目招商、驻外机构招商，注重引老乡、回故乡、建家乡。坚持招商与招才并举、引资与引智并重，力争引进一个项目、带来一批人才、打造一个团队、搞活一个产业。注重招商实效，提高签约项目的履约率、资金到位率和开工率。同时，要抢抓扩大开放的新机遇，统筹做好外经、外贸、外资工作，加快发展外向型经济。力争全年引进投资2000万元以上项目25个以上，其中过亿元项目10个，过10亿元项目1个。

搞好项目服务。推行项目工作法，继续坚持项目建设市级领导负责制和“一月一督导、一月一排名”“一月一调度、一月一通报”等工作机制，切实加快项目进度。落实各项优惠政策，充分发挥金融机构和融资平台的作用，引导更多企业资金、民间资金、外来资金投入项目建设。坚持集约节约用地，做好征地拆迁安置和城乡建设用地增减挂钩工作，保障重点项目用地需要。充分发挥工程监理和审计效能，确保工程质量、资金安全和投资效益。

三、着力推进城市提质

实施城镇带动大会战，统筹抓好城市规划、建设、管理和经营，发展城市产业，着力打造让群众感受更方便、更舒心、更美好的现代城市。

完善城市功能。科学把握城市“成长坐标”，努力完善城市基础设施，推进孟姜女大道、津澧大道东段提质改造工程，继续抓好小街小巷改造，实施双济广场、澹津公园二期等公园广场建设。加快海绵城市试点建设，推进生活污水处理厂二期扩建、三湖公园水体治理工程，完成第二行政中心、民安路公租房、市一中等地海绵工程建设。多渠道新建和改造停车泊位，新建停车场1.25万平米、泊车位300个以上，着力解决城区停车难问题。健全交通立体网络，加快澧水二桥建设，完成S306（津市至临澧）改线、S233沅澧快速干线5号大道等项目前期工作，抓好安慈高速建设。积极争取常岳九铁路过境并设站，谋划荆州—津澧—常德城际铁路，争取石门—临澧—津澧—安乡城际铁路津澧段尽早纳入上级规划笼子，早日让津市昂首阔步迈进“铁路时代”。加快澧水航道疏浚工程和窑坡渡千吨级码头建设，争取马颈口至青龙窖段航道纳入全省淞虎航道整治规划，打通对接长江的第二条黄金水道，实现津市水运由“沅澧时代”越过“洞庭时代”，直接跨入“长江时代”。

强化经营管理。探索成立土地经营管理、国有资产经营管理、投融资管理三大委员会，走“政府主导、多元融资”的城市建设路子。加大土地储备开发力度，规范管理土地市场，提高土地利用效益。深入推进道路桥梁冠名、路牌广告等公共资源经营，确保资产保值增值。最大限度开放合作领域，综合运用集中成片开发、PPP、特许经营等方式，引进有实力、信誉好的投资者参与城市建设。继续开展城市创建工作，努力构建“大城管”格局，推进城市管理执法体制改革，实现住房城乡建设领域行政处罚权集中行使，以及相关部门部分行政处罚职能划转，初步构建现代化的城市治理体系。强力整治工地扬尘、渣土车及取土场等城市顽疾，开展爱国卫生运动，加大控违拆违力度，建立市容市貌管理长效机制，巩固提升国家卫生城市创建成果。提升居民自治覆盖面和管理水平，引导群众自觉参与城市管理。

决胜棚改攻坚。着力完成棚户区改造任务，确保取得棚改三年攻坚的全面胜利，让老城区脱胎换骨、新城区提档升级。重点抓好西河街、涔水新城东入城口和临津桥西入城口片区开发工程，推进生产街片区整体开发工作。大力实施棚改货币化安置，建立完善棚改征拆司法保障制度，对故意阻挠征拆的违法“钉子户”，依法依规启动司法强拆程序并坚决打击，切实维护支持配合棚改群众的根本利益。

推进融城发展。以国家新型城镇化改革试点、中小城市综合改革试点为契机，加快津澧融城步伐。启动津澧城市总体规划及控制性规划、经济社会发展规划、土地利用总体规划编制。推进津澧投融资平台一体化，组建津澧投融资平台公司，积极引进第三方平台实施津澧融城核心区建设。完成园区共建共享发展规划编制，启动国家级园区申报工作。推进交通一体化，加快津澧大道提质改造工程，打造津澧融合发展的形象大道，积极推进车胤大道、沿河大道与澧县路网对接，构建津澧快速通道，开通津澧城区公交线路，探索津澧出租车跨区运营。谋划津澧城市防洪圈及澧水风光带建设。逐步实施两地居民医保无差别化报销制度、两地放开高中阶段招生政策。

繁荣城市服务业。围绕金融服务、现代物流、创新研发、健康养老、文化旅游、房地产等六大重点，努力将现代服务业打造成加快津市城市发展的新引擎。做活商贸物流，加大并支持城市商业综合体、区域性专业批发市场以及星级酒店等项目建设，依托公共保税仓和海关工作站优势，启动A类保税物流中心的申报建设，引进国内大型物流企业、跨境电商和管理服务机构，支持本土物流企业发展，尽快形成区域物流中心。做强现代金融，加大股份制商业银行、证券、保险等各类机构的引进力度，培育并做强一批金融机构。做大文化旅游业，深度挖掘孟姜女、车胤等文化资源，推进嘉山、毛里湖、药山等景区建设，不断聚集人气、提升名气。大力发展健身休闲、健康养老、文化娱乐等幸福产业，稳定房地产投资和供需，促进房地产业平稳健康发展。

四、着力推进城乡一体化

以城乡一体化发展为统筹，以农业供给侧改革为主线，守住确保粮食生产能力不降低、农民增收势头不逆转、农村稳定不出问题的三条底线。

抓好镇村示范，提升统筹发展水平。巩固乡镇区划调整成果，积极对接国家“千个特色小镇培育计划”，继续抓好特色集镇的棚改、控违拆违、管线入地和新型农村社区建设，探索实现管道燃气集镇全覆盖，推进集镇集中治丧场所和村级生态公益性墓地建设，努力打造产业定位“特而强”、功能叠加“聚而全”、建设形态"精而美"的新型城镇。以示范村建设为引领,继续推进美丽乡村建设,加强农村生活垃圾处理市场化运作、"绿色存折"垃圾分类减量、美丽庭院建设等工作,把广大农村建设成为具有乡土味道、田园乡愁的美丽家园。

夯实农业基础,稳定粮食生产能力。抓好路网建设,完成农村公路"窄路加宽"提质改造工程19公里、农村安保工程5.9公里,推进县乡边界路和农村断头路建设。完善农田水利设施,除险堤防13处,新建疏挖塘坝122口,清淤渠道249公里,加快解决农业灌溉"最后一公里"问题。坚持藏粮于地、藏粮于技,继续抓好高标准农田和机耕道建设。探索农村基础设施管护长效机制建设,着力解决重建轻管、管理主体缺位等突出问题。顺应合乡并村后的新情况,盘活利用闲置资产资源,抓好农村综合服务平台建设。健全农产品质量安全监管、检测和认证体系,整合农产品质量检测监管力量。强化动植物疫病防控体系建设,推进供销社综合改革。

发展农业产业,增强农民增收能力。以农民增收为中心,选择一批产业基础好、发展潜力大的专业村,集中发展优势特色产业,在全市形成一批主导产业更加突出、品牌优势更加明显、农村经济更具活力、农民生活更加富裕的示范村。大力发展食用菌、蔬菜、瓜果、休闲农业等特色产业,扩大食用菌产业规模,打造"香菇种植走廊",支持建设有机莓果种植基地。完成农村土地确权登记颁证工作,依法稳妥发展土地流转、土地入股等多种形式的适度规模经营,加快培育专业大户、家庭农场、农民合作社等新型农业经营主体,积极培养新型职业农民,新发展农民合作社10个以上、家庭农场15个以上。加快农业产业化进程,探索推进现代农业科技产业园和现代农业示范区建设,重点扶持一批骨干农产品加工企业、电商运营企业。

培育文明乡风,维护农村大局稳定。大力推行以"记好民情账、画好村情图"为主要内容的"民情工作法",带动干部深入群众、亲近群众、帮助群众,稳定农村大环境,推动农村大发展。推行镇村"3+X"社会治理新模式,深化乡风文明建设,建立完善村规民约,引导农民自我管理、自我教育、自我服务。积极开展无上访村(社区)创建活动,进一步完善信访定期排查、评估、通报、司法调解机制,将矛盾化解在基层和萌芽状态,实现"小事不出村,大事不出镇,矛盾不上交"。

五、着力推进民生事业

扎实做好保障和改善民生工作,让全市人民都能沐浴着温暖的阳光、感受到温情的关爱、生活在温馨的家园。

推进脱贫攻坚。按照"两个全覆盖""五个精准到户"和办好新一轮"六件实事"的要求,抓住关键环节,实行挂图作战,在脱贫的路上不落下一个贫困家庭、不丢下一个贫困群众。突出强化领导责任和工作队责任,广泛发动社会力量,构建形成各方面踊跃参与的精准扶贫新常态,打造一支撤不走的工作队。突出唤醒群众的主体自觉,鼓励和引导贫困群众自力更生、自强不息,实现贫困户真脱贫、脱贫户不返贫。确保年内11个贫困村全部实现脱贫。

强化社会保障。以创业带动就业,出台优惠政策,吸引青年人返乡创业,抓好农村转移劳动力、城镇就业困难人员和退役军人就业工作。全年新增创业主体1200户,新增城镇就业5700人、农村劳动力转移就业1200人。不断推进社保扩面,努力实现应保尽保。完善城乡医疗保险制度,减轻群众就医负担。提高城乡低保、特困供养保障标准和精准度。发展民政养老事业,探索医养结合发展路径,抓好养老服务中心二期工程建设,完成1个社区小型养老机构、4个社区日间照料中心、5个养老服务示范点建设。确保殡仪馆新馆投入运营。大力发展社会福利和慈善事业,健全社会救助体系,提高特殊困难群体帮扶的精准度和有效性。

发展社会事业。推进教育满意工程,继续实施农村薄弱学校改造、"美丽校园"建设,抓好一中、三中、特教学校升级改造,加快职教集团南北校区合并,打造职业教育品牌。实施医疗惠民工程,推进人民医院与常德人民医院深度合作,抓好人民医院改扩建、中医院异地新建、妇幼保健院搬迁等重点项目建设,探索建立分级诊疗制度。坚持计划生育基本国策,推行人口优生促进计划。积极举办"欢乐津城"等文化主题活动,启动"书香津市"建设,开展全民阅读进机关、进学校、进企业、进家庭,打造一个会读书、爱读书、读好书的城市。加强国防动员、人民防空和民兵预备役建设,密切军政军民关系。抓好审计、统计、外事侨务、民族宗教、对台、档案、保密、地震、文联、残联、科协、史志、老龄等工作,重视和支持工会、共青团、妇女儿童及社会志愿服务工作。

加强生态保护。科学划定和严守生态保护红线,实施生态修复、城市修补,使津市大地青山常在、绿水长流、空气常新。切实抓好大气污染防治,城北区申报使用20吨以下的燃煤锅炉一律不予审批,城南区锅炉实施电、天然气等清洁能源改造。开展水生态示范县建设,全面落实环洞庭湖区环境整治五大专项行动工作任务,推进工业和生活污水处理、黑臭水体治理、畜禽退养等工作,继续抓好毛里湖生态环境综合治理。突出土壤污染防治基础能力建设,逐步实施一批土壤污染防治工程。保护森林资源和野生动物,继续实施绿色津市建设,完成荒山造林1万亩,建设生态示范户1000个。

维护社会稳定。加强和改进信访工作,坚持领导坐班接访、信访联席会议等制度,强化网上信访信息系统应用,引导群众依法逐级走访,依法分类处理信访诉求,维护群众合法权益。落实社会治安综合治理领导责任制,完善立体化社会治安防控体系建设,推进社会治理信息化、网格化、法治化。全面建立和完善安全生产责任体系,严格安全生产监管执法,坚决杜绝较大及以上事故。全面落实食品药品网格化、信息化监管模式,大力推行"双随机"检查,抓好餐饮单位、学校、农贸市场食品安全的示范创建。深入开展平安创建活动,依法严厉打击各类违法犯罪行为,提高突发事件应急处置能力,确保城乡安全、人民安宁、社会安定。

六、着力加强自身建设

发展的责任，人民的期望，对政府工作提出新的更高要求，我们一定要牢记宗旨，切实加强自身建设，不断提高行政效能和施政水平，在更高的起点上开创政府工作新局面。

接受监督，依法作为。严格执行重大行政决策法定程序，认真执行重大事项集体决策、社会公示、风险评估等制度。坚决执行市委各项决策部署，主动接受市人大及其常委会的法律监督和工作监督，执行市人大及其常委会的决议决定，认真研究处理各项审议意见，支持和保障市政协履行政治协商、民主监督、参政议政职能，认真办理人大代表建议和政协委员提案，虚心听取和采纳各民主党派、工商联、无党派人士的意见建议，切实推动各类实际问题的解决。

牢守底线，廉洁作为。认真落实“两个责任”，深入开展理想信念教育、岗位廉政教育，筑牢拒腐防变的思想防线，严肃查处腐败案件。加强项目招投标、行政审批、公共资源交易等重点领域和关键环节的监督，促进规范管理。加强惠民惠企资金跟踪审计和领导干部经济责任审计，严控“三公”经费支出，把更多财力用于推动发展、改善民生，政府自觉过紧日子，让群众过上舒心体面的好日子。

真抓实干，主动作为。继续精简行政审批，砍掉各类无谓证明和繁琐手续，放开市场主体的手脚。从严整治经济发展环境，对扰乱环境的人和事，发现一起、查处一起、曝光一起。关心爱护各级干部，按政策逐步提高待遇，落实公休假制度，让广大干部安心干事创业。倾心关注基层，加大村(社区)运转经费保障力度，规范、压缩面向基层的检查考核、评比达标活动，切实为基层减负解难。始终保持心无旁骛的定力，埋头苦干的精神，聚精会神抓发展，一心一意干事业，坚决做到明了的工作立即干，定下的市情抓紧干，部署的工作一抓到底，承诺的事情坚决兑现。一个一个项目推，一个一个产业抓，一个一个问题解，在实干中凝聚津市力量，讲好津市故事。

各位代表！一代人有一代人的担当和使命，一代人有一代人的长征路。在津市实现跨越发展的征途上，我们要走好自己的长征路，就是要在市委的坚强领导下，紧紧依靠和团结全市人民，不忘初心，奋勇前进，坚持工业立市，突出产业兴城，为把津市建设成为澧水流域现代化的中心城市而努力奋斗！

津市市人大常委会工作报告

——在津市市第十七届人民代表大会第二次会议上

津市市人大常委会主任　王育平

（2017年2月7日）

各位代表：

我受津市市第十七届人民代表大会常务委员会的委托，向大会报告工作，请予审查，并请各位列席的同志提出意见。

过去四年工作回顾

市十六届人大常委会任期的四年，是我市经济社会发展取得显著成就的四年，也是我市民主法治建设全面推进的四年。四年来，市人大常委会在中共津市市委的坚强领导下，知责思为，知任图进，共召开常委会会议31次，听取和审议"一府两院"专项工作报告89项，作出决议、决定42个，开展专题调研10次，组织代表集中视察27次，任免国家机关工作人员203人（次），扎实有效地履行了宪法法律赋予的职责，努力开创了人大工作新局面。

过去四年，我们始终紧扣大局、服务中心，推动经济发展有新作为

致力推动科学发展。注重宏观监督。听取和审议了"十二五"规划实施、"十三五"规划编制、城市总体规划（2015—2030）编制等情况报告，及时作出决议、决定，监督规划落实，以规划引领发展。推动深化改革。支持"一府两院"推进机构改革、司法改革、园区"一权两制一司"改革、行政区划调整、"营改增"等工作，以改革促进发展。严格预算审查。听取和审议年度市级财政预算执行情况，及时审查批准财政预（决）算和预算调整方案，将政府性债务、政府采购等纳入预算审查监督范围，实施全口径监督，以监督保障发展。

齐心助力快速发展。聚焦工业经济。专题调研园区投入、产出、企业运行及协议履约情况，推动政府提高入园门槛；多次审议工业经济运行情况，面对经济下行压力，提出前瞻性、针对性的意见；听取生物医药园建设规划，建议政府集聚产业优势、强化政策扶持，努力培育新的经济增长点。促进农业发展。监督政府全面推进农村土地确权颁证工作，支持政府实施高标准农田建设，督促部门出台文件规范农村集体资产、资源、资金管理，保证了农业农村经济稳步发展。支持城市建设。每年听取城建项目安排情况，监督城建资金使用管理，视察棚户区改造，助力"控违拆违"，参与"五城同创"，促进了城市扩容提质。

坚持促进协调发展。关注社会事业。听取和审议社会保障

资金管理、廉租房分配、教育和卫生三年攻坚等专项工作报告，监督完善社会保障体系、落实惠民政策。推动城乡统筹。视察城乡一体化建设，提出"打造地方特色、加强信息化管理"等建议，政府加大投入，统筹推进完美社区、美丽乡村建设，城乡面貌显著改观。助推生态建设。听取和审议《环境保护法》贯彻落实情况报告，先后对西毛里湖生态环境保护、"绿色津市"建设、畜禽退养工作开展视察，西毛里湖水质持续改善，全市绿化率不断提升，禁养区规模畜禽养殖、城郊水面养殖全面退养，我市人居环境逐步优化。

过去四年，我们坚持以民为本、为民行权，促进民生改善有新成效

办好民生议案，努力实现民盼。按时办结议案。市十六届人大顺应群众期待，将议案办理作为为民履职切入点，全心全意、尽职尽责督办到位。《关于建立农村公交大环线的议案》，当年提出，当年圆满解决，极大地方便了群众出行。连续三年跟踪督办《关于进一步提高我市城乡社会养老服务水平的议案》，推动完成了乡镇养老院的新建、改（扩）建以及城区养老院的升级。督促落实《关于加快农村电网低电压改造的议案》，当年完成46个村（居）的低电压改造，农村居民用上了"亮堂电"。三件议案办理情况在人民代表大会上进行了票决，代表充分认可，满意度较高。配合督办议案。《关于解决城乡居民饮水安全问题的决议》是常德市六届人大的"一号议案"，常委会铆足劲头、紧锣密鼓推动议案落实。通过会议连续"推"、派出专人"督"、视察现

场“促”、政府全力“办”、市镇整体“动”，投入资金1.8亿元，在常德率先实现城乡供水一体化，让农村居民也喝上了自来水。我市的工作经验，得到省、常德市的高度肯定。跨届督办议案。《关于建设城区及周边绿色走廊的议案》，办理期限三年，过去两年，常委会强力督办，政府积极推进，绿色走廊道路建设及绿化工程进展有序，今年常委会将继续跟踪该议案办理，确保按时按质办结。

回应社会关注，主动化解民忧。关注食品安全。督促政府强化农产品质量安全监管，开展餐饮门店专项整治，加强学校、工地食堂检查，连续多年保持食品安全“零”事故。关注专项资金使用。先后对住宅专项维修资金、涉农项目资金、校车专项补助资金的管理和使用情况开展调查、进行审议，确保了资金使用规范、有效。关注平安津市建设。重点加强禁毒工作监督，推动政府及公安部门强化禁毒保障、开展宣传预防、加大打击力度，我市禁毒工作迈上新台阶。关注校车安全。推动政府及相关部门理顺管理体制，整改14处校车道路安全隐患，优化校车运营线路，新建校车停车坪，学生安全出行得到保障。

监督部门工作，切实维护民利。深入开展工作评议。对政府工作部门年度工作进行评价，打分排名，以排名为依据，确定评议对象。四年来，先后对公安、教育、水务、城管执法、商务、粮食、交通运输、工业和信息化等8项工作开展了评议，引入现场询问、限时整改、表决整改情况等监督手段，取得较好评议效果。全面深化“五行”活动。聚焦畜禽水产品质量安全监管、大气和水污染防治、农村卫生状况改善、少数民族惠民政策落实、司法公信力提升等民生热点，扎实开展农产品质量安全行、环保世纪行、农民健康行、民族团结进步行动、司法公正常德行等活动，推动解决了群众最直接、最现实的突出问题。努力加强信访督办。四年来，共受理群众来信来访240余件，及时进行转办督办，对部分重大信访案件跟踪督办，鑫泰物业执行案、涂小莲十年未办到相关证照等一批群众合理诉求得到妥善解决。

完善任免机制，注重吸纳民意。开展任前调查、民主测评、法律考试，实施任职发言、任中审议、任命票决等措施，任免工作更加规范。查阅法、检“两院”拟任人员执法档案，向常委会报告，并作为任命依据，任命程序更趋完善。贯彻宪法宣誓制度，强化被任命者“权力来源于人民”的意识，任命仪式更显庄严。强化任后监督，组织代表、群众对部门工作及“两官”履职情况进行测评，以民意评判干部的工作成效，任命对象履职更加高效。

过去四年，我们恪守法治精神、以法为度，推进依法治市有新进步

保障法律实施。先后组织开展8部法律实施情况执法检查，检查中坚持问题导向、推动问题解决。《人民调解法》执法检查推动政府完善了专业调解委员会的设立、落实了人民调解员的补贴；《药品管理法》执法检查督促整改了医疗收费、药品价格等方面存在的问题；《档案法》执法检查促进了城建档案的规范管理；《食品安全法》、《科技进步法》、《农业法》、《城乡规划法》、《农村土地承包法》等执法检查也都解决了一些实质性问题，有力保障了法律法规的贯彻实施。

促进公正司法。推动破解执行难题。以专题会议督办、限时办结、主动约谈等方式，挂牌督办14件涉特殊主体执行案件，促使法院2013年执行积案由177件减至20件。在人大常委会的监督支持下，法院加大执行力度，实现了收结案良性循环。组织“两官”履职评议。2015年以来，常委会坚持“观察、督促、指导”的工作原则，全程参与、全面监督，督促法院、检察院对6名法官和6名检察官履职情况进行了评议，切实强化了“两官”权力来源、责任担当和公正司法意识。开展司法案件评析。抽调法律专业人士成立审查小组，对司法机关向常委会报备的446件司法案件进行审查，监督整改审查出的问题；组织开展18次旁听庭审活动，现场评议旁听个案，全面促进了司法公正、公平、公开。

推进依法行政。专题听取法治政府建设工作情况报告，推动政府规范权力运行，增强行政执法水平和能力。支持检察院在全省率先开展行政执法检察监督，重点在民生工程、房地产开发、食品安全等领域开展执法监督，推动部门严格执法，维护国家和社会公共利益。开展规范性文件备案审查。四年来，依法审查市人民政府报送的规范性文件69份，提出合理化建议30余条，督促完善修改5份，监督撤销1份，确保了政府规范性文件的合法性、合理性。

过去四年，我们努力优化服务、探索创新，发挥代表作用有新举措

能力提升与平台搭建并重，增强代表履职底气。开展学习培训。根据履职需要，组织代表进行初任培训、骨干培训、任中轮训、换届培训等活动，邀请专家对《组织法》、《选举法》、《代表法》进行集中辅导，先后培训人大代表256人(次)，不断提高了人大代表的法律素养和履职能力。加强知情保障。召开政情通报会议，寄发政务资料、人大刊物，安排代表列席重要会议，推荐代表担任社会监督职务，邀请代表参加警务、检务、审务公开活动，确保代表及时了解全市经济社会发展情况。搭建交流平台。在各镇、街道建立了11个“人大代表联系群众工作室”，开展指导督查，制订管理办法，使之有序运转，成为了代表履职的主阵地。

履职实践与履职激励并举，调动代表履职热情。扩大工作参与。有计划地组织省、市三级代表视察，有针对性地邀请代表列席人大常委会会议124人(次)，参加执法检查、工作视察、专项调研、工作评议等活动435人(次)，代表参与人大集体履职的范围不断扩大。丰富代表活动。切实加强闭会期间代表小组活动的组织、指导和服务，做到有计划、有主题、有记录、有反响。坚持代表联系选民制度，组织代表深入群众、深入实际，广泛收集社情民意，主动为群众排忧解难，代表在群众中的影响力进一步提升。强化履职激励。组织代表述职，市十六届人大常委会任期内，25名津市选出的常德市人大代表和津市市人大常委会兼职委员向市人大常委会进行了述职，140名市人大代

表向原选区选民进行了述职；建立履职档案，在代表大会上进行通报；开展创先争优，每年评选表彰一批代表活动积极分子、先进代表小组，有效提升了代表的履职积极性。

建议质量与建议督办并抓，转化代表履职成果。严把建议质量关，对代表提出的建议进行审核，评选表彰优秀代表建议，推动代表精选议题，提出了高质量的建议。加大建议督办力度，形成了“主任会议成员督办重点建议、代表参与督办建议、常委会征求办理满意度、建议办理满意度票决”等督办机制，办理成效凸显，办成率逐年上升。四年来，市人大代表共提出建议、批评和意见251件，五中操场建设、120急救中心建立、农村“便民桥”修建等一批代表关注、群众关心的问题得到较好解决，收到了良好的社会反响。

过去四年，我们注重强基固本、提升效能，强化自身建设有新步伐

稳扎稳打推动整体发展。加强人大组织建设。认真落实中央、省委、常德市委关于加强县乡人大工作和建设的要求，完成了人大法制、财政经济两个专门委员会的增设，街道人大联络委主任纳入人大常委会任命范围，为人大工作开展奠定了坚实的组织基础。加强基层工作指导。班子成员定期到镇(街道)督导，每季度组织召开镇(街道)人大工作联席会，规范基层人大职权行使；量化考核基层人大工作，评比表彰优秀人大工作者，激发基层人大工作热情。四年来，镇(街道)人大不断加强阵地建设、制度建设，工作开展更加扎实。加强对外工作联系。主动接受上级人大指导，积极配合上级人大开展执法检查、调研视察等活动；注重加强与区县人大常委会的互动交流，以务实开放的姿态营造了良好的发展环境。

坚持不懈强化队伍建设。加强思想政治建设。定期开展政治学习，不断增强政治意识、大局意识、核心意识、看齐意识。坚持集中学法制度，组织学习了《预算法》、《环境保护法》等16部法律法规。选派干部参加党校学习、业务培训和工作交流，全面提升人大干部的党性修养、理论水平和业务素质。推进工作作风转变。按照中央和省、市的统一部署，扎实开展党的群众路线教育实践活动、“三严三实”专题教育、“两学一做”学习教育等，深入整治“四风”，自觉参与脱贫攻坚，加强党风廉政建设，常委会工作更接地气、更顺民意、更得民心。推动文明机关创建。组织文体娱乐、志愿服务等活动，通过文化熏陶、精神感召，提升文明素养，凝聚队伍活力，打造文明机关。

与时俱进提升工作水平。提升规范化管理水平。完善人大常委会议事规则，制定代表活动办法、代表向选民述职办法，修订岗位目标责任制考核、公务接待、工作纪律等制度，以制度管人管事，各项工作运转有序。提升信息化服务水平。添置会议表决系统，推行无纸化办公，改版人大网站，打造工作交流平台，全面推进信息化建设，办事效率和服务水平提高。提升人大新闻宣传水平。及时宣传报道工作动态，制作履职专题片、工作纪实画册，充分展现人大工作的“闪光点”和“新亮点”。推荐533篇调研文章、信息在常德市级以上刊物、媒体发表，15篇理论文章在省、市获奖，人大工作感染力和影响力进一步增强。

2016年是换届选举之年，我们超前谋划，精心组织，圆满完成了换届选举任务

2016年的换届选举，党委重视程度之高、代表资格审查之严、媒体关注跟踪之密，选举组织程序之规范，堪称史上之最。常委会按照依法依规、风清气正的要求，积极贯彻落实中央、省委、省人大常委会有关精神，早谋划、早部署、早安排，坚持做到宣传发动到位、组织保障到位、业务培训到位、程序规范到位、督促指导到位、严明纪律到位，全市依法选举产生了新一届市人大代表171名、镇人大代表248名，依法选举产生了新一届人大常委会组成人员、人民政府领导班子以及法检“两院”主要负责人，整个换届工作依法有序、换届纪律风清气正、换届任务圆满完成。通过这次换届选举，代表比例结构进一步优化，代表自身素质进一步提高，地方政权建设进一步加强。

各位代表，市人大常委会四年来所取得的成绩，是市委正确领导的结果，是市十六届人大常委会组成人员、全体人大代表以及人大工作者辛勤工作的结果，是“一府两院”严格依法办事、自觉接受监督的结果，是市政协、市人武部和社会各界、广大人民群众大力支持的结果。在此，我谨代表人大及其常委会，向所有支持津市人大事业发展并作出不懈努力的同志们，表示衷心的感谢和崇高的敬意！

过去四年工作体会

各位代表，回顾四年的实践和探索，我们对推进民主法治建设有了更加坚定的信心，对坚持人民代表大会制度有了更加深入的理解，对做好新形势下的人大工作有了更加深刻的体会：

做好人大工作，必须坚持党的领导，充分发扬民主。坚持和完善人民代表大会制度，最根本的是坚持党的领导、人民当家作主和依法治国有机统一。四年来，常委会坚决贯彻市委决策、落实市委部署、争取市委支持，引导代表和群众，依法推进民主决策、民主选举、民主监督，保证了人大制度不断发展完善。

做好人大工作，必须力促经济发展，关注民本民生。发展是党执政兴国的第一要务，改善民生是构建和谐社会的基石。四年来，常委会坚持把推动发展作为重要政治责任，服务发展大局，置身发展实践，勇于担当，主动作为；坚持把人民群众对美好生活的向往作为奋斗目标，倾听群众呼声，顺应群众期盼，直面问题，寻求突破，赢得了广大干部群众的认同、信任与支持。

做好人大工作，必须依法强化监督，勇于探索创新。加强人大监督，是人大工作规范有序的根本保证。四年来，常委会找准监督议题，务求监督实效，寓支持于监督之中，助推中心工作、重点工作有序开展；适应新常态，把握新要求，以新的举措、新的作为，彰显人大工作特色，拓展了人大事业发展的广阔空间。

做好人大工作，必须铸就过硬本领，提升履职能力。打铁还需自身硬。四年来，常委会不断增强学习意识、法治意识、服务意识、廉洁意识，进一步提高常委会组成人员、人大工作者以及

人大代表的议事水平和履职能力，保证了人大履职不错位、不越位、不缺位，取得了长足进步。

做好人大工作，必须保障代表履职，激励代表尽责。代表是人大工作的主体。四年来，常委会多渠道搭建代表履职平台，多举措保障代表履职实践，多形式激发代表履职活力，代表积极“代民之言、维民之利、护民之权”，充分发挥了主体作用，为全市经济发展和社会进步做出了应有的贡献。

总结成绩的同时，我们也清醒地看到，人大常委会的工作同宪法和法律赋予的职责相比，与党和人民群众的期望相比，还存在着一定的差距和不足，比如：监督工作要更好地适应经济社会发展的新要求，监督方式有待进一步改进；代表工作要更好地适应民主法治建设的新要求，履职保障有待进一步加强；自身建设要更好地适应人大依法履职的新要求，能力水平有待进一步提升等。这些问题，新一届人大常委会将认真研究，采取措施，加以解决。

本届工作思路及今年工作重点

各位代表，新一届人大常委会任期的五年，是津市改革攻坚的关键时期，是津市加速发展的重要战略时期。新一届人大及其常委会将紧密团结在以习近平同志为核心的党中央周围，在市委的坚强领导下，围绕“建设澧水流域现代化的中心城市”的宏伟目标，以“五位一体”总体布局和“四个全面”战略布局为引领，以“两个率先实现、两个基本建成、两个历史跨越”为总揽，依法履职，务实担当，开拓进取，努力谱写人大工作精彩新篇章。

——坚持党的领导，把准工作方向。自觉把坚持党的领导贯穿于人大及其常委会依法履职的全过程，在全市工作大局上把准方向，在贯彻落实市委重大决策部署上凝心聚力，在行动上坚持重大问题向市委请示，人大常委会党组每年向市委报告工作。

——紧扣全市中心，服务改革发展。紧紧围绕市第十二次党代会确定的目标任务和“十三五”规划，加强对全局性问题的研究和思考，以推进津澧融城、国家级经开区建设、城乡一体化建设、“1115”工程、交通大会战为重点开展监督，支持政府破解转型发展难题，促进经济快速发展。

——聚焦民生福祉，增强监督实效。继续关注民生事项，把食品药品安全、社会保障、教育医疗、城市品质提升以及大气、水、土壤污染防治等作为监督议题，以更大的力度推进民生改善。着眼司法公正，通过执法检查、案件评查、规范性文件备案审查、“两官”履职评议等活动，切实维护人民的合法权益。

——突出为民履职，激发代表活力。加强代表履职培训，努力提高代表为人民履职的能力和水平。推动常委会组成人员联系代表、代表联系选民常态化，健全闭会期间代表活动的组织和保障机制，加大代表议案、建议督办力度，激励代表为津市发展建功立业。

——注重从严要求，提升自身能力。深入学习贯彻党的十八届六中全会精神，加强机关党的建设。严格执行《关于新形势下党内政治生活的若干准则》和《中国共产党党内监督条例》，严守党的政治纪律和政治规矩。坚持民主集中制，集体行使职权，增强常委会履职能力，确保常委会科学决策、民主决策、依法决策，使人大工作永葆创新发展的生机活力。

2017年，是新一届人大及其常委会履职开局之年，是本届人大代表任期起始之年。我们将努力做好今年的工作，实现新一届人大工作良好开局。

今年，我们将强化大局意识，围绕市委决策，依法决定重大事项

1.坚决维护党委的领导核心地位。主动将市委的主张和意图落实到具体工作中，对市委向人大常委会提出的重大事项，及时通过法定程序作出决议、决定。

2.紧扣市委决策部署审议大事。围绕市委提出的“工业立市、产业兴城”总体部署，听取和审议工业经济发展情况报告，促进产业转型升级。

3.围绕推动发展履职行权。抓住招商引资、项目建设等影响经济社会发展的重要工作和重大问题，深入调查研究，广泛听取意见、建议，认真组织审议，依法作出决议、决定。抓好决议、决定贯彻实施情况的跟踪监督，确保收到明显成效。

4.开展好人事任免工作。坚持党管干部与人大依法任免干部有机统一，贯彻党委人事意图。制定《津市市人大常委会人事任免办法》，充分发扬民主，严格依法办事，增强人事任免工作的法律性、民主性、权威性。

今年，我们将履好监督职责，突出工作重点，切实提升监督实效

5.加强财经监督。深化全口径预算编制、执行等情况的审查监督，加大对审计工作报告指出问题的整改、融资资金和城建资金管理、国有土地出让、债务风险防控等工作的监督力度，推动完善公共财政体系，提高财政资金使用效益。

6. 加强城市建设监督。重点监督城建计划执行、“五城同创”、棚改、海绵城市建设、城市管理体制机制建设等，推动提升城市建设与管理水平。

7.加强生态环境保护监督。听取年度环境状况和环境保护目标完成情况报告，重点监督养殖环境整治工作，常态化监督城乡环保设施运行，督促解决突出的生态环境问题。

8.加强民生问题监督。听取社会救助工作情况报告，视察教育工作。开展食品安全专项督导，调研农产品检验检测情况，督促市人民政府提升食品、农产品安全检验检测能力，切实保障人民群众的健康。

9.深入开展政府工作部门年度工作评价。改进评价机制，创新评价方式，善用监督手段，增强监督效果。

10.推动普法工作和法律实施。听取“六五”普法规划实施情况和“七五”普法安排情况报告，依法作出“七五”普法决议。开展《大气污染防治法》执法检查，视察《农村土地承包经营权流转管理办法》落实情况，推动法律法规贯彻实施。

11.监督、支持司法改革。听取法院、检察院司法改革工作情况报告,协调改革中遇到的具体问题,营造支持司法改革的浓厚氛围,促使改革取得更大成效。

12.加强对依法行政、公正司法的监督。充分发挥法制委员会职能作用,加强规范性文件备案审查制度和能力建设,提升审查质量。继续开展"两官"履职评议、司法案件备案审查、案件评析、旁听庭审等活动,推动司法公正、公开。

13.监督议案办理落实。重点视察"绿色走廊"建设情况,督促、支持市人民政府今年完成绿色走廊建设任务。

14.继续开展"五行"活动。依托环保世纪行、农产品质量安全行、农民健康行、民族团结进步行动、司法公正常德行"五行"活动,深化民生领域的全方位监督。重点监督、促进大气污染防治、水污染防治等工作。

今年,我们将突出主体地位,抓好服务保障,充分发挥代表作用

15.抓好代表学习培训。开展代表履职培训,组织代表外出学习、履职经验交流等活动,增强代表使命感和责任感,提升代表履职能力。

16.加强代表联系群众工作。抓好"人大代表联系群众工作室"建设,整合资源,准确定位,规范运行,将其建设成为代表联系群众的主阵地、主渠道。

17.扎实开展代表小组活动。加强对代表小组活动的指导,精心组织代表开展视察、专题调研等。进一步探索代表小组活动主题管理方式,丰富活动内容,提升活动实效。

18.强化建议办理。完善代表建议提出、交办、承办、督办、评价等行之有效的工作机制,使建议办理工作走向规范化、制度化。加大对重点建议、代表不满意建议的督办力度,提高建议办成率。

19.进一步完善代表履职考核机制。将代表提出建议、参与活动、联系选民情况作为重点考核内容,量化考核标准,以考核为依据开展评先评优,激发代表履职积极性。

今年,我们将紧跟时代要求,加强自身建设,不断提高履职水平

20.完善委办责权。结合工作实际,进一步细化法制委员会、财政经济委员会、内司工委、城环工委等机构的职权、职责,建立制度,明晰权责,确保高效履职。

21.强化工作指导。定期召开镇(街道)人大工作联席会议,交流工作情况,指导工作开展,整体推进全市人大工作。

22.拓展宣传手段。利用网站、微信、手机报等媒体,加强人民代表大会制度、基层人大工作和人大代表履职的宣传,把人大工作做得更加丰富多彩。

23.提升工作效能。加强政治理论、法律法规和人大业务知识学习,开展培训活动,提升常委会组成人员和机关干部综合素质。修订《津市市人民代表大会常务委员会议事规则》,完善机关工作制度,保障人大机关高效运转。

各位代表,立足新起点,迈步新征程,时代赋予我们重任,人民寄予我们厚望。让我们在中共津市市委的坚强领导下,坚持人民代表大会制度,坚持忠实履行法定职责,不忘初心,继续前进,以更饱满的政治热情、更坚定的发展信念、更真挚的为民情怀、更奋发的精神状态,为建设澧水流域现代化的中心城市而努力奋斗!

中国人民政治协商会议
津市市第十一届委员会常务委员会工作报告

——在政协津市市第十二届委员会第二次会议上

市政协主席　姜正才

((2017 年 2 月 7 日))

各位委员、同志们:

我受政协津市市第十一届委员会常务委员会委托,向大会报告工作,请予审议,并请会议列席人员提出意见。

过去四年工作回顾

过去四年,是我市攻坚克难、努力奋进的四年,也是经济社会发展取得巨大成就的四年,更是人民群众获得感、幸福感、自豪感不断增强的四年。十一届政协常委会在中共津市市委的坚强领导下,始终坚持"忠实履职,奉献津市",大力弘扬团结和民主两大主题,创造性地履行政治协商、民主监督、参政议政职能,组织和带领全体政协委员,积极履职建言,服务科学发展,协同改善民生,政协工作务实创新、有为有位,为全面建成小康社会做出了积极贡献。

四年来,我们着眼发展,精选课题、充分协商,政治协商水平不断提高,大批协商建言成果转化落实,为市委市政府科学决策,贡献了政协智慧。

四年来,我们探索创新,多管齐下、数措并举,民主监督力度不断加大,推动政协民主监督从聚焦问题到解决问题、从被动到主动、从分散到集中转变,体现了政协担当。

四年来,我们大胆突破,搭建平台、创造条件,参政议政途径不断拓宽,在经济建设、政治建设、文化建设、社会建设、生态文明建设进程中,汇聚了政协力量。

四年来,我们积极作为,紧扣中心、持续发力,政协整体优势不断发挥,主动为经济建设使劲出力,主动为人民群众排忧解难,展示了政协作为。

四年来,我们兼容并蓄,团结各界、广泛交流,合作包容的共识不断增进,用发展的视角关注未来,用人文的情怀体察民情,彰显了政协魅力。

四年来,我们立足长远,抓住关键、服务委员,凝聚力和向心力不断增强,"委员之家"功用不断凸显,文化建设取得长足进步,塑造了政协形象。

一、围绕中心,服务大局,政治协商更加富有成效

集中协商成果丰硕。在十一届政协的四次大会上,委员们先后围绕城乡医疗保障一体化、完美社区建设、生物医药产业发展、解放思想改进作风、生态文明建设、工业集中区建设、食用菌产业发展、电子商务、健康养殖等 21 项事关我市经济社会发展和民生改善的重大问题进行了广泛深入的协商发言,形成了一批有价值的协商成果。《加快推进我市城乡医疗保障一体化建议》的协商发言,加速了城乡居民医疗保险一体化的进程。自今年 1 月 1 日起,"统一参保范围、统一筹资政策、统一保障待遇、统一医保目录、统一协议管理、统一基金管理"的城乡居民医疗保险制度正式实施。《重视社区服务体系,加强社区建设力度》的协商发言,促进了社区平台建设、机制完善、经费保障等方面工作,现在社区平台敞亮了,经费提标了,社区事务基本理顺。《关于发展壮大生物医药产业的建议》的协商发言,助推了我市生物医药产业的发展,"两湖" 生物医药产业园初具规模,生物医药产业成为我市工业经济新的增长极。

专题协商规范有序。十一届政协常委会议每年都对我市经济社会发展情况开展专题协商;第 9 次常委会议专题协商津澧融城工作,第 19 次常委会议专题协商《津市市国民经济和社会发展第十三个五年规划纲要(草案)》。先后形成了《关于推进津市市生态建设的建议案》《关于建设完美社区领先市的建议案》《关于着力打造宜居村庄建设美丽乡村的建议案》《关于 "抓津

澧融城，首位工作是抓津澧合并”的建议案》等4件常委会议建议案。四年来，主席会议专题协商了城乡供水一体化、工业集中区土地利用、车胤文化公园规划与建设、工业企业帮扶解困、合乡并村、电商产业发展等工作，形成了《关于“工业企业‘降成本、减负担’工作”的建议》《关于“推进并村工作”的建议》等主席会议建议案。

对口协商精准有力。市政协始终关注社会公共事业发展，坚持把民本民生问题作为协商议政的重点内容，积极在民生改善上发声发力。各专委会先后围绕福地文化建设、新洲古城建设、农村危房改造、村居卫生室建设、社区矫正等课题进行协商。《我市古老建筑保护刻不容缓》的协商，助推了我市古老建筑保护工作，望江楼正在修复之中，益泰绸布庄列入了重建计划，西河街即将进行旧城改造，为现代化的城市保留了更多的历史文化底蕴。

二、创新方式，拓宽渠道，民主监督更加扎实推进

通过集中委派开展民主监督。注重提升民主监督组织化程度。2015年，市政协向涉及民生安全领域的市安监局、原市药监局、原市工商局、原市质监局、原市卫生局、市交警大队等6家单位委派了6个民主监督小组，从行政执法、安全监管、工作效能、工作作风等四个方面开展集中监督，探索了民主监督由个人监督向组织化监督、由被动监督向主动监督、由单项工作监督向全面工作监督、由随机性监督向规范化制度化监督的转变。注重遴选优秀政协委员参与监督工作。先后选派政协委员100多人次担任市委工作监督员，满意政府监督员，市委市政府相关部门的特邀监督员，参加全市优化经济发展环境评议活动，参与城市规划评审、机关效能督查、人事招聘监督等活动。

通过提案督办推进民主监督。市政协常委会坚持把提案工作作为全局性工作来抓，特别注重通过督办重点提案来推进民主监督工作。十一届政协由主席会议成员领衔督办25件重点提案。每年召开重点提案办理工作民主评议会，通过提案办理协商、政协委员点评、政协常委测评、集中通报等措施，有力地促进了重点提案办理工作。市政协提案委联合市委督查室、市政府督查室对面上提案开展定期督查，加强提办双方的沟通，促进提案办理工作落实。

通过跟踪回访强化民主监督。把2016年作为“政协重要履职成果跟踪回访年”，重点对十一届政协重要履职成果的转化运用情况开展回访监督。一是对政协委员论坛的成果转化进行回访监督。通过现场视察、观看论坛成果转化视频、听取单位汇报、政协委员点评等形式，分别对“美丽津市·生态津城”“美丽津市·宜居津城”“美丽津市·满意教育”3次政协委员论坛成果的转化与运用情况进行了回访监督。二是对委派民主监督小组工作进行回访监督。通过组建4个民主监督回访视察小组，对市市场质量监管局、市交警大队、市安监局和市卫计局等4家单位2015年度民主监督意见的整改落实情况进行回访视察。三是对重要提案和重要社情民意信息办理落实情况进行回访监督。主席会议对车胤文化公园的规划与建设等重点提案的办理落实情况开展了回访视察活动。通过这些回访监督，既推动了部门工作，又进一步促进了政协履职成果转化落实。

三、精心组织，注重实效，参政议政更加广泛深入

委员论坛锻造精品。十一届政协以“美丽津市”为主题，按照一年一个专题的思路，开设专家讲坛、开展专题论坛、开通网络论坛、开辟校园论坛。2013年，举办“美丽津市·生态津城”首届政协委员论坛，北京林业大学雷光春教授莅临论坛并作了“我国生态建设面临的形势和主要任务”的专题讲座，委员们从打造生态园区、生态小区、生态庭院等10个方面进行中心发言，师生撰稿460多篇，千字以上的网络发帖60多份，在全市范围引起极大反响。同年，市委召开全市林业工作会议，出台了《关于加快绿色津市建设的实施意见》，极大地推动了“绿色津市”建设。2014年，一部以居民亲历、亲闻、亲感、亲言为基础浓缩的《浓妆淡抹怎相宜——打造宜居津城任重道远》专题片，拉开了“美丽津市·宜居津城”政协委员论坛序幕。25分钟的视频，亮出了我市城市建设与管理的不足，委员们围绕城市主体公园、城市污水治理、古城建设等8个专题作中心发言，形成的33条建议，在全市上下引发强烈共鸣。市政府城建双月调度会充分采纳论坛成果，有力地推动了我市“三改四化”、“两城创建”、“控违拆违”等工作。2015年，“美丽津市·满意教育”政协委员论坛发出了办“九澧一流、全省领先”教育的呐喊，引起全社会对我市教育工作和教育事业的关注。市委市政府主要领导和分管领导分别出席专题论坛和论坛总结座谈会，并作重要讲话；教育、财政等部门迅速响应，充分利用论坛成果，从投入、机制等方面为教育发展提供保障；社会各界掀起爱心助教、捐资助学新风潮，形成关心、支持教育的浓厚氛围。市政协通过举办政协委员论坛，为委员搭建了一个在政协全会闭会期间参政议政的新载体，一个与党政领导面对面交流政见的新平台，一个发表真知灼见展现委员风采的新舞台，达到了大参与、大启迪、大影响、大品牌的效果，是十一届政协的创新之举，也开创了常德市乃至全省县级政协的先河。

提案质量明显提高。市政协通过强化委员责任、加强质量引导、严格立案审查等措施提高提案质量。组织委员参加政情通报会、调研视察等活动，帮助委员知情明政，提高提案撰写水平。坚持工作组初审、提案审查委员会预审、主席会议审查“三审立案”，提案质量明显提高。四年来，共收到委员提案576件，立案395件，其中集体提案比重由2013年的1.7%提高到18.1%。从办理情况来看，提案所提意见和建议已经解决或基本解决的124件，占31.4%；正在解决或列入规划解决的250件，占63.3%；因条件限制暂时不能落实的21件，占5.3%。实现了提案由数量型向质量型转变、提案办理由答复型向落实型转变、提案工作由被动型向主动型转变。

社情民意更加畅通。四年来，共收到社情民意信息458件，向上级政协组织反映100多件，市委市政府领导批示50多件。2013年，“三改四化”城市提质战役中，发动委员，深入调研，集中反映了一批贴近群众、贴近现实、贴近生活的社情民意信息，得到市委市政府的高度认可和赞扬。《农村计划外生育孩子没有户口现象严重》的社情民意信息经市政协呈报给市委市政府后,引起了高度重视,分管领导亲自签批,亲自过问,有关部门高度重视,召开会议研究部署,委员反映的问题得到了较好的解决。

四、把握主题,发挥优势,服务中心更加有力有为

积极完成市委交办工作。市政协主席会议成员按照市委统一安排,积极参与完美社区建设、毛里湖湿地公园建设、美丽乡村建设、脱贫攻坚、涔水新城开发、智慧城市建设、"三改四化"、"五城同创"、控违拆违、招商引资、食用菌产业发展、破产企业维稳帮困、项目建设等中心工作,认真抓协调、抓调度、抓落实,始终保持了积极参与、主动履职的进取状态,始终体现了无私奉献、不计名利的工作精神,始终发挥了汇聚力量、促进发展的职能作用。

认真抓好办点示范。参加完美社区办点示范工作。在完善湖桥社区基础设施建设的同时,大胆创新,率先在全市建立社区日间照料中心,极大方便了社区居民,受到群众一致好评;丝绸社区的水、电、路等基础设施的改善,让这个老工区焕发了新生机;新村社区、油榨坊社区棚改工作稳步推进等等。推进美丽乡村办点示范工作。2014 年,广泛动员后盾单位和援建单位,筹资 300 多万元,建成了大山村农民宜居小区,当年作为我市民生升温板块典型迎接了常德市"三大战役"流动现场会。2015 年至 2016 年,七星村的办点工作扎实有效,基本实现了"水通电通信息通,路通沟通民心通"的"六通"目标。推动毛里湖国家湿地公园建设。2016 年,顺利获得国家湿地中心正式授牌,并取得国家 AAA 级旅游景区牌子。

主动助力脱贫攻坚。全体政协委员主动投入,弘扬扶危济困的传统美德,积极响应省、市、县政协三级联动,开展"三个一"结对帮扶脱贫攻坚行动,通过联村联户、捐资助困等多种方式,共结对帮扶困难群众 120 户,为群众办各类好事实事 156 件,提供各类帮扶物资 100 余万元,解决就业 44 人,帮助困难学生 24 人,充分展示政协委员情系民生、履职为民的责任担当。市政协机关按照"领导联点、干部包户、结对帮带、精准扶贫"的工作要求,在毛里湖镇长寿村开展脱贫攻坚工作,采取"一对一"或"多对一"的措施,结对帮扶贫困家庭,这些贫困家庭没有一个孩子因为交不起学费而失学。

五、广泛联系,坚持合作,团结民主更加同心同向

积极推进党派合作。在全体会议、常委会议、主席会议以及政协组织的其他各类会议中,积极为各民主党派、工商联、无党派和社会各界人士创造建言议政条件,邀请各党派团体参加政协组织的调研、视察、协商等活动,在政协搭建合作共事平台,鼓励和支持他们畅所欲言,共同推进我市经济社会发展。四年来,各民主党派、工商联、无党派人士提交提案 230 件,反映社情民意信息 200 多条,提交调研报告 40 多篇,13 人次在大会上作协商发言,15 人次在委员论坛上作中心发言。

加强对外交流联谊。承办省政协来我市调研城乡供水一体化工作,承办常德市政协开展的津澧融城等课题调研活动、常德市区县(市)政协秘书长联席会议,协助常德市政协开展泛湘西北现代立体交通大格局、常德米粉等课题调研。组织政协委员赴长沙、株洲、郴州、望城、武汉、公安等地学习考察;接待海南陵水、湖南张家界、沅陵、安化、常宁、中方等兄弟政协来我市学习交流;常德市政协武陵区活动组、临澧活动组先后来我市开展视察活动;3 次赴北京、珠三角地区考察旅外委员。2015 年 5 月、10 月分别组团参加在石首市、华容县召开的第十九次、二十次湘鄂边十县(市)政协主席联席会议。

认真开展文史工作。协助省、常德市政协开展《湖湘农耕文化遗产》等文史资料征集工作,编录我市农耕文明重要遗址、特色农产品、农耕信仰等篇目。积极参加省政协组织的《忠实履职——奉献基层》、常德市政协组织的"人民政协成立 65 周年"和政协理论研讨等征文活动,认真组织常德市政协主持编纂的《南下干部》《常德故事 <津市篇>》的征集工作。

六、内强素质,外树形象,自身建设更加具有活力

着力打造学习型政协组织。注重强化思想政治教育。严格执行中央八项规定,扎实开展党的群众路线教育实践活动、"三严三实"专题教育和"两学一做"学习教育,严抓作风、严管队伍、严肃纪律,全面加强党的建设,机关干部的政治意识、大局意识、核心意识、看齐意识进一步增强。注重加大业务培训力度。举办了新任委员培训班,学习人民政协基本知识和提案工作、社情民意信息工作等知识;举办了骨干委员培训班,从政协基本理论、统一战线理论、社情民意知识等方面进行系统培训;举办了政协理论知识抢答赛,进一步巩固委员理论知识学习成果;在政协机关干部队伍中开展"四个一"活动,倡导政协干部每月读 1 本好书,每年高质量撰写 1 篇理论研究文章、1 份调研报告、1 件社情民意信息,不断提高政协干部的学习能力和服务水平。

不断强化政协宣传工作。2015 年,《文史博览·人物》第二期发表了《从背后看津市——一个政协主席的观察》,《湘声报》以《薛君委员工作室:让群众看得到,找得到,指望得了》为题,报道"薛君委员工作室"的典型事迹。2016 年,《湘声报》头版头条以《小论坛彰显大作为——津市市"政协委员论坛"这 3 年》为题,推介我市政协委员论坛;以《津市市政协帮扶发展内生动力——重铸长寿村》为题,宣传市政协脱贫攻坚工作。常德市政协网站对市政协专题协商、民主监督、志愿活动等工作进行经常性报道。四年来,共有 40 多次履职活动得到常德市级以上媒体的宣传和推介,扩大了我市政协的影响力。

扎实推进政协"三化"建设。注重加强政协工作的制度化、规范化、信息化建设。新修订了《全体会议工作规则》《常委会议工作规则》等规章制度,新制定了《民主评议提案办理工作制度》《政协委员论坛实施办法》等规章制度。2015 年,市委召开政协工作会议,出台了《关于进一步加强新形势下人民政协工作的若干规定(试行)》《关于进一步加强人民政协提案办理工作的实施意见》和《关于进一步加强政协联络处建设的实施意见》等文件，提高了政协工作的制度化水平。认真研究出台委员履职评价办法，开发委员履职评价软件系统，对委员履职情况进行动态管理；开发网上提案工作系统，对提案文档提交、审阅、批复、查询等实行网络办公，提升政协工作的信息化、规范化程度。

四年来，政协工作捷报频传，政协事业不断迈进。津市活动组被评为常德市先进活动组；姚跃进、李子牙等同志被评为常德市“优秀政协工作者”，肖婵、刘仕彬、周欢等委员被评为常德市“优秀政协委员”；在常德市政协六届二次会议上，肖婵委员代表津市活动组作了《加强工业企业技能工人队伍建设的建议》的发言；《创新协商方式彰显政协作为》获湖南省政协理论研究优秀论文三等奖；《县级政协履行民主监督职能的探索与实践》《加强对政协委员管理的几点思考》分获常德市政协理论征文二、三等奖，《当前我市工业企业“降成本、减负担”的主要诉求及帮扶对策建议》获湖南省政协优秀调研报告三等奖；《关于工业集中区土地利用情况的协商报告》获得常德市政协优秀调研报告二等奖，《关于切实加快东常高速全线贯通运营的建议》被评为常德市政协优秀提案，《常德沅水二桥安全管理需待加强》被评为常德市政协优秀社情民意信息，市政协机关被评为常德市级文明单位等等。

各位委员、同志们，政协工作成绩的取得，是历届政协打下的坚实基础，是中共津市市委高度重视、坚强领导的结果，是市人大、市政府、市人武部大力支持、鼎力相助的结果，是全市各部门单位、社会各界人士充分理解、团结协作的结果，是市政协各参加单位和广大政协委员认真履职、倾情奉献的结果。在此，我代表十一届政协常委会，向市政协第十一届全体委员，向所有关心支持我市政协事业发展的各级领导、各界人士、各位朋友，表示衷心的感谢！

回顾过去四年的工作，我们深刻体会到：

做好人民政协工作必须坚持党的领导。人民政协的性质决定了政协必须始终坚持党的领导。四年来，市政协准确定位，始终坚持和服从党的领导，维护中共津市市委的权威；始终注重加强团结，自觉搞好政协同市委、人大、政府、人武部的团结合作，真正践行了“市委想什么，政协议什么；政府干什么，政协帮什么；群众盼什么，政协谋划什么。”

做好人民政协工作必须坚持实事求是。实事求是是我们党的思想路线。四年来，我们牢记不唯上、不唯书、只唯实的履职理念，紧扣市委市政府工作大局，在专题调研和协商议政中能讲真话，在维护大局、服务中心、促进发展中善讲真话，在项目建设、招商引资、改善民生中敢讲真话。事实证明，只有坚持实事求是，政协工作才能做到有为有位。

做好人民政协工作必须坚持依靠委员。政协的主体是委员，政协的优势在委员，政协的作为靠委员。四年来，我们在保障委员民主权利的同时，通过强化委员教育管理、加强委员联系走访、搭建委员履职平台，极大地激发了委员的履职积极性和创造性。实践表明，只有组织好委员，激发出委员的聪明才智，才能实现政协事业的蓬勃发展。

做好人民政协工作必须坚持创新发展。创新是政协事业发展的动力。四年来，我们坚持把创新发展贯穿政协工作的全过程，在大力发扬历届政协成功经验的基础上，紧跟时代发展步

2017年2月7日，政协津市市第十二届委员会第二次会议召开。

伐,不断创新政协工作的内在机制,形成了生动活泼的工作局面。

各位委员,过去四年政协工作取得了一些成绩,但与党和人民的要求相比,与政协承担的使命相比,与广大政协委员的期望相比,还存在许多的不足和差距。如协商议政水平还需进一步提高,大团结大联合还需进一步努力,委员主体作用还需进一步发挥,界别特色还需进一步彰显,民主监督工作还需进一步加强等。对此,我们要认真分析研究,切实加以解决。

今后五年工作思路

未来五年,是我市对接长江经济带,融入洞庭湖生态经济区,紧扣新常德新创业,建设澧水流域现代化的中心城市的关键机遇期。今后五年市政协工作的指导思想是:高举中国特色社会主义伟大旗帜,坚持以邓小平理论、"三个代表"重要思想和科学发展观为指导,深入贯彻党的十八大和十八届三中、四中、五中、六中全会精神,深入贯彻习近平总书记系列重要讲话精神,深入贯彻省、常德市、津市市党代会精神和市委经济工作会议精神,在中共津市市市委的坚强领导下,牢牢把握团结和民主两大主题,"忠实履职,奉献津市",助推科学发展,协同改善民生,积极参政议政,抓协商,强监督,广参与,建机制,创品牌,为建设澧水流域现代化的中心城市做出新的贡献。

站在新的历史起点,做好新一届政协工作,必须坚持一个原则、突出两个重点、发挥三个作用、建设四个政协。

——坚持一个原则

坚持党的领导。始终与以习近平同志为核心的党中央保持高度一致,自觉向党中央看齐,向党的理论和路线方针政策看齐,向党中央决策部署看齐。始终坚持在中共津市市市委领导下开展政协工作、推进政协履职,发挥好政协党组在政协组织中的政治核心作用,保持正确的政治方向,确保政协事业持续健康发展。

——突出两个重点

突出协商议政。准确把握人民政协的性质定位,更好地发挥人民政协作为社会主义协商民主重要渠道和专门机构的作用,把协商民主贯穿履行职能全过程,推进协商民主制度化、规范化、程序化建设,更好协调关系、汇聚力量、建言献策、服务大局。

突出民主监督。"夫以铜为镜,可以正衣冠;以古为镜,可以知兴替;以人为镜,可以明得失。"市政协要紧紧围绕全市发展大局和重大民生问题开展民主监督,在广泛的民主监督中,彰显人民政协的作用和价值。

——发挥三个作用

发挥委员主体作用。坚持用事业凝聚委员、用实践锻炼委员、用机制激励委员,进一步强化委员政治意识、政协意识、责任意识,完善委员履职评价办法,更好地激发委员履职热情。创新委员教育培训方式,全面提高委员的政治把握能力、调查研究能力、联系群众能力、合作共事能力。创新委员履职服务方式,为委员履职创造条件、搭建平台、提供保障,引导委员认真履职、积极作为,在服务改革发展中建功立业,在推进政协事业发展中履职尽责。

发挥专委会基础作用。进一步加强专委会建设,建立和完善专委会联系部门、联系委员制度,强化专委会组织委员履职、承办履职活动的责任,大力发挥专委会组织优势、专业优势、联络优势,把专委会打造成为政协经常性履职活动的重要载体、联系服务委员履职的重要平台。

发挥界别纽带作用。强化界别意识、突出界别特点、发挥界别优势,探索建立界别工作规则和界别召集人制度,更好地依托界别开展履职活动,通过界别座谈、界别协商、界别提案和反映界别社情民意信息等形式,汇聚界别委员的智慧和力量,不断增强履职实效。

——建设四个政协

建设智慧政协。利用政协智力密集的优势,探索建立政协专业智库,为政协精准高效履职提供智力支持。贯彻落实省政协统一部署,加快政协"云平台"建设,通过"互联网 +",全面融合政协系统信息资源,有效对接党政和社会信息资源,完善提升政协委员履职评价系统、政协提案平台系统,搭建起政协科学履职、委员高效参与、群众通畅表达的平台,推动政协工作进入大数据时代。

建设创新政协。坚持创新发展,积极推进政协工作思路创新、制度创新、实践创新,着力在发展协商民主、履行职能、带好委员上,探索更加有效的机制和方法,不断焕发政协工作新的活力。

建设务实政协。着力在"实"字上下功夫,以"实"的标准谋划政协履职,以"实"的作风推进政协工作。坚持把调查研究作为政协履职的前提和基础,通过深入调研、反复论证,增强议政建言的针对性、准确性、科学性,使政协履职更贴近实际、接近地气。

建设和谐政协。大力弘扬团结和民主两大主题,充分尊重和保障各界各族人士的民主权利,努力营造平等协商、民主议事、真诚沟通的良好氛围,多做理顺情绪、化解矛盾的工作,多做求同存异、增进共识的工作,多做团结鼓劲、凝心聚力的工作,不断增进共识度、扩大团结面、汇聚正能量。

2017 年主要工作任务

2017 年,是十二届政协工作的开局之年,做好市政协今年的各项工作,意义重大,影响深远。面对新形势新任务,我们必须统一思想,振奋精神,团结一致,立足新起点,着力新作为,再创新业绩。

一、强化学习研究,力求在履职能力上有新提高

认真开展政治理论学习。把 2017 年作为"政协理论知识学习年"。要深入学习党的十八届六中全会精神。十八届六中全会确立了习近平同志的核心地位,审议通过了《关于新形势下党内政治生活若干准则》和《中国共产党党内监督条例》,为全面

从严治党、推进党的建设新的伟大工程确立了行动指南，意义重大、影响深远。政协各参加单位、广大政协委员和各级政协工作者要把深入学习贯彻十八届六中全会精神，作为当前的首要政治任务，深刻领会全会的精神实质，牢固树立政治意识、大局意识、核心意识、看齐意识，切实把思想和行动统一到中央的决策部署上来。要认真学习贯彻省第十一次党代会、常德市第七次党代会、市第十二次党代会和市委经济工作会议精神，更好地推进政协履职实践，不断提高政协工作水平。

扎实做好委员业务知识培训。"问渠那得清如许，为有源头活水来。"要让委员们弄清、弄懂、弄透政协是什么、干什么、怎么干的问题，掌握人民政协的性质、任务、地位、作用、主要职能和基本工作方法，提高认识，明确方向，服务发展，主动作为。要把委员培训纳入2017年全市党员干部培训计划，利用市委党校培训平台，举办十二届政协委员集中培训班，邀请上级政协专家授课，提高政协委员的业务素质；积极与上级政协组织对接，分批次选派部分骨干委员到全国政协培训基地进行学习培训；有计划、有步骤、有针对性地选派部分优秀政协委员，到国内知名学府进行短期业务培训，提高政协委员的履职能力；鼓励政协委员带着课题走出去学习，开阔眼界、启迪思维；鼓励政协委员以工作组或者界别为单位开展自主学习。广大政协委员要坚持学以致用、知行合一，把所学知识运用到履职实践中，在政协舞台上发挥委员应有的作用，切实推动人民政协事业的新发展。

着力加强政协理论研究。广大政协委员要自觉、广泛、深入地开展政协理论研究，认真组织政协理论征文活动，深化委员对人民政协工作的认识和体会，激发委员的责任感和使命感，增强委员的主动性和创造性。

二、把握发展主题，力求在政治协商上有新作为

落实协商计划。认真组织实施"12310"协商工作，全年主要围绕建设澧水流域现代化的中心城市，组织开展好全会协商；围绕棚改攻坚和政协委员论坛，组织开展2次常委会议协商；围绕津市牛肉米粉品牌推广、青少年乒乓球训练基地建设、海绵城市建设，组织开展3次主席会议协商；围绕加强渣土车管理、规范地名和城区门牌号码、推进食品产业集群发展、药山文化遗产保护与利用、乡镇便民服务中心规范与管理等，组织开展10次对口协商和提案办理协商。

提高协商水平。按照主席会议成员牵头、委室承办、委员参与、部门配合的要求，组建课题组，扎实调查研究，花更大气力深入了解实际、花更多时间强化研究论证，做到情况不清楚不协商、问题不找准不协商、建议不可行不协商，不断提高协商议政的精准性、科学性、实效性，努力为市委市政府科学决策提供更多有价值的参考。

运用协商成果。对委员提出的意见建议，要以建议案或调研报告或社情民意等形式，报送市委市政府及有关部门。有关部门应及时研究处理，并将办理结果向市政协反馈。

三、围绕重点事项，力求在民主监督上有新举措

提高民主监督组织化程度。继续开展委派民主监督小组工作，围绕脱贫攻坚"五个精准到户"，把"扶贫政策落实情况"作为监督主题，统一选派民主监督小组，对市农业局、市教育局、市住建局、市卫计局、市民政局等5个单位进行集中监督，重点监督脱贫攻坚中的政策落实、资金使用、项目推进、工作作风等4个方面的情况，助推全市脱贫攻坚工作。鼓励和支持政协委员通过持证监督、担任特邀监督员等形式，参与优化经济发展环境、机关效能建设等方面的监督，积极履行监督职责，提出监督意见，促进相关工作。

加大提案督办评议力度。把5月作为"提案办理协商月"，组织政协委员开展提案办理协商活动，集中督办提案落实情况。市政协提案委要联合市委督查室、市政府督查室，采取阶段调度、督办检查、现场视察、"回头看"等形式，保证提案办理的进度与质量。10月份，召开重点提案办理工作民主评议会，通过现场视察、委员点评、会议测评等方式，评议重点提案办理工作。把12月作为"提案撰写月"，组织委员深入开展调查研究，撰写高质量提案，既要提高提案覆盖率，更要注重提案立案率。

规范委员专题监督视察。进一步规范视察活动方式，把听取情况介绍，实地考察、座谈，与党政领导交换意见融合起来。主席会议重点围绕毛里湖周边退养工作、特色小镇建设、智慧城市建设、专项基金项目建设等开展4次视察活动，各专委会围绕对口部门工作分别组织1–2次小型务实的视察活动。进一步规范视察活动结果运用，向市委市政府报送视察形成的报告，或以提案、社情民意等形式向市委市政府及有关部门反映视察过程中发现的重要情况和形成的意见建议。

四、关注民生福祉，力求在参政议政上有新贡献

组织政协委员论坛。十二届政协继续围绕"美丽津市"举办政协委员论坛。2017年，围绕"产业兴城"这个专题，分成若干课题，组织政协委员分组精心调研，提出意见建议。鼓励委员根据调研的情况，充分发表各自见解，畅所欲言。采取专题论坛、专家讲坛、网上论坛等不同形式，广集良策，广汇民智，助推产业兴城。

围绕中心服务大局。全体政协委员要积极响应省、市、县政协三级联动，持续开展"三个一"结对帮扶活动，助力脱贫攻坚大会战。紧紧围绕市委市政府谋划的重大问题、实施的重大战略、推进的重点工作，认真履行政协职能，市委市政府的中心工作推进到哪里，市政协就跟进到哪里，实现政协工作与党政中心工作的有机融合，努力在建设澧水流域现代化的中心城市中发挥政协作用、体现政协作为。

聚焦社情反映民意。不断完善社情民意信息收集编报、跟踪反馈、考核激励等机制，引导委员深入基层、走访群众，关注群众的难事、急事、心里事。把7月作为"社情民意信息集中反映月"，组织委员更好更多地反映社情民意，当好人民群众的"传声筒"，为市委市政府科学决策建言献策。

五、广泛凝心聚力，力求在团结联谊上有新成效

加强合作共事。充分发挥人民政协的独特优势，加强与各党派团体、各界人士的联系，支持党派团体、各界人士通过政协平台建言发声，按照求同存异、体谅包容的原则，把不同党派、不同阶层、不同信仰的人团结在中国特色社会主义伟大旗帜下。2017年，各民主党派、工商联要围绕我市经济社会发展和民生领域的重大问题，精选课题，深入调研，提交1份调研报告和1份集体提案。

把握大团结大联合主题。协助市委市政府认真贯彻党的民族政策和宗教工作基本方针，注重团结民族宗教人士，发挥好民族界、宗教界委员的纽带作用、引导作用，促进民族团结、宗教和睦。加强与旅外委员联系，引导他们为家乡发展献计出力。充分调动非公经济和商会委员的积极性，鼓励他们在脱贫攻坚、招商引资等方面贡献力量。积极向上级政协汇报，争取更多的指导和关怀。加强与兄弟政协的联系联谊，交流工作经验，推动政协工作和政协事业发展。

做好政协文史工作。突出亲历、亲见、亲闻“三亲”特色，按照新时期文史资料工作的新要求，加强地方文史资料的征集、挖掘、整理工作，编纂出版《津市知青》《小城记忆》系列文史资料，发挥文史资料“存史、资政、团结、育人”的作用。

六、坚持求真务实，力求在自身建设上有新气象

加强委员队伍建设。认真落实《中共中央关于加强和改进人大代表、政协委员有关工作的通知》精神，准确把握习近平总书记关于“懂政协、会协商、善议政”重要思想的深刻内涵和精神实质。完善委员考核机制，对委员参加政协组织的各类会议、调研、视察等活动以及提交提案、反映社情民意等情况，建立履职台账，形成履职评价。强化委员履职保障，把3月作为“委员走访月”，开展委员大走访活动，主席会议成员和委室主任要带着责任、带着感情，深入委员单位、企业、社区，与委员交心交流，引导委员积极工作，为委员履职创造良好的工作环境。加强委员工作室建设，巩固“一室四站”功能，每个街道要建立1个以上的委员工作室，把委员工作室建设成为收集社情民意信息的重要窗口。

完善政协机关管理。进一步完善工作制度，健全委员管理办法，落实常委会工作机制及其他系列制度，坚持用制度管人管事。进一步加强干部队伍建设，继续在机关干部中开展“四个一”的活动，以创建学习型机关为目标，努力造就一支“政治过硬、作风优良、学识丰富、业务熟练”的政协机关干部队伍。进一步加强作风建设，大力倡导求真务实的工作作风，密切与各界政协委员的联系，努力营造肯学习、能服务、有效能、重和谐的机关氛围。进一步加强政协党风廉洁建设，落实“两个责任”，营造风清气正的政治生态环境。

强化政协宣传工作。进一步加强和改进政协对外宣传工作，展示人民政协良好风貌。进一步加强政协网站等信息化建设，丰富内容，创新形式，挖掘典型，积极推介。

“雄关漫道真如铁，而今迈步从头越。”各位委员、同志们，回望过去，岁月峥嵘，俯首现在，成果丰硕，展望未来，大有可为。让我们紧密团结在以习近平同志为核心的党中央周围，在中共津市市委的坚强领导下，不忘初心，继续前进，不断开创政协工作新局面，为建设澧水流域现代化的中心城市做出新的更大贡献！

2017年津市市国民经济和社会发展统计公报

津市市统计局

(2017年3月13日)

2017年,全市人民在市委、市政府的坚强领导下,认真学习贯彻党的十九大精神,深入领会把握习近平新时代中国特色社会主义思想的精神实质和实践要求,牢牢把握"稳中求进"的工作总基调,扎实推进园区攻坚、城镇带动、交通跨越、脱贫攻坚"四大会战",砥砺前行,开拓奋进,实现了经济社会稳步发展。

一、综合

初步核算,2017年,全市实现地区生产总值150.3亿元,增长9.0%。其中,第一产业增加值21.8亿元,增长3.5%;第二产业增加值71.1亿元,增长8.4%;第三产业增加值57.4亿元,增长12.0%。

全市三次产业结构为14.5:47.3:38.2,二、三产业占地区生产总值比重为85.5%,比上年高1个百分点。一、二、三产业对经济增长的贡献率分别为5.5%、45.1%和49.4%,分别拉动经济增长0.5、4.1和4.4个百分点。

认真落实省重点民生实事任务。新增城镇就业人员4821人;完成城市棚户区改造4544户;完成农村公路提质改造8公里;完成农村公路安保设施建设5.9公里;完成农村危房改造596户;完成特困移民解困避险搬迁安置3户10人;完成农村适龄妇女"两癌"免费检查3464人;新增养老床位103张;新增社会治安视频监控摄像头100个;完成行政村配电网改造6个村,完成孕产妇产前免费筛查1935人。

推进美丽乡村建设。疏浚渠道70公里、维修机埠25处,整修堰塘33口。发放金融小微贷款216户、877万元,123户、325名社会保障兜底扶贫对象实现了与贫困标准"两线融合"。

二、农业

全年完成农林牧渔业总产值36.91亿元,增长3.9%。其中,农业产值12.99亿元,增长4.61%;林业总产值3.39亿元,增长1.7%;牧业总产值17.55亿元,增长4.3%;渔业总产值2.05亿元,下降2.4%;农林牧渔服务业产值0.93亿元,增长8.1%。全年实现农林牧渔业增加值22.38亿元,增长3.6%。其中农业增加值9.31亿元,增长4.2%;林业增加值2.90亿元,增加0.5%;牧业增加值8.25亿元,增长4.9%;渔业增加值1.32亿元,减少1.9%;农林牧渔服务业增加值0.59亿元,增长8.1%。

农作物播种面积77.55万亩,其中粮食作物播种面积37.23万亩,经济作物播种面积39.54万亩,增长4.2%。

全市主要农产品产量情况如下:

产品名称	计量单位	产量	比上年增长%
粮食	吨	142935	2.9
其中:稻谷	吨	137951	3.0
玉米	吨	289	1.0
豆类	吨	1122	0.1
薯类	吨	1648	-0.2
油料	吨	30517	0.7
其中:油菜籽	吨	28549	0.7
棉花	吨	5867	3.7
蔬菜	吨	185185	26.6
瓜果	吨	30000	1.4
其中:柑橘	吨	18151	2.0
茶叶	吨	126	2.4

全年完成养殖业产值19.6亿元,占农业总产值的53.1%;水产品产量28454吨,增长2.6%。

全市主要家禽及牲畜产量如下:

名称	2017年实际	比上年增减%
生猪全年出栏	56.04万头	2.5
出栏牛	0.63万头	1.6
出栏羊	4.39万只	-0.2
出笼家禽	449万羽	4.5

年末拥有农业机械31515台,比上年增加586台;总动力19.63万千瓦,比上年增加0.31万千瓦。

年末实有耕地面积32.8万亩,其中:水田18.8万亩,旱地13.79万亩,常用耕地面积31.64万亩。农村用电量2741万千瓦时,下降0.3%;农用化肥施用量5.75万吨,增加2.1%。全年开工各类水利工程859处,水利工程投入资金35507万元,水利工程完成土石方865万立方米,新增农田有效灌溉面积1406公顷,新增节水灌溉面积483公顷。

三、工业和建筑业

全市规模以上工业完成工业总产值 224.7 亿元，增长 14.1%。全市完成工业增加值 67.1 亿元，增长 8.6%。规模以上工业企业完成增加值 47.8 亿元，增长 10.0%，其中：国有企业完成增加值 0.8 亿元，增长 15.9%；股份制企业完成增加值 46.5 亿元，增长 12.9%；其他经济类型工业企业完成增加值 0.4 亿元，增长 8.0%。产销衔接状况良好，全市规模以上工业产品销售率 99.1%。规模以上工业企业完成主营业务收入 192.0 亿元，增长 13.2%，实现利润总额 4.9 亿元，增长 8.1%。

规模以上工业企业完成入库税金 1.7 亿元，增长 20.3%。新增规模以上工业企业 10 家。完成工业固定资产投资 54.6 亿元，增长 16.4%，其中技术改造投资 39.0 亿元，增长 7.7%。全年津市高新技术产业开发区基础设施建设完成投资 8.2 亿元，园区规模工业入库税金 1.5 亿元，增长 14.8%。

全市主要工业产品产量如下：

产品名称	2017 年产量	同比(%)
精制盐	84.6 万吨	22.9
水泥	122.8 万吨	8.9
车桥	19.6 万根	4.9
纱	7.7 万吨	14.2
饲料	23.2 万标吨	21.8

全市建筑业增加值 4.22 亿元，增长 4.8%。资质以上建筑企业 9 家，完成建筑业总产值 7.4 亿元，增长 8.8%。

四、固定资产投资

全社会固定资产投资 135.7 亿元，增长 14.2%，其中技改投资 39.0 亿元，增长 7.7%；房地产开发投资 10.1 亿元，下降 35.9%。基本建设投资 86.6 亿元，增长 29.6%。按产业分，第一产业完成投资 1.6 亿元，增长 14.3%；第二产业完成投资 54.6 亿元，增长 16.4%；第三产业完成投资 79.5 亿元，增长 12.8%。按经济类型分，国有投资 78.7 亿元，增长 262.7%，非国有投资 57.0 亿元，下降 41.3%。

全年房屋施工面积 148.4 万平方米，增长 5.5%，其中住宅 129.1 万平方米，增长 9.6%。房屋竣工面积 15.4 万平方米，增长 19.4%。房屋销售面积 24.2 万平方米，增长 82.0%。

五、国内贸易、物价

全年完成社会消费品零售总额 68.0 亿元，增长 11.4%。各季度增速分别为 11.8%、11.7%、11.2%、11.4%，呈现平稳增长的特点。城镇市场实现零售额 58.0 亿元，增长 12.0%，占社会消费品零售总额比重为 85.4%，乡村社会消费品零售额 9.9 亿元，增长 8.2%。限上批发业零售额 0.3 亿元，增长 19.6%；限上零售业零售额 15.8 亿元，增长 21.1%；限上住宿业零售额 0.1 亿元，增长 9.9%；限上餐饮业零售额 1.1 亿元，增长 33.9%。限上零售业零售额占社会消费品零售总额的 23.3%。34 家规模以上服务业企业完成营业收入 6.82 亿元，增长 20.1%。

居民消费价格总体平稳，居民消费价格指数 101.9%，商品零售价格指数 101.6%。

六、对外经济

全年共签约新项目 38 个，增长 11.8%。内资到位资金 33.2 亿元。进出口总额 6608 万美元，增长 47.0%。

七、交通、邮电业和旅游

全年完成交通运输邮电仓储业增加值 6.75 亿元，增长 9.3%。全社会运输单位完成货运量 645 万吨，增长 7.9%，货物周转量 132662 万吨公里，增长 12.7%。全市客运量 325 万人，下降 3.8%，旅客周转量 10870 万人公里，下降 3.8%。境内公路全程总长 567.76 公里，其中国道 4.76 公里，省道 159.37 公里，县道 24.97 公里，乡道 166.24 公里，专用公路 1.69 公里，村道 210.73 公里。年末全市汽车保有量 15025 辆，增长 20.1%。本年新注册民用汽车 2519 辆，增长 33.5%。年末全市摩托车保有量 33830 辆，增长 4.6%。

全年完成邮电业务总量 1.83 亿元，其中，邮政业务总量 0.29 亿元，电信业务总量 1.54 亿元。移动电话用户 193769 户；宽带网用户 44210 户。

全年完成旅游总收入 12.3 亿元，增长 13.0%。国内旅游人数 181 万人次，增长 13.2%。境外入境人数 78 人次，增长 5.4%。全年出境人数 10980 人次，增长 15.0%。成功举办了青苗腊八节暨常德市乡村旅游年颁奖活动、采莲摸鱼节、杨梅采摘节、药山慈云讲堂、绿岛蓝湾系列乡村旅游等节庆活动。

八、财政、金融和保险

全年完成财政总收入 7.08 亿元，增长 10.0%，其中公共财政预算收入 4.38 亿元，增长 2.1%；公共财政预算支出 21.03 亿元，下降 15.5%；国地两税完成各项税收入库 5.87 亿元，增长 14.8%，其中国税收入 3.05 亿元，增长 46.3%；地税收入 2.82 亿元，下降 6.9%。

年末金融机构各项存款余额 129.6 亿元，增长 16.9%，其中非金融企业存款余额 27.2 亿元，增长 34.4%，住户存款余额 81.4 亿元，增长 9.4%。金融机构各项贷款余额 45.0 亿元，增长 28.0%。全年各项保费收入 1.38 亿元，增长 35.3%。

九、教育和科学技术

年末全市中等职业学校 3 所，招生 293 人，增长 15.4%，在校学生 799 人，下降 2.2%，毕业学生 300 人，增长 21.5%。普通高中 2 所，招生 806 人，下降 3.8%，在校学生 2511 人，下降 5.7%，毕业学生 915 人，下降 4.0%。初中学校 9 所，招生 1185 人，增长 1.5%，在校学生 3516 人，增长 0.5%，毕业学生 1170 人，下降 2.4%。普通小学 18 所，招生 1545 人，下降 2.8%，在校学生 9077 人，下降 0.1%，毕业学生 1353 人，下降 3.3%。小学适龄儿童入学率 100%。特殊教育学校 1 所，招生 13 人，在校学生 136 人。幼儿园在园幼儿 4782 人，下降 0.3%。各类民办学校 44 所，在校生 2839 人，增长 2.6%。义务教育阶段合格学校建设 28 所。落实义务教育保障资金 1342 万元，发放中职国家助学金 15.5 万元，中职国家助学金资助中职学生 155 人次。

年末高新技术企业13家，省级工程技术研究中心5个。专利申请101件，其中发明专利41件。授权专利60件，其中发明专利16件。全年技术合同成交金额0.63亿元。

十、文化、体育和卫生

全市拥有艺术表演团体1个，群众文化馆1个，公共图书馆1个，新增图书分馆2个，博物馆1个，国家级非物质文化遗产保护目录1个，省级非物质文化遗产保护目录1个。

全年，开展各类群众文化惠民活动近50多场，参加活动2000多人次，受益群众18000多人次。文化创作成绩斐然，由我市打造的大型舞美剧《兰香四韵》参加"欢乐潇湘"常德市百团大赛演出，获得第二名。图书馆以"车胤读书节"为平台，开展"津图讲堂"、"书香湖南·红星闪闪耀童心"等系列活动，得到了市民的高度认可，并获得省文化厅授予的"湖南省青少年党史国史主题教育活动先进集体"荣誉称号。年内放映农村公益电影992场。

群众体育进一步普及，经常参加体育锻炼人数10.2万人，年内开展全民健身项目23项次。城乡公共体育基础设施不断完善，全市拥有体育场地97个，其中运动场4个，游泳池1个，各种训练房21个。全年，共开展乒乓球、太极拳、健美操等各项全民健身活动30余次，发放体育器材250多件。成功举办了电竞邀请赛、3V3篮球赛、城市定向深度体验活动等体育活动。

全市医疗卫生机构总计225个。其中医院、卫生院12家，妇幼保健院1个，专科疾病防治院1个，社区卫生服务中心(站)11个，诊所、卫生所、医务室76个，村卫生室122个。卫生技术人员1878人，其中执业医师和执业助理医师577人，注册护士593人。医院、卫生院床位数1227张。乡镇卫生院7个，床位数248张，卫生技术人员199人。全市疾病预防控制中心(防疫站)2个，卫生技术人员35人。卫生监督所(中心)1个，卫生技术人员11人。

十一、人口、人民生活与社会保障

年末全市居民总户数96216户，总户籍人口235205人，其中城镇人口121791人，乡村人口113414人。按性别分，男性人口119253人，女性人口115952人。按年龄分，0-17岁32515人，18-34岁46028人，35-59岁99866人，60岁及以上56796人。全市全年出生人口2240人。

全年城乡居民人均可支配收入24574元，增长8.8%。其中城镇居民可支配收入30664元，增长8.6%，农村居民人均可支配收入14259元，增长8.5%。

年末城镇登记失业率3.18%。参加城镇基本养老保险职工人数27202人，离退休人员27191人。新型农村养老保险登记参保人数51746人。城镇基本医疗保险参保人数255635。城镇职工基本医疗保险参保人数30027人。参加失业保险17008人。领取失业保险金人数160人。参加生育保险13200人。参加工伤保险职工人数31895人。

获得政府最低生活保障的城镇居民11.7万人次，发放城镇居民最低生活保障经费3739万元；获得政府最低生活保障的农村居民7.3万人次，发放农村居民最低生活保障经费1168万元。各类收养性社会福利单位床位数2367张，各类收养性社会福利单位收养人员数1686人。销售社会福利彩票6437万元，筹集社会福利资金1547万元，直接接收社会捐赠65万元。

十二、资源、环境和安全生产

年末森林覆盖率24.1%，比上年提升0.83个百分点，全年完成造林面积566.7公顷，下降45.9%。年平均降水量1228.5毫米。

全年万元GDP耗能0.35吨标准煤，规模以上工业企业能源消费量20.31万吨标准煤，增长4.6%，万元规模以上工业增加值能耗下降率达到4.9%。持续开展大气污染防治，依法取缔燃煤锅炉、粘土砖厂，市区空气质量优良天数较去年增加7.0%。

安全生产形势呈现良好稳定态势，全年发生各类安全生产事故2起，下降50.0%，各类安全生产事故死亡人数2人，下降60.0%。全年发生生产经营性道路交通事故1起，死亡1人。(覃涛)

注：1.本公报中数据均为初步统计数据。

2.地区生产总值、各产业增加值绝对数按现价计算，增长速度按可比价计算。

2017 年 1 月

2 日　市委副书记、市长陈章杰，市委副书记杨文惠，市委常委、宣传部长张海卿，市政府副市长李阳、徐兴勇调度“创国卫”工作。

3 日　市委书记傅勇、市政府副市长李阳、徐兴勇督导全市“创国卫”工作。

3 日　市委副书记、市长陈章杰在金鱼岭街道文家湾社区召开“创国卫”工作调度会。

3 日　全市农业农村工作汇报会在市水务局会议室召开。会议由市政府副市长高见主持，市领导陈章杰、杨文惠、姜正才、邓惠荣、梁文利参加会议。

4 日　2016 年度市委年轻干部读书班结业典礼暨年轻干部座谈会在市兰苑宾馆会议中心举行。市领导杨文惠、张海卿、马吉云参加活动。

4 日　杨文惠主持召开计划生育领导小组专题工作会议。市委常委、市人武部政委姜超，市政府副市长李阳，市政协副主席曹后新参加会议。

7 日　召开创建国家卫生城市技术评估汇报会。国家评估组领导及专家白秀荣带队来我市检查。市领导傅勇、杨文惠、张海卿、马吉云、邓开泉、李阳、杜登全、高见、徐兴勇参加会议。

10 日　全市法治宣传教育工作会议召开。市领导杨文惠、李景峰、李亚林、戴志刚参加会议。

11 日　市委副书记、市长陈章杰主持召开 2017 年第 1 次市政府常务会议，会议听取了津市市政府与溢多利公司战略合作相关情况的汇报、关于出租汽车运价体系调整情况的汇报，并形成意见。市领导熊斌、杨健全、李阳、杜登全、高见出席会议；市人大常委会副主任黄费武、市政协副主席梁文利应邀参加会议。

12 日　市委书记傅勇主持召开市委工作务虚会，分析研判当前形势，谋划全年工作的思路和重点举措。市委副书记、市长陈章杰讲话。

13 日　市政府与溢多利集团签署战略合作协议。市委书记傅勇，市委副书记、市长陈章杰，副市长杜登全，溢多利公司董事长、总裁陈少美，溢多利公司副董事长李洪兵，溢多利公司常务副董总裁、董事会秘书周德荣，溢多利公司副总裁、财务总监李著出席签约仪式。

13-14 日　市委书记傅勇带队赴东莞考察招商。

15-16 日　市委副书记、市长陈章杰带队赴河北石家庄考察，就生物医药项目进行对接洽谈。

17 日　召开 2016 年度党(工)委书记抓基层党建述职评议会议。会议由市委副书记杨文惠主持。常德市委非公有制经济组织和社会组织工委专职副书记刘后平讲话，市领导傅勇、陈章杰、熊斌、张海卿、黄沅敏、伍子科、马吉云、姜超、李景峰、江韬、雷光键参加会议。

18 日　市委副书记、市长陈章杰主持召开市政府党组“两学一做”专题民主生活会。

18 日　全市高层次人才生活津贴发放仪式暨人才工作座谈会召开。市领导傅勇、杨文惠、马吉云、江韬、雷光键出席会议。

18 日　市委书记傅勇主持召开市委常委班子 2016 年度民主生活会，市委副书记杨文惠参加会议。常德市人大常委会副主任王先蒙对此次民主生活会进行点评。

19 日　市委书记傅勇，市委副书记杨文惠，市委常委、市委办主任江韬，市政府副市长高见深入药山镇贫困户家中、驻津武警大队驻地和市人武部机关、市光荣院开展春节走访慰问活动。

19 日　市委副书记、市长陈章杰深入工矿企业、驻津部队、优抚事业单位开展春节走访慰问活动。市委常委、常务副市长熊斌，市委常委、统战部长黄沅敏参加慰问。

19 日　召开老干部政情通报会。市领导傅勇、陈章杰、杨文惠、姜正才、江韬、邓惠荣参加会议。

19 日　市委副书记、市长陈章杰在第二行政中心会议室主持召开 2017 年度市政府第 2 次常务会议。市领导熊斌、杨健全、杜登全、高见、徐兴勇出席会议；市人大常委会副主任邓惠荣，人武部部长吴昊应邀参加会议。

20 日 市 2017 年“春风行动”服务企业用工现场招聘会在江南明珠广场举办。市委书记傅勇，市委常委、常务副市长熊斌，市政协副主席、人社局局长雷光键在现场与参会企业、应聘人员进行深入交流。

20 日 市委书记傅勇，市委常委、市委办主任江韬走访调研中联重科车桥有限公司。

22 日 市领导傅勇、陈章杰、杨文惠、王育平、姜正才、李景峰、江韬、徐兴勇检查节前城区亮化美化工作。

22 日 常德市委常委、组织部长梁仲，常德市委组织部副部长、市委非公经济和社会组织工委书记姚敦科一行来我市开展春节走访慰问活动。市委书记傅勇，市委副书记、市长陈章杰，市委副书记杨文惠，市委常委、组织部长马吉云参加慰问活动。

23 日 市委副书记、市长陈章杰深入我市重点企业、森林公园督导检查我市安全生产工作。市委常委、常务副市长熊斌，市政府副市长、公安局长戴志刚参与督导检查。

24 日 市委书记傅勇、市委副书记杨文惠、市政府副市长高见在农业局四楼会议室调研全市农业农村工作。

24 日 全省村(社区)党组织和村(居)民委员会换届选举工作视频会议召开。市委书记傅勇，市委常委、组织部长马吉云，市政府副市长杨健全参加会议。

24 日 市领导傅勇、陈章杰、杨文惠、王育平、姜正才、熊斌、张海卿、黄沅敏、伍子科、马吉云、姜超、李景峰、江韬春节走访慰问离退休老干部。

25 日 市委书记傅勇检查督导安全生产工作。市委常委、市委办主任江韬，市政府副市长、公安局长戴志刚参加检查。

25 日 市委书记傅勇，市委副书记、市长陈章杰一行慰问一线岗位工作人员。市委常委、市委办主任江韬，市政府副市长、公安局长戴志刚参与慰问活动。

2017 年 2 月

3 日 我市召开 2017 年春节期间社会经济运行情况通报暨拟集中开工项目汇报会，市委书记傅勇、市委副书记、市长陈章杰出席会议并讲话。市领导杨文惠、王育平、姜正才、熊斌、张海卿、黄沅敏、伍子科、马吉云、李景峰、江韬、杨健全、李阳、杜登全、戴志刚、高见、雷光键参加会议。

6 日 2017 年市委经济工作会议在市红旗影剧院隆重召开。会议的主要任务是：贯彻落实中央、省委、常德市委经济工作会议精神，回顾总结去年工作，研究部署今年工作，动员全市上下齐心协力、解放思想、克难奋进、加快建设澧水流域现代化的中心城市。市委副书记、市长陈章杰主持，市委书记傅勇作主题报告，市领导杨文惠、王育平、姜正才、熊斌、张海卿、黄沅敏、伍子科、马吉云、李景峰、江韬参加会议。

6 日 市委书记傅勇调研市委党校工作情况。市领导杨文惠、熊斌、张海卿、马吉云、江韬、徐兴勇参加调研。

7 日 中国人民政治协商会议津市市第十二届委员会第二次会议在兰苑宾馆会议中心举行开幕式暨第一次全体会议。市领导傅勇、陈章杰、姜正才、杨文惠、王育平、曹后新、董新满、阿毅、梁文利、雷光键、李子牙参加会议。

7 日 津市市第十七届人民代表大会第二次会议预备会议在市兰苑宾馆会议中心召开。会议由市人大常委会副主任胡湘萍主持。在主席台前排就座的有：市人大常委会主任王育平、市人大常委会副主任邓惠荣、黄费武、李亚林、胡湘萍、邓开泉。市领导傅勇、陈章杰、杨文惠、伍子科、马吉云参加会议。

7 日 津市市第十七届人民代表大会第二次会议举行大会开幕会及第一次全体会议，听取审议市人民政府、市人大常委会、市人民法院、市人民检察院工作报告。市领导傅勇、王育平、陈章杰、杨文惠、姜正才、伍子科、邓惠荣、黄费武、李亚林、胡湘萍、邓开泉参加会议。

7 日 津市市第十七届人民代表大会第二次会议举行大会主席团第一次会议。会议由市人大常委会副主任邓惠荣主持，市领导傅勇、王育平、陈章杰、杨文惠、伍子科、马吉云、黄费武、李亚林、胡湘萍、邓开泉参加会议。

8 日 政协津市市第十二届委员会第二次会议胜利闭幕。市领导傅勇、陈章杰、姜正才、杨文惠、王育平、董新满、阿毅、曹后新、梁文利、雷光键、李子牙参加会议。

8 日 市领导傅勇参加津市市第十七届人民代表大会第二次会议分团活动。市领导熊斌、江韬、吴昊、高见参加农村代表二团分团讨论。

8 日 津市市第十七届人民代表大会第二次会议举行大会主席团第二次会议。会议由市人大常委会副主任邓惠荣主持，市领导傅勇、王育平、陈章杰、杨文惠、伍子科、黄费武、李亚林、胡湘萍、邓开泉参加会议。

9 日 津市市第十七届人民代表大会第二次会议胜利闭幕。市领导傅勇、王育平、陈章杰、杨文惠、姜正才、伍子科、邓惠荣、黄费武、李亚林、胡湘萍、邓开泉参加会议。

9 日 市领导傅勇、陈章杰、王育平、姜正才、熊斌、李景峰调研市高新区建设工作情况。

10 日 中国共产党津市市第十二届纪律检查委员会第三次全体会议召开。市领导傅勇、陈章杰、伍子科参加会议并讲话。

15 日 市委副书记杨文惠，市委常委、统战部长黄沅敏，副市长杜登全调度三产服务业工作情况。

16 日 临澧县考察我市管线入地和城市管理工作。市委副书记杨文惠，市委常委、市委办主任江韬、市政府副市长徐兴勇参与考察。

16 日 市委副书记、市长陈章杰，副市长李阳、杜登全、高见调度项目建设工作。

17 日 2017 年文化科技卫生“三下乡”活动在白衣镇白衣街道隆重举行。市委副书记杨文惠，市委常委、宣传部部长张海卿参加了此次活动。

20 日 举行 23 个重点建设项目集中开(复)工仪式。市领导傅勇、陈章杰、杨文惠、王育平、姜正才、熊斌、杜登全、高见、徐兴勇出席启动仪式。

21 日 农村垃圾分类处理“绿色存折”制度全面启动。市领导杨文惠、江韬、高见、徐兴勇参加会议。

21 日　市委书记傅勇，市委副书记、市长陈章杰，市委常委、政法委书记李景峰，副市长杜登全赴长沙考察招商。

22 日　学习贯彻党的十八届六中全会精神第一期集中轮训班举行，市委书记傅勇以“推进全面从严治党，严格落实‘两个责任’”为题，对领导干部开展落实“两个责任”谈心谈话。

22 日　市委中心组(扩大)学习暨党的十八届六中全会精神集中培训举行。市领导傅勇、陈章杰、杨文惠、王育平、姜正才、熊斌、张海卿、黄沅敏、伍子科、马吉云、姜超、李景峰、江韬参加会议。

23 日　市委中心组(扩大)学习暨贯彻党的十八届六中全会精神集中培训举行，本次活动邀请省委党校党建教研部主任陈平其、常德市委党校副校长高金平作辅导报告。市领导傅勇、陈章杰、杨文惠、王育平、姜正才、熊斌、张海卿、黄沅敏、伍子科、马吉云、姜超、李景峰、江韬参加活动。

23 日　全市领导干部学习贯彻党的十八届六中全会精神集中轮训班圆满结业。市领导傅勇、陈章杰、杨文惠、王育平、姜正才、熊斌、张海卿、黄沅敏、伍子科、马吉云、姜超、李景峰、江韬参加会议。

24 日　市领导傅勇、王育平、李景峰、江韬、徐兴勇实地调度湘北干线植物移栽工作。

25 日　市长陈章杰调度园区项目建设工作，副市长杜登全参加现场调度。

28 日　市人民政府与常德市第一人民医院签订战略合作协议。市领导傅勇、陈章杰、姜正才、熊斌、张海卿、李阳参加会议。

28 日　召开 2017 年科级领导干部任前集体廉政谈话会。市领导伍子科、马吉云参加会议并讲话。

28 日　市委政法工作会议召开。市领导杨文惠、李景峰出席会议并讲话。市人大常委会副主任李亚林主持会议。市领导戴志刚、雷光键出席会议。

28 日　市长陈章杰主持召开 2017 年市政府第三次常务会议。市领导熊斌、李阳、杜登全、高见、徐兴勇、周澧出席会议；市人大常委会副主任胡湘萍、市政协副主席曹后新、人武部部长吴昊应邀参加会议。

28 日　市领导杨文惠、姜正才、邓惠荣、高见、梁文利调研毛里湖镇农村垃圾分类处理“绿色存折”制度推进工作。

2017 年 3 月

2 日　市委书记傅勇、市人大常委会主任王育平、副市长李阳实地调研全市教育规划布局调整工作。

3 日　召开国家新型城镇化和中小城市综合试点整改工作调度会。市领导杨文惠、熊斌、杜登全、戴志刚、徐兴勇、周澧(提名)参加会议。

7 日　召开村(居)“两委”换届工作调度会议。市领导傅勇、杨文惠、伍子科、马吉云、周澧(提名)参加会议。

7 日　市人民政府工作会议召开。市领导傅勇、陈章杰、王育平、姜正才、熊斌、李阳、杜登全、戴志刚、高见、徐兴勇、周澧(提名)出席会议并讲话；市领导黄沅敏、马吉云、姜超、江韬、邓惠荣、黄费武、李亚林、邓开泉、曹后新、董新满、阿毅、梁文利、雷光键参加会议。

7 日　全市 2017 年党务工作会议召开。市领导傅勇、陈章杰、杨文惠、姜正才、熊斌、张海卿、黄沅敏、伍子科、马吉云、姜超、江韬参加会议。

9-11 日　市委书记傅勇、市政协主席姜正才、市政府副市长杜登全赴广东、浙江等地考察招商。

13 日　召开“创国卫”工作调度会。市领导陈章杰、杨文惠、张海卿、徐兴勇、王文军参加会议。

13 日　市城市建设与管理工作双月调度会召开。会议由市政府副市长徐兴勇主持，市领导陈章杰、王育平、熊斌、江韬、雷光键发表建议。

14 日　市委书记傅勇主持召开企业特派员座谈会。市委常委、政法委书记李景峰、市委常委、市委办主任江韬参加会议并提出意见和建议。

14 日　省商务厅副厅长罗双峰、承接产业处处长尹荻菲等一行 3 人来我市调研高新区发展。常德市商务局局长涂贤春，市领导陈章杰、杜登全陪同调研。

15 日　市长陈章杰调度金鱼岭街道文家湾社区创“国卫”问题整改工作。

15 日　市第十七届人大常委会第三次会议第一次全体会议在市人大常委会三楼会议室举行。市人大常委会主任王育平，市人大常委会副主任邓惠荣、黄费武、胡湘萍参加会议，市委常委、常务副市长熊斌列席会议。

16 日　市第十七届人大常委会第三次会议召开第二次全体会议。会议由市人大常委会副主任李亚林主持。市领导王育平、熊斌、马吉云、邓惠荣、黄费武、李亚林、胡湘萍、齐绍进、覃业辉参加会议。

16 日　市领导傅勇、陈章杰、杜登全赴湖南华菱集团考察招商。

17 日　市委人才工作领导小组 2017 年第 1 次会议召开。市领导杨文惠、熊斌、马吉云出席会议。

21 日　市委书记傅勇、市委组织部长马吉云深入市金鱼岭街道燕子窝社区和新洲镇长岭村调研村(社区)党组织换届选举工作。

22 日　常德市委常委、宣传部长胡丘陵调研我市宣传思想文化工作及经济社会发展情况。市领导傅勇、陈章杰、杨文惠、姜正才、张海卿、伍子科、马吉云、李景峰、李阳参加调研。

23 日　召开“创国卫”国家技术评估整改验收意见反馈会。省爱卫办主任倪友新，常德市爱卫办副主任曹学美，市领导傅勇、陈章杰、杨文惠、张海卿、胡湘萍、李阳、王文军参加会议。

24 日　省委老干部局调研督查津市老干部工作。常德市委组织部副部长、老干部局局长李绍霞，市委副书记杨文惠、市委常委、组织部部长马吉云参加调研。

24 日　市长陈章杰在市第二行政中心主持召开 2017 年市政府第 4 次常务会议。市领导熊斌、杜登全、戴志刚、高见、徐兴勇、周澧出席会议；市人大常委会副主任邓开泉、市政协副主席曹后新应邀参加会议；市领导张伟莉、严东平、温南军列席会议。

28 日　组织收听收看省委理论学习中心组(扩大)专题辅导报告会。全体在家市级领导在市委一楼会议室收听收看了会议。

29 日　2017 年第六届市委年轻干部读书班举行开班典礼。市领导杨文惠、张海卿参加典礼。

30 日　市领导陈章杰、戴志刚调度市毛里湖镇箭楼村点村工作。

31 日　市委书记傅勇在市委一楼会议室主持召开 2017 年市委基层党建工作领导小组第一次会议。市委副书记杨文惠，市委常委、纪委书记伍子科，市委常委、组织部长马吉云参加会议。

31 日　市委中心组（扩大）举行学习全国“两会”精神、从严治党专题讲座。市委书记傅勇主持会议，常德市作家协会副主席、秘书长刘绍英传达“两会”精神。市领导王育平、姜正才、张海卿、黄沅敏、马吉云、李景峰参加学习。

2017 年 4 月

1 日　市安全生产委员会召开第一次全体会议，专题安排部署全市今年的安全生产重点工作。市领导陈章杰、熊斌、戴志刚参加会议。

1 日　召开 2017 年计划生育工作大会，对 2017 年全市计划生育工作进行安排部署。市领导杨文惠、姜超、胡湘萍、李阳、曹后新参加会议。

1 日　常德市纪委常委谢建平一行督查指导我市村（居）“两委”换届选举工作。市领导伍子科、马吉云参加督导汇报。

1 日　市委副书记杨文惠在市委办一楼会议室主持召开新型城镇化试点整改工作专题调度会。市领导熊斌、李阳、徐兴勇、周澧参加会议。

5 日　市长陈章杰专题研究部署虎爪山遗址保护相关工作。市领导张海卿、李阳参加会议。

5 日　市长陈章杰主持召开 2017 年度 4 月份市长工作碰头会。

6 日　全市民兵预备役工作暨国动委全会召开。市领导傅勇、陈章杰、熊斌、姜超、吴昊、吴双喜出席会议。

6 日　召开西河街片区棚改征收工作调度会。市领导傅勇、陈章杰、王育平、姜正才、熊斌、徐兴勇、雷光键参加会议。

7 日　全市行政执法检察监督工作联席会议在市人民检察院召开。市领导熊斌、李景峰、李亚林、雷光键参加会议。

7 日　市委书记傅勇、市政协主席姜正才、市委常委、组织部长马吉云调研药山镇药山村美丽乡村建设、脱贫攻坚及药山镇村(居)“两委”换届工作。

9 日　市委书记傅勇带队赴省委改革办推介津市“绿色存折”制度。津市“绿色存折”制度获湖南省管理创新专家评审会第一名。

10 日　召开 2017 年上半年政银企对接交流会。市领导马吉云、李景峰、胡湘萍、杜登全、周澧参加会议。

10 日　市领导傅勇、陈章杰、马吉云调研老年大学建设情况及老干部工作。

11–12 日　常德市委常委、组织部长梁仲来在我市开展“组织部长谈心夜”活动并督导村（居）“两委”换届选举工作。市委书记傅勇，市委常委、组织部长马吉云参加活动。

12 日　常德市委副秘书长张帆、常德市发改委副主任任绪义带领督察组，来津督查津澧新城国家新型城镇化综合试点整改工作。市领导杨文惠、熊斌、杜登全、徐兴勇参加座谈。

13 日　市委办召开机关支部党员大会，对市委办机关支部进行改选。市委书记傅勇、市委副书记杨文惠以普通党员身份参加会议。

13 日　全市商贸服务业座谈会召开。市领导傅勇、杨文惠、黄沅敏、杜登全参加会议。

14 日　常德离退休老干部来津参观考察我市美丽乡村建设。市委书记傅勇、市人大常委会主任王育平、市政协主席姜正才、市委常委、组织部长马吉云参与参观考察。

14 日　召开建设“无上访村（社区）”工作部署暨上半年“创平安、促满意”工作动员大会。市领导杨文惠、李景峰、李亚林、戴志刚、阿毅参加会议。

14 日　安仁县委副书记杨理诚带领安仁县考察团实地考察毛里湖国家湿地公园。市委副书记杨文惠、市政协主席姜正才、市政协副主席曹后新参加考察。

14 日　市委书记傅勇，市长陈章杰调研全市公安工作。市领导熊斌、李景峰、戴志刚、徐兴勇参加调研。

15 日　市委书记傅勇,市长陈章杰，市人大常委会主任王育平、市政协主席姜正才调度高新区闲置低效企业盘活工作。市领导熊斌、李景峰、杜登全参加调度会。

16 日　召开迎接中央环保督察暨突出环境问题整改工作调度会。市领导博勇、陈章杰、徐兴勇密集调度突出环境问题整改工作。

17 日　市领导傅勇、姜正才、高见、张伟莉调度药山村美丽乡村建设暨脱贫攻坚工作。

18 日　召开 2017 年防汛抗旱会商会，安排部署今年防汛抗旱工作。市领导傅勇、陈章杰、王育平、姜正才进行实地考察。市领导吴昊、高见参加会议并就防汛抗旱工作提出意见与建议

18 日　津市津鑫投资发展有限公司正式授牌成立，市委书记傅勇、市长陈章杰，常德市财鑫金融控股集团董事长余俞共同为新公司授牌。市领导李景峰、胡湘萍、曹后新、周澧参加仪式。

19 日　召开脱贫攻坚突出问题集中整改工作动员部署会。市领导傅勇、陈章杰、杨文惠、王育平、姜正才、高见参加会议。

19 日 市环境保护委员会召开 2017 年第 2 次全体会议暨环保突出问题整改工作约谈会。市领导陈章杰、熊斌、李阳、高见、徐兴勇参加会议。

20 日 市委巡察工作领导小组召开第一次会议。市领导伍子科、马吉云参加会议。

20 日 市领导傅勇、陈章杰、杨文惠、王育平、姜正才调度全市项目建设、招商引资工作。市领导张海卿、黄沅敏、马吉云、董新满、梁文利参加调度。

19-20 日 省住建厅副厅长高东山带队检查我市防汛及海绵城市建设试点工作。市长陈章杰进行工作汇报、市人民政府副市长徐兴勇陪同检查。

24 日 市委书记傅勇主持召开第一招商小组工作调度会，对全年招商工作进行了安排部署。市领导熊斌、徐兴勇参加会议。

24 日 组织收听收看中央第六环境保护督察组督察湖南省工作动员电视电话会议。市领导傅勇、杨文惠、王育平、姜正才、熊斌、张海卿、黄沅敏、伍子科、马吉云、姜超、李景峰、邓开泉、李阳、高见、徐兴勇、周澧、曹后新在市委办一楼会议室收听收看会议。

24 日 市领导陈章杰、杜登全率团参加“港洽周”系列招商推介活动。

25 日 市委书记傅勇、副市长高见实地调研全市“绿色存折”制度推广工作进展情况。

25 日 市纪委召开全市“两个专项整治”工作调度会。市领导杨文惠、伍子科、高见出席会议。

25 日 常德市养老院服务质量建设专题工作会召开。常德市政府副市长龚德汉、常德市政府副秘书长郑志鹏、市领导傅勇、陈章杰、周澧参加会议并实地踏勘慰问。

26 日 市委书记傅勇主持召开全市脱贫攻坚业务培训会。

26 日 市委副书记杨文惠、市委常委、统战部长黄沅敏召开了三产服务业工作调度会。

27 日 召开全市防汛抗旱动员暨推行河长制工作会议。市领导傅勇、陈章杰、高见参加会议。

28 日 市长陈章杰在市政府三楼常务会议室主持召开 2017 年市政府第 5 次常务会议。市领导熊斌、李阳、杜登全、戴志刚、高见、徐兴勇、周澧出席会议；市人大常委会副主任邓惠荣、市政协副主席雷光键、市人武部部长吴昊应邀参加会议；市领导李景峰、严东平、姚跃进、温南军列席会议。

28 日 市长陈章杰调研城市管理工作。市人大常委会主任王育平、市政府副市长徐兴勇、市领导王文军参加调研。

2017 年 5 月

3 日 市委书记傅勇和常德市第一人民医院院长陈能志共同为常德市第一人民医院津市分院揭牌。常德市卫生计生委主任、党委书记李长春，市领导陈章杰、王育平、姜正才、张海卿、胡湘萍、李阳、曹后新参加仪式。

5 日 召开 2017 年优化经济发展环境工作会议。市领导熊斌、伍子科、黄费武、杜登全、戴志刚、董新满参加会议。

5 日 市领导傅勇、姜正才、曹后新前往毛里湖国家湿地公园进行调研。

5 日 市委书记傅勇调研新州镇、白衣镇脱贫攻坚、基层党建工作开展情况。

8 日 常德市委副秘书长张帆、常德市人大常委会副秘书长邓纯彪一行人督导新洲镇人大工作和阵地建设情况。市委副书记杨文惠、市人大常委会主任王育平参加活动。

8 日 金健米业来津对接食品产业园项目。市领导陈章杰、李景峰、杜登全参加活动。

8 日 常德市市委常委、组织部长梁仲，常德市人大常委会副主任谭弘发检查我市防汛工作，调度市毛里湖镇樟树村美丽乡村点村建设启动工作。市委书记傅勇、市政府副市长高见参与活动。

8 日 市委书记傅勇、副市长徐兴勇督导中央环保督察整改工作。

9 日 常德市人大常委会副主任戴君耀带队来津走访人大代表。市委书记傅勇，市长陈章杰，市人大常委会主任王育平，市人大常委会副主任邓惠荣参加活动。

9 日 市委书记傅勇专题调度部分闲置低效企业盘活工作。市领导杨文惠、黄沅敏、李景峰参加会议。

10 日 市委书记傅勇，市长陈章杰检查全市安全生产工作。

10 日 召开司法公正常德行暨“两官”履职评议动员大会。市领导王育平、李景峰、李亚林、戴志刚参加会议。

11 日 市长陈章杰在市政府三楼常务会议室调度全市招商引资工作情况。市人大常委会副主任黄费武、市人民政府副市长杜登全、市政协副主席曹后新参加会议。

12 日 市委书记傅勇、市人大常委会主任王育平、副市长徐兴勇、市政协副主席雷光键调研城市建设工作。

17 日 “创业津市、创响未来”2017 年度创新创业大赛正式启动。市领导姜正才、李景峰参加启动仪式。

18 日 湖南省科技奖励暨创新奖励大会在长沙召开。津市“绿色存折”制度获全省管理创新一等奖，市委书记傅勇在“敢为天下先·共筑新湖南”湖南创新奖励主题晚会上介绍津市“绿色存折”制度基本情况。

18 日 常德市财政局局长杨天生、副局长吴先军等一行调研我市财政工作。市长陈章杰参与调研。

22 日 厦门常德商会带团来津考察。市领导杨文惠、黄沅敏参加洽谈。

22 日 市委书记傅勇一行前往市药山镇药山村调研扶贫攻坚工作。随后，市委书记傅勇、副市长徐兴勇一同来到新洲镇查看汽车站规划建设。

23 日 市领导傅勇、陈章杰、杨文惠、黄沅敏、李景峰、杜登全调研高新区三产服务业发展及建设情况。

27 日 市长陈章杰在市政府三楼常务会议室主持召开

2017年市政府第6次常务会议。市领导熊斌、李阳、杜登全、高见、徐兴勇、周澧出席会议;市委常委、政法委书记李景峰、市人大常委会副主任胡湘萍、市政协副主席阿毅参加会议。

27日 安徽省湖南商会会长张友吉、宁波热电股份有限公司常务副总沙纪良来我市考察。市领导傅勇、杜登全参加考察。

2017年6月

1日 市长陈章杰主持召开2017年上半年经济指标调度会。

1日 市领导伍子科、张海卿、李阳召开会议,研究中医院异址新建项目招投标相关事宜。

1日 2017年市委第一轮巡察工作动员部署会召开。市领导傅勇、伍子科、马吉云参加会议。

5日 市安委会召开第二次全会暨夏季消防安全工作调度会。市委副书记、市长、安委会主任陈章杰,副市长、公安局长、安委会副主任戴志刚参会。

5日 陈章杰、戴志刚夜查城区消防安全工作情况。

6日 市委书记傅勇,市人民政府市长陈章杰调研常德市第一人民医院津市分院运行工作。

6日 市领导傅勇、陈章杰、黄沅敏、李阳视察市一中高考考点。

6日 市领导傅勇、陈章杰、王育平、姜正才调度毛里湖国家湿地公园建设及毛里湖生态环境保护工作。市领导戴志刚、高见、徐兴勇、曹后新参加调度。

7日 市领导傅勇、陈章杰、杨文惠、高见调研贫困村脱贫攻坚工作。

8日 市领导姜正才、黄沅敏、张伟莉赴湖北省黄冈市黄州区安国寺景区开展学习考察。

8日 常德市人大常委会副主任宋云文视察我市美丽乡村建设工作。市领导陈章杰、王育平、邓惠荣、高见等参加调研。

12日 东莞市东江纵队历史研究会会长张方、厚街分会会长王浩波来我市就五星级酒店建设项目进行商务考察。市领导傅勇、杨文惠、姜正才、黄沅敏参加考察。

14日 香港铜锣湾集团主席陈智一行考察我市投资发展环境。市领导傅勇、杨文惠、姜正才、杜登全参与考察。

14日 常德市委督导我市落实“两个责任”例行谈心谈话。市领导傅勇、陈章杰、杨文惠、王育平、姜正才、熊斌、张海卿、黄沅敏、伍子科、马吉云、姜超、李景峰参加会议。

15日 市长陈章杰、副市长高见调研贫困村脱贫攻坚工作。

15日 常德市人大常委会副主任戴君耀督导调研我市“司法公正常德行”活动暨“两官”履职评议工作。市领导王育平、李景峰、李亚林参加调研。

16–20日 市领导杨文惠、黄沅敏赴杭州、苏州、昆山、南京等地考察现代服务业建设。

17日 召开智汇联盟与企业家交流会。市领导傅勇、李景峰、胡湘萍参加此次会议。

19日 常德市委副书记、市长周德睿调研我市经济社会发展情况。常德市委常委、市委秘书长罗先东,常德市政府秘书长周代惠及市委书记傅勇,市长陈章杰陪同调研。

20日 市领导伍子科、马吉云共同为市委巡察工作领导小组办公室揭牌。

20日 市委书记傅勇到市农机化局调研农机化工作。市政府副市长高见参加调研。

20日 市委书记傅勇到市林业局调研林业工作。市政府副市长高见参加调研。

20日 市委书记傅勇到市供销社调研供销工作,市政府副市长高见及市委办相关负责人参加调研。

21日 市长陈章杰,市人大常委会主任王育平,市人民政府副市长徐兴勇调度城市建设工作。

21日 市领导傅勇、陈章杰、王育平、姜正才、熊斌、黄沅敏、张伟莉调度药山寺改扩建暨药山景区建设工作并提出意见建议。

22日 市领导傅勇、熊斌、戴志刚调度全市消防安全、道路交通安全及安全生产工作。

22日 市领导杨文惠、黄沅敏、李景峰参加高新区三产服务业工作调度会。

23日 药山镇受暴雨突袭,多处房屋发生水浸,市委书记傅勇、市政协副主席董新满第一时间赶赴现场指导抗灾救灾工作。

25日 市长陈章杰,副市长高见一行前往市果园老区、药山镇检查防汛工作。市政协副主席董新满参加检查。

26日 长沙银行津市支行举行开业庆典。常德市政府办公室党组成员、副主任钟儒来、市领导陈章杰、杨文惠、王育平、熊斌、马吉云、曹后新,人民银行常德市中心支行行长曾涛、长沙银行常德分行行长程青龙参加庆典活动。

27日 市领导傅勇、陈章杰、王育平、姜正才杜登全一行考察澧水—松虎航道 。

27日 常德市委副书记徐正宪在澧县召开津澧新城新型城镇化综合试点工作专题调度会。常德市委副秘书长石玉林,市委副书记杨文惠,市委常委、常务副市长熊斌参加会议。

27日 宣传系统“庆七一”党的知识抢答赛圆满结束。市领导杨文惠、张海卿、胡湘萍、李阳、雷光键出席活动。

28日 市长陈章杰深入毛里湖镇开展“七一”走访慰问困难党员。

28日 市委书记傅勇“七一”节前走访慰问药山村困难党员。

28日 市五环时代全民健身中心举行开工仪式,湖南体育产业集团副总经理、五环集团总经理邬新绍,市领导傅勇、陈章杰、熊斌、张海卿、李阳出席开工仪式。

28日 举办庆祝建党96周年“荷花品格、梅花精神”主题文艺晚会暨系列“十佳”表彰大会。常德市纪委常委谢建平、纪委宣传部部长王碧琼以及本市领导杨文惠、王育平、伍子科、徐兴勇、雷光键、王文军等到场观看晚会。

29日　市长陈章杰调研全市卫生计生工作。市领导熊斌、张海卿、李阳参加调研。

29日　市长陈章杰主持召开2017年市政府第7次常务会议。市领导熊斌、李阳、杜登全、高见、徐兴勇、周澧；市人大常委会副主任邓开泉、市政协副主席曹后新、市人武部部长吴昊应邀参加会议；市领导严东平、温南军列席会议。

30日　市委书记傅勇、副市长高见前往毛里湖镇箭楼村调研脱贫攻坚工作。

30日　市委副书记杨文惠主持召开全市上半年三产服务业工作调度会。市领导黄沅敏、杜登全参加会议。

2017年7月

1日　常德市城市建设投资集团公司董事长方际三一行实地考察我市津澧新城西河街棚改片区开发及澧水沿江风光带项目情况。市委副书记、市长陈章杰，市政府副市长徐兴勇参加考察。

4日　常德市人大常委会党组副书记、副主任王先蒙一行调研考察澧水—松滤航道。市领导陈章杰、王育平、邓惠荣参加调研。

4日　市委办党支部召开2017年上半年组织生活会。市委书记傅勇、市委副书记杨文惠以普通党员身份参加会议。

4日　全市基层党建工作座谈会召开。市领导杨文惠、马吉云参加座谈。

6日　举行湖南省文学创作示范基地授牌仪式。省作协党组副书记、主席王跃文，常德市委宣传部副部长金晓年，常德市文联主席王军杰，市领导傅勇、杨文惠、王育平、姜正才、伍子科，李景峰、胡湘萍出席仪式。

6日　市政府与常德市现代工业发展投资有限公司签约。市领导傅勇、陈章杰、熊斌、李景峰、杜登全，常德市现代工业发展投资有限公司董事长陈明哲、总经理徐维军出席活动。

6日　市长陈章杰主持召开2017年市政府第8次常务会议。市领导熊斌、杜登全、高见、徐兴勇出席会议；市人大常委会副主任黄费武、市政协副主席曹后新、市人武部部长吴昊应邀参加会议。

7日　市委书记傅勇，市长陈章杰调研全市国土资源工作。市委常委、常务副市长熊斌，副市长徐兴勇参加会议。

7日　常德市委督察室、信访局对津市“信访积案清零”专项行动开展督查工作。市领导杨文惠、李景峰参加会议。

10日　市长陈章杰，副市长徐兴勇督导市西河街棚户区改造工作。

11日　市委副书记杨文惠召开座谈会，专题调度对口联系的低效企业盘活工作。市领导马吉云、张海卿、黄沅敏参加会议。

11日　市领导傅勇、陈章杰熊斌、李景峰、徐兴勇调度市高新区“形象提质”工作。

11日　市政府办党支部召开党员组织生活会。市领导陈章杰、熊斌、李阳、高见、周澧、严东平、温南军以普通党员身份参加会议。

12日　市长陈章杰督导落实各镇镇长、街道办主任“两个责任”例行谈心谈话。

12日　召开贯彻落实常德市委“7.10”安全生产工作会议精神工作部署会。市领导傅勇、陈章杰、李阳、高见、周澧参加会议。

14日　市长陈章杰为金鱼岭街道支部党员上了一堂《加强廉政建设 改进干部作风》为题的生动党课。

17日　市长陈章杰调研市城区严控区建房相关工作。市领导徐兴勇、王文军参会发言。

17日　市领导傅勇、熊斌、李景峰一行专题调研市人民法院工作情况。

17日　组织召开毛里湖镇樟树村美丽乡村建设座谈会。市领导杨文惠、马吉云主参加会议。

18日　举行湖南省津盛投资开发有限公司签约暨授牌仪式。市领导傅勇、陈章杰、常德城投集团董事长方际三出席签约仪式。

18日　津市湘淮村镇银行举行开业庆典仪式。市领导傅勇、陈章杰、杨文惠、王育平、姜正才、熊斌、马吉云、周澧出席庆典仪式。

19日　市政协召开十二届四次常委会议，通报上半年全市经济社会发展情况，专题协商《湖南省常德市津澧新城总体规划(2016—2030)》(送审稿)。市政协主席姜正才主持会议并讲话，市领导陈章杰、姜正才、熊斌、曹后新、董新满、梁文利、雷光键、阿毅出席。

21日　全市政情通报会。市领导陈章杰、王育平、熊斌参加会议。

21日　召开企业军转干部庆“八一”座谈会。市领导陈章杰、姜超、周澧参加座谈会。

21日　全市镇、街道党(工)委书记例会召开。市领导傅勇、杨文惠、马吉云、高见参会。

21日　华菱集团总经理颜建新、欣港集团董事长汤志宏一行来津市考察千吨级码头项目。市委书记傅勇、副市长杜登全参加考察。

22日　市政府与华宇国信投资基金有限公司举行战略合作框架协议签约仪式。市委副书记、市长陈章杰、市政府副市长周澧、华宇国信执行总裁孙军利出席签约仪式。

24日　市委书记傅勇，市长陈章杰，副市长杜登全赴湖南省轻工盐业集团考察招商。

25日　召开药山文化旅游景区建设调度会。市领导姜正才、黄沅敏、戴志刚、高见参会。

25日　省委常委、省委宣传部部长蔡振红，省委宣传部副部长杨金鸢，常德市委副书记徐正宪，常德市委常委、市委宣传部部长胡丘陵一行来我市专题调研宣传思想文化工作。市领导傅勇、陈章杰、杨文惠、张海卿参与调研。

26日　召开庆祝“八一”建军节座谈会。市领导李景峰、姜超、周澧参加会议。

26日　市领导傅勇、杨文惠、李亚林、董新满开展“八一”走访慰问活动。

26日　中共津市市委常委会举行《将改革进行到底》专题讨论会。市领导傅勇、陈章杰、杨文惠、王育平、姜正才、张海卿、黄沅敏、伍子科、马吉云、姜超、李景峰参会。

27日　中国水利水电第八工程局有限公司来津市进行投资考察。中国水利水电第八工程局有限公司执行董事、总经理朱素华，市委书记傅勇、市政协主席姜正才、市人民副市长徐兴勇参加座谈会。

27日　市长陈章杰主持召开2017年市政府第9次常务会议。市领导李阳、戴志刚、高见、徐兴勇、周澧参加会议；市人大常委会副主任李亚林、市政协副主席曹后新、市人武部副部长吴双喜应邀参加会议。

27日　市委常委、纪委书记伍子科，市委常委、人武部政委姜超来到襄阳街街道看望军转干部和退役士兵。

27日　市第十七届人大常委会召开第五次会议。市领导陈章杰、王育平、邓惠荣、黄费武、李亚林、胡湘萍、邓开泉、高见、徐兴勇、周澧出席会议。

28日　市领导傅勇、杨文惠、黄沅敏赴厦门考察招商。

28日　市领导陈章杰、姜超、邓惠荣、周澧、阿毅一行开展“八一”走访慰问活动。

28日　市长陈章杰、副市长高见视察乡镇旱情。

31日　市领导傅勇、杨文惠、王育平、姜正才、张海卿、黄沅敏、伍子科、马吉云、邓开泉、李阳、戴志刚、高见、徐兴勇、周澧、王朝阳在市委办一楼会议室收听收看中央第六环境保护督察组督察湖南省情况反馈会。

31日　市委副书记杨文惠、市委常委、统战部长黄沅敏参加“三产”服务业健康养老推进工作调度会。

2017年8月

1日　省政府副秘书长、省信访局局长许忠建一行调研津市信访工作。常德市委常委、政法委书记黄清宇，常德市信访局长彭家明，市领导傅勇、陈章杰、李景峰、戴志刚参与调研。

1日　市卫计系统开展“荷花品格、梅花精神”文艺展演。市领导杨文惠、张海卿、胡湘萍、李阳、曹后新，市计生协会长姚跃进出席并观看了演出。

2-3日　常德市检查津市惠农减负政策落实情况。市领导陈章杰、高见参与检查。

2日　市委十二届四次暨市政府十七届一次全体（扩大）会议召开。市领导傅勇、陈章杰、杨文惠、王育平、姜正才出席会议。

3日　市领导傅勇、张海卿、李阳在市文化馆调研视察工作。

3日　市委书记傅勇，市长陈章杰调研电商产业园二期项目建设情况。市领导李景峰、李阳、杜登全参加此次调研活动。

3日　市委书记傅勇，市委常委、宣传部长张海卿，市政府副市长李阳调研市中医医院建设和发展工作。

4日　市委中心组开展集中学习，传达学习习近平总书记7月26日在省部级主要领导干部专题研讨班开班式上的重要讲话精神，并邀请南开大学原新教授进行《全面两孩政策人口形势与健康中国热点问题》专题辅导讲座。市领导杨文惠、王育平、姜正才、张海卿、伍子科、马吉云、姜超、李景峰、李阳参加学习。

4日　市委书记傅勇特邀常德市城投公司董事长方际三一行，调研指导津市澧水风光带建设工作。市领导王育平、姜正才、邓开泉、徐兴勇、雷光键、严东平参与调研。

7日　津市市政府与湖南粮食集团签署战略合作框架协议，共同建设津市市特色食品产业园项目。湖南粮食集团党委书记、董事长谢文辉，副董事长、总裁杨永圣，集团董事、金健米业股份有限公司党委书记、副董事长陈根荣，市领导傅勇、陈章杰、李景峰、杜登全出席签约仪式。

7日　常德市委督查办督导津市信访积案清零活动开展情况。市领导杨文惠、李景峰参加会议。

9日　市委书记傅勇，市委常委、政法委书记李景峰，市政府副市长杜登全一行前往高新区，调研指导园区闲置低效企业盘活工作。

10日　市委书记傅勇调研三洲驿街道工作情况。市领导熊斌、徐兴勇、雷光键参加调研。

11日　常德市政府副市长龚德汉来津调研湖南润农生态茶油有限公司。市领导傅勇、陈章杰、邓惠荣参加调研。

14日　市长陈章杰深入市汪家桥街道西河街片区调研棚户区改造工作。副市长徐兴勇，市政协副主席雷光键参与调研。

15日　市领导傅勇、王育平、雷光键前往湖南津盛投资开发有限公司，调研了解公司运营情况及澧水风光带建设、西河街片区开发工作。

16日　市长陈章杰主持召开2017年市政府第10次常务会议。市领导熊斌、王俊、杜登全、戴志刚、高见、徐兴勇、周澧出席会议；市人大常委会副主任邓惠荣、市政协副主席曹后新、市人武部副部长吴双喜应邀参加会议。

16日　市委书记傅勇调研药山镇脱贫攻坚暨党建工作开展情况。

21日　召开“智慧党建”暨农村综合服务平台建设推进会。市委常委、常务副市长熊斌，市委常委、组织部长马吉云参加会议。

21日　市长陈章杰主持召开推进中央环保督察整改工作动员部署会议。

23日　中国民主同盟津市市第七次代表大会召开。常德市政协副主席、民盟常德市委主委傅绍平，市领导杨文惠、黄沅敏、邓惠荣、胡湘萍、曹后新出席大会。

23日　市长陈章杰调度毛里湖镇樟树村美丽乡村建设工

作。市领导杨文惠、马吉云、高见参加考察调度会并现场视察。

24日 市委副书记杨文惠主持召开全面建成小康社会暨绩效评估工作会议。市委常委、常务副市长熊斌,市委常委、组织部部长马吉云参加会议。

28日 市政府与常德职业技术学院、常德技师学院战略合作签约。市领导傅勇、熊斌、黄沅敏、伍子科、李阳、杜登全、曹后新参加签约仪式。

28日 召开脱贫攻坚工作推进暨业务培训会。省扶贫办副主任贺丽君,市领导傅勇、杨文惠、高见参加会议。

28日 市领导陈章杰、李景峰、王俊(挂)赴长沙海关对接保税物流中心和码头海关监管区域建设工作。

29日 全市基层党组织书记及新任村、社区干部培训班正式开班。开班仪式由市委常委、组织部长马吉云主持,市委书记傅勇出席开班仪式并讲话。

30日 召开派驻监督全覆盖改革工作会议。市领导傅勇、杨文惠、伍子科、马吉云参加会议。

30日 市长陈章杰,副市长高见带领市林业局、毛里湖国家湿地公园管理处负责人赴北京对接法开署项目。

31日 湖南出版投资集团党委书记、董事长,中南出版传媒集团董事长龚曙光一行考察津市文化旅游工作。市领导傅勇、陈章杰、王俊、李亚林、曹后新参加座谈会。

31日 津市基层党组织书记及新任村、社区干部培训班结业仪式在市委党校举行。市领导杨文惠、马吉云出席结业典礼。

2017年9月

1日 市委副书记杨文惠调度市委闲置低效企业盘活工作。市领导张海卿、黄沅敏参加会议。

4日 津市市委第十二届五次全体(扩大)会议召开。会议由市长陈章杰主持,市委书记傅勇讲话。

6日 市长陈章杰,副市长周澧调研市湘淮村镇银行开业运行情况及当前存在问题。

8日 举行第33个教师节庆祝表彰大会。市领导傅勇、陈章杰、王育平、姜正才、黄沅敏、李阳、胡湘萍、曹后新参加会议。

8日 市领导傅勇、陈章杰、王育平、姜正才看望慰问一线教师。市委常委、统战部部长黄沅敏,市人大常委会副主任胡湘萍,市政府副市长李阳,市政协副主席曹后新参加慰问活动。

12日 市长陈章杰调研市西河街片区棚改征收工作。市领导徐兴勇、雷光键参与调研。

13日 2017年组工干部培训班开班。市领导杨文惠、马吉云出席开班仪式。

14日 常德市人大常委会副主任戴君耀评查津市食品药品监管工作。市领导陈章杰、王育平、李亚林、胡湘萍、高见参与评查。

14日 市长陈章杰调研市高新区形象提质工作。副市长杜登全参与调研。

14日 市领导杨文惠、熊斌、马吉云、徐兴勇参加人才公寓建设情况调研。

15日 市长陈章杰视察市重点建设项目情况。市领导王育平、熊斌、马吉云、徐兴勇、梁文利(兼)、雷光键参与视察。

20日 市长陈章杰调度闲置低效企业盘活工作。市领导熊斌、李阳、杜登全、高见、周澧参加会议。

21日 市委书记傅勇同志赴基层党建联系点药山村党支部上党课暨开展点评。

21日 市政协主席会议对津市智慧城市建设工作情况进行视察。市政协主席姜正才、市委常委、副市长提名人选王俊,市政协副主席曹后新、董新满、阿毅、梁文利参加视察。

21日 市委副书记杨文惠、市政协主席姜正才、市政府副市长李阳拜会津市三中杰出的学生海口经济学院董事长、曹氏教育基金创始人曹成杰先生。

22日 市长陈章杰在政府办党支部上《练好廉政"三功"筑牢拒腐防线》为题的党课。

26日 省委政研室副主任李先吉来津开展津澧融城工作调研座谈。常德政府办党组成员、优化办主任陈蔚民,常德市发改委副主任任绪义,市委书记傅勇,市委副书记、市长陈章杰参与调研。

26日 市第十七届人民代表大会常务委员会举行第六次会议。市领导王育平、熊斌、邓惠荣、李亚林、胡湘萍、邓开泉、高见、徐兴勇参加会议。会议首先通过了人事任命事项。通过表决,决定任命王俊为津市市人民政府副市长(挂职二年)。

29日 市委书记傅勇在市委一楼会议室主持召开会议,传达学习常德市委常委会(扩大)会议精神,并部署安排津市当前重点工作。市委副书记、市长陈章杰传达学习了常德市委书记周德睿在常德市委常委会(扩大)会议上的讲话精神。

30日 市委书记傅勇,市长陈章杰一行开展节前安全生产检查。

30日 市长陈章杰主持召开2017年市政府第11次常务会议。市领导熊斌、李阳、杜登全、戴志刚、高见、徐兴勇、周澧出席会议;市人大常委会副主任(兼)、工商联主席胡湘萍、市政协副主席曹后新应邀参加会议。

30日 在刘家山烈士陵园由市政府副市长周澧主持"缅怀英烈、传承意志"公祭活动。市领导姜超、李景峰、李亚林、董新满参加活动。

2017年10月

1日 市长陈章杰,市人大常委会副主任胡湘萍深入城区检查国庆期间安全和环保问题整改工作。

3日 市委书记傅勇,市委常委、组织部长马吉云,市委常委、副市长王俊来到市智慧城市办,就智慧党建平台硬件设备配置安装工作进行调研会商。

9日 召开推进中央环保督查问题整改工作上劲会,会议由市委副书记、市长陈章杰主持。市领导杨文惠、熊斌、马吉云、王俊、杜登全、戴志刚、高见、徐兴勇参加会议。

9日 津市就贯彻落实中央和省委关于巡视巡察工作的

指示精神组织收听收看全省巡视巡察工作电视电话会。市领导傅勇、伍子科、胡湘萍在津市会场收听收看会议。

9日　市委书记傅勇、副市长杜登全深入市高新区，就园区基础建设、形象提质等相关工作进展情况开展调研。

9日　常德市委巡察组专项巡察津市市扶贫领域工作动员会在津市召开，会议由市委常委、纪委书记伍子科主持。市领导杨文惠、高见参加会议。

10日　市长陈章杰调度津市中央环保督察问题整改暨河长制工作。市领导姜正才、熊斌、王俊、李阳、杜登全、戴志刚、高见、徐兴勇、周澧参与调度。

10日　市委书记傅勇调研西河街项目开发业态定位及规划设计工作。市人大常委会主任王育平、市政协副主席雷光健提出意见建议。

10日　市委巡察工作领导小组召开第三次会议。市领导伍子科、马吉云参加会议。

12日　常德市委常委、组织部长梁仲来津市调研智慧党建工作开展情况。市领导傅勇、陈章杰、杨文惠、熊斌、马吉云参加座谈。

12日　常德市委常委、组织部部长梁仲对津市部分重点企业安全生产工作进行督导检查。市领导傅勇、陈章杰、熊斌、马吉云参与督导检查。

12日　常德市委常委、组织部部长梁仲在津市开展落实“两个责任”例行谈心谈话活动。市领导傅勇、陈章杰、杨文惠、王育平、姜正才、熊斌、张海卿、黄沅敏、伍子科、马吉云、姜超、王俊参加会议并提出意见建议。

13日　市委书记傅勇，市长陈章杰，市委常委、纪委书记伍子科，副市长杜登全赴城陵矶新港区考察对接港口建设。

16日　由市委常委、组织部长马吉云主持，市委常委、纪委书记伍子科参加津市2017年第二轮巡察工作动员部署会。

17日　举办2017年“美丽津市·清清毛里湖”政协委员论坛，为推进津市生态文明建设，全力助推美丽津市建设建言献策。国家林业局调查规划设计院副院长、教授级高级工程师唐小平，常德市政协副主席张业梅，市委书记傅勇、市政协主席姜正才出席活动。

18日　市领导傅勇、陈章杰、王育平、姜正才参与收看中国共产党第十九次全国代表大会开幕式。

18日　市政协主席姜正才、市委常委、副市长王俊、市政协副主席曹后新、董新满、阿毅视察专项基金建设工作。

19日　市委书记傅勇、市政府副市长高见深入毛里湖镇、药山镇调研乡村旅游工作。

19日　农村工作领导小组三季度工作例会在新洲镇召开。市领导杨文惠、姜正才、邓惠荣、高见、梁文利参加会议。

19日　津市市举行喜迎十九大“荷花品格、梅花精神”主题文艺晚会暨十大廉洁模范表彰大会。市领导张海卿、伍子科、马吉云、黄费武、李阳、曹后新观看演出。

20日　市长陈章杰在市环保局会议室主持召开会议，调度中央环保督察整改问题销号暨落实河长制工作。

23日　市委副书记杨文惠，市委常委、市政府副市长熊斌参加重阳节重点工程建设考察参观活动。

23日　召开第三季度经济形势分析会，总结上半年经济工作，研判当前经济形势，安排部署下半年经济发展重点工作。市领导傅勇、陈章杰、熊斌、邓开泉、曹后新参加会议。

24日　召开全市卫生与健康大会、全市创建国家卫生城市总结表彰暨城市创建工作推进大会。市领导傅勇、陈章杰、杨文惠、张海卿、李阳、徐兴勇参加会议。

24日　市委书记傅勇走进老干部家中看望慰问。

25日　市委常委、组织部长马吉云，市委常委、副市长王俊来到市智慧城市办，就智慧党建平台硬件设备配置安装工作进行调研会商。

25日　市长陈章杰，市委常委、常务副市长熊斌看望慰问退休老干部代表黄大军、潘训安。

26日　市长陈章杰主持召开2017年市政府第12次常务会议。审议研究关于津市公租房租金及污水处理费调整工作、2017年退役士兵安置工作，并形成意见。市领导熊斌、王俊、李阳、杜登全、高见、徐兴勇、周澧出席会议；市领导邓开泉、曹后新、吴双喜应邀参加会议。

28日　“健康湖南·动起来”全民健身大赛季新闻发布会暨津市首发站开幕式举行，湖南省委宣传部副部长杨金鸢，湖南省体育局副局长杨再辉，湖南体育产业集团总经理、五环集团董事长陈彬，湖南体育产业集团副总经理、五环集团总经理邬新邵，市长陈章杰，副市长李阳等出席参加了新闻发布会，市委常委、宣传部长张海卿为此次大赛致辞。

30日　市公安局隆重举行“永远的誓言”主题活动，常德市公安局党委委员、政治部主任王朝春、常德市公安局政治部宣传科科长张枫；市领导杨文惠、李景峰、李亚林、戴志刚、雷光键参加活动。

30日　市政协主席姜正才在市政协三楼会议室主持召开药山景区建设工作调度会。市领导黄沅敏、张伟莉参加会议。

30日　市委副书记、市长陈章杰在市政府三楼常务会议室主持召开会议，调度鑫嘉诚铸造、乔锐纺织服装盘活工作。

31日　市领导王育平、黄费武、胡湘萍、邓开泉视察市重点建设工程质量安全及扬尘治理工作。

2017年11月

1日　组织收看全省洞庭湖生态环境专项整治推进电视电话会议。市领导傅勇、陈章杰、王俊、徐兴勇收看此次会议。

2日　市委副书记、市长陈章杰率队赴湖北开展招商活动，应邀到湖北福力德鞋业有限责任公司考察对接。市领导李阳参加考察。

2日　市领导傅勇、杨文惠、熊斌、马吉云调研全市智慧党建暨基层综合服务平台建设工作。

3日　市领导傅勇、陈章杰、杨文惠、王育平、熊斌实地调研市人武部工作。市委常委、人武部政委姜超，市人武部副部长吴双喜参加调研。

5日 市政协主席姜正才在毛里湖国家湿地公园管理处主持召开湿地公园建设工作调度会。市领导高见、曹后新参加会议。

6日 原金华市副市长、义乌市委书记严高文带领湖南光彩义乌国际商贸城开发有限公司一行人来津市就"津澧义乌国际商贸城"项目的开发及选址进行洽谈。市领导傅勇、陈章杰、王育平、伍子科、王俊、徐兴勇参与考察并座谈。

7日 第三专业招商小组招商引资工作调度会议在市委二楼圆形会议室召开,市委常委、政法委书记李景峰、市政府副市长杜登全参加会议。

7日 市委书记傅勇、副市长徐兴勇现场督导环保问题整改工作情况。

7日 市委书记傅勇调研毛里湖国家湿地公园建设工作情况。市政协主席姜正才、市政府副市长高见、市政协副主席曹后新参加座谈会。

8日 市领导傅勇、杨文惠、张海卿、黄沅敏、伍子科、马吉云、李景峰一行前往市高新区,调度市委联系的闲置低效企业盘活工作。

8日 药山镇举办"培育文明新风 共建秀美药山"文艺演出暨"五星文明户"颁奖活动。市领导傅勇、姜正才、张海卿、黄沅敏、高见观看演出并颁奖。

8日 市长陈章杰参加全市国有资产管理工作调度会,市委常委、常务副市长熊斌主持会议。

9日 常德市委常委、宣传部部长胡丘陵、常德市副市长龚德汉来到津市参加常德市农村移风易俗工作现场经验交流会。市领导傅勇、张海卿、高见参加交流会议。

10日 市委书记傅勇,市委常委、常务副市长熊斌调研垂直管理单位工作。

10日 市长陈章杰率队赴长沙开展招商活动,应邀到湖南盐津铺子食品股份有限公司考察对接。市领导杨文惠、杜登全参加考察。

12日 "健康湖南·动起来"2017全民健身大赛季津市首发站圆满收官。市长陈章杰参加活动并致辞。市领导杨文惠、胡湘萍、李阳、曹后新为比赛获奖队伍颁奖,并将会旗正式交接给第二站活动地邵阳县。

14日 市委书记傅勇、副书记杨文惠到市人民医院看望慰问退休老干部伍千善。

15日 召开2018年城市建设工作会商会,研究部署2018年城市建设工作。市领导傅勇、陈章杰、王育平、姜正才、熊斌、王文军参加会议并现场视察。

15日 市委书记傅勇、市长陈章杰调研高新区建设工作。市领导王育平、熊斌、李景峰、杜登全参加调研。

16日 市长陈章杰调度全市河长制工作。市领导伍子科、王俊、戴志刚、徐兴勇参与调度。

17日 召开澧水风光带及西河街项目设计评审会,由市政府副市长徐兴勇主持。市领导傅勇、陈章杰、王育平、姜正才、熊斌参加会议并就设计方案提出意见和建议。

21日 市长陈章杰主持召开突出环境问题整改工作约谈会,对各参会部门单位进行集体约谈。

22日 湖南城陵矶国际港务集团有限公司董事长陈岳红、总经理龚耀南一行来津市考察新港建设。市委副书记、市长陈章杰,市政府副市长杜登全参与考察。

22日 由市委副书记杨文惠主持召开市委中心组(扩大)学习暨招商引资与产业建设专题讲座,邀请了浙江省开发区协会副会长、杭州经济技术开发区投资企业协会会长、浙江大学客座教授张学宁作"招商项目评价及案例分析"专题辅导。市领导王育平、姜正才、张海卿、伍子科、李景峰参加学习。

23日 迎接国家三类城市语言文字评估工作汇报会在市兰苑宾馆二楼会议室进行。副市长、市语委主任李阳代表市语委向省语委、常德市语委汇报了近两年来津市语言文字工作开展情况,市领导陈章杰、杨文惠、胡湘萍、曹后新参加会议。

25日 常德市委书记周德睿,常德市委副书记、市政府代市长曹立军现场视察了津市重点项目建设现场,详细了解项目建设具体进展情况。市领导傅勇、陈章杰、杨文惠、熊斌、李景峰、杜登全、徐兴勇参加考察活动。

30日 常德市委副书记、代市长曹立军调研津市经济社会发展情况,市委书记傅勇代表市委、市政府作工作汇报。常德市政府秘书长周代惠及市领导杨文惠、王育平、姜正才、熊斌、姜超、李景峰、王俊等分别参与调研或座谈。

2017年12月

4日 市委中心组举行网络安全与信息化工作专题学习讲座,会议由市委书记傅勇主持,全体在家市领导参加学习。

6日 市委副书记杨文惠主持召开三产服务业工作调度会。市领导伍子科、李景峰、王俊、周澧出席会议。

8日 迎接常德市年终检查验收工作调度会召开。市领导杨文惠、熊斌参加会议。

8日 市委书记傅勇主持召开全市民生部门工作调研座谈会。市委常委、副市长王俊(挂职),副市长李阳、周澧参加会议。

11日 全市县处级领导干部大会在市兰苑宾馆会议中心召开,常德市委组织部常务副部长张运华在会上宣布省委、常德市委任免决定:黄旭峰同志任津市市委副书记、提名为津市市人民政府市长候选人。傅勇代表四大家班子向常德市委、市委组织部作表态发言。

12日 市委副书记、市长候选人黄旭峰先后前往市白衣镇、襄阳街街道调研工作。

12日 市委书记傅勇主持召开城建、交通工作调研座谈会。市领导王育平、杜登全、徐兴勇、雷光键、王文军参加会议并讲话。

12日 常德市政府来津征求《政府工作报告》意见。市领导傅勇、黄旭峰、王育平、姜正才、戴志刚参加座谈。

13日　市第十七届人民代表大会常务委员会举行第七次会议，决定任命黄旭峰同志为市人民政府代理市长。市领导王育平、邓惠荣、黄费武、李亚林、胡湘萍、邓开泉参加会议。市委常委、常务副市长熊斌分段列席会议，市人民法院院长覃业辉、市人民检察院检察长王朝阳全程列席会议。

14日　代市长黄旭峰实地调研城建、民生重点项目。

14日　代市长黄旭峰调研镇、街工作情况。

16日　代市长黄旭峰调研三洲驿街道及汪家桥街道工作情况。

18日　代市长黄旭峰走访调研市直部门单位。

18日　市委书记傅勇主持召开经济部门工作调研座谈会，围绕"今年怎么看、明年怎么干"开展座谈，重点征求意见建议，研究谋划明年工作。市委常委、常务副市长熊斌，市政府副市长杜登全、周澧参加会议。

20日　代市长黄旭峰调研城市管理、农贸市场建设及保障性安居工程建设情况。市政府副市长徐兴勇、周澧参加调研。

20日　代市长黄旭峰在市政府三楼常务会议室主持召开2017年市政府第13次常务会议。市领导熊斌、王俊、李阳、杜登全、戴志刚、高见、周澧出席会议；市人大常委会副主任黄费武、市政协副处级干部王文军应邀参加会议。

21日　市委副书记杨文惠、副市长李阳一行调研职业教育服务地方经济和社会发展情况。

21日　召开2017年度党(工)委书记抓基层党建述职评议会。常德市委组织部党员教育中心副主任裴国富，市领导傅勇、黄旭峰参加会议并讲话。

26日　常德市第七届人民代表大会第二次会议召开，津市代表团集中审议常德市政府工作报告。会议由津市代表团团长王育平主持。常德市委常委、组织部长梁仲，常德市人大常委会副主任戴君耀，市委书记傅勇，代市长黄旭峰，市人大常委会副主任邓惠荣参加分团讨论会。

26日　市委副书记杨文惠主持召开计划生育领导小组专题工作会议。市委常委、市人武部政委姜超，副市长李阳，市政协副主席曹后新、市计生协会会长姚跃进参加会议。

28日　常德市主要领导看望出席常德市七届人大二次会议的津市代表团代表。常德市委书记周德睿，市委副书记、代市长曹立军，市委副书记朱水平，市人大常委会党组书记、副主任沈习森，市委常委、市纪委书记罗翠林，市委常委、市委秘书长罗先东等领导参加慰问。津市市委书记傅勇代表津市团全体代表表态。常德市人大常委会副主任戴君耀、常德市人民检察院检察长余湘文、津市市代市长黄旭峰，市人大常委会主任王育平，市人大常委会副主任邓惠荣等代表和列席人员参加慰问会。

29日　市委常委、市纪委书记伍子科向政协津市市第十二届委员会常务委员会第六次会议通报2017年全市党风廉政建设和反腐败工作情况。市政协主席姜正才、市政协副主席董新满、曹后新、阿毅参加会议。

30日　市委书记傅勇，代市长黄旭峰，市委副书记杨文惠，副市长高见调度全市脱贫攻坚工作。

民安小区

津市概况

【位置、面积】津市市位于常德市北部(常德市位于湖南省北部),地处澧水尾闾,洞庭湖西缘。东经 111° 45′ 59″ ~112° 1′ 40″ ,北纬 29° 16′ 30″ ~ 29° 39′ 46″ 。境南接常德鼎城区,界长 28.8 公里;西北、东北与澧县澧阳区、红湖区、梦溪区抵界,界长 80 公里,境东与安乡珊瑚毗邻,界长 9.6 公里,境西与临澧烽火、柏枝乡接壤,界长 41.6 公里。全市面积 550.79 平方公里,其中澧水北 45.22 平方公里,澧水南 505.57 平方公里。在常德市 9 个县、市、区中,幅员居第 8 位。(志办)

【行政区划】2017 年,津市辖 5 个街道(三洲驿、汪家桥、襄阳街、金鱼岭、嘉山)4 个镇(新洲、毛里湖、药山、白衣)。新洲镇辖青山裕、车胤、九堰、长岭岗、荷花堰、黄林堰、同兴、鹿山、杨家、龙山、汉泗、复兴、兴隆、李家、马家 16 个建制村,嘉山、万寿宫、孟姜女、五泉 4 个社区居委会,总面积 86.12 平方千米。镇人民政府驻万寿宫社区(原新洲镇人民政府驻地)。

毛里湖镇辖花桥、田家山、澧赋、七星、民兴、中心、青苗、荣台、大山、中南、长寿、川门、樟树、庙基、土桥、箭楼、利兴、灯塔、万家、同乐、双堰岗、梁家坪、清泉、双坪 24 个建制村,河口、龟山、大桥、官堰 4 个社区居委会,总面积 107.82 平方千米。镇人民政府驻河口社区。

药山镇辖新湖、新民、民主、茶场、新福、新合、三合、李阳、天鹅、双合、金盆、发瑞、枫树、岳山、奇龙、西湖、临东、黄金、双门、官堰、联合、礼安、新华、白云山 24 个建制村,文昌阁、界福、棠华铺、三叉路 4 个社区居委会,总面积 134.31 平方千米。镇人民政府驻文昌阁社区。

白衣镇辖蒲山、金泉、天门、金坪、红光、荷花、会云、钟灵、建国、双马、柏林、永兴、金星、长安、金林 15 个行政村及白衣庵、石板滩 2 个社区居委会。

嘉山街道辖杉堰、戚家、关桥 3 个建制村和团湖、明道 2 个社区居委会,总面积 21 平方千米。办事处驻明道社区(津市市龙岗路 1 号)。

【人口】2017 年末全市居民总户数 96216 户,总户籍人口 235205 人,其中城镇人口 121791 人,乡村人口 113414 人。按性别分,男性人口 119253 人,女性人口 115952 人。按年龄分,0–17 岁 32515 人,18–34 岁 46028 人,35–59 岁 99866 人,60 岁及以上 56796 人。全市全年出生人口 2240 人。

【气候特征】2017 年,全年气温偏高,夏季有 2 段高温期。年内旱涝并举,6 月下旬至 7 月初洪涝明显,7 月中旬至 8 月上旬出现了不同程度的干旱。日照大部偏少,总体明显不足。入春提前,入夏东南部提前,西北部偏晚,入秋入冬偏晚,夏长特征明显。

气温:2017 年津市年平均气温 17.8℃,较常年偏高 0.8℃,属偏高范畴,与上年持平,与 2016 年并列为 1960 年以来第四高值。

空间分布:各地年平均气温 17.3℃ ~18.2℃,呈东高西低的分布态势,与常年同期比较偏高 0.7℃。按照气温等级评定标准,津市偏高,与上年比津市偏高 0.1℃。

时间分布:与常年同期比,6 月和 10 月全市各月平均气温偏低,其他各月均偏高。

2016/2017 年冬季,全市平均气温 8.1℃,较常年同期偏高 1.9℃为暖冬,属异常偏高范畴,为 1960 年以来第二高值,仅次于 1998/1999 年(8.2℃)。其中 2016 年 12 月表现尤为突出,全市平均气温 8.7℃,较常年同期偏高 1.7℃,创 1960 年以来历史新高,属显著偏高范畴;2017 年 1 月全市平均气温 7.4℃,较常年同期偏高 2.7℃,属异常偏高范畴,为 1960 年以来第四高值。虽然夏季全市平均气温在正常范畴(27.8℃),但时间分布极为不均,6 月全市平均气温 24.4℃,较常年同期偏低 1.1℃,属偏低范畴,居 1960 年以来第八低值;7 月全市平均气温 30.4℃,较常年同期偏高 2.0℃,居 1960 年以来第三高值,属显著偏高范畴。另外 12 月全市平均气温 8.0℃,较常年同期偏高 1.0℃,居 1960 年以来第十高值,属偏高范畴。

降水:2017 年全市年平均降水量 1468.6mm,较常年(1344.5mm)偏多 9.2%,属正常范畴,与上年(1548.7mm)

比偏少5.2%。

空间分布：年总降水量在1257.6mm，与常年比偏少1.9%，按照降水等级划分标准，属正常范畴。与上年比偏少。

时间分布：从逐月分布来看，与常年同期比，全年3月、6月和8～9月降水偏多，其他时间偏少。

全年降水日数141.4d，较常年同期偏少0.8d，较上年同期偏少5.7d。四季降水量均属正常范畴，但季内分布并不均匀。3月降水量异常偏多，月降水量达195.9mm，较常年同期偏多90.3%，为1960年以来第三高值。6月降水量显著偏多，月降水量达337.9mm，较常年同期偏多71.2%，居1960年以来第五高值。7月降水量显著偏少，月降水量仅43.5mm，较常年同期偏少77.4%，居1960年以来第六低值。8月降水量异常偏多，月降水量达231.2mm，较常年同期偏多87.8%，居1960年以来第九高值。9月降水量异常偏多，月降水量达140.8mm，较常年同期偏多91.0%，居1960年以来第十高值。

日照：2017年全市年平均日照时数1430.6h，较常年偏少10.0%，属不足范畴，与上年比偏少2.8%，为有历史记录（1960年）以来第六低值，如图7。

空间分布：全年总日照时数在1309.8h～1535.8h之间，呈西北－东南线上多，东北－西南线上少的分布态势。按照日照多寡划分标准，津市日照正常。与上年比偏少0.2h。

时间分布：从全市逐月平均日照时数分布来看，与常年同期比，2月、4～5月、7月和12月日照时数偏多，其他时间均不同程度偏少。秋季全市平均日照时数275.2h，较常年同期偏少125.4h，日照不足，较上年同期偏少35.2h，为1960年来第一低值（第二低值284.7h，1982年），季内9月和10月全市平均日照时数分别居1960年以来历史同期第七、第二低值。另外1月、3月、6月和8月全市平均日照时数分别居1960年以来历史同期第三、第四、第五和第十低值。（志办）

【气候事件】在全球变暖的气候背景下，2017年津市年平均气温17.8℃，较常年偏高0.8℃。全市年平均降水量1468.6mm，比常年偏多近一成，年内降水时空分布不均，7月中旬至8月上旬出现了不同程度的干旱。全市年平均日照时数1430.6h，较常年偏少1成，日照明显不足，为有历史记录（1960年）以来第6低值。年内出现了强冷空气、雨雪冰冻、连阴雨和暴雨洪涝、干旱、雾霾等灾害性天气，给全市工农业生产及人体健康等造成了一定程度的不利影响。

雾霾

2016/2017年冬季，全市平均大雾出现15.4d，霾26.9d，其中2016年12月大雾频现，主要出现在1～2日、15～17日、19～22日和27～30日，大雾对交通出行带来一定影响。

暖冬

2016/2017年冬季全市平均气温异常偏高，达8.1℃，较常年同期偏高1.9℃，达到暖冬标准，为1961年以来第二高值（最高值8.2℃，1998/1999年，）。其中2016年12月全市平均气温8.7℃，较常年同期偏高1.7℃，创1960年以来历史新高。2017年1月全市平均气温7.4℃，较常年同期偏高2.7℃，创1960年以来历史同期第四高值。

强冷空气与雨雪冰冻

2017年年初出现了2次明显冷空气过程，分别在2月7～8日和20～22日。其中2月7～8日，全市大部出现雨夹雪天气，给春运返程高峰带来一定影响；20～22日全市48小时最低气温下降超过8℃，达到强冷空气标准，未达寒潮标准，此次强冷空气过程中全市普降中雨，局部大雨，且风力加大，最大风速达10.6m/s。

11月冷空气活动频繁，有3次冷空气影响，分别是11月10～12日、17～19日和28～30日。其中10～12日，部分地区过程降温幅度达8℃以上，达到强冷空气标准，后两次过程主要以中等强度冷空气为主，均未出现寒潮。

初春、秋末阴雨寡照

3月全市平均日照时数59.8h，较常年同期偏少35.2h，居1960年以来第四低值，尤其3月中旬，全市大部出现连阴雨天气，日照时数均居1960年以来前五低值，持续阴雨寡照天气造成油菜授粉受阻，蔬菜生长缓慢，春耕春播进程推迟。

11月全市平均日照时数95.1h，其中11～20日（除15日外），全市大部持续阴雨寡照天气，但未达连阴雨标准（日降水量≥0.1mm连续7天或以上，且过程日平均日照时数≤0.1小时）。阴雨日数偏多造成光合产物偏少，作物长发育放缓，但总的来说，基本能满足作物生长需求，未出现灾情。

暴雨洪涝

2017年全市迎来了10轮暴雨及以上天气过程，共出现2站次大暴雨，31站次暴雨，日最大降水量达148.2mm。时间分布上，暴雨日在8月最多，出现了6d、12站次暴雨。

高温干旱

7月中旬至8月上旬，持续高温少雨。在此期间全市大部持续14d（7月15～28日）最高气温高于35℃。受高温少雨影响，达到轻度干旱，全市4个镇遭受不同程度干旱影响。（志办）

【气候影响】2017年在全球变暖大背景下，全市气温偏高，降水正常但时空分布不均，日照明显不足。年内出现的强冷空气、雨雪冰冻、连阴雨和暴雨洪涝、干旱、雾霾等灾害性天气给津市工农业生产及人体健康等造成了一定的影响。

2017年全市大雾平均日数29.0d，较常年偏多8.8d。全年平均霾日65.4d，较常年偏多52.5d。大雾和霾日数均呈现增多的趋势。但全市年平均降水日数141.4d，较常年偏少0.8d。城区声环境质量总体良好。（志办）

水　文

【概况】津市市位于洞庭湖水系澧水中下游和西洞庭湖区，境内河网密布，水资源充沛，水能资源较为丰富。

澧水又称九澧，位于湖南西北部。干流及主要支流皆自西北流向东南。澧水源头在桑植县南岔以上，分北、中、南三源，以杉木界北源为主，中源出湘鄂边界的八大公山东麓，名绿河，南源出自湖南省永顺县万枯山，名上峒河。三源在南岔汇合后往南经桑植、永顺，再向东流，在永定境内纳茅溪，经慈利纳溇水，至石门纳渫水，经临澧至澧县纳道水、涔水，流至津市小渡口注入洞庭湖。澧水干流全长390公里，流域面积18496平方公里（湖南境内15505平方公里），多年平均径流量131.2亿立方米。流域内共有一级支流74条，上游的主要支流有南岔河、郁水、茅溪、狮头溪、九渡溪（又名九都溪）、溇水（又名后江）、零溪河，中下游主要有渫水、道水、澹水、涔水等。

渫水河位于湖南省常德市石门县，上游支流众多：百溪河、高桥河、金家河、上延河、黄连河、干沟河等，一路蜿蜒东南流，沿途又纳入狮子溪、发人溪、黄虎港河、石家河、黄福溪、麻纳溪、竹溪河、商溪河、小河、黄水、仙阳河、南溪等大小支流146条（含渫水），历经壶瓶山镇、所街乡、雁池乡、磨市镇、维新镇、皂市镇，在新关镇的喻家河口注入澧水，全长163公里，流域面积3125.5平方公里。

涔水属澧水支流，发源于石门县黑天坑，流经刘家湾、莲花堰、王家厂、大堰垱、梦溪、涔南、永丰，在小渡口注入澧水。河流长度114公里，流域面积1525.75平方公里。

道水系澧水一级支流，属九澧之一。道水有南北二支，南支发源于慈利五雷山麓，北源多系溪涧组合，发源于慈利苗市桃树垭东麓，全长102公里，集水面积1362.8平方公里。（志办）

【雨情】

2017年全市累计降雨1538.7毫米，较历年同期均值1432.6毫米偏多7.4%；其中汛期4至9月累计平均降雨1106.8毫米，较历年同期均值1005.9毫米偏多10%。总体上降雨与历年均值偏多百分之七。

津市累计平均降雨1157.3毫米，为常德市各区县最小，较历年同期均值1234毫米偏少6.22%。

空间分布上，降雨主要集中在澧水流域北部地区。澧水流域累计平均降雨1412.5毫米。

时间分布上，汛前1至3月累计平均降雨偏多3–4成，汛期4至9月偏多1成，汛后偏少3–4成；汛期4月、5月与7月份降雨偏少，其它3个月降雨均偏多；全市主要暴雨过程基本上集中在6月、8月和9月，此3月累计平均降雨750.5毫米，占整个汛期降雨的67.8%，占1至9月降雨的53.5%；6月下旬至7月初是今年汛期降雨最为集中时期，6

2017年常德市各月降雨量与各县区比较　　单位：毫米

区县	常德	桃源	鼎城	武陵	汉寿	石门	澧县	临澧	津市	安乡
1月	43.2	46.6	54.9	48.5	45	35.5	33.1	44.1	43	44.8
2月	74	69.8	86.4	73	117.9	69.3	66.9	63.6	14	53.8
3月	179.4	199.6	249.5	186.5	251.1	116.8	125.1	175.5	85.8	188
4月	144.4	147.7	139.8	147.2	138.3	153.2	146.8	141.5	134	124.5
5月	170.9	188.6	152.7	165	145.6	198.7	162	179.6	170	95.3
6月	351.2	422.4	450.3	338.5	466.3	267	212.4	321.7	268.5	274.5
7月	41	34.8	20.5	18.5	23.3	105.9	34.3	13.3	5.5	18.3
8月	236.9	304.8	319.8	207.5	258.8	196.2	171.9	217.9	159.5	182.8
9月	162.4	197.9	110.1	129.5	93.8	198.9	205.7	163.3	143	87
10月	76	83.4	96.1	53	23.5	102.4	64.9	50.4	77.5	51
11月	46.9	212.3	66.1	62	39	32.2	33.1	46	49	38.5
12月	12.4	16.6	19.1	10	14	12.4	7.3	5.7	7.5	7.5
汛期合计	1106.8	1296.2	1193.2	1006.2	1126.1	1119.9	933.1	1037.3	880.5	782.4
汛期多年平均	1005.9	1102.3	947.3	933.5	958.9	1128.7	881.7	886.3	825.7	867.3
距平(%)	10.03%	17.59%	25.96%	7.79%	17.44%	–0.78%	5.83%	17.04%	6.64%	–9.79%
全年合计	1538.7	1924.5	1765.3	1439.2	1616.6	1488.5	1263.5	1422.6	1157.3	1166
全年多年平均	1432.6	1601.8	1396.5	1395.2	1407.2	1525	1215.1	1264.9	1234	1243.8
距平(%)	7.41%	20.15%	26.41%	3.15%	14.88%	–2.39%	3.98%	12.47%	–6.22%	–6.26%

月累计平均降雨351.2毫米，较历年同期均值215.2毫米偏多63.2%，占整个汛期降雨的31.7%，占1至9月降雨的25%，各主要江河湖库在6月底、7月初均发生了大洪水；降雨最小的月份为7月的41毫米，占汛期降雨的3.7%。

2017年降雨特性分析：

(1)汛期降雨量偏多，时空分布不均

汛期累计平均降雨1106.8毫米，较历年同期均值1005.9毫米偏多10.0%。从时间上来看，今年汛期4、5、7月份降雨偏少，特别是7月份降雨仅有41.0毫米；其它6、8、9月降雨偏多，其中6月累计平均降雨351.2毫米，较历年同期均值215.2毫米偏多63.2%，占整个汛期降雨的31.7%，占1至9月降雨的25%；从空间上来看，汛期降雨均较历年均值偏多。

(2)发生大暴雨和特大暴雨强度大

据统计，在6月22日至7月2日的降雨过程中，最大6小时降雨为津市市龙泉堰站(气)187.3毫米，暴雨频率接近200年一遇；最大3小时降雨为临澧县群英站142.5毫米，暴雨频率接近200年一遇。

【水情】

受强降雨及大型水库泄洪影响，主要江河湖库及中小河流均发生了不同程度的洪水过程。

主要洪水过程

澧水，受强降雨影响，6月24日2时，澧水一级支流道水临澧站出现超警戒洪水(46.67米，超警戒0.17米)。

水情特点

(1)下游河段全线超保证水位

澧水及洞庭湖区出现超保证水位洪水。另外还有临澧站、安乡站和南阳嘴站等3站出现超警戒水位。

(2)中小河流暴雨山洪突出

7月2日00时，道水一级支流临安站洪峰水位45.39米，为建站以来实测最高水位。

(3)西洞庭湖区洪水下泄不畅，造成安乡河段出现超警戒水位

受湘江、资水和沅江流域性洪水共同影响，加上环湖区连日暴雨，造成南咀站水位和小河咀站水位持续攀升，南咀站于7月3日20时水位上涨至36.52米，超保证水位0.47米；小河咀站于7月3日16时水位上涨至36.62米，超保证水位0.90米。受西洞庭湖洪水顶托影响，松滋河洪道来水宣泄不畅，造成了松滋河安乡河段洪峰水位37.08米，超过警戒水位0.08米，而实测流量仅为533秒立米，出现小流量高水位的特殊情况。

(4)水库优化调度作业精准

在澧水这几次洪水过程中，皂市、江垭水库科学调度，提前腾库待蓄，充分发挥了大型骨干控制性水库的拦洪削峰的调蓄作用，在防洪减灾和合理利用雨洪资源方面发挥了重要的作用，防洪减灾效益显著。

【旱情】

7月15日以后，维持晴热高温少雨的天气，未产生有效降雨，津市累计降雨量在15.0毫米以下，而期间面上平均蒸发能力达到了84.0毫米，日均蒸发能力增加到4.7毫米。8月3日–4日，根据市防汛抗旱指挥部抗旱Ⅲ级应急响应的要求，启动土壤墒情移动应急监测。根据旱情等级标准(SL 424–2008)，综合采用连续无雨日数、降雨量距平、土壤含水率、相对湿度和河道来水量距平等评价方法对旱情进行分析，津市市发生严重水文干旱。

二、水资源量

(一)降水及分布

2017年常德市年平均降水量1501.7毫米，折合水量273.1亿立方米，较上年减少15.6%，比多年平均偏多4.7%，属平水年景。

各区、县(市)分布：其中临澧、桃源、桃花源比多年平均偏多10%～20%；武陵区、鼎城区、澧县、津市、经开区、柳叶湖、西湖比多年平均偏多0%～10%；安乡、汉寿、石门、西洞庭比多年平均偏少0%～–10%。

主要河流降水分布：澧水区年降水量88.89亿m³，与多年平均比较偏多1.6%；洞庭湖环湖区年降水量92.00亿m3，与多年平均比较偏少0.6%。

2017年降水的主要特点是：

1. 降水量年内分配极不均匀。

全年降水主要集中在汛期，与历年同期相比，澧水流域汛期降水主要集中在6月份，较多年平均偏多29.6%，3、9月份较多年平均偏多50%以上，7月份较多年平均偏少81%.

(二)地表水资源量

2017年常德市地表水资源(天然河川径流)量147.4亿立方米，比上年偏少13.6%，较多年平均偏多12.4%，折合径流深810.5毫米，径流系数0.55。

各区、县(市)地表水资源量与多年平均比较：武陵区24.5%、鼎城区

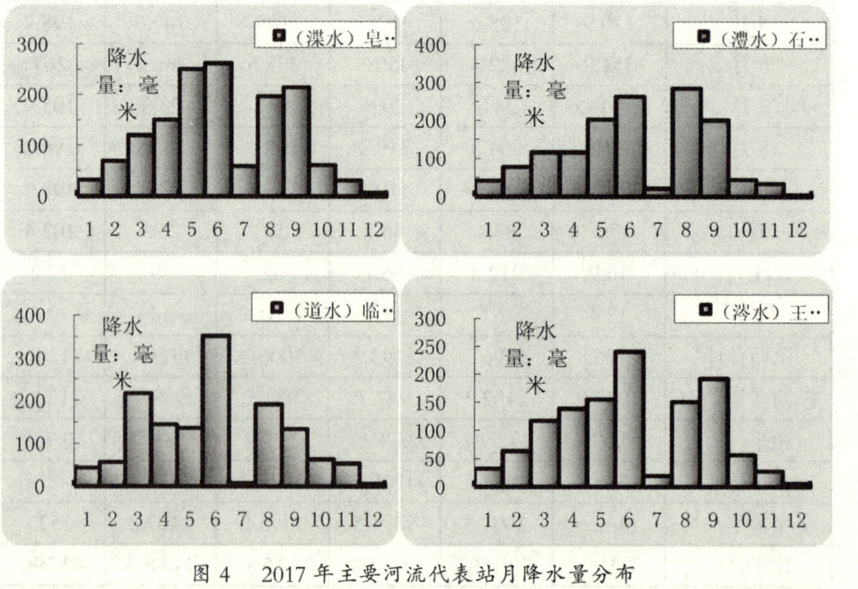

图4　2017年主要河流代表站月降水量分布

2017 年澧水流域汛期各控制站最高水位统计表

河名	站名	最高水位	发生时间	相应流量	警戒水位	超警	历年最高	发生时间
		(m)	(月、日)	(m^3/s)	(m)	(m)	(m)	(月、日)
溇水	雁池	136.61	6 月 05 日 14 时	1130			143.88	2011-6-18
	皂市	77.18	7 月 24 日 21 时	225			81.59	2012-6-27
澧水	石门	55.69	6 月 23 日 19 时	4020	58.50		62.66	1998-7-23
	合口	44.62	6 月 23 日 21 时		48.50		47.03	2010-7-11
	澧县	37.98	6 月 24 日 0 时		43.50		41.48	2010-7-12
	津市	37.34	6 月 13 日 20 时	3200	41.00		45.02	2003-7-11
道水	临澧	46.67	6 月 24 日 02 时	600	46.50	0.17	47.87	2012-7-18
湖区	安乡	37.08	7 月 3 日 17 时	533	37.00	0.08	40.44	1998-7-24
	石龟山	36.85	7 月 3 日 18 时	1410	38.50		41.89	1998-7-24
	牛鼻滩	39.68	7 月 3 日 01 时				40.57	1996-7-19
	周文庙	37.98	7 月 3 日 06 时		36.00	1.98	38.79	1996-7-20

2017 年中小河流站点最高水位统计表

站名	河名	最高水位	发生时间	历年最高	发生时间
		(m)	(月、日、时、分)	(m)	(月、日)
安乡城关	松滋洪道	37.10	7 月 3 日 16 时	37.70	2016-7-3
新洲	澧水洪道	36.98	7 月 3 日 14 时	40.35	2016-6-29
金盆	竹溪河	170.94	6 月 5 日 10 时	172.00	2016-7-20
南坪河	石家河	286.42	8 月 21 日 05 时	290.54	2014-9-10
安溪	黄虎港河	355.22	6 月 5 日 10 时	357.6	2016-8-20
朱家铺	沧水	43.67	6 月 24 日 13 时	43.67	2017-6-24
杜家岗	仙阳河	136.36	9 月 10 日 14 时	137.12	2016-6-27
双合	溇水	277.21	7 月 15 日 07 时	278.55	2016-6-19

超警戒水位站点统计表

流域	序号	站名	超警戒水位时间	退出警戒水位时间	超警戒水位运行时间	洪峰水位（m）	相应流量（m³/s）	洪峰水位出现时间	警戒水位（m）	超警戒水位（m）
澧水	1	临澧	23日23时49分	24日5时34分	4.8	46.67	600	24日2时	46.50	0.17
湖区	6	周文庙	7月1日5时	7月5日16时	107	37.98		7月3日6时	36.00	1.98
	7	安乡	7月3日6时	7月4日10时	28	37.08		7月3日17时	37.00	0.08

2017年分区年降水量与上年、多年平均比较

分区名称		计算面积	年降水量		上年降水量	与上年比较	多年平均降水量	与多年平均比较
		（km²）	（mm）	（亿 m³）	（亿 m³）	（%）	（亿 m³）	（%）
行政分区	武陵区	226	1382.4	3.126	3.673	-14.9	3.1	0.0
	鼎城区	2234	1536.7	34.33	40.43	-15.1	31.3	9.8
	安乡	1087	1200.2	13.05	16.30	-20.0	13.5	-3.7
	汉寿	2019	1385.8	27.98	40.88	-31.6	28.4	-1.4
	澧县	2075	1253.8	26.02	31.00	-16.1	25.2	3.0
	临澧	1203	1452.4	17.47	17.76	-1.6	15.2	14.6
	桃源	4300	1778.4	76.46	86.94	-12.1	69.0	10.8
	石门	3970	1501.8	59.62	68.60	-13.1	60.6	-1.6
	津市	558	1283.5	7.162	8.340	-14.1	6.9	3.8
	经开区	54.0	1527.2	0.8247	0.9773	-15.6	0.8	8.4
	柳叶湖	138.8	1436.5	1.994	2.351	-15.2	1.9	3.2
	西湖	70.3	1650.4	1.160	1.4238	-18.5	1.1	8.9
	西洞庭	110.0	1382.4	1.521	1.991	-23.6	1.5	-1.9
	桃花源	142.5	1778.4	2.534	2.881	-12.1	2.3	10.8
流域分区	资水	42	1899.3	0.7929	0.8456	-6.2	0.6361	24.7
	沅江(浦市镇以下)	5086	1754.7	89.24	100.8	-11.5	80.28	11.2
	澧水	6235	1425.7	88.89	101.3	-12.2	87.45	1.6
	洞庭湖环湖区	6824	1348.2	92.00	120.6	-23.7	92.54	-0.6
常德市(合计)		18187	1501.7	273.1	323.6	-15.6	260.9	4.7

14.0%、安乡 -2.3%、汉寿 5.8%、澧县 12.6%、临澧 49.5%、桃源 21.8%、石门 -3.7%、津市 27.2%、经开区 10.8%、柳叶湖 13.3%、西湖 45.9%、西洞庭 10.8%、桃花源 22.2%。

分区各水系与多年平均比较：按流域分区统计，澧水区偏多 4.9%、洞庭湖环湖区偏多 11.3%。

地表水资源分布特点：

①年径流深分布与降水基本相同，呈一高一低。

高值区：澧水一级支流渫水区年径流深在 800～1000 毫米；

低值区：澧水入湖区间及长江三口入洞庭湖部分区域，年径流深 400-700 毫米。

②分配不均。澧水流域连续最大四个月径流量集中在 3～6 月份。

③径流系数大。因降雨集中、暴雨强度大、土壤前期饱和，常德市平均产水系数达 0.55。

（三）地下水资源量

2017 年常德市地下水资源量 30.67 亿立方米（其中洞庭湖环湖区 11.81 亿立方米），比上年减少 3.7%，地下水径流模数 16.86 万立方米 / 平方公里·年。

（四）水资源总量

水资源总量指评价区内当地降水形成的地表、地下产水总量(不包括区外来水量)。2017 年常德市水资源总量 149.9 亿立方米,较上年偏少 12.5%。较多年平均偏多 12%。

三、蓄水动态

常德市有大型水库 4 座,中型水库 34 座。2017 年各类蓄水工程年末蓄水量 21.7486 亿立方米，比上年末增加 2.9120 亿立方米,其中大型水库年末蓄水量 14.8506 亿立方米，比上年末增加 1.9989 亿立方米,中型水库年末蓄水量 3.6640 亿立方米，比上年末减少 0.2846 亿立方米。

四、供用水量

2017 年津市水利工程供水量 1420 万立方米,市政供水 1420 万立方米,自备取水 10519 万立方米，总供水量

2017 年分区水资源总量

分区名称		计算面积 (km^2)	年降水量 (亿 m^3)	地表水资源量 (亿 m^3)	地下水资源量 (亿 m^3)	重复计算量 (亿 m^3)	水资源总量 (亿 m^3)	产水系数
行政分区	武陵区	226	3.126	2.160	0.3963	0.3963	2.160	0.69
	鼎城区	2234	34.33	16.60	3.916	3.141	17.38	0.51
	安乡	1087	13.05	4.229	1.982	1.543	4.668	0.36
	汉寿	2019	27.98	12.22	3.605	2.884	13.02	0.47
	澧县	2075	26.02	12.80	2.942	2.753	12.99	0.50
	临澧	1203	17.47	11.193	1.984	1.973	11.204	0.64
	桃源	4300	76.46	44.89	7.090	7.090	44.89	0.59
	石门	3970	59.62	35.73	6.994	6.994	35.73	0.60
	津市	558	7.162	3.301	0.7912	0.6178	3.474	0.49
	经开区	54	0.8247	0.3764	0.0947	0.0729	0.3982	0.48
	柳叶湖	139	1.994	1.0690	0.2433	0.2223	1.090	0.55
	西湖	70	1.160	0.5858	0.1282	0.0998	0.6142	0.53
	西洞庭	110	1.521	0.7667	0.1928	0.1484	0.8111	0.53
	桃花源	142	2.534	1.487	0.2350	0.2350	1.487	0.59
流域分区	资水	42	0.7929	0.4630	0.0766	0.0766	0.4630	0.58
	沅江(浦市镇以下)	5086	89.24	52.85	8.455	8.455	52.85	0.59
	澧水	6235	88.89	51.19	10.33	10.33	51.19	0.58
	洞庭湖环湖区	6824	92.004	42.905	11.8120	9.3111	45.406	0.49
常德市(合计)		18187	273.1	147.4	30.67	28.17	149.9	0.55

2017 年主要用水指标

区县名称	人均用水			万元用水		水田实灌亩均用水量 (m^3/亩)
	综合用水量 (m^3/人)	城市居民生活	农村居民生活	GDP	工业增加值	
		(L/人·日)		(m^3/万元)		
津 市	530	125	95	102	56	428
注:与用水指标计算有关的社会经济指标均来自市统计局						

2017 年水资源开发利用情况

项目 分区	多年平均水资源量 (亿 m^3)	用水量 (亿 m^3)	开发利用率 (%)
津 市	2.594	1.397	53.9
注:用水量超过时取用水为过境水量			

2017 年河流水质评价状况

水系	评价河段	汛期	非汛期	全年
澧水	石门～津市	Ⅱ	Ⅱ	Ⅱ
	津市以下	Ⅱ	Ⅱ	Ⅱ

13971万立方米。农业用水9404万立方米,工业用水3049万立方米,城镇公共用水350万立方米,居民生活用水1109万立方米,生态环境用水59万立方米,总用水量13971万立方米。

五、水资源质量状况

澧水:全年期:Ⅱ类水质监测断面2个,占总评价河段的100%。

澧水中下游:全年期:Ⅱ类水质监测断面9个,占总评价河段的100%。

洞庭湖环湖区:全年期:Ⅱ类水质监测断面6个,占总评价河段的66.7%,Ⅲ类水质监测断面3个,占总评价河段的33.3%。

环境质量

【地表水环境质量】津市区域内国控监测断面2个,分别是窑坡渡、毛里湖湖心,由常德市环境监测站进行月度监测。2017年两个国控监测断面水质保持在Ⅲ类以上,达标率为100%。省控监测断面2个,分别是宋家渡、白龙潭,由津市市环境监测站进行月度监测。2017年两个省控监测断面水质保持在Ⅲ类以上,达标率为100%。县(市)控断面2个,分别是小渡口、车家溪(澹水),断面属性为了解水质状况(不参与考核)。小渡口断面水质在Ⅲ类以上,车家溪断面水质在Ⅵ类以上。

【城乡集中饮用水水源地水质】津市环境监测部门按要求对白龙潭、谢家堰饮用水水源地水质开展月度监测(29项)、季度监测(61项)及每两年一次的地表水全分析监测(109项)。各监测结果表明,白龙潭、谢家堰水质分别达到国家《地表水环境质量标准》(GB3838-2002)Ⅱ类水质标准,达标率为100%。

【空气质量标准】津市市目前设有两个环境空气自动监测点位,一个位于北城区津市市社会养老服务中心,另一个位于南城区金鱼岭水厂,全天候对全市空气质量监测。监测因子有PM10、PM2.5、二氧化硫、二氧化氮、一氧化碳、臭氧等6项。2017年有效监测天数为365天(有效天数365天),其中99天空气质量为优,占全年的27.1%;204天空气质量为良,占全年的55.9%;53天为轻微污染,占全年的14.5%;5天为中度污染,占全年的1.4%;3天为重度污染,占全年的0.8%;1天为严重污染,占全年的0.3%。空气质量指数范围为27-369,全年空气质量达标率为83.0%;较去年71.1%有所上升,空气中首要污染物为臭氧。2017年二氧化硫的年平均值为0.009 mg/m^3,二氧化氮年平均值为0.015mg/m^3,可吸入颗粒物的年平均值为0.064mg/m^3,PM2.5年平均值为0.045 mg/m^3,一氧化碳95PER值为2.0mg/m^3、臭氧年90PER值为0.149mg/m^3。

【声环境质量】《按照津市市城市建城区环境噪声监测布点方案》要求,将津市市建城区划分成多个等大的正方形网格(350*350),对于未连成片的建城区,正方形网格不进行衔接。建城区有效网格总数为103个,有效网格约为12.6km^2,占总建城区面积的74.1%。监测结果表明:主要交通干线的道路交通噪声昼间等效声级平均值为65.3分贝,低于《声环境质量标准》4类区域噪声限值。城区区域环境噪音昼夜等效声级平均值为50.7分贝,低于2类区域声限值。城区声环境质量总体良好。
(环保局)

市、市直机关，镇、街道机关及驻津单位领导名录

中共津市市委员会

傅　勇　书记
黄旭峰　副书记
杨文惠　副书记
熊　斌　常委
张海卿　常委
伍子科　常委
姜　超　常委
李景峰　常委
胡　杰　常委
王　俊　常委
吴拥华　常委
杜登全　常委

津市市人大常委会

王育平　主任
邓惠荣　副主任
黄费武　副主任
李亚林　副主任
胡湘萍　副主任
邓开泉　副主任
齐绍进　党组成员

津市市人民政府

黄旭峰　市长
熊　斌　常务副市长
王　俊　副市长（挂）
杜　强　副市长
李　阳　副市长
戴志刚　副市长
高　见　副市长
徐兴勇　副市长
陈顺勇　副市长
甘雪林　党组成员

政协津市市委员会

姜正才　主席
曹后新　副主席
董新满　副主席
阿　毅　副主席
梁文利　副主席
雷光键　副主席

津市市人民武装部

姜　超　政委
张　明　部长
吴双喜　副部长

其他处级领导

覃业辉　市法院院长
王朝阳　市检察院检察长
彭云森　市公安局政委
（高配为副处级）
石　勇　市工业集中区党工委书记
曹　魏　市一中党委书记、校长
李　力　电大津市分校
党总支部书记、校长
唐熙刚　市委党校校长
（高配为副处级）
杨　波　市工业集中区管委会主任
张伟莉　市政府正处级干部
严东平　市政府副处级干部
姚跃进　市政协正处级干部
王文军　市政协原副主席
黄大喜　市教育局副处级干部
温南军　电大津市分校原校长
张宏平　市委党校原校长

市纪委（监察委）

伍子科　书记　监察委主任
葛　胜　常务副书记　监察委副主任
李本亚　副书记　监察委副主任
宁　宇　副书记　监察委副主任
钟　智　常委　监察委委员
贺修武　常委　监察委委员
王　华　常委
杨　威　常委　监察委委员
周　鹏　常委　纪检监察一室主任
黎谏昭　监察委委员
匡纯华　监察委委员
毛　娟　监察局副局长
正科级监察员
周　宏　审理室主任
正科级纪检监察员
郭　丽　纪检监察二室主任
谢　娟　纪检监察三室主任
蔡　凯　纪检监察四室主任
郭　勇　办公室主任
洪　震　党风政风室主任

纪委派驻纪检组组长

钟晓婷　纪委派驻市委办纪检组组长
刘　阳　纪委派驻政府办纪检组组长
雷　虹　纪委派驻发改局纪检组组长
雷明军　纪委派驻教育局纪检组组长
李　平　纪委派驻公安局纪检组组长
李德华　纪委派驻财政局纪检组组长
庹登继　纪委派驻人社局纪检组组长
李志昊　纪委派驻住建局纪检组组长
杨　菲　纪委派驻农业局纪检组组长
朱传锟　纪委派驻卫计局纪检组组长

市委办

杜登全　主任
韩宝诚　常务副主任
陈　革　副主任
彭　军　副主任　保密委专职副主任
保密委办主任（保密局局长）
鲁智勇　副主任
钱正彬　主任科员（按班子成员对待）
谭静波　改革办专职副主任
机要局局长（密码局局长）

组织部

胡　杰　部长
彭进华　常务副部长
刘俊芳　副部长　市委非公有制经济
组织和社会组织工委书记
刘迪波　副部长
刘定平　副部长(兼)
袁　静　副部长(兼)
王　俊　部务委员
王跃云　部务委员、
市直机关工委专职副书记、
市委非公有制经济组织和
社会组织工委专职副书记
严　凯　市直机关工委纪工委书记

党员教育中心

陈　荣　主任

宣传部（精神文明办）

张海卿　部长

刘德忠　常务副部长
胡国勇　副部长 文明办主任
张方军　副部长

统战部
吴拥华　部长
齐绍瑛　常务副部长
周润清　副部长

政法委 (综治办)(维护稳定工作办公室)
李景峰　书记
黄大庆　常务副书记
李　凯　副书记　综治办主任
李东方　维稳办专职副主任
朱曦琴　政工室主任
向　阳　综治办专职副主任

编委办
聂和旗　主任
江彬霞　副主任

巡察办
钟　智　主任
吴　婕　副主任

人大各委办
齐绍进　常委会办公室主任
刘　芳　常委会联工委主任
任有为　常委会联工委副主任
陈群华　法制委主任委员
　　　　内司委主任
李亚杰　法制委副主任委员
李　立　财经委主任委员
刘　丹　财经委副主任委员
李　勋　常委会教工委主任
陈宏华　常委会教工委副主任
刘仕彬　常委会农工委主任
张先平　常委会农工委副主任
周新华　常委会城环工委主任

政府办(党组)(法制办)(旅游外侨局)(金融办)(民宗局)
甘雪林　主任 法制办主任
　　　　旅游外侨局局长
龚德全　副主任
杨　志　副主任
周　欢　副主任
梁先菊　副主任(兼)
谭翼云　副主任
鲁　文　副主任
卢基燕　副主任
谭　静　党组成员
王　波　副主任
黄　超　副主任

电子政务办
雷　斌　主任

发展和改革局
易　榕　局长
彭元宏　副局长
贺　庆　党组成员
屈　良　副局长
熊　文　副局长

价格监督检查局
徐兴弟　局长

重点项目办
陈　奕　主任

服务业发展办公室
周振清　主任

教育局
蒋勇林　局长
刘明华　副局长
刘学斌　副局长
王忠明　副局长
关　平　主任督学

科技工信局
赵　宇　书记
全林平　局长
袁　峰　副局长
洪振华　副局长
刘宇丹　副局长
汪　宇　总经济师

地震局
文　军　局长

公安局
戴志刚　局长
彭云森　政委
卜合明　副局长
曾荣辉　副局长
罗启宏　副局长
王　田　党委委员
尹昌建　政工室主任
张　杰　法制室主任
周　峰　警务保障室主任
项　峰　指挥中心主任
王　山　指挥中心教导员
施光法　国内安全保卫大队大队长
罗　涛　国内安全保卫大队教导员
胡　月　刑事侦查大队大队长
周志刚　刑事侦查大队教导员
张安华　治安管理大队大队长
张世群　治安管理大队教导员
石　勇　经济犯罪侦查大队大队长
杜修超　经济犯罪侦查大队教导员
冯　蓓　人口与出入境管理大队大队长
杨　倩　人口与出入境管理大队教导员

三洲驿派出所
尹　顺　所长
聂　勇　教导员

汪家桥派出所
李志奇　所长
贺　虎　教导员

襄阳街派出所
石　翔　所长
倪同军　教导员

金鱼岭派出所
周用志　所长
王大湘　教导员

嘉山派出所
彭　军　所长
李　维　教导员

新洲派出所

王先立　所长
成　懿　教导员

毛里湖派出所
王　维　所长
朱海鸥　教导员

药山派出所
辛　锐　所长
周　舟　教导员

白衣派出所
谌远辉　所长
张少龙　教导员

西湖派出所
沈能雄　所长
杨学军　教导员

水上派出所
罗　茜　所长
陈　俊　教导员

看守所
水加斌　所长
韩虎臣　教导员

拘留所
谭　斌　所长
韩湘鄂　教导员

民政局
辛吉忠　局长
贺　蔚　副局长
郑家春　副局长
黄益群　党组成员
王伟林　副局长

司法局
聂平凡　局长
杨启文　副局长
杨重遥　党组成员
颜甲丙　副局长
石瑞玲　政工室主任

财政局
陈克元　局长
周震秒　副局长
王　鹏　总会计师
文　莉　副局长
江海峰　副局长

乡镇财政管理局
李正清　局长

财政国库支付核算中心
齐志坚　主任

财政局工业集中区分局
潘小平　局长

国有资产经营管理中心
成德志　主任

人社局
刘定平　局长
刘　敏　副局长
张世菊　副局长
杨柳青　副局长
李建华　总经济师

劳动就业处
梁　勇　主任

劳动人事争议仲裁院
张　峰　院长

养老保险中心
贺进华　主任

城乡居民医保中心
沈善喜　主任

城镇职工医保中心
聂本贵　主任

工伤保险处
刘德斌　主任

机关社保处
李海斌　主任

人力资源开发交流服务中心
毕　俊　主任

国土资源局
吴正清　局长
胡振基　副局长
高　翔　副局长
胡庭岸　副局长
胡圣华　党组成员
朱文君　总工程师

国土资源局执法监察大队
李　宏　大队长

土地开发整理中心
谭　欣　主任

国土资源局工业集中区分局
陈真云　局长

不动产登记中心
张传峰　主任

环保局
卜茂平　局长
蔡小玲　副局长
彭思绪　副局长
葛　雷　副局长
鲁祖元　党组成员
王　威　总工程师

住建局
黄毅明　书记
陈本方　局长
汪国进　副局长
李碧军　党委委员
谢韶辉　副局长
李　艳　副局长

公用事业管理处
李银安　主任

交通运输局
颜　述　局长
辜建格　副局长
肖耀军　副局长

吴先明　党组成员
朱方勇　副局长
黄泽清　总工程师

运管处
沈恒勇　主任

地方海事处
魏　斌　主任

农业局(农村办)
李子牙　局长 农村办主任
卜四平　副局长
邓超峰　副局长
郭克艳　副局长
廖金华　党组成员
管宏波　总农艺师

农民教育办公室
李　琨　主任

水务局
沈正贵　局长
陈克明　副局长
李召全　副局长
周新河　副局长
邹永祥　总工程师
朱方丽　党组成员

防汛办
邹永祥　主任

水利建设管理中心
黄广杨　主任

水土保持和水资源管理局
曲建华　局长

林业局
陈克兵　局长
李庆惠　副局长
朱建新　副局长
龚佑元　总经济师

国有林场(湖南嘉山国家森林公园管理处)
胡　杰　场长

林权管理服务中心
罗长清　主任

商务粮食局
谭文斌　局长
郭春节　副局长
万　君　党组成员
苏广军　副局长
周　庆　副局长

投资促进事务局
刘先利　局长

文体广新局
钟　轲　书记
易　旭　局长
龚德军　副局长
余甫国　副局长
宋　奕　副局长

文化市场综合执法大队
杨　力　大队长

文物局
彭　佳　局长

全民健身服务中心
彭金刚　主任

卫计局(党委)(爱卫办)
郭天明　局长
甘邦祺　副局长
胡芬芳　副局长
彭　逆　副局长

疾病预防控制中心
文　杰　主任

卫生计生综合执法监督局
赵道明　局长

妇幼保健计划生育服务中心
韩　辉　主任

审计局
雷志华　局长
吴承武　副局长
邹　斌　经责办专职副主任
洪振高　副局长
欧阳莉　党组成员
危　鸿　总审计师
刘　浪　政府投资审计处主任(高配)

城管执法局
龚　龙　局长
张志刚　副局长
雷凤彩　副局长

大桥管理所
袁　彪　所长

安监局
朱泽兴　局长
龚启君　副局长
李克斌　副局长
胡丕波　党组成员

食品药品工商质量监督管理局
陈　杰　局长
张子荣　副局长
苏红岩　副局长
朱巨泽　总工程师
陈　宏　副局长
黄建良　党组成员

统计局
曹建华　局长
李光日　副局长
黄　淳　党组成员
赵清洁　副局长

人防办
卜忠鑫　主任
毛世悟　副主任

政协各委办
周晓奇　办公室主任
曾　鹏　办公室副主任
皮怀忠　法群委主任
蒋丹萍　法群委副主任
刘清华　学文委主任
尹茂桂　提案委主任

龚　勇　　提案委副主任
高曙光　　经科委主任

法　院
覃业辉　　院长
袁顺章　　副院长
阿　毅　　副院长
周　炜　　副院长
杨孟安　　党组成员
庞延文　　政工室主任
罗业才　　审委会专委
李平章　　审委会专委
王松武　　法警大队大队长

新洲法庭
周业平　　庭长

南区法庭
江海兵　　庭长

保河堤法庭
姜业涛　　庭长

检察院
王朝阳　　检察长
蹇学文　　副检察长
李　敬　　副检察长
徐成华　　副检察长
龚　平　　党组成员
辛　桓　　政工室主任

公安局交警大队
庹进文　　大队长
黄文勇　　教导员
卢祖华　　副大队长
潘格林　　副大队长
鲁文全　　副大队长
李任斌　　副大队长
路　杰　　党组成员
赵　勇　　事故处理中队中队长
戴述雄　　城南中队中队长
陈　钧　　城南中队指导员
李　哲　　城北中队中队长
杨　立　　城北中队指导员
刘　冰　　巡逻中队中队长
熊光明　　巡逻中队指导员
熊朝晖　　秩序管理中队中队长
杨雁凌　　秩序管理中队指导员
许宏炎　　低管中队中队长
张　华　　低管中队指导员
刘先华　　毛里湖中队中队长
王德勇　　毛里湖中队指导员

森林公安局
韩绍忠　　局长
陈克兵　　政委(兼)
李慧君　　副局长

总工会
李亚林　　主席(兼)
蔡德习　　副主席
郭玉璟　　副主席
向　巍　　副主席
田晓红　　党组成员

团市委
肖　丹　　副书记

妇　联
李志华　　主席
田　华　　副主席

科　协
王观宏　　主席

文　联
周恩清　　主席
林小琼　　副主席

归国华侨联合会
朱方军　　主席

残　联
董新满　　理事长
张浩瀚　　书记
朱春年　　副理事长

红十字会
李　阳　　会长
卜中华　　副会长
魏　来　　副会长

计划生育协会
姚跃进　　会长
张　妮　　副会长
胡　杰　　副会长

工商联
胡湘萍　　主席
齐绍瑛　　书记(兼)
赖丽容　　副主席

民盟津市市委
周　欢　　主委(兼)
吴　涛　　副主委
贺爱华　　副主委(兼)
曾红胜　　副主委(兼)

民建津市市委
易　旭　　主委(兼)
刘　莉　　副主委
汪晓庆　　副主委(兼)

农工党津市市委
全林平　　主委(兼)
杨建国　　副主委
毕　华　　副主委(兼)
齐平香　　副主委(兼)

党　校(行政干部管理学校)
杨文惠　　党校第一校长
熊　斌　　行政学校第一校长
唐熙刚　　校长
曾祥云　　副校长
傅智慧　　副校长
马雪娇　　教育长

老干局
袁　静　　局长
蔡学文　　副局长
鲁祖英　　副局长

事业单位登记局
黎帮慧　　局长

信访局
梁先菊　　局长

高蓉月　　副局长
王　毅　　副局长

台湾工作办公室
周润清　　主任

610办
杜　君　　主任
沈浩然　　副主任

党史办(地方志办)
雷忠武　　主任

档案局(档案馆)
谢　波　　局长
金义军　　副局长
邹平华　　副局长

接待处
杨　军　　主任
游运璇　　副主任

机关事务办
肖廷知　　主任
汤　惠　　副主任

广播电视台
汪东雷　　台长
黄　鲲　　总编辑
杨　玲　　副台长
王侣丹　　副台长
贺勇涛　　副台长
钟　欣　　纪检员
黄叶蓉　　编审委员会专委
李　健　　编审委员会专委

供销社
施华翼　　理事会主任
李　强　　监事会主任
张慧华　　副主任
宋　昭　　副主任

政务中心
张　云　　主任
王涣军　　副主任

扶贫移民开发局
唐海平　　局长
马　利　　副局长

公共资源交易中心
杨绍军　　主任
熊　军　　副主任
黄　河　　副主任

嘉山管理处
李晓明　　书记
周　欢　　主任
周　上　　副主任

第一中学
曹　魏　　校长
谭启荣　　副校长
徐元清　　副校长
陈　耘　　纪委书记
申　建　　副校长
伍红帅　　办公室主任
肖建军　　教务科科长
易建华　　学生科科长
杨　斌　　后勤科科长

湖南广播电视大学津市分校
李　力　　校长
卢　鹰　　副校长
路典清　　副校长
马　鸣　　纪检员
马　霞　　副校长
罗宗斌　　学生科科长
周宏坤　　教务科科长
宋阳萍　　后勤科科长
张　月　　招生就业办主任
曾　嵘　　办公室主任

职业中专学校
周志波　　校长
徐海翔　　副校长

教师进修学校
刘　炀　　副校长
王仲林　　副校长
杨　军　　副校长

第三中学
汤协林　　副校长
孙功清　　副校长
卜功团　　副校长

第五中学
黄道勇　　副校长
郭祖安　　副校长
傅　坚　　副校长

翊武中学
毕怀忠　　校长
曾红胜　　副校长
严　威　　副校长

非税收入征收管理局
高家礼　　局长
胡　韬　　纪检员
肖　晖　　副局长
汪媛萍　　副局长

农业综合开发办
马成明　　主任
唐才友　　副主任
鲁　瑞　　副主任

房管局
李合林　　局长
傅关杰　　副局长
田继登　　副局长
罗　斌　　副局长
胡黎明　　纪检员

住房保障办公室
成　军　　主任

国有土地上房屋征收与补偿工作办公室
吴润喜　　主任

交通质安所
葛　明　　书记
裴莉林　　所长
蒋跃建　　副所长
刘劲松　　副所长

公路管理局
金　鑫　　局长

常　军　副局长
张　芸　副局长
陈建平　纪检员
蒋建国　副局长

畜牧兽医水产局

罗勇刚　局长
陈娇兰　副局长
何金明　副局长
赵昌琦　副局长

农机化局

聂　宇　局长
李建安　副局长
戴红桃　副局长

农村经营服务站

李永才　站长
齐志红　副站长
刘　芳　纪检员

湖南津市毛里湖国家湿地公园管理处

彭　敏　主任
杨　毅　副主任
周业平　副主任
赵　斌　副主任

市场服务中心

程耀华　主任
易继军　副主任
任　涛　副主任
蒋　安　副主任

人民医院

马明祥　院长
陈明辉　书记
王明生　副院长
贺国华　副院长
邹　杰　副院长
刘海军　副院长

妇幼保健院

肖耀平　院长

高新区

石　勇　书记
杨　波　主任
丁小峰　副主任
宋秉忠　副主任
刘文娴　办公室主任
郭小毛　招商合作局局长
李　震　产业发展局局长
周　临　规划建设局局长
孟祥华　社会事务局局长

三洲驿街道

罗　斌　书记
肖　婵　主任
张志峰　副书记
施光华　人大联络委主任
滕　达　纪工委书记
　　　　政协联络处主任
裴洪志　武装部长
邓俊杰　组织委员
于春艳　副主任
谢　淳　副主任

汪家桥街道

彭发利　书记
胡　汉　主任
向　涛　副书记
陈晓兰　人大联络委主任
姜　波　政协联络处主任　副主任
孟　军　武装部长
张议文　组织委员
何　江　副主任

襄阳街街道

施海英　书记
徐　伟　主任
王友华　副书记
郑凌云　人大联络委主任
刘安春　政协联络处主任　副主任
钟　俊　武装部长
吴　琛　副主任
詹　念　纪工委书记
青　陵　组织委员

金鱼岭街道

王成勇　书记
佘威威　主任
雷湘炬　副书记
马大平　人大联络委主任
王　波　政协联络处主任
张　丽　纪工委书记
王笔毕　武装部长
黄春霞　组织委员
雷　敏　副主任

嘉山街道

杨　波　人大联络委主任
郑宇辰　主任
黄朵朵　副书记
曾海涛　副主任
邹　勇　政协联络处主任
郑媛媛　组织委员
刘　榕　纪工委书记
李志兵　武装部长

新洲镇

郭久平　书记
刘康新　镇长
汪师儒　副书记
孟祥云　人大主席
汪晓庆　政协联络处主任　副镇长
王学新　纪委书记
王怀满　副镇长
周先福　武装部长
叶小军　组织委员
田祥杰　副镇长
覃　宇　人大副主席

毛里湖镇

袁超伦　书记
童俊凯　镇长
刘士林　副书记
鲁秉, 　人大主席
齐义芝　政协联络处主任
杨金堂　副镇长
万　菲　组织委员
杨　洋　党委委员(挂)
曾楚汉　副镇长
张振兴　武装部长　人大副主席
唐　伟　纪委书记

药山镇

胡永乐　书记
汤　兵　镇长

燕文韬　　副书记
卜明华　　人大主席
郑小华　　武装部长 政协联络处主任
王　波　　组织委员
周　礼　　纪委书记
郭守明　　副镇长
王先明　　副镇长
龙峥奇　　人大副主席

白衣镇

刘　敏　　人大主席
刘　波　　镇长
李　睿　　副书记
许凌翔　　政协联络处主任 武装部长
周　强　　纪委书记
方　粟　　组织委员
蔡昌明　　副镇长
吴红平　　副镇长

自来水公司

李　惠　　董事长
毛世春　　总经理
张拥军　　副经理
汪　莉　　副经理
刘长青　　监事会主席
刘　伟　　副经理
贺　立　　工会主席

城建投公司(国资公司)

宋文联　　总经理
叶国庆　　国资公司副总经理
田　安　　副总经理
李诗兵　　副总经理
王志成　　工会主席

嘉山实业公司

陶元生　　董事长
周　敏　　总经理

国税局

向宇宏　　局长
黄　勇　　副局长
廖　峻　　副局长
王国荣　　副局长
许杰峰　　副局长
毕　垒　　纪检组长

地税局

李太东　　局长
庹朝双　　副局长
石　全　　副局长
杨福海　　副局长
刘连杰　　纪检组长

邮政分公司

简志刚　　总经理
刘华清　　副总经理
陈　然　　督导员
石　彬　　总经理助理

烟草局

谭　胜　　副局长 副经理
潘志远　　副经理
于　鹏　　副局长
侯惠平　　纪检组长

电信公司

彭　波　　总经理
滕　勇　　副总经理
杨　勇　　总经理助理

移动公司

杨国民　　副经理
陈　骏　　副经理 纪委书记
郭兰英　　副经理

石油公司

黄德成　　经理
张　敏　　副经理
廖　超　　经理助理

消防大队

杨　虎　　教导员
杨　帆　　大队长

武警中队

苟红岩　　中队长
庹　俊　　指导员

津市监狱

尹利民　　监狱长
龙志刚　　政委
侯祖强　　副监狱长
谭传新　　副监狱长
罗孝远　　副监狱长
李　剑　　副监狱长
曹　捷　　副监狱长

湖南中联重科车桥有限公司

彭述东　　总经理
毛　伟　　副总经理
杜登松　　副总经理
刘固基　　副总经理
王万君　　副总经理

湖南省湘澧盐化有限责任公司

宋　海　　董事长

朱海总经理

王津平　副总经理

人民银行津市支行

杜英宏　　行长
龚道恺　　副行长
古　田　　副行长

农业银行津市支行

胡瑜飞　　行长
徐　达　　副行长
张　仟　　副行长

工商银行津市支行

段友芙　　行长
李建军　　副行长

建设银行津市支行

曾文浩　　行长
刘迪安　　副行长
张　峰　　副行长

中国银行津市支行

陈　然　　行长
成　芳　　副行长
孟小玲　　副行长

农业发展银行津市支行

易继武　　行长
向　上　　副行长
樊腊明　　副行长

津市农村商业银行
欧阳俊军　董事长
唐　国　　行长
郭懿锋　　监事长
闫　涛　　副行长

邮政储蓄银行津市支行
刘加亮　　行长
涂　端　　副行长

华融湘江银行津市支行
毛文华　　行长
张　亮　　副行长

湘淮村镇银行津市支行
袁先佚　　行长
唐　剑　　副行长
陈　健　　副行长

长沙银行津市支行
张博涵　　副行长

人保财险公司津市分公司
欧阳召胜　总经理
刘凌云　　副经理
金　莹　　副经理
胡圣梅　　副经理

中国人寿保险公司津市分公司
杨　建　　经理
付建波　　副经理
陈　兵　　副经理

方正证券津市营业部
周跃文　　总经理

国网津市市供电公司
邹立平　　总经理
夏晓洁　　书记
张业锋　　副总经理
熊　伟　　副总经理

中国联通津市分公司
卓志岗　　总经理

湖南有线津市网络公司
胡　锋　　总经理
唐汉春　　副总经理
李　峰　　副总经理
付松林　　副总经理
王智勇　　财务总监

航道管理处
甘文华　　处长
黄辉跃　　副处长

常德日报驻津市记者站
单家庆　　站长

住房公积金管理部
张金铭　　主任
江洪波　　副主任
龙玲玲　　副主任

（陈佳）

毛里湖湿地公园风光

中共津市市委员会

【概况】2017年，津市市委团结带领全市人民，全面贯彻市第十二次党代会精神，大力实施“工业立市、产业兴城”战略，全力开展园区攻坚、城镇带动、交通跨越、脱贫攻坚“四大会战”，奠定澧水流域现代化中心城市的坚实基础。2017年完成地区生产总值142.8亿元，增长8.1%；实现规模工业增加值50亿元，增长9.5%；完成社会固定资产投资136.6亿元，增长15%；完成财政总收入7.08亿元，增长10%；完成社会消费品零售总额67.8亿元，增长11.2%；城乡居民人均可支配收入分别达到30805元、14285元，全面小康有望提前达标。（胡唯）

【产业实力持续增强】2017年，生物医药、新材料等新兴产业发展迅速，盐化工、纺织等传统产业转型升级加快，溢多利集团、省粮食集团等一批战略投资者落户津市，恒博尔热风机、菲托葳生物等一批项目建成投产，溢多利系列项目、引航生物等一批项目强力推进，新合新生物、新中意食品等8家企业申报为高新技术企业。大力开展企业结对帮扶，鑫洲汽配、华弘科技、乔锐纺织等一批闲置低效企业成功盘活。现代农业发展加快。生猪、食用菌等特色产业蓬勃发展，“灵犀”山茶油荣获国际粮油展示会金奖。服务业稳步提升。电商产业园初具规模，三湘和达荣获国家4A级仓储物流企业。长沙银行、湘淮村镇银行相继开业。博联家居建材城、九码头商业美食街完成建设。“津市牛肉米粉”享誉湖南，走向全国。（胡唯）

【城乡面貌显著改善】持续开展城市创建、棚改攻坚和农村环境整治，智慧城市建设稳步推进，城乡人居环境显著改善，城市管理明显提质。孟姜女大道、津澧大道、城镇供水管网等一批基础设施完成提质改造，西河街、生产街、东城区开发有序推进。美丽乡村建设整市推进，集镇建设全面提质，村镇面貌焕然一新，新洲镇被评为湖南省历史文化名镇。药山、毛里湖旅游景区建设快速推进，94公里绿色走廊全线贯通，毛里湖国家湿地公园获批全国森林康养基地试点。S238棠华－药山段启动建设，城乡公路畅通条件全面提升。大力开展移风易俗，常德市移风易俗流动现场会在津市成功召开。（胡唯）

【民生保障越来越实】2017年，集全市之力推进脱贫攻坚，落实脱贫攻坚突出问题集中整改要求，开展精准识别、精准帮扶，全面完成年度减贫任务。教育卫生事业稳步发展，教育布局优化调整，一中美丽校园建设完成，二小、三小、双济学校实现一体化办学，职教集团南北校区完成合并，中考成绩挤入常德市第一方阵，获评全省义务教育先进县(市、区)。人民医院改扩建和中医院整体搬迁项目启动，与常德市第一人民医院实现深度战略合作。文体事业持续繁荣，五环时代全民健身中心开工建设，虎爪山遗址保护工程启动，省级文学创作示范基地在毛里湖国家湿地公园挂牌，圆满承办“健康湖南·动起来”津市首发站赛事。城乡低保持续提标，城镇就业保障有力，住房保障更加全面，养老服务更加完善。生态环保力度空前，中央环保督察问题全面整改，毛里湖“两拆两退”综合治理扎实开展。社会大局和谐稳定，平安津市、法治津市建设深入推进，无上访村(社区)创建扎实开展，一批信访突出问题得到有效化解，全省社会治安综合治理民意调查测评继续保持全省前列、常德第一，连续14年保持全省平安县市称号。（胡唯）

【党的建设全面加强】强化政治建设，牢固树立“四个意识”，认真落实常德市委全面从严治党“18”条要求，推进全面从严治党向纵深发展。强化思想建设，坚持以习近平新时代中国特色社会主义思想武装头脑，推进“两学一做”学习教育常态化制度化。树立正确选人用人导向，不断优化干部队伍结构，突破身份竞争性选拔了一批实绩突出的干部。强化组织建设，推进农村综合服务平台建设和“智慧党建”，基本实现“三务合一”；圆满完成村(居)“两委”换届选举，选优配强了基层干部队伍；构建大统战工作格局，爱国统一战线得到巩固、发展和壮大；党对人大、政协工作的领导全面加强；党管武装工作取得新的成绩。有序推进纪检监察体制改革，充分发挥审计监督作用，持之以恒纠“四风”、治陋习，深入开展“雁过拔毛”式腐

败等专项整治，干部作风持续好转。（胡唯）

【中共津市市委十二届三次全会】2月25日，市委书记傅勇主持召开市委十二届三次全体会议，市委委员、市委候补委员共37人参加会议。会议主要内容：对市委政府工作部门及镇街党政正职异动人选39人进行票决。

【中共津市市委十二届四次全会】8月2日，市委第十二届四次全体会议在市兰苑宾馆召开，市委副书记、市长陈章杰主持会议。会议客观分析了上半年经济社会发展形势，安排部署了下半年工作任务。市委书记傅勇在会上作主体报告，报告客观肯定了上半年工作成绩，冷静指出了存在的问题和不足，明确提出全市上下要不忘初心，坚定按照市第十二次党代会确定的“工业立市、产业兴城”战略部署，紧扣“四大中心”“四大会战”等目标任务，在重点工作上发力、在难点问题上攻坚、在薄弱环节上补短，全力推进“澧水流域现代化的中心城市”建设。要迎接宣传十九大，全面加强党的建设；要坚定发展战略，全面推进二次创业；要顺应群众关切，全面发展民生事业；要坚持问题导向，全面深化改革攻坚。要认真贯彻落实上级和市委的决策部署，鼓足干劲，埋头苦干，扎扎实实抓好下半年各项工作，为圆满完成今年目标任务，迎接党的十九大胜利召开而不懈努力。

【中共津市市委十二届五次全会】9月4日，市委第十二届五次全体会议在市兰苑宾馆召开，市委副书记、市长陈章杰主持会议。会议学习传达常德市委七届四次全会精神，安排部署下半年全市经济社会发展工作。市委书记傅勇要求全市上下深刻领会常德市委七届四次全体（扩大）会议精神，凝聚发展共识；明确目标举措，抓好贯彻落实；转变工作作风，激发干事热情。要围绕全会精神做好结合文章，将各项工作对照研究，进一步细化、量化、具体化。要围绕开发平台，加紧谋划津市港建设；要围绕开发引进，突出抓好招商引资；要围绕产业发展，加快园区生产生活配套，延伸产业链条；要紧扣常德目标考核，争取项目按质按量落地。（朱樟杰）

【2017年市委常委会议】

会议次数	主要内容
第1次	关于常德市出席党的十九大代表推荐提名工作会议精神及贯彻落实情况汇报
第2次	一、关于《2017年市委经济工作会议主题报告（讨论稿）》 二、关于《政府工作报告（讨论稿）》暨口头听取市政府党组向市委报告2016年工作，书面听取市人大党组、市政协党组、市法院党组、市检察院党组向市委报告2016年工作 三、关于2016年度绩效评估工作 四、关于2016年度工业经济等13项工作考核工作 五、关于2016年度社会管理综合治理、维护社会稳定、610等考核工作 六、关于常德市委交办基层党建工作调查核实问题整改工作 七、关于深入开展党的十八届六中全会精神教育培训工作 八、关于传达学习中央、省、常德市纪委全会会议精神及津市贯彻落实意见情况 九、关于届中增补政协委员有关工作 十、关于2017年度政协工作要点和协商工作计划 十一、关于2017年度财政预算编制工作
第3次	一、关于上级政法工作会议精神及津市2017年政法工作 二、关于2017年信访工作
第4次	一、关于津市五号大道新洲镇肖家湖到药山镇哑河大桥沿线行道树处置工作 二、关于津市2017年招商引资考核工作 三、关于津市村（居）“两委”换届工作、2017年全市干部教育培训工作 四、关于津市2017年宣传思想文化工作及“创建学习型机关，争做学习型干部”工作情况汇报
第5次	一、关于传达学习全省市县纪检监察领导干部培训班会议精神 二、关于市委经济工作会议报告暨《政府工作报告》主要目标任务分解工作 三、关于2017年脱贫攻坚大会战工作 四、关于常德市委第一轮巡察工作动员部署会议精神暨津市贯彻落实意见 五、关于竞争性选拔调任副科级领导干部工作 六、关于加强津市机关事业单位工作人员管理工作
第6次	关于脱贫攻坚工作情况汇报

会议次数	主要内容
第7次	关于迎接中央环境保护督察工作情况汇报
第8次	一、关于教育工作 二、关于传达学习常德市统战对台民族宗教工作会议精神及津市贯彻落实意见 三、关于盘活闲置低效企业工作 四、关于党的意识形态工作责任制工作 五、关于传达学习《中共中央关于印发 < 中国共产党工作机关条例(试行)> 的通知》主要精神暨津市贯彻落实意见 六、关于《中共常德市委关于切实做好全面从严治党向纵深发展若干基础工作的意见》主要精神及津市贯彻落实意见 七、关于传达学习常德市市直机关党建工作会议精神暨津市贯彻落实意见
第9次	一、关于脱贫攻坚工作 二、关于反恐工作 三、关于传达全省全面小康推进工作会议精神及津市贯彻落实意见 四、关于市人大补选市人大代表和代表培训工作 五、关于2017年绩效考核评估工作 六、关于市领导贯彻执行作风建设相关规定工作 七、传达学习关于传达常德市委市政府《关于进一步强化政府重大投资项目预防腐败工作的意见》及津市贯彻落实意见 八、关于传达全省干部监督视频会议主要精神及津市贯彻落实意见
第10次	专题传达学习6月12日常德市委常委(扩大)会议精神
第11次	一、关于津市2017年棚改工作及津澧新城西河街棚改片区开发项目建设工作 二、关于省、常德市"互联网+监督"工作会议精神及津市贯彻落实意见 三、关于省、常德市深改领导小组会议精神及津市贯彻落实意见 四、关于津市"三十佳"评选工作 五、关于毛里湖"湖南省文学创作示范基地"建设工作
第12次	一、关于津市迎接党的十九大宣传工作 二、关于传达学习甘肃祁连山国家级自然保护区生态环境问题督查处理情况及其教训的通报 三、关于常德市全面建成小康社会推进工作会议精神暨津市贯彻落实意见情况 四、关于津市2017年民主党派换届工作 五、学习讨论政论专题片《将改革进行到底》
第13次	一、关于传达学习常德市委书记、市长周德睿同志讲话精神 二、关于听取《关于进一步加快盘活闲置低效企业的实施意见(试行)》内容汇报 三、关于闲置低效企业盘活工作的情况汇报
第14次	一、关于城市创建工作 二、关于"智慧党建"和干部管理大数据平台建设 三、关于派驻监督全覆盖改革工作 四、关于听取公证机构体制改革工作 五、关于听取《关于认真学习贯彻习近平总书记重要指示精神深入开展反邪教工作的情况汇报》
第15次	传达学习中共常德市委第七届四次全体(扩大)会议精神
第16次	关于津市迎接党的十九大安全稳定工作情况汇报
第17次	一、关于传达学习周德睿同志在常德市委常委会(扩大)会议上的讲话精神 二、关于传达学习常德市纪委有关文件精神 三、关于园区闲置低效企业盘活工作 四、关于《领导干部参与项目建设、向上争资、招商引资履职纪实监督实施方案》起草工作 五、关于津市残联换届工作

会议次数	主要内容
第 18 次	一、关于常德市十九大精神报告会暨市委理论中心组第 6 次集中学习会议精神 二、关于中央环保督察问题整改工作 三、关于专题外训班学习情况 四、关于法治政府建设工作 五、关于新修改的《中国共产党巡视工作条例》文件精神暨津市贯彻落实意见 六、关于津市 2018 年党报党刊发行工作 七、关于抓基层党建促脱贫攻坚工作
第 19 次	一、关于津市脱贫攻坚年底考核工作 二、关于贯彻落实常德市第七届四次全体(扩大)会议精神 三、关于省、常德市加强县乡人大工作和建设推进会精神暨津市贯彻落实情况 四、关于津市人民医院与常德市第一人民医院战略合作有关情况
第 20 次	关于深化国家监察体制机制改革试点工作情况汇报
第 21 次	一、关于网络意识形态责任制专题学习 二、关于党的十九大精神学习宣传和贯彻党的十九大精神汇报演出情况汇报 三、关于津市市第十七届人民代表大会第三次会议、政协津市市第十二届委员会第三次会议筹备工作情况
第 22 次	一、关于 2018 年市委经济工作会议筹备情况 二、关于 2018 年市委领导带班值班安排情况 三、关于 2018 年津市预算编制方案情况 四、关于深入开展党的十九大精神教育培训工作情况。 五、关于津市市第十七届人大代表补选人选情况

(胡唯)

【2017 年市委重要文件】

序号	发文日期	文 号	发文机关	文件标题
1	2017-1-4	津发〔2017〕1 号	市委市政府	关于项目准入、优惠和奖励政策的若干规定
2	2017-1-6	津发〔2017〕2 号	市委市政府	印发《关于在全市公民中开展法制宣传教育的第七个五年规划(2016-2020 年)》的通知
3	2017-3-27	津发〔2017〕3 号	市委	印发《关于推进法治津市建设的意见》的通知
4	2017-5-5	津发〔2017〕4 号	市委	关于印发《津市市切实做好全面从严治党向纵深发展若干基层工作的实施办法》的通知
5	2017-5-22	津发〔2017〕5 号	市委市政府	关于印发《加快建设金融服务中心的实施意见》的通知
6	2017-5-26	津发〔2017〕6 号	市委市政府	关于深化供销合作社综合改革的实施意见
7	2017-11-9	津发〔2017〕7 号	市委市政府	关于印发《津市市贯彻落实 < 法治政府建设实施纲要(2015-2020 年)实施方案》的通知
8	2017-12-1	津发〔2017〕8 号	市委市政府	印发《关于贯彻落实开放强市产业立市战略的实施方案》的通知
9	2017-12-19	津发〔2017〕9 号	市委	关于印发《津市市深化国家监察体制改革试点工作实施细则》的通知
10	2017-1-25	津委〔2017〕1 号	市委市政府	关于表彰 2016 年度全市绩效评估考核先进单位和先进个人的通报
11	2017-1-25	津委〔2017〕2 号	市委市政府	关于表彰 2016 年度全市工业经济等 14 项工作先进单位和先进个人的通报
12	2017-2-5	津委〔2017〕3 号	市委	关于转发《政协津市市委员会常务委员会 2017 年工作要点》的通知
13	2017-6-21	津委〔2017〕4 号	市委市政府	关于印发《2017 年津市市绩效评估工作方案》的通知
14	2017-6-27	津委〔2017〕5 号	市委	关于表彰"十佳优秀党员领导干部""十佳先进基层党组织"和"十佳优秀共产党员"的通知
15	2017-12-1	津委〔2017〕6 号	市委	关于审批《津市市深化国家监察体制改革试点工作实施细则》的请示

(胡唯)

办公室工作

【概况】2017年,市委办紧扣市委工作大局，按照坚持绝对忠诚的政治品格、坚持高度自觉的大局意识、坚持极端负责的工作作风、坚持无怨无悔的奉献精神、坚持廉洁自律的道德操守“五个坚持”根本要求,认真履行参谋服务、督查落实、统筹协调、运转保障等职能,各项工作保持良好势头。(胡唯)

【办文办会】2017年,津市积极响应中央、省、常德和本级改进文风会风有关规定,精文简会,办文办会呈现出务实高效的良好局面。共制发各类公文69件,办理来文574件,整理立卷立档238件。承办市委经济工作会议、全市党务工作会议、全市领导干部大会、市委全会等全市性会议10余场，市委常委会议25次,收集印制预安排39次,编制全年大事记。全年共安排市领导调研活动120多次,完成省、市领导蔡振红、周德睿、许建忠、陈恢清、胡丘陵、梁仲等重大接待12批次。(鲁力、胡唯)

【督促检查】2017年,全市共开展大小各类督查34次，办理领导批示件30件,开展督查调研3次,编发《督查通报》16期、《督查专报》2期,《督查调研》1期；创新开展全市党代会优秀征文活动,编印《赶超》,变督工作为督思想;围绕毛里湖环保工作开展调研,形成《关于葛果加工企业关停对津市葛果产业带来的影响及对策》的调研文章,上报常德参加督查调研文稿评选,被评为一等奖;2017年，津市市党委督查工作被常德市评为先进。(尹毅)

【综合调查】2017年,综合调研工作始终紧跟市委“解放思想,克难奋进,加快建设澧水流域现代化的中心城市”战略部署,围绕园区攻坚、城镇带动、交通跨越、脱贫攻坚等四大会战,扎实履行“以文辅政”工作职责,一大批先进工作经验、优秀调研成果进入领导视野。一年来，先后起草各类综合文稿220余篇，圆满完成2017年市委经济工作报告以及《津市工作情况汇报》《推进津澧融城工作情况汇报》等一批重要文稿。撰写的《加快全面发展,推进全面小康》《全力打造“四型”园区,建设澧水流域工业经济中心》《聚焦“四区”建设,打造发展新高地》等署名文章被上级媒体推介发表,《关于津市休闲农业发展的思考》《以宝悦乐城为例,对津市商贸服务业发展的调查与思考》《关于津市村级事务的调研与思考》调研文章进入领导决策视野。推进基层单位办公室跟班学习制度,积极开展业务讲评活动,为各单位办公室、上级部门培养和输送多批次文字干部。(张承嘉)

【党委信息】2017年,市委办信息室共收到基层信息来稿346篇，向省、常德市上报信息445条。全年被省、常德市采用信息数120篇,其中被省采用76条,有4条为单条采用;常德市采用44条。全年编发信息参考共6期。(尤凌汝)

【机要保密】2017年我们围绕年初制定的工作总体目标,以贯彻落实上级精神为主线,以“上台阶、促规范、争先进”为核心,促进机要保密工作迈上新的台阶。机要工作,实现值班值守24小时无缝覆盖，无一起失泄密事件发生。全年共收发机要密码电报234份,密码电报收发、传阅、办理做到高效、准确、及时。严格按照上级精神和工作部署推进电子政务内网建设,工程已经取得初步验收合格。保密工作,共开展全市保密检查5次，迎接常德市保密检查1次,有力推动全市保密工作规范化。认真贯彻落实《国家秘密载体销毁管理规定》，对去年以来的涉密文件进行收集整理,共清退涉密文件734份,做好涉密移动存储介质的管理。外宣工作,向上级刊物投稿5篇,被刊用2篇,向上级保密网站和《湖南保密》上报各类信息和综合稿件26篇,被采用5篇。(邹明君)

【服务中心】改革方面:省委部署的30项改革任务、常德市委部署的10项改革任务、津市确定的3项自主改革任务,均如数如质如期完成。津市的农村垃圾分类处理“绿色存折”制度、海绵城市建设试点、家事审判改革试点等自主改革体现津市特色,改出扎实成效。“绿色存折”制度被选送参加全省首届管理创新奖评审，荣获全省第一名好成绩，被省委省政府表彰。全面深化改革工作被评为2017年常德市优秀单位。小康方面：小康工作继续保持良好势头，2017年全面建成小康社会实现程度达98.5%，全面建成小康社会提前达标授牌,并再次荣获全省全面小康建设前十位县大奖。服务企业方面,全年到中联车企开展企业问诊服务12次，帮助解决问题5个，架设政企沟通的天线,增强企业发展的信心。(陈俊纲)

纪检监察

【概况】中共津市市纪律检查委员会位于津市市委大院内，截至2017年底，共设立8个内设室和10个派驻纪检组。内设室分别是:办公室、信访室、第一纪检监察室、第二纪检监察室、第三纪检监察室(案件管理室)、第四纪检监察室、党风政风监督室、案件审理室;派驻纪检组分别是市纪委派驻市委办纪检组、市纪委派驻市政府办纪检组、市纪委派驻市发改局纪检组、市纪委派驻市教育局纪检组、市纪委派驻市公安局纪检组、市纪委派驻市财政局纪检组、市纪委派驻市人社局纪检组、市纪委派驻市住建局纪检组、市纪委派驻市农业局纪检组、市纪委派驻市卫计局纪检组。

2017年,市纪委担负起管党治党政治责任,提出纪检监察工作“津市有为、常德有位、省里有名、中央挂号”的“十六字”奋斗目标,确立监督执纪“有案必查、有腐必反、有贪必肃、有责必问,大案小案一起抓、有案无案主动抓”的“四必两抓”工作理念,坚持以“六个全方位”为重点,着眼党内政治生活和津市政治生态环境监督执纪问责,有效推动全面从严治党向纵深发展，呈现出创先争优的新气象。其中，津市党风廉政建设责任制和纪检监察业务工作年度综合考核，在常德9个区县（市）中排名第四；纪检监察综合信息工作被评为2017年度全省先进单位；《侵占农村危房改造资金存在五种造假方式》一文得到省领导重要批示，并被评为2017年度优秀纪检监察信息；探索建立的津市“巡察、审计、述廉、整改、曝光”五位一体巡察模式，被《中国纪检监察报》以专题新闻和综合新闻等形式予以多次报道推介。（覃程）

【召开第十二届纪律检查委员会第三次全体会议】2017年2月10日，中国共产党津市市第十二届纪律检查委员会第三次全体会议在市兰苑宾馆会议中心举行，市委书记傅勇出席全会并讲话，市委副书记、市长陈章杰主持会议，市委常委、市纪委书记伍子科代表市纪委常委会作《强化措施，狠抓落实，确保全面从严治党向纵深发展》工作报告，会议表决通过中国共产党津市市第十二届纪委常委会提请第三次全会审议的工作报告和中共津市市第十二届纪律检查委员会第三次全体会议公报。

【“两个责任”落实】压实“两个责任”，全面从严治党不断深入。2016年11月3日市委制定了《落实党风廉政建设“两个责任”谈心谈话制度实施办法》，“四大家”班子成员带头开展谈心谈话，全市各级领导干部全年开展谈心谈话2万余人次，开展谈心谈话已深入人心、形成共识、成为常态。强化责任追究，对落实谈话制度不力的17家单位共30名科级干部进行集体约谈，对17名落实“两个责任”不力的领导干部进行追责问责，在常德市的2次明察暗访督导检查和抽查中，津市都得到较好评价。（覃程）

【党风廉政宣传教育】全方位加强党风廉政宣传，筑牢拒腐防变思想防线。市委常委会、中心组学习会、纪委常委会多次专题学习党章和“两准则、四条例”。市委书记、纪委书记带头讲党课，2017年3月份，市委书记傅勇围绕全面从严治党主题，为全市副科级以上领导干部讲授专题党课；纪委书记在中心组学习会议上专题解读省委“六项要求”、领导干部从事金融活动《规定》和全面从严治党新形势新要求。在襄阳街街道打造了津市首个街道廉洁文化教育基地。组织党员干部观看《决不饶恕》等警示教育片以及《热血老兵》纪实话剧。开展“荷花品格、梅花精神”系列廉洁文化活动，举办庆祝建党96周年、喜迎十九大专题文艺晚会，评选出津市“十大廉洁模范”“十佳廉洁文艺节目”。（覃程）

【查处违纪案件】全方位开展执纪问责，震慑效应不断提升。全年共立案查处违反党纪政纪案件94件94人，同比增长20.5%，涉及科级干部19人，比2016年多4人，结案率达100%。准确把握运用监督执纪“四种形态”，坚持抓早抓小、有病早治，发出函询47件，组织处理141人，回复廉政意见191人次，给予党纪政纪轻处分71人，占比约76%，大量问题通过“红脸出汗”“小错即查”得到了解决，避免了很多干部犯更大的错误。把发生在群众身边的“四风”和腐败问题作为监督重点，每月一主题“纠‘四风’、治陋习”，部署开展基层“雁过拔毛”式腐败问题大走访，严肃查处了药山镇民政劳保站、汪家桥街道民政办截留医疗救助资金等一批典型案件，在中央等各级媒体通报曝光典型案例10件27人。开展国际追逃追赃，追回3名外逃人员，督办追回最后1名潜逃15年无任何音信的外逃对象。同时，抓严抓实换届纪律监督，快查快结中央环保督察组交办的问题线索。（覃程）

【监督检查】全方位开展监督检查，坚决维护市委权威。督促全市各级各单位、全体党员干部认真贯彻落实市委、市政府的重大决策部署。通过“三重一大”集体决策监督、见物见人见细节党内监督报告和建立领导干部廉洁档案等形式，强化对《关于新形势下党内政治生活的若干准则》《中国共产党党内监督条例》执行情况的监督检查。着力维护良好的发展环境，重点推进行业协会商会与行政机关脱钩等突出问题专项整治，清理各类协会60余家。制定出台《津市市政府重大投资项目预防腐败实施办法》《津市市政府重大投资项目专项整治实施方案》，全面清查74个政府重大投资项目。开展清理国家公职人员违规参与涉矿等经营性活动专项整治。按要求完成“互联网＋监督”工作。（覃程）

【纪检监察体制改革】积极稳妥推进纪检监察体制改革，顺利完成三大改革任务，基本实现监督无禁区。一是顺利完成巡察全覆盖改革，市委成立巡察办，组建2个常设巡察组，授权组建了3个临时巡察组，立足本届任期内实现巡察全覆盖，首轮巡察发现问题175个、重大问题线索15条，立案17人，党纪政纪处分17人，组织处理21人，追缴党费13万余元。二是顺利完成派驻监督全覆盖改革，设立派驻纪检组10个，其中，单独派驻1家，综合派驻9家，实现对58家市直级党和国家机关，80家副科级以上单位的监督全覆盖。三是积极推进国家监察体制改革试点工作。按照上级要求，有序组建监察委，将市检察院反贪污贿赂、反渎职侵权、预防职务犯罪等部门的机构、职能、人员整体转隶至监察委员会，实现机构、职能、人员上的全面融合，完成机构设置和人员转隶方案。（覃程）

【行政监察】津市市纪律检查委员会和津市市监察局合署办公，实行一套班子、一套机构、两个机关名称、两项职能的体制，津市市监察局局长由市纪委常务副书记兼任，2017年行政检查开展的工作主要有：一是围绕政令抓监督。围绕市委、市政府重大决策部署，先后开展“四大会战”、参与重大事项专题协调14次，约谈提醒干部21人次。二是挺纪在前抓监察。始终保持正风肃纪高压态势，2017年立案查处违反政纪案件32件32人，比2016年全年增长33%，结案率100%，强化“不敢腐”的震慑。三是紧盯权力控源头。对74个政府重大投资项目开展全面清查，统筹开展“互联网＋监督”，领导干部涉金融、国家公

巡察办挂牌

津市市委巡察工作领导小组会议

职人员违规涉矿经营、违规征订教辅材料等专项整治，有效防范廉政风险。（覃程）

【纪检监察队伍建设】全方位建设反腐铁军，自身建设得到全面加强。根据津市实际情况，结合上级纪检监察工作要求，在全省首开先河，探索推行纪委机关“3+1”板块改革，将内设机构整合为综合协调服务、纪律审查和党风政风作风监督三大板块，由3位副书记各管一块；单列干部监督职能，独立于三大板块之外，直接对书记负责，专职监督全市纪检监察干部正确履行职责，严防“灯下黑”。全年围绕“素质提升年”主题，统筹开展思想、业务、作风和文化“四大建设”，全面部署18项具体工作，基层轮训、“纪检干部大讲堂”形成稳固机制，成功创建常德市级文明单位。坚持“信任不能代替监督”，严格以湖南省纪检监察干部监督执纪“十不准”规定约束纪检监察干部，强化内部警示教育，做到“打铁必须自身硬”。按季度调度工作，开展干部监督、作风监督和工作督导“三项巡察”。出台津市四类纪检组织负责人提名考察办法，全面修订印发《纪检监察工作流程》《纪检监察工作制度汇编》。（覃程）

巡察工作

【概况】2017年4月6日，经市委常委会研究，决定成立“中共津市市委巡察工作领导小组”，并明确领导小组名单：伍子科、马吉云、葛胜、彭进华、刘俊芳、钟智。4月26日，市委编委办正式下文明确成立“中共津市市委巡察工作领导小组办公室”，核定市委巡察办为领导小组日常办事机构，列入市委工作机构序列，设在市纪委，机构规格为正科级，核定3个内设室（综合室、督查室、联络室）、行政编制8名；5月26日，正式任命市委巡察办主任、副主任各1人；6月1日，市委授权3个临时巡察组正式启动首轮巡察；6月20日，市委巡察办举行挂牌仪式，正式在孟姜女大道1076号办公。11月17日，按照构建巡视巡察上下联动监督网的要求，经市委研究，成立“津市市委第一巡察组”、“津市市委第二巡察组”，每组核定4个行政编制。

【巡察】2017年6月1日–7月31日，市委授权3个临时巡察组，按照“一托二”的模式，正式启动首轮对白衣镇、市水务局、市广播电视台、市食药工质局、市人民医院、市城管局6家单位党组织的巡察工作，首轮共计发现问题线索175条，其中移送市纪委40条，移送市委组织部17条，移交给相关职能部门3条，交办给被巡察单位115条，发现的问题主要集中在选人用人、工程项

津市市委五人小组会议

目管理、财务报销等方面，重点指出了意识形态领域工作不严谨、与协会之间明脱暗不脱、廉政风险缺乏监管等问题。9月下旬整改验收时，除市人民医院因机构改革暂缓整改，其余5家单位党组织全部整改完成。移交市纪委的线索查实31条，立案11人，组织处理18人，清缴资金13万余元。

2017年10月16日–12月15日，按照“大稳定、小调整”的巡察队伍组建方案，正式启动第二轮对市安监局、市商务粮食局、市交通运输局、市卫计局、市发改局、市职教集团6家单位党组织的巡察工作，第二轮巡察共发现问题线索160条，其中移送市纪委24条，移送市委组织部15条，移交相关职能部门7条，交办给被巡察单位114条。发现的问题主要集中在选人用人、工程项目管理、财务报销等方面，重点指出政企不分、考勤管理不严格、接待用酒未报备等问题。目前第二轮巡察反馈的问题线索正在整改阶段。

9月–11月，配合常德市委完成扶贫领域异地交叉专项巡察。（宋凌鹰）

2017年市委第一轮巡察工作动员会

组织工作

【**概况**】2017年，全市组织工作在市委的坚强领导下，紧紧围绕市委的中心工作，坚持强化落实党建责任，严格规范干部工作，创新服务人才工作，不断加强自身建设，各项工作进展有序。选优配强科级领导班子。2017年进行6次干部调整，调整干部385人次，提拔重用151名科级干部。制定全市非领导职数统筹方案，核定科级非领导职数210个。探索开展竞争性选拔调任副科级领导干部试点工作，按照选拔计划将4名事业身份的干部调任到党政机关任职。加强干部日常教育管理。完成因私出国（境）证件专项清理工作，共3158名备案对象全部完成信息更新。对全市各单位借用在编工作人员（含各类抽调、跟班学习）进行集中清理，规范借用手续。分3期对全市507名副科级以上领导干部学习贯彻党的十八届六中全会精神举办集中轮训班。圆满完成村居“两委”换届。全市76个村居顺利完成“两委”换届选举工作，共选举产生“两委”干部438人，其中35岁以下干部113人，占26%，大专以上文化程度165人，占37.6%。持续深化党员教育管理。将“两学一做”学习教育常态化制度化与“三会一课”、“主题党日”相结合扎实开展学习教育，开展集中学习、专家授课、个人自学，学习党章党规、习近平总书记系列重要讲话。夯实基层党建基础。下发津市农村综合服务平台建设实施方案，按照统一风格、统一标识、统一布局的要求，投入2800多万元，新建、改造、修缮43个镇街、村居综合服务平台。将村级低限运转经费提高到18万元，城市社区低限运转经费提高到22万元。建立基层党建月调阅制度、季通报制度、月例会制度、提醒谈话制度等七项长效机制。积极推进人才工作发展。主动深入省内7所重点高校开展现场宣讲，吸引500多人报名，200多人通过资格初审。真心服务人才，修建人才公寓138套，其中单间98套，套间40套。从严从实加强自身建设。在部机关开展“三个四”干部能力建设活动，不断提高组工干部履行岗位职责的素质和能力、破解工作难题的素质和能力。（庹锋）

【**班子配备**】2017年分领域对科级干部进行调整补缺。2017年共进行6次人事调整，共调整干部385人次，提拔重用151名科级干部，对涉及的50多个单位班子成员进行调整，特别是结合政府随届任命，对市直单位、镇街党政正职进行补缺交流。大力提拔重用表现优秀、实绩突出的年轻干部和业务骨干，选优配强重要经济部门、镇、街、学校等单位领导班子，进一步优化班子结构，提升班子整体战斗力。完成民盟、民建、农工党和工商联、残联换届人事安排。2017年，3个党派班子任期和工商联、残联班子任期届满，经充分征求党派和工商联、残联意见和市委常委会研究，按照其章程规定的程序，圆满完成党派和工商联、残联换届工作。做好职务性人大代表、政协委员届中调整工作。根据人事调整安排，对部分职务性人大代表、政协委员进行届中调整，根据上级关于代表委员推荐提名有关要求，采取组织推荐、考察、公示等程序，共补选津市人大代表5名，增补津市3名政协委员；推荐5名湖南省第十三届人大代表人选，推荐1名政协湖南省第十二届委员会委员人选。开展调任工作。对原来具有公务员身份或进行公务员过渡的干部，因组织原因调整到事业单位任职的领导干部（刘榕、刘芳），对专业技术型领导干部（彭佳），按程序呈报上级组织部门审批，进行调任登记，配强科级领导班子力量，解决干部后顾之忧。（吕方书）

【**干部选拔任用**】进一步规范干部选拔任用工作。制定《市管科级干部选拔任用纪实工作实施细则》。对市委提拔任用的副科级以上市管领导干部（包括非领导职务、市管国有企业正职)，以及非领导职务改任同级领导职务，平级转任重要岗位干部的提拔任用过程实施全程纪实，干部选拔任用工作结束后，要逐一核实相关纪实材料是否完备，并如实填写《纪实表》，按“一人一表、一批一档”整理归档，形成干部选拔任用纪实档案。制定全市非领导职数统筹方案，向常委会进行汇报，全市共核定科级非领导职数 210 个，其中正科级非领导职数核定 94 个，副科级非领导职数核定 116 个。抓好超职数配备领导干部整治工作。结合人事调整，2017 年共消化超职数配备领导干部 6 名，并对存在结构性超配的个别单位平稳消超到位。开展竞争性选拔调任工作，进一步激发干部队伍活力。盘活干部资源，破解用人瓶颈。摸清公务员(含参照)单位科级领导职数空缺情况尤其是镇街科级职数空缺情况；摸清 40 周岁以下事业编制科级干部人数和“五百英才”引进人才的成长情况等。注重为基层配强力量，确定 4 个选拔调任职位，其中镇街党政班子副职职位 2 个、民建专职副主委职位 1 个、市委党校教育长职位 1 个。严格调任条件。坚持“两不三确保”原则，即：不搞量身定做、不带主观意图，确保每个职位符合条件的人数与选拔名额达到 3:1 以上、确保符合条件的干部充分参与选拔、确保每个职位有充足的选拔对象。创新选拔方式，精准科学选人。规范选拔程序。制定《津市市竞争性选拔调任副科级领导干部实施方案》，明确规定集中报名、资格审查、公开比选、深入考察、讨论决定、公示、备案审核等七个程序，不打折扣，不走过场不走样，精准到位。按照“测、考、晒、比”四个环节进行公开比选。即竞职演讲测履职能力、现场面谈考理论素养、履职评价晒个人实绩、差额考察比综合素质。全方位比选，确保将政治忠诚、干事成事、群众认可度高的干部调任到最合适的岗位。营造良好氛围，激发干部活力。营造公平公正的竞争氛围。市纪委牵头成立监督小组全程监督，选拔过程全程录像，全程纪实。做到“三个不提前”：不提前淘汰选拔对象、不提前指定评委考官、不提前拟定面谈考题。实行资格严审。集中对“三龄两历”、遵规守纪、廉洁从政等方面进行“八联审”。在考察环节，充分征求纪检监察等执纪执法部门意见，将资格审查贯穿全过程，坚决杜绝“带病调任”。营造良好的培养氛围。充分运用选拔成果，在干部培养选拔上实现“三个一批”，即调任一批，按照选拔计划将曾海涛等 4 名同志调任到党政机关任职，其中镇街党政班子副职 2 名，民建专职副主委 1 名，市委党校教育长 1 名；提拔一批，将裴莉林等一批表现优秀的差额考察对象提拔到事业单位正科级领导岗位；重用一批，将田继登等一批综合素质较好的副科级干部重用到副科级领导岗位。(吕方书)

全市基层党组织书记及新任村、社区干部集中轮训班

【年轻干部培养】完成年轻干部上派下挂工作。选派全林平、詹念 2 名年轻干部到常德市直对口单位挂职锻炼，为常德市委编委办市直科副科长杨洋到津市毛里湖镇挂职提供好成长平台；选派年轻干部到一线战场锻炼。根据全市中心工作安排，选派 30 多名年轻干部到扶贫办、融城办、项目办、创建办等中心战场跟班学习锻炼。积极给年轻干部搭建平台。结合人事调整，加大年轻干部使用力度，2017 年人事调整中，共提拔重用 30 余名 80 后年轻干部，其中对 4 名全日制硕士研究生提任为副主任科员，促进年轻干部成长。推荐报送县处级副职后备干部和优秀年轻干部人选。在充分听取市委常委、人大、政府、政协领导班子成员、“法检”两长的意见的基础上，结合干部一贯表现，提出初步人选名单并排序，与市委常委个别沟通酝酿，经书记专题会议研究后正式推荐上报，同时，配合常德市委干部调研组做好调研相关工作。(吕方书)

【干部管理】出台《领导干部参与项目建设、向上争资、招商引资履职纪实监督实施方案》。扎实完成 2017 年公务员招录工作。完成党群序列公务员招录和 10 名村(社区)主干报考省公务员考试的资格审查与呈报工作，完成公务员招录工作的资格审查、体检、政审、考察等工作，2017 年共招录 109 名公务员，其中党群序列 18 名，政府序列 91 名。做好 2017 年选调生分配安排和 2018 年选调生选调计划申报工作。2017 年，津市共分配 3 名选调生，按照上级要求，在一线锻炼培养，试用期间，均联系一个村或社区，任村(社区)书记助理，并参与乡镇综合管理、综治维稳等工作。认真落实职务与职级并行制度。按照津市职务与职级并行工作安排，联合市人社局对职务与职级并行工作办理流程进一步规范，将职务与职级并行工作日常化，对达到晋升条件的人员即时办理相关手续。2017 年，共完成 11 名科级干部晋升职级的初步审核和审批工

作，配合完成阿毅同志晋升正处级相关工作，完成董新满同志晋升正处级报批工作。做好2016年处级干部年度考核资料收集、报送工作。共报送39份处级干部年度考核表和7份处级干部奖励审批表。做好警员职务套改工作。完成公检法系统24名警员职务套改的资料收集、资格审核、发文等工作。完成各个中心战场工作人员的抽调。全年共抽调21名科级干部、45名中层干部参与扶贫、巡察、征拆、综治维稳、项目建设等中心工作。（吕方书）

【干部监督】2017年共审核把关拟提拔任用干部173人次，切实做到坚持党管干部，从指导思想、基本原则、职责规范，到监督检查等各个环节进行推进，从严管理监督干部。完成新版《领导干部个人有关事项报告表》宣传和填报工作。3月下旬，召开工作部署培训会，从报告对象、报告事项内容、报告抽查核实要求、核查结果处理等方面，对领导干部报告个人有关事项“两项法规”进行详细解读，就如何规范填报新版《领导干部个人有关事项报告表》作详细讲解。副处级以上领导干部43人、竞争性选拔调任对象25人、县处级副职后备干部及优秀年轻干部21人完成填报，组织正科三年以上科级干部对相关政策进行学习，并对个人有关事项报告表进行试填。持续开展“三责联审”工作。2017年共向审计部门发出委托离任审计函2次，共7人。联合审计局等部门，对3家单位共3名领导干部进行“三责”联审工作。开展因私出国（境）证件专项清理工作。全市92家单位，共3158名备案对象全部完成信息更新。科级干部及退休处级干部的护照、港澳台通行证和台湾通行证已收到市委组织部进行集中保管，一般工作人员的证照由本单位专人专柜集中保管，并建立台账。对离（退）休领导干部在社会团体兼职情况进行清理整改。印发《关于做好退（离）休领导干部在社会团体兼职情况自查和迎接抽查有关工作的通知》（津组通〔2017〕22号），要求各单位对在本单位退休曾担任处级、科级领导职务、非领导职务人员以及国有企业领导人员在社会团体兼职情况进行全面排查，本人呈报、社团上报、组织调查等形式，逐一登记，严格把关，详实掌握每名退（离）休领导干部在社团兼职情况。共有规范工作人员岗位管理。以市委办的名义印发《关于进一步加强机关事业单位工作人员管理有关规定》文件，对全市各单位借用在编工作人员（含各类抽调、跟班学习）进行集中清理，规范借用手续。（严凯）

【干部教育】加强干部教育培训。历时2个月，分3期对全市507名副科级以上领导干部学习贯彻党的十八届六中全会精神举办集中轮训班。举办一期科级干部培训班，对44名近五年来没有轮训或新提拔重用的科级干部进行为期1个月集中培训。举办两期专题外训班，一期是42名学员参加的在复旦大学以产城融合与现代服务业发展为专题培训班，一期是45名学员参加的在浙江大学以工业经济转型升级为专题培训班。开展干部教育培训网络在线学习。全市副科级以上领导干部年度学习任务合格率100%，被常德市评为2017年度干部网络教育培训“先进单位”。津市选送的“树立工匠意识，做时代匠心干部”、“车胤之光，津澧传承”两篇微党课，在常德市举办的“讲好常德故事”党性教育微课征集评选活动中分别获得“一等奖”和“三等奖”。（严凯）

【村居换届】严控职数设置。对照省、常德市村居“两委”换届职数和结构要求，对全市76个村居“两委”职数逐一进行审核把关，将全市村居干部职数严格控制在7人、9人以内。对村、社区配备1名30岁左右年轻干部作刚性要求，全市每个村居均有1名以上30岁左右的年轻干部。严格程序环节。在村居党组织换届中，严格按照6个阶段26环节推进工作。采取上门走访、电话告知、短信（微信）动员、致公开信等宣传方式，积极动员在家和外出党员参加选举，全市党员参选率达到70%以上，应到会党员参会率达到90%以上。在村居民委员会换届选举中，严格按照3个阶段、19个步骤、45项工作推进工作。严肃换届纪律。利用电视台、网站、手机、广播上大力宣传“八个严禁”换届纪律；下发10000多份换届纪律提醒卡；与候选人预备人选签订换届纪律承诺书；建立24小时舆情监控机制，对影响换届的信访、村霸等信息进行提早摸排；按照“五必谈”要求，加强对现任班子成员、老干部老党员、有竞选动向的人选的谈心谈话，引导其理性参加换届选举。在“两委换届选举中”，对2起换届违纪问题线索进行立项专办，取消3名候选人资格，无一起市级以上投诉。全市76个村居顺利完成“两委”换届选举工作，共选举产生“两委”干部438人，其中35岁以下干部113人，占26%，大专以上文化程度165人，占37.6%。（陈荣）

【党员教育】2017年强化经常学习。将“两学一做”学习教育常态化制度化与“三会一课”、“主题党日”相结合扎实开展学习教育，开展集中学习、专家授课、个人自学，深入学习党章常规、习近平总书记系列重要讲话，《关于新形势下党内政治生活的若干准则》《中国共产党党内监督条例》。认真抓好党委（党组）理论学习中心组学习。充分发挥党员领导干部示范领学作用，将学党章党规、学系列讲话内容纳入市委党校培训教育的课程内容之一，推动党员领导干部、中青年干部学在前、作表率。落实基本制度。制定并下发《关于严格落实“三会一课”制度的实施意见》《“主题党日”活动实施方案》《“党员强党性”活动实施方案》《党员量化积分管理实施方案》等文件，引导各级党组织严格落实“三会一课”制度，扎实开展“主题党日”活动，确定每月最后一周的星期五为党日活动时间，组织党员集中开展学习教育、结对帮带、为民服务活动。以“戴党徽、亮身份、强党性”为主题，严格要求所有党员在工作时间佩戴党徽，主动亮明身份，增强党员意识，发挥带头作用。严格落实支部工作纪实、党员量化积分管理制度，实现党员日常管理的精细化、科学化、规范化。开展“三十佳”评选表彰系列活动。“七一”期间，组织开展“三十佳”评选表彰、科级单位领导班子专题民主生活会和基层组织党员组织生活会、“走访慰问生活困难党员”主题党日、“荷花品格、梅花精神”廉洁文化、“庆七一”主题微宣讲等活动。评选出“十佳优秀党员领导干部”、“十佳先进基层党组织”、“十佳优秀共产党员”，对117名困难党员进行走访慰问。（陈荣）

【基层党建】全面开展镇村两级综合服务平台建设。2017年初，下发津市农村综合服务平台建设实施方案，按照统一风格、统一标识、统一布局的要求，投入2800多万元，新建、改造、修缮43个镇街、村居综合服务平台。为落实常德市智慧党建暨农村综合服务平台建设推进会精神，8月份，又投入专项资金，将没有纳入2017年建设计划的12个村（社区）综合服务平台全部纳入到修缮类计划，确保所有村（居）综合服务平台全部达到党务、政务、商务“三务合一”的建设标准。大部分修缮类及部分改扩建类综合服务平台已经完工。全面提高村居低限运转经费保障水平。2017年将村级低限运转经费提高到18万元，城市社区低限运转经费提高到22万元。并落实每个村3万元、每个社区8万元的惠民资金。同时，提高村居干部工作报酬。村党组织书记待遇每年达到2.8万元，城市社区党组织书记待遇达到4.6万元，激发基层干部的工作热情。完善抓基层党建工作的长效机制。在建立党委每季度专题研究基层党建工作和各级党组织书记“双述双评”制度的基础上，为进一步抓实基层党建工作，2017年又建立市委基层党建工作领导小组会议制度、市委组织部部务会成员联点制度、基层党建工作月调阅制度、季通报制度、月例会制度、量化考核制度、提醒谈话制度等七项抓基层党建工作的长效机制，进一步强化第一责任、日常督导、工作考核，全市基层党建各项工作任务得到有效推动和落实。考虑到当前农村工作任务重，村干部工作压力大，而普通党员平时作用发挥不明显的实际情况，在推行党员积分量化管理的基础上，试点探索农村普通党员“红色存折”制度。结合基层党建、信访稳定、扶贫帮困、低保救助、基础建设等农村工作实际，科学设定“红色存折”积分项目，延伸党员作为空间，以激励为主，采取逐月存分、累计积分、年底评优物质奖励的方式，激励农村普通党员主动作为。全面开展“两新”组织党建“两个覆盖”工作。狠抓“两新”组织党组织集中组建工作。全市167家非公企业137个社会组织，组建单独党支部、联合党支部、选派党建工作指导员的方式，基本实现党建工作“两个全覆盖”。针对“两新”组织党建经费保障难、党建活动开展难的问题，探索推行“两新”组织党建公积金工作。采取党费返还、财政补助、“两新”组织预存、群团联筹、党员群众自愿赞助等方式，筹集公积金30多万元，按照支部申请、工委预审、组织核实、资金发放的程序进行发放使用，有效保障“两新”组织正常开展党建活动。全面落实抓党建促脱贫攻坚工作。牵头成立派驻村办，积极开展驻村帮扶工作，制定脱贫攻坚工作方案、到户工作手册、贫困户帮扶联系卡等台账资料。市委领导带头，对11个重点贫困村每个村都安排1名以上市级领导联点，派驻一支驻村帮扶工作队，每支驻村帮扶工作队安排9个以上后盾单位，明确实行“四包一”要求，“一对一”或“多对一”对全市11个贫困村所有贫困户实行结对帮扶，大力发展村级集体经济。坚持以“钉钉子”精神抓好软弱涣散党组织整改，全市11个贫困村、5个软弱涣散村社区党组织均有市级领导联点，从市直单位选派“第一书记”驻村任职工作。全面开展党员教育工作。认真督促开展党员冬春训，各基层党组织在春节前后人口最为集中的一段时间，组织基层党员进行教育培训，参学人数达4300余人，参学率达81%。农民大学生培养计划工作成效明显，全市组织6名学员参加常德市农民大学生技能比武，2人获二等奖，1人获三等奖，3人获优胜奖，向农民大学生发放学习手持设备“O学派”，让广大学员随时能够学习，提升学习效率。完成全市基层党组织书记集中轮训。对全市155名村、社区党组织书记，新任村、社区干部和部分“两新”党组织书记进行集中培训。（陈荣）

【人才工作】真招引进人才。2017年，主动深入省内7所重点高校开展现场宣讲，在常德党建网、津市政府网、津市党建网、省内各高校网站、中公教育网、华图教育网等网络平台发布引才信息，共吸引500多人报名，200多人通过资格初审，经笔试、面试共引进人才29人。并将2家国有企业、3家非公企业纳入到引才计划，为企业人才引进行探索性服务。500英才引进计划，到2017年12月，共引进人才656人。真心服务人才。修建人才公寓138套，其中单间98套，套间40套。统一配备空调、热水器等基本生活设施，实施物业管理，有58

津市市2017年秋季“农民大学生”开班仪式

名人才免费入住。同时,积极做好新的人才公寓建设准备工作。2017 年,对 2013 年 7 月至 2016 年 9 月以来各类高层次人才生活津贴按标准集中发放 57.5 万元,共涉及 16 个单位 31 名硕士以上人才。真情培育人才。举办年轻干部读书班、科级干部进修班和开展各类短期业务培训等,进一步提升年轻干部政治素养和综合能力。推选成立人才公寓自管会,在人才公寓推行自治管理;组织开展"青春有约 缘来是你"年轻干部联谊活动,增进年轻干部之间相互解交流;组织青年人才深入园区企业参观学习,实地解企业生产、经营和管理等方面的情况。加大激励机制力度,增加优秀人才提拔重用机会,提高政治待遇。(严凯)

【自身建设】提升干部能力。按照全市"创建学习型机关争当学习型干部"活动的要求,组织部结合工作实际,在部机关开展"三个四"干部能力建设活动,即开展书香组工、业务讲堂、调研竞赛、文体之星活动;加强忠诚型、学习型、专业型、活力型干部建设;培养对党忠诚、政治品格过硬,公道正派、职业操守过硬,业务精湛、专业能力过硬,律己严格、作风形象过硬队伍。在能力建设活动中,全体部领导与年轻干部结对,帮助年轻干部尽快成长,不断提高组工干部履行岗位职责的素质和能力、破解工作难题的素质和能力。编订《业务学习文件选编》,举办全市组工干部培训班,组织各镇(街)党(工)委副书记、组织委员、组织专干,市直各单位的组织工作具体负责同志共计 108 人系统培训组织工作相关业务知识。带头严格党内政治生活。坚决防止"灯下黑",带头推进"两学一做"学习教育常态化制度化,认真落实基层党建工作七项长效机制,积极开展"主题党日"、"党员强党性"等活动,落实"三会一课"和党员量化积分管理制度。健全规章制度。制定《中共津市市委组织部制度汇编》,建立健全会议制度、学习制度、调研制度等 19 项制度。在部机关推行组室月工作计划公示制度,建立"销号式"工作推进机制。(曾嵘)

宣传工作

【概况】2017 年,津市市宣传思想文化工作以聚民心、集民智、鼓民劲为目标,把握意识形态工作主动权,务实进取,开拓创新,成功组织常德市移风易俗工作现场经验交流会,高质量承办"健康湖南 · 动起来"全民健身大赛季首发站活动,通过省级文明城市复检,赢取常德市唯一"湖南省文学创作示范基地"落户津市,舆情信息调研工作排位全省前列,在国家级媒体广泛推介"绿色存折"津市经验并获全省管理创新奖第一名,省委常委、宣传部部长蔡振红亲临津市调研宣传思想文化工作。津市宣传思想文化工作再上新台阶,为"澧水流域现代化的中心城市"建设提供良好舆论氛围、精神动力、智力支持和文化条件。

理论武装,凝聚发展共识。制定下发《关于印发 <2017 年津市市党委(党组)中心组理论学习安排意见 > 的通知》,邀请十二届全国人大代表刘绍英、省作协主席王跃文、南开大学教授原新等知名专家学者,举办高质量中心组扩大学习 6 场,组织在职处级干部、正科级单位一把手集中理论考试,优秀率 86.3%。在常德市率先成立津市市委讲师团暨市委党的特聘员宣讲团(讲师 16 人),组建并充实党的报告员队伍,组织党的报告员进机关、进学校、进村居开展"砥砺奋进的五年""学先进典型,做合格党员""党的十九大精神"等主题宣讲 17 场,直接受众 5 万余人次。精心组织"书香满津城,学习促发展""创建学习型机关、争做学习型干部"活动,全年开展"车胤读书节"、"年轻干部读书班"、"我为津市发展献一计"调研能力竞赛、业务技能比武、"我的学习故事"征文演讲等 13 项主题活动,编发《创学简报》11 期,评选优秀调研论文 7 篇、读书心得 12 篇、学习型干部 5 人,学习型机关 5 个,"书香津市"建设步伐加快,城市软实力提质。

新闻宣传,把牢舆论导向。2017 年全年在《人民日报》《新华社》《光明日报》上稿 6 篇,中央电视台上稿 3 条,湖南日报上稿 40 余篇,湖南卫视上稿 35 条,常德日报头版头条 13 个。推出工业发展、项目建设、脱贫攻坚等系列报道 15 个,精心筹划党的十九大精神主题宣传,《筑梦他乡津市人》、"五个最美"等专题报道赢得干群广泛点赞。推介农村环境综合整治工作经验,"绿色存折"被评为全省管理创新奖第一名。精减电视频道,聚力办好《津城故事》等百姓欢迎栏目,《津市新闻网》和《津市手机报》发稿 2000 余条,微信公众号粉丝超过 7 万人次,清博指数全国排前 100 名,全省县级广播电视台位居前列。建立健全通讯员、网评员队伍工作网络和机制,提升报送数量和质量,省委宣传部采用舆情信息 967 条,中宣部采用 11 条,《湖南宣传》刊发署名文章 4 篇,舆情信息调研工作位居全省前列。坚持 24 小时网络舆情值班制度,加大网络有害信息搜索和举报力度,对负面舆情及时发现,合理应对,确保全市舆情处置连续 7 年零事故。

文明创建,夯实社会主义核心价值体系。实施"居住环境美化""陈规陋习治理""淳朴民风建设"三大工程,建成"五德礼堂"、新洲殡仪服务站等红白事集中操办点,在村居广泛订立村规民约,组建红白理事会等民间自治组织,开展"五德之星"评选等活动,津市农村吹遍文明新风。11 月 9 日常德市移风易俗工作现场经验交流会在津市成功召开。建立完善志愿者登记,细化志愿项目,量化服务内容。开展"学雷锋志愿服务活动月""国际志愿者日""文化志愿进基层""五老志愿者""暑期小志愿者"等活动。精心组织道德模范、"德城德星"评选,以傅绍荣、朱德文两位先进典型为原型,拍摄志愿服务"感动人物"微电影,传播志愿精神,汇集社会正能量,兴起津市新一轮志愿服务热潮。启动 2017 年新一轮津市市文明单位创建工作，组织34家文明创建单位参加业务培训，开展“我们的节日·春节·元宵·清明·端午·七夕·中秋·重阳”等主题活动，传承传统文化，彰显现代文明。新创建成功津市市文明单位6家，常德市文明单位4家。形成文明创建共建共享生动局面，成功通过省级文明城市复检。

文化惠民，提升群众幸福指数。2017年举办民间文艺骨干培训班6期，开展“文化科技卫生三下乡”“健康湖南动起来”全民健身大赛、“欢乐津城”等群众文化惠民活动70余场，参与群众6万余人次，被评为湖南省文艺惠民基地。参加“欢乐潇湘”常德市百团大赛获一等奖1个，二等奖3个。图书馆免费开放，优质服务，获“湖南省青少年党史国史主题教育活动先进集体”荣誉称号。农村公益电影完成放映任务102%。二是开展“清源”“护苗”“净网”“秋风”专项整治行动，收缴非法出版物610余册、非法音像制品150余张。组织文化市场安全生产大检查，与经营业主签订安全生产责任状，全市印刷、复制企业安全生产率100%。建立完善网吧实时监控平台，开展“阳光暑假”行动，停业整改网吧3家。三是加快全民健身中心建设，完成虎爪山遗址抢险加固设计方案，落实遗址抢险加固二期项目资金1022万元。新增图书分馆1个，完善镇街综合性文化服务站8个，建成达标村级综合文化服务中心20个。成功申报“新媒体传播平台建设”、“书香社区——全民阅读文化工程建设”2017年度文化产业和文化名城引导资金项目2个，为进一步服务好基层群众业余文化生活提供便利。（傅坚）

【新闻外宣】上稿成绩喜人。2017年，全市宣传工作围绕“坚持工业立市，突出产业兴城，为建设澧水流域现代化的中心城市而努力奋斗”目标，确定工业立市、生态建设、美丽乡村等重点选题，全年在中央电视台上稿3条，在人民日报、光明日报、新华社上稿6篇，在湖南日报上稿40余篇，湖南卫视上稿35条，常德日报头版头条上稿13条。

十九大宣传。贯彻落实常德市相关文件精神，下发津市十九大宣传方案，并在全市开展《砥砺奋进的五年》主题宣传。电视台策划《筑梦他乡津市人》专题报道、“五个最美”典型报道，受到人民网等媒体关注并向全国推介；四是网站、手机报、新媒体开设十九大专栏，进行十九大动态消息报道。常德日报、电视台、电台、网站等媒体，实时报道津市各单位深入学习十九大精神情况。

重大活动宣传。2017年，多次奔赴新华社、人民日报、光明日报、中央电视台等主流媒体驻地，上门推介津市新闻亮点，邀请媒体来津市采风，接待记者来津采访30余人次。2月，常德市级10余家媒体集中来津市专题采访报道“绿色存折”典型经验。4月，“绿色存折”被评委全省管理创新奖第一名，并在湖南卫视创新晚会重点推荐。光明日报在“新春走基层”系列报道中推介了津市最美基层文化人王泸的感人故事，湖南日报头版头条。

宣传渠道拓宽。“津市发布”、“津市电视台”等微信公众号关注用户达6万余人，《津市手机报》订阅用户达4000余人，成为地方时政、新闻、信息交流的重要平台。12月，津市与湖南日报新湖南云达成合作，开通新湖南—津市频道，全市宣传渠道进一步拓宽。

舆情处置及时。2017年来先后处置各类舆情余91次，编发舆情动态12期，内容涉及到安全生产、食品安全、环境卫生、教育公平等各类网络诉求，主要集中在红网、常德论坛、天涯社区等网站论坛和贴吧中，各单位积极调查回复，回复率达到80%以上。市委书记高度重视网络舆情工作，《涉常舆情》和《舆情动态》亲自批示，并有分管副部长负责督导舆情处置过程，审核把关回复内容。市网宣办及时将回复情况反馈给常德市网宣办。为维护地方社会和经济稳定做出了应有的贡献。

网络生态环境清。2017年加大属地舆情上报和违法不良信息举报工作，创新工作方法，通过舆情信息系统上报有害信息达3505条次，通过表格报送举报线索598条，微信群政治类有害信息460条，属地内净化环境有害信息台账记录和数据管控记录共1条。上报数量居全市各区县前列。根据省网信办，常德市网宣办下发的《湖南省网络舆情信息报送工作制度》，开展网络舆情举报工作。安装湖南省网络舆情客户端系统，2人一班轮流报送舆情信息。

队伍管理有力。2017年加强全市新闻通讯员和网评员队伍的管理及日常沟通交流，重点加强对全市重点网站、电视台的沟通管理，达到信息共享、共同监督的目的。全市建立100多人网评员队伍。对镇（街道）、市直主要单位实现舆情指令任务全覆盖，平均每月转发跟帖1000次以上。加强全市新媒体工作者的管理，起草《关于加强全市微博微信建设与管理的方案》，对全市副科级以上单位开通“双微”对全市微信公众号进行摸底和登记。津市90%的单位已开通各自的微信微博，形成全市新媒体微信矩阵。（伍振）

【津市手机报】2017年，津市手机报每周二至周六早上八点准时发布全市前一天的市政汛情、民情动态。津市手机报受众达到4000多人，全年发稿1450篇次。

制定完善手机报管理办法，对信息的编写、报送、考核等进行规定，严格实行“三审制”。确保手机报发布信息的准确权威性。突出重点，增强宣传的针对性，围绕市委市政府中心工作开设“创学园地”“喜迎十九大”“一诺千金”等专题栏目。细化栏目，拓展宣传的多样性，手机报设有津市动态、津城万象、历史上的今天、车胤读书、健康生活等多个栏目，通过文字、图片等多种形式发布资讯。实现红网津市手机报与津市新闻网的互联互通，读者通过手机了解更多、更详细的信息。（毛菡）

【移风易俗工作】2017年，实施“居住环境美化”“陈规陋习治理”“淳朴民风建设”三大工程，建成“五德礼堂”、新洲殡仪服务站等红白事集中操办点，在村居广泛订立村规民约，组建红白理事会等民间自治组织，津市农村吹遍文明新风，湖南省精神文明建设简报专题经

验推介。常德市移风易俗工作现场经验交流会在津市成功召开。（胡文杰）

【志愿者服务】建立完善志愿者登记，细化志愿项目，量化服务内容，2017年全市志愿者注册人数达64746人，占全市总人口数23%，并购买相应的志愿者保险。开展“学雷锋志愿服务活动月”“国际志愿者日”“文化志愿进基层”“五老志愿者”“暑期小志愿者”等活动。精心组织道德模范、“德城德星”评选，以傅绍荣、朱德文两位先进典型为原型，拍摄志愿服务“感动人物”微电影，传播志愿精神，汇集社会正能量。（胡文杰）

【文明单位创建】启动2017年新一轮津市市文明单位创建工作，组织34家文明创建单位参加业务培训，指导广泛开展“我们的节日·春节·元宵·清明·端午·七夕·中秋·重阳”等主题活动，传承传统文化，彰显现代文明。新创建成功津市市文明单位8家，文明村镇、社区3家，文明校园、企业各1一家；常德市文明单位4家，文明村镇（社区）4家，形成文明创建共建共享生动局面。（胡文杰）

【省级文明城市公共文明指数测评和复查】2017年9月对照《湖南省文明城市测评细则》，认真组织迎接省级城市文明程度指数测评工作。以建设社会主义核心价值体系为根本，以提升市民文明素质和城市文明程度为目标，广泛开展“讲文明树新风”公益活动、道德模范评选表彰和学习宣传、志愿服务、诚信建设、文明旅游，城市文明程度进一步提升，层层动员，详细安排，巩固了省级文明城市的创建成果，提升文明城市的品位，并成功通过文明城市复检。（胡文杰）

【送文化下乡】举办民间文艺骨干培训班6期，开展“文化科技卫生三下乡”“健康湖南动起来”全民健身大赛、“欢乐津城”等各类群众文化惠民活动近70余场，参与群众6万余人次。参加“欢乐潇湘”常德市百团大赛获一等奖1个，二等奖3个。图书馆免费开放，优质服务，获“湖南省青少年党史国史主题教育活动先进集体”荣誉称号；农村公益电影完成放映任务100%。（胡文杰）

【基层宣讲】2017年8月10日挂牌成立津市市委讲师团，对首批聘用的16名讲师团成员颁发聘书。深入开展“砥砺奋进的五年”、“学先进典型做合格党员”、习近平总书记“9.26”系列重要讲话、十九大精神等主题系列宣讲。组织全市性报告会2场，进机关、进乡镇、进学校开展宣讲20余场，直接受教育干群近5万人，努力做到让党和国家的路线、方针、政策深入到基层，普及到党员群众。（沈洁莹）

【市委中心组学习】2017年认真制定《关于印发 <2017年津市市党委（党组）中心组理论学习安排意见 > 的通知》。邀请十二届全国人大代表刘绍英，长沙理工大学副教授周科峰，南开大学原新教授，浙江省开发区协会副会长、杭州经济技术开发区投资企业协会会长张学宁，常德市委宣传部调研员刘桂平、中共常德市委宣传部部务会成员、市委网信办副主任廖资水等专家领导来津授课，举办高质量市委中心组扩大学习6次，党员干部政治理论水平和科学决策能力得到有力提升。（沈洁莹）

【年轻干部读书班】2017年第六届市委年轻干部读书班录取学员46人。全年集中授课12天次，24节次，60课时，组织学员参加中心组学习6次，开展跟班学习、井冈山红色教育、户外拓展训练、社会调研等班队活动10余次。

本届读书班紧扣新形势和当前重点工作和热点问题，开设《十八届六中全会精神解读》和《党的十九大精神解读》，《津市文化传承与发展》《工业立市》《旅游发展浅析》《关于加快我市现代服务业发展的思考》及《文物知识讲座》等一系列课程。先后前往津市工业园区、毛里湖镇青苗村、津市党史馆、津市博物馆进行现场交流学习，前往井冈山红色革命教育基地进行红色教育。年轻干部政治思想水平和学习、工作能力再上新高度。（沈洁莹）

【“创建学习型机关、争做学习型干部”活动】成立津市市“创建学习型机关、争做学习型干部”工作领导小组。市委书记和市长为顾问，市委副书记为组长，宣传部长、组织部长、人大副主席等为副组长，市委办常务副主任、市政府办主任等为成员。活动范围为全市各单位党员干部及工作人员。内容涵盖“车胤读书节”、业务技能比武、“囊萤之光·我的学习故事”征文演讲三大主题活动，“我为津市发展献一计”调研能力竞赛、“我爱读书”中小学生经典诵读比赛、“我爱读书”优秀读书心得评选、“水韵·毛里湖”文艺创作大赛、“业务之星”技能比武大赛等7项子活动。

创办8期创学简报，包括“业务大讲堂”、“技能大比武”、“创学短波台”、“经验分享”等专栏，展示全市各单位创学活动开展的相关情况以及优秀经验。

在“创学”活动的带动下，在全市范围内掀起一股新的学习热潮，如举办知识讲堂和读书沙龙、开办夜校和网上学校、开展各类知识培训和传帮带、利用多媒体、新媒体学习交流等，干部职工的知识结构和工作能力得到较大提升。（沈洁莹）

统战工作

【概况】2017年，津市市委统战部贯彻落实上级统战工作会议精神，认真学习领会党的十九大会议精神，扎实开展“凝心聚力‘十三五’行动”和“两学一助”学习教育，以“同心工程”创建为主题，充分融汇统一战线的优势资源，在“建设澧水流域现代化的中心城市”的全面战役中，做出积极的贡献。围绕主线，认真贯彻落实会议精神。为全面学习贯彻党的十九大精神，深刻领会新时代中国特色社会主义思想，加强对统一战线成员的教育引领，提升统战干部和统战成员的综合素质和理论水平，举办统战理论知识培训班，全市统一战线领导小组成员、各镇（街道）分管统战工作的领导、各民主党派班子成员、非公经济代表人士、新的社会阶层人士、党外干部等70多人参加培训，津市统一战

统战理论知识培训班

线事业迈入崭新的发展阶段。紧扣中心，全力做好经济统战工作。深入实施同心工程，积极倡议非公人士参与精准扶贫活动，累计捐款约17万元。创新理念，进一步推动合作共事。引导党外人士积极参政议政、民主监督，深化社会服务活动，打造统战工作品牌；深入开展新的社会阶层人士统战工作调研，继续推进社会组织统战工作试点，加强对试点单位的沟通联系指导。突出重点，加强党外代表人士队伍建设。注重党外代表人士发展拓展渠道，更新了全市党外知识分子数据库。促进发展，着力做好非公经济领域统战工作。组织非公经济人士参加各类座谈会、培训班，帮助非公经济人士健康成长和非公经济健康发展。注重团结，扎实做好民宗对台工作。落实民族优惠政策，开展“宗教法规宣传月”和谐寺观教堂创建活动，组织宗教界人士开展慈善慰问活动；落实涉台困难群体救助机制，通过新媒体拓宽服务平台，利用“皇姑姊妹”微信群与台胞台属密切联系，真情互动。提升水平，切实加强统战部门自身建设。扎实开展“两学一做”学习教育，强化统战部机关干部作风建设，推动作风建设常态化、长效化；大力营造宣传氛围，有效扩大了统战工作影响力。（康廷芳）

【统一战线服务“十三五”行动】2017年，发展多党合作事业。在全市各民主党派和无党派人士中开展“两学一助”学习教育，各民主党派结合自身特点，围绕改善民生开展社会服务，受到广泛好评。深化党员市级领导与党外代表人士、非公经济人士联系交友机制。党委、政府积极支持民主党派、无党派人士加强协商能力建设，积极开展政党协商活动。引导党外人士积极参政议政，两会期间，各民主党派共提交提案50多件。15名党外人士分别被市委、市政府和部门聘请为市委工作监督员、优化经济环境监督员、人民陪审员、党风行风监督员。参加市委常委会，监督员座谈会等会议，参与执法检查、监督评议等活动20次。有力地推动了政风行风转变，增强民主监督意识，拓展了民主监督范围。新的社会阶层工作创新发展。2017年7月，经津市市委常委会议和机构编制委员会研究，在市台胞投诉处理中心加挂津市市新社会阶层人士服务中心牌子，实施两块牌子一套人马。市编委下发津编发[2017]11号文件，新增1名事业编制。负责联系和培养新的社会阶层代表人士，了解其思想状况和反映其意见建议，组织开展相关领域工作调研并提出建设性意见；统筹协调相关单位，联系指导有关人民团体、统战团体、社会组织等开展具体工作。积极倡议非公人士参与扶贫活动，将扶贫工作与“万企联村”、光彩事业、感恩社会光彩行动工作紧密结合。由统战部、工商联牵头组织开展了“大爱微行”、“2017习酒我的大学捐助”等活动，捐助善款10多万元，全部用于资助一中贫困学生；统战部牵头做好2017年湖南省统一战线“泛海助学行动”的工作，津

津市市委统战部开展“同心乡村”扶贫帮困、医疗义诊、慈善捐助、民情搜集活动现场

市15位高考毕业生成功获得资助，合计获得“泛海助学行动”款7.5万元，温暖寒门学子和家长的心。组织各民主党派成员、非公经济代表、宗教人士代表，在药山镇三新垸村开展“同心乡村”扶贫帮困、医疗义诊、慈善捐助、民情收集活动。现场近300人接受了免费疾病诊疗服务，免费发放药品近万元，发放各种健康宣传单2000份，收集社情民意11条。慰问走访扶贫帮困对象9户，慈善捐助34户，有利助推健康精准扶贫工作的深入开展。（康廷芳）

【同心工程】2017年，打造精准扶贫模式。市委统战部与三新垸村一道，根据省、常德市关于“四同创建”的指示精神，结合津市的实际，把“同心乡村”建设与市委、市政府提出的“城市提质、民生升温”政治工作相结合。把“同心乡村”创建和精准扶贫、产业扶贫有机结合，着力发挥统战力量作用，在完善硬件建设的基础上，突出在软件环境建设上体现作为，在组织服务活动，参与社会管理，积极推进文化建设，营造和谐局面等方面有名明显成效。年初，成立“同心·三新垸村”创建领导小组，确定“同心·三新垸村”创建领导小组工作职责。采取市级领导牵头、统战部协调、党派和工商联协助、政府部门引导、社会配合、群众互动的共造模式力争通过一年努力，打造一个市级以上“同心乡村”示范点，进一步带动全市“同心乡村”创建工作。企业联村，助推产业经济扶贫。三新垸深入开展“万企联村、共同发展”的实践活动，组织三湘和达物流公司助推该村产业发展。到12月，全村有蔬菜大棚800个淡水湖泊500亩，精养鱼池400亩。有金虎和梦圆2个蔬菜合作社、民鑫稻虾养殖合作社流转土地面积2280亩；有水稻专业户3个，流转土地面积1300亩。还有民鑫养鸡场和宏大养鸡场，2个大型养殖场共有蛋鸡30万羽。产业经济初具规模。凝心聚力，营造同心创建氛围。结合“同心·三新垸村”的创建工作目标，按照“一部两中心三室一场”的标准，完成村级活动场所配套设施建设。并建立同心阅览室、同心工作室、同心医疗室、同心社情民意工作站等同心工程阵地。“同心社情民意工作站”内，毛娟、裴莉林等常德市人大代表和政协委员到基层广泛征求群众意见，解决人民群众切身利益的困难问题。“同心医疗室”内，王双全、程治元等医生常态化为村民开展诊疗服务。在村部广场上，设立大型宣传展板5块，宣传统一战线工作，营造出同心乡村创建的浓厚氛围。关注民生，组织开展社会服务。市委统战部吹响“同心聚力、精准扶贫”集结号，联合民盟、民建、农工党三个民主党派和市工商联、市民宗局等单位在乡村建立“同心工作站”，引导统战成员开展扶贫帮困、医疗义诊、慈善捐助等活动20多次，惠及百姓5000多人次。提高社区居民的同心指数，反映津市统一战线关注民生、服务社会共创“同心乡村”的主动性。在11月9日组织的“扶贫帮困、医疗义诊、慈善捐助、民情收集”活动中为400多名群众送去药品价值上万元，社情民意工作站听取社情民意11条，来自津市古大同寺的宗教界代表和“三湘和达公司”等非公企业代表爱心捐助贫困户34户。精准扶贫，党派联村共同发展。市委统战部根据该村11户贫困户的致贫原因确定责任人和有针对性的帮扶措施，3个民主党派参与到精准扶贫活动中，为结对帮扶贫困户制定帮扶措施30多条。通过发展种植、养殖业带动农户脱贫致富，使扶贫对象实现家庭经济可持续发展，达到脱贫致富的目标。年末，三新垸村成功创建为常德市级“同心乡村”示范点。（康廷芳）

【党外代表人士队伍建设】2017年，定期走访任实职党外代表人士所在单位，加强联系，了解情况，表达组织对他们的关心、支持和后续培养，为他们的进一步发展拓宽空间。高度重视民主党派市级组织换届工作。市委统战部严格落实常德市统战系统关于进一步严肃换届纪律座谈会精神，将省委办公厅《关于加强换届风气监督的实施意见》、《关于加强换届风气监督的工作方案》向各民主党派进行集中传达。成立市委统战工作领导小组参与换届工作监督、拟定监督方案、强化换届纪律宣传，确保换届选举工作风清气正。8月23日在津市市兰苑宾馆会议中心召开民盟津市市第七次代表大会，大会选举产生由11名委员组成的民盟津市市第七届委员会，周欢当选民盟津市市第七届委员会主任委员，吴涛、贺爱华、曾红胜当选副主任委员。8月24日召开民建津市市七次代表大会，大会选举产生由10名委员组成的民建津市市第七届委员会，易旭当选民建津市市第七届委员会主任委员，刘莉、汪晓庆当选副主任委员。8月25日召开农工党津市市第七次代表大会，大会选举产生由11名委员组成的农工党津市市第七届委员会，全林平

创建同心项目

当选农工党津市市第七届委员会主任委员，杨建国、毕华、齐平香当选副主任委员。民主党派新一届市委会实现规模的扩大，梯队的调整，年轻而富有活力，精锐且充满担当，为津市市民主党派事业可持续发展奠定坚实的基础。注重培养党外优秀干部。2017年，共13人次党外干部得到市委提拔重用或交流到新的领导岗位，推荐23名党外代表人士参加民主党派中央、省委和常德、津市举办的各类培训班。11月份，常德市委统战部来津市专题调研党外干部队伍建设情况，听取津市党外干部队伍建设等方面工作汇报。注重加强党外知识分子工作。制定知识分子联谊会工作计划，更新全市党外知识分子数据库，建立由89名无党派人士组成的无党派代表人士队伍。重点在会员中开展“四个一”活动，即：参加一次学习培训、提一条建议、参加一次参观考察、参与一次服务社会活动。统战部组织各民主党派积极参加常德市委统战部组织的“同心向党 共创辉煌”主题征文活动，此次活动的三个二等奖全部被津市民主党派取得。（康廷芳）

【**非公经济领域统战工作**】2017年，营造非公经济发展良好环境。继续推进部门服务企业工作，切实帮助解决企业发展中存在的突出问题，确保津市企业健康发展。充分发挥企业商协会作用。召开建材行业产品展示对接交流会，通过企业协会搭建沟通交流平台和培训服务平台，加强抱团取暖、共同发展。工商联牵头与企业家协会联合举办召开智慧联盟与企业家座谈会，智汇联盟还在娄星纺织有限公司等8家企业开展大慧掘金活动，现场就企业当前发展的瓶颈性问题进行交流探讨，为企业发展出谋划策。组织非公经济人士参加“依法保障和促进非公有制经济健康发展座谈会”，畅通企业家反映情况、反映诉求的渠道。深入开展“万企联村”活动，截至2017年11月9日，津市共有20家非公企业、商协会参与帮扶7个贫困村，实施帮扶项目31项，企业投入总金额4249万元，受帮扶贫困人数628人次。帮助非公经济人士健康成长。举办《激发经济活力，建设澧水流域现代化中心城市》的专题培训，向非公经济人士传达党代会和市委经济工作会议精神。以“两学一做”为契机，运用微信等新媒体在非公企业、非公经济人士中广泛开展党性教育活动，组织学党章，学习近平系列讲话，加强非公经济人士教育培训。在广大非公有制经济人士中开展“守法诚信 坚定信念”主题教育活动，引导非公有制经济人士树立守法品牌和形象的理念。（康廷芳）

【**民族宗教工作**】2017年，落实民族宗教政策。着力推动中央、省委民族工作会议和全国、全省宗教工作会议精神贯彻落实。开展民族团结进步创建活动，加强外来少数民族流动人口服务管理，继续做好享受民族优惠政策考生资格审核工作，2017年全市共有8名少数民族高考生享受高考加分政策。开展“宗教法规宣传月”活动，组织宗教界人士和信教群众学习宪法及有关法律，学习党和国家的宗教政策，学习《宗教事务条例》等宗教方面法规规章，为宗教工作营造良好的法治环境。推进宗教活动场所管理和建设。各主要宗教活动场所建立重大佛事、大型建设、动土、大额支出、人员外出的即时报告制度，并完善宗教组织和队伍建设管理制度、财务管理制度，做好2017年教职人员资格认定、教职人员及常住人口备案、宗教场所换证等工作。支持宗教活动场所的建设。省国土资源厅划拨土地15亩用于药山寺大殿建设用地。完成古大同寺大殿的加固项目。开展全市宗教活动场所危房情况的调查摸底。9月底围绕宗教场所安全生产开展大摸底、大排查、大整治，对教职人员和常住人员进行灭火器的操作使用培训，严格检查食品安全，聘请有资质的团队对全市存在安全隐患的寺庙房屋进行危房等级鉴定，按照等级严格分类，确实将不能使用的房屋及时封存和拆除，对需要维修的房屋会同宗教场所拿出了时间表和任务书，切实将宗教领域的不稳定因素消灭在萌芽状态。（康廷芳）

【**对台工作**】2017年，将对台工作纳入全市绩效考核内容，形成党政领导、台办牵头、部门支持、社会参与的对台工作格局。对全市120户台胞台属和40户港澳涉外代表人士的家庭摸底建档，每年对档案进行更新。档案不仅包含本人和家庭的基本信息、经济收入情况，还登记了在台亲属住址、工作等情况。助力发展。津市台办采取“请进来、走出去”的方式，一方面积极邀请台商来津市实地考察、洽谈项目，另一方面积极组织当地企业、团体以及个人赴台交流考察。上半年市台办负责人参加在京举办的对台工作骨干培训班，下半年邀请陆配参加常德市台办举办的“两岸一家亲·筑梦桃花源”等交流活动。10月22日，台办邀请常德市委党校教务处副处长石欣华就“台湾问题与和平发展”问

市委统战部走访慰问黄埔抗战老兵

题为津市统一战线全体同志进行授课。通过这次培训,参训学员对我们党的对台方针政策有了更为深入的了解,进一步增强支持对台工作的意识。对台宣传教育实行进党校、进社区、进媒体的“三进”活动,构建多层次宣教格局,确保对台工作的正确舆论导向。凝聚人心。在春节、中秋等传统节日开展走访慰问活动,使台胞台属体会到台办的诚意和热情,体会到祖国大家庭的温暖。将生活困难的涉台群体纳入救助范围,落实救助经费10万元。国台办网站以“津市台办为陆配解心忧”为题进行了报道。通过新媒体拓宽服务平台,利用“皇姑姊妹”微信群与台胞台属密切联系,真情互动。全年接到就学、就医、居留、证照考试、旅游等多个方面的求助和咨询30多次,均在第一时间解答,广受台胞台属好评。(康廷芳)

【自身建设】2017年,市委统战部牢固树立终身学习理念,把学习当作提高个人素质和能力的重要手段抓实抓好。组织统战系统干部深入认真学习领会好党章党规、习近平总书记系列讲话精神,把握经济社会发展的指导思想、总体思路、目标任务和工作措施,为更好地服务大局打下坚实基础。建机制。进行自我加压,每周五召开工作会议,每名干部都要汇报一周工作完成情况,安排部署下周各项工作任务,切实建立起“周有汇报、月有活动、季有安排,半年小结、年终总结”的统战工作机制。同时,建立健全了机关效能工作制度,完善考勤、考绩、责任追究等制度,规范工作机制和工作方式,使全体干部明确职能职责,调动起了积极性、主动性和创造性,形成团结奉献、求实创新、节奏明快、办事高效的新局面,有力地推动各项工作的开展。抓落实。认真贯彻落实全市统战工作会议精神,结合全市2017年全年统战工作目标和任务分解,从岗位职责上强化抓落实的责任,充分调动各级统战部门和统战干部干事创业的积极性,促使每名干部主动履职尽责,促进统战工作在基层有效落实。
(康廷芳)

政法工作

【概况】2017年,津市市委政法委紧紧围绕常德市委政法工作会议明确的47项工作任务,按照本委“三二三三”(“确保全国、省平安区县市金字招牌;保持民调工作全省一流、常德领跑;创建全国法治建设先进县(市、区)”三大目标,推进“‘无上访村(社区)’、全国法治县(市、区)先进单位”两大创建,落实“护稳定、保平安、促发展”三大任务,夯实“建设过硬政法队伍、强化基础工作、加快基础建设”三大基础)的工作思路,以53项政法工作要点为突破口,稳步推进各项工作。

开展“无上访村(社区)”创建。成立以市委副书记杨文惠为组长的“无上访村(社区)”创建工作领导小组,组织开展方案制定、数据甄别、宣传总结、业务指导等日常工作。制定出台《津市市建设“无上访村(社区)”的实施意见》,实行“月调度、月通报”制度。各项创建工作有序推进。重点人员建档39名分解到镇街、村社区干部包保联系。印制下发6万份平安建设便民联系卡和4万份网上信访宣传单,把市级领导及科局长干部的手机、职务、分工等信息张贴到每个社区楼栋和村农户家庭,让群众直接通过电话反映诉求。开展“五德”村规进农家活动。在综治中心建设基础上,规范接访场所,将镇街信访室全部调整至一楼,镇街按要求成立综治维稳信访办公室,完善硬件设施配备,基本达到“七有”要求。落实每月信访接待日制度,并进行公示、宣传,建立接访台账,建立领导接访制度化。开展“三联四大”活动,入户率达到100%,对网格内重点人员和特殊人群熟悉率达100%。深入开展信访件大化解活动,对特别突出的重点群体、重点人员共涉及30件信访案件进行集中交办。积案基本清零。定期召开工作推进会,2017年一共召开4次推进会,一次“无上访村(社区)”建设工作现场会。制定无上访村奖励政策。

推进平安津市建设。全方位推进“创平安促满意”工作,群众安全感满意度有较大幅度提升。在全省社会治安综合治理民意调查测评中,津市全年综合得分为91.02,位居全省前列,常德第一,津市9个镇街中8个居常德前10名。主要成绩表现在五个方面:狠抓综治体制机制。强化人员保障。新成立副科级事业编制的市社会治理指挥中心,作为专门工作机构负责全市社会治理网格化和综治相关工作;各镇街在原有综治维稳人员基础上增配1名以上网格化专干;城区建立一支50人的专职网格信息员、座席员队伍,农村51个村均明确一名兼职网格员,基层综治力量得到进一步加强。强化硬件保障。市本级、镇(街)、村(社区)三级综治中心规范化建设全面推进,市综治中心(市社会治理指挥中心)已完成建设;各镇(街)综治中心全部建成,“一厅三室”、集中办公格局已形成;各村(社区)综治中心标牌及制度上墙内容均已按要求落实。强化经费保障。市委常委会议专题研究,对综治考评先进、合格单位分别兑现3000元、2000元的奖励,市财政每年投入160万元,保障网格化工作的人员工资、设备及运行经费;保障民调工作运行经费20万元。各镇街对综治维稳相关工作经费坚持实报实销、上不封顶,每个镇街还专门拿出10万元左右资金用于综治维稳先进单位的奖励。狠抓平安创建。积极推进平安镇(街道)、平安村(社区)、平安小区、平安家庭等八大类“平安创建示范单位”创建活动。市房管局筹集40万元资金开展覆盖城乡全部居民小区的“房管杯”平安小区创建示范单位评选活动,反响热烈。平安志愿者行动日,基层单位参与广泛,开展“众创平安,平安共享”系列活动。长途客车实名制、境外人员综合管理、学校周边综合治理等专项工作稳步推进。搭建平安网格居民微信群、重点行业微信群390个,入群居民和重点行业从业人员72000余人。发挥新媒体作用，充分利用“平安津市”、“津市公安”等微信平台，宣传政法综治工作成效和优秀政法干警，群众反响热烈。狠抓专项行动。“雷霆60”专项行动期间，破获侵财案件50起，涉黑、涉毒刑拘19人、强戒29人，缴毒1540克，涉枪刑案破获18起，收缴枪支49支，涉赌刑拘9人。“霹雳”行动，已刑拘20人，治拘31人，调纠纷33起。狠抓立体防控。通过开展巡防队管线、派出所控片、警务室守点、镇(街道)村(社区)义务巡防队作为有效补充，开展治安巡逻，在重大节假日安排军警联合巡逻，最大限度的降低街面“两抢一盗”等多发性侵财案件发案率；公安、检察、法院、司法相互配合，在主要出城路口及人员集中区域开展“警灯闪烁”专项治安防控行动，提高见警率。狠抓矛盾化解。在全市范围内推广白衣镇“三、二、一”调解工作模式，确保“小矛盾不出村组、大矛盾不出镇街、平安稳定在基层”。截至10月底，共受理各类矛盾纠纷2858起，调解成功2843起（人民调解1949起，司法调解173起，行政调解698起，警司联调12起，部门联调11起），成功率达99.5%。

抓好信访维稳工作。坚持开门接访，市级领导“三带头”：即带头坐班接访、带头公布信息、带头包案化解。2017年市级领导在信访局坐班接访接待来访群众185批次463人次。截至10月底，全市共接待处理信访1115批次2716人次，集体访74批次1060人次。较去年同期，本级来访总量批次下降34%，人次下降23%，集体访批次下降17%，人次下降6%。加强情报预警，建立“一个中心，三网并行”情报网络体系，超前获取内幕性、预警性、行动性信息，成立宝悦、金海岸二期等问题楼盘工作专班，协调相关部门较好地解决农民工工资、配套设施建设等问题，及时化解一批突出矛盾。2017年，创办《维稳动态》专刊共12期，及时向领导汇报涉稳处稳工作情况。规范程序评估，在重大工程项目建设方面。对“津市市汪家桥街道棚户区改造项目”等重大工程项目均严格按照维稳风险评估程序，开展决策前的风险评估工作。在防范金融风险方面，开展针对经济犯罪专项打击整治行动，建立工商注册登记涉及金融类经营项目的风险评估和会商机制，把好“进口关”。在重大要案事件的处理方面，严格落实依法处理、舆论引导、社会面管控三同步机制，降低维稳风险。着力源头防范，层层分解落实维稳责任。2017年两次组织政法信访干部进行专门的信访维稳培训，提前启动十九大维稳安保工作，7月至10月，书记、市长轮流对津市的突出涉稳问题和重点个案进行专题调度，实现特护期工作目标。十九大特护期间，由市纪委牵头，维稳办、信访局参加对各相关市直单位、镇街重点人员及重点群体包保稳控工作落实情况进行滚动督察。重点人群教育疏导管控工作务实有效。对于重点涉稳群体和人员，津市实行由市级领导牵头，各部门单位具体负责的包保稳控和教育转化措施，加大依法处理非访人员力度，行政拘留8人。防范和处理邪教工作实现“三个零指标”、做到“三个确保”、“五个不发生”。维稳办指挥调度高效，处置突发事件平稳有效。2017年市维稳办共处置集访、闹访38起、突发事件21起，参与处置死人涉稳事件18起，每起事件的处置既迅速平息事态，又有力的打击违法行为，对规范津市信访秩序和管控其他群体起到极大的震慑作用。

执法履责作为。服务中心促发展，政法系统围绕市委“工业立市、产业兴城”战略积极作为。市公安局开展专项行动，维护良好施工秩序。积极打击涉众金融犯罪，确保良好的金融秩序。检察院开展“除虫护花”行动，出台《关于依法保障和促进非公有制经济健康发展的规定》。法院通过依法破产盘活企业，进入破产程序的11家企业已盘活5家，正在盘活的3家，收到良好的经济和社会效果。突出重点保民利，落实案件评查制度，对100件案卷进行评查，津市公安局“郭泽林等人生产、销售不符合安全标准食品案”被常德市评为“十佳案件”之一；落实重大事项报告备案制度，共报备43件重大执法活动和事项；落实救助制度，全年审批申报重点救助对象16名，发放救助资金47万元；落实家事审判方式和工作机制改革的精神，市财政投入改革经费30万元，建立“津市和”工作室，津市人民法院构建“12345”的家事审判模式，促进家庭稳定与社会和谐。法官检察官员额制、公证体制等司法改革稳步推进。开展专项活动促公正，加强整治失职渎职、被失信人员管理等五项专项活动的学习、对接、落实，津市没有领导干部干预司法活动插手具体案件的情况，有力促进执法司法活动公平公正。化解积案促和谐，扎实开展涉法老案大化解专项活动，政法委书记亲自调度督导，2017年6月，津市9件涉法老案已全部化解或办结，成效显著。特别是十九大特护期间，无一例涉法涉诉信访对象失控，确保“零非访”目标。多方化解促稳定，2017年律师参与化解涉法涉诉通过涉法涉诉联合接访中心共导入信访、来访34件次，化解和处置程序性事项27件次，律师评析案件2件。

推进法治津市建设。市委常委会2次研究法治津市建设工作，调整成立由市委书记任组长的津市市法治建设工作领导小组，法治津市建设专项经费20万元纳入财政预算。从建立普法阵地、落实普法责任、创新普法形式等方面着手，全面开展法治创建活动，以“法治先进市”“法治镇(街道)”“法治村(社区)”“法治单位”“依法办事示范窗口单位”等几大创建活动为载体，促进各项事业的法治化、规范化。投入50万元对法治文化广场进行提质改造。“谁执法谁普法”责任制、常委会、常务会会前学法、“法治夜话”、周浩佬说法等司法工作和法宣品牌继续发扬和光大。同时，全面推进“七五”普法工作，积极参与第四批全国法治县(市、区)创建先进单位评选，已顺利通过省级验收。2017年3月，津市市司法局被省人社厅、司法厅授予湖南省司法行政工作先进集体。

推进基层基础工作。着力制度建设，健全政法委员会全会工作规则，明确每年召开2次政法全会，调整规范政法委全会组成人员及列席人员。建立基层政法工作会议机制，每季度到镇(街)召开一次政法工作会议，听取镇(街)工作情况，解决重点问题。加强基础工作，完善政法委工作制度，全面修订政法委《机关内部管理规定》等20多项制度。建立信访、维稳工作微信群10多个，通过微信群调动推动工作效果明显。充实机关编制，选调机关工作人员，对机关办文、档案、接待等全面实行规范化管理，文电收发、会务组织、保密工作全年零差错。强化调研宣传，2017年，津市政法系统被各级报刊、杂志、网站采用的稿件400余篇，中央级媒体上稿40余篇，省部级媒体上稿180多篇。其中，在中国长安网上稿3篇、湖南省长安网上稿75篇、三湘综治网上稿48篇、常德长安网上稿60余篇，调宣上稿量较往年明显提升。高度重视法学理论研究，完成调研论文77篇，协办《常德法学》专刊一期。加快基础建设，政法委定期向市委、市政府主要领导汇报政法工作情况，邀请书记、市长实地调研政法各单位。2017年，书记、市长专题调研公安、检察院、法院工作，现场解决实际问题40多个，为政法机关增拨经费400多万元。全面实施“警营提质”“装备升级”工程。按照上级要求，完成市、镇(街道)、村(社区)三级综治中心达标建设；新购警务用车10辆，投资1000多万的消防营房投入使用、高标准的社区矫正中心建成并交付使用；筹资600万元提质改造政法委机关、法院院落、交警办公区；投资1200万元的“智能交通”项目已建成并投入使用，投资800万元的“雪亮工程”和100万元的镇街视联网建设已进入招投标程序；建设9套电子围栏，13套电子卡口；民政局养老服务中心二期工程、公安局业务技术用房、检察院青年干警公寓、高标准基层派出所建设等在建项目，在建政法基础设施项目累计投入资金1亿多元。(彭瞻)

【维护稳定】2017年，市维稳办围绕“五个不发生”工作目标，以“防患未然、确保稳定、标本兼治、长治久安”为要求，强化不稳定因素排查调处，认真履职、敢于担当、奋力作为，确保津市的社会政治大局的持续稳定。

领导高度重视，高位推动维稳工作。在维护稳定工作方面尤其是在处置重大涉稳问题上，市委书记及市长等市委、政府主要领导总是身先士卒、亲力亲为。议稳议安密集。津市多次专题召开常委会议及市级工作会议部署维稳工作，特别是7月份之后，书记、市长每月轮流召开十九大特护期信访维稳专题调度会，并将上级交办津市和本级排查出的信访涉稳突出问题进行分解、量化和明确，确定责任市级领导、责任单位和主要责任人。带头接访下访。书记、市长带头坐班接访，每天安排一名市级领导在市信访局坐班接访。各单位由一把手带头，每天开门接访，同时集中开展领导干部带案下访、主动约访，理顺群众情绪，最大限度地化解问题，把人员吸附在本地。对重大突出涉稳文件靠前指挥。2017年6月27日世界云联传销会员连续多日赴省集访，市委书记傅勇、市长陈章杰亲自调度，市委常委、政法委书记李景峰带领公安民警、法院法官连夜赶赴长沙，联合长沙警方现场处置，抓捕牵头组织策划者，训诫积极参与者，该群体人员得以趋于稳定。

着力源头防范，层层分解落实维稳责任。狠抓社会稳定风险评估。为进一步强化干部风险防控意识和提升风险评估能力，2017年5月全市组织的科级干部培训班上，对当前维稳形势分析与研判的相关知识进行专门培训。在评估范围控制方面，年初市维稳办即对全市拟实施的项目进行清理，对涉及人民群众切身利益且在实施过程中可能存在涉稳风险的重大项目，均要求项目具体承办单位开展风险评估。凡需经市委常委会、市政府常务会讨论作出决策的重大事项，将风险评估作为前置程序。认真交办督办突出涉稳问题。7月12日、8月15日、9月18日，书记、市长轮流对津市的突出涉稳问题和重点个案进行多次专题交办，有力的推动矛盾纠纷的化解，实现将矛盾化解在基层和萌芽状态，将人员稳控在当地的工作目标，确保津市特护期社会大局的绝对平稳。10月17日直至十九大特护期结束，由市纪委牵头，维稳办、信访局参加对各相关市直单位、镇街重点人员及重点群体包保稳控工作落实情况进行滚动督察，确保北京不去人的工作目标；市委、市政府两办督查室专题督查安全生产工作，确保家里不出事的工作目标。2017年常德市共交办津市各类涉稳问题38件、重点人员39人，已经办结化解20件，源头稳控住重点人员28名。

畅通信息渠道，确保情报精准预警及时。建设健全情报信息网络。津市建立的以维稳办为调度中心，专业机构情报信息网、主管部门情报信息网、基层情报信息网三网并行的情报信息网络体系运行效果愈加凸显。公安机关充分发挥专门机关的职能，通过物建的特情耳目掌握大量预警性、深层次的情报信息；市直单位单位必须明确情报信息员，具体负责本系统、本部门涉稳问题情报信息的收集和初步分析研判，目前共设立情报信息员105人；各镇、街道建立145人的专职情报信息员队伍，通过以会代训等多种方式加强情报信息员队伍的培训和教育，传授工作方法和策略，讲明工作纪律，确保情报信息质量。2017年以来，通过情报信息网络共收集各类矛盾纠纷信息25多条，其中有价值的信息18条。加强情报信息会商研判。对情报信息工作始终做到抓小、抓早、抓苗头，及时掌握深层次、预警性情报信息，并定期不定期对收集的情报信息进行研判分析，及时主动为市委、市政府正确决策提供依据。以维稳办周例会制度为基础，十九大特护期维稳办牵头成立联勤值守指挥部每日会商研判津市信访维稳形势，各镇（街道）、高新区和市直维稳成员单位党(工)委推行月例会专题议稳制度，市委常委、政法委书记李景峰每季度召开一次维稳办、信访局、公安局等相关部门参加的镇街政法书记工作碰头例会，全面梳理出群众高度关注、反映强烈、亟待解决的难点、热点、焦点问题，明确工作责任,制定工作方案,细化工作措施。

重点人群教育疏导管控工作务实有效。认真落实包保稳控措施。对于重点涉稳群体和人员,津市实行由市级领导牵头,各部门单位具体负责的包保稳控和教育转化措施,2017年在各个特护期间,津市源头稳控住81人,中途劝返23人,北京查控16人,切实做到包得住、控得稳,思想工作到位,转化措施到位。着眼于解决问题化解矛盾。按照习总书记“诉求合理的解决问题到位;诉求无理的思想教育到位;生活困难的帮扶救助到位;行为违法的依法处理”的指导原则,对津市存在的矛盾纠纷,逐一研究,逐一交办,限时明责化解。对越级非访等行为依法打击处理。2017年,津市进京非访人数与往年相比大幅上升,严重影响信访稳定正常秩序,为规范信访秩序,对津市进京非访的人员由公安机关锁定证据,一律依法予以拘留,津市共行政拘留8人。

维稳培训工作无缝覆盖,提升政法队伍能力。培训做到全面覆盖。5月12日,政法委组织相关市直单位分管稳定负责人、专干、各镇街政法书记、综治、维稳、610、信访专干、各治调主任等近200人,开展为期一天的“津市市基层政法工作业务培训班”。培训内容具有针对性。为提升基层干部政法工作业务水平,常德综治科科长、信访局局长、市委610办主任、市维稳办专职副主任分别就如何做好综治、信访、610、维稳工作提出自己的观点,学员展开激烈讨论,反响较好。

维稳办指挥调度高效权威,妥善处置突发事件。2017年,完善指挥调度机制。建立月调度、季调度、专项调度、重点调度等工作机制,一旦发生突发事件或涉稳事件,维稳办的调度都能做到非常及时、灵活、有效、权威。津市在对医患纠纷、债务纠纷、交通事故、非正常死亡等引发的跨区域、跨行业或重大涉稳问题的处置上,都由市维稳办牵头,强力指挥调度,体现出工作上的权威性,问题所涉及的部门单位大局意识强,服从指挥调度,齐心协力,多措并举,切实做到整体联动,主动及时承担管辖责任,合力化解矛盾,平息事态。2017年,市维稳办共调度集访、闹访劝导处置38起、突发事件处置21起,参与处置死人涉稳事件18起,每起事件的处置既迅速平息事态,又有力的打击违法行为,对规范津市信访秩序和管控其他群体起到极大的震慑作用。在处置“8.4”九澧广场旁“大浪淘沙”足浴城装修工人晏某意外死亡事件中,安监局、公安局、人社局、信访局、汪家桥办事处等部门单位在市维稳办的统一协调调度下,工作积极主动,经过四天四夜的共同努力,确保该问题顺利处理。(彭瞻)

【平安创建与社会治理】2017年,津市综治工作在市委、市政府的坚强领导和上级综治部门的精心指导下,创新思维,紧扣主线,通过夯实基层基础、深化平安创建、创新宣传形式、强化重点整治、构建立体防控等措施,夯实综治工作基础,形成齐抓共管工作格局,营造全民参与的良好氛围,人民群众安全感和满意度不断提升。

部门协同,形成齐抓共管格局。建立专项组联席会议机制。年初,市委、市政府专门发文调整综治委名称及组成人员,明确9个专项工作组牵头单位和职责。综治办定期召开综治委各专项工作组联系协调会议,建立由组长单位牵头推动专项工作开展,疑难问题由综治办召集相关单位协调交办处置的工作机制,健全对综治专项工作组织机构日常运行、经费保障等方面的考评制度。长途客车实名制、境外人员管理、易肇事肇祸精神病患者管控奖补、学校周边综合治理等专项工作在综治办协调调度和相关单位协同配合下,稳步推进。推行部门单位综治工作“12345”工作模式。各部门单位通过建立健全一办(平安建设办公室)、“两书”(本单位本系统平安建设倡议书和干部职工参与平安建设承诺书)、“三个体系”(矛盾化解体系、安全防控体系、重点帮教体系)、“四季评查”(按照属地管理和谁主管谁负责的原则,每季度组织开展一次综治工作评查)、“五支力量”(平安宣传员、矛盾调解员、平安志愿者、帮教矫正员、治安巡逻员),共同参与综治平安建设。开展“众创平安积分卡”活动。鼓励部门单位的干部职工作为平安建设志愿者参与村、社区平安创建志愿者行动日活动,为各自单位和获得平安积分,作为奖分项目纳入年度综治考评,有效调动其主动参与平安建设的积极性。

加大投入,提高综治信息化水平。联通综治视联网,年初投入近20万元,建立高标准的市级综治视联网会议室,与中央、省、常德市实现联通;现已拟定全部9个镇街、2个试点村社区选址设计方案,正在进行设备采购安装,预计12月底前完成联网对接。延伸治安监控覆盖范围,依托原有布建600余个高清探头、11套电子卡口、4处高空瞭望的“天网工程”,新接入投资1000余万元“智慧教育”布建校园内的611个高清探头和投资1200万元“智慧交通”设置的47处智能抓拍监控系统。同时,计划投资1000万元建设“雪亮工程”,覆盖全市农村全部51个村居。现已完成321处预设点位、408个监控探头的踏勘选址工作,已进入设备选型和工程概算阶段。建设综治大数据平台,购买74部“平安通”手机配备到每一个专职网格员、网格化专干,用于综治信息数据录入;各镇(街道)、村(社区)均配置录入、显示设备,并全部连通至常德综治大数据平台。截至2017年底,大数据平台共录入实有人口227832人,实有房屋96860处,实有单位1058个,特殊人群1702人(刑释人员521人、社区矫正人员84人、易肇事肇祸精神障碍患者55人、吸毒人员978人、重点上访人员64人),在“基础数据录入大会战”中,“三实”信息、矛盾纠纷事件信息、特殊人群信息等录入更新率均排常德前列,综治基础台账已实现无纸化,基层综治信息化水平得到进一步提升。

共同发力,凸显平安创建工作亮点。牵头单位统筹协调,调度有力。市综治办出台《关于加强基层平安创建的意见》、《关于开展八类平安创建示范单位活动的通知》等一系列文件,定期召开平安创建工作调度会,部署开展各类创建活动。市委常委、政法委书记李景峰多次带队前往创建责任单位,督导指导创建工作开展。责任单位创新举措,责任落实。“平安镇(街道)、平安村(社区)、平安小区、平安家庭、平安校园、平安医院、平安市场、平安企业”等八大类平安创建活动的责任单位,按照“发案少,秩序好,社会和谐稳定,人民群众满意”的总体标准,分别制定创建工作方案,创新工作举措,推动各类创建活动深入开展。其中由市房管局牵头的“平安小区”创建活动,市房管局筹集40万元资金,开展基本覆盖城区全部居民小区(社会化物业管理封闭式、业主自治封闭式、业主自治开放式三类)的“房管杯”平安小区创建示范单位评选活动,街道社区、物业公司和广大业主积极参与,反响热烈。基层单位积极响应,参与广泛。确立每月19日为平安志愿者行动日,开展“众创平安、平安共享”的系列活动。9月19日晚,全市76个村(社区)同时举行平安志愿者行动日启动仪式,1500余名平安志愿者身着统一定制的红马甲积极响应,并在启动仪式后共同参与村(社区)的义务巡逻。10月19日,再次以“庆祝十九大,共建平安津市”为主题组织1000余平安志愿者开展平安志愿者活动,宣誓后各镇街结合各自实际,分别组织开展治安巡逻、平安宣传、走访慰问贫困户等志愿活动,得到群众的广泛认可。11月19日,开展会议营销摸排志愿宣传活动,提高居民群众对非法会议营销的认识,引导群众自觉抵制、积极举报。12月19日,津市市积极部署“12·19”平安创建志愿者行动日活动,全市76个村(社区)平安志愿者开展以大举报、大排查、大调解、大建议为主题的志愿者活动,共发动群众举报违法犯罪线索7条、排查各类安全隐患和治安隐患63起、深入村(社区)排查调处矛盾纠纷14起、收集群众对综治工作和平安建设的意见建议20余条。

创新举措,营造全民参与氛围。建立平安建设微信群。利用微信群作为沟通交流的新渠道,以网格员为纽带,广泛布建平安网格居民微信群和重点行业微信群,搭建与群众联系沟通的新渠道。共建立市、镇街、村社区、网格四级微信群390个,入群居民和重点行业从业人员超过72000余人,在综治民调和平安建设宣传中发挥积极作用。打造平安建设新平台。根据农村实际,各镇利用晚间饭后,将户主会开到田间地头、农户家中,宣讲政策法律和治安防范知识;三洲驿街道通过举办“小区论坛”和警情通报会,在回应居民关注热点问题的同时,开展综治平安建设知识宣传;药山镇制作综治宣传展板巡回在居民聚居点宣传并将有奖知识问答活动开到村组;综治办、各政法单位和各镇街还利用“平安津市”、“津市公安”等微信平台,充分发挥新媒体作用,大力宣传政法综治工作成效和优秀政法干警,群众反响热烈。注入平安建设新内容。市综治办在全市范围内开展“平安·印象”征文和“平安·瞬间”摄影作品征集活动,制作《平安是福》平安歌曲MV,同时还以白衣镇矛盾纠纷调解三二一模式为主题,拍摄平安微电影,全方位、多形式立体展示津市平安建设成果,为平安宣传注入新内容,群众喜闻乐见。

打防并举,提升群众安全感。强化专项打击整治。针对群众反映强烈的治安热点问题,加强排查整治力度,先后开展“雷霆60”、“霹雳”、“回应民调关注、打击违法犯罪”专项行动、校车安全及校园周边治安环境排查整治、“会议营销”排查整治等专项行动。“雷霆60”专项行动期间,侵财刑拘25人,破获侵财案件50起,刑拘涉黑恶9人,刑拘涉毒人员10人,强戒29人,缴毒1540克,涉枪刑案破获6起,涉枪行政案件12起,收缴枪支49支,涉赌刑拘9人。“霹雳”行动,截至年底已刑拘11人,治拘19人,调解纠纷13起。校车安全及校园周边治安环境排查整治行动中,检查接送学生车辆110台次、排查校园周边安全隐患12处、校车安全隐患11处。“回应民调关注、打击违法犯罪”专项行动突出“四打一追”(严打侵财、涉毒、涉赌、涉恶、追捕逃犯)的工作重点。“会议营销”排查整治专项行动中,药山、白衣等镇街积极行动,现场驱散、现场教育,确保群众利益不受损害。通过强化专项整治,消除治安隐患,城乡社会治安状况明显好转。建立立体巡防体系。通过开展巡防队管线、派出所控片、警务室守点、镇(街道)村(社区)义务巡防队作为有效补充,开展治安巡逻,在重大节假日安排军警联合巡逻,最大限度的降低街面“两抢一盗”等多发性侵财案件发案率;公安、检察、法院、司法相互配合,在主要出城路口及人员集中区域开展“警灯闪烁”专项治安防控行动,提高见警率。推广各类技防措施。支持专业安保公司为城区400余家公司企业、临街门店及个人住宅安装监控探头及报警系统,提供有偿安保服务;联合移动、联通等通讯公司推广“行车卫士”、“995十户联防”等技防措施,有效提升防控手段的科技含量。(彭瞻)

【**执法监督**】2017年,强化监督职能,注重执法活动的协调监督公开。督促政法各单位建立健全执法公开制度。市委政法委细化警务、检务、审判、局务公开的内容和范围,防止暗箱操作,把执法公开作为接受人民群众监督的一项根本性措施抓紧抓好,切实保障提高执法监督效果。为更有效的整合资源,促进工作效率化,市委政法委为牵头,结合“万案大公开”活动,要求各政法单位在相应的网站、微信公众号等平台上进行案件公开,并在“津市长安网”上公开各政法单位的案件公开平台。“百种类案大评议”。为提升群众对司法活动的参与度、知晓度、满意度,为群众提供一个最直观、最朴素的法律价值判断,开展“百种类案大评议”。以法院审理大要案为契机,市委政法委组织政法系统干警参加庭审旁听4次,参加人数近200人。在“十九大”召开前夕,在湖南省人民检察院公诉处指导下,以多元化听庭评议为载体,就一起诈骗案件进行庭审实质化改革示范庭,组织政法干警50人参加庭审旁听。市法院邀请人大代表、政协委员、学生代表等旁听案件4

场次。

注重办案质量，强化案件评查工作。强化监督。按照常德市委政法委统一部署和津市的具体要求，结合“信访秩序整顿年”活动，开展“千案大评查”活动。针对案结事不了、非正常访、越级访、重复访等涉法涉诉案件作为评查重点，对法院、检察院、公安局、司法局、交警大队案件的100件案卷进行评查。为整合资源、提高效率，结合市人大内司工委开展的法官检察官评议活动，评查案件60件；加强督导，组织各政法单位对公、司、交的40件进行交叉评查。规范程序。为扎实做好案件评查工作，政法各单位选调精通办案业务、工作经验丰富的工作人员具体负责此项工作，以从根本上保证所评案件的质量，从政法单位选调10名业务骨干组织评查小组，认真开展评查活动。整改落实。为确保评查工作切实取得实效，津市对评查结果及整改情况按照执法单位进行排名通报；针对评查活动中发现的问题，实行案件质量责任倒查，督促办案人员及时纠正存在问题。截至2017年底，案件评查过程中存在的执法问题和瑕疵案件全部得到整改，有效推进各项执法工作。

注重维稳实效，狠抓涉法涉诉信访清积工作。“涉法老案大化解”活动。按照常德市委政法委的工作要求，扎实开展涉法老案大化解专项活动，结合本单位的实际情况形成工作方案、成立工作领导小组、明确工作责任人及具体负责人，并按照时间节点要求按时报送老案化解情况，各政法单位也按时按要求落实工作，每件老案均明确包案分管领导、办案责任人，基本达到基本案情清、基本诉求清、对象现状清、工作情况清、上访症结清。在2017年6月，津市9件涉法老案已全部化解或办结，活动成效显著，取得较好的法律效果和社会效果。“迎接十九大 矛盾大攻坚”活动。9月18日至10月31日在全市开展为期44天的以“迎接十九大 矛盾大攻坚”为主题的专项工作，确保“五个坚决不发生”“三个零目标”的工作任务，时刻保持以强烈的政治责任感和敏锐的洞察力，落实常德精神，维护好十九大特护期津市大局稳定。常德市委政法委交办的6个案件以及津市自行摸排的3个案件，市委政法委对每一个案子细化分解，落实责任，进行重点交办，明确责任单位、责任人，要求每天下午报送稳控对象情况，防止失控漏管。开展打击非访培训班，“依法规范信访秩序”是津市2017年政法工作重点之一，为规范政法干警的接处访行为和规范政法机关依法办案行为，深入贯彻依法治访的重要措施。2017年8月，市委政法委组织举办“依法规范信访秩序”专题培训，邀请常德市中级人民法院行政庭长覃宏庆和常德市公安局法制支队案审大队大队长鲁华进行授课。分别以“公安机关办理治安行政处罚案件需要注意的基本问题”和“关于信访活动中违法行为的处置及证据标准”，通过陈列法律、法规，结合现实案例，从执法者和执法行为的层面，为政法干警提高理论认识，强化实践操作，指导政法部门发挥职能作用，依法规范信访秩序，维护社会和谐稳定。律师参与化解和代理涉法涉诉信访工作。继续加强领导指挥，以市司法局为联络阵地，开展律师参与化解和代理涉法涉诉信访工作，组织律师参与化解和代理涉法涉诉信访案件工作，律师参与化解涉法涉诉通过涉法涉诉联合接访中心共导入信访、来访34件次，化解和处置程序性事项27件次，办理申诉案件2件次，其中律师代理1件、法律工作者代理1件，增强当事人通过法律程序维护自身权利的能力，避免由诉转访问题的发生。律师评析案件2件，市法院根据信访人申请和律师建议，对符合司法救助条件，申报多层级、多部门救助，化解部分执行积案。

注重调研引领，指导实践工作。开展津市2017年度法学理论调研活动。2017年法学理论调研活动共收到各法学分会投稿69篇。积极参加上级各类调研活动。按照常德市法学会的工作要求，为促进本市理论调研的全面发展，组织各法学分会参加第十二届“泛珠三角合作与发展法治论坛”和第十届“中部崛起法治论坛”征文活动，以“绿色发展与环境治理法律问题研究”和“新型城镇化进程中法律问题研究”为主题，组织各法学分会撰写有针对性的报告，共收到投稿8篇。（彭瞻）

【**队伍建设**】2017年，全市政法系统深入推进思想政治、业务能力、纪律作风建设，按照“信念过硬、政治过硬、责任过硬、能力过硬、作风过硬”要求，建设一支“德厚能强”的政法队伍。

坚持从优待警，组建全市青年政法干部、干警后备人才库，人才库拟推荐4个批次的青年干部，共计95人。新录用政法干警、干部39人。年初历史性地一次性提拔重用优秀政法干部65名。40名青年公安干警入住专门的人才公寓。建立政法干警资助制度，落实定期体检制度、带薪年休假制度、依法履职免责制度。

坚持文化育警，4月份开展“我们正青春”为主题的演讲比赛活动，通过初选，遴选出12位政法干警参与决赛，展示政法干警积极向上、勇于进取的精神风貌。10月份举办“政法杯”运动会，设篮球、拔河2个比赛项目，各局院共8支代表队200余名运动员参赛。

坚持学习强警，政法委机关坚持实施“每天读书一小时，每月一次集中学习，每季度一次道德讲堂和工会活动，每半年一次组织生活会，年底一次干部述职考评”的“五个一”学习制度，检察院专门邀请常德书法协会专家开展书画创作笔会，公安部门开设津警夜校收效明显。

坚持纪律督警，严格落实政法系统“三个三”要求，强化对政法干部的执法监督，市委政法委牵头每年开展2次明察暗访，将结果通报全市。通过“万案大公开”、“千案大评查”、“百种类案大评议”活动推动公正执法办案、维护司法公正。政法队伍集中教育整训活动严格按照“八个阶段”要求，整改队伍建设中存在的“六大问题”，通过动员大会、集中剖析、明察暗访，改进工作作风、改善队伍形象。2017年，已纪律处理作风不

实、履职不到位等问题政法干部5人，其中关禁闭2人。（彭瞻）

防范和处理邪教工作

【概况】2017年，津市市委防范和处理邪教问题工作以贯彻习近平总书记“5.12”重要批示精神及各级政法工作会议精神为指引，确保党的十九大顺利召开，坚持“主动进攻、讲究谋略、创新突破”的总要求，抓实各项工作，实现“三个零指标”，做到“三个确保”、“五个不发生”。

拓展警示宣传途径。开展反邪教宣传教育“六进”（进乡村、进小区、进机关、进学校、进企业、进家庭工作）活动：高标准完善村居“一墙一窗”宣传阵地建设，适时更新反邪防邪宣传内容；在市区40个居民生活小区制作悬挂反邪教警示宣传牌；利用手机报等短信宣传平台，逢节假日向广大市民群发反邪教宣传短信；在学校开展“崇尚科学、远离邪教”宣传周活动；继续开展“家庭拒绝邪教”活动，“家庭拒绝邪教承诺卡”签卡率达95%。落实好党内反邪教警示教育工作。把反邪教警示教育纳入党委中心组学习、党校主体班教学内容，定期向党员领导干部通报反邪教斗争形势。加强网上反邪教工作。抓好《凯风网湖南频道》、《岳麓红枫网》、《湖南红星网》等专业网站的组稿投稿工作，在《凯风网》等专业网站上稿23篇。创建期刊反邪教宣传阵地。与市科协合作，在《兰津科苑》开辟反邪教宣传专栏，全年刊发反邪教宣传专栏2期。

确保无邪教创建实效。落实《关于建立健全无邪教创建工作长效机制的意见》要求，在全市组织开展无邪乡镇街道、村居、单位创建工作，结合实际制订《无邪教工作实施方案》，将无邪创建示范活动与综治维稳、文明创建、脱贫攻坚有机结合，细化工作标准，量化工作任务，明确工作要求。2017年9月，津市市药山镇被评为全省无邪教创建示范乡镇，津市市襄阳街街道汤家湖社区、金鱼岭街道燕子窝社区被评为全省无邪教创建示范社区。

巩固帮教转化成果。搞好专门帮教。组织派出所干警、综治干部、村居负责人以及相关单位负责人对本辖区本单位的重点涉邪对象采取单个警示谈话的形式，进行专门帮教，促其转化。搞好感情帮教。组织各涉邪重点工作单位对辖区内特困邪教组织人员走访慰问，主动与相关部门协调，解决问题。搞好回访帮教。每季度在全市范围内集中开展对邪教组织人员的回访帮教工作。2017年，市610办成功对胡某、肖某进行帮教转化。（杜君）

机构编制

【概况】2017年，机构编制部门全面贯彻常德市编办主任会议和市委经济工作会议精神，坚持“善谋善为”的工作方法，持续深化“放管服”改革和行政体制改革，加快重点领域和关键性改革，不断优化执政资源有效配置，切实强化机构编制部门自身建设，全面服务全市经济社会发展大局，为加快建设澧水流域现代化的中心城市提供体制机制保障。市直部门权力清单的实施单位由44个调整为29个，清单事项由3922项调整为3244项，减少678项。对应取消市级14项行政权力事项，调整13项行政权力事项，同时取消市级全部20项非行政许可审批事项。在新洲镇开展扩权强镇和扩大乡镇服务管理权限试点工作，将新洲镇行政区划范围内原由市住建局等6个市直单位行使的18项行政许可事项，由市安监局等3个市直单位行使的10项行政处罚事项委托或下放新洲镇行使。深化纪检监察体制改革，设立市委巡察工作领导小组办公室、市委第一巡察组、市委第二巡察组及市纪委设立派驻市委办、市政府办等10个派驻纪检组。顺利推进公证机构体制改革。完成市卫计局、市文体广新局、市商务粮食局、市城管执法局、市食药工质局等5个部门的综合行政执法改革。严格机构编制管理审批制度，优化和调整机构编制资源，严控机构编制人员总量，做好机构编制监督检查，实时更新完善机构编制综合管理平台数据。全面完成事业单位年度报告公示工作和统一社会信用代码证书的发放，及时办理设立、变更、注销登记。完成252家事业单位的分类，其中，公益一类239家，公益二类13家。对全市337家单位注册的域名实行统一续费，域名注册覆盖率达100%，网站挂标66家。投资97.6万元启动机构编制信息化建设，理清全市行政事业单位机构编制沿革情况，实现机构编制档案电子化管理。狠抓党风廉政建设，建立各项规章制度和奖惩标准。扎实开展扶贫工作，全年为毛里湖镇同乐堡村9户贫困户送去生产、生产物资近8000元，落实点村帮扶资金3万元。认真开展部门服务企业活动，每月到汇迈电子公司了解企业生产经营情况，帮助解决相关问题。2017年被评为市绩效考核先进单位，在全省机构编制系统“不忘初心 牢记使命”主题征文活动中荣获一等奖。（杨柳）

【行政审批制度改革】2017年，根据上级部署做好简政放权、放管结合、优化服务改革。及时做好权力清单动态调整和公示工作，政府机构改革后，根据政府工作部门设置对权力清单进行再次清理和动态调整，市直部门权力清单的实施单位由44个调整为29个，清单事项由3922项调整为3244项，减少678项。继续做好国务院、省政府取消下放行政审批事项的承接落实工作，对应取消市级14项行政权力事项，调整13项行政权力事项，同时取消市级全部20项非行政许可审批事项。积极开展行政许可标准化建设工作，市审改办、市政务中心和市食药工质局联合下发文件，督促指导各单位推进行政许可标准化工作。要求各行政审批单位对行政审批事项流程进行再清理、再归并和再优化，在此基础上，编制行政许可事项编码、行政审批服务指南和流程图，提高审批时效。正式启动“减证便民”专项清理工作。根据省政府办公厅的要求,及时印发文件传达落实相关内容。根据谁设定,谁清理和四个“一律取消”原则,按照自查清理、审核论证、审议公布和优化流程四个步骤,开展“减证便民”专项清理。(杨柳)

【行政管理体制改革】2017年,根据津澧新城国家新型城镇化试点工作任务和市委改革办的要求,在新洲镇开展扩权强镇和扩大乡镇服务管理权限试点工作。将新洲镇行政区划范围内原由市住建局等6个市直单位行使的18项行政许可事项,由市安监局等3个市直单位行使的10项行政处罚事项委托或下放新洲镇行使。(杨柳)

【纪检监察体制改革】2017年4月26日,设立市委巡察工作领导小组办公室,作为领导小组日常办事机构,列入市委工作机构序列,设在市纪委,机构规格为正科级,核定行政编制8名,核定科级领导职数主任(正科级)1名,副主任(副科级)2名。2017年11月17日,设立市委第一巡察组、市委第二巡察组,每组均核定行政编制4名,均核定科级领导职数组长(正科级)1名、副组长(副科级)1名。市纪委设立派驻市委办、市政府办、市发改局、市教育局组、市公安局、市财政局、市人社局、市住建局、市农业局、市卫计局等10个派驻纪检组,每组均核定政法专项及行政编制4名,均核定科级领导职数组长(副科级)1名。市纪委派驻监督单位原定31名科级纪检职数按有关规定予以核减。(杨柳)

【公证体制改革】2017年9月,根据省、常德市公证机构体制改革的意见,将市公证处由市司法局管理的股级行政机构调整为市司法局管理的股级公益二类事业单位,核定差额拨款事业编制3名。(杨柳)

【综合行政执法改革】2017年,为顺利推进综合行政执法体制改革,按照总体规划、分步实施的原则,在对市直行政执法机构和执法事项进行全面清理摸底的基础上,完成市卫计局、市文体广新局、市商务粮食局、市城管执法局、市食药工质局等5个部门的综合行政执法改革。整合职能职责,组建市文化市场综合执法大队、市卫生计生综合监督执法局、市商务粮食综合执法大队、市城市市容市貌管理行政执法大队、市食品药品工商质量监督管理局综合执法大队,实现一个部门一个机构一支队伍执法。(杨柳)

【机构编制管理】2017年,全市共有行政事业机构416家(副处级机构3家、正科级机构102家、副科级机构71家、股级机构225家、未定级机构15家),行政事业编制5989名(行政编制1262名,全额拨款事业编制3586名,差额拨款事业编制1074名,经费自理事业编制67名),在编人员5020人。严格审批制度。所有副科级及以上机构编制调整事项,均由市委编委办收集整理后,提请市编委会议研究决定。2017年召开编委会议2次,主要研究巡察、纪检派驻、公证体制改革、乡镇区划调整后机构设置、事业单位公开招聘、人员异动等机构编制事项。优化和调整机构编制资源。优化调整设置巡察及纪检派驻、社会治理、依法行政等16家副科级机构,确保重点领域工作的开展;高新区实行党政分设,市扶贫移民开发局升格正科级,增设扶贫督查专员职数。按乡镇区划调整设置各镇派出所、司法所、食药工质基层所、中小学、敬老院等机构。全市中小学教职工编制总量重新核定为1424名。从相关单位调剂104名编制解决重点部门编制需要,其中,仅巡察办、纪检组、巡察组就采取连人带编划转和空编划转相结合的方式调剂行政、政法专项编制56名。严控机构编制人员总量。2017年,除上级分配政法专项编制1名、行政编制3名用于保障社区矫正工作和加强保密机构建设外,津市没有自行增加编制。针对各部门提出的机构编制事项,采取机构撤一建一、编制内部调剂的方式解决。根据各单位人员减少的情况,批准各单位各类人才用编计划248名,其中:公务员招录用编计划95名,事业单位人才引进用编计划51名,事业单位公开招聘用编计划102名。除政策性安置和有计划的招考、招聘外,没有新增其他财政供养人员。做好机构编制监督检查。根据巡察组交办的相关问题,开展对食药工质局擅设内设机构情况的复核检查,督促食药工质局进行整改,严格按“三定”规定设置内设机构。实时更新完善系统数据。2017年9月正式启用湖南省机构编制综合管理平台,相对于以往运用的实名制系统,新的机构编制综合管理平台得到明显优化创新,全年共办理329人次的入编手续,226人次的出编手续。(杨柳)

【事业单位登记管理】2017年,依法开展年度报告公示工作。全市260家事业单位全面完成年度报告公示工作,办理变更登记81家,设立登记5家,注销登记20家。全面发放73家机关、群团及垂管单位的统一社会信用代码证书。规范事业单位登记档案。对事业单位档案严格实施“一户一档”制度,共整理事业单位登记档案302份,形成了事业单位包括设立、变更、年检和注销等一整套完整有序的档案,为今后加强事业单位监管奠定了基础。(杨柳)

【事业单位分类改革】2017年,持续推进事业单位分类改革。全市共有事业单位268家,已完成分类252家,其中,公益一类事业单位239家,公益二类事业单位13家。(杨柳)

【网上名称管理】2017年初,向市政府申请中文域名注册专项工作经费,对全市337家单位注册的域名实行统一续费,域名注册覆盖率达100%。网站挂标66家。(杨柳)

【机构编制信息化建设】2017年,启动机构编制信息化建设,将机构编制信息化建设列入智慧城市建设项目,总投资97.6万元。对1979年以来的所有机构编制档案进行清理扫描,按时间顺序分单位将历年机构编制文件进行分类立卷,理清全市行政事业单位机构编制沿革情况,实现机构编制档案电子化管理,提高机构编制档案利用率和管理规范化水平。(杨柳)

老干部工作

【概况】2017年,全市老干部工作以离退休干部党建为抓手,深入推进离退休干部"两学一做"学习教育常态化制度化,引导离退休干部为全市经济社会发展添光增彩,发挥作用。市委老干部局立足管理、强化服务,稳步推进老年大学建设和老干部工作转型发展,各项工作取得实效。2017年津市市委老干部局在常德市党委系统工作考核中荣获老干部工作优秀单位。

全市共有副科级以上离退休干部1237人。其中,离休干部44人,其中抗战时期4人,解放战争时期40人,最大年龄98岁(原市总工会离休干部陈洪洲)。处级实职退休干部55人,享受处级待遇的退休干部32人,科级退休干部1106人。全市共有离退休干部党员2058人,组建32个老干部党支部,12个老干部党小组,老年社团党支部6个(中共津市市市老科学技术工作者协会支部、中共津市市老年书画诗协会支部、中共津市市京剧协会支部、中共津市市老年健身艺术团支部、中共津市市市老年人门球协会支部、中共津市市市老摄影家协会)。

2017年,市委老干部局坚持以老干部满意为工作标准,强化精细管理,深化亲情服务,为老干部办好事、办实事,党员干部服务水平得到提升,工作队伍展示出新形象。推进全市老干部工作转型发展。抓党员干部队伍建设。以抓党员干部思想政治建设为契入点,通过学习培训、岗位练兵、党性锻炼等途径,实现工作队伍思想状态、精神面貌新提升。抓队伍服务能力提升。举办干部学习培训周和"业务大讲堂"活动,集中学习老干部政策,组建青年干部学习班,开展"二帮一"(一名老干部和一名中层干部帮一名青年干部)青年干部培养计划,提升工作队伍的政策业务水平和管理服务能力。青年干部一人一块责任田,他们在学习、思考和实践中,干中学,学中干,一年来,信息宣传在省级媒体上稿7篇,常德市级上稿68篇。全力参与城市创建活动,开展平安津市志愿者服务活动。开展精准扶贫,帮助联系白衣镇柏林村和襄阳街澧阳社区困难群众解决实际困难,中心任务全面落实。(夏建军)

【推进工作转型】2017年,全市贯彻落实中办发3号和湘办发21号和常办发15号文件精神,推动老干部工作转型发展。市老干部工作领导小组就贯彻中办3号《意见》老干部工作体制机制方面的重点问题进行专题研究,通过老干部工作考核机制,离退休干部工作纳入全市绩效考核内容,纳入领导干部考核任用依据,市委市政府办公室出台津办发〔2017〕7号文件《实施办法》。3月24日,省委老干部局离退休干部党工委副书记孔寅湘、老年教育与宣传处副处长杨敏、常德市委组织部副部长、老干局局长李绍霞等一行来到津市,就贯彻落实贯彻落实中办发〔2016〕3号、湘办发〔2016〕21号文件精神、"点赞新变化、助力新湖南、喜迎十九大"活动开展情况等进行调研督查,对津市贯彻落实情况给予高度评价。(夏建军)

【落实老干部政治待遇】2017年,老干部思想政治建设。市委老干部局贯彻落实中办发〔2016〕3号文件精神,举办专题辅导、座谈讨论、送学上门,引导离退休干部学习习近平总书记系列讲话精神、学党章党规和王新法先进典型事迹,2017年共举办市情政情通报会3场,组织集中政治学习6次,专题讲座2场,辅导报告会3场,十九大精神宣讲会1次,组织就近参观考察活动3次。举办全市离退休干部党支部书记培训班,组织老党员轮流上讲台,讲心得、谈体会。通过培训,进一步提高支部书记组织能力和水平。通过参观考察活动,推进津市离退休干部为党的事业增添正能量活动升温。通过加强思想政治建设,全市离退休干部纪律和规矩意识进一步增强。老干部党组织建设。在全市开展"示范党支部"创建活动,创建工作纳入年终基层党建工作考核的重要内容,完善党组织和党员台账。督促各老干支部按时换届,进一步健全规章制度,配齐配强党支部班子。指导全市32个老干支部围绕市委政府中心工作,结合"两学一做"学习教育常态化制度化,通过支部书记讲党课、党员座谈讨论等多种形式,组织老党员积极参加组织活动,鼓励在党组织内部开展互助关爱、传递温暖活动,党支部凝聚力增强,老党员党性意识进一步增强。向上推荐五好示范党支部和先进离退休党员,津市市襄阳街街道和白衣镇2个老干部党支部被常德市评为离退休干部党组织先进集体。襄阳街街道老干部党支部通过全省示范党支部考核验收,被省委离

老年大学学员上课

组织离退休干部两学一做报告会

退休干部工委授予第二批全省示范离退休干部党支部。发挥银色人才作用。鼓励老干部参政议政,建言献策。市委政府非常重视、尊重老干部,凡津市重大问题和重大事项,都请老干部参与讨论,老干部们提出了很多真知灼见。市老科协会员通过调研完成的《关于加快推进津澧旅游业融合发展的调查与建议》《向我市职业教育发展进一言》《关于津市市葛果产业发展的调查报告》等调研文章,受到相关领导和部门的高度认可,市委书记傅勇给予批示,送相关部门予以采纳和运用。调动老干部政治激情。以聘任的方式,将老干部"拉回"各条工作战线,全市共有100多名老干部党员担任党风、政风、行风监督员,在展示老干部的精气神、发挥正能量的同时,助推市委政府工作,参与城市建设,为建设澧水流域现代化的中心城市发挥作用。(夏建军)

【落实老干部生活待遇】2017年来,市委把老干部工作纳入全市党建工作盘子,党政领导形成共识,市委、市政府积极创造条件,市委常委会多次听取老干部工作汇报,研究解决老干部工作具体问题。完善老干部生活待遇保障机制,优先落实老干部生活待遇,让全市离退休干部共享地方改革发展成果。完善在职干部联系老干部制度。坚持市级领导联系老干部制度。市级领导重大传统节日上门走访慰问,经常上门联系老干部,主动征求意见,帮助解决困难,先后为老干部解决各类困难问题23个,赢得老干部的赞誉。我局深化贴心结对服务活动,夏季送清凉,冬日送温暖,实时掌握老干部的生活情况,随时传递组织的关心。一年来上门走访慰问4次,走访老干部216人次,异地看望居住外省市离退休干部39人次。全面落实老干部生活待遇。市委组织部、财政局、人社局、民政局、卫生局等部门全面落实上级政策文件,及时研究落实措施,全力保障和落实离退休干部的生活待遇,让老干部共享改革发展成果。2017年,部门支持为老同志办实事。市委组织部将老干部工作纳入"责任田",抓实抓好老干党建工作,健全离退休干部党组织工作经费保障机制,将离退休干部党支部书记培训列入党务工作人员培训计划,对离退休干部党员交纳的党费按照比例下拨到离退休干部党组织所在单位。市财政局、民政局、人社局等部门加大落实离退休干部两费的资金支持力度,完善医药费保障机制,先后对离休干部护理费提标,津市离休干部护理费标准按新政策文件由1000元增加到2500元落实到位,市医保提高离休干部医疗统筹标准,市财政对离休干部医疗费进行财政兜底,离休干部医药费按"三个目录"规定实报实销,缩短报销周期,由原来季报销制改为月报销制,极大缓解了老同志的经济压力。市财政加大老干部工作经费支持,增加老干部特需经费,日常管理工作经费,老干部服务用车专项经费。市人社局、民政局等部门支持特困帮扶资金,帮扶资金按年度拨付给老干部工作部门,一年采取"一事一议"或集中研究对62名瘫痪、空巢等特困老干部及老干部遗属给予困难。市委老干部局深化贴心服务,经常上门联系老干部,主动征求意见,帮助解决困难,先后为老干部解决各类困难问题18件,赢得老干部的理解与支持。(夏建军)

【活动开展】2017年,围绕十九大召开,紧扣"聚力、点赞、添彩"主题,不断扩大正能量活动在离退休干部中的影响和作用。依托于"网络、网宣、网格"三大平台开展工作。拓展学习教育平台,凝聚正能量。2016年市老年大学(老干部活动中心)开工建设,历经一年时间,市老年大学(老干部活动中心)维修改造工程竣工投入使用,2017年3月市老年大学搬迁至新大楼。一年来,加大资金投入,完善老年大学内部设施,添置办公教学设备,改善老干部学习活动条件。市老年大学开设摄影、诗词、书画、电脑、形体舞蹈等8个课程班,举办各种班级主题活动、竞赛,组织学员走进新农村,看发展变化,重阳节开展"庆祝十九大 欢度重阳节"老年大学汇报展。依托老年协会平台,传播正能量。依托全市16个老年社团,开展"畅谈十八大,喜迎十九大","游津市、看变化、赞家乡"等活动,老干部用诗歌、书法、绘画、摄影等作品,开展送文化"四进"、《大美津市》摄影展、"长寿杯"门球赛等活动,向市民讲述津市故事与成就,得到社会各界的好评。2017年,市老年钓鱼协会会员组队参加钓鱼比赛获全省第四名、常德第三名;乒乓球比赛获常德第三名;门球比赛获常德党政机关赛第二名;两位老干部的作品被收入常德《墨雨耕风》一书;市霞光艺术团参加在贵州省西江镇举行的2018年首届"我是女神"杯全国广场舞大赛,市霞光艺术团代表队最终荣获大赛一等奖，市老年舞蹈协会荣获大赛三等奖。广场舞获全省"社会主义核心价值观"广场舞比赛一等奖，并被省老年体协派到湛江海陵岛参加全省广场舞MV现场录制。借力网络宣传平台，弘扬正能量。夯实网宣平台，建立老干部网宣QQ群、微信群，动态宣传老干部们的活动和工作。开展"人人争当网宣员"活动，发起网络签名承诺活动。采取上门邀请、开班培训、经验交流、发帖评比等形式，对老干部上网发帖进行周评月比，提高网宣平台的活跃度。市"正扬网"注册会员和网宣员200多人，为党委、政府的重大决策点赞，为新风尚、新气象点赞，为经济社会发展成果点赞，发挥积极作用。融入社区网格平台，增添正能量。利用社区网格平台，探索"互联网＋老干部工作"，鼓励老干部融入社区网格，在社区网格中认岗领责，积极发挥正能量作用。市三洲驿街道柏枝林社区根据老干部党员活动情况，探索推行"党建＋正能量＋社区服务"，挖掘社区资源优势，搭建"四个平台"为老干部提供"四就近"个性化服务。100多名老干部党员在社区争当党建联络员、政策宣传员、矛盾调解员等，为社区建设尽心出力。市襄阳街道老年人活动中心和志愿者服务中心，对离退休干部在社区发挥作用创造条件，引导老干部参加社会公益协会，开展志愿服务，促进公益事业发展。老干部党员志愿开展送学、送医、送文化、送物资等活动，在津市影响不断扩大。（夏建军）

【老年社团】老年门球协会：老年门球协会以提高球艺为目标，倡导"创和谐门球队，打和谐门球，做和谐球员，建和谐球场"活动宗旨。门球队伍不断发展壮大，门球队由14个球队增加到19个，会员增加到176名。抓好教练员、裁判员、运动员的培训和训练，裁判员的执裁水平和教练员的指挥能力得到较大提升。开展评选先进门球队、优秀队员、教练员和优秀裁判员活动，评出门球活动一批先进集体和优秀个人。认真抓好和筹办各项重大赛事活动。2017年，抓好"月月赛事"活动，精心组织4次大型比赛，参赛队员达900多人次。全市19个队的大循环赛总共171场，节日赛（元旦庆新春、三八妇女节、七一建党节、八一建军节、九九重阳节等）。先后举办"华融湘江银行杯"、"圣唐羊奶杯"门球赛，组队参加在岳阳市君山区举办的湘鄂边湖南片门球友谊赛。参加常德市"人社杯"第32届老年人门球精英赛，荣获第三名。参加常德市"人防杯"第18届老干部门球赛，荣获第二名。市钓鱼协会：2017年，市钓鱼协会组织钓鱼比赛多场次，先后选拔优秀队员参加常德市第八届老年人运动会钓鱼比赛暨常德市第30届钓鱼比赛，选拔优秀队员代表常德市参加湖南省第十届老年人运动会钓鱼比赛，四名垂钓精英谭绍国、钟伟毅、周伟春、王明喜赴长沙市开福区捞刀河生态农庄参加省里举办的钓鱼比赛，荣获团体第四名，王明喜荣获个人第五名。市京剧协会：2017年，协会组织会员到嘉山社区的京剧演出和参加市里的"百团"文艺大赛。协会自编自演的节目《情游毛里湖》，荣获市文化部门颁发的文艺创作奖。多次与武陵区、鼎城区、澧县等地京剧协会举办联谊演唱会，交流戏艺，增进友谊，繁荣文化生活。9月底，组队参加湖南省文化厅组织举办的"迎国庆"网络红歌比赛。配合市委宣传部承办第五届湘鄂边京剧艺术节。11月15日—16日，京剧艺术节如期在津市红旗剧院举办，京剧艺术节历时2天共4场节目演出。参演县市有湖北荆州、石首、松滋、监利、公安。有湖南常德武陵区、鼎城区。有汉寿、张家界、湘西洲、澧县、慈利、安乡和津市共14个县市的京剧协会，参加演出的人数近400人。演出京剧节目唱段79个。这是津市文化历史上规模最大、演出水平最高的一次京剧盛会。（夏建军）

【关心下一代工作】加强党史国史教育。市关工委依托爱国主义教育基地和党史陈列馆开展形式多样的两史教育，充分发挥学校的主渠道作用。市关工委五老发挥优势，讲好故事，增强两史教育的感染力。先后与市教育局关工委开展"学党史、读经典"主题读书活动、"党在我心中"主题征文等活动，把两史教育贯穿到教书育人的全过程。主题教育树根基。围绕"倡导全民阅读，建设书香津城"主题，精心打造"车胤文化节"活动品牌，开展"车胤文化"系列活动45次，在青少年中掀起浓厚的读书热潮。在全市中小学校举办革命传统教育讲座、组织观看爱国主义影视片等形式，丰富教育形式、深化教育内涵。组织开展"家长学习日"活动，邀请老师对家长进行政治理论、法律知识、道德规范、时事政策等方面的授课。一年来，开展家长学习日20余次，有效引导家长自觉提高各方面素养，在言传身教中为孩子起到榜样作用。学践结合提素质。市关工委围绕津市"五城同创"工作，在青

2017年老干部政情通报会

少年中建立“小小文明劝导队”，利用周末时间和机关干部志愿者一道，上街执勤劝导不文明行为，通过看、劝、管，进一步激发青少年想文明、做文明、要文明的积极性。市关工委与政法委、司法局联合继续深入推进“关爱明天、普法先行”等系列青少年普法教育活动，动员五老志愿参与法制宣讲教育，参与网吧义务监督，开展法律知识“三进”活动。一年来，开展法制报告会200余场次，受教育青少年达6000余人次。组织开展“法治电影进校园”活动4场，开展“无毒青春、唱享健康”大型禁毒宣传活动。强化关爱职责，营造青少年健康成长环境。市金鱼岭街道关工委在湖桥社区、七完小、五中成立“四点半学校”、“家长教育学校”、“法制教育学校”。有效解决学生放学后无处去的问题。市七完小成立“家长学校”，不定期的请在教育孩子方面有成功经验的家长为其他学生家长上课，介绍教育孩子的成功经验。市襄阳街街道关工委利用志愿者服务和党员活动中心，办起周末托管学校，将周末脱管留守儿童集中起来统一管理，开展儿童喜闻乐见的文体活动。市白衣镇永兴村、蒲山村村支两委齐抓共管，充分利用农家书屋，以点带面，在帮教转化青少年方面发挥作用，收到较好效果。精准帮扶送关爱。2017年1月，建立全市农村留守儿童关爱保护工作联席会议制度，出台《津市市加强农村留守儿童关爱保护工作实施方案》。各镇、街关工委对辖区留守儿童，特困学生进行一次新的摸底调查，全面掌握留守儿童或特困学生情况。市襄阳街街道办事处开展“心系校园，情系留守儿童”活动，为贫困留守儿童送去了学习用品，让他们感受到社会大家庭的温暖。市二完小连续四年开展了“慈爱无疆，感恩生命”、“鸿雁传情”写家书活动，举办外出务工家长与留守儿童联谊活动，促进留守儿童与父母亲情互动。市毛里湖镇关工委组织“五老”开展结对帮扶活动，对贫困儿童、青少年结对帮扶，全镇22名老干部共结对帮扶46名贫困青少年，至今没有使一个贫困学生辍学。综合整治构和谐。市关工委联合交通运输局开展交通安全启蒙活动，进一步加深幼儿对交通安全知识的了解。市三洲驿街道组织“五老”人员在每周五在学校周边巡查。市关工委与教育局等部门，对市一中、五完小及多所幼儿园车辆乱停乱靠、黑车接送学生、餐饮副食摊贩随意占道经营、出租屋容留学生等现象和问题，组织2次大规模的重点整治行动，维护学校周边交通秩序，治安环境井然。市药山镇关工委结合平安创建开展道路交通事故安全演练，组织学校观看和普及应急救援能力知识，并发放宣传资料和交通安全宣传手册300份。（夏建军）

【老科协工作】2017年，市老科协立足“建”字强基础、紧扣“科”字作文章、围绕“创”字出亮点的工作总基调，认真落实“四服务一加强”的工作任务。加强老科协组织队伍建设。市老科协结合实际对会员进行全面清理登记建档。会员人数从原来的908人登记为565人，同时发展新会员20人，会员总人数为585人。调整充实三个分会班子，成立嘉山街道分会，分会总数由13个增至14个。按照两新组织党建工作新要求，成立市老科协党支部，组织党员自费到革命圣地延安参观学习考察，开展党性教育。举办培训班，传达学习了省、常德市和津市三级老科协工作会议精神，强化基层分会会长、秘书长“有热情、有思想、有担当、有活力”四个意识，提升“会团结、会管理、会协调、会创新”服务能力。关心和服务好老科技工作者。为会员排忧解难，资助会员王昌德出版《小城不了情》散文集。开展慰问走访。重阳节前后由会长和常务副会长带队走访慰问卫生、农业分会专家组成员。对3名因病住院的老科技工作者到医院和家里探视看望。举行表彰大会，对两名优秀老科技工作者和11名撰写调研论文的获奖者给予了通报表彰和奖励。增强老科技工作者对老科协组织的归属感和奉献余热的成就感。以科普活动为载体、推进全民科学素养提升。2017年津市在抓科普宣传方面一是抓骨干培训。7–9月，组织14个分会科普宣传员到常德进行一周的学习培训，然后各分会又组织活动小组组长进行了一次培训。全年培训骨干92人。抓科普讲座。全年组织老年人自我保健为主题的科普讲座活动18次，人数达5000多人。抓科普“六进”。先后组织卫生分会、农业分会、教育分会到白衣镇、团湖社区、明道社区、赓家坳村、毛里湖中学、戚家小区、绍兵家庭农场、桥头广场开展科普宣传活动。内容涉及油茶栽培育苗、柑桔防冻、医疗保健、健康义诊、革命传

老年大学学员喜迎十九大作品展

统教育等多个方面。授众近达1.3万人。开展科技培训。全年组织畜牧水产养殖、农村垃圾处置，食用菌栽培技术、老年人健康护理等4次培训，参训人员达450人。开展科技服务活动。市老科协带领农业分会技术员郭海涛等到扶贫点庹家坳村食用菌生产基地现场指导传授技艺，扩大发展食用菌生产由50亩扩展到70亩，会长袁竹炮利用自己从事多年林业工作经验，到老科协会员毕鹰领办的群芳农场指导发展林下经济，并且共同探讨土法自制农药，防治病虫害，取得良好效果。组织好科普日活动。采取上下联动的形式，市老科协组织桥北广场咨询义诊活动，编印宣传册两千份，三洲驿街道采用社区户外大视频滚动播放老年人保健知识，教育分会进学校进行革命传统讲座，国土分会、农业分会走访养殖大户进行“退养”政策和环保知识宣传等。以办点示范为导向，提升老科协工作水平和影响力。市老科协由各位会长牵头，在润农公司办科技项目示范点，在新洲镇庹家坳村办“精准扶贫示范点”，在金鱼岭街道关山村办“美丽乡村示范点”，在白衣镇钟灵山村办“农村科技致富示范点”，在三洲驿街道柏枝林社区办“科普进社区示范点”，在嘉山街道办“医养结合示范点”。在办点示范工作中，整章建制完善管理，搞好服务、注重效益，因地制定，开展活动，招商引资，发展经济，总结经验，宣传推广。通过办点示范，科技项目示范点新引进30亿元项目已签订意向性协议，美丽乡村示范点社会形象和经济效益日益提升，农村科技致富示范点带动全村70户脱贫。以领办实体为抓手，促进创新驱动发展经济。市老科协对全市科技示范园、点、户进行了全面走访调查和重新登记建册，对36户考察评估，确定24户。下半年又有3户符合条件的加入了老科协，到年底止，会员创办、领办实体达27户，固定资产达1.82亿元，年产值1.06亿元，解决就业4110人。以建言献策为平台，发挥老科协参谋、助手作用。市老科协继续着力抓好调研建言工作。老科协农业分会就津市葛果生产污染环境，影响传统产业的发展问题，进行调研，写出《关于津市市葛果产业发展的调查报告》》调研建言，市教育分会对我市职业教育发展问题撰写调研报告《向我市职业教育发展进一言》，市老科协联合澧县老科协根据津澧融城的新形势，就如何促进两地旅游业融合发展开展调研，先后走访，收集情况，听取两地旅游部门的意见，召开四次座谈会，形成了《关于促进津澧旅游业融合发展的调查与建议》，调研建言报告得到市委书记傅勇同志高度重视市委书记傅勇审阅后作了重要批示。一年来，市老科协会员撰写调研文章17篇，其中精选三篇送市领导审阅，都给予了批示、批转，送相关部门予以采纳和运用。（夏建军）

党校工作

【概况】2017年，按照“争创县级示范性党校”的目标要求，市委党校围绕教学中心工作，服务大局，创新进取，全面完成各项工作目标，发挥干部教育培训主阵地、主渠道作用。

2017年来，市委党校按照全市干部教育培训的计划安排，主动与相关部门沟通协调，以突出党性教育和理论教育为重点，合理设置教学课程。全年共举办7期主体班，培训人数900余人，涵盖1期科干班、1期年轻干部读书班、2期十八届六中全会精神轮训班、1期基层党组织书记培训班、1期全市基层党组织书记轮训班和1期津市市组工干部培训班。配合各部门办班，陆续开办专武干部集训、宣传系统作风建设动员会、基层工会干部培训班、脱贫培训班、党员发展对象培训班、政法干部培训班、交通系统行政执法业务培训班、统战系统理论培训班等11期培训班，共培训学员1400余人。全年承担干部教育培训共2391人。

创新授课模式。学校积极推进干部教育培训工作的改革创新，以此为动力，结合兄弟院校、常德党校和市直各单位的优质教学资源，把优秀教师“请进来”。一年来，共邀请到了市委常委、宣传部长张海卿；市委常委、纪委书记伍子科；市委常委、组织部部长马吉云；市委常委、武装部政委姜超；市委常委、市政法委书记李景峰；副市长高见共计6名市级领导来党校主体班授课。此外多次邀请各部门领导、常德党校及其他单位的优秀讲师来校参与授课。

积极鼓励教师“走出去”，充分发挥党校理论宣讲优势，选派骨干教师深入乡镇、社区、机关单位开展十八届六中全会精神宣讲、习近平7·26重要讲话精神宣讲和党的十九大精神宣讲活动共计38场次，培训对象达到5000余人，有力地发挥了党校理论阵地、流动党校的作用和社会影响力，扩大了党校教师社会知名度。

强化教育效果。党校作为干部教育的主力军，紧跟新形势，教学内容突出重点。在校领导班子的重视下，教学质量迈上了新台阶。围绕党的十八届六中全会、党的十九大、习总书记系列重要讲话精神等主题打造精品课程，组织优秀教师外出宣讲、参加教学比武，反复打磨，提升教学质量。狠抓教学质量评估。完善评价体系，以每课一评方式对教学内容进行全面的教学质量评估。从学员反馈的教学质量评价卡的数据看，课堂教学效果普遍反映较好。坚持教学活动安排多样，注重发挥学员主动性和积极性，辩论会、实地调研、现场教学、拓展训练等活动均突出学员在培训中的主体地位，拓宽学员参与教学的渠道，为推动全校整体教学水平提升积累宝贵经验。

省级获奖5篇：章定炎《关于构建津市澧水流域现代化物流中心的调查与思考》省理研二等奖、马雪娇《浅论领导的非权力影响力》省科社一等奖、唐群《习近平人民幸福观的探索》省科社三等奖、陈蓉《浅析习近平以人民为中心的为官之道》省科社三等奖、陈蓉《对津澧联创国家级经开区的一体化思考》省理研三等奖。

常德市级：陈蓉《从乌托邦到中国梦》优秀奖

党校教师参与论文撰写，其中有《党校党性教育浅析》和《坚持走中国特色社会主义道路》2 篇论文在国家级刊物上发表；《关于构建津市澧水流域现代化物流中心的调查与思考》、《从乌托邦到中国梦》等 6 篇论文在省市级获奖。此外，发挥智囊团作用，为市委市政府建言献策，在 2017 年常德市"我为开放强市 产业立市献一计"活动中，有《津澧联创国家级经济开发区的一体化构想》、《关于加强常德米粉产业的建议》 2 篇建言分获三等奖和优秀奖。

专题理论研究取得显著成果。《树立工匠意识 做时代匠心干部》、《弘扬车胤精神 争做优秀共产党员》2 堂微党课分获常德市一等奖和三等奖。《供给侧视野下的医养结合养老模式发展现状及对策研究——以津市市为样本》获省级立项，《探求环洞庭湖畜禽粪污治理新模式——基于在对接农业部试点工作中的津市经验》和《关于脱贫攻坚形势下返贫防控对策研究——以津市市为例》获常德市级立项。

陈蓉老师已通过校内评选推荐，即将参加常德市委党校举办的第 13 次教学比武活动。参加全省党校行政学院系统科研工作先进单位评选活动，相关材料均已上报，争取能在评审中再次突破。

校领导班子高度重视人才队伍建设，坚持正确的用人导向，注重优秀人才的引进，注重人才的培养，队伍结构逐步趋于合理。上半年通过公务员统招和人才引进计划招录公务员和教师各 1 名，分别为全日制本科生和全日制研究生。骨干教师及行政管理人员实践锻炼和学习培训工作积极开展。为丰富教师及行政人员实践工作经验，提高职工队伍素质和能力，学校 7 月份派出校长唐熙刚前往复旦大学进行三产服务业务方面的学习，高级讲师章定炎前往浙江大学进行工业经济方面的业务学习。10 月底派出章定炎、唐群前往中国人民大学参加"深入学习贯彻习近平新时代中国特色社会主义思想教学宣讲研修班"进行"十九大精神"的专题培训。11 月派出马雪娇到省委党校进行为期一月的进修学习。

响应常德市"开放强市，产业立市"新格局目标要求和津市市加快建设澧水流域现代化的中心城市的总体布局要求，围绕市委市政府的中心工作，力争把各项工作落实到位。扎实开展党建工作。按照市委的安排部署，认真抓好落实"两学一做"学习教育常态化制度化"回头看"工作，开展"戴党徽、亮身份、树形象"活动，加强干部引导和教育。全年党建工作务实开展，认真自查，在迎接党建工作津市市交叉检查、常德市抽查、省委抽查过程中未出纰漏。认真开展"一进二访"精准扶贫活动。领导班子深入联系的社区居民，关心帮扶对象日常生活并为其送去慰问物资。年内脱贫 3 户。落实民调工作精神。按照市委精神，全体教职员工积极宣传民调的重要性和相关举措，向周围的亲朋好友宣讲津市发展的新形势和成绩，力争全市在全省民调工作中取得好的口碑。积极开展"创国卫"工作。学校多次参与所联社区的卫生清扫，并在全校范围内开展搬家式的卫生大扫除活动，荣获"创建卫生城市工作先进单位"称号。落实防汛工作。贯彻落实市《防汛抗旱工作会议》精神，安排防汛人员，配备防汛器材，参加防汛工作。

综合楼

综合楼改造顺利完成。2017 年 7、8 月份，学校综合办公楼进行整体维修，改造后的办公楼宽敞明亮，办公环境得到较大改善。培训班次服务到位。各类班次的服务正常开展，从茶水、教室卫生、桌椅的摆放、电教设备的调试等开班前的准备工作都认真、仔细做到位。食堂管理有章可依，食品卫生、食品采购、临时工作人员的安排都做到规范有序，不出漏洞。绿化维护效果显著。学校校园树木较多，绿地面积大，实现校内苗木、草坪规范化管理，定期进行杀虫、剪枝、清除杂草，使整个校园绿树成荫、绿草如茵。安全隐患仔细排查。加强水电管理、水电使用、水电维护，不定期的进行水管、电线线路故障排查，杜绝因水、电引起的安全事故。征收工作基本完成。教职工宿舍楼征收工作较顺利的进行，共 28 户住户，已签征收协议的有 27 户。（曾祥云）

【干部培训】3 月 15 日，全市年轻干部选拔考试，120 人参考。3 月 16 日，专武干部 100 人集训，人武部长、政委参加集训并讲话。3 月 29 日，市委年轻干部读书班举行开班典礼，45 名学员参加。市委副书记杨文惠参加并讲话。4 月

7日，全市宣传系统作风建设动员会召开，90人参训。市委常委、宣传部长张海卿参加动员会。4月21日，全市基层工会干部培训班开班，基层工会干部170人参训。市人大常委会副主任、工会主席李亚林参加培训动员。4月24～25日，十八届六中全会精神培训班第二期举办，参训副科级干部100人。4月27～28日，十八届六中全会精神培训班第三期举办，参训副科级干部100人。4月28日，脱贫攻坚政策培训会举行，工作队长、扶贫专干、乡镇及各部门负责人280人参会。市委书记傅勇参会并讲话。5月12日，全市政法干部业务培训班举办，220名政法干部参训，市委常委、政法委书记李景峰参会并作动员报告。5月31日，第一期科干班开班，参训46人，市委组织部常务副部长彭进华参加开班并作动员讲话。6月24日，汪家桥办事处上党课，辖区党员300人参会。6月29～30日，交通系统行政执法业务培训班举办，参训120人。7月17日，党员信息采集工作培训会召开，120人参训。7月27日，召开全市"智慧党建"信息采集工作培训会，120人参训。8月29～31日，全市基层党组织书记轮训班开班，160人参训。市委书记傅勇参加开班仪式。9月14～15日，全市组工干部培训班举办，100人参训。市委副书记杨文惠参加并作动员讲话。10月12日，《农药管理》培训班举办，130人参训。11月22日，市中心组学习，180人参会。11月22～23日，统战系统理论培训班举办，70人参训。市委副书记杨文惠参加开班仪式。（曾祥云）

【完成综合楼维修改造】市委党楼综合楼建于1992年，由于外墙渗水、内墙发霉、木门窗腐烂、地面砖损坏严重等原因，根据市委书记办公会议纪要〔2016年8号〕精神，学校启动了相关工作。2016年下半年，请市设计院就综合楼维修改造开展了设计、进行预算。2017年2月6日，市委书记傅勇主持召开党校工作现场办公会议。会议明确党校基础设施建设的系列事宜，就党校教工宿舍征收改造成学员宿舍、校园绿化建设暂缓等作出安排。

市委党校综合楼维修改造工程由市设计院设计，房屋主体架构没有任何变动。工程主要施工内容：外窗更换、屋面改造、外墙面油漆及室内装饰改造、水电改造，增设窗套、拆除等。该项目经市发改局立项（津发改投〔2017〕1号），下达基建投资计划（津发改投〔2017〕12号），经过财政投资预评审（津财审预〔2017〕B 051号），于2017年4月17日政府采购成交（采购编号：津财采计〔2017〕000131），采购价为99.2万元，常德鹏投建筑工程有限公司中标。2017年6月，根据市住建部门"施工许可证办理前进行房屋结构安全鉴定"的要求，聘请湖南博联司法鉴定所进行房屋装修改造前结构安全性鉴定。2017年7月，维修动工。8月，维修结束。9月初正式投入使用。11月，竣工验收。（曾祥云）

档案工作

【概况】2017年，津市市档案局认真履行"为党管档，为国守史，为民服务"的职责，抓好档案业务建设、档案信息化建设、档案资源建设和干部队伍建设，为各级领导决策、各部门工作、社会各界和广大人民群众服务发挥作用。围绕中心工作推进精准扶贫，2017年，津市市档案局干部下乡走访慰问10余次，为7户贫困户送去生活、生产物资近6000元，并落实后盾帮扶资金3万元。

2017年，津市市档案馆馆藏共有案卷级档案100469卷，文件级档案117717件，其中，明清档案42卷，民国档案76卷，建国后档案100351卷117717件。此外，还保存资料7649册。馆藏档案主要反映津市市域内的政治、经济、军事、科技、历史文化等多方面内容。（高佳）

【档案业务建设】2017年，开展对基层立档单位的业务指导，通过主动上门、电话、网络咨询等方式，对各单位2016年归档文件及其他门类档案整理工作进行督导及业务指导，提升全市档案管理规范化水平。10月，对全市行政企事业单位档案工作进行年检年审和执法检查，从中评出档案工作优秀单位40个，并对档案年检和执法检查结果及存在的问题进行通报。

上半年将《常德市城市社区档案工作业务指导文件》转发至全市25个城市社区，并下到各社区进行了现场业务指导。配合相关部门，加强对精准扶贫档案、农村土地确权颁证登记档案、地名普查档案的业务指导。

5月，派遣一名同志参加全省档案系统业务骨干培训班。6月，受训人员对全局干部进行档案业务培训，全局干部对新的《归档文件整理规则》、《会计档案管理办法》以及建设项目档案业务指导和检查验收进行系统学习。（高佳）

【档案信息化建设】2017年，加强对档案数字化加工工作的监管。年初制定设备管理、保密、数字化加工等一系列制度，规范档案数字化工作流程。在档案数字化加工过程中，加强对加工现场的管控，派专人对数字化工作进行督导检查，对发现的问题及时提出整改意见，保障档案数字化工作安全有序开展。扎实推进馆藏档案数字化加工工作。至12月，已完成馆藏档案全文扫描258万页，著录案卷级与文件级目录18.48万条，较好地推动档案数字化管理利用的进程。同步进行档案数字化质检工作，严格按照规定比例对全文扫描、条目著录、数据挂接进行抽检，确保档案数据质量。此外，每月还向常德市档案局上报洞庭湖生态经济区专题档案数据。（高佳）

【档案资源建设】档案接收与寄存。继续接受政府机构改革单位的到期档案。全年共接收原粮食局、原计生局等涉改单位档案4736件，接收机关事务办、供销社、交通局等单位到期档案1641件。积极开展档案寄存服务。原津市市中意糖果有限公司寄存财务档案3008卷，员工档案及其他综合性资料22箱，津市市城乡居民医疗保险服务中

心寄存业务资料 82 箱。(高佳)

【档案查阅利用】进一步提高服务质量,改善接待条件,简化查阅手续,为社会公众提供更好的档案查阅利用服务。2017 年,共接待社会各界档案查阅利用者 2138 人次,查阅档案 6154 卷(册),出具证明 1695 份。同时,撰写档案利用典型事例。7 月,向省档案局上报服务社会民生、服务修史编志的典型事例 3 例。(高佳)

【编研与展览】开展《津兰文史图文丛书》的编撰工作。2017 年,档案局组织专业同志,深入挖掘馆藏档案资源,精心打造反映津市发展历史、人文精神、地方风情、生态建设的专题编研资料。2017 年 9 月,《津兰文史图文丛书》第二辑《老区岁月(津市 1925–1935)》已出版发行。

红色收藏展览馆建设。积极筹建完善朱务善纪念厅和贺龙纪念厅。9 月中旬,展厅建设已基本完成,共展示图片和实物共近 1000 件。与 2016 年建成的毛泽东纪念厅一起,为津市档案馆充分发挥爱国主义教育基地功能起到了重要的作用。红色收藏展览馆接待省宣传部、省档案局、省党史办、常德市委、市政府相关领导和社会各界人士近 3 千人。市二小、市五小等中小学校多次组织学生来展览馆开展革命历史教育,市卫计局、市审计局、市交警大队等多单位在展览馆开展"主题党日"活动,国庆节展览馆免费开放期间更是吸引了大批市民前来参观,社会反响较好。(高佳)

【档案法制宣传】开展国际档案日宣传活动。按照省、常德市档案局要求,积极组织开展纪念"6·9 国际档案日"宣传活动。一是积极宣传发动全市档案工作者及支持档案工作的社会各界人士参加国家档案局举办的"档案——我们共同的记忆"征文活动,共收到征文 6 篇。二是在各涉民单位、街道社区等地悬挂主题宣传挂图,增强公民保护档案、利用档案的意识。三是在江南明珠广场开展集中宣传活动,现场展示"档案—我们共同的记忆"宣传挂图以及《家的档案 家的记忆》宣传海报,并发出"寻找共同的记忆"宣传册 300 份,赠阅《档案时空》杂志 200 份。四是利用江南明珠广场户外显示屏及各单位电子显示屏营造宣传氛围。五是通过津市手机报等媒体平台发布宣传报道。

档案法制宣传。6 至 7 月,积极参加由国家档案局主办的档案法律法规知识竞赛,共征订竞赛试卷 500 份,发放给全市行政机关、企事业单位档案员、办公室主任及分管领导,干部职工参与热情度高,试卷回收率达 99%。

文字宣传。积极撰写文字信息,广泛向各类档案报刊、网站和新闻各级媒体投稿。全年共撰写信息文章 50 余篇,其中国家级媒体采用 8 篇,其中《中国档案报》上稿信息 1 篇;省级媒体采用 5 篇,其中《档案时空》上稿 2 篇;常德市及津市级采用 18 篇。

档案信息网站建设。及时对档案系统工作动态信息的收集、更新和发布,2017 年,共更新信息 90 余条。(高佳)

史志工作

【概况】2017 年,津市党史、方志工作以"围绕中心,服务大局""以史鉴今,资政育人"为落脚点,在全市绩效考核中被评为良好单位。编纂出版《津市年鉴》(2011–2014)获湖南省第四届年鉴评选县市区级地方综合年鉴三等奖。

2 月 15 日,经中共湖南省委党史研究室室务会研究决定,津市成为省委党史研究室主任、室机关党委在常德区县市唯一的基层党史工作联系点。年初,中共津市市委召开专题常委会听汇报,重点研究党史、方志工作。同意财政拨专款 8 万元作为津市市方志馆启动建设资金;拨专款 4 万元作为党史陈列纪念厅建设资金;2017、2018、2019 年连续三年每年拨专款 6 万元,总计 18 万元作为党史正本第三卷的工作经费;追加《津市年鉴》(2017)公开出版书号费、评审费 3 万元,并列入 2018 年财政预算。《浅议地方综合年鉴的创新》发表,《续志如何记述经济体制改革》获省优秀论文奖。《津澧融城发展建设纪实》一文收录在《湖南改革开放实录》一书中,完成《湘潮》杂志发行 428 份,超额完成万分之九的优秀标准。(谈凤翔)

【党史陈列纪念馆初具规模】认真落实市委第十二次党代会第七号提案办理,大力加强党史教育基地建设,由党史办牵头,制定建设方案,调动社会资源,与收藏人士傅敏闵鑫合作,组建津市市党史陈列纪念馆。由毛泽东纪念厅、贺龙纪念厅、朱务善纪念厅、革命烈士纪念厅 4 个纪念厅组成。到 2017 年底,毛泽东纪念厅、贺龙纪念厅、朱务善纪念厅已布展完成,革命烈士纪念厅筹建工作正有条不紊地进行。2017 年,省委常委、省委宣传部长蔡振红到此视察后给予高度赞扬和肯定,指示常德市委宣传部一如既往地给予支持。2016、2017 年连续两年,常德市委宣传部安排党史专项资金 20 万元用于展厅建设。(谈凤翔)

【津市方志馆筹建】按照《全国地方志事业发展规划纲要(2015–2020 年)》要求和湘政办发〔2016〕11 号文件精神,津市市委、市政府同意启动津市市方志馆建设,先期拨付专款 8 万元。津市方志馆位于津市档案馆大楼 2 楼,使用面积 150 平方米。2017 年底,方志馆地面、墙面粉刷一新,添置 2 台空调,安装防紫外线窗帘,购买书架(2000×450×900)24 组、期刊书架(2000×450×900)5 组,与外省市方志办交换志书、年鉴、图集 400 多册。(党史办)

【党史宣传教育成效显著】在开展史志知识教育活动中,主动与市委相关部门进行衔接,选派湖南省地方志专家库专家、常德市党史方志工作业务尖子向满华同志在市委党校科干班、后备干部培训班、年轻干部读书班上进行授课,重点讲授中国共产党津市历史和中国共产党湖南历史和中国共产党历史,受到举办方和学员的充分肯定。(谈凤翔)

【年鉴工作再上台阶】津市年鉴从

2015年开始实现“一年一鉴”,2017年向分管党史、方志工作的领导、常务副市长、市长、市委书记汇报,同意《津市年鉴》公开出版,2017年拨付评审费、书号费3万元,并安排进入2018年财政预算,使津市年鉴的专项经费达到每年18万元。五审五校,93万字的《津市年鉴》(2017)由方志出版社出版发行。并在年底前赠送全市行政事业单位主要负责人、办公室主任、市级领导。(谈凤翔)

【启动《中国共产党津市历史》第三卷的编写工作】经市委常委会研究,同意启动《中国共产党津市历史》第三卷编纂工作,2017、2018、2019年连续三年每年拨专项经费6万元,总计18万元。《中国共产党津市历史》第三卷篇目已上报常德市史志办审核通过。2017年3月,临时聘请市委党校退休干部庞业军负责摘录资料,已经摘抄资料15万多字,为下一步编写《中国共产党津市历史》第三卷打下坚实基础。(谈凤翔)

机关事务管理

【概况】津市市机关事务管理办公室为市委市政府直属的正科级参照公务员管理单位,归口市委办管理。机关事务办有编制数15个,现有在岗人员11人,其中班子成员2人,其他工作人员9名。退休人员10人(其中提前退休3人)。机关事务办内设二室二股。机关大院总面积105亩,办公区60亩,建筑面积13,483平方米,生活区45亩,建筑面积10497平方米;第二行政中心有22033.68平方米,入住15家单位;原机电学院现入住11家单位,占用办公面积6558平方米。2017年,机关事务办完善规章制度,改进工作作风,突出抓物业管理、后勤服务、财务保障及中心工作。用制度管人管事,办公室每月召开一次工作例会,进行一次月工作情况督查通报,进行一次工作总结与讲评。加强配置保卫力量,增加白天门岗人员1人,对进出人员车辆严格询问登记,安排专职劝导员,规范车辆停靠,对快递包裹进行检查。培育机关事务管理文化,分别在机关大院和第二行政中心设立健康小屋和征求意见薄。2017年5月17日,组织全体党员到药山镇杨坝挡村进行结对帮扶活动。2017年,完成机关大院的海绵机关建设前期工作;市民之家地下停场设备进行公开招标,由湖南华光电科技股份有限公司64.7万元中标;市民之家地下停场消防设施设备进行安装,由湖南省津市市阳建工程有限公司81万元中标;投入1万多元对市政府综合楼一楼卫生间进行改造;对机关事务办综合楼屋面进行防水处理;机电学院围墙修复;原档案局前广场的绿化带进行硬化;人大办公楼后,原填埋的垃圾场的杂草和柳生树进行砍伐,黄土填埋,并硬化地面,增加停车位,根除卫生死角。帮助三名困难户完成脱贫任务。事务办获得2016年度省级文明卫生先进单位,获得2017年湖南省全民健康生活方式行动《健康食堂》的光荣称号。(梅超)

【绿化管理】事务办负责绿化面积30000多m^2,其中机关大院8000多m^2、第二行政中心5500多m^2、原机电职院16000多m^2。分别聘请绿化专业公司进行培管,3处办公场所种植有桂花、窝竹、南竹、樟树、玉兰、银杏、杜鹃、枝子花、月季等各种乔木上千株,2017年机关大院广场砍伐30年树龄雪松26棵,共移栽灌木800余(株),树木花卉浇水抗旱6次,每年一次树木修整,草坪修剪5次,对路边树枝进行清障,树干涂白,喷药4次,按季节更换花卉4次,共摆放各种花卉6000余盆(株)。美化机关,创造舒适的办公室环境。(梅超)

【物业管理】聘任常德安居物业公司负责第二行政中心和机关大院绿化、安保、卫生保洁工作。机关大院物业费,按实际使用面积分摊,与财政衔接,由原来事务办支付物业费改为直接由财政代扣支付各单位物业费。2017年3月重新与津市城东社区服务中心签订经营承包合同。在第二行政中心召开一次入驻单位的恳谈会,在安全、卫生、服务质量进行民主测评,分别发放问卷200份,收回185份,参评率92.5%,满意率都达96.9%,对物业收费情况,征求入驻单位意见,通报专项维修基金的收支情况和维修项目,并进行公示。先后对电梯进行检测保养,更换消防安全电磁阀和消防设施设备,对深井加压泵维修,卫生间便盒损坏及时维修或更换,空调维保与专业维保公司签订长期维保合同,物业管理收费规范,物业收费标准每月1.666元/m^2,办公面积15033m^2,全年物业费30万元,每年按时对电梯检测并及时维保,保证电梯安全运行,开通第二行政中心1–3楼与市民之家通道,第二行政中心7–15楼卫生间墙面渗水进行维修,分别对4–6楼的办公室墙砖脱落、1–3楼卫生间污水管出口破裂和便盆损坏及时维修或更换,二次供水管破损,对深井替水泵进行了及时维修更换,对中央空调2号主机配电箱开关和故障及时维修,添置绿化带中心招牌、鼠站11个,更换国土局大门感应器,事务办对空调机组进行全面的清洗和保养。2017年对原机电职院树木进行清障。规范车辆管理,对机关大院公务用车和干部职工的200多辆私家车免费发放进出通行车贴。监控室24小时开启,晚上分5班进巡逻,白天三人站岗执勤。2017年机关大院未发生一起重大刑事和治安案件。机关大院卫生清扫经常化,24小时保洁,做到主干道上24小时无垃圾杂物;垃圾桶、路灯灯罩每月进行了2次清洗;8000多平方米的草坪剪修和喷药治虫各5次。机关大院广场破损麻石板维修、更换做到及时;清洗了消毒供水池2次,麓园小区水下管网和化粪池进行了淘粪清淤。麓园小区水电费收缴及时准确,保证了用水用电安全有序。投资3万元分别在机关大院和第二行政中心设立健康小屋。(梅超)

【食堂管理】2017年10月机关食堂重新聘请食堂经营者。第二行政中心食堂于2017年6月通过政府采购,采购食堂所有厨房设备和餐具,7月完成设备安装,经过公开招聘,从11名报名者中筛选3名参加竞争，以得分最高者取得食堂经营权。每天安排专人对食品卫生进行督导检查，食品药监局每季对食堂的食品卫生进行不定时抽查。2017年改造机关食堂包房一间和食堂办公室一间。分别于7月、12月对机食堂饭菜质量、服务质量、食品安全、卫生状况在机关院内进行了问卷调查，收到意见和建议6条，在测评中，机关干部职工满意率达到85%以上。（梅超）

【安全保卫】2017年初，调整机关大院“一中心五网络”机构及成员，与大院各单位签订“社会治安目标管理责任状”。制定机关大院信访维稳突发事件应急处理和报告制度，制作固定的法制宣传牌。坚持保卫人员每周一集中学习和培训一小时制度，全体保卫人员要求着装上岗，站岗值勤，规范敬礼，监控室24小时开启，不间断值守，白天3人站岗执勤，坚持院内24小时值班巡逻，来客一律登记，填写登记回执。成功化解和处置了多起围堵市委机关大门的群体事件。在特护期，对物业公司进行约谈，加强安保，特别对快递包裹严格检查，一年共登记来客3000多人次，协调处理上访人员180多人次。规范车辆管理，对机关大院公务用车和干部职工的200多辆私家车免费发放进出通行车贴。机关大院未发生一起重大刑事和治安案件。（梅超）

【财务管理】完善财务管理制度，升级财务软件，严格执行中央的“八项规定”、省委的“九条规定”、常德市委和津市市委的“十项规定”，按规定严格发票管理和审核，做到从源头上堵住漏洞。加强国有资产管理，对各单位的固定资产进行清理，做到账实相符。提高各单位财务人员的业务水平，对机关大院各单位财务人员不定期分别进行业务指导和培训。进一步规范国库集中支付系统，严格规范资金的运作，加强对发票的审查力度，严格执行票据的审核制度，严控“三公”经费支出，把好各类支出关，对不符合规定的票据和手续不全的票据坚决不予报销。加强非税票据的监督管理，对非税票据实行专人管理，专机操作，对票据购买、发放，汇缴建立明细台账，有效的拓展了财源。落实本办人员相应各类社会保障工作，集中办理28家单位年报和4大家的保留的公车保险，配合有关部门完成对“三公”经费的检查及有关单位的离任审计工作。（梅超）

接待工作

【概况】2017年，共接待宾客180余批约2700人次，其中省部级领导3批次，地厅级领导70余批次，重要客商90余批次，接待经费同比下降11.3%。

圆满完成重大接待任务。先后完成创建国家卫生城市迎国检、省委常委宣传部长蔡振红同志调研文化建设、原兰州军区政治部主任刘学理将军等一系列重宾接待任务，为各级领导莅临津市视察指导工作提供优质服务，充分展示津市接待工作的窗口形象。接待重要客商来津投资兴业。2017年，津市招商引资力度不断加大，来津考察投资的客商越来越多，先后多次接待广东溢多利、中联重科、华菱钢铁、中南传媒等上市公司老总和省轻盐集团、省建工集团、长沙通程集团等大型国企的高层管理人员。保障各类大型会议活动。先后牵头组织和参与“两会”、党代会、人大政协换届等重大会务接待工作，承办常德市移风易俗工作现场会、常德市项目建设流动现场会的部分会务接待任务。

强化精品意识抓接待。接待工作不是简单的开房点菜，更重要的是要走心要投其所好，在工作中力求做到前期筹备力求精准。精心谋划。每项接待任务前，注重收集信息，策划方案，确定接待人员，预定接待酒店，检查酒店设备设施。提前收集领导饮食起居习惯、工作学习、医疗保健等方面的需求，召开专题会议，细化责任分工，制定详尽周密的接待方案。接待流程力求精细。严格执行接待流程，印制服务指南、问候卡，配备房间物品，安排餐饮，做到细之又细，确保接待服务过程统一、高效、安全、流畅。具体细节力求精心。在实际工作中，突出“精细化”、“个性化”和“特色化”。比如在餐饮方面，充分发掘本地资源，做好地方饮食菜品，尝试粗粮细做、细菜精做、土菜洋做、老菜新做，满足不同宾客的饮食需求。

强化廉洁意识抓接待。认真学习贯彻落实中央、省、常德市和津市相关廉政工作会议精神，加大惩防体系建设力度，确保人员到位、责任到位、工作到位。同时深入贯彻落实中央八项规定、党政机关厉行节约反对浪费条例和党政机关国内公务接待管理规定，认真履行接待审批程序，严格执行接待范围和标准，实行分档定标，严禁超标准、超范围安排接待。严格按规定结算费用，每月、每季度按实同各定点宾馆、酒店及餐厅等接待点进行结算。

靠前作为积极参与中心。2017年，积极参与扶贫攻坚、国家卫生城市创建等中心工作。扶贫攻坚方面，为联系点村新洲镇长岭村援助脱贫资金4万元用于基础设施建设，班子成员包保因病致贫户3户，个人出资帮助其购买生产生活物资。国家卫生城市创建方面，为联系的襄阳街阳由社区援助资金1万元用于社区垃圾清运，并安排工作力量全天候巡逻劝导。（杨军）

【重宾接待】1月6日至1月8日，创建国家卫生城市国家检查组来津考核创建工作。1月18日，接待省委组织部领导、常德市委副书记徐正宪等一行来津考察刘瑜。1月24日，接待省党史办主任张志初来津调研。2月7日，接待原兰州军区政治部副主任刘学理少将一行来津调研。2月16日，接待广东溢多利集团董事长陈少美一行来津考察洽谈生物医药园建设事宜。2月23日，接待省住建厅领导来津考察江韬同志。2月27日，接待华联集团、三湘和达等企业高管。3月15日，原常德市委常委、军分区司令员张绳道来津调研。3月22日，接待常德市委常委、宣传部长胡丘陵一行来津调研。3月22日至24日，接待创建国家卫生城市检查组来津复核。

4月2日，接待北京林业大学湿地保护学院雷光春院长来津考察毛里湖湿地公园。4月6日，接待省人防办领导来津调研人防工作。4月14日，接待安仁县领导来津交流学习。4月18日，接待省住建厅领导来津考察海绵城市建设。5月26日，接待深圳兴为通科技有限公司邹如虎来津洽谈投资事宜。6月13日，接待省轻盐集团高管一行来津洽谈投资事宜。6月19日，接待常德市周德睿市长一行来津调研。7月3日，接待常德市第一人民医院高管一行来津洽谈与津市人民医院合作事宜。7月5日，接待广东溢多利集团董事长陈少美一行。7月6日，接待省作家协会主席王跃文一行来津调研。7月25日，接待省委常委、宣传部长蔡振红一行来津调研。8月1日，接待省信访局领导一行来津调研。8月11日，接待常德市副市长龚德汉来津调研。8月18日，接待省水利厅领导一行来津调研。8月30日，接待中南传媒集团董事长龚曙光一行来津调研。9月26日，接待省委政研室副主任刘先吉一行来津调研。10月2日，接待常德市委常委、组织部长梁仲来津调研。11月9日，接待江西省鹰潭市政协领导一行来津考察学习。11月30日，接待常德市曹立军市长一行来津调研。12月15日至18日，接待省脱贫攻坚考核组来津考核。（杨军）

津市澧水大桥

【概况】2017年，津市市人大常委会在党的十九大精神指引下，在市委的坚强领导下，围绕“工业立市、产业兴城”战略，依法履职，开拓进取，为建设澧水流域现代化中心城市发挥积极作用。全年共召开人民代表大会1次、常委会会议6次、主任会议12次；听取和审议专项工作报告24个，作出决议、决定3个，形成审议意见3份；依法补选津市市人大代表11名、常德市人大代表1名；依法任免国家机关工作人员57人（次）。

2017年，津市市人大常委会不断加强自身建设，推进“两学一做”学习教育常态化制度化，组织学习党章党规、习近平总书记系列讲话、十八届六中全会和十九大精神等20次，提升干部的政治素养。认真落实“三会一课”等党建制度，规范党内政治生活。严格执行“两个责任”谈话等廉政制度，压紧压实廉政责任。推进规范化建设。修订《人大常委会议事规则》，制定法制委员会、财政经济委员会议事规则、《常委会组成人员守则》，健全常委会集体学法制度，完善岗位目标责任、信息调研宣传等管理制度，用制度规范事、约束人，并成功创建常德市级文明单位。推进信息化建设。落实省、常德市人大关于加强信息化建设的要求，建立办公自动化应用系统、代表履职服务平台、代表建议办理平台，为人大各项工作开展提供便捷服务。信息化建设经验在省、常德市人大专题会上推介。（黄雅珣）

【监督工作】财经监督方面。听取和审议财政预（决）算、税收征管、工业经济发展等情况报告，及时全面了解真实情况，针对财政经济运行中存在的突出问题，提出意见、建议，推动经济健康发展。开展国有土地出让金收支管理及使用情况调研1次，提出健全机制、抓好管理、加强审查、提高收益等建议，督促政府成立土地经营管理委员会，出台文件规范国有土地出让管理。跟踪监督32个审计查出问题的整改情况，常委会专题听取和审议财政局、交通运输局、民政局、农机化局、扶贫移民开发局、住保投公司6个单位整改情况报告，并进行满意度测评，提升审计查出问题整改实效。民生监督方面。关注环境改善，组织《大气污染防治法》执法检查，督促部门加强工业废气、道路工地扬尘、餐饮油烟等污染源控制。开展视察、检查、暗访17次，监督畜禽退养、毛里湖周边环境整治，推动津市环境质量持续改善。关注食药安全及安全生产，全领域监督食品药品安全，推动湿米粉生产企业提质，促成农产品检验检测资源整合，保障群众食品药品安全。先后2次聘请省里专家、邀请邻县行家、组织代表视察工业园污水处理厂、千吨级码头、一中综合楼、孟姜女大道提质、三湖公园改造等12个重点项目工程，提出负面清单，跟踪整改问题，通过项目工程质量和安全监督，强化部门责任，规范行业质保体系。关注教育、卫生提质，听取教育局、卫计局关于教育、卫生三年攻坚计划完成情况的报告1次，视察美丽校园建设、教育教学工作4次，监督医疗机构布局调整，促进津市教育、卫生事业健康发展。关注社会保障工作，聚焦民政救助，组织专题调研，听取政府汇报，形成审议意见，推动临时救助审批权限下放、医疗救助“一站式”结算等问题有效解决。法律监督方面。严格审查备案规范性文件，全年共审查政府规范性文件13份，提出建议21条，保证文件的合法性。以“司法公正常德行”活动为平台，开展“两官”履职评议、司法案件备案审查、人大代表旁听庭审等活动，促进司法工作高效、公开。给力法院破解执行难题，推动解决部分执行积案。助推检察院行政执法检察工作，检察监督更加规范。积极督办人民群众来信来访，较好地化解矛盾、维护稳定。（黄雅珣）

【代表工作】开展履职培训。6月12日至14日组织86名市十七届新任人大代表和镇、街道部分人大工作者在常德市委党校开展封闭式提升培训，选送4名常德市人大代表赴全国人大培训北京基地、20名市人大代表赴全国人大培训深圳基地学习，先后共组织65名市人大代表开展《监督法》、代表建议提出等专题辅导及到周边区县开展履职观摩，指导镇（街）人大以会代训，提升代表的履职能力。完善履职服务。出台《津市市人大代表履职守则》，为更好发挥代表作用提供制度遵循。规范建设镇(街)“人大代表联系群众工作室”，搭建好代表履职平台。拓宽履职渠道，组织、推荐代表列席人大常委会、“一府两院”重要会议，参与执法检查、代表视察和工作调查等，让代表更多地参与集体履职。督办议案建议。先后3次组织代表视察《关于建设城区及周边绿色走廊的议案》的办理情况，常委会会议2次专题听取情况汇报，推动绿色走廊建设进程。对代表提出的73件建议，年初及时交办，主任会议成员领衔督办，反复跟踪11件群众关注度较高的建议，选择其中5件重点督办建议，进行办理情况满意度测评，建议办成率提高。(黄雅珣)

津市市第十七届人民代表大会第二次会议开幕

【人事任免】认真落实党委人事意图，精心组织政府工作部门随届任命，邀请部门班子成员、人大代表列席观摩，电视台同步录播，履职承诺向社会公开，增强任命对象的责任感和使命感。出台《津市市人大常委会人事任免办法》，进一步明确和规范任前调查、法律考试、任职发言、任后宣誓、就职表态等任免程序，全年共依法任免国家机关工作人员57人(次)。其中，2017年3月15日，津市市第十七届人大常委会召开第三次会议，免去杨健全的市人民政府副市长职务，任命周澧为市人民政府副市长。2017年9月26日，津市市第十七届人大常委会召开第六次会议，任命王俊为市人民政府副市长。2017年12月13日，津市市第十七届人大常委会召开第七次会议，接受陈章杰辞去市人民政府市长职务，任命黄旭峰为市人民政府副市长，决定黄旭峰为市人民政府代理市长。(黄雅珣)

【人民代表大会】2017年2月7日至9日召开津市市第十七届人民代表大会第二次会议，参会代表171名，列席人员304名。2月7日，听取市人民政府、市人大常委会、市人民法院、市人民检察院工作报告；审查《关于津市市2016年财政预算执行情况和2017年财

2017年津市市人大常委会审议意见、决议决定一览表

届别	常委会第次	会议时间(年月日)	作出的审议意见或决议决定
十七	二	2017年1月3日	关于召开津市市第十七届人民代表大会第二次会议的决定
十七	三	2017年3月15-16日	无
十七	四	2017年5月19日	无
十七	五	2017年7月27日	津市市人民代表大会常务委员会关于民政救助工作的审议意见
十七	五	2017年7月27日	津市市人民代表大会常务委员会关于《湖南省常德市津澧新城总体规划(2016-2030)》的审议意见
十七	五	2017年7月27日	津市市人民代表大会常务委员会关于批准《津市市人民政府〈关于开展第七个五年法治宣传教育的决议〉的议案》的决定
十七	五	2017年7月27日	津市市人民代表大会常务委员会关于批准《津市市2016年财政决算》的决定
十七	六	2017年9月26日	津市市人民代表大会常务委员会关于《中华人民共和国大气污染防治法》执法检查的审议意见
十七	七	2017年12月13日	无

政预算(草案)的报告》和《津市市人民政府议案、建议办理情况的报告》(书面)。2月8日,代表进行分团讨论,审查市人民政府、市人大常委会、市人民法院、市人民检察院工作报告,提出议案和建议、批评、意见。共收到代表建议、批评和意见73件,涉及财政经济、城建环保方面26件,教科文卫方面18件,农业与农村方面14件,法制、内务司法与其他方面15件。2月9日表决通过市人民政府工作报告、市财政工作报告、市人大常委会工作报告、市人民法院工作报告和市人民检察院工作报告的决议(草案)。(黄雅珣)

【人大常委会会议】2017年1月至12月,津市市人大常委会共召开常委会会议6次,历次人大常委会会议及审议决定的事项。(黄雅珣)

【视察】2017年,津市市人大常委会组织常德市和津市市人大代表,对津市经济社会发展、项目建设及群众普遍关心的民政、建设、环境等热点工作进行视察。(黄雅珣)

2017年津市市人大常委会组织代表视察一览表

届别	视察时间(年月日)	几级代表	视察内容
十七	2017年4月24日	常德市、津市市人大代表	食品检验检测及城区畜禽退养工作
十七	2017年4月25日	常德市、津市市人大代表	重点工程建设质量安全生产工作
十七	2017年6月16日	常德市、津市市人大代表	《关于建设城区及周边绿色走廊的议案》办理情况
十七	2017年8月至9月	津市市人大代表	《大气污染防治法》贯彻实施情况的检查
十七	2017年9月15日	津市市人大代表	派出所规范化建设
十七	2017年9月28日	津市市人大代表	美丽校园建设和教育教学工作
十七	2017年10月19日	津市市人大代表	国土资源管理工作
十七	2017年10月31日	常德市、津市市人大代表	重点工程质量安全工作
十七	2017年11月27日	津市市人大代表	“绿色走廊”建设

市政府组成部门、法院、检察院负责人宣誓

【概况】2017年，津市市辖4镇、5个街道、1个省级高新区。土地总面积558平方公里，其中耕地面积32.8万亩。年末户籍人口23.5万人，非农业人口12.2万人，人口出生率9.52‰。年降水量1228.5毫米。

2017年，全市实现地区生产总值150.3亿元，增长9.0%。其中，第一产业增加值21.8亿元，增长3.5%；第二产业增加值71.1亿元，增长8.4%；第三产业增加值57.4亿元，增长12.0%。三次产业结构为14.5:47.3:38.2，二、三产业占地区生产总值比重为85.5%，比上年高1个百分点。一、二、三产业对经济增长的贡献率分别为5.5%、45.1%和49.4%，分别拉动经济增长0.5个、4.1个和4.4个百分点。

认真落实省重点民生实事任务。新增城镇就业人员4821人；完成城市棚户区改造4544户；完成农村公路提质改造8公里；完成农村公路安保设施建设5.9公里；完成农村危房改造596户；完成特困移民解困避险搬迁安置3户10人；完成农村适龄妇女"两癌"免费检查3464人；新增养老床位103张；新增社会治安视频监控摄像头100个；完成行政村配电网改造6个村，完成孕产妇产前免费筛查1935人。

推进美丽乡村建设。疏浚渠道70公里，维修机埠25处，整修堰塘33口。发放金融小微贷款216户、877万元，123户、325名社会保障兜底扶贫对象实现与贫困标准"两线融合"。

全年完成农林牧渔业总产值36.91亿元，增长3.9%。其中，农业产值12.99亿元，增长4.61%；林业总产值3.39亿元，增加1.7%；牧业总产值17.55亿元，增长4.3%；渔业总产值2.05亿元，下降2.4%；农林牧渔服务业产值0.93亿元，增长8.1%。全年实现农林牧渔业增加值22.38亿元，增长3.6%。其中农业增加值9.31亿元，增长4.2%；林业增加值2.90亿元，增加0.5%；牧业增加值8.25亿元，增长4.9%；渔业增加值1.32亿元，减少1.9%；农林牧渔服务业增加值0.59亿元，增长8.1%。农作物播种面积77.55万亩，其中粮食作物播种面积37.23万亩，经济作物播种面积39.54万亩，增长4.2%。粮食产量142935吨，油料产量30517吨，瓜果产量30000吨。全年完成养殖业产值19.6亿元，占农业总产值的53.1%；水产品产量28454吨。出栏生猪56.04万头、牛0.63万头、羊4.39万只，出笼家禽449万羽。年末拥有农业机械31515台，比上年增加586台，总功力19.63万千瓦，比上年增加0.31万千瓦。年末实有耕地面积32.8万亩，其中：水田18.8万亩，旱地13.79万亩，常用耕地面积31.64万亩。农村用电量2741万千瓦时，下降0.3%；农用化肥施用量5.75万吨，增加2.1%。全年开工各类水利工程859处，水利工程投入资金35507万元，水利工程完成土石方865万立方米。

全市规模以上工业完成工业总产值224.7亿元，增长14.1%。全市完成工业增加值67.1亿元，增长8.6%。规模以上工业企业完成增加值47.8亿元，增长10.0%，其中：国有企业完成增加值0.8亿元，增长15.9%；股份制企业完成增加值46.5亿元，增长12.9%；其它经济类型工业企业完成增加值0.4亿元，增长8.0%。产销衔接状况良好，全市规模以上工业产品销售率99.1%。规模以上工业企业完成主营业务收入192.0亿元，增长13.2%，实现利润总额4.9亿元，增长8.1%。规模以上工业企业完成入库税金1.7亿元，增长20.3%。新增规模以上工业企业10家。完成工业固定资产投资54.6亿元，增长16.4%，其中技术改造投资39.0亿元，增长7.7%。全年津市高新技术产业开发区基础设施建设完成投资8.2亿元，园区规模工业入库税金1.5亿元，增长14.8%。全年出产精制盐84.6万吨，增长22.9%；水泥122.8万吨，增长8.9%；车桥19.6万根，增长4.9%；纱7.7万吨，增长14.2%；饲料23.2万标吨，增长21.8%。

全市建筑业增加值4.22亿元亿元，增长4.8%。资质以上建筑企业9家，完成建筑业总产值7.4亿元，增长8.8%。

全社会固定资产投资135.7亿元，增长14.2%，其中技改投资39.0亿元，增长7.7%；房地产开发投资10.1亿元，下降35.9%。基本建设投资86.6亿元，增长29.6%。按产业分，第一产业完成投资1.6亿元,增长14.3%;第二产业完成投资54.6亿元,增长16.4%;第三产业完成投资79.5亿元,增长12.8%。按经济类型分,国有投资78.7亿元,增长262.7%;非国有投资57.0亿元,下降41.3%。

全年房屋施工面积148.4万平方米,增长5.5%,其中住宅129.1万平方米,增长9.6%。房屋竣工面积15.4万平方米,增长19.4%。房屋销售面积24.2万平方米,增长82.0%。2017年全年完成社会消费品零售总额68.0亿元,增长11.4%。各季度增速分别为11.8%、11.7%、11.2%、11.4%,呈现平稳增长的特点。城镇市场实现零售额58.0亿元,增长12.0%,占社会消费品零售总额比重为85.4%,乡村社会消费品零售额9.9亿元,增长8.2%。限上批发业零售额0.3亿元,增长19.6%;限上零售业零售额15.8亿元,增长21.1%;限上住宿业零售额0.1亿元,增长9.9%;限上餐饮业零售额1.1亿元,增长33.9%。限上零售业零售额占社会消费品零售总额的23.3%。34家规模以上服务业企业完成营业收入6.82亿元,增长20.1%。

全年共签约新项目38个,增长11.8%。内资到位资金33.2亿元。进出口总额6608万美元,增长47.0%。全年完成交通运输邮电仓储业增加值6.75亿元,增长9.3%。全社会运输单位完成货运量645万吨,增长7.9%,货物周转量132662万吨公里,增长12.7%。全市客运量325万人,下降3.8%,旅客周转量10870万人公里,下降3.8%。境内公路全程总长567.76公里,其中国道4.76公里,省道159.37公里,县道24.97公里,乡道166.24公里,专用公路1.69公里,村道210.73公里。年末全市汽车保有量15025辆,增长20.1%。本年新注册民用汽车2519辆,增长33.5%。年末全市摩托车保有量33830辆,增长4.6%。

全年完成邮电业务总量1.83亿元,其中,邮政业务总量0.29亿元,电信业务总量1.54亿元。移动电话用户193769户;宽带网用户44210户。

全年完成旅游总收入12.3亿元,增长13.0%。国内旅游人数181万人次,增长13.2%。境外入境人数78人次,增长5.4%。全年出境人数10980人次,增长15.0%。成功举办青苗腊八节暨常德市乡村旅游年颁奖活动、采莲摸鱼节、杨梅采摘节、药山慈云讲堂、绿岛蓝湾系列乡村旅游等节庆活动。

全年完成财政总收入7.08亿元,增长10.0%,其中公共财政预算收入4.38亿元,增长2.1%;公共财政预算支出21.03亿元,下降15.5%;国地两税完成各项税收入库5.87亿元,增长14.8%,其中国税收入3.05亿元,增长46.3%;地税收入2.82亿元,下降6.9%。

年末金融机构各项存款余额129.6亿元,增长16.9%,其中非金融企业存款余额27.2亿元,增长34.4%,住户存款余额81.4亿元,增长9.4%。金融机构各项贷款余额45.0亿元,增长28.0%。全年各项保费收入1.38亿元,增长35.3%。

年末全市中等职业学校3所,招生293人,增长15.4%,在校学生799人,下降2.2%,毕业学生300人,增长21.5%。普通高中2所,招生806人,下降3.8%,在校学生2511人,下降5.7%,毕业学生915人,下降4.0%。初中学校9所,招生1185人,增长1.5%,在校学生3516人,增长0.5%,毕业学生1170人,下降2.4%。普通小学18所,招生1545人,下降2.8%,在校学生9077人,下降0.1%,毕业学生1353人,下降3.3%。小学适龄儿童入学率100%。特殊教育学校1所,招生13人,在校学生136人。幼儿园在园幼儿4782人,下降0.3%。各类民办学校44所,在校生2839人,增长2.6%。义务教育阶段合格学校建设28所。落实义务教育保障资金1342万元,发放中职国家助学金15.5万元,中职国家助学金资助中职学生155人次。

年末高新技术企业13家,省级工程技术研究中心5个。专利申请101件,其中发明专利41件。授权专利60件,其中发明专利16件。全年技术合同成交金额0.63亿元。

全市拥有艺术表演团体1个,群众文化馆1个,公共图书馆1个,新增图书分馆2个,博物馆1个,国家级非物质文化遗产保护目录1个,省级非物质文化遗产保护目录1个。全年,开展各类群众文化惠民活动近50多场,参加活动2000多人次,受益群众18000多人次。文化创作成绩斐然,由津市打造的大型舞美剧《兰香四韵》参加“欢乐潇湘”常德市百团大赛演出,获得第二名。图书馆以“车胤读书节”为平台,开展“津图讲堂”、“书香湖南·红星闪闪耀童心”等系列活动,得到市民的高度认可,并获得省文化厅授予的“湖南省青少年党史国史主题教育活动先进集体”荣誉称号。年内放映农村公益电影992场。群众体育进一步普及,经常参加体育锻炼人数10.2万人,年内开展全民健身项目23项次。城乡公共体育基础设施不断完善,全市拥有体育场地97个,其中运动场4个,游泳池1个,各种训练房21个。全年,共开展乒乓球、太极拳、健美操等各项全民健身活动30余次,发放体育器材250多件。成功举办电竞邀请赛、3V3篮球赛、城市定向深度体验活动等体育活动。

全市医疗卫生机构总计225个。其中医院、卫生院12家,妇幼保健院1个,专科疾病防治院1个,社区卫生服务中心(站)11个,诊所、卫生所、医务室76个,村卫生室122个。卫生技术人员1878人,其中执业医师和执业助理医师577人,注册护士593人。医院、卫生院床位数1227张。乡镇卫生院7个,床位数248张,卫生技术人员199人。全市疾病预防控制中心(防疫站)2个,卫生技术人员35人。卫生监督所(中心)1个,卫生技术人员11人。

年末全市居民总户数96216户,总户籍人口235205人,其中城镇人口121791人,乡村人口113414人。按性别分,男性人口119253人,女性人口115952人。按年龄分,0-17岁32515人,18-34岁46028人,35-59岁99866人,60岁及以上56796人。全市全年出生人口2240人。

全年城乡居民人均可支配收入24574元,增长8.8%。其中城镇居民可支配收入30664元,增长8.6%,农村居民人均可支配收入14259元，增长8.5%。

年末城镇登记失业率3.18%。参加城镇基本养老保险职工人数27202人,离退休人员27191人。新型农村养老保险登记参保人数51746人。城镇基本医疗保险参保人数255635,城镇职工基本医疗保险参保人数30027人。参加失业保险17008人。领取失业保险金人数160人。参加生育保险13200人。参加工伤保险职工人数31895人。

获得政府最低生活保障的城镇居民11.7万人次,发放城镇居民最低生活保障经费3739万元；获得政府最低生活保障的农村居民7.3万人次，发放农村居民最低生活保障经费1168万元。各类收养性社会福利单位床位数2367张,各类收养性社会福利单位收养人员数1686人。销售社会福利彩票6437万元,筹集社会福利资金1547万元,直接接收社会捐赠65万元。

年末森林覆盖率24.1%，比上年提升0.83个百分点，全年完成造林面积566.7公顷,下降45.9%。年平均降水量1228.5毫米。

全年万元GDP耗能0.35吨标准煤，规模以上工业企业能源消费量20.31万吨标准煤,增长4.6%,万元规模以上工业增加值能耗下降率达到4.9%。持续开展大气污染防治,依法取缔燃煤锅炉、粘土砖厂,市区空气质量优良天数较去年增加7.0%。

安全生产形势呈现良好稳定态势,全年发生各类安全生产事故2起,下降50.0%，各类安全生产事故死亡人数2人,下降60.0%。全年发生生产经营性道路交通事故1起,死亡1人。(高如欣)

【市政府2017年常务会议】

1月11日,市委副书记、市长陈章杰主持召开2017年第1次市政府常务会议。会议听取津市市政府与溢多利公司战略合作相关情况的汇报、关于出租汽车运价体系调整情况的汇报,并形成意见。

1月19日,市委副书记、市长陈章杰主持召开2017年度市政府第2次常务会议。会议学习全国全省安全生产电视电话会议精神,审议研究行政审批制度改革、2016年度工业经济考核奖励和市高新区2017年财政预算编制等工作。市委副书记、市长陈章杰就民生事业、春节慰问、节假日值班值守、信访工作、市容市貌及交通安全工作提出意见,要求加强节日期间市场、水电气的正常供应,加强春节期间道路安全管理工作,强化值班值守,及时处置突发事件。

2月28日,市委副书记、市长陈章杰主持召开2017年市政府第3次常务会议,学习贯彻常德市园区攻坚会议精神,研究园区攻坚、招商引资考核办法、重点项目建设、《政府工作报告》任务分解等工作。会议原则通过《2017年园区攻坚大会战工作方案》，强调要以市第十二次党代会、市委经济工作会议和市十七届人大常委会二次会议精神为指导，以创建国家级园区为目标，以“1115”工程为主线,进一步明确工作目标、突出工作重点、落实工作责任、强化督导考核，推进园区攻坚大会战工作。会议强调,创建国家级园区不是最终目的,而是园区攻坚大会战的重要工作抓手。全市上下要统一认识,分解任务抓好创建国家级园区任务指标，倒逼发展；园区作为津市工业发展的主阵地,必须发挥招商引资主力军的作用。要有功成不必在我的境界，盯紧大项目、好项目;要继续落实企业帮扶工作,出实招、求实效,真心实意服务企业,竭尽全力为企业排忧解难,将帮扶企业工作常态化、精细化。会议原则通过《津市市2017年重点建设项目责任制表（送审稿）》;同意择期召开全市项目建设工作会议,明确各部门单位重点项目目标任务。会议指出,根据市委经济工作会议要求和政府工作报告总体要求。2017年,全市要确保全年完成固定资产投资138亿元以上,现初步确定投资额1000万元以上的重点项目70个，前期项目16个,开发任务42个。会议指出,项目建设是加快津市产业结构调整和产业优化升级的现实选择,是保障和改善民生的重要支撑,各级各部门必须充分认识加快重点项目建设的重大意义,进一步增强责任感、紧迫感和使命感,切实加强领导,提高项目工作水平,推动重点项目建设工作迈上新台阶。会议同意将《政府工作报告》任务分解情况以《关于分解下达2017年<政府工作报告>任务的通知》形式全市下发。会议指出，各责任单位要把完成《政府工作报告》中提出的各项发展目标和重点工作任务摆上重要议事日程,每项工作由一名市领导牵头，各单位主要负责人负总责；相关工作涉及两个以上责任单位的,排第一的为牵头单位。会议要求,各责任单位要结合职能职责和工作实际,进一步分解、细化、量化工作任务,严格按照时间节点,抓好组织实施,确保按月份、按季度推进各项工作的全面落实。会议还研究中央环保督查迎检、国家新型城镇化和中小城市综合改革试点整改、2017年投融资、市人民医院与常德市第一人民医院开展战略合作等工作,并形成意见。

3月24日,市委副书记、市长陈章杰主持召开2017年市政府第4次常务会议，学习公共资源交易相关政策,研究加强农村留守儿童关爱保护、开展城镇带动大会战暨海绵城市建设、2017年脱贫攻坚大会战、优化经济发展环境、学习贯彻上级审计会议精神,并形成相关意见。关于加强全市农村留守儿童关爱保护工作,津市将通过树立强制报告意识、加强监护干预力度、做好控辍保学工作、抓好户籍管理工作、提升救助保障能力、加大基础设施建设等工作手段，争取2020年，在全市建立功能完备、运转高效的留守儿童关爱保护体系,实现政策体系更加健全,社会关爱保护意识普遍增强,儿童成长环境更为完善、安全更有保障,儿童留守现象明显减少等目标。会议原则通过《津市市“城镇带动大会战”工作方案》;同意成立城镇带动大会战指挥部。原则同意加强市海绵办工作力量,抽调班子工作人员配强海绵办工作力度;原则同意将海绵城市建设纳入市城建双月调度会研究项目。会议提出,全市"城镇大会战"拟总投资94.17亿元,实施项目46个,将以"一水两岸"、"一街两片"、"一带四镇"建设为突破口,力争到2020年末,规划区面积达到173平方公里,中心城区建成面积30平方公里,城市人口达到29万,城镇化率达到76.3%,建设用地规模为30平方公里,基本形成"一核一环四中心"的城镇群空间发展格局、城乡一体化协调发展格局。会议指出,要重点关注、重点推动棚户区改造、大城管格局构建、海绵城市建设、特色城镇建设等城市方面建设。会议要求,要加快城建项目施工进度;领导干部要深入施工现场,现场加强工作调度、工地管理、施工和监督;对于定了的项目目标任务要一项一项抓落实。关于海绵城市建设,会议强调,津市海绵城市建设首先要解决"排"的问题,怎么把城市积水、污水安全的排出去;其次要解决"投入"的问题,要以效益和实用为原则来计划怎么投、投哪些项目。要紧紧围绕水生态、公园绿地、道路广场、排水管网、居住小区、公共建筑六大工程,做活水文章、凸显生态美、打造宜居城。关于全市2017年脱贫攻坚大会战工作,主要任务是:11个贫困村全部退出,1286户3864名贫困人口全部脱贫。主要考核目标是:新增小额贷款1100万元,兜底保障2668人,技能培训271人,教育助学470人,危房改造180户,电力改造2个项目120万元,窄路加宽17公里(其中2016年已提前实施5.6公里),农田水利投入225万元,改造完善村级活动场所11个,所有贫困村集体经济年收入达到4万元。会议原则同意成立全市脱贫攻坚大会战指挥部、出台《津市市脱贫攻坚大会战工作方案》、增强扶贫工作力量。会议还研究优化经济发展环境、津市贯彻上级审计会议精神情况等工作,并形成意见。

4月28日,市委副书记、市长陈章杰主持召开2017年市政府第5次常务会议,学习常办发〔2016〕16号文件精神,研究高新区盘活闲置低效企业、政府投资项目财政评审程序及规定、乡镇街道财政所管理体制、2017年省重点民生实事项目和市智慧城市二期工程项目建设等方面工作。会议原则通过《高新区闲置低效企业盘活工作方案(讨论稿)》。会议指出,市高新区目前共入驻企业75家,其中正常生产建设的企业(项目)55个,存在较大困难和问题的企业(项目)20个,包括18个工业项目和2个商服项目,通过开展闲置低效企业盘活工作,帮助企业解决一批实际困难和问题,通过破产、重组、招商等措施,盘活企业存量,提升园区形象,增强工业经济后劲。会议要求,闲置低效企业盘活工作要符合程序、依法依规,其根本目的是立足于盘活企业,使企业尽快恢复经营或扩大经营,切实盘活闲置企业厂房和土地资源,利用存量吸引增量。会议要求,市推新领导小组和高新区要加强调度督导,定期通报工作进度,加快推进闲置低效用地盘活工作。关于2017年省重点民生实事项目。会议指出,2017年共下达全市省重点民生实事项目任务指标11项,主要包括精准扶贫、棚户区改造、配电网改造、农村公路提质改造、孕产妇产前免费筛查等方面,涉及责任单位10家。会议要求,各责任单位必须确保各项民生实事项目按时间、按进度,对照考核标准不折不扣落实到位,努力把实事办好、好事办实。会议听取津市智慧城市二期工程项目建设情况汇报。会议指出,津市是国家第三批智慧城市建设试点城市,市智慧城市建设项目是国家发改委新型城镇化建设中小城市改革试点重点工程,争取1亿元专项建设基金。会议要求,市智慧城市二期项目建设(应急通信指挥系统、天网工程拓展项目、智能交通项目)应尽快启动;项目基金要用到实处,确保使用效益;同时,智慧城市建设要结合津市实际,项目选取要侧重于社会管理方面。会议还研究政府投资项目财政评审程序及规定、乡镇街道财政所管理体制、建设金融服务中心等工作,并形成意见。

5月27日,市委副书记、市长陈章杰主持召开2017年市政府第6次常务会议,审议研究全市禁毒工作、电子政务工作和成立市农产品质量检测中心、社会救助提标、精准对接兜底脱贫等工作并形成相关意见。关于全市禁毒工作。会议指出,2016年全市禁毒工作要以推进"两项工程"(青少年毒品预防教育"6.27"工程、社戒社康"8.31"工程)建设为抓手,聚焦缉毒执法、社戒社康网格化管理、毒品预防宣传教育、易制毒化学品管理等热点工作,取得明显成效。2016年全市共破获各类涉毒刑事案件29起,逮捕起诉31起,查处吸毒人员205人,强制戒毒92人,治安拘留656人次,缴获各类毒品607.03克,铲除非法种植毒品原植物罂粟1562株。会议要求,要强化禁毒机制建设,加快推进禁毒办实体化和镇(街道)禁毒工作办公室建设;要强化禁毒宣传,加强青少年毒品预防教育工作,将德雅中学作为津市禁毒教育基地和省级毒品预防教育示范学校;要加强禁毒工作考核督导,强化禁毒社会化管理和打击效能,加强禁毒工作经费保障。会议听取全市电子政务工作汇报。会议指出,2017年津市将狠抓网站普查,继续采取"一月一抽查,一季度一通报"和"日常巡查"、"问责机制"等方式,切实消除部分网站存在的"信息更新不及时、信息发布不准确、互动交流不回应、服务信息不实用"现象;采取"基本栏目+特色栏目"的模式狠抓资源整合,大力推进网站集约化建设;加强项目管理,对全市所有电子工程项目进行技术评审,节约财政项目资金;加快外网建设,扩大政务外网覆盖范围,提升政务服务水平;大力夯实基础,全面推进政务公开。会议同意将政府网站普查工作纳入全市年度绩效考核内容。会议要求,将网站普查工作纳入市政府督查室重点督办内容,每季度进行一次通报;对存在问题连续3次整改不到位的单位,市政府领导对单位主要负责人进行约谈。会议还研究电子政务办机构升格及经费保障工作。关于成立农产品质量检测中心工作。会议指出,农产品质量安全是基本的民生问题,是群众的基本需求和共同期盼。会议强调,食品安全工作,要坚持最严谨的标准、最严格的监管、最严厉的处罚、最严肃的问责。会议要求,要切实加强食品检验检测能力建设,统筹规划好食品检验检测资源,进一步完善检验检测体系,加强检验检测机构资质认定。会议同意整合检测机构,将蔬菜、水果、畜禽、水产品等食用农产品检测职能进行整合,成立市农产品质量检测中心。其主要职责是承担上级下达的农产品质量安全执法检测,指导农产品生产基地开展检测工作,负责农产品质量安全例行检测、监督抽查、风险排查和生产过程中的日常监督检查等。市农产品质量检测中心为市农业局管理的全额拨款的股级事业单位,办公地点设在市畜牧水产局原办公楼。会议还研究社会救助提标、精准对接兜底脱贫等工作,并形成意见。

6月29日,市委副书记、市长陈章杰主持召开2017年市政府第7次常务会议,审议研究市校车安全管理工作、创建湖南省"五化"民政示范县市区、贯彻落实常德市治理战役"夏季攻势"动员大会精神、毛里湖湿地公园相关工作、深化供销合作社综合改革、市政府与社会资本合作、全市闲置低效企业盘活等方面工作,并通报相关案件。会议听取关于津市校车安全管理工作的情况汇报。会议要求,药山镇要按照"农村客运班线车不能作为校车使用"的原则实施整改,坚决严厉打击农村客运班线运营不规范行为,并要全面实行国际校车接送,确保2017年8月底前国际校车在全市全覆盖;对当前排查出来的11处道路安全隐患,由新洲镇、毛里湖镇、白衣镇、市交通局按相关整改通知要求,于8月30日前完成整改;新洲中学现有校车坪存在安全隐患,新洲镇政府要尽快择地并建设好校车停车坪。会议还通过《津市市校车停靠站点建设工作方案》、《津市市校车安全管理公共服务平台建设方案》,原则通过《津市市2017年校车经费补贴方案》。关于深化供销合作社综合改革工作,会议指出,津市供销社根据供销社综合改革目标任务,计划重点建设农村社会化服务平台,全面提升服务能力,加快建成综合性、规模化、可持续的为农服务体系。供销社综合改革工作领导小组要按照中央、省、市的改革要求,坚持服从大局、坚持国有主导、坚持因地制宜、坚持服务创新四个原则,进一步明确津市供销社综合改革工作方向,部署具体工作任务。会议同意参照上级文件精神,以市政府名义下发《关于深化供销合作社综合改革的实施意见》;同意市政府划拨资产做实惠农公司;同意成立覆盖全市农村的镇中心社和村服务社,并划拨镇、村部分闲置资产用于镇、村服务社建设;同意设立供销社信息服务中心;同意食用菌产业发展的相关事宜整体划归市供销社管理,并由市供销社参与全市农村电商服务。关于全市闲置低效企业盘活工作。津市高新区目前共入驻企业75家,其中正常生产建设的企业(项目)55个,存在较大困难和问题的企业(项目)20个,包括18个工业项目和2个商服项目。会议要求,相关部门单位要进一步加大闲置低效企业盘活力度、招商力度和督促考核评比力度,加强调度督导,定期通报工作进度,加快工作推进。会议还研究创建湖南省"五化"民政示范县市区、贯彻落实常德市治理战役"夏季攻势"动员大会精神、毛里湖湿地公园相关工作、市政府与社会资本合作,并形成意见。

7月6日,市委副书记、市长陈章杰主持召开2017年市政府第8次常务会议,审议研究交通运输、退役士兵"八一"走访慰问、印发《关于全面推行河长制的实施意见》、津澧新城西河街棚改片区合作开发、智慧城市建设等方面工作,并形成意见。关于交通运输工作。会议指出,2017年由交通部门具体实施的建设项目为9个,包括澧水二桥建设、窑坡渡千吨级码头建设、S238新洲至岳山公路建设、渡口至棠华公路路面大修工程、农村公路建设5个开工项目;以及沅澧干线5号大道新洲至哑河段建设、锚地建设2个前期项目;安慈高速公路建设、澧水航道整治2个配合项目。会议同意相关项目建设问题,并同意加强组织保障。会议要求,相关责任单位在工程建设施工过程中,要做好施工现场管理工作,在相关环节中加强控制和管理,控制工程造价,尽量避免或减少建设资金的流失,最大限度地提高建设资金的投资效益。关于津澧新城西河街棚改片区合作开发工作。会议指出,2017年初,市委、市政府将西河街棚户区改造项目列为津市城市建设的一号工程,并明确市城投公司为项目建设投资主体,引进外地高端投资建设单位合作开发,借鉴外地丰富的建设、管理、运营经验,探索出一条城市运营与开发建设的新途径。市委、市政府要求,城市棚改与城市建设经营要实行全面无缝对接,要通过西河街棚户区的改造,切实提升城市品位、提升居民的幸福指数,达到改造一片、建设一片、造福一片的目的。会议原则同意市城投公司相关工作方案,要求相关单位精心组织,全力完成好全市重点工程、民生工程。关于智慧城市建设。会议确定智慧城市三期项目,并要求尽快启动建设,合理使用专项基金;要求根据常德市"六个统一"的要求及相关规定,加强项目管理,扩宽融资渠道,确保项目建设实施。会议还研究2017年退役士兵"八一"走访慰问、印发《关于全面推行河长制的实施意见》等工作,并形成意见。

7月27日,市委副书记、市长陈章杰主持召开2017年市政府第9次常务会议,学习农村经营管理政策法规,审议研究津市调整公务员规范津补贴水平、市一中综合楼工程量增减情况、全市封洲禁牧淘汰牛羊和闲置低效企业盘活等工作,并形成相关意见。关于津市调整公务员规范津补贴水平工作。会议指出,津市《关于上报津市市公务员规范津贴补贴水平工作实施方案的请示》,常德市人民政府已批复同意。会议要求,各单位要积极宣传、解释好相关政策,于8月1日前不折不扣的按要求执行到位。会议听取全市封洲禁牧淘汰牛羊工作情况的汇报。会议指出，2017年4月，血防查螺队对等易感地带进行螺情调查，调查面积1004.08平方米，调查35799框，发现活螺3681框，活螺4569只。特别是澧水、涔水沿河洲滩钉螺密度高、分布面积大、滩块多、环境复杂，该地段人畜活动频繁极易造成爆发群体感染急性血吸虫病重大事件。会议强调，封洲禁牧事关民生，法律有规定，上级有要求，群众有期盼。要求各相关责任单位统一思想认识，进一步明确责任与任务，加强督导，强力推进封洲禁牧工作。关于闲置低效企业盘活工作。会议指出，津市高新区目前共入驻企业75家，其中正常生产建设的企业（项目）55个，存在较大困难和问题的企业（项目）20个。会议要求，闲置低效企业盘活工作要符合程序、依法依规，其根本目的是立足于盘活企业，使企业尽快恢复经营或扩大经营，切实盘活闲置企业。会议强调，相关部门单位要进一步加大闲置低效企业盘活力度，对企业存在的问题进行"穿透式"的调度，切实解决存在的问题，加快工作的推进。会议还研究市一中综合楼工程量增减情况，并形成意见。会前，参会人员还集中学习农村经营管理相关政策法规。

8月16日，市委副书记、市长陈章杰主持召开2017年市政府第10次常务会议，听取项目办工作情况汇报，审议研究建立治超工作联合执法机制、城市规划区内规范建房、《进一步加快盘活闲置低效企业的实施意见（试行）》起草、人才公寓建设等方面工作，并形成意见。关于建立治超工作联合执法机制。会议指出，2017年以来，全市继续保持治超高压态势，经过市交通、交警、城管等部门的通力协作与持续打击，割厢板工作取得明显成效，超限超载问题得到有效遏制。但全市治超形势尚未得到根本好转，尤其是联合治超体制机制不尽完善，在联合执法行动的组织上，创新不够，力度不大。结合省、常德市关于治超工作新的安排部署，建立治超联合执法机制，从而使各地治理车辆超限超载工作迈入常态化、长效化管理轨道。会议强调，治超工作已成为市委、市政府中心工作，全市上下要做好打大仗、打持久仗的准备，将治超工作转入常态化。关于《进一步加快盘活闲置低效企业的实施意见（试行）》起草。会议指出，为进一步强化政策激励，有效盘活全市闲置低效企业，加快处置进程，同时建立源头防范和综合监管机制，根据主要领导指示，起草《意见》，确保在工作推进过程中有法可依。《意见》在《关于项目准入、优惠和奖励政策的若干规定》（津发〔2017〕1号）文件的基础上，重点就企业破产拍卖、协议转让中涉及的税款优惠政策、土地供管和企业风险管控等方面进行补充和细化。《意见》共20条，主要分为降低企业成本、强力奖励引导、盘活高新区商住楼、创新土地供管方式、强化企业风险管控五个部分。会议原则同意将《进一步加快盘活闲置低效企业的实施意见（试行）》报市委同意后下发全市，并特别强调税款征收方面一定要依法依规，按程序进行。会议听取市项目办工作情况汇报。会议指出，项目是经济发展的载体，是做好其他各项工作的经济保障，抓项目就是抓经济工作的"牛鼻子"。在充分肯定全市项目工作的同时，也要看到当前项目工作所面临的压力和存在的不足，进一步传导压力，压实责任。会议要求，进一步抓好项目前期工作，项目办须做好本职工作，并牵头做好产业等方面大项目，做实项目库；同时，进一步抓好向上争资与考核调度。会议还研究城市规划区内规范建房、人才公寓建设等方面工作，并形成意见。

9月30日，市委副书记、市长陈章杰主持召开2017年市政府第11次常务会议，传达学习常德市纪委有关文件精神，研究举办2017年"健康湖南动起来"全民健身大赛、中央环保督察交办问题整改、法治政府建设等工作，审议《津市市城市公园（广场）管理暂行办法》、《津市市政府投资项目建设管理暂行办法》。会议同意成立津市市突出环境问题整改工作领导小组，审议通过《津市市贯彻落实中央第六环保督察组反馈意见整改方案》、《津市市土壤污染防治工作方案》（草案）、《津市市党政领导干部生态环境损害责任追究实施细则（试行）》（草案）。会议要求，所有问题都要交办到各个责任单位和责任人，各责任单位应严格按照整改要求，在11月底前全面完成整改任务。会议审议通过成立津市市依法行政和法治政府建设领导小组、调整市法律顾问团成员名单，要求对规范性文件清理；同时，要进一步强化行政应诉责任，落实法治责任。会议原则通过《津市市"健康湖南·动起来"全民健身大赛季·津市首发站活动方案》，并要求相关市级领导就赛事举办及赛事期间安保等细节工作加强调度。

10月26日，市委副书记、市长陈章杰主持召开2017年市政府第12次常务会议，审议研究关于津市公租房租金及污水处理费调整工作、2017年退役士兵安置工作，并形成意见。关于津市公租房租金及污水处理费调整工作。会议指出，依据上级文件《关于加强保障性住房价格管理办法》、《常德市城区公共租赁住房建设管理实施办法（试行）通知》（常建通[2012]113号）及《关于制定和调整污水处理费收费标准等有关问题的通知》（湘发改价服[2015]347号）中的相关规定，津市计划对公租房租金及污水处理费进行适当调整。会议同意启动公租房租金调价程序，并组织价格听证，下发调价文件明确调价标准。会议指出，为保障自来水和污水处理企业长期有效运转，充分利用价格杠杆提高企业及个人水资源利用率，节约用水，原则同意进行污水处理费调整。关于2017年退役士兵安置工作。会议指出，要严格落实2017年退役士兵安置政策。会议通过《2017年退役士兵安置工作方案》，同意召开退役士兵安置会议，确保人员尽快到岗。

12月20日，市委副书记、代市长黄旭峰主持召开2017年市政府第13次常务会议，传达学习习近平总书记关于"纠四风"重要批示精神，审议研究落实中央环保督察反馈意见西毛里湖水环境保护整改工作、河长制工作、投资设立两湖生物医药园创业投资基金、开放强市产业立市工作、《津市市政府投资项目施工管理暂行规定》征求意见、突发公共事件总体应急预案修改更新、2018年财政预算编制方案等方面工作，并形成意见。关于落实中央环保督察反馈意见西毛里湖水环境保护整改工作。会议指出，西毛里湖水质改善的关键是要消除内源性的污染因素。当前，以消除外源性污染因素为目标的4条大溪河拦截工程以及人工湿地建设工程正在抓紧实施。会议要求，各相关部门要高度统一思想，全力以赴推进西毛里湖水环境综合整治工作，不打折扣完成工作任务；要加强调度，实施整改任务消耗结账制度，建立长效工作机制，切实改善西毛里湖水环境。会议同意批准《西毛里湖水环境综合整治工作实施方案》、《津市市西毛里湖水环境管理办法（草案）》、《津市市清理国家公职人员参与西毛里湖周边畜禽水产养殖经营活动专项整治方案》。会议还就采取措施加快落实大湖股份西湖渔场应承担的环保责任问题、整治公职人员涉及拦坝围堰问题、设立西毛里湖禁投有奖举报制度问题方面作安排部署。关于河长制工作。会议指出，自推行河长制后，津市对辖区内的河流、湖泊、水库进行全面细致的调查摸底。当前，津市范围内水域已全面禁止采挖，城区所有沿河码头全部搬迁、取缔；投资8000万元对“三湖公园”进行改造，投资300万元新建4个集镇污水处理站，市高新区新建的污水处理厂主体工程已全部完成；同时西毛里湖由总河长督办，投资20万元对水葫芦进行打捞，并对毛里湖周边栏河、拦网、投肥进行清理整治。会议指出，河长制工作不仅是任务，更是责任，各相关部门要切实提高思想认识，认真履行职责；要坚持问题导向，专攻重点难点，对工作存在的突出问题和薄弱环节精准发力；要建立整体联动机制及定期督查机制，以机制促进工作显成效。关于《津市市政府投资项目施工管理暂行规定》征求意见工作。会议指出，近期，市政府重新修改下发《津市市政府投资项目建设管理暂行办法》。为落实《办法》，市住建局牵头拟定《津市市政府投资项目施工管理规定》，以有效解决好政府投资项目中的围标串标、低价中标、擅自增补工程量、质量安全及文明施工管理不到位等问题。会议原则同意以市住建局名义出台《津市市政府投资项目施工管理暂行规定》。会议传达学习习近平总书记关于“纠四风”重要批示精神，要求政府各位领导同志和各部门单位提高思想认识，坚持问题导向，深刻查摆，认真查找“四风”突出问题，抓好作风建设。会议还研究投资设立两湖生物医药园创业投资基金、开放强市产业立市工作、突发公共事件总体应急预案修改更新、2018年财政预算编制方案等方面工作，并形成意见。（高如欣）

【市人民政府工作会议召开】3月7日上午，市人民政府工作会议在津市兰苑宾馆会议中心召开。会议旨在贯彻落实中央、省、常德市及市委经济工作会议、人大政协两会精神，分解全年目标任务、明确工作责任，确保完成全年各项工作任务，市委书记傅勇出席会议并讲话，市委副书记、市长陈章杰主持会议。会上，市委常委、常务副市长熊斌，市政府副市长李阳、杜登全，市政府副市长、公安局长戴志刚，市政府副市长高见、徐兴勇、市政府副市长（提名人选）周澧围绕全市园区攻坚大会战、城镇带动大会战、脱贫攻坚大会战、交通跨越大会战、项目推进、安全生产、建议提案办理、招商引资、农业农村、美丽乡村建设、消防、道路交通安全社会化管理、棚改、环保等方面工作，分别结合各自所分管的工作实际，向大会作工作报告，并提出相关建议和意见。市人大常委会主任王育平、市政协主席姜正才表示将与市委市政府始终保持高度一致，主动担当，支持政府工作，维护大局稳定，坚定不移的推动津市经济社会发展。陈章杰要求，全市各级各部门要认真落实会议精神，细化工作方案，层层分解工作任务，确保完成全年工作目标任务；要切实增强议案建议和提案办理工作，严格落实办理责任，强化督查督办，确保办理实效；要全力落实“四大会战”，明确目标任务，精准施策，迅速推进，打出声威；要切实抓好当前工作，加强经济工作调度，加大实体经济帮扶力度，确保实现市委经济工作会议提出的第一季度工作“开门红”的目标任务。陈章杰还就项目建设、社会稳定和安全生产等工作提出工作要求。傅勇要求，各级各部门在项目建设上要比作为，在招商引资、上级投资、本级投资工作方面定期发通告、集体比比看；要在攻坚克难上赛能力。在保证常规性工作的有效完成上，努力提升攻坚克难的能力，领导干部要从方向性问题和细节性问题入手，在决策上、关键难点上要有突破，遇到困难，迎难而上，敢打敢拼；要在创新推动上看效率。新的发展阶段有新的工作要求，要及时改变老办法、老套路、老思维，工作上多思考、多谋划、多创新，面对新的问题要多请教，把难题弄清楚、想明白，充分团结一切可以团结的力量，系统性的推进各项工作。傅勇要求，全市各级各部门认真落实会议精神，再加油、再鼓劲，为全年工作打好基础，确保年度工作目标任务圆满完成。（高如欣）

【市委十二届四次暨市政府十七届一次全体（扩大）会议召开】8月2日，市委十二届四次暨市政府十七届一次全体（扩大）会议在市兰苑宾馆会议中心召开。市委书记傅勇，市委副书记、市长陈章杰作重要讲话。会上，市发改局、商务粮食局、财政局、统计局、住建局、高新区分别汇报上半年工作完成情况及下半年工作思路；与会市委常委、市政府副市长分别简要回顾上半年工作，并就下半年工作任务作安排部署。2017年以来，面对复杂多变的经济环境，市委团结带领全市干部群众，认真贯彻落实习近平总书记系列重要讲话精神和中央、省委、常德市委决策部署，围绕市第十二次党代会提出的建设“澧水流域现代化的中心城市”目标，扎实开展园区攻坚、城镇带动、交通跨越、脱贫攻坚“四大会战”。全年安排重点建设项目70个,年度总投资76亿元,现已完成投资42.9亿元,开工率达80%。大力开展招商引资和向上争资,新引进项目17个,其中过亿元项目5个;向上争资强劲有力,上半年累计到位资金13亿元,完成全年任务的51.78%。经济运行呈现总体平稳、稳中向好的良好态势,主要经济指标实现“双过半”。市委副书记、市长陈章杰在会上指出,2017年以来,政府各部门单位按照党代会提出的“工业立市、产业兴城”的战略部署,抢抓机遇,攻坚克难,奋勇争先,经济社会发展稳中向好,较好的完成市委政府年初提出的各项工作目标,政府工作总体来说实现良好开局,稳中有进。陈章杰强调,抓好产业和项目是贯彻省委、常德市委决策部署的必然要求,是推动津市经济社会跨越式发展的必然要求,全市上下要在常德市一盘棋中谋划和推进津市经济工作,坚持发展为第一要务,以大开放、大解放促进大发展。在应对财政金融形势方面,要做大做强财政规模和实力,严控出现系统性的财政金融风险,稳妥推进平台公司市场化转型,并大力引进战略投资者;在城市经营管理方面,国有资产的归集、管理和经营要精细化,土地经营管理要严守土地管理法、土地利用规划,严守耕地占补平衡、耕地红线,严格土地报批,做好土地经营这篇文章,提高土地经营管理水平,加大土地收储力度,抓好城市管理及重点项目推进;在工业经济发展方面,津市要把精力放在抓好产业发展和帮扶企业上,2017年必须确保完成16家低效闲置企业的帮扶,争取完成20家。陈章杰要求,全市上下要真抓实干、攻坚克难,咬定年度目标抓落实、抓执行。项目工作方面,项目办要切实抓好农口、交通、水利、城建等重大项目入库工作,同时高度重视项目储备问题;城市工作方面,城市办要继续推动和协调城市管理相关工作;园区工作方面,高新区要在“一权两制一司”的框架内,大胆决策,主动作为,服务好企业;安全生产工作方面,安委办要大胆履责,常态化监管,确保安全检查工作不留死角、问题隐患立行立改、不打“太极”、不打折扣;争资争项工作方面,相关经济主管部门一定要适应争资争项工作新变化,保持与上级主管部门沟通联系,确保争资争项工作始终维持在高水平状态。就下半年工作,市委书记傅勇强调,全市上下要不忘初心,坚定按照市第十二次党代会确定的“工业立市、产业兴城”战略部署,紧扣“四大中心”“四大会战”等目标任务,在重点工作上发力、在难点问题上攻坚、在薄弱环节上补短,全力推进“澧水流域现代化的中心城市”建设。傅勇要求,全市上下要迎接宣传十九大,全面加强党的建设。这是下半年全市工作的主线,一切工作都要围绕这条主线展开;要坚定发展战略,全面推进二次创业。后段要始终保持战略定力,坚持一张蓝图干到底,重点打造工业经济中心、现代物流中心、金融服务中心、创新研发中心“四个中心”,高标准谋划好园区、港区、城区、景区建设;要顺应群众关切,全面发展民生事业。按照以人为本、执政为民的要求,以更大的决心、更实的举措,推动民生改善;要坚持问题导向,全面深化改革攻坚,破除制约津市经济发展的体制机制障碍,打造更加优越的发展环境,把津市的比较优势转化为经济发展优势,加快实现跨越发展。围绕推动津市发展和民生福祉改善,大刀阔斧地推进各领域的改革。傅勇强调,事业兴衰,关键在人。全市上下要凝心聚力,推动干事创业,始终坚持开明开放,大力推动创新创业,努力追求精致精确;要认真贯彻落实上级和市委的决策部署,鼓足干劲,埋头苦干,扎扎实实抓好下半年各项工作,为圆满完成2017年目标任务,迎接党的十九大胜利召开而不懈努力。(高如欣)

【全市卫生与健康大会、全市创建国家卫生城市总结表彰暨城市创建工作推进大会召开】10月24日,津市召开全市卫生与健康大会、全市创建国家卫生城市总结表彰暨城市创建工作推进大会,推介卫生与健康先进典型,表彰在创建国家卫生城市过程中,涌现出的先进集体、先进个人。进一步动员各单位、各部门和广大党员干部群众,认清形势,统一思想,振奋精神,以崭新的姿态和积极的作为,推进卫生与健康及城市创建各项工作再上新台阶。会议由市委副书记杨文惠主持。会上,市委副书记、市长陈章杰作城市创建工作主题报告,市政府副市长李阳作卫生与健康工作报告,市政府副市长徐兴勇宣读《关于进一步推进城市创建工作的实施意见》,市委常委、宣传部长张海卿宣读《关于表彰创建国家卫生城市工作先进单位和先进个人的通报》。市食药工质局、襄阳街街道办事处、市卫计局等创国卫工作及卫生与健康工作典型单位进行发言。陈章杰指出,一直以来,市委、市政府大力推进卫生健康事业改革发展,不断完善医疗卫生服务体系,逐步提高基本公共卫生服务均等化水平,全市卫生与健康事业取得长足进步。陈章杰强调,当前和今后一个时期,全市上下要紧紧围绕推进健康津市建设的战略主题“共建共享,全民健康”,坚持正确的卫生与健康工作方针,以体制机制改革创新为动力,以提高全民健康水平为核心,突出问题为导向,力争到2020年,建立覆盖城乡居民的基本医疗卫生制度,健康素养水平持续提高,健康服务体系完善高效,人人享有基本医疗卫生服务,基本形成内涵丰富、结构合理的健康产业体系。市委书记傅勇对全市“创国卫”工作及卫生与健康工作所取得的成效给予充分肯定。傅勇指出,全市各级各部门一定要转变观念,强化健康观念,为落实《“健康中国”2030规划纲要》,及推进健康津市建设做好基础工作。傅勇要求,全市各级各部门要完善长效机制,进一步巩固、维护、发展“创国卫”成果。围绕建设澧水流域现代化中心城市目标,着力在城市规划的超前性、科学性谋划上下功夫,在基础设施的根本性、功能性改造上下功夫,在城市管理的长效性、系统性提升上下功夫,在城市面貌的宜居性、生态性改善上下功夫,充分体现“温馨、精致、智慧”的城市风格。要突出抓好城市绿化、美化、亮化、净化工作，全面加大棚户区改造、城乡结合部和镇容村貌环境综合整治。要以“创国卫”成功为契机，加大文化、健康方面的基础设施建设力度，不断提高市民的文明素质，把来之不易的成果巩固好、维护好、发展好。傅勇强调，要奋力攻坚，持续开展城市创建活动。在国家卫生城市创建方面，要针对薄弱环节和突出问题，建立长效管理机制，巩固“创国卫”成果，全力做好迎接2020年国家爱卫办国家卫生城市复查的准备工作。同时在国家园林城市、国家交通管理模范城市、省级森林城市及全国文明城市创建方面继续加大工作力度；要全力推进转型跨越，不断增强城市综合实力。把加快产业发展作为全市工作的重中之重，全力以赴推进转型跨越，抓好招商引资引智工作，积极与大城市对接，通过创新体制机制，完善基础设施，优化发展环境，加大对引进项目的跟踪、推进和服务力度，使大项目好项目引得来、留得住。要挖掘津市深厚的历史文化底蕴，大力发展文化旅游、文化创意、生态农业等产业，打造好“一山一水”新亮点，形成津市经济发展的新的增长极。(高如欣)

【津市“绿色存折”制度获湖南省管理创新奖】2017年4月9日，由省委改革办承办的“湖南省管理创新奖专家评审会”在湖南宾馆顺利召开。经过激烈的竞争，津市“绿色存折”制度从全省20个改革项目中脱颖而出，得到专家、评委一致好评，荣获全省第一名。“绿色存折”制度凸出垃圾收集创新、环卫管理创新、资金运用创新三个方面。实现由“政府包揽”向“市场调节”转变，由“临时突出”向“长效管理”转变，由“要我分类”向“我要分类”三个转变。通过协会自治、月评季奖，激发村民垃圾分类自觉性。通过垃圾变积分，积分变商品，调动村民垃圾分类的积极性。据统计，推行“绿色存折”制度以来，津市每年节约农村环境卫生整治资金约300余万元，实现社会效益和经济效益的双丰收。(高如欣)

【津市获评2016届湖南省文明城市】在全省精神文明建设表彰大会上，津市被授予2016届“湖南省文明城市”称号，这是津市继2010年成功创建“省级文明城市”后再次获此殊荣，成功保牌。喜讯传来，成绩鼓舞人心。近年来，市委市政府坚持把文明城市创建作为推动经济社会发展的重大基础性工程来抓，从老百姓最渴望解决的现实问题入手，坚持“创建为民、创建利民、创建惠民、创建化民”理念，以创建促文明、以文明促发展、以发展惠民生，年年都有新举措，处处都有新变化。近五年来，全市投入建设资金达20多亿元，治理城市痼疾，城市功能不断得到完善；开展市容秩序、车辆停靠、户外广告、马路市场以及渣土运输、除“四害”、城市“两禁”等专项整治，城市秩序井然有序；坚持把社会主义核心价值体系融入国民教育和精神文明建设的全过程，全面统筹，广泛开展社会主义核心价值体系的学习宣传教育活动，市民文明素养不断提升。(高如欣)

【津市荣获“国家卫生城市”称号】2017年7月14日，全国爱卫会公布《关于命名2015-2017周期国家卫生城市(区)的决定》。津市被正式命名为国家卫生城市。2012年，津市市委、市政府提出“创卫为民谋福祉，创卫靠民重参与”的构想，正式吹响创卫集结号。六年来，津市按照“治脏、治乱、扩绿、提质”的创卫工作要求，相继投入创建资金约22亿元，加速城市基础设施建设和配套，城市综合功能日臻完善，形象和品位大幅度提升；大力实施增绿补绿工程，对孟姜女大道等城市主次干道实行绿化提质，完成城区148家庭院单位改造和100余处空坪隙地绿化升级，14家单位的拆墙透绿，有63家单位获得省、市“园林式单位”称号。六年来，津市坚持“政府组织、市民为主、社会参与”的创建思路，用好宣传利剑、带动全员参与。先后开辟“创卫专题”、“曝光台”、“健康津市人”、“健康小贴士”等电视广播栏目，开展“小手拉大手，共创文明城”等系列创建活动。(高如欣)

【津市“灵犀牌”山茶油荣获第15届国际粮油展金奖】2017年10月30日，在中国第十五届国际粮油产品及设备技术展示交易会上，湖南润农生态茶油有限公司生产的“灵犀牌”山茶油凭其优异的品质荣获本届粮油产品展金奖。中国国际粮油产品及设备技术展示交易会是我国粮食行业内规模最大、规格最高、参展企业以及粮食需求和科技信息最多的国际性盛会。津市推荐湖南润农生态茶油有限公司参加此次粮油产品展，将对促进津市粮食产销衔接，展示津市的粮油企业形象，为津市粮油产品“走出去”开辟新的方向。(高如欣)

【津市顺利通过国家三类城市语言文字工作评估】11月23日至24日，省语委、常德市语委带领国家三类城市语言文字工作评估团专家组一行，对津市进行国家三类城市语言文字工作评估验收。津市得分259.7分(评估细则满分280分)，顺利通过国家三类城市语言文字工作评估，并获得优秀等次。11月23日上午，津市迎接国家三类城市语言文字评估工作汇报会在市兰苑宾馆二楼会议室进行。市委副书记、市长陈章杰代表市委、市政府向评估团领导、专家表示热烈欢迎；市政府副市长、市语委主任李阳代表市语委汇报近两年来津市语言文字工作开展情况。会后，常德市语委评估团分成四个小组深入全市党政机关、学校、新闻媒体、公共服务行业四大领域14个单位和一条繁华街道，通过听取汇报、实地查看、查阅档案资料、座谈、现场随机测试等方式，对照《常德市国家三类城市语言文字工作评估标准》，对津市语言文字管理工作和应用情况进行全面评估。11月24日下午，语言文字工作评估团召开评估工作情况通报会，对津市语言文字评估情况进行总结反馈。经评估，津市得分259.7分(评估细则满分280分)，顺利通过国家三类城市语言文字工作评估，并获得优秀等次。评估团副团长娄远军代表评估团对津市语言文字工作做全面、细致、客观的综合意见评定，评估组认为津市语言文字工作领导重视、语言文字工作网络健全；措施得力，重点突出；宣传到位，氛围浓厚。希望津市进一步提高对语言文字工作的认识，进一步建立健全语言文字工作的长效机制，提高全社会用语用字的规范化水平，对存在问题进行及时整改，推动津市语言文字工作不断向前发展。市政府副市长李阳指出，此次评估验收将极大地推动津市语言文字工作向前发展。下一步，全市将认真总结好的经验和做法，整改工作中的不足和问题，加大宣传力度，提高全社会对语言文字工作的认识。将加强语言文字工作的管理力度，提高语言文字管理和应用水平，充分发挥语言文字工作在县域发展中的作用，全面推进全市语言文字工作再上新台阶，为津市经济社会发展增强软实力。（高如欣）

办公室工作

【概况】2017年，市政府办公室围绕经济社会发展大局，坚持参与政务抓主动、管理事务抓规范、提升服务抓精细，充分发挥参谋助手和中枢协调作用，全力以赴谋发展，尽心尽力强服务，聚精会神抓落实，较好地完成各项工作任务。

【参政设谋】切合实际搞调研。围绕全市综合治税、葛果产业发展、农村宅基地盘活、基层公共文化服务体系建设、毛里湖的保护利用与开发、中央环保督察整改等重点工作开展调研活动，撰写6篇高水平、针对性强的调研报告，得到领导的批示；分析经济运行中出现的难点问题和群众关心关注的焦点问题，选准供销社综合改革、地下管线管理、惠企政策落地等社会关注的重点课题，形成一批调研报告，为领导决策提供参考依据。全年累计编发《政情参考》14期。快速准确上信息。围绕抓住重点、跟踪热点、剖析难点、关注弱点、捕捉亮点，从大量初级的、一般的信息中发现具有倾向性、苗头性的问题，把握工作的主动权，政务信息较去年有新的提升，共编辑各类信息500余条，被省、常德市采用60多条；加大外宣工作力度，累计上稿各类信息147篇。编发政府公报6期，完成政府公报的文件网上挂发、流转，促进政府信息公开。精益求精撰文稿。坚持站在全局的高度、领导的角度思考问题，突出构思、选材、起草、修改等“四关”，提高文稿起草的质量。全年共起草、把关市政府主要领导讲话50余篇，市政府其他汇报材料100余篇，文字量达到80余万字。

【政府督查】突出市政府重大决策和重要部署、阶段工作和常规工作督查。以《政府工作报告》、市政府常务会议、专题会议议定事项和省重点民生实事督查为主要内容，对工作任务目标进行责任分解，明确责任部门，采取责任到人、定时督查、及时通报、全程跟踪的方式狠抓落实。突出领导批示和交办事项督查。及时主动办理市长批示件督查，全年共承办市长批示件11件，做到事事有落实、件件有回音，对落实不到位的开展跟踪督查。突出市委、市政府日常工作重点督查。紧盯工业立市、项目建设、城市管理、棚改攻坚、环境保护等主线，同时积极参与五城同创等全市中心工作，开展系列重点督查，如实快速反馈执行情况以及潜在倾向性问题，便于领导把握决策，有力推动各项工作的落实。全年共下发《督办通知》20份、《督查通报》3期、《督查专报》12期。同时，认真做好建议提案的办理工作，办理代表、委员分团（组）讨论意见建议79条，市政协建议案3件。全年共承办常德市政协提案2件，常德市人大建议1件，市本级人大建议72件、政协提案77件，见面率、答复率、满意率（含基本满意）均为100%。

【办文办会】全年共审核制发文件342份、常务会议纪要13次、专题会议纪要34次。提升公文运转效率，接受各级来文956份，均做到登记、传阅、批示落实及时。此外还按照上级要求完成机要保密相关事项。

【法制工作】出台《2017年度依法行政工作要点》，印发《津市市行政机关参加行政诉讼暂行规定》，审核出台规范性文件15件。下发《2017年度市政府常务会议会前学法安排》，先后学习12次农经管理、公共资源交易等相关方面的法律知识。建立政府常务会议题会前合法性审查机制，确保政府决策的科学、合法。建立政府合同会审会签机制。凡以市政府名义签订的合同，在签订前先由市法制办会同有关部门进行会审会签、合法性审查。开展政府合同专项清理检查，通过法制办督导、法律顾问参与、各部门自查，进一步理清、理顺全市政府合同管理现状和管理机制。建立市法律顾问全程参与市领导接访和涉法事务“统一收集、统一处置”机制。下发《津市市行政执法办理制度》，强化行政执法部门依法履责、独立履责的意识和能力。出台《津市市法律顾问团工作规则》，为规范全市法律顾问团工作，充分发挥全市法律顾问团在政府决策、管理中的咨询作用奠定了基础。完善了行政机关应诉复议制度。为适应新形势下行政诉讼新的要求，起草出台《津市市行政机关参加行政诉讼暂行规定》，就行政诉讼的承办部门、工作要求、行政机关负责人出庭应诉等内容进行明确，提升行政首长出庭应诉的意识和质量。全年受理行政复议案件8件，办结8件。参与行政诉讼案件7件。认真组织行政执法人员培训，共培训行政执法人员600余人次。

【市长热线】严格执行《市长热线工作细则》和《市长热线工作考核细则》，落实群众合理诉求，共受理各类信访、诉求2532件，其中电话诉求1393件，市长信箱、市民留言533件，常德市长信箱、市民留言125件，常德市长热线交办件2件，常德社会求助服务热线474件，现场督办5件。各类投诉回复率、办结率均为100%，回访满意率在90%以上。严格受理。面对每天繁多复杂的市民诉求，根据诉求受理范围按规定受理，对于侮辱、诽谤、涉法涉诉等不合理的诉求坚决不予受理，保持政府工作的严肃性。严格回复。根据各相关责任部门的回复内容严格把关，对于敷衍了事、回复不当的坚决打回重新办理，并通知相关单位分管负责人严格诉求处置回复，避免回复不当给市长热线、政府带来的网络负面影响。积极协调。坚持急群众之所急理念，对于群众急需解决的困难，第一时间协调政府相关部门，为群众办好事。提请市长现场督办。针对市民反映的重点、难点、涉及多个部门解决的问题，提请市长现场督办，形成强大合力集中解决市民诉求。强化考核督办。根据诉求处置实效，及时与责任部门单位每天保持联系督办，对未及时回复的部门单位采取每周政府网站通报，并把通报情况纳入全市绩效考核内容。对已办结的市民诉求采取不定期抽查回访，向市民了解落实情况，确保处置到位，让群众满意。

【应急管理】及时修订更新本市各类应急预案。按照省、常德市应急办下发的《基层应急规范化建设》文件标准和要求，规范修炼各基层单位应急管理规范化的“内功”。抓好应急值守工作，确保上下政令畅通。坚持24小时应急值守制度、坚持每日报平安制度、坚持市政府领导双休、节假日带班制度。全年组织开展地质灾害、消防、抗震避震等各类应急演练20余次，有力的提升各类应急处置能力；通过手机报平台每天发送应急宣传标语，使应急知识借力手机报形式飞进千家万户。紧抓“5·12”国家防灾减灾宣传日契机，全市上下各部门累计开展应急知识宣传活动9次，举办各类知识培训班12次，深入开展安全生产检查、隐患排查80次，全年在政府门户网站发表信息119篇。通过实施实实在在的举措，有力增强广大干部群众的公共安全意识，有效提高全社会的应急避险能力。

【电子政务】2017年，加快电子政务工作实践与探索步伐，推行智慧城市建设，首次获得湖南省优秀政府网站、常德市先进单位称号。印发《津市市电子政务办关于进一步加强部门网站普查的通知》，按照“一月一抽查、一月一通报”、“日常巡查”的方式，定期通报部门网站相关情况，有效解决一些部门网站存在的群众反映强烈的“不及时、不准确、不回应、不实用”等问题，顺利通过国务院、省政府8轮抽查。2017年，共完成各类采访任务1000多个，更新政务动态2000多条，部门动态1800多条，更新政务公开、民生服务各栏目信息15952条，开设专栏8个，清理老旧专栏4个，政府门户网及66家子网站正常、有序、安全运行。严格按要求挖掘信息资源，进行认真梳理，并以政策法规、城乡建设、社会公益、财政信息、环境保护、重点项目、安全生产等信息作为公开重点，2017年以来共公开政府信息1万余条，重点领域信息2000余条。共对教育局、交通局、智慧城市等22个电子政务工程项目进行技术评审，评审金额共计5700多万元，审减金额1200多万元，审减金额率达21%，有效节省财政资金。按照“统一规范、分步实施、全面整合”思路，有序推进政府网站集约化建设工作。共集约化整合网站36家，已超额完成上级要求的集约化任务。坚持每月对门户网站及部门子站群的网上公开信息进行拉网式检查，通过政府网站监测管理平台等技术手段，从源头构筑信息安全防线，确保上网信息准确、真实，确保数据链接正确有效、网站安全平稳运行。智慧城市建设方面，2017年，顺利完成市应急指挥中心、天网工程一期、智慧教育、智慧交通改造等工程共6830万元项目建设任务，同时启动智慧党建、雪亮工程、天网工程二期等一批项目建设，大大提高城市管理水平和服务效率。

【政务公开】制定出台《2017年津市市政务公开工作要点》和《2017年津市市政务公开工作考核细则》，明确相关工作目标、公开重点和重点领域信息公开工作考核要求。着力推进财政预决算、“三公”经费、保障性住房、环境保护、招投标、征地拆迁、价格和收费等重点领域的政府信息公开，加大深化改革工作公开力度，在政府门户网站和各市直部门网站开辟专栏，集中展示权力清单和责任清单，方便公众获取和监督；积极开展涉企收费项目清理工作，取消、降低各类收费项目109项，免费发放《津市市涉企行政事业服务性收费手册》；推进保障性住房、食品安全、环境保护等领域的监管执法信息公开，印发《关于做好行政处罚决定书网上公布工作的通知》，有序推进“阳光执法”；推进环保领域信息公开，出台并公布《津市市大气污染防治专项行动实施方案》发布环保违法违规建设项目清理表、工程建设项目环境影响评价公告，水厂饮用水水源保护区划分情况等内容；推进教育、卫生、食药等方面的信息公开，全市各中小学全部建立财务收费信息公开制度，各医疗卫生机构全面推进院务公开。共受理政府信息公开申请4件，其中当面申请1件，网上申请3件，所有申请均已办结。全市新建的市政务中心已投入使用，共进驻单位32家、部门工作人员115人、行政办理事项191项、便民服务事项17项，切实规范审批行为、提高审批效率，促进依法行政；全市4个镇、5个街道均按照大厅式政务中心的要求全部完成镇（街道）便民服务中心的新建或改建，合并的原灵泉乡、原李家铺乡、原棠华乡也都按照上级要求，设立便民服务中心，方便群众办事。全市39个社区和39个行政村也全部设立便民服务代办点，设立村务公开栏，工作制度、代办人员、联系电话、服务事项等内容全部上墙公示。

【优化环境】继续以“优化企业环境服务年”为主题，狠抓基础工作建设，组织开展走访帮扶、惠企政策督查调研等系列活动，摸排和清理国务院、省取消的行政审批事项、“商事制度”、“网上办事服务监察”、中介机构和行业协会登记、培训发证等工作落实情况。执行制度促优化。严格执行涉企检查备案、快结快办的投诉处理等制度。受理各类企业、群众投诉18件，均按照受理、调查、反馈的程序办理回复到位，对于损害经济发展环境的案件进行严肃查处，共查处案件3起，其中2件移交纪委处理。在全市职能部门及办事服务窗口推行首问负责制、一次告知制、限时办结制等制度。深化“集中整治”行动，整治工程建设环境方面，刑事拘留20人，治安拘留44人，调解纠纷33起。组织监督员开展社会评议，加强对全市四类共84家被测评单位的“优化考评”。创新优化经济发展环境测评方式，制作2017年优化工作专题片，并曝光一批破坏发展环境的问题视频。

【城市工作】2017年以来共组织召开城建与管理工作调度会4次，细化安排工作任务568项，涉及25家责任单位。发放督查专报5期。通过召开项目现场会议、实地踏勘等方式，全程跟进督导，有效减少工程量的增补，进一步确保重点工程项目顺利推进。积极参与制定2018年城建项目计划。针对“金海岸二期”遗留问题，多次组织召开调度会，牵头制定《金海岸二期遗留问题处置工作方案》，有效化解维稳压力。督促各相关单位全面完成中央环保督察期间反馈的12类38个突出环境问题及省、常德市和本级自清自查“17+2+9”的28项整改工作任务，基本做到领导认可、人民满意。配合市人大在全市范围内开展《大气污染防治法》执法检查行动，对查找出来的问题以清单形式交办到各责任单位，并督促各责任单位整改落实到位。对2017年启动的27个城建重点项目全部建立项目管理台账，实施精细化管理，三湖公园、孟姜女大道、津澧大道等8大重点项目全部提前完工。牵头制定《津市市城市公园(广场)管理办法》，从11月上旬开始在全市范围内开展为期两个月的公园(广场)联合执法整治行动，有效解决占绿毁绿、违法经营、乱停乱行、乱搭乱建等问题。制定《津市市2017年小城镇建设工作实施方案》、《津市市2017年小城镇建设考核办法》，明确目标、细化任务、硬化措施、强化责任，推动小城镇建设工作的落实。

【金融工作】全市金融业增加值3.32亿元，增长10.4%，全市银行业金融机构各项存款余额129.62亿元，比年初增加18.7亿元，增长16.86%，其中个人存款余额81.43亿元，小康指标考核任务完成率达到103.2%；各项贷款余额45.03亿元，比年初增加9.86亿元，增长28.04%，小康指标考核任务完成率为102.48%，其中新增工业企业贷款2.26亿元；发放金融扶贫小额贷款218笔，887万。人民银行津市支行发行库项目已开工建设。全市金融机构从业人数615人，服务营业网点增加到39个、设立ATM机97台。长沙银行、湘淮村镇银行分别于2017年6月和7月正式开业，银行业金融机构达到11家；全市现有人保财险、中国人寿、中华联合等12家保险机构入驻；方正证券津市营业部为常德区县市中唯一具有独立核算资格的营业部(与常德市营业部平级)，业务范围已辐射澧县、安乡县。制定下发《关于加快建设金融服务中心的实施意见》，指导全市金融工作。坚持金融联席会议制度，召开金融联席会议3次，编发《金融简报》3期，搭建起良好的政银企信息交流平台和资金融通平台。防范和打击非法集资，对“互联网+”销售模式进行摸底排查，清理“麦点商城”、“大唐天下”等许诺消费返利、诱导消费者注册会员消费的销售模式，全年共发放各类宣传手册、宣传单2万余份，开展各类户外宣传30余次，有效遏制涉嫌非法集资的销售模式在全市的蔓延。

办公室全年开展以政策理论、业务知识、健康知识等为主要内容的政治学习活动12次，“走出去”学习3次，“请进来”学习6次。组织工作经验、读书心得交流等活动，组织参与市长脱贫攻坚、中央环保督查、项目建设、招商引资、闲置地小企业盘活等有关工作调度、调研活动80余次，无一差错和失误。高标准、高水平承办会议、省、常德市领导来津视察等大型公务接待8次，外地客商来津考察、外地及兄弟区县来津学习参观、上级部门督查督办等一般公务接待20余次。(高如欣)

发展和改革工作

【概况】2017年，津市发改局贯彻落实市委、市政府重大战略部署，抓好稳增长、调结构、促改革、惠民生各项政策措施落实，推动重大政策争取，重大项目建设、重大规划和重大战略问题研究，发展改革工作取得了新突破。在全常德市发展和改革工作量化目标管理考核中，津市市发改局荣获全市发展和改革工作红旗单位(常发改人〔2018〕84号)；在全市项目推进工作考核中，津市市荣获2017年度重点工程建设奖（常办〔2018〕6号)。在津市市绩效考核中获绩效评估优秀单位(津委[2018]1号)，向上争资突出贡献奖、项目建设红旗单位、城建工作先进单位荣誉称号(津委〔2018〕2号)，并成功获评津市市文明单位荣誉称号，为建设澧水流域现代化的中心城市发挥了积极作用。

2017年，津市市发改局共有在职工作人员26名。设立职能股室5个，即办公室(津市市经济体制改革办公室)、法规股(津市市招标投标办公室)、项目前期办(津市市以工代赈办公室)、投资管理股（津市市国民经济动员办公室、津市市国防动员委员会装备动员办公室)、价格收费管理股（行政许可办公室、价格成本调查队)。下属二级机构5个，即市价格监督检查局、市服务业发展办公室、市价格认证中心、市重点建设项目与稽察特派员办公室、市价格调节基金征收办公室。其中市价格监督检查局、市服务业发展办公室、市重点建设项目与稽察特派员办公室为副科级事业单位。承担综合研究拟定全市经济和社会发展政策，进行宏观调控、总量平衡、指导总体经济体制改革以及主管价格和收费的职责。

全力招商引资，引进生产氧化铁系列颜料为主的湖南鑫嘉源化工颜料有限公司。扎实开展扶贫，为结对的箭楼村、清泉村制定扶贫计划，在经费紧张的情况下拨付25万资金用于结对村扶贫项目建设,经常开展献爱心送温暖活动,积极争取了光伏发电、以工代赈、救灾补损、农村电网改造等扶贫项目,累计争取到位资金570万元。

【规划调研】加强宏观政策经济形势分析。牵头起草《津市市推进产业立市三年行动计划》,抽调部门精英,有序推进津市开放强市,产业立市工作。及时跟踪分析津市工业、投资、外贸、用电等主要经济指标,科学研判津市经济各项指标走势,指导津市经济的发展。二是积极调研,把握动态。重点围绕津澧新城国家新型城镇化、全国中小城市综合改革两大试点、津澧融城、项目建设、产业发展等专题开展调研,形成《促进常德市产业快速壮大的三个现实模式》、《关于推进津澧融城的调查与思考》、《两城同规、三规协同——津澧融城"三规一体化"模式简介》等一批有深度、有温度的调研成果,为市委政府决策发挥较好地参谋服务作用,其中《促进常德市产业快速壮大的三个现实模式》论文,荣获"常德市发改系统第五届青年干部论坛"二等奖。加强监测,促进发展。围绕津市十三五发展规划实施落地运行情况,对工业、农业、服务业、城市建设、项目建设、社会事业建设等9大方面开展了详细调研,进行深入细致的分析,形成津市市十三五发展规划实施进展情况分析报告,为市委政府准确了解十三五经济开局和今后实施执行起到一定的分析预测和指导作用。

【向上争资】向上争资整体效果明显。2017年,确定向上争资任务23亿元,较上年增长20%。2017年,津市共争取上级资金23.56亿元,占全年目标任务的102%。全市各部门主动出击,牢牢把握"钻、找、跑"三字诀,全力以赴争资金,全市34个有争资任务的单位中,汪家桥街道、市教育局、襄阳街街道、市人社局、市卫计局、新洲镇、市公安局7个单位完成或超额完成全年目标任务;到位500万元以上非普惠性资金的单位有市发改局、市住建局、市财政局、市房管局、市公安局、市环保局、市水务局、市畜牧水产局、市教育局、市文体广新局等10个单位;到位资金5000万以上的有市人社局、市财政局、市房管局、市发改局、市民政局、市住建局等6个单位。发改口人民医院外科大楼、生活污水处理厂二期工程、垃圾转运站等项目的中央预算内资金到位1亿元。成功争取第一批湿地公园法援贷款3500万欧元(折合人民币2.555亿元)。

【深化改革】一是强力推进国家级"两大试点"。明确试点任务。年初,结合津澧新城国家新型城镇化和全国中小城市综合改革试点工作任务,按照国家、省、常德的要求反复研究出台《津澧新城国家新型城镇化试点整改工作方案》,细化国家新型城镇化和中小城市改革试点六大类27小项具体工作任务。强化工作调度。在常德"一周一调度,一周一汇总,一月一督查,一月一通报"的高频率、高密度调度下,两大综合改革试点无论在常规工作推进上,还是在体制机制特色工作创新探索上都取得了历史性突破。试点成效明显,津澧新城国家新型城镇化综合改革试点形成了"2+7"模式的工作蓝本,全国中小城市综合改革形成了"1+4"模式的工作蓝本,8月份,在向国家、省发改委工作汇报中,两大试点都获得了国家、省发改部门和领导的高度认可。12月10日,常务副市长熊斌出席在浏阳召开的国家中部地区新型城镇化综合改革工作经验交流会并发言,受到了国家发改委的高度肯定。国家发改委明确指出,解除取消津澧新城国家新型城镇化综合试点县市的警报。同时,在津澧新城国家中小城市改革试点工作中,国家、省发改委也积极支持津澧两地继续申报国家中小城市综合改革第二批试点。二是联手推进津澧融城。津澧两地成立津澧融城工作协调领导小组,定期召开了津澧融城协调工作推进会,确定2017年津澧融城十大实事,明确津澧两地牵头主体责任和工作任务。津澧融城十大实事中已经基本完成津澧市县城区公交线路的开通、两地居民医保无差别化报销等八大实事,只是联合创建津澧投融资平台和联合创建国家级园区两项工作进度有点偏慢,但也在不断推进中。三是全面完成公车改革。根据省、常德市车改工作要求,已经基本完成了公车测算、车辆封存、公车拍卖、人员安置等车改所有前期工作,但车补暂时没有发放到位。四是稳步推进经济体制和社会体制改革。牵头全市经济体制和社会体制改革工作,对22项改革任务试行台账管理,明确了牵头单位、改革任务、举措和时间进度,17项经济体制改革和5项社会体制改革正按上级改革工作部署要求纵深推进。

【价格监管】一是清理规范收费项目。全面落实上级惠企政策,编印下发了《津市市涉企行政事业性收费项目清单》、《津市市涉企服务性收费项目清单》,《津市市行政事业性收费目录清单》,实行"清单"公示制度。取消、减免和停征检索费、复制费(含案卷材料复制)、邮寄费等一批收费项目、标准35大项,减轻企业负担约100万元。二是强化价格管理。制定了津澧公交票价初步方案,论证了津市公务用车租赁价格合理性并备案,严审津市新建小区商住楼前期物业、商品房销售备案管理,加强出租车营运价格和教育收费管理,减轻企业及群众负担。三是加强价格监管服务。加强价格监管力度,配合相关部门开展农资市场价格检查、教育收费、物业收费、涉企收费专项检查。开展成本调查,做好德雅、一中、三中、职业中专等学校公寓的定期成本监审及其他服务性收费的调价成本监审。做好价格举报工作,保证"12358"价格投诉举报电话24小时畅通,受理价格举报和咨询15件,事事做到有着落有回音,回复率、满意率达100%。(孟祥英)

统　计

【概况】2017年,统计局强化队伍管理,夯实基层基础建设,突出优质服务,业务工作和中心工作齐抓共进。

全市的联网直报调查单位共有192家,均按时上报统计数据。津市于2017年1月1日正式开展第三次全国农业普查工作入户登记工作。经本次普查,全市普查时点有农户34782户、规模户244户、农业经营单位79家。住户调查样本轮换工作顺利开展,经国家统计局湖南省调查总队审核最终摸底涉及全市78个村(社区),确定1000个大样本后将随机抽选10个样本点100户进行日常记账。“四上企业”入规入限工作统筹实施,2017年共有19家企业入规入限申报成功,其中工业6家、商贸业8家、服务业5家。脱贫攻坚工作扎实展开,全年共组织上门入户11批次,共183人次,资助帮扶资金3万余元。组织工作人员到每个扶贫对象送口袋书,做到扶贫政策和措施深入老百姓的心里。

【统计服务】全面完善统计资料服务,全年编辑《决策参考》11期,刊登统计专业人员撰写的分析调研文章18篇,其中常德统计信息网选载7篇。积极参与涉及“全面建成小康社会”及民生实事等项目的考核,为津市小康工作在全省获得优秀成绩立下功劳。按月召开经济指标分析会议,加强对经济运行的动态监测。搞好部门服务企业工作,为津市经济发展加油鼓劲。

【统计执法】多措并举开展统计法律法规宣传,7月,结合《中华人民共和国统计法实施细则》的颁布,法规股编印《统计法律法规学习手册》300本,分别发送四大家市级领导、各镇、街道、联网直报企业、市直职能部门及机关全体工作人员。开展统计执法大检查,通过执法检查,使被检单位强化依法统计的意识,确保统计数据质量的自觉性。

【队伍建设】推进学习型机关建设,建立局图书室,添置各类书籍数十册,在全局范围内形成浓厚的读书氛围;统计局选手杨静影参加常德市统计局组织开展的“服务新常态、喜迎十九大”全市统计系统业务强化培训与宣讲竞赛,荣获一等奖。做好统计专业知识学习教育工作,通过部门协作、宣传告知、搞好服务等措施,全市参加统计继续教育人员204人,达到历史最高水平。(黄淳)

【津市市第三次全国农业普查】第三次全国农业普查是在决胜全面建成小康社会的关键时期进行的一次重大国情国力调查,普查内容多、手段新。市人民政府成立以分管农业的副市长高见为组长的市第三次全国农业普查领导小组,领导小组办公室设在市统计局,成员单位包括市政府办、市统计局、市委宣传部、市发改局、市乡财局、市委农办、市民政局、市司法局、市国土资源局、市水务局、市林业局、市文体广新局、市扶贫移民办、市农机化局、市畜牧局、市农村经营服务站共16个。普查日常业务工作由市统计局牵头组织;普查领导小组成员单位按照职责分工,各司其职,各负其责。广泛宣传,提高普查对象配合度。市农普办联合市委宣传部门、新闻媒体广泛开展农业普查宣传工作。通过印发普查公告、致全省农民朋友的一封信、发送宣传画册、挂横幅、网站滚动播出、手机报、村广播等形式,宣传农业普查相关知识,营造“人人了解农业普查、人人支持农业普查”良好氛围。统一要求,按部就班开展培训。精心开展两员选调与培训工作。全市一共选调普查指导员和普查员365人,其中指导员81人、普查员284人,明确PDA普查员110人。在市委党校先后举办全市普查指导员和普查员培训班和农业普查PDA操作培训班,全市共有500余人次参加了培训。无缝对接,普查区域划分全覆盖。一共划分66个普查区、323个普查小区,涉及全市所有农村地域“地毯式”开展清查摸底,做到普查对象不重不漏。各镇(街)、村和驻津农业单位对辖区内住户、规模户和农业经营单位进行“地毯式”摸底。采用纸质表和PDA录入同步进行。实施“分片包干责任制”,全力推进三农普数据审核和自查工作,降低上报数据差错率。主要普查数据:2016年,年末全市有普通农业经营户34782户,规模农业经营户244户,农业经营单位79个,省重点镇1个,普查对象总人口113039人,其中男性58841人、女性54198人;年末农业从业人员数40749人,其中35岁以下2377人、36岁-54岁18734人、55岁以上19638人。普查对象全年实际耕种耕地394479亩,其中:委托代耕代种49129亩,能灌溉面积327087亩。(李光日)

【城乡居民生活】2017年,根据津市市城乡经济调查队对100户津市居民家庭抽样调查资料显示,居民收入与消费平稳增长,城乡居民人均可支配收入达到24574元,增长8.8%。其中,城镇居民人均可支配收入30664元,增长8.6%。农村居民人均可支配收入14259元,增长8.5%。全市居民人均生活消费支出19238元,增长7.1%。其中,城镇居民人均生活消费支出21964元,增长8.0%;农村居民人均生活消费支出14620元,增长4.0%。

津市市2017年城镇居民人均可支配收入构成:工资性收入15315元,占可支配收入的49.9%;经营净收入4514元,占可支配收入的14.7%;财产性收入1115元,占可支配收入的3.7%;转移性收入9720元,占可支配收入的31.7%。

津市市2017年农村居民人均可支配收入构成:工资性收入3755元,占可支配收入的26.4%;经营净收入7971元,占可支配收入的55.9%;转移性收入2499元,占可支配收入的12.0%;财产性收入34元,在收入构成中占比过小。

2017年全市居民人均生活消费支出19238元,增长7.1%。其中,城镇居民人均生活消费支出21964元,增长8.0%,农村居民人均生活消费支出14620元,增长4.0%。

津市市居民消费与上年相比,八大项消费呈五升二降一平区势,增长最快的为人均医疗保健消费1422元,比上年增长 29.0%；人均居住消费 3197 元，比上年增长 8.0%；其次是人均教育文化娱乐消费 3679 元与人均食品烟酒消费 6372 元，比上年均增长 6.0%；人均生活用品及服务消费 1044 元与人均交通通信消费 1975 元，比上年分别下降 5%、1%；人均其他用品与服务 226 元，增长 2%；人均衣着消费 1323 元，与上年持平。（雷红梅）

民　　政

【概述】2017 年，津市市民政局工作按照“民政为民、民政爱民”主基调和创建“五化民政”路线图，通过践行争资争项、服务中心、发展产业、普惠民生、优化治理等“量化民生”的六大布局，全面完成年度民政各项工作任务。津市市民政局在常德民政绩效考核中排名第一，在津市市绩效考核中获红旗单位，获得常德市文明标兵单位荣誉称号。全局设立股室 11 个：办公室、基政股、政工室、财务股、救灾股、优抚股、社会事务股、社会福利和慈善股、社会救助股、福彩中心、项目办；下属单位 12 个，包括慈善总会办公室、社区建设工作领导小组办公室、老龄工作委员会办公室、低收入家庭认定中心、殡葬管理所、光荣院、社会福利院、军队离休退休干部休养所、救助管理站、刘家山公墓管理处、殡仪馆、养老服务中心。

2017 年，社会救助 23.16 万人次，发放资金 6311 万元；救灾救济发放资金 460 万元；优待抚恤发放资金 2115.96 万元；退伍安置 14 人（1 人自愿选择自谋职业）；双拥共建投入教育和技能培训资金 40 多万元；养老机构 23 家，公办 7 家，入住老人 859 人，民办 13 家，入住老人 1134 人；发放慈善助学资金 56 万元；全市社会组织 200 家，其中社会团体 145 家，民办非企业 54 家，基金会 1 家；华阳殡仪馆已建成投入运营，新洲、药山镇殡仪服务站已正式运营，完成白衣镇、毛里湖镇公益性公墓前期准备工作；福利彩票发行 6437.4 万元；办理结婚登记 1398 对、离婚登记 754 对、补办结婚 661 对、补办离婚 25 对。

2017 年，市民政局坚持把“抓好党建作为最大的政绩”来抓，深化“两学一做”学习教育，强化“两个责任”和“四个意识”，严格执行“三重一大”、“两个同时”谈话和“三会一课”制度，积极创建学习型机关，打造出忠诚、干净、担当的民政干部队伍。开展争创全省“五化民政”示范县市创建，向上争取惠民资金达 1.1 亿元，成功引进湖南“一养”养老管理服务公司、湖南基层医疗管理服务公司、津市康乐福医药科技有限公司联合投资 5000 万健康养老项目入住工业集中区。（范志华）

【社会救助】2017 年，按照市政府第六次常务会确定的农村低保年保障线 3480 元、扶贫线 3026 元的“两线融合”方案，城市低保标准已由 455 元 / 月提高到 500 元 / 月，人均月补助水平由 286 元 / 月提高到 320 元 / 月；农村低保标准由 235 元 / 月调整到了 320 元 / 月，人均月补助水平由 126 元 / 月提高到了 190 元 / 月。农村特困供养人员年人均救助标准由 3200 元提高到了 5000 元，城市特困供养人员年人均救助标准由 8400 提高到 9000。5 月份，开展全市城乡低保、特困人员和社会保障兜底脱贫对象认定清理整顿，截至 12 月，全市有人口 28.8 万人（其中城市人口 14.3 万人，农村人口 14.5 万）。现有城市低保对象 4205 户 5100 人，农村低保 3591 户 3923 人。城市特困人员 258 人，农村特困人员 1031 人。城市低保救助 11.7 万人次，发放资金 3741 万元；农村低保救助 7.3 万人次，发放资金 1069 万；城市特困供养救助 0.23 万人次，发放 213 万元；农村特困供养救助 1.2 万人次，发放资金 620 万元；医疗救助 2.6 万人次，发放资金 498 万元；临时救助 0.13 万人次，发放资金 170 万元；总计发放资金 6311 万元。（许达）

【救灾救济】2017 年，按照“户报、村评、乡审、市定”程序，确定因灾倒损民房恢复重建对象 25 户 52 间，一般损房维修户 29 户 62 间，并逐一建立因灾倒损民房恢复重建档案。先后发放自然灾害救助款物 160 万元、灾后倒房重建资金 100 万元、冬春救助资金和物资 200 万元，确保受灾群众灾后有饭吃、有屋住，生产生活有保障。全年申报 1 个省级综合减灾示范社区，建立 2 个市级紧急避难所，初步形成具有津市特色的防灾减灾救灾点、线、面规模。（严九桂）

【优待抚恤】2017 年，通过落实优抚对象抚恤补助政策，共发放优抚经费 1819 万元、义务兵家属优待金 171 万元、部分烈士子女生活补助 80 多万元、

津市市“五化”民政创建推进会

重点优抚对象医疗门诊补助10.8万元、住院补助21.16万元、资助参保参合14万元。(刘伟)

【退伍安置】2017年，津市开展从1978年到2014年符合政府安置的退役士兵的信息采集工作，采集退役士兵3516人,对每一个人的基本信息建立了数据库,为实施精细化服务提供基础数据支撑,并通过编委,解决房管局两名三级士官的编制。全年共接收三级士官14人(其中1人自愿选择自谋职业),并以本人档案为依据，进行量化评分,提出具体安置方案,全部安置机关事业单位。(刘伟)

【双拥共建】2017年,对去年退役且本人有培训意愿的118名退役士兵,计划分三期进行职业教育和技能培训,完成汽车检测与维修、汽车美容、计算机应用、电子商务、汽车驾驶等专业,共投入教育和技能培训资金40多万元。2017年共接待优抚安置对象来信来访256人次,现场答复180人次,处理优抚安置类来访信80余件，进行入户调查50起,确保了涉军群体的基本稳定。(刘伟)

【养老服务】2017年，全市共有80岁以上农村老人2881人、90岁以上老人444人、65岁以上失能半失能低保老人274人、百岁老人11人。全市养老机构23个,其中,公办养老机构7家,床位620张,服务人员144人,入住老人859人,民办养老机构13家(公建民营2家),床位1440张(公建民营床位450张),服务员190人,入住老人1134人。

通过资金扶、业务帮、管理推,确保现有社区4个小型养老机构、13个社区日间照料中心、13个养老示范点、15个农村幸福院正常运转。通过定向保障和精细管理，市养老服务中心248套房间、300个床位实现全入住,6个农村敬老院基本实现对农村五保老人集中供养的全覆盖。全市共有重度残疾人2939人,困难残疾人2268人,共打卡发放重度残疾人护理补贴和困难残疾人生活补贴资金318.725万元。全年为80岁(每人每月60元)以上农村老人、90岁(每人每月100元)以上老人、65岁(1–3

津市市"八一"座谈会

津市市民政局2017年荣誉统计表

级别	获奖部门	荣誉称号	评奖部门
省部级	民政局	全国殡葬改革综合示范单位	中国民政部
	民政局	福利彩票销售工作先进单位	湖南民政厅
	唐智勇	全省优秀共青团干部	湖南团省委
	陶 炜	福利彩票销售工作先进个人	湖南民政厅
常德市级	民政局	常德市文明标兵单位	常德市文明委
	民政局	常德市民政绩效评估第一名	常德市民政局
	民政局	福利彩票销售工作先进单位	常德市民政局
	民政局	全市老年人意外伤害保险工作红旗单位	常德市老龄办
津市市级	民政局	绩效评估考核优秀单位	市委、市人民政府
	民政局	综治考核先进单位	市委、市人民政府
	民政局	维稳工作先进单位	市委、市人民政府
	民政局	安全生产先进单位	市委、市人民政府
	民政局	目标管理先进单位	市委、市人民政府
	民政局	计划生育综合治理先进单位	市委、市人民政府
	民政局	脱贫攻坚先进驻村工作队	市委、市人民政府
	民政局	先进后盾单位	市委、市人民政府
	民政局	城建工作先进单位	市委、市人民政府
	民政局	向上争资工作三等奖	市委、市人民政府

季度每人每月 40 元,4 季度每人每月 60 元)以上失能半失能低保老人、百岁老人(每人每月 600 元)发放补贴资金 278.66 万元。40 名失能和半失能三无人员入住社会养老机构政府购买服务发放资金 35 万元。13 家民办养老机构全年发放运营补贴资金 36 万元。完成全市 20 家养老机构责任险承保工作,机构参保率 100%,投保床位 890 张,总保费 11.125 万元,其中机构自缴 3.6935 万元,财政补贴 7.4315 万元;政府出资 25.088 万元,为津市 7168 名“五类老人”购买了意外伤害保险。

投资 9000 万元启动占地 20 亩、老年住宅楼 15000 平方米(床位 400 张)、康复医院 1000 平方米、活动中心 800 平方米、老年膳食房 1000 平方米的市养老服务中心康养社区项目建设,这一项目兼顾居住、医疗、护理、康复、营养、娱乐等内容,明年建成后将成为全市工薪退休老人和小康家庭老人提供颐养天年的大型养老社区。投资 5 个亿启动 2 万平方米的老年住宅区,2000 平方米老年健康会员体验服务区,1000 平方米的老年活动中心,2000 平方米的大型生态养生餐厅,3200 平方米的老年医疗康复中心,3000 平方米的高档商务酒店,1000 平方米的老年服务展厅及 2000 平方米的老年活动广场,使其成为一个集养老、疗养、旅游、地产为一体的大型高端养老产业园区。投资 1700 万元启动了建设占地 16 亩、建筑面积 5135.82 平方米、新建 156 个房间、264 张床位的新洲文化养老院示范建设,力争通过体系化、规范化、多样化文体休闲养生,以文化引领养老、普惠养老。招商引资 5000 万在工业集中区建成了占地 20 亩、建筑面积 5000 平方米、床位 150 张的“一养”中心。该中心主要以照顾失能、半失能老人和慢性病患老人等特殊群体为主,内设卫生院,70%以上床位按医疗床位标准配置,真正实行医养融合,为高龄老人的康养服务提供样板,探索可复制推广的经验。(刘北平)

【**福利慈善**】2017 年,开展“精准扶贫·点燃希望”慈善助学公益活动,拍摄《爱心点燃希望》慈善专题片,通过自主申报、入户调查、逐级审核、媒体公示等程序,为 169 名小学生、初中生、高中生和大学生发放助学金 56 万元,帮助他们圆了上学的梦想。新建后湖社区慈善超市 1 个,充实 5 个慈善超市货物,保证慈善超市正常运转;为特困户发放“金叶慈善医疗卡”55 张;湖南源峰现代农业发展有限公司捐赠给慈善的有机鸡蛋 45 箱全部发放给养老服务中心和社会福利院;药山寺为敬老院捐赠有机大米 2200 斤;给福利院、敬老月、偏远村社区免费安装净水器 50 台;在机关、大型宾馆、酒店、商城设置慈善爱心募捐箱 4 个。(刘北平)

【**社区建设**】2017 年,全市共有城市社区 39 个,其中 5 个街道办事处下辖 25 个城市社区,4 个镇下辖 14 个城镇社区。完成村(居)委员会换届选举,全市各村居新当选的领导班子中,村(居)“两委”一肩挑的有 5 人,女性主任 17 人,中共党员 207 人,基层班子结构得到进一步优化。推进村(居)务公开管理,制定村民自治章程、村规民约等文件,明确界定村干部的职责、村民的权利和义务;确定村民会议和村民代表会议议事规则,使村民群众的知情权、决策权、参与权、监督权得到了落实。已经形成以市社区建设领导小组为核心,社区办、街道办事处为指导机构,社区“两委”、工作站、居民片组长、楼栋长为责任单位或责任人的社区工作网络,基本实现“单位人”向“社会人”的观念转变。(雷明洋)

【**地名区划**】2017 年,通过进村入户,实地踏勘等方式,对全市各类地理实体、地名标志等 1 万余条地名信息目录,进行了坐标、照片、音频、地名文化和历史沿革等信息的采集,并以现场走访、专家论证等形式对地名信息进行审核、论证和甄别;印制 2017 版津市市行政区划图;联合市文联开展“镜书家乡·津市地名印象”征集工作,共向社会征集图片 340 幅,80 个系列,征文 35 篇,共收集到地名故事 180 个,采用 82 个。目前,采用的 30 个系列的 96 幅照片、11 篇文稿和 82 个地名故事均已汇编成册。(雷明洋)

【**社会组织管理**】2017 年,借助社会组织孵化机制,全市新发展社会组织 14 家,其中社会团体 12 家,民办非企业 2 家,全市登记在册的社会组织发展到 200 家,其中社会团体 145 家,民办非企业 54 家,基金会 1 家。开展社会组织专项清理清查行动,共清查出“僵尸社会组织”37 家,并依法完成撤销程序。借助社会组织党建载体,成立社会组织党委,扩大党在“两新”组织中的组织覆盖。开展行业协会商会脱钩治理,对 10 家行业协会商会的机构、职能、人员、资产等方面情况进行逐项检查,依法完成脱钩工作。按照省民政厅、市民政局关于三社力量参与精准扶贫的相关文件精神,通过摸底筛选,推动 10 家社会组

2017 年津市市助学金发放仪式

织参与毛里湖镇同乐堡村的精准扶贫工作中，扶贫内容包括助学、助困、生产技术扶持和专业技能培训等。（雷明洋）

【殡葬改革与服务】2017年，完成投资7800万元、占地面积35000m²的华阳殡仪馆新建，已全面竣工投入运营。建成了投资500多万、占地30多亩新洲镇殡仪服务站，已经正式运营；启动投资1000万、占地30亩的药山镇的殡仪服务站建设，已完工运营；推动白衣镇、毛里湖镇公益性公墓前期准备工作，正在进行工程动工前的“三通一平”建设。通过将殡葬惠民政策具体化，实行对去世的五保户无偿提供遗体接运、遗体火化、遗体冷藏，还为每个低保去世对象给予1230元的殡葬费用减免，当年为社会弱势群体减免丧葬服务收费30多万元。（叶利平）

【福利彩票发行】2017年，全市共有站点34家，其中旗舰店3家，单机专营店27家，双机店4家，动物总动员21家，“动物总动员”一体机设备21台，刮刮乐彩票枪28家，投注站的规范化建设已基本到位。新增福彩旗舰店2家，新增站点1家。全年共销售彩票6437.4万元，其中电脑彩票1256万元，中福在线5097.8万元，刮刮乐彩票83.82万元。9月13日在津市举行“疯狂动物城”达人争霸赛，在比赛当天销量在常德地区排名第一。春节、端午节和中秋节都组织福彩工作人员、社区工作人员和彩民代表慰问市养老服务中心、市光荣院、市社会福利院以及社会特困群体，并送去米、油、食品等生活必需品，通过社会爱心人士、津市本地媒体进行一个宣传报道，扩大影响力，提升福彩公益形象。（陶炜）

【社会事务】2017年，提请政府出台《津市市加强农村留守儿童关爱保护工作实施方案》、《关于建立津市市农村留守儿童关爱保护工作联席会议制度的通知》，摸清全市农村留守儿童及困境儿童1600人，并录入民政部系统。协同公安、教育等部门完成“合力监护、相伴成长”关爱保护专项行动，将摸底排查中发现的6名失学辍学儿童全部落实到位；无户籍的28名儿童全部解决户口问题；无人监护的22名儿童或父或母外出另一方无监护能力的69名儿童签订监护责任确认书。完成10个农村留守儿童之家示范点，每个试点给予7万元添置设备和活动经费。婚姻登记处按国家3A标准设立颁证室、婚姻调解室、档案室，聘请专业团队负责婚姻家庭矛盾调解。全年共办理结婚登记1398对、离婚登记754对、补办结婚661对、补办离婚25对。（彭述芳）

人力资源和社会保障

【概况】2017年，津市人力资源和社会保障工作继续以“就业有岗位、保障全覆盖、人才强支撑、权益得维护、团队更和谐、工作创满意”为主线，践行担当之责，全面超额完成年度目标任务。

2017年，共征缴入库各项社会保险费34317.74万元。其中：企业养老保险27202人参保，征缴16518万元；机关社保4949人参保，征缴6899万元；城乡居民养老保险32992人参保，征缴447.09万元；居民医保225608人参保，征缴3384万元；职工医保30027人参保，征缴5500万元；生育保险13200人参保，征缴260万元；工伤保险31895人参保，征缴915万元；失业保险317014人参保，征缴94.65万元。

2017年，共对上争资56022.86万元。其中：企业养老保险41259万元；就业再就业2406万；城乡居民医保9422.26万元；城乡居民养老保险2772.6万元。

2017年，完成“年产1500万斤米粉及米面项目”招商引资项目，投资方津市市绿达米粉有限公司总投资为5000万元，目前主体工程已完工。预计2018年元月开始投产，年产值将达到3000万元。

2017年，城镇新增就业4821人，城镇失业人员实现再就业2813人，就业困难人员再就业901人，动态消除了“零就业”家庭。新增创业主体1505人，带动城乡就业3211人，新增转移农村劳动力1212人，贫困人口转移就业228人。全年共培训各类学员2962人。建档立卡精准扶贫月嫂培训26人，养老护理员培训44人。“两后生”培训30人。全年共进行职业技能鉴定1073人次，核发职业资格证书975人。2017年，打造职介信息掌上服务圈。通过各类网站、微信公众号、在街道、社区安装LED显示屏等方式发布招聘信息；积极开展春风行动、精准扶贫现场招聘会、“大篷车”招聘会下乡入村、进社区等现场招聘活动。2017年，发放202笔创业贷款，发放金额2103万元，直接扶持创业215人，带动吸纳就业1351人。2017年回收到期贷款228笔1756万元，回收率100%。2017年，出台一系列帮扶政策：在创业担保贷款、创业补贴、培育培训品牌、扶持连锁经营、跟踪服务、扶持延伸产业链等方面给予大力扶持，建设出津市牛肉粉产业发展的“产业孵化平台”，使得津市牛肉米粉流传有序。

2017年，开展和谐维权，做到有效控制源头，健全保障金管理，积极化解矛盾加强信访维稳，做好军转安置工作。规范人事管理，加强人事录考管理。强化人才队伍建设，及时调整待遇标准。完成居民医保机构整合，推进基本医疗保险跨省异地就医全国联网和费用直接结算，机关社保改革取得新进展。调优市绩效管理评估方案和指标，严格督促全市部门认真落实省、常德市重点民生实事项目都能按进度实施。继续落实参保优惠政策，举行大型企业用工招聘会，积极帮助企业协调处理劳资纠纷，并为企业降低用工成本，规范劳动用工管理提出合理化建议。全年进行3次基金监督检查工作，确保基金专款专用，资金运行安全规范，并加强内控体系建设，防范计划财务廉政风险。全年组织了15次党组中心组理论学习，建立健全党建工作的组织体系和运作机制，完成国家三类城市语言文字迎评工作，优化窗口服务，政务公开透明，打

造阳光人社工作常态。(聂博雅)

【劳动就业】2017年,城镇新增就业4821人,城镇失业人员实现再就业2813人,就业困难人员再就业901人,动态消除"零就业"家庭。新增创业主体1505人,带动城乡就业3211人,新增转移农村劳动力1212人,贫困人口转移就业228人。全年发放202笔创业贷款,发放金额2103万元,直接扶持创业215人,带动吸纳就业1351人。2017年回收到期贷款228笔1756万元。回收率100%。一大批失业人员、高校毕业生、返乡农民工、退役军人等群体实现自主创业和稳定就业。抓好孵化基地建设,促进以创业带动就业。入园大学生、农民工返乡创业孵化企业20多家,创客近100余人,带动就业1000余人。已孵化出津市地方特色互联网品牌"再七碗粉"、"酥公子"、"一颗糖三农教育"、"津味陈记"等,其中重点特色是将津市牛肉米粉、藠果、桃酥等小吃在互联网上推介。2017年,就业处与电商产业园合作,先后开办电子商务实操培训班8期,受训人数400多人次;开展"互联网思维"专题巡回演讲4场。新的返乡农民工创业园建设完成后,原有的电商产业园也即将迁入,成为创业孵化苗圃。抓技能培训,提升就业创业能力。2017年,全年共培训各类学员2962人。建档立卡精准扶贫"月嫂"培训26人,养老护理员培训44人。"两后生"培训30人("两后生":初、高中毕业未能继续升学的贫困家庭中的富余劳动力),包括精准扶贫B2驾驶员培训28人,常德技师学院在读3人,津市职业中专在读25人。全年共进行职业技能鉴定1073人次,核发职业资格证书975人,基本实现了:"培训1人,稳定就业1人"的目标。鉴定的工种有:育婴员、美容师、维修电工、焊工、食品检验工、养老护理员、社会工作者、家政服务员、餐厅服务员、中式烹调师。搭建服务平台活动,不断促进就业再就业工作。2017年,打造职介信息掌上服务圈。每周通过各类网站、微信公众号发布招聘信息。并采取在街道、社区安装LED显示屏,设置户外信息发布栏等方式发布招聘信息;积极开展"春风行动"、"就业援助月"为主的各类现场招聘活动,开展面对面招聘服务。2017年元月的春风行动,87家企业提供岗位1158个,求职人数2820人,达成就业意向765人。5月的精准扶贫现场招聘会,共有32家企业提供1090个岗位,385名求职人员与企业达成就业意向。除大型招聘活动外,2017年共举办"大篷车"招聘会下乡入村、进社区8次,30多家企业提供岗位3500余个,共有745人达成就业意向,将就业岗位送到求职人员"家门口"。为高校毕业生、返乡农民工、失业人员组织招聘会12场,达成就业意向2652人。(聂博雅)

【社会保障】按时足额支付。共支付各项社会保险待遇97085.25万元。其中基本企业养老金支付64778万元;机关社保支付10415万元;居民养老保险支付2738.57万元;居民医保支付12117万元;职工医保支付5495万元;生育保险支付223万元;工伤保险支付861.83万元;失业保险支付456.85万。优化企业缴费。津市工业集中区过渡性优惠费率试点工作开展一年多,为了更好的推动此项工作,2017年3月份又向上级汇报津市工业集中区享受优惠费率实施情况,各项指标均达到或超过政策要求的标准。特殊群体参保到位。在企业养老保险方面,全市征(失)地农民参加企业基本养老保险共6502人,其中第二年龄段4303人,第三年龄段2189人。灵活就业人员参加企业基本养老保险23004人(正常缴费17004人)。对原整体参保的国有集体企业置换身份人员中享受城镇居民最低生活保障人员予以财政补贴,享受缴费补贴814人,享受补贴金额300万元。全年享受缴费补贴6000人左右,补贴金额2500万元。在职工医保方面,灵活就业人员职工医保参保人数470人(在职404人,退休66人)。在城乡居民养老保险方面,经民政、残联审核后,报同级财政部门审核,统一为特殊群体人员按照最低缴费档次每年代缴100元养老保险费。在居民医保方面,五保户、"三无"人员、百岁老人由民政部门全额资助;计生特扶对象和计划生育手术并发症人员由卫计部门全额资助;低保户由民政部门资助75元,自缴75元。已建档立卡未脱贫人口个人缴费部分的补贴75元,由市财政资助、自缴75元。在失业保险稳岗补贴方面,对全市积极承担社会责任、稳定就业岗位、上年度未裁员或裁员率低于本市城镇登记失业率的企业,按照该企业及其职工上年度实际缴纳失业保险费总额的50%发放稳岗补贴,全年申领稳岗补贴8家,支出54.09万元。(聂博雅)

【社保改革】2017年,开展城乡居民医保按时间节点完成机构整合工作,并按照"七统一分"原则("七统一分":统一覆盖范围、统一筹资政策、统一保障待遇、统一医保目录、统一协议管理、统一基金管理、统一信息系统和业务分级经办),建立统一的城乡居民医疗保险制度,实现了城乡居民医疗保险一体化管理。按照省统一部署,于8月底完成推进基本医疗保险跨省异地就医全国联网和费用直接结算工作。机关社保完成参保单位和个人信息采集工作。结合全市原改革试点,制定"突出主体、密切配合"工作机制,认真落实参保数据采集工作任务,对全市已在试点中参保的单位和个人进行数据采集,为制度改革后续整体推进铺平道路,目前正在妥善处理原2000年改制事业单位的参保问题。(聂博雅)

【行业扶贫】强化健康保障。2017年共有3556人次建档立卡、五保、低保、三无等困难人员享受基本医疗提高10%的报销,报销金额共1081.3万元,其中优惠报销185.9万元;共有89人次建档立卡、五保、低保、三无等困难人员享受大病保险降低起付线70%的优惠政策,报销金额65.2万元。提升就业能力。2017年,"两后生"人员技能培训目标为30人,已全部完成。并出台《津市市就业扶贫工作措施十条》,为就业扶贫优惠政策扶持、资金保障等方面提供了政策保障。全年共举办贫困劳动力专

场招聘会4场。（聂博雅）

【劳动监察】2017年，共签订三方协议71份，督促企业依法规范劳动用工管理。健全保障金管理。预存农民工工资保障金1008.87万元，累计给建筑施工项目拨付预存的农民工工资保障金1011.58万元，用于发放农民工工资，确保社会稳定。（聂博雅）

【劳动争议仲裁】2017年共处理各类劳动人事争议案件78件，涉及劳动者78人，涉案标的43.85万元。其中，不予受理2件，案外调解处理52件，立案受理24件，立案的案件中调解5件、裁决7件，还有12件正在法定时效处理中。已结案案件调解率89%，时效内结案率100%。（聂博雅）

【人事管理】2017年公务员招考工作，现已完成107人（另有2名孕妇暂缓录用）录用入编手续环节。继续实施“五百英才引进工程”，引进29名全日制本科及以上学历的紧缺人才来津市工作，报名及资格审查、笔试、面试、考核、聘用手续程序已完成。下半年部分事业单位人才引进公开招聘工作人员，拟招录102名工作人员。完成报名、资格审查、笔试工作，预计整个招聘程序在2018年上半年完成。及时调整待遇标准。按省厅、常德市局统一部署，按时调整机关事业单位工作人员相关待遇，规范公务员津补贴标准。（聂博雅）

【绩效考核】为调动干事创业的激情，从年初开始，绩效评估工作领导小组就开始谋划2017年的绩效评估方案，既要突出本市各项重点工作，又要结合常德市对津市考核的指标，还要听取政府常务会对有关工作纳入考核的意见，在经过多次反复斟酌、商议、协调、调整、完善后，最终形成以市委、市政府文件下发的《津市市2017年绩效评估工作方案》，并于6月份将文件已下发到各单位。调优市绩效管理评估方案和指标，严格督促全市部门认真落实省、常德市重点民生实事项目，所有实事项目都按进度实施。（聂博雅）

【基金监督管理】2017年，一方面进行三次基金监督检查工作。开展城乡居民养老保险经办机构内部控制自查工作的检查，促进城乡居民社会保险基金工作业务流程的更加规范。开展未审计统筹地区医疗保险基金的自查自纠，职工医保和城乡居民医保均按政策规定的标准支付补偿，实现了基金专款专用，资金运行安全规范，信息化建设系统自动更新确保医保数据准确。开展养老保险重点指标专项核查工作，通过自查，城镇职工养老保险中心及时追回基金4398元，城乡居民养老保险中心及时追回基金21140元，尚在追缴过程中115975元。另一方面加强内控体系建设，防范计划财务廉政风险。改进财务业务流程，构建以资金管控为核心的风险管控体系。按照“经费到哪里，监督检查到哪里”的要求，开展财务监督检查和延伸抽查。落实好八项规定要求，严格控制“三公”经费支出。（聂博雅）

政务服务

【概况】2017年，市政务服务中心定编5人，实有工作人员3人。政务服务中心以“便民利民、优质高效”服务为宗旨，紧紧围绕改善政务环境，服务经济发展目标，主动作为，各项工作有序推进。市民之家项目于2017年7月31日建成运营；修订完善大厅管理制度，政务大厅服务质量得到改善；抓标准化建设，行政审批效能得到提升；抓乡镇便民中心建设，便民中心建设与管理得到规范，方便群众咨询、查询及办理业务。截至12月31日，全年累计各类审批及行政许可事项4604件，办结4604件，办结率100%。（唐小艳）

【政务服务中心建成运营】市政务服务中心项目于2016年3月初动工建设，总投资2200万元，占地面积7218平方米，新建四层综合办公服务楼，建筑面积7488.48平方米，建筑高度18.80米，其中政务大厅设在二楼，面积1872.12平方米，于2017年7月31日正式投入使用。

在政务大厅的风格布局上，中心与设计单位派专人前往无锡政务中心考察学习，将温馨、便利的设计理念应用到市民之家项目的建设中，整体的政务服务环境较以往得到提升。

完善配套设施。在政务大厅配备互动评价器，触摸查询机，电子显示屏等设施设备，大厅中心还设置等候区，提供凳子、书桌、报刊、书籍以及无线WIFI、直饮水机、爱心雨伞、自动售货机、服务指南等人性化的服务设施，为打造优质的政务服务环境提供硬件设施。

精心组织进驻。按照“两集中三到位”的工作要求，精心组织33家单位入驻政务服务大厅，其中，行政审批事项

2017年7月31日津市市政务服务中心大楼（右四层）建成对外服务

津市市政务服务中心大厅

单位24家,民生部门9家,纳入窗口办事项目202项，行政许可事项181项，公共服务事项17项，窗口业务基本涵盖全市所有行政许可及公共服务事项。尤其是水、电、气及有线等民生事项的进驻,使得办事群众进一扇门即可办理家中事,方便市民生活。(唐小艳)

【优质服务】2017年,修订完善窗口工作人员行为规范、首问负责、服务承诺、一次性告知、限时办结、上门服务、预约服务、考勤制度、卫生制度、责任追究制度、窗口及窗口工作人员考核评分细则、学习制度、会议制度、财务管理制度、语言文字工作制度等15项工作制度,编印成市政务中心工作手册,下发至各窗口单位。针对镇街便民服务中心的建设情况,出台规范镇街便民服务中心的制度范本,以规范指导镇街便民中心的管理。加强监督管理。安排一名副主任到政务大厅坐班,利用政务大厅电子监控系统及服务评价系统,对大厅工作人员到岗出勤情况、业务办理情况、服务态度及作风纪律情况实施全程监督,并及时处理群众投诉举报等相关工作。严格考核奖惩。对各窗口单位工作实施绩效考核,建立考核台账,对窗口工作人员作风纪律及业务办理情况实行“一月一通报、一季一讲评、一年一总结”,组织评选“红旗窗口”及“服务之星”。制定考核奖惩方案,对考核排名靠后的单位,除给予通报批评外,还要按比例扣除所在单位绩效评估分值。(唐小艳)

【提升行政审批效能】2017年,政务服务中心会同相关单位,下发《关于推进行政许可标准化的实施方案》津审改办发〔2017〕1号文件,按照《行政许可标准化指引》要求,以推进政务服务标准化建设为指引，力促行政审批效能提升。开展项目清理。督促指导全市23家行政审批单位对所涉及的项目进行再清理，结合上级有关文件精神，取消4项行政审批事项。优化审批流程。针对181项行政许可事项，组织相关职能单位对事项流程进行再梳理、再优化,在此基础上,编制行政许可流程图,明确受理、审查、决定各环节具体事项及要求,最大限度压缩审批时限,使审批时限控制在法定时限50%以内。编印服务指南。编印行政许可事项服务指南简版和完整版，简版放置在窗口柜台上,方便办事群众查阅，完整版挂网上公示,帮助网上办事群众更好的查阅、咨询。推行网上办事。结合农村综合服务平台建设的推进,在李家铺灯塔村开展“网上办事”平台试点,通过手机APP的模式,将民政老年证的办理等3项事项纳入平台办理。抓好网上政务服务平台的推广应用，及时录入行政审批数据,方便群众网上查询、咨询。(唐小艳)

【规范基层便民服务中心建设】2017年,政务服务中心在深入调研的基础上,拟定并下发《关于进一步规范镇(街道)便民服务中心建设与管理的通知》(津政办函〔2017〕29号),从四个方面着力,稳步推进镇(街道)便民服务中心规范化建设与管理：规范平台建设。按照“统筹规划、整合资源、因地制宜、节约使用”的原则,在指导乡级平台规范化配置的基础上,结合“智慧党建”工作的推进,按照统一风格、统一标识、统一布局的要求,村(社区)便民服务站也已纳入整体规划,并已启动建设,截至目前,白衣镇、新州镇、三洲驿等8个镇(街)基本建成标准规范的便民服务中心,毛里湖镇便民服务中心建设也已纳入规划。规范进驻事项。编印津市市镇街便民服务中心窗口设置、服务事项指导目录共九大类62项服务事项。如新洲镇设置十个服务窗口,将工会、组织人事等工作也纳入大厅进行办理。规范运行机制。强化撤乡并镇后原乡镇政府所在地便民服务站代办职责,明确专职工作人员代办事项及办理时限。明确每周一为便民服务中心窗口业务集中办理日,方便群众办事。如白衣镇、新洲镇等结合实际,每天安排一名班子成员到便民服务中心值班，协调处理大厅信访、审批等事物。规范服务管理。指导各镇街便民服务中心建立健全首问负责、一次性告知、责任追究等工作制度及窗口工作人员行为规范、考勤等管理制度,进一步提高服务效率。通过文件落实情况的督办,各镇街便民服务中心正逐步迈入规范化轨道。(唐小艳)

信访工作

【概况】2017年,津市各级各单位以建设“无上访村(社区)”为契机,进一步夯实信访工作基层基础,开展信访积案“清零”行动,推动信访问题化解,较好地促进了津市社会和谐稳定。津市信访形势平稳可控,无极端访、无群体越级访、无因信访引发的负面舆情。全年共接待处理来信来访1707批(件)次4677

人(件)次,信访总量与上年基本持平。各重点特护期期间,全市没有发生一起越级非正常上访,圆满完成十九大特护期稳定工作任务。津市被常德市评为十九大特护期信访维稳工作先进单位。在常德市2017年信访工作绩效考核中,津市排名第一。(高蓉月)

【领导接访】2017年,16位市级领导在信访局坐班接访群众225批580人次,化解问题100多个,其中市委书记接访18批次32人次,市长接访14批17人次。各镇(街)主要负责人带头主动接访、约访,解决问题,将大量的信访矛盾纠纷化解在本地和萌芽状态。实施领导干部群众接待日制度,每月15、16、17日镇(街)干部到所联系村(社区)、每月25、26、27日市级领导干部到所联系镇(街)开展接访、下访活动,及时就地化解矛盾。(高蓉月)

【无上访村(社区)建设】扎实开展“无上访村(社区)”建设工作,市委市政府成立工作专班,强力推进,2017年先后召开1次全市动员会,4次推进会,在白衣镇召开现场会,以点带面,全面推进,工作扎实有效。年底,在常德市考核评比中,津市嘉山街道、金鱼岭街道、新洲镇、白衣镇4个镇(街)及药山镇和平村等5个村(社区)分别被评为常德市“无上村(社区)”建设优秀、先进单位,获得奖金87万元。

2017年,在无上访村(社区)建设工作中,市信访局和各镇(街)以推动信访问题和矛盾纠纷在本地妥善化解为出发点和落脚点,在创新信访工作方法上开动脑筋,主动作为,进行探索,积累一些好的经验措施,收到明显成效。信访局牵头,有关单位配合,组织群众作为第三方力量参与信访工作,以开展群众评议的方式,较好地化解新洲镇的鲁某、药山镇的钱某、白衣镇的齐某等一些无理上访。特别是嘉山街道充分发挥无职党员的作用,让其积极参与“无上访村(社区)”建设,小纠纷做和事佬,大纠纷大矛盾当好情报员,及时提供信息,将矛盾纠纷全部及时有效化解在本地。2017年该街道无一人越级上访,是全市唯一一个无越级上访的街镇,在常德市“无上访村(社区)”建设工作评比中排名第一。白衣镇政府结合村民矛盾特点总结“三二一”矛盾纠纷处理办法,对指导镇(街)及时就地化解矛盾提供借鉴,得到常德市领导的高度肯定。金鱼岭街道开展“好家风”评选表彰活动,引导辖区内的群众创建健康向上的生活方式,推动“无上访村(社区)”建设。(高蓉月)

【积案化解】2017年,按照上级积案化解“五个一”的要求,各职能部门和镇(街)通力配合,通过市级领导指导协调、市信访联席会议交办督办,综合采取领导包案、部门联调、教育疏导、信访救助、依法处置等方法,推动化解了三洲驿街道赵某、金鱼岭街道余某、药山镇刘某、涂某、福民小区居民、交警大队宿舍居民等一大批信访积案和突出问题。据统计,2017年,10年以上积案化解了7件,5年以上积案化解了20余件。另外一批上访老户也教育疏导得力,没有造成越级非访。(高蓉月)

【信访基础设施建设】切实加强信访工作保障。2017年,市政府投入90多万元,新建一栋建筑面积220平方米的信访接待中心,2018年5月可以投入使用。结合政法系统综治中心建设,全市各镇(街)及村(社区)完善信访场所建设,各街道社区还聘请网格员,增强信访维稳工作力量。(高蓉月)

旅游外侨工作

【概况】2017年,津市旅游外侨抓好七个方面的工作,即:抓规划引领、景区建设、区域融合、宣传营销、旅游扶贫、行业管理、侨务侨情。进一步促进津市旅游发展,提升津市旅游形象。

抓好重点景区规划编制。启动药山景区和毛里湖国家湿地公园全域旅游发展规划编制,聘请北京清尚建筑设计研究院负责编制《药山文化旅游景区总体创意暨概念性规划》,启动《毛里湖湿地公园生态旅游发展总体规划》与建设性详规,逐步完善津市旅游规划体系,指导景区建设,谋划旅游产业发展。

加速龙头景区建设进度。一是提升毛里湖国家3A级景区接待能力。二是完善药山景区配套设施。药山村部、斋堂综合楼、药山公墓一期、月亮溪土建工程、南山路硬化工程和89亩房屋拆迁工作已完成,配套设施逐步完善。三是加快乡村旅游基础设施建设。毛里湖镇青苗社区沙滩乐园建成,开展摸鱼钓虾、赏花摘莲等体验式乡村旅游,提升开展旅游节会能力;药山镇引进社会资本建设“绿岛蓝湾休闲度假村”,该项目已投入1600万元用于打造湿地民俗、特种苗木、特种养殖、景观打造、文娱设施等,具有一定接待能力。

加大旅游活动宣传力度。利用平面媒体、传统媒体、新兴媒体,形成合力,造势活动,营造氛围。一是编印了《津市旅游报》,编辑《津市游》手册、整理并编印《津市导游词宣传册》,在星级饭店、旅行社及营业部免费发放。二是津市旅游微信平台每日更新,扩大社会影响;三是招聘了津市旅游专职讲解员,负责招商引资政策宣讲,讲解相关景点,对外宣传津市形象;四是成功举办青苗腊八节暨常德市乡村旅游年颁奖活动、采莲摸鱼节、杨梅采摘节、药山慈云讲堂、绿岛蓝湾系列乡村旅游等节庆活动。

推进区域旅游融合发展,结合津澧融城,重点做好津澧两地遗址遗迹游、自然风光游、人文景观游、宗教文化游、休闲度假游“五游”的结合文章,包装了津澧史前文明穿越之旅、澧州州府文化发现之旅和津澧美丽乡村漫游之旅三类津澧旅游精品线路,把津澧旅游线路推介给旅游企业,推进毛里湖湿地与城头山,药山与澧州文庙、津澧嘉山等景点的融合发展。

开展旅游精准扶贫行动。一是制定2017年乡村旅游扶贫行动工作方案,从湖南省建档立卡贫困村中选取药山村、青苗村、杨坝垱村,将其旅游基础设施建设项目纳入重点开发项目,积极向上争取政策和资金支持,为青苗村和药山村争取灾后重建资金和旅游厕所资金，改善贫困村基础设施；二是借助国家旅游厕所革命的契机，鼓励和支持景点旅游扶贫村旅游厕所建设，青苗村新建旅游厕所1座，药山村新建旅游厕所2座，进一步提升了乡村旅游公共服务水平；三是引导乡村家庭旅馆、农家乐的建设，促进贫困人口从事乡村旅游就业增收。

严格规范旅游行业管理。2017年，在湖南旅游监管平台审批了1家旅行社分社、6家旅行社服务网点，津市旅行社、分社及营业网点的数量由原来的7家增加到了14家。对全市旅行社及服务网点进行了6次行业管理整顿行动，开展旅游行业统计，对津市游客“满意度”进行抽样统计调查，对春节、国庆等节假日旅游市场运转进行监管与记录，二是强化安全监管，严格落实安全责任制，坚持节假日前安全大检查；全年共进行了9次旅游行业安全生产大检查行动，对检查中发现的问题，立即要求整改到位，守住安全生产“红线”，召开安全生产工作会议，与各涉旅企业签订安全生产责任状，压实“一单四制”工作，加强对旅游从业人员安全技能培训。

开展全市侨港澳侨务情况调查工作，对全市220名侨胞的居住地、联系方式、家庭情况等建档立卡，形成了管理台账。（谢佩玲）

【旅游资源】2017年，津市拥有国家级、省级旅游资源10个，分别是：国家湿地公园、国家3A级景区1个（毛里湖国家湿地公园），国家级森林公园1个（嘉山国家森林公园），国家级非物质文化遗产1个（嘉山孟姜女传说），国家级重点文物保护单位1个（虎爪山旧石器时期遗址），省级风景名胜区1个（嘉山风景名胜区），省级重点文物保护单位2个（古大同寺、新洲古城），省级非物质文化遗产1个（车胤囊萤照读的故事）、省级重点寺庙1个（药山寺），省级特色旅游名镇1个（原灵泉镇）。拥有市级自然、人文、生态景观6处：澧水河、皇姑山、“关山烟树”、中武当道观、三湖公园、市博物馆等。

全市共有旅行社及门市部14家；三星级旅游饭店1家（兰苑宾馆）。湖南省五星级乡村旅游点3家（半岛农庄、三禾鱼蟹园、绿岛蓝湾）；旅游志愿者队伍9支80人。在建旅游项目10个：药山文化旅游景区一期工程项目、毛里湖国家湿地公园一期能力建设项目、毛里湖植物园建设项目、澧水沿江风光带项目、澹津公园建设项目、两湖公园建设项目、新洲古城项目、嘉山国家森林公园古大同核心景区建设项目、绿岛蓝湾休闲旅游度假村建设项目、毛里湖田园综合体项目。（谢佩玲）

【未来五年旅游发展规划】未来五年，津市旅游将按照市党代会关于发展旅游产业的相关精神，按照发展“全域旅游”的总体思路，“立足区域谋发展，打造津市旅游新品牌”。依托津市丰富的自然景观和人文资源，完善服务设施和功能，“十三五”期间将毛里湖国家湿地公园和药山景区成功创建为国家4A级景区，将津市整体打造成环洞庭湖休闲度假型旅游中心城市，建成名副其实的“大美津市精致新城”。

构建大美津市的“全域旅游”格局。按照“全域旅游、城景一体”的工作思路，重点打造河湖风光、生态湿地、历史文化、乡村体验等多位一体的大美津市精致新城。推动津澧两地旅游一体化发展。加快融入泛湘西北精品旅游路线。

实施“11125”工程。构建“一中心、一龙头、一环线、两公园、五景区”的旅游空间格局，即：打造城市旅游集散中心；以毛里湖国家湿地公园和药山景区国家4A级景区建设为龙头；建设沅澧快速干线5号线、S238新岳线、棠渡线、S302线为环形主干道的旅游交通环线；保护并开发毛里湖国家湿地公园和嘉山国家森林公园；形成药山禅宗文化旅游区、关山福地文化旅游区、嘉山民俗文化旅游区、毛里湖湿地生态旅游区、城郊乡村旅游区五景区。

开发五大片区。一是围绕“清清毛里湖、悠悠养心洲”，开发毛里湖片区。将毛里湖国家湿地公园初步建成集研学旅游、科普、湿地民俗文化体验为一体的滨水休闲度假区。二是围绕“宁静的国际禅修中心”，开发药山片区。做好禅修文化休闲旅游项目开发，建成具有国际影响力的禅文化养生度假旅游区。三是围绕“江湖连通·欢乐河街”，开发城市片区。结合五城同创、海绵城市和水系改造工程，助推澧水、涔澹水风光带建设，实施三湖公园河湖连通改造工程，主打津市“水城”品牌；配套休闲旅游业态，推动津市欢乐河街、美食街、益泰绸布庄－民国风情街等项目建设，打造特色休闲街区。四是围绕“荆楚风韵、风情小镇”，开发嘉山片区。将嘉山景区建设成为以爱情和勤读文化为特色的民俗文化体验旅游区。五是围绕“悠然关山、七彩田园”，开发关山片区。打造以福地文化为主导的人文休闲旅游区。

力求三大突破。牢牢把握吃、住、行、游、购、娱六大旅游发展要素，深入推进旅游产业融合发展，做好“旅游＋”文章，培育旅游产业新业态。一是在景区建设上求突破。通过以点带线，以线促面，以面成域，提升旅游“硬实力”。在“点”上抓落实。紧盯国家政策，以培育津津乐道的人文景观为引领，推进毛里湖湿地公园、药山等重点景区提质改造，力争创建2个国家4A级旅游景区。加快古大同寺维修改造，恢复中武当、禅宗九祖道场、道家四十四福地等道观建筑群。在“线”上下功夫。以交通大会战、五星级特色乡村建设为抓手，加快推进沅澧快速干线5号线、S238新岳线建设，拉通关山、古大同等景区、景点之间的路网联系，形成“多点一线”的旅游集散地。在“面”上做文章。推进“智慧旅游”，结合五大片区开发，建设旅游接待中心，完善旅游信息咨询、安全保障、交通便捷、便民惠民等信息化服务体系，提高旅游接待能力。在“域”上求融合，促进“点、线、面”的融合式发展，最终形成“全域旅游”大格局。二是在旅游文化上求突破。要通过旅游搭台、文化唱戏、经贸开花，提升旅游“软实力”。大力开发禅修文化、生态体验、研学养生、休闲运动等旅游项目，积极举办户外露营、环湖骑行、米粉节等活动，满足不同人群消费需求，提高人气。充分挖掘历史遗迹、民俗资源，大力开发“一山一水”、“一男一女”；深挖码头文化、移民文化等特色文化，打响旅游品牌。建立津市旅游商品协会，大力开发“津市十大名菜”“津市十大小吃”“津市十大工艺品”等系列旅游特色商品，推进第三产业融合发展。三是在服务水平上求突破。构建主流媒体旅游形象宣传、主要客源市场旅游形象广告宣传、本地旅游形象公益广告宣传三级旅游形象推广体系，加大酒店、餐饮、旅行社等旅游机构管理和景区治理力度。落实信访和游客投诉制度，建立统一投诉受理平台，建立无信用企业黑名单，实现旅游监督向综合管理转变。借助职教实训基地，培养旅游技术人才，满足旅游产业发展需求。（周上）

【品牌创建】2017年，津市启动药山文化旅游景区国家3A级旅游景区创建工作。市委政府将药山文化旅游景区建设列为津市文化旅游1号工程，加快药山村部、斋堂综合楼、药山公墓一期、月亮溪土建工程、南山路硬化工程等基础配套设施建设。聘请了北京清尚建筑设计院负责编制《药山振兴发展创意暨药山文化旅游景区旅游总体规划》，为药山文化旅游景区争创国家3A景区打下坚实基础；绿岛蓝湾休闲度假区成功创建“湖南省五星级乡村旅游点”。（谢佩玲）

【旅游宣传营销】利用平面媒体、传统媒体、新兴媒体，形成合力，造势活动，营造氛围。一是编印了《津市旅游报》，编辑涵盖吃住行游购娱的《津市游》手册、整理并编印《津市导游词宣传册》，在星级饭店、旅行社及营业部免费发放，加大津市旅游宣传力度；二是加大津市旅游微信平台的宣传力度。每日更新，扩大社会影响；三是招聘了津市旅游专职讲解员，负责招商引资政策宣讲，讲解相关景点，对外宣传津市形象；四是成功举办了青苗腊八节暨常德市乡村旅游年颁奖活动、采莲摸鱼节、杨梅采摘节、药山慈云讲堂、绿岛蓝湾系列乡村旅游等节庆活动，聚集人气，营造旅游氛围，提升了旅游形象，带动了旅游消费，活跃了旅游市场。（谢佩玲）

【旅游行业管理】旅游发展环境不断优化，旅游行业发展势头强劲。2017年，在湖南旅游监管平台审批了1家旅行社分社、6家旅行社服务网点，现津市旅行社、分社及营业网点的数量由原来的7家增加到了14家，旅游市场不断扩大；为规范旅行社的经营行为，对全市旅行社及服务网点进行了6次行业管理整顿行动，维护了旅游市场秩序；开展了旅游行业统计，对津市游客“满意度”进行了抽样统计调查，对春节、国庆等节假日旅游市场运转进行了监管与记录，促进旅游行业规范化发展；强化安全监管，把安全工作当作重中之重，常抓不懈。坚决贯彻落实省、市关于安全工作的部署，严格落实安全责任制，坚持节假日前安全大检查；今年共进行了9次旅游行业安全生产大检查行动，对检查中发现的问题，立即要求整改到位，守住安全生产“红线”，落实监管责任；召开安全生产工作会议，与各涉旅企业签订安全生产责任状，压实“一单四制”工作，加强对旅游从业人员安全技能培训。（谢佩玲）

【侨务侨情】2017年，开展了全市侨港澳侨务情况调查工作，摸清了全市侨胞基本情况，对全市220名侨胞的居住地、联系方式、家庭情况等建档立卡，形成了管理台账，全面掌握侨胞侨情。积极向上争取外事侨务港澳专项资金，在春节、中秋节等传统节日走访慰问困难外侨，加强与华侨侨眷的联系。（谢佩玲）

湖南省嘉山风景名胜区

【概况】2017年，湖南嘉山风景名胜区紧紧围绕市委、市政府提出的“做大做强旅游产业，建设全国旅游强市”的目标，深入挖掘孟姜女、车胤文化底蕴，集中精力抓管理，全力以赴抓整治，千方百计筹资金，努力推进嘉山风景区各项基础设施建设。全年共完成景区内23处违章建筑的拆除，全年内未发生一起森林火灾事故，未发生一起安全事故。景区总体规划基本完成。2017年被省住房和城乡建设厅评为全省风景名胜行业“先进单位”。

强力推进总体规划修编工作。2017年3月通过政府采购程序，由湖南省建筑科学研究院具体负责嘉山风景名胜区总体规划修编工作。2017年10月、11月《嘉山风景名胜区总体规划（2017–2030年）》，分别通过津市市人民政府、常德市人民政府专家组评审，2018年3月通过省住建厅专家组评审。

强力推进景区规范整治。2017年省住房和城乡建设厅专家组来景区现场踏勘后，对景区的现状提出整改要求，嘉山风景管理处组织力量，对景区进山路口22处违章建筑、对嘉山寺违规建设的杂屋、栏栅依法予以强制拆除。在整个拆除过程中未发生一起群体性事件，进一步规范景区的管理。

大力推进景区基础设施建设。2017年，嘉山风景管理处向省住建厅争取基础设施建设资金100万元，市人民政府配套基础设施建设资金100万元，明确2018年10月必须完成标识标牌、基础环卫设施及游步道等相关基础设施建设项目。各项建设项目正在稳步推进中。

强力推进景区保护管理。加大森林防火力度，新设森林防火固定宣传标语23块，大型宣传栏2个，进一步加大对火源火点的管控。斥资15万元对景区森林病虫害进行防治，有效的控制了白蚁对林木的危害。扎实做好景区综治、安全生产等工作。对存在的问题及时处理，全年实现了安全生产“零事故”的目标。嘉山风景名胜区的各项保护与建设工作正逐步迈入规范化管理序列。（区办）

中国人民政治协商会议津市市委员会

【概况】2017年，是市十二届政协开局之年。市政协牢牢把握团结和民主两大主题，坚持“忠实履职，奉献津市”，服务科学发展，聚力改善民生，助推“工业立市、产业兴城”，认真履行政协职能，协调关系、汇集力量、建言献策、服务大局，为全市经济社会健康发展做出了新的贡献，实现新一届政协的良好开端。一年来，共召开全体会议1次，常委会议6次，主席会议14次，进行议政性常委会议协商2次，议政性主席会议协商2次，开展视察4次，举办委员论坛1次，形成常委会议建议案2篇，主席会议建议案3篇，累计100余人次参与全市各类民主监督活动。市政协8个工作组和10个活动组全年累计开展组内活动70余次。（刘清华、贺秀毓）

【召开政协津市市第十二届委员会第二次会议】政协津市市第十二届委员会第二次会议于2017年2月6日至8日在兰苑宾馆召开，159名政协委员参加会议。此次会议共召开两次全体会议、一次常委会议，进行一次分组讨论。会议听取并审议市政协主席姜正才作的政协津市市第十一届委员会常务委员会工作报告；听取并审议市政协副主席梁文利作的政协津市市第十一届委员会常务委员会关于提案工作情况的报告；曾海涛、李凯、汪宇、王侣丹等4名政协委员代表所属专委会、工作组、党派，围绕经济社会重要领域、民本民生热点问题，分别作题为《全力创建国家级园区，建设澧水流域工业经济中心》《做活津市水运文章，建设澧水流域现代化物流中心》《立足产业兴城，建设区域金融中心》《搭建创新研发平台，打造澧水流域创新研发中心》的大会协商发言；市政协委员彭佳作《抓好药山文化遗产保护与利用，促进我市文化旅游事业发展》的个人协商发言；列席津市市第十七届人民代表大会第二次会议，听取并协商政府工作报告及其他报告；征集提案；审议通过政协津市市第十二届委员会第二次会议有关决议；市委书记傅勇讲话。（刘清华、贺秀毓）

【协商议政】2017年，中共津市市委行文转发《政协津市市委员会常务委员会2017年工作要点》，对市政协2017年重要活动进行系统安排。中共津市市委办公室、津市市人民政府办公室、政协津市市委员会办公室联合印发《津市市政协2017年协商工作计划》，完善“12310”政治协商体系。

全体会议协商。在2月6日至8日召开的市政协十二届二次会议上，政协委员围绕津市经济社会发展重大问题进行协商讨论。市政府对委员提出的意见建议分类梳理，逐条交办。会议集中对建设澧水流域工业经济中心、现代物流中心、区域金融中心、创新研发中心等4个课题进行大会协商，对药山文化遗产保护与利用等课题进行个人发言，市委市政府主要领导对大会协商发言成果现场签批，3月份，市政府召开专门会议，明确分管领导牵头，督促相关部门办理。

常委会议协商。6月16日，市政协十二届三次常委会议专题协商津市棚改攻坚工作，会上，全体参会人员观看棚改攻坚工作视频，听取市房管局关于棚改工作的汇报以及市政协法群委关于调研情况的汇报，进行协商发言，形

6月16日，政协津市市第十二届委员会常务委员会召开第三次会议

成十二届政协常委会议第1号建议案《关于我市棚改工作的建议》;会议传达学习中央、湖南省、常德市、津市市脱贫攻坚有关文件精神;协商政协有关人事。7月19日上午,市政协十二届四次常委会议召开,会议第一阶段,市人民政府市长陈章杰在会上通报2017年上半年全市经济社会发展情况;会议第二阶段,专题协商并原则同意《湖南省常德市津澧新城总体规划(2016—2030)》(送审稿)。

主席会议协商。4月6日,市政协召开主席会议专题协商牛肉米粉产业发展,会上,市商务粮食局负责人汇报津市米粉产业发展情况,与调研组委员共谋津市米粉产业发展思路:通过加强米粉产业品牌品质维护、龙头企业引领、融入现代技术和文化内涵、及时申请国家专利保护等措施,助推津市米粉产业发展。8月24日,市政协召开主席会议专题协商海绵城市建设工作,主席会议实地察看三湖公园、双济中路、双济广场、澹津公园、工业污水处理厂、渔思湖公园等海绵城市项目工程,座谈会上,市住建局负责人汇报津市海绵城市试点建设工作推进情况,市政协海绵城市建设调研组作中心发言,就津市海绵城市建设存在的问题提出意见建议,市财政局、市水务局负责人作表态发言,省建科院专家提出具体建议。形成十二届政协主席会议第2号建议案《关于加强海绵城市建设工作的建议》。

对口协商和提案办理协商。4月,市政协提案委会同市交通局、市城管局、市交警大队等就加强渣土车管理开展对口协商;6月,市政协法群委会同市民政局等就规范地名和城区门牌号码开展对口协商;7月,市政协经科委会同市商务粮食局、市科技工信局等就推进食品产业集群发展开展对口协商;8月,市政协学文委会同市文物局、市旅游局、药山镇等就药山文化遗产保护与利用开展对口协商;10月,市政协办公室会同各镇就乡镇便民服务中心规范与管理开展对口协商。6月至9月,市政协提案委会同市城管局、市民政局、市商务粮食局、市文体广新局、市政务中心等就十二届二次会议《关于对渣土车污损城市环境问题进行综合治理的建议》《关于规范津市地名和门牌号码的建议》《关于整合食品资源推进食品产业集群发展的建议》《关于抓好药山文化遗产保护与利用,促进市文化旅游事业发展的建议》《关于进一步规范乡镇便民服务的建议》等5件重点提案开展提案办理协商。(刘清华、贺秀毓)

【提案工作】政协津市市第十二届委员会第二次会议期间,政协委员、政协各参加单位和专门委员会,围绕科学发展主题和建设澧水流域现代化中心城市主线,积极运用提案建言献策。大会共收到提案137件,经提案审查委员会初步审查,整理合并为108件,立案79件,对不符合立案条件的29件提案,作为委员建议或来信处理。这些提案从内容上看,有关工业经济方面的11件,占13.9%;有关农业农村方面的提案7件,占8.9%;有关城建交通管理方面的25件,占31.6%;有关科教文卫方面的15件,占19.0%;有关商贸旅游方面的提案7件,占8.9%;有关党群综合等其他方面的14件,占17.7%。所有提案分别交由全市57个职能部门办理,并已全部办结。从办理结果来看,提案所提意见和建议得到解决或基本解决的22件,占27.9%,正在解决或列入规划解决的52件,占65.8%,因目前条件限制或条件不成熟暂时不能落实的5件,占6.3%,办理落实率有明显的提高。提案的办复率和委员满意与基本满意率均达100%。

十二届委员会第二次会议以后,委员们围绕市委市政府中心工作及人民群众关心的热点难点问题提出提案,这些提案从不同角度、不同层面,聚焦经济建设、关注民生民情、反映社会热点,为促进津市经济社会发展发挥积极作用。市委市政府主要领导非常关注提案工作,对《关于尽快启动津澧联创国家级园区相关工作的建议》《关于加快毛里湖品牌形象建设步伐,扩大毛里湖对外影响力的建议》《关于整合食品资源推进食品产业集群发展的建议》《关于抓好药山文化遗产保护与利用,促进市文化旅游事业发展的建议》《关于加快发展津市米粉产业的建议》《关于建立市级财税综合信息平台的建议》《关于设立津市市工业展览馆的建议》《关于加快津市市青少年乒乓球训练基地建设的建议》《关于进一步规范乡镇便民服务的建议》《妥善处理我市严控区建房许可问题的矛盾》《关于对渣土车污损城市环境问题进行综合治理的建议》《关于规范津市地名和门牌号码的建议》等12件提案进行签批;常务副市长多次调度提案办理工作,召开专门交办会落实办理责任;分管副市长对提案办理情况严格把关,落实办理工作。市政协领导积极参与提案办理工作,通过督办会、座谈会、评议会等方式推动提案面商率稳步提高,提案办理效果明显提升。市委办、市政府办建立健全提案办

10月25日上午,市政协在兰苑宾馆会议中心召开2017年度重点提案办理工作评议会议

理制度，明确规定办理方法、办理时限和办理质量，有力推动提案办理工作；各承办单位切实把提案办理工作列入重要议事日程，普遍建立"一把手"负责制，分管负责人负专责、承办股室抓落实的工作机制，保证办理工作落到实处。所有提案都得到有关部门的认真办理，提案办复率和委员满意与基本满意率均达100%。

围绕促进经济建设献良策。委员们围绕津市经济可持性发展，主动建言。"关于尽快启动津澧联创国家级园区相关工作"的提案，市委市政府主要领导批示，推进创建工作开展，至12月，两地已建立联络机制，明确发展目标和时间步骤，达成"整体规划、分头建设、产业共育、利益共享"的共识。"关于整合食品资源推进食品产业集群发展"的提案，市委市政府高度重视，成立小食品推进工作领导小组，与省粮食集团签订战略协议，提出建设食品产业园的规划。"关于扶持农民合作社，促进农民增收的建议"的提案，得到市农业部门的重视。

围绕保障民生改善求实效。委员们关心民本民生，积极反映问题。"关于构建农村扶贫长效机制"的提案，建议得到市扶贫移民局的采纳，有效地推进全市脱贫攻坚工作。"关于进一步规范乡镇便民服务"的提案，促使有关部门按照规范平台、健全机制和强化服务的思路不断规范便民服务行为，改善群众办事难的问题。"关于农村殡葬改革"的提案，推动民政部门争取相关项目，在各镇修建集中治丧场所，出台系列优惠政策。"关于提升职工技能素质"的提案，市政府计划列支专项资金开展职工技能培训，对贫困培训对象给予生活补贴。

围绕提升城市品质建真言。委员们关注城市发展，提出中肯意见。"关于对渣土车污损城市环境问题进行综合治理"的提案，促使相关部门采取源头管控、密闭运输和严罚违规等措施进行综合治理，市容环境得到改善。"关于集中处置大件废弃物品，提升城市整体形象"的提案，市政府正在酝酿出台《津市市大件废弃物品收运管理制度》，相关部门正在筹备成立专门的大件废弃物品回收管理队伍或公司。"关于规范津市地名和门牌号码"的建议，促进有关部门联合开展全市地名和门楼牌的清理整顿工作，有力地提升城市品质。

围绕推进社会发展出智慧。委员们针对社会事业，提出宝贵建议。"关于抓好药山文化遗产保护与利用"的提案，促使相关部门主动向上申报、及时争取资金，积极稳妥地开展药山保护利用工作。"关于建立津市市高品质寄宿制中小学问题"的提案，得到教育部门的重视，将其列入教育事业发展的重要议事日程，提请市委常委会专题议教会进行研究。委员们关于"设立博士后科研工作站"提案的建议，市委市政府高度重视，成立"津市市创新研发推进工作领导小组"，助推企业建立区域性创新研发中心。（尹茂桂、龚勇）

【民主监督】2017年年初，市委办公室、市政府办公室、市政协办公室联合下发《关于印发<津市市政协2017年度委派民主监督小组工作方案>的通知》，4月21日，市政协召开2017年度委派民主监督小组工作动员大会，围绕脱贫攻坚"五个精准到户"，把"扶贫政策落实情况"作为监督主题，对市农业局、市教育局、市住建局、市卫计局、市民政局等5个单位委派民主监督小组，进行集中监督。在民主监督工作推进过程中重点监督脱贫攻坚领域的政策落实、资金使用、项目推进、工作作风等方面情况。各监督小组认真履职，通过听取汇报、查阅台账、座谈调研、问卷调查、明察暗访等措施，抓住问题，分析原因，研究对策，提出具体整改建议。11月16日，市政协召开委派民主监督小组工作评议会，将监督结果向市委市政府和各相关单位反馈。此外，市政协还根据工作需要，择优选派政协委员，担任优化经济环境监督员，对优化经济环境、人才引进等工作进行监督，参与毛里湖宣教中心规划与建设等重点项目的监督工作。（刘清华、贺秀毓）

【政协委员论坛】市政协为做好委员论坛工作，广泛征求意见，经主席会议研究，报请市委同意，十二届政协继续以"美丽津市"为主题举办委员论坛，确定本届政协第一次委员论坛专题为"美丽津市·清清毛里湖"。为选准论坛课题，市政协广泛发动，公开征集，并多次召开主席会议进行筛选，最后确定《加大投入，保建并举，推进毛里湖国家湿地公园高品质发展》等7个专题论坛课题，拍摄《走近毛里湖》专题视频。本次论坛从7月开始启动，到10月17日举办委员论坛，历时近4个月。

为做好政协委员论坛的筹备工作，市政协成立主席领衔、副主席牵头、委室负责、工作组（活动组）承办的工作班子，成立7个课题调研组和1个视频拍摄组。调研组通过实地走访、深入调研，认真撰写、反复修改，形成调研文稿，主席会议逐一审阅，最后提交论坛发言；拍摄组多次深入毛里湖，确保专题片的质量和水平。

4月21日，市政协召开2017年度委派民主监督小组工作动员大会

10 月 17 日，津市举办 2017 年“美丽津市·清清毛里湖”政协委员论坛

本次论坛分为专家讲坛、专题视频、专题论坛、网络论坛、摄影大赛。专家讲坛内容丰富，国家知名生态专家唐小平院长作《践行生态文明，保护利用好毛里湖湿地》的专题讲座，总结十八大以来中央加强生态文明建设的政策举措和丰硕成果，阐述党的十九大关于生态文明建设的方针政策。论坛专题视频导向明确，直面问题。专题论坛分别对毛里湖的水污染治理、生态修复、产业发展、文化建设、品牌宣传、共建共享、能力建设等方面建言立论，得到市委市政府领导的高度肯定，受到各界人士广泛赞誉。网络论坛收集社会各界对毛里湖保护开发的意见建议。预计用一年时间进行摄影大赛展示毛里湖四季美景。

10 月 17 日，论坛现场共邀请各级领导、专家、委员近 330 人参加，形成的十二届政协常委会议第 2 号建议案《关于深入推进毛里湖国家湿地公园生态保护与绿色发展的建议》，得到市委市政府高度重视，主要领导多次召开调度会进行工作部署，有力助推毛里湖湿地“三退三还三拆”工作。论坛为政协委员搭建起在政协全闭会期间参政议政的新载体、交流政见的新平台、展示风采的新舞台，开创常德乃至全省县级政协先河，展现出大参与、大影响、大品牌、大启迪的效果。《湘声报》以《为了那一湖清水》为题进行专版专题报道，《常德日报》进行跟踪报道，省市政协网站作相关报道，政协委员论坛的影响在全省进一步扩大。（刘清华、贺秀毓）

【视察活动】2017 年 5 月 12 日，市政协主席会议专题视察毛里湖周边畜禽退养工作，实地查看西湖渔场王湘华养殖场、毛里湖镇原金芒果养殖场白衣镇大喜合作社退养推进情况，在白衣镇中心会议室召开座谈会，听取市畜牧局关于毛里湖周边退养工作推进情况汇报，听取毛里湖镇、西湖渔场视察组、药山镇视察组、白衣镇视察组的分组视察汇报，形成十二届政协主席会议第 1 号建议案《关于继续推进毛里湖周边畜禽退养工作的建议》。6 月 22 日，市政协主席会议视察特色小镇建设建设工作，实地视察原灵泉集镇、白衣集镇、原棠华乡集镇、药山镇集镇、毛里湖镇集镇、原李家铺集镇、新州镇集镇，视察之后召开座谈会。9 月 21 日，市政协主席会议视察津市智慧城市建设工作，实地视察市一中、市人民政府应急指挥中心、二完小、德雅中学智慧城市项目运行情况。座谈会上，市智慧办汇报津市智慧城市工作推进情况，市智慧城市建设领导小组成员单位代表发言。10 月 18 日，市政协主席会议专题视察专项基金项目建设工作，实地视察新洲生态旅游文化名镇基础设施、市职业中专实训基地、市南区污水管网、市养老服务体系等专项基金建设工程。座谈会上，市发改局汇报津市基金建设工作推进情况，市财政局、市民政局、市水务局、市住建局、新州镇等专项基金建设责任单位分别发言。形成十二届政协主席会议第 3 号建议案《关于加快推进我市专项基金项目建设工作的建议》。（刘清华、贺秀毓）

【反映社情民意信息】2017 年 7 月至 9 月，市政协开展“集中反映社情民意信息活动月”活动。全体政协委员积极参与，围绕津市经济社会发展的热点难点问题反映社情民意信息 190 多件，4 件受到市委市政府主要领导批示；向上级政协报送 7 件，5 件被常德市政协采用，《城乡医保整合后群众获得感不升反降需重视》《当前畜禽退养存在五大涉稳因素不容忽视》等 2 件社情民意信息被省政协采用，津市社情民意信息工作迈入常德区县（市）政协第一方阵。（刘清华、贺秀毓）

【合作共事】注重发挥人民政协作为爱国统一战线组织的重要作用，积极营造团结、包容的协商氛围，有计划地邀请各民主党派和社会团体参加政协组织的重要履职活动，为党派团体参政议政搭建平台。一年中，各民主党派、工商联、无党派人士提交提案 53 件，反映社情民意信息 90 多件，在各类会议上协商发言 30 多人次，为促进津市经济社会发展建言献策。（刘清华、贺秀毓）

【团结联谊】2017 年，市政协坚持“走出去”和“引进来”相结合，先后赴湖北黄州、湖南桃源、汉寿、桑植等地交流政协工作，分别学习景区建设经验、考察城市建设工作、学习反映社情民意信息先进经验、开展“宣传十九大，溯源澧水，保护母亲河”主题活动；重庆开州、江西鹰潭、湖北洪湖、湖南宁乡、祁阳、新宁、武陵等政协组织先后来津考察智慧城市建设、毛里湖国家湿地公园建设、美丽乡村建设、乡镇自来水建设管理、棚户区改造、农村环境综合整治等工作。注意加强旅外委员联系联谊，发挥旅外委员作用，引导他们积极利用自身优势为家乡发展献计出力。注重做好住津常德政协委员活动组的服务工作，为他们搭建知情明政、调研视察、协商建言的活动平台，周欢委员的《加强我市网约车规范管理正当时》就是常德市政协七届一次会议上仅有的两个县级政协协商发言之一，王波委员在常德市政协七届二次会议上代表津市活动组作《做实产业立市战略，共创津澧国家园区》的大会协商发言，为津市争得荣誉。（刘清华、贺秀毓）

【委员走访】2017年3月，市政协以“发挥政协委员主体作用”为主题，集中开展“委员走访月”活动。政协主席会议成员带队、委办主任联系、界别工作组长参与，深入单位、企业、社区，走访委员150人次，召开座谈会26次，与委员谈心交流，了解委员思想动态，收集意见建议120多条，引导委员以更加负责的态度关注发展，以更加饱满的热情履行职责，画出政协“最大同心圆”。（刘清华、贺秀毓）

【委员培训】2017年3月1日至3日，市政协针对换届以来新任委员较多的情况，举办十二届政协委员集中培训班，3月1日自学，2日和3日集中学习。培训课程包括常德市政协原副主席张新民的《不负重托，不辱使命，在认真履职中展现委员风采》，津市市政协原学文委主任易难的《政协的性质、特点和职能》，常德市政协提案委主任莫宏光的《如何写好政协提案》，常德市政协政研室副主任朱碧文的《社情民意信息知识辅导》，正宇软件公司培训员王新的《政协提案办理系统操作》。委员们从政协性质、政协知识、提案撰写、社情民意信息反映、提案办理系统操作等个层面深入学习。培训期间，委员们还围绕“政协是什么，政协做什么、政协怎么做”开展分组讨论，进行交流座谈。通过培训，为建设一支“懂政协、会协商、善议政”的政协委员队伍奠定基础。（刘清华、贺秀毓）

【委员工作室建设】2017年，根据省政协和常德市政协工作安排，结合津市市政协工作实际，进行薛君委员工作室巩固提质，薛君委员工作室继续发挥自身优势，集聚委员力量，多次开展幼儿健康知识讲座、组织社会读书活动，受到社会广泛好评。10月20日，新成立朱德文委员工作室和襄阳街街道委员工作室，对委员工作室的工作制度、工作台账等统一要求，引导委员工作室制度化、规范化发展。（刘清华、贺秀毓）

【服务中心工作】助力脱贫攻坚大会战。市政协按照市委市政府统一部署，在毛里湖镇花桥村开展结对帮扶，完成贫困户扶贫信息采集工作，制定并落实帮扶措施30条，定期开展走访和节日慰问等活动。经过一年努力，市政协办公室结对的10户贫困户正在逐步有序脱贫。市政协继续开展省市县三级政协委员联动“三个一”扶贫行动，每名政协委员都参与结对帮扶活动，共帮扶贫困户120户，帮助解决就业52人，助学89人，办好事实事267件。市政协在全体政协委员中开展“精准扶贫爱心捐建”活动，第一期募集爱心善款近5万元，帮扶毛里湖镇花桥村20户建档立卡贫困户进行无害化厕所改造，推动“厕所革命”。

参与盘活低效企业。根据市委关于低效闲置企业盘活工作的总体安排和部署，市政协主席会议成员牵头对湖南楚天纺织有限公司、益海嘉里（岳阳）粮油工业有限公司津市分公司、湖南卡普吉诺建材有限公司、湖南皇瑞新材料科技有限公司、津市市朝宏油泵有限公司等五家企业进行跟踪服务，通过下企业了解情况、调度相关单位协商帮扶、外出招商等措施开展卓有成效的工作，至12月，基本达到预期目标。

完成市委交办的其他工作。市政协主席会议成员按照市委统一安排，积极参与毛里湖湿地公园一期能力建设、药山景区建设等工作，先后赴浙江、广东、湖北等地招商引资，参与部门服务企业、项目建设、西河街旧城改造、智慧城市建设、城市创建等中心工作。（刘清华、贺秀毓）

【学习型机关建设】2017年，市政协以“政协理论知识学习年”为契机，积极开展“书香满津城，学习促发展”主题学习活动，在机关青年干部中进行“四个一”学习活动，打造智慧、创新、务实、和谐的“四型”政协。2月17日，召开党组会议研究部署市政协学习型机关建设工作。按照省市两级政协要求，推广使用湖南政协云，全市政协委员和政协干部的APP安装率达到100%。以湖南政协云为依托，加强津市板块建设，为广大政协委员知情明政拓展新渠道。（刘清华、贺秀毓）

【党风廉政建设】2017年1月13日，召开党组会议学习《津市市党风廉政建设责任制工作领导小组办公室关于印发<津市市落实“两个责任”谈话制度模式范本>的通知》，研究开展谈心谈话工作；2月17日，召开党组会议研究部署《关于建立落实“两个责任”谈话开展情况月报告制的通知》工作；3月22日，召开党组会议传达学习常德市“纠‘四风’、治陋习”专项整治工作办公室、常德市“雁过拔毛”式腐败问题专项整治协调领导小组办公室《关于开展“两个专项整治”一季度交叉检查的通知》，研究部署迎检相关工作；6月12日，召开党组会议学习传达《中共津市市纪委办公室关于印发<津市市领导干部廉洁档案管理办法>的通知》精神，部署相关工作；6月22日，召开党组会议传达学习《关于进一步强化政府重大投资项目预防腐败工作的实施办法》精神；7月14日，召开党组会议学习传达常德市纪委《二季度“两个责任专项整治”交叉检查实施方案》精神，部署迎检工作；8月25日，召开党组会议学习传达《津市市开展清理国家公职人员违规参与涉矿等经营性活动专项整治工作实施方案》精神；9月21日，召开党组会议传达学习《关于填报清理国家公职人员违规参与涉矿等经营性活动专项整治工作报表的通知》精神，安排部署相关工作；10月18日，召开党组会议传达学习《关于建立健全党的领导干部插手重大事项记录报告制度的规定（试行）》精神，安排部署相关工作；11月13日，召开党组会议学习传达《津市市政府投资项目建设管理暂行办法》精神；12月8日，召开党组会议学习传达《关于成立津市市禁止领导干部利用职权和职务上的影响在金融活动中谋取私利专项整治工作办公室的通知》，部署相关工作；12月14日，召开党组会议传达学习《关于认真组织开展党委(党组)领导班子成员述责述廉工作的通知》精神，部署落实相关工作。

(刘清华、贺秀毓)

【政协津市市第十二届委员会常委会议】2017年，市政协共召开常委会议6次，历次会议情况如下：

次数	时间	会议内容
一次	1.19	分组协商讨论政协津市市第十一届委员会常务委员会工作报告、政协津市市第十一届委员会常务委员会提案工作报告、政协津市市第十二届委员会第二次会议有关决议、政协津市市常务委员会2017年工作要点(草案)、津市市政协2017年协商工作计划(草案)；协商有关人事，传达常德市政协七届一次会议精神，审议通过召开市政协十二届二次会议的决定(草案)、市政协十二届二次会议议程和日程(草案)。
二次	2.8	听取联组会议协商讨论情况汇报；审议政协津市市第十二届委员会提案审查委员会关于十二届二次会议提案审查情况的报告(草案)；审议政协津市市第十二届委员会第二次会议关于政协津市市第十一届委员会常务委员会工作报告的决议(草案)；审议政协津市市第十二届委员会第二次会议关于政协津市市第十一届委员会常务委员会关于提案工作情况报告的决议(草案)；审议政协津市市第十二届委员会第二次会议政治决议(草案)。
三次	6.16	协商棚改攻坚工作；传达学习脱贫攻坚有关文件精神；协商有关人事。
四次	7.19	2017年度上半年政情通报；专题协商并原则同意《湖南省常德市津澧新城总体规划(2016—2030)》(送审稿)。
五次	10.25	2017年度重点提案办理工作评议
六次	12.29	通报2017年全市党风廉政建设和反腐败工作情况；通报2017年度政协常委会议建议案、主席会议建议案办理落实情况；审议通过市政协十二届三次会议常委会工作报告(草案)、提案工作情况报告(草案)；审议通过十二届三次会议有关事项；审议通过有关人事事项。

(刘清华、贺秀毓)

毛里湖湿地公园风光

民主党派 群众团体

中国民主同盟津市市委员会

【概况】中国民主同盟津市市委员会下辖一中、德雅中学、三中、五中、职教集团、文化、直属7个基层支部,截至2017年底共有盟员157人,其中在职107人,退休50人,本科以上学历102人,中高级职称111人。民盟湖南省委委员1人,民盟常德市委委员2人,常德市政协委员3人,津市市人大代表6人,津市市政协委员15人。2017年,在民盟常德市委和中共津市市委的领导下,在市委统战部的支持和指导下,民盟津市市委团结带领广大盟员深入学习贯彻中共十九大和民盟十二大精神,以习近平新时代中国特色社会主义思想为指引,坚定不移走中国特色社会主义发展道路,紧紧围绕省、市民盟工作要点和中共市委市政府中心工作,全面加强自身建设,积极履行参政党职能,为推进工业立市、产业兴城,建设澧水流域现代化中心城市贡献力量。(吴涛)

【自身建设】加强思想政治建设。民盟市委以迎接中共十九大、民盟十二大胜利召开为契机,深入开展"不忘合作初心继续携手前进"专题教育,凝聚人心、增进共识。1月,举办参政履职培训班,33位盟员人大代表、政协委员和部分新盟员参加培训。5月,开展五四青年节主题活动,组织盟员参观常德民盟书画院。8月,组织盟员参加常德民盟议政建言论坛,庹国安在论坛作书面发言。11月,17位盟员分别参加常德市民主党派基层组织能力建设研修班和津市市统战理论知识培训班。盟员代表参加省委统战部"下基层、摸实情、促学习"十九大精神宣讲调研座谈,积极畅谈学习体会。组织盟员参加常德市各民主党派"同心向党、共创辉煌"征文比赛,吴涛的作品《同心颂》获二等奖。民盟市委将传统教育作为思想建设的重要抓手,编印《津市民盟2012-2017》一书并发放给全体盟员学习。组织盟员参加民盟中央微信公众号举办的中国民主同盟成立76周年"你送祝福,我送心意"留言庆祝活动,留言被公众号选登。强化媒体宣传,全年在各级媒体上稿50多篇。民盟中央网站报道津市民盟支部换届工作经验,红网报道"津市民盟:社会服务进乡村同心义诊惠百姓",三湘统战网报道"津市民盟开展'弘扬五四精神继承优良传统'主题活动"等。"津市市电视台"微信公众号报道庹国安、王颖、王春梅等教师的优秀事迹。"津市民盟"微信公众号自开通以来发布信息70多条,成为盟员互动交流,凝聚共识的坚实平台。加强人才建设。2017年发展新盟员4人,全部为本科及以上学历。在民盟湖南省第十四次代表大会上,周欢当选民盟湖南省委委员。开展支部换届。三中、德雅、直属、文化支部相继召开换届选举会议。至7月25日,7个支部全部完成换届,各支部选举产生由支部主委、副主委兼组织委员、宣传委员组成的领导班子。完成民盟市委换届。

盟员代表参加民盟湖南省第十四次代表大会

基层支部开展"教育进社区"活动

津市民盟"快乐音乐课堂"陪伴留守儿童过六一

中国民主同盟津市市第七次代表大会于8月23日召开。大会选举产生由11名委员组成的民盟津市市第七届委员会，周欢当选主任委员，吴涛、贺爱华、曾红胜当选副主任委员。新一届委员会规模较上届增加2人。（吴涛）

【参政议政】"两会"积极履职。在政协常德市七届一次会议上，周欢主委作题为《加强我市网约车规范管理正当时》的大会协商发言，引起与会人员强烈反响和广泛认同。在政协津市市十二届二次会议和津市市十七届人大二次会议期间，民盟市委提交集体提案2件，盟员提交建议7条，提案18件。王侣丹作题为《搭建创新研发平台打造澧水流域创新研发中心》的大会协商发言。集体提案《关于保护和发展津市米粉产业的建议》、尹珍《关于加强乡镇便民服务中心管理的建议》和王侣丹《关于加强渣土车管理的建议》相关内容被纳入市政协协商工作计划。在政协分组讨论中，庹国安关于开展"教师进社区"活动的发言得到中共津市市委书记傅勇的肯定。在"美丽津市·清清毛里湖"政协委员论坛上，尹珍以《擦亮明珠唱响品牌》为题作大会协商发言。深入调查研究。就"城市贫困人口生活状况"、"环洞庭湖区生态保护"等课题协助民盟常德市委开展调研。民盟市委承担的调研课题《县级新媒体代表人士统战工作调研》获常德市统战理论优秀调研成果三等奖。开展民主监督。邓维平、毕家寿、程治元、赖丽容担任优化经济环境监督员，就重点项目建设、食品安全、农机化工作等进行监督检查。赖丽容、尹珍被委派为市政协民主监督员，监督市农业局、市卫计局等单位的扶贫攻坚工作。（吴涛）

【社会服务】"烛光行动"形成品牌。民盟市委在翊武中学开展"烛光行动"，为71名贫困留守儿童送去慰问金和学习用品。活动中，彭凤为五年级180班的学生送上精彩的音乐示范课。湖南日报网、新浪网等媒体以"津市民盟快乐音乐课堂陪伴留守儿童过六一"为题进行了报道。一中、五中支部在襄阳街街道开展"教育进社区"志愿服务活动，以公益讲座的形式帮助家长和学生解决教育问题。文化服务形式多样。1月，文化支部联合市图书馆开展"以诗词会友、以乐沁人"音乐诵读会；8月，文化支部举办与孩子共成长亲子阅读和"不动笔墨不读书"活动，薛君担任主讲。同心同向凝聚合力。民盟市委积极引导盟员参与统一战线精准扶贫，与药山镇三新垸村结对共建常德市"同心乡村"，服务群众、振兴乡村。为该村贫困户送去橘苗和猪仔等物资，帮助其发展生产、实现脱贫。程治元、杨育明等赴该村开展同心义诊活动，为困难群众捐赠价值6000多元的药品。双岗建功彰显风采。全市盟员发扬优良作风，在民盟组织和本单位内创先争优、建功立业。职教集团支部被评为常德民盟先进基层组织，15名盟员被评为常德市优秀盟员。李红在学科德育精品课程评选活动中获部

民盟市委在"同心乡村"开展义诊活动

中国民主同盟津市市第七次代表大会召开

级“精品课程”，芦茜获实验教学比武常德市一等奖，王颖获津市市“乡村红烛奖”，张改华被评为津市市最美园丁，鲁冬珍、屈辉、王春梅获津市市优秀教师称号，庹国安、程飞获津市市教育教学质量优秀奖。唐禹荣获湖南省“星级文化志愿者”。（吴涛）

【中国民主同盟津市市第七次代表大会】8月23日，中国民主同盟津市市第七次代表大会在市兰苑宾馆会议中心召开。常德市政协副主席、民盟常德市委主委傅绍平，中共津市市委副书记杨文惠，市委常委、统战部部长黄沅敏，市人大副主任邓惠荣，市人大副主任、工商联主席胡湘萍，市政协副主席曹后新出席。民建津市市委、农工党津市市委、市教育局、文体广新局、一中、职教集团、三中、车胤中学、翊武中学、德雅中学等单位负责人应邀列席会议。来自津市民盟7个基层支部的99名盟员，代表全市155名盟员参会。傅绍平代表民盟常德市委向大会召开表示祝贺。她指出，民盟津市市委在民盟常德市委和中共津市市委的领导下，继承和发扬“爱国、民主、团结、进步”的优良传统，在自身建设、参政议政、社会服务等方面取得可喜的成绩，彰显了参政党地方组织的良好社会形象。希望新一届委员会加强自身建设，搞好团结合作，凝聚全盟力量，为建设富饶美丽幸福津市做出新的更大贡献。杨文惠代表中共津市市委向大会召开表示祝贺，她充分肯定了民盟津市市委五年来的工作，希望新一届委员会继续坚持和完善中国共产党领导的多党合作和政治协商政治制度，全面加强自身建设，同心同德、开拓进取、扎实工作，在推动津市全面建成小康社会中创造新业绩。周欢代表民盟津市市第六届委员会作工作报告。大会号召全市盟员继承和发扬民盟优良传统，高举中国特色社会主义伟大旗帜，不忘合作初心，继续携手前进，为把津市建设成澧水流域现代化中心城市而努力奋斗。大会选举周欢、吴涛、贺爱华、曾红胜、庹国安、熊淑平、王芳、朱月莲、孙忠诚、唐禹、赖丽容为民盟津市市第七届委员会委员。周欢当选民盟津市市第七届委员会主任委员，吴涛、贺爱华、曾红胜当选副主任委员。（吴涛）

中国农工民主党津市市委员会

【概况】中国农工民主党津市市委下辖市人民医院支部、市中医院支部、市教育支部、市直属支部。有党员89人，其中在职58人，全部为中高级职称。2017年，农工党津市市委带领全市广大党员，在参政议政、自身建设、社会服务等方面都取得较大成绩，较好地履行参政党职能。

【参政议政】常德市政协委员卢超《关于打造健康产业城的建议》，毕华的《民间融资的调查与思考》受到常德市领导的高度重视，多次邀请到常德相关部门进行调研、协商；农工党津市市委的集体提案《关于发展壮大津市米粉产业的建议》被市政协列为第5号提案，并数次召集市商务粮食局、市场监督管理局、市米粉产业协会等相关部门进行协商、座谈。党员中的人大代表和政协委员积极撰写建议案和提案、社情民意件，共计30多篇。关心津市经济发展，关注民本民生，履行参政党职能。市委多方协调争取，分别联合市市场质量监督管理局、市卫计局、市民政局集中力量围绕“城市食品药品安全监管”和“医养结合”两大课题开展专题调研。针对社会上对医药食品安全的高度关注与关心，市委与市市场质量监督管理局加强联系，多次组织党员中的人大代表、政协委员开展视察活动，深入城乡各大药房和众多大小餐馆进行了解，实地调研，撰写《进一步加强我市医药食品安全的建议》一文，市政府高度重视，责令市场质量监督管理局采取相关措施，进一步加强市场管理，加强监管力度；针对津市目前日益增长的人口老龄化问题，如何提高老龄人口健康服务能力，满足“老有所医、老有所养”的基本需求。市委与市民政局、市卫计局积极探索“医养结合”服务模式。先后走访市区和乡镇12家公办、民办养老院了解情况，就如何充分利用现有资源开展“医养结合”，撰写《加强医养结合体系建设，推动资源优势互补》调研报告。由于中共津市市委、政府高度重视民主党派工作，市委党员们经常被邀请列席中共市委常委会、市政府常务会议，对市里的重大决策发表意见和见解。同时市委也充分发挥民主监督职能，组织人大代表和政协委员参加对市各职能部门的视察评议活动。人大代表参与《档案法》《规划法》等的执法检查。对市城管、劳动局、卫计局、文广新局等部门进行了10多次的不定期的视察活动。组织市委人大代表和政协委员参加市法院的案件审理活动。利用被聘请的“满意政府监督员”“优化环境监督员”“行风评议员”等身份，积极开展监督工作，进行监督检查工作，指出问题、提出建议，促进相关部门工作的改进。11月市委政协委员参与毛里湖国家湿地公园宣教中心布展概念设计方案优选会议的督导工作，对评选活动方案、评选过程、评选结

果进行监督，保证评选活动公开、公正、公平。（杨建国）

【自身建设】加强党员政治思想教育，按照农工党中央关于坚持和发展中国特色社会主义学习实践活动的要求，市委开展两学一助活动，加强对全体党员的政治思想教育。组织党员集中学习，认真学习中共十八大、十九大和我党十六大会议精神，习近平总书记系列重要讲话精神，加深党员们对我国大政方针的了解；参加市统战部组织的统战理论知识讲座培训班的学习，使党员了解统战理论的基本知识，增强统战意识，通过系统学习统战理论知识，重温我党与中国共产党紧密合作历史，进一步明确中国共产党的领导地位，明确中共领导下的多党合作和政治协商。组织开展“同心向党，共创辉煌”主题征文，党员广泛参与，学习成效显著，党员毕华获常德市统战部征文“二等奖”。组织党员参加农工党湖南省委举办的网上学党史知识竞赛，党员杨玲、卢超、全林平获优秀奖。各支部开展学习实践活动对照自身表现找差距，党员素质明显提高。加强青年党员的培养和教育，积极储备人才。为进一步加强党建工作，市委先后推荐王双全、胡芬芳、毕华3名党员骨干参加农工党湖南省委组织的干部培训班的学习，系统学习中国农工民主党党章、党史和我党十六大会议精神。王双全、全林平、杨建国等人参加农工党常德市委在杭州举办的民主党派代表人士综合能力研修班骨干培训班。胡芬芳、全林平参加常德市委举办的青年干部学习班。组织新党员参加农工党常德市委新成员理论培训班。这一系列培训增强大家的政党意识、使命意识和担当意识。市委组织全体市县两级人大代表和政协委员举办的参政议政理论培训班两期，提升党员们参政议政的能力和水平。按照党章要求高质量的发展党员。2017年共对5名党员发展对象进行教育培训。主要是加强他们对农工党的认识，了解统战知识，特别是多党合作与政治协商的了解。经严格考察批准3人入党。加强组织凝聚力，津市市委开展丰富多彩的各种活动。先后开展“我为农工党添光彩”的征文、书法、摄影等活动；在两学一助活动中，全体农工党员积极参与到“脱贫攻坚”行动中来，积极捐款为贫困群众奉献爱心，共计捐款15000余元；组织党员参与中共津市市委和市政协开展的“我为津市发展献一计”的活动中来，共撰写文章15篇；五四青年节组织青年党员开展“不忘初心合作，继续携手前进”为主题的重温党史的座谈会，青年党员们积极参与，争先发言，回顾历史，畅谈未来。8月25日召开农工党津市市第五次代表大会，选举产生新的领导班子，圆满完成换届工作，受到中共常德市统战部、农工党常德市委、中共津市市委统战部领导的高度肯定；重阳节市委在主委全林平带领下走访慰问退休老党员，送去节日祝福，并发放慰问物质。并组织老党员到四办关山村参观新农村建设，了解农村发生的巨大变化。10月组织党员政协委员参加市政协举办的“美丽津市清清毛里湖”政协论坛；11月组织到毛里湖国家湿地公园参观，听取工作人员介绍湿地公园开发与保护的基本情况；通过系列活动活跃组织生活，增强组织凝聚力。（杨建国）

【社会服务】服务“同心乡村”成为工作常态。市委配合市委统战部开展“同心乡村”建设，市委党员、医疗专家王双全、皮明毅在药山镇三新垸村开展“同心·农工医疗咨询服务站”开展常态化的义务咨询、医疗。累计服务居民80余人次。市委在各医院支部所在的中共组织和行政的大力支持下，积极配合统战部开展同心乡村建设活动，开展医疗义诊活动，服务群众800余人次，免费发放药物6000余元、宣传资料1500份。开展精准扶贫，为扶贫对象发放慰问金3000元，并为之提高就业指导服务。各医院支部也组织党员医疗服务队，深入乡镇，义诊共计4次，免费发放药物价值近万余元，深受农民的欢迎。在“国际科学与和平周”活动日，市委组织党员与市卫计局、市疾控中心等单位在市桥头广场开展“健康中国”大型宣传活动，免费提高医疗咨询，发放健康保健资料。围绕“重视老龄工作，发展老龄事业，老有所养，老有所医”活动主题，市委在津市市养老服务中心、棠华养老院开展“关爱失能老人”服务活动，定期义诊、送药，并为老人们建立医疗档案。组织党员参加“微善风助学”行动，开展献爱心活动，共为3名家庭贫困学生捐资6千元，并为他们添置学习用品，补贴部分在校生生活费。充分利用农工党在司法界的资源，组织司法界党员开展普法知识宣传和教育。连续3年与市检察院团委联合开展“检察官进校园”的法制宣传活动。在市职教集团、德雅中学等学校义务开展法律知识讲座3场，发放宣传资料2000份。积极参与津市城市创建工作。组织党员积极响应中共津市市委、市政府号召，走上街头开展卫生、文明、交通劝导活动，为创建美丽津市尽自己的一份力。由于工作成绩突出，津市市委被农工党常德市委授予“先进基层组织”，胡芬芳、毕华、齐平香被评为“优秀党员”。津市市人民医院支部、津市市中医院支部被农工党津市市委授予“先进集体”，王双全、皮明毅、张兴才、周芳、胡芬芳、徐克等12名党员被评为“先进个人”。（杨建国）

【农工党津市市第五次代表大会】2017年8月25日中国农工民主党津市市第五次代表大会在兰苑宾馆召开。与会代表53人。在会上津市市民盟主委周欢代表津市市各民主党派、工商联致贺词。主委王双全代表农工党津市市第四次委员会做工作报告。大会选举产生农工党津市市第五届领导班子，全林平当选主任委员，杨建国、毕华、齐平香当选副主任委员，杨建国兼任秘书长。大会通过《农工党津市市第五次代表大会决议》，宣读《农工党津市市第五次代表大会给离任同志的致敬信》。农工党常德市市委副主委胡剑鹏出席并讲话，中共津市市委常委、统战部长黄沅敏应邀到会并讲话。

2017年8月25日召开农工党津市市第五届委员会第一次会议。会议选举产生主任委员:全林平。副主任委员:杨建国、毕华(女)、齐平香(女)。市委委员:阿毅、胡芬芳(女)、李瑞泽、周芳(女)、万芳(女)、张兴才、向甜(女)。(杨建国)

中国民主建国会津市市委员会

【概况】2017年,民建津市市委扎实推动思想建设、会务活动、参政议政、光彩事业、舆论宣传等重点工作,取得一定成绩。共有会员127人,下设工业、商业、综合、文化和卫生5个支部。其中经济界人士79人,有中高级职称的59人,担任政府副科级以上实职的12人,担任常德和津市市两级人大代表、政协委员24人次。(刘莉)

【自身建设】加强学习教育,增进思想共识。年初,民建津市市委组织召开市委工作会议,认真学习贯彻统战会议精神、进一步深入学习党的十八大精神和深入开展“不忘合作初心,继续携手前进”学习教育,并积极组织各支部开展会章、会史和党的十八大精神学习。会员积极参加各种理论培训:上半年,民建市委组织市委委员、各支部负责人集中学习习近平总书记重要讲话精神和民建常德市委相关文件精神;梁文利、陈钢等会员赴常德社会主义学院培训班学习。下半年,党的的十九大召开之际,组织会员收看习总书记所作的工作报告,并通过我们民建微信群向会员通报各级统战网和民建上级组织关于十九大精神的解析,同时还组织会员热议十九大报告,就如何贯彻落实党的十九大精神发表感想和看法,向上级统战部报送五篇信息。11月,主委易旭赴贵州参加民建湖南省委组织为期一周的学习贯彻十九大精神专题研讨班。刘小华、吴静两名支部主任赴常德社会主义学院参加为期一周常德市民主党派基层组织负责人能力建设研修班,民建市委还组织7名会员参加津市市委统战部组织的统战理论及十九大精神培训班。11月27日为积极响应民建常德市委号召,深入开展“两学一做”及“不忘合作初心,继续携手前进”学习教育,民建津市市委组织市委委员和支部主任13人赴重庆民建成立旧址西南实业大厦、中国民主党派历史陈列馆、渣滓洞开展重温历史学先辈优良传统活动,学习先烈们不屈不挠,甘洒热血的大无畏精神。追寻西南实业大厦光辉的历史,激励民建会员企业家发展经济,实干兴邦,积极投身全面小康社会的建设。让大家重温中国共产党与各民主党派风雨同舟、荣辱与共的峥嵘岁月,进一步见证历史,传承信念。通过各种形式的学习,广大会员更加深刻理解各种理论知识的科学内涵,进一步提高了会员的素质。

抓好组织发展,增强机构活力。注重发展新会员,加强对新会员和后备力量的培养,积极向上推荐人才,发展了田雨、胡铭、程蓉三名优秀而年轻有为的新会员。

精心组织换届,搞好政治交接。2017是民主党派换届之年,民建市委做到严格按程序组织好五个支部换届,并严肃换届纪律,确保民建市委换届工作有序进行。同时准备好各类换届资料和认真撰写好民建市委五年工作报告,并专门为换届编纂“不忘合作初心继续携手前进”为主题的换届图册,深受会员好评。8月24日召开民建七次代表大会,选举产生王先华等10名市委委员,召开民建七届一次市委会,选举产生主委易旭,副主委刘莉、汪晓庆,任命刘莉为秘书长,圆满完成组织换届工作。(刘莉)

【参政议政】建言献策积极有效。“两会”期间,我会两级19名政协委员和5名人大代表积极履行委员和代表的职责,以高度的责任感和使命感,积极参政议政。两会上,他们认真听取和审议《政府工作报告》及其他相关报告,积极参加小组讨论,踊跃发言,为津市市在新的起点上又快又好的发展建言献策。代表、委员深入实际提出建议、提案。民建市委向政协提交《关于加快推进“车胤文化公园”的建议》的集体提案。毛娟委员提出《关于解决基层体育人才缺乏的建议》、汪晓庆委员提出《关于加强对基层医疗垃圾规范化管理的建议》等都得到与会领导、代表和委员的一致好评。在政协表彰会上,刘清华撰写的《城乡医保整合后群众获得感不升反降亟需重视》社情民意件荣获优秀社情民意信息一等奖;刘清华委员《市二小双济校区安全隐患问题亟待处理》、朱根平委员《燃气缴费不便民,缴费渠道要革新》社情民意件荣获优秀社情民意信息三等奖;吴惠、吴松霖委员评为“美丽津市清清毛里湖”委员论坛先进个人;吴惠和其他两名委员联名提出的《关于建立市级财税综合信息平台的建议》、王履霞、黄泽清委员联名提出的《关于集中处置大件废弃物品,提升城市整体形象的建议》评为优秀提案。

民建津市市第七次代表大会胜利召开

民建津市市委开展同心乡村创建活动

专题调研扎实深入。4 月中旬，民建会内代表、委员参加毛里湖湿地公园调研活动，在调研座谈会上，代表、委员从津市湿地公园建设意义、现状及今后发展方向等方面发表自己的见解，并针对毛里湖作为湿地公园品牌建设发展中所存在问题提出相关建议。汪晓庆、田雨等政协委员深入开展津市米粉产业发展调研，就津市米粉产业如何进一步发展撰写《关于加快发展津市米粉产业的建议》一文，并在 2018 年两会期间作协商发言。10 月，市委会组织会内代表、委员就津市文化旅游产业发展状况开展调研，撰写《加快文化旅游产业发展的建议》一文。会内人大代表还参加市人大常委会组织的视察美丽校园建设及教育教学调研活动，就加大美丽校园建设宣传力度、提升教育教学质量、强化教师培训应对新高考等问题提出多条建议和意见。

民主监督切实履行。民建会员市委工作监督员、优化经济环境监督员、纪委工作监督员、人民陪审员等各类监督员有 8 人，会员中的优化经济环境监督员积极参加市优化办组织的研讨和测评活动，并对市城管局等二十一家单位进行走访巡查，充分行使监督职能；会员中的人民陪审员两次到法院参加案件审理活动，并对法院的工作提出合理化建议。（刘莉）

【社会服务】 凝心聚力促进社会建设。充分发挥本会特色和优势，积极响应市委、市政府号召，为项目建设作出应有的贡献。2017 年，民建津市市委开展“不忘合作初心，继续携手前进”学习教育，紧扣基层组织和会员特点，立足领域、行业、部门实际，确定活动主题、设计活动载体，推动活动有声有色的开展。民建市委广泛发动和调动广大会员，广泛开展各种社会服务活动，在招商引资、项目建设、美丽乡村建设建设和精准扶贫工作等方面做了大量工作，赢得社会各界的广泛赞誉，树立了良好的社会形象。

“双岗争优”成果显著。在中共市委经济工作会议上，副主委陈本方获得向上争资个人奖；湖南鸿鹰祥生物工程有限公司经理、民建市委委员李洪兵获得科技发明奖；会员李学知经营的十八子食品厂获专利应用奖；裴莉林等会员由于本职工作突出荣立三等功；余晓英会员的《传递大爱彰显参政中坚力量》一文荣获常德市委统战部组织的“同心向党共创辉煌”主题征文二等奖。会员翟向荣个人书画展于 11 月 19 日在北京 798 艺术区桥舍画廊成功开幕。会员傅闵鑫创办的津市市红色收藏展览馆被中共市委宣传部授予爱国主义教育基地，傅闵鑫于 2017 年 12 月被湖南省收藏协会评为“湖南收藏家”。

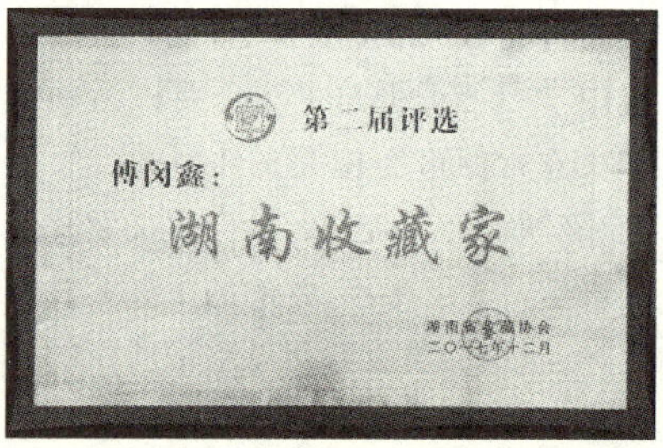

民建会员傅闵鑫评为“湖南收藏家”

社会服务领域不断扩展。本会连续两年深情结对职业中专 4 名贫困学捐资 2000 元，为石门鼓锣萍村小学捐资 1000 元，走访慰问药山镇三新垸村六户贫困居民。傅绍荣 35 年如一日，为孤寡老人捐钱送物，坚持不懈，春节期间，他为柏芝林、后湖等社区的 26 位特困户送去鱼肉等年货。他还购买两千多元的过年物资在市社会福利院食堂办了 5 桌团年饭，让他们过上幸福、祥和的春节。民建会员王先华积极为社会办实事，献爱心，春节前夕，他走访慰问城隍

会员傅绍荣开展第 35 次送温暖活动

庙社区的三名特困户，为他们每人送去三百元慰问金，又为津市福利院的孤寡老人送去1200元水果和生活物资。民建市委委员、鸿鹰祥公司经理李洪兵和其他两个企业结对并深情牵手23名贫困学子，以中小学阶段每学期1000元标准，高中和大学阶段每学期2000元标准予以一对一的扶助，直到受助学生完成学业走出社会。会员毛娟、裴莉林结对事实孤儿每年各捐资1000元。民建卫生支部组织会员赴石门鼓锣坪村、津市药山镇三新垸村及其他乡镇、街道义诊十余次，为群众送医送药送健康保健知识，深受社会好评。（刘莉）

民建津市市委开展捐资助学活动

市工商联

【概况】2017年，津市市工商联引导企业创新发展，增强非公经济人士“四个意识”，大力提升服务实效，全力助推脱贫攻坚，加强自身建设，围绕“工业立市、产业兴城”发挥工商联界别自身优势，为建设澧水流域现代化中心城市做出了积极贡献。（赖丽容）

【参政议政】工商联界别政协委员、人大代表，深入调研，积极建言献策。积极建言。工商联界别围绕民本民生、地方发展建言献策，提交《关于改善高新区道路交通安全环境的建议》、《关于把商贸企业纳入部门服务企业范围的建议》等政协提案和《关于加强住宅小区电梯安全管理的建议》、《关于湿米粉提质入园的建议》等人大议案，均得到有关部门的重视。深入调研。针对经济发展、商贸领域开展走访调研，撰写《当前非公发展的主要困难问题及建议》、《津市市农产品加工转型升级调研报告》和《津市市商贸流通仓储问题的调研报告》等，积极为津市市经济发展建言献策。（赖丽容）

【招商引资】2017年，完成两个招商项目，与襄阳街办事处联合引进湖南渔经生物科技有限公司，年产5000吨水质改良剂项目及其配套项目，该项目总投资1亿元，至2017年12月，生产车间已封顶，仓库已投入使用；与市国税局联合引进的湖南隆瑞家具有限公司(全屋实木高端定制)项目，总投资3000万元，该公司租赁钰兴科技厂房6260平米、办公大楼1-3层1320平米，工商联和国税局与相关部门做了大量沟通与协调工作，帮助该公司办理环评、安评、消防、迁户等手续，至12月该公司已全面投入生产，预计年产值5000万元。（赖丽容）

十二届执委会第二次执委扩大会议

【光彩事业】非公人士积极参与感恩社会光彩行动。工商联倡议非公经济人士参与“事实孤儿结对帮扶”活动，工商联会员共结对10名事实孤儿，每人每年资助2000元钱，直到高中毕业；牵头组织开展“2017习酒·我的大学”优秀贫困大学新生捐助活动，6月16日在津市一中举行捐助活动启动仪式。习酒集团共捐助10万元，资助20名优秀学子，每人5000元；工商联常执委李军举行习酒专场义卖，筹款4.5万元，支持一中奖励优秀教师。会员企业旺森农牧、鸿鹰生物每年分别给津市教育资金捐资10万元和5万元，为津市教育发展助力；女企业家协会、娄星纺织、宏力纺织等企业、李军个人积极参加“我想有个家”安居工程公益捐款活动，共捐款3.5万元。（赖丽容）

【精准扶贫】2017年，响应省工商联“万企帮万村”工作，年初制定《2017年度“百企联百村”精准扶贫工作方案》，号召津市非公企业积极参与精准扶贫。点村建设。2017年“百企联百村”5个示范点村分别是药山村、箭楼村、庹家峪村、三新垸村、花桥村，结对帮扶会员企业湖南省嘉品嘉味生物科技有限公司、常德仁和盛五金包装有限公司等企业共对5个村捐资9万元。其中，湖南三湘和达物流有限公司和湖南新合新生物医药有限公司负责人多次前往扶贫点村，开展送温暖活动，看望贫困户23

新合新帮扶结对贫困村药山镇药山村

户，赠送树苗、化肥等生产物资。湖南金湘猪鬃生物科技有限公司、湖南旺森农牧有限公司、湖南娄星纺织有限公司、湖南宏力纺织有限公司、强辉建筑5家企业出资5万元，支持花桥村开展“乡风、家风”系列评比活动，激励贫困户发挥主体作用，大力发展生产，实现自主脱贫。产业扶贫。引导食用菌协会，发挥技术优势，带领贫困户发展食用菌种植产业，今年在贫困村庹家峪村建立大棚100个，实行村名持股，协会免费技术指导，产品保底回收形式。解决了20户贫困户就近就业，每年累计为贫困户发放工资17万元。会员罗鉴远的绿岛蓝湾乡村旅游、休闲农庄项目，采取贫困户以土地、劳动力、资金等方式入股分红，动员18户贫困户入股，提供就业岗位39个，从业人员年人均收入到2.6万元。就业扶贫。津市非公企业吸纳本市建档立卡贫困户就业累计100余人。（赖丽容）

【**商协会发展**】2017年，建材装饰协会多次举办联合促销活动，留住本地消费者；汽摩协会于9月份举办津市市首届车展，车展期间共卖出汽车142辆，聚集了人气、活跃了市场。基层分会建设。2016年年底各镇、街道均按要求建立基层分会，发挥基层商会的作用，2017年上半年，工商联主席带队，对所有基层分会进行一次走访调研，各分会正常开展活动，发展会员。（赖丽容）

【**教育培训**】2017年，3月24日，召开津市市工商联十二届执委会第二次执委扩大会议，会上开展《激发经济活力，建设澧水流域现代化中心城市》的专题培训，并邀请“津市市十三五规划”参与起草者朱继跃作为主讲老师。10月24日—27日组织津市部分非公经济人士23人前往贵州，开展“缅怀革命先烈，坚定理想信念”为主题的红色教育活动，通过重温革命斗争史、感悟先辈革命精神，引领非公经济人士通过红色教育活动，加强理想信念、提高党性修养、强化宗旨意识。各分会也自选动作，分别组织活动，如药山镇分会，组织会员参观美丽乡村建设。（赖丽容）

【**自身建设**】2017年，全面落实党风廉政主体责任，扎实推进“两学一做”制度化、常态化，贯彻落实谈心谈话制度，认真开展“雁过拔毛”、领导干部涉矿经营、参与金融活动等多个专项自清自查工作。切实以“学”为基础筑牢思想防线，以“做”为根本付诸行动，以“改”为动力打造文明机关，干部职工政治意识、工作作风和服务水平逐步提升。推进“学习型机关”建设，干部职工业务水平和工作能力不断提高。贯彻落实“两学一做”常态化，开展“两学一助”系列活动，通过每月一次集中学习，选派干部职工、会员代表参加各类业务培训班，组织会员开展理想信念教育培训，党风廉政知识测试等活动，以课领学，以训帮学，以考促学，在全体干部中形成良好的学习氛围，进一步增强“四个意识”，提升履职能力。着力完善规章制度和考核办法，日常工作程序和内部管理日趋规范。相关制度进一步明确了服务企业、走访调研、行业规范管理等方面的具体要求，加强干部廉洁自律意识，促进了为企业排忧解难的效率，逐步建立了“亲”、“清”的新型政商关系。

信息宣传工作再上台阶。2017年，

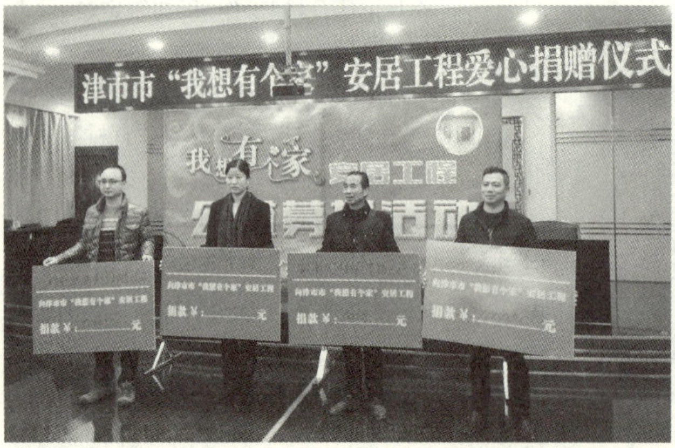

“我想有个家”安居工程公益捐款活动

“2017习酒 我的大学”捐助活动启动仪式

加大信息报送宣传力度，全年在各级媒体上稿信息40篇。（赖丽容）

农民工集中入会培训班

市总工会

【概况】津市市总工会内设办公室、组宣部、财务部、女工部、民主管理部、生产保护部、经审办、技协办、职工维权帮扶中心，下设法律维权办公室，至2017年，实有行政编制人数6名，事业编制人数4名，另聘用工会专干人员3人，聘用在职人员39名担任社会化工会工作者。市总工会围绕市委中心工作，推动经济转型升级，强化服务发展大局、服务职工群众；突出工会组织的政治性、群众性和先进性；“春风送岗”向送政策、送岗位、送技能拓展；“夏送清凉”向送健康、送法律、送安全延伸；“金秋助学”向送爱心、送激励、送希望扩面；“冬送温暖”向送关怀、解难事，办事实发展。做实困难职工帮扶行动，职工慰问行动，技能提升行动，农民工维权服务行动，职工志愿服务行动。充分发挥政策优势，通过二年来的筹备准备工作，工人文化宫建设项目纳入市委、市政府十三五规划，常德市在津建设重点项目之一，2018年3月份破土动工。建成后将成为澧津最大的集职工学习培训、文化交流、文体娱乐的职工文化广场。

开展党建活动，以学习和宣传党的十九大精神为主线，扎实推进“两学一做”学习教育，学习贯彻习近平新时代中国特色社会主义思想特别是关于工人阶级和工会工作的重要论述，落实上级工会和市委经济工作会议精神，开展主题党日、领导干部讲党课、中心组学习、宣讲十九大精神、扶贫宣传走访等各种活动，还开展园区工会组织建设情况等4大课题的“大调研、大走访”，锻炼党性，锤炼意志，改进作风。全面落实两个责任。工会制定并推动《市总工会党风廉洁建设若干规定》《党风廉洁建设工作要点》等制度。按要求认真落实“雁过拔毛”式腐败问题、“纠‘四风’治陋习”等四个专项整治行动。市总领导班子成员在公务用车、三公经费的使用和管理中严格按规矩、按程序、按制度办事，全市干部职工敬畏党纪国法，严守政治规矩，党风廉洁建设进一步落到实处。顺势推进各项改革。市总多次召开常委会议，研究贯彻落实中央、省委、常德市委关于深化群团组织改革精神，严格按照中央、省、市委精神，研究制定市总工会深化改革实施方案，多次征求相关部门意见修改完善，已经得到市委批准；工会资产清理整顿工作成效明显，妥善解决原工人文化宫职校出租等问题；市总通过建立领导联系镇、街道、行业工会联合会和市直企业的机制，强化服务基层、服务职工的制度；服从和支持纪检体制改革，主动接受纪检组的监督和指导，推荐优秀年轻干部从事纪检工作。

市总工会在开展慰问一线职工“送清凉”活动

以活动开展为载体营造氛围。与文明办、市妇联举办“好家风·最美职工家庭”评选活动，动员廉洁奉献、孝老爱亲2组家庭参加常德市级的推荐评选，“五一”期间，在中联重科组织全市工会举办了庆“五一”《中国梦·劳动美·劳模颂》——劳动者之歌文艺汇演活动，3000多名观众和深出人员现场感受氛围，与市文体广新局、市妇联、团市委联合组织多场次的活动等。二是以技能竞赛为抓手选拔能手。开展岗位能手，技术人才和工匠精神典型培养，组织参与

市总工会开展2017年度“金秋助学”活动

“打造常德工匠、服务产业立市”职业技能大赛，3名选手先后获得常德工匠和湖南省杰出人才称号。以媒体宣传为主导全面推介。在市电视台开展“工匠精神”电视专题栏目，在工会系统网站、《湖南工人报》、《常德日报》开辟专栏，上稿10多篇进行相关事迹连续报道，对先模人物、优秀工匠典型代表进行大尺度宣传。培实津市工匠成长的沃土，加快高素质产业工人建设步伐。三是科学安排统筹规划精准扶贫工作。以市“双联”办的名义出台“一户一产业工人”培养工程实施意见的文件，结合就业处、农业局阳光工程资源开展培训，实现政策资源、培训力量、培训计划“三统筹”，工作范围由城镇向农村延伸，工作对象由城镇困难职工向困难农民工拓展。全面落实扶贫措施。全市利用4个培训基地，举办“一户一产业工人”培养工程培训班5期，培训人数300人次，按照“一超过、两不愁、三保障”目标对口联系贫困村和社区2个，36户结对困难户进行点对点帮扶。干部多次深入贫困户，宣传扶贫政策，落实帮扶措施，为药山村贫困户杨万玉筹资近5万元建起了新房。扶贫攻坚不折不扣。为药山镇药山村、新洲镇嘉山社区扶贫攻坚工作先后共投入20多万元，帮助发展产业、完善基础设施等。派驻2名班子成员到点村工作，切实了解群众所想、群众所难；通过“一户一产业工人精准扶贫”培养工程，去年在市总工会的努力下，年底24户77人实现脱贫。四是以“安康杯”竞赛活动促抓安全生产。全市68家规模企事业单位踊跃参加。6月份在江南明珠广场进行了安全生产月咨询日活动，活动围绕“安全发展、人人有责”为主题，以安全发展理念、安全生产法律法规、安全知识和安全生产的先进典型为宣传重点，制作宣传牌，发放宣传资料4000多份。同时，还与市安监局、劳动局等部门配合督导调研企业安全生产、职工劳动保护工作，共参与全市安全生产监督调研检查8次。（任杰）

【职工帮扶】充分发挥工会贴心“娘家人”的作用，筹集各类帮扶资金60万元，开展“两节送温暖”、“送清凉”、“金秋助学”等品牌活动，帮扶困难职工600多人。两节为企业送去慰问大米5万斤，为500多名困难职工送去慰问金40.5万元；7月份为10个单位送去7万多元的“清凉”物资；9月份为16名学生送去3.2万元助学金；给予8个因病因事导致特别困难的职工家庭日常帮扶达5万元。组织8546名职工参加第六期职工医疗互助活动，去年共发放补助、大病救助金53万元，惠及患病职工346人次，极大地缓解了职工患病支出压力，产生了良好的社会反响。（任杰）

【维权服务】扩大维权影响。我会与市人社局、工信局、工商联等部门加强联系，建立了三方协商机制。以“双联”帮扶为平台，组织全市85个机关事业单位联系93家企业，直面企业发展中遇到的难题，真心实意为企业排忧解难。如：针对市总工会服务企业钰兴科技、特维新公司遇到的用工、融资等具体困难问题，主动与有关部门沟通协调，积极争取各方支持，保障企业生产经营，帮职工维护权益。在维护稳定上，主动搞好职工来信来访，全市处理来信来访58件，先后有人民医院、新合新、

乡财县管培训会

庆“五一”劳动节汇演

中沃公司职工上访维权，满意率达100%。同时，我们发挥职能作用，组建法律援助志愿者服务队，为职工提供法律援助，为维护稳定起到了一种润滑剂作用。督企业完善管理。规范维权方式。为了更好地维护职工的合法权利，我们在协商模式、联动模式、司法模式、源头模式四种有效的维权模式中不断创新机制。全市维权案例8件中100%是通过协商维权。为此，着力于源头模式，督促相关单位同职工签订《劳动合同》，工会代表职工签订《集体合同》，促使企业和职工按照协商双赢的原则把《劳动合同》、《工资协商合同》的签订和履行落到实处。全年，新签订劳动合同1700多份，续签6500多份，集体合同49份，工资协商158份；举办了全市厂务公开暨职代会业务知识培训班，培训110多人，督促企业按照民主管理的要求，完善各类制度，开展了民主管理示范点工作，总工会每个干部职工对接一个单位，开展全市厂务公开民主管理工作，走访调研并对厂务公开示范点进行指导和验收。强化就业维权。年初，与市人社局在江南明珠广场联合举办了"春风送岗、劳雁归巢"招聘会，涉及到工业企业、美容美发和餐饮等服务业企业85家单位参与招聘，提供就业岗位3500多个，初步达成就业意向的有1128人，其中352人完成现场签约。招聘会上，聘请了专职律师、心理咨询师对职工现场咨询，发放了《工会法》、《劳动法》、《劳动合同法》3个法律法规和《职工维权帮扶中心手册》宣传册共8000多份，受到了社会各界的好评。（任杰）

【基层工会建设】加强工会监管力度。市总工会做到集体领导、民主决策，按制度管人管事。开展基层工会经费预算执行情况常规审计，全年提出审计意见建议42条，已督促整改38条。加强基层财务培训。大力推进基层工会财务规范管理，聘请常德市总财务专业人员进行全方位的培训，工会系统分管领导，工会主席、工会专干、财务人员120多人参加了培训。加强基层组织建设。全年吸纳工会会员3731人，建立基层工会（包括涵盖独立法人单位）41家，非公企业法人数据库组建率95%。鼓励基层创先争优。新洲镇获得六好乡镇单位，新合新获得常德市级模范职工之家，仁和盛、新合新获得厂务公开民主管理先进示范单位。加强工会阵地建设。新洲镇职工文化广场建成后，受到省总、常德市总好评，并给予20万元资金扶持。（任杰）

津市市工会业务知识培训班开班

团 市 委

【概况】2017年，津市团市委围绕服务党政中心和青少年需求，立足基层团组织改革、致力新媒体平台建设，从志愿工作、扶贫帮困、人才推介等方面出发，为津市"工业立市、产业兴城、加快建设澧水流域现代化的中心城市"的发展战略做出积极贡献。2017年底，全市共有基层团（工）委16个，团总支35个，团支部186个，共发展非公经济团组织11家。全市共有团员5893人，其中学生团员3327人。（余慧）

【组织建设】稳健推进基层团组织改革。按照省市相关文件要求，津市团市委对村（居）团组织集中换届工作进行专题讨论部署，制定了《关于村（居）"两委"集中换届的通知》。各乡镇、街道深入基层、走进青年，结合本地实际制定了具体实施方案，进一步加强了换届宣传发动工作。2017年底，村（居）团组织集中换届选举工作的已完成。根据《共青团中央改革方案》以及《共青团湖南省委改革实施方案》相关文件精神，津市团市委迅速联合市教育局召开专题部署会议，共同研究制定了《津市市中学共青团改革实施方案》，安排部署学校共青团改革相关工作。加强团教协作，由团市委和教育局专人负责全市学校共青团改革工作，学校团委书记按学校中层正职干部配备，加强同教育局等部门的沟通联系。截至目前，全市12所中学都已出台共青团改革文件，并正逐步落实。

从严治团。2017年3月，津市团市委召开乡镇、街道、各位市直单位团组织负责人会议，传达学习《关于新形势下推进从严治团的规定》的有关要求，要求各基层、学校团组织尤其是团干部要深刻认识新形势下大力推进从严治团的重大意义，准确把握全面从严治党方针对从严治团提出的新要求。严格落实"三会两制一课"制度，严格组织关系转接和团籍档案管理，推动各级团组织的规范化建设。着力推动志愿者队伍建设工作，把志愿服务作为入团教育和团员日常教育的重要内容。

非公经济团建。2017年5月津市团市委带领青年创业协会和农村带头致富人协会成立青农协会两新组织联合党支部，开展创业和致富活动，做好表率，为青年人服务。2017年新建非公企业团组织 11 家。

2017 年，在全市 9 个乡镇（街道）中，建成白衣镇、新洲镇、嘉山街道、襄阳街道、三洲驿街道、津市 V 青年 6 个综合服务平台，配备率为 67%。

【活动开展】新媒体建设。2014 年 1 月 8 日开通“津市 V 青年”微信公众号，2017 年以来，公众号运营日趋成熟，平台设团青快讯、青年之家、津城青年 3 个栏目，全年上稿 423 条，全年阅读量达 54160 人次。

2017 年在“青年之声”媒介上，总共发布问题 1029 个，累计回答总数 1089 个，吸引点赞数达 8304 个，较好的在线上与青年进行互动。

通过青年之家平台发布“读书日、义务植树、关爱留守儿童志愿服务、公考免费培训班”等活动 12 次，累计聚集 1100 余名青年参与其中。严格落实“1+100”联系青年制度，现已稳定联系青年人数共计 1741 人。

组织拍摄了“为津市青年喝彩”暨纪念五四青年节宣传短片，在“五四”青年节之际向奋斗在津市各行各业的青年送上组织的肯定。

志愿行动。2017 年春运期间，组织志愿者 40 人深入全市汽车站、交通十字路口等场所开展为期 40 天的“青春志愿行温暖回家路”志愿服务工作。“3·5”雷锋月，津市团市委联合志愿者协会共同看望留守儿童，为他们送去物资和温暖；3·12 植树节，组织各市直单位团干部和社会爱心志愿者 30 余人进行义务植树，为美丽津城建设助力志愿力量。9 月份迎接省级文明城市测评，组织学生志愿者 40 名前往各公交站点做文明劝导员，弘扬了志愿服务理念，创造安全、有序、文明、畅通的道路交通环境。9 月 30 日，组织 80 名团员学生参加全国第四个烈士公祭日。

交流体验。5·4 青年节，组织开展“怎样做一名合格团员”主题团日活动和“我的青春我的梦—学习总书记讲话做合格共青团员”的主题征文活动、以学校为单位开展“不忘初心跟党走”的集体入团仪式。与此同时，组织青年团员以“我们正青春”纪念五四青年节专题演讲比赛活动、以“奋斗的青春最美”为主题的青年宣讲类节目“青年说”，活动走进 3 所学校，共吸引学生 200 余人参加。6 月份举办了“青春有约缘来是你”大型青年交友联谊等一系列主题鲜明的活动，共推荐 40 名青年参加，活动反响良好。7 月份组织优秀学生代表参加常德市第二届青少年才艺大赛，大赛最终共有 16 名津市选手获奖。12 月，对接华图教育举办津市市“青年之声·华图助力”公务员及事业单位考试免费考前培训班，260 余名有志青年参加，培训共进行 8 天。

扶贫共助。津市团市委牵手津市市民政社会工作服务中心共同发起“壹基金－壹乐园”99 公益活动，众筹善款 12 万元，计划为毛里湖镇同乐堡村的留守儿童众筹建立一处集安全、卫生、教育和心理帮助为一体的服务站。8 月，借力常德团市委的助学计划，在本市通过推荐、调查和筛选，最终通过“芙蓉学子”、“华融湘江绿色助学活动”、“习酒我的大学”等爱心帮扶计划，共资助 15.5 万元助力 31 名学子继续踏上求学之路。积极落实常德市希望工程“一元捐”特别助学项目，在全市各中小学校中进行爱心募捐，共帮助 19 名学生，解决助学资金 1.25 万元。

人才推荐。9 月，推荐津市优秀农村经营致富人才参加全省农村带头致富人培训学习，积极向湖南省农村青年致富带头人协会争取，与苏宁云商集团股份有限公司进行网上特色农产品推荐，为本土的优质农产品资源进行媒体品牌推广。10 月，开展了“书香常德·悦读青春”青少年读书大会津市组的初赛，遴选出不同组别的青年人才参加常德赛区“闻书识人、以博会友”的决赛，津市 2 名选手获得最终表彰。11 月，恰逢常德市“青联和学联”委员换届，津市团市委积极对接各领域优秀青年，共推举 9 名优秀人才为“新时代新青年”的总体呼唤贡献青春优质力量，为前景广阔的新时代发声，扩大津市团市委团结青年的影响力。（余慧）

【业务培训评选推报】2017 年共推荐优秀团干部参与全省优秀团委书记培训班、湖南省青少年权益维护和预防犯罪工作培训班、全市学校共青团、少先队改革研讨培训班、常德市共青团干部培训班等各项业务培训 8 次，增进了团干部对团的业务知识的掌握，提升自身业务能力；在学校范围内开展常德市优秀少先队员、优秀少先队大（中）队辅导员、争戴常德市两型章、雷锋章活动、少先队精品课程评选、共青团员先锋岗创建；全市团组织中推优申报湖南省优秀共青团员、优秀共青团干部、五四红旗团委（团支部），创建青少年维权岗；全市范围内评选青年岗位能手（标兵）、青年文明号、推报向上向善好青年典型，通过一系列培训和项目申报，汇聚津市的青年人才，为他们更好的展示交流创造环境。（余慧）

市妇女联合会

【概况】2017 年是妇联深化改革推进年，也是妇联基层组织建设年。市妇联围绕市委、市政府的中心工作，一手抓维权，一手抓发展，团结动员广大妇女为社会发展贡献出巾帼力量。（王方）

【妇联改革】2017 年，按照上级部署完成妇联改革工作，选举镇（街道）、村（社区）两级妇联主席 85 名，兼职副主席 180 名，执委 1365 名。通过改革扩大镇（街道）、村（社区）妇联副主席、执委的数量，让执委成为妇联组织服务广大妇女的手臂。同时在三洲驿街道进行乡镇（街道）妇联组织区域化建设试点工作，通过建立轮值主席制度、搭建执委联系服务三级网络、探索实施“5+N”模式，充分发挥执委作用，增强妇联组织的凝聚力。9 月 13 至 9 月 20 日，市妇联在各镇（街道）妇联开展走访调研，听取执委工作建议，深入挖掘和发挥执委所属领域的资源，引导执委立足工作本职，发挥职能优势，激发执委的工作热情和创造性。（王方）

【活动开展】2017 年，市妇联相继组织“最美公益”、“最美环保”等家庭系列评选活动。其中皮东征、赵永富被市委宣传部评为喜迎十九大“最美家庭”模范；向上推荐“书香之家”3 户、“常德市文明家庭”1 户，申报省、市级巾帼文明岗 3 个，涌现出程木甚、市审计局经济责任审计室等一批先进个人和集体。组织各界妇女 200 余人参加“庆祝三八妇女节·我运动、我健康、我幸福”登山比赛；开展“最美家庭·幸福生活随手拍”摄影作品征集活动，弘扬真善美，传递正能量；特邀国家二级心理咨询师、中南林业科技大学心理中心主任袁红梅教授开展女性心理健康与美丽人生讲座；在白衣镇金坪村开展送早教课下乡、发放奶粉等公益活动，关爱农村留守儿童；举办家庭教育公益讲座 19 场，内容涉及心理健康、儿童早教、防“溺水”、交通安全、社交礼仪、婚姻家庭等各类知识，受益人次达 1500 余人。开展平安创建宣传，悬挂标语 50 余条，发放印有平安家庭三字经、家庭和谐歌和邻里和睦歌的宣传手册 5000 余份。开展平安家庭示范户及平安家庭创建示范单位评选活动，评选表彰三洲驿街道、赵永富等一批先进集体和个人。（王方）

常德市妇联为津市两癌贫困母亲发放救助金

【妇儿维权】2017 年，市妇联利用“三八”、“6.26”、“11.25”、“12.1” 等特殊节日，开展妇女权益、禁毒、未成年人保护等普法宣传。全年共印发反家暴、婚姻家庭关系相关宣传手册、宣传手袋 10000 余份，举办普法讲座 4 场，模拟法庭 1 次，同时利用电视台微信公众号等新媒体广泛开展普法宣传，增强广大妇女儿童维权意识，提高维权能力。2017 年，妇联共接待妇女群众来信来访 38 件，50 人次，通过与综治、司法、民政等相关部门协作，信访调处率达 100%。联合综治、法院、司法、民政部门成立婚调委，设立“津市和”家事工作室，聘请专（兼职人）调解员开展婚姻家庭矛盾调解工作。至 12 月底，2 个月共受理婚姻家庭矛盾调解 76 起，调和 16 起，调和率达 21.05%。联合常德市微善风爱心联盟开展“脱贫攻坚·微善风助学常德”活动，再次为津市 102 名建档立卡及其它的贫困户学子筹集爱心助学款近 14 万元，衣服、书包、文具等物资 3 万余元；联合市国土资源局、信访局、电视台、毛里湖湿地公园管理处开展“春之霖”助学活动，累计为 10 名贫困学子筹集助学款 3 万元。（王方）

省妇联主席姜欣调研“ECD”项目开展情况

【妇儿发展】2017 年初，颁布《津市市妇女发展规划（2016–2020 年）》和《津市市儿童发展规划（2016–2020 年）》（津政发〔2017〕24 号）。联合人社局开展“春风行动”，提供就业岗位 1158 个，力促 400 余名妇女与就业单位初步达成就业意；与劳动部门、卫计部门联合开展扶贫技能培训 6 次，项目涉及月嫂、老年人护理、柑橘种植等多个种类，参训人数达 300 余人，提高妇女就业本领；加大创业贷款宣传力度，今年全市累计发放小额担保贷款 2003 万，其中女性贷款 908 万元，占贷款总额的 45%。2017 年，津市全市农村适龄妇女“两癌”免费检查 3464 人，提前完成任务并超出全年任务数 464 名，任务完成率达 115%。同时为津市 11 名贫困“两癌”患者争取上级求助金 12 万元。2017 年，“知心屋”项目点共开展团体辅导活动 16 次，心理

脱贫攻坚微善风助学常德津市爱心见面会

市妇联举办庆“三八”登山比赛

健康知识讲座2场，为1000余人次留守儿童提供心理健康辅导。同年“小候鸟”项目落户津市翊武中学，至11月底共开展读书会、故事会等4次阅读系列活动，受益儿童达418人次。儿童早期发展社区家庭支持项目（简称ECD项目）自2016年8月开展以来，共开放305天，开展亲子活动187次，家访活动128次，外展活动6次，服务辖区儿童764人次，有效促进辖区0–3岁儿童家庭早期教育的健康发展。2017年6月，该项目还受到省妇联主席姜欣的关注与指导。（王方）

市文学艺术界联合会

【**概况**】2017年津市市文联克服在职人员少、工作头绪多的困难，紧贴文艺惠民的工作理念，紧跟文化强市的战略举措，围绕加强协会建设指导，培养本土文艺人才，繁荣群众文化生活，打造文联活动品牌，服务社会发展大局等方面扎实开展工作。针对协会种类繁多、重叠、成分复杂的实际，根据上级文联加强对各文艺协会管理的规定，把建设团结、精干、活力的文艺协会工作管理机制作为文联的重要工作来抓，对全市35家协会整合为8大协会，健全民主选举、民主管理机制，建立协会党支部，并根据不同时期的工作重点、政策形势，并结合制度化、规范化、正轨化的要求，进一步加强对各协会的联络、服务、协调、指导和管理，协会这块文艺阵地建设焕发了新的活力。（王珏）

【**办刊**】为把津市文艺季刊《兰草》打造成本土文化的一张名片，在坚持立足本土、注重乡情交流的基础上，围绕乡土、乡情、乡愁宗旨，对刊物进行了改版和提质，在看稿、选稿上建立长效机制和规范标准，并与周边县市进行了交流研讨，坚持稿件高标准严要求，严把印刷质量关，《兰草》刊物的覆盖面、影响力明显提升，使《兰草》真正成为了津市的一张文化名片。全年《兰草》出刊4期，同时，积极创新开发和利用“津市文联”微信公众号平台，将文联主办的地方文学《兰草》杂志文章及各类文艺活动信息引入微信公众号，宣传推介了津市文艺工作取得的成效。（王珏）

【**文艺作者培养**】2017年。市文联走出去、引进来，探索从上面请专家学者前来讲课，搭建与上联系的天线。2017年7月6日，邀请到省作协党组副书记、主席王跃文前来授课，全市160余人听其讲座，同时，组织作家协会参加《桃花源》笔会，积极推荐质量较高的作品到常德、省及国家各文艺刊物，如龚峰的文艺评论，李代高的散文《弹花匠》、易明的《寻找慧姨》分别在省级、国家级刊物刊出。作家协会会员龚峰的中篇小说《元老》、文艺评论、诗歌在国家级、省级刊物上发表；作协的易明、庹云、龚峰成功入选省作协会员，王荫槐的长篇小说《水雷》、庹云的散文集《流不动的母亲河》、余晓英的散文集《濯缨梦溪》获丁玲文学奖提名，音协会员贺显辉作曲的《中国故事》在《音乐教育与创作》发表，“津市作家群”已初具规模。戏剧协会参加湘鄂边戏剧年会。2017年推选出6件文艺作品参加常德市第四届原创作品评选。（王珏）

【**文艺活动**】2017年，市文联围绕“喜庆十九大，共筑津市梦”等主题，组织各协会开展文艺惠民演出、展览、朗诵等多项文艺活动，先后组织开展了“送春联进社区”、“本土作家作品朗诵会”等多场次大、中型活动，惠及百姓，丰富群众文化精神生活。10月，举办“喜迎十九大，津市展新颜——津市本土作家作品朗诵会”，表达作家们对祖国的无限热爱和对津市未来发展的美好期待；11月，书法协会翟向荣个人书法展在北京成功举办，并个人筹资前往美国加州大学讲座，将中国传统书法带进美国课堂。9月份，利用老年大学平台，免费开办书法、摄影、诗词、国画、交谊舞等5个教学班，近200名退休人员参加，为广大的文艺活动爱好者提供授课

服务，受到社会的赞誉。（王珏）

【**湖南文学创作示范基地在毛里湖湿地公园挂牌**】文艺品牌是一个地方社会兴旺发展的软实力。为打造津市文化品牌，扶持本土文学人才，激发文学创作活力，通过积极争取上级文联支持，津市文化品牌创建工作取得明显成效。2017年7月上旬，湖南文学创作示范基地落户市毛里湖国家湿地公园。建立健全津市市文艺创作中心，为各门类文艺家协会提供创作、活动、交流平台，文艺创作中心被湖南省文联评为湖南省文艺惠民服务基地，津市市文联被湖南省文联评为湖南省文联系统2017年先进单位。（王珏）

市残疾人联合会

【**概况**】2017年是全面贯彻落实湖南省残疾人事业“十三五”发展规划的第一年，也是加快推进残疾人小康进程的关键一年。津市残疾人工作围绕工作大局，主动作为、扎实工作、务实创新、推动残疾人事业不断上新台阶，取得明显的成效。2017年被常德市残联评为全市残疾人工作目标管理考核先进单位，被津市市社会治安综合治理委员会评为优秀单位。

2017年，规范审核流程，严格准确落实政策，审核残疾人重度护理补贴2939人次、困难残疾人生活补贴2268人次；节日走访慰问困难残疾人455人次，投入慰问金达23.8万元；由于残疾人受多种条件约束，市残联开展不定期进村入户免费为残疾人办证，为他们提供零距离的服务。

坚持从稳定的大局出发，高度重视和加强信访工作。2017年市残联共接待来信来访32人次，为残疾人提供法律援助服务案件1件，提供咨询服务157人次，未发生一起群体性上访事件。严把质量，投入19.2万元对25户贫困残疾对象开展无障碍设施改造工程；为432名符合条件的肢体残疾对象发放燃油补贴，每人每年260元，共计资金11.2万元。

在组织好本级媒体强化宣传报道的同时，加大各镇（街道）残联等主要媒体残疾人事业宣传报道力度，上下联动，形成全覆盖的残疾人事业宣传报道舆论声势；做好全市助残日活动组织、宣传工作，并组织、安排好市委、市政府领导参与助残日活动；超额完成2017年度常德市残疾人宣传信息任务。充分利用各种宣传媒介积极做好津市残疾人事业重点项目、重要工作、重大活动的宣传工作。2017年，市残联在各类媒介刊发残疾人事业发展新闻达80条；开展丰富多彩的残疾人专题文化活动，推荐5个优秀作品参加展演参赛。圆满完成津市残疾人文化进家庭“五个一”项目；加大投入，创新形式，丰富内容，发挥主流媒体的宣传优势，大力宣传残疾人事业。同时积极推进市广播电视台残疾人新闻的宣传工作，带动市残疾人事业宣传工作制度化、规范化建设。（利赢）

【**康复服务**】2017年，市残联按照常德市残联《常德市残疾人精准康复服务行动实施方案》的工作要求，成立市残疾人精准康复服务行动领导小组，结合本市实际，出台《津市市残疾人精准康复服务行动实施方案》，确定本市残疾人康复评估机构和康复服务机构，明确任务分工，细化规范流程，确定任务目标，健全保障措施。到2017年12月，已让有需求的残疾儿童和持证残疾人接受基本康复比例达到43%以上，超额完成上级残联制定的目标任务（达40%）。

一年来，为本市1643名残疾人提供康复救助和服务。其中为142名白内障残疾人患者免费实施复明手术；为12名听力残疾人佩戴助听器；为143名贫困精神病患者提供住院救助，投入资金49.23万元；为270名贫困精神病患者提供服药补助，并将免费送药标准由360元/人·年提高到600元/人·年，投入资金16.59万元，一定程度上缓解贫困精神病患者看病难、吃药难的问题，也对维护社会安定起到积极的作用；携手常德市博爱康复医院专家对津市0–6岁的残疾儿童进行为期3天地毯式的体检筛查，通过筛查，确诊符合条件的儿童享受免费康复训练。共输送15名0–6岁残疾儿童分别至常德康复医院、康复中心和大康倍融康复教育中心进行康复训练。在“六一”儿童节到来之际，市政协副主席、市残联理事长董新满一行专程赶赴常德慰问参加康复训练的津市残疾儿童，给他们送去节日的祝福和慰问金，并鼓励家长积极配合康复师训练；为迎接第27次“全国助残日”活动，市残联从省残联采购包括轮椅、腋拐、拐杖、坐厕椅、助行器等5大类件

湖南省残联维权部一行视察津市“爱心房”建设

湖南省残联教就部长阳庆云(右二)督导津市残疾人康复托养中心建设

辅助器具，分别在5月中旬和11月中旬开展送辅助器具下乡活动，共将748件辅助器具送到残疾人手里，并希望残疾人通过辅助器具为就业、生活带来便利，像健全人一样走出家门、融入社会；健全和改善残疾人身体功能，帮助残疾人实现自我价值，输送6名成年残疾人到康复医院进行康复训练，投入17万元为贫困肢体残疾人免费装配假肢24例和矫形器4例；市残疾人康复托养中心已完成主体工程，预计2018年完成内部装修并投入使用，这将进一步满足津市残疾人的康复托养需求。(利赢)

【残疾人就业】2017年，市残联制定《津市市2017年群宣工作目标和考核方法》，确保各项工作落实到位；圆满完成残疾人就业保障金集中审核工作；提供多样化就业平台。3月份，市残联选派10名肢体残疾人参加常德市残联组织“就业援助月”公益活动。市残联继续与浙江杭州科祥磁性有限公司建立长效的劳务合作关系，推荐4名残疾人到该公司就业。与市财政局共同认定5家残疾人就业扶贫示范基地，为提高残疾人就业率奠定基础；为培养残疾人技能水平，提高残疾人就业能力。5月10日，市残联根据学员实际需求，选送10名残疾人到常德市进行盲人按摩、电脑、手机维修及创业班培训学习，极大的提高学员的就业创业能力。市残联结合精准扶贫工作，优先扶助10个具有市场前景的残疾人创业项目，解决48名残疾人就业问题。市残联分别在9月、10月、11月组织80名贫困残疾人参加美容护理、养老、保健护理、水稻、柑橘种植等职业技能培训和实用技术培训，帮助残疾人掌握技术，有效增加其家庭收入。筛选出50名生产规模较大，发展能力较强的农村残疾人帮扶对象，有效地实施农村残疾人阳光增收计划，采取灵活方式帮助残疾人家庭实现稳定增收。(利赢)

【残疾人教育培训】全面落实助学补助政策，为4名高中阶段残疾学生及贫困残疾人家庭子女发放助学金4400元，为13名残疾人大学生及贫困残疾人家庭大学生子女发放助学金3.6万元；与市教育局沟通协调残疾儿童送教上门工作，努力提高残疾儿童入学率；完成25名残疾青壮年文盲扫盲教育工作；积极与集中就业单位沟通、联系，为30名残疾人提供职业技能提升培训，对50名农村残疾人开展农村实用技术培训，有效地带动残疾人的致富能力。(利赢)

【残疾人扶贫工作】年初，召开市残疾人扶贫工作会议，部署精准扶贫、精准脱贫任务。并制定市残联“连千村帮万户扶贫工程”实施方案，市政协副主席、理事长董新满作为市领导联系非贫困点村——毛家岗村；党组书记张浩瀚作为驻新洲镇长岭村工作队队长，当选为常德市2017年“最美扶贫人物”，通过加强基层组织建设、大力发展农村经济、大力整治村容村貌、完善基础设施建设等举措让长岭村发生了巨大变化；市残联班子成员联系新洲镇庹家峪村15户贫困户、新洲镇长岭村5户贫困户

津市残联在全市范围内开展免费白内障筛查活动

开展精准帮扶，通过采用政策兜底、就业帮扶、辅具发放等帮扶措施，积极帮助解决他们的现实困境。（利赢）

津市残联深入各镇开展残疾人技能培训

【居家托养服务】市残联通过“走出去，引进来”工作模式，学习了常德市武陵区残联居家服务工作经验，结合津市襄阳街街道办事处志愿者协会丰富的服务经验，秉承着“奉献、友爱、互助、进步”的服务精神和托养机构服务实际情况，通过多方考察，确定为津市残疾人居家服务机构。为本市100名处于就业年龄段（男性16–59岁，女性16–54岁）的智力、精神和重度肢体残疾人开展维修、保洁、生活、医疗、陪同、慰藉等六大项目的上门居家服务。每户服务对象家庭中都贴上印有居家服务负责人、服务人员以及监督方24小时服务热线的便民服务卡。根据服务对象的不同特点和需求，机构建立了微信群和QQ群，以短信、电话等多种方式提供更为全面的服务。残疾人因需要指定居家服务项目时，可先打电话预约具体的服务项目（或机构按既定安排定期下户服务）。每月专项服务人员挂牌持证上门为残疾人服务1人次以上，每次至少1.5小时。机构服务人员每次上门服务完毕后，填写居家服务台账表，服务对象（或其监护人）对服务效果进行评价，并将资料及照片全部归档整理。同时，为30名智力、贫困精神残疾人提供日间康复照料、寄宿等服务，共计投入金额达15万元。（利赢）

【打造“爱心房”品牌】6月，津市人民政府召开“爱心房”建设工作专题会议，部署农村贫困残疾人“爱心房”建设工作，明确“爱心房”的建筑标准、资金来源及有关要求，“爱心房”项目工程由市残联牵头组织协调；市住建局、市残联、市民政局、各镇负责项目资金筹措，督导项目工程，并协助“爱心房”审核验收；市财政局负责资金统筹和监管；施工由对象所在的镇负责安排，包括：残疾人临时住所的协调、建设用地的协调、合格建筑材料的组织、工程进度以及工程质量监督。“爱心房”实施对象必须符合三个条件：一是具有津市市农村户籍且持有第二代《中华人民共和国残疾人证》；二是基本无收入来源、无监护人或监护人无帮助能力，又不符合入住敬老院的条件；三是无房、危房或土坯房的残疾人。“爱心房”建筑面积每户约40–50平方米，家庭成员3人以上的，面积适当放宽。建设资金由市住建局、残联、民政局、财政局、扶贫移民局、各镇等单位，按700元/平方米、户平3.8万元的标准筹集。由残疾人家庭自行建设的，只要达到建设标准和质量，资金就打卡发放到残疾人手中。由承包商统一建设的，整个工程验收合格后，一次性由筹资单位拨付，确保建设资金安全到位。建房工程由各镇残联组织实施，对住房条件、建筑设计及预算，做到一户一档，因户施策。每户“爱心房”要求有独立的厨房和卫生间，房屋结构为砖混结构、大瓦、室内水泥地面。考虑到个别残疾人的特殊需求，市残联将残疾人家庭无障碍改造与“爱心房”建设一并进行，如修建坡道、安装扶手等。共整合资金214万元，新建55套爱心房，惠及132名残疾人及家庭成员，实现其居者有其屋的愿望，真正为广大农村贫困残疾人办好事、办实事。该特色工作在省残联工作会议上作为典型经验推广。（利赢）

津市残联康复股工作人员到各镇（街道）免费赠送辅助器具

2017 年 10 月 13 日津市市残联第五次代表大会召开

【完成各级残联换届】在 9 月之前全部完成全市各镇(街道)残联和包括盲人协会、聋人协会、肢残人协会、智力残疾人及亲友协会、精神残疾人及亲友协会 5 个专门协会的换届工作,选举产生各镇(街道)残联理事会成员和专门协会委员。10 月 13 日上午,市残联在市兰苑宾馆会议中心举行第五届换届大会,大会正式代表为 81 名,其中残疾人及其亲属代表 53 名, 占代表总数的 65.4%,符合《中国残疾人联合会章程》的规定。市委副书记杨文惠,常德市残联党组副书记、副理事长陈义佳、组联科科长孙友良,市人大、市政府、市政协的相关领导出席换届大会并分别发表了讲话。各镇(街道)分管残联工作负责人,市残工委成员单位负责人和市直及驻津相关单位分管联系残联工作的负责人参加会议。整个换届大会分为开幕式、选举、主席团会议、闭幕式四个议程。会议于当天下午 5 时胜利闭幕。选举产生由周澧等 3 位同志组成的市残联第五届主席团和由董新满、张浩瀚、朱春年等 5 位同志组成的新一届残联执行理事会成员,并且选举产生朱德友等 11 位代表出席常德市残联第六次代表大会。(利赢)

市科学技术协会

【概述】2017 年,津市科协秉持“联络、协调、服务”的职能,紧紧围绕“夯实基础、强化服务、打造特色、科技创新”来抓细抓实各项工作,团结社会各方力量,多次举办各类大型科普活动,扩大科协科普工作宣传影响力,促进全市科普事业健康发展,为建设和谐和美新津市做出了贡献。(朱智炜)

【举办全市首个“科技工作者日”书画展】2017 年 5 月 27 日至 29 日, 由市科协主办的全国首个 “科技工作者日” 书画展览,在法治广场展出。本次书画展, 汇聚津澧较有影响的部分书画家、书画爱好者的作品,共计 63 幅,以不同的体式、风格,抒发了热爱科学、尊重人才、尊重知识的情怀,描绘了科技改变生活、创造未来的前景。激发了更多的人热爱科学、崇尚科学、投身科学的热情,为津市的科学进步做出了贡献。(朱智炜)

【举办津市市第二届“财税杯”青少年科技创新大赛】2017 年 4 月 25 日上午,在市教育局四楼会议室召开的津市市第二届“财税杯”青少年科技创新大赛正式拉开序幕。由市科协、市教育局、市科技和工业信息化局、市环保局、团市委联合主办,市财政局、市国税局冠名,市德雅中学承办的“津市市第二届青少年科技创新大赛”经过历时 8 个多月的精心组织,于 11 月 21 日落幕。大赛共收到科技发明作品、科幻画、科学实践活动作品近 300 件,经大赛组委会聘请领导、专家们认真评选,共评出学生科技竞赛项目一等奖 7 项,二等奖 12 项,三等奖 20 项,优秀奖 8 项,优秀组织单位 5 家, 优秀组织工作者 5 名,优秀辅导教师 4 名。(朱智炜)

【出版科普内刊《兰津科苑》】2016 年创办的全国科协系统首个综合性、地方性的科普内刊《兰津科苑》,在全国各地津市人中发送后影响颇大,受到市委政府及在外老乡、市民的肯定。2017 年市科协继续编印三期《兰津科苑》,分别在 4 月、8 月和 12 月出版,书刊为大 16 开,里面设置了健康、科技、生活知识等方面的栏目近 30 个, 文章共 330 篇。《兰津科苑》既是科技工作者表达心声的园地,也是向科技工作者展现世界的窗口,更有许多职能部门通过此平台宣传行业知识。(朱智炜)

2016 年 5 月 27 日,“首个科技工作者日”书画展览

【开展评选“科普示范社区、科普示范协会、科普示范基地和科普带头人活动”】2017 年 4 月，市科协深入各镇、街道及协会对已考察、考核，帮助多个社区、基地、协会与个人申报科普惠农项目。其中荷花社区获得湖南省级“科普惠民”计划支持项目，毛里湖镇灯塔社区被评为常德市级“科普示范社区”，彭宏福被评为“科普带头人”。市科协加强对科普示范社区的指导，以点带面，不断总结经验，完善社区科普工作机制，加强社区科普 e 站建设，不断提升社区科普服务能力，为社区居民提供更及时、有效、周到的科普服务。（朱智炜）

【举办中国流动科技馆津市市巡展活动】2017 年 11 月 30 日 –2018 年 1 月 8 日，由中国科协主办，中国科技馆、湖南省科协承办，湖南省科技馆、常德市科协、津市市委市政府协办，津市市科协、市教育局、市德雅中学具体执行的“中国流动科技馆湖南省常德市巡展津市站”，正式在市德雅中学开展，开馆期间免费向全市公民开放，共接待约 5 万人次。馆内设置了安全生活、数学魅力、数字生活、运动规律、健康生活、科学表演、电磁探秘、声光体验、科学探索、科普影视等 10 个主题展区。70 件互动展品与科学表演、科学实验、科普影视相结合。参与者可以在互动中感受科学魅力，在体验中激发兴趣，在探索中树立科学精神，在思考中启迪科学智慧。（朱智炜）

津市市第二届“财税杯”青少年科技创新大赛动员会

【科技助力脱贫攻坚】2017 年，市科协严格按照国家和省、州、县的部署要求，认真学习贯彻习近平总书记扶贫开发战略思想，特别是对扶贫工作的重要指示精神，着力打好脱贫攻坚战。一是深入村组对科协负责的 4 户贫困户开展贫情分析、实地调查、信息数据统计等工作，严格按照省、州、县有关要求，规范档案台账管理，对各类文件、计划、方案、表册等资料进行查缺补漏，收集整理，完善资料，确保脱贫攻坚各项工作台账“一要就有、一查就实、一核就准”，保证已脱贫户、未脱贫户有档可查可看，做到精准扶贫、档案同行。二是每个月都会下到贫困户家中详细询问他们的身体状况和生活情况，耐心听取他们的诉求和想法。每逢节假日更会送上米、油等慰问物资。同时鼓励他们要保持乐观积极的心态，好好保重身体，来年努力脱贫致富。三是细化帮扶方案，确保帮扶工作落实到位。通过召开座谈会、走访慰问等形式，一方面询问他们在生产、生活方面的困难，详细了解情况，理清帮扶思路；另一方面积极向贫困户讲解津市精准扶贫各项惠民政策，使贫困户了解政策，懂政策，能利用政策脱贫致富。同时积极牵头与市扶贫办、市农业局一道组织专家团队，选定

“科技之光”摄影大赛一等奖《水上云雾架二桥》

学生参观流动科技馆

扶贫目标，明确工作责任和任务，制定帮扶方案，开展“一对一结对”帮扶活动，确保对帮扶工作有序推进，加强结对帮扶活动的有效落实。（朱智炜）

【举办“科技之光”摄影大赛】年初，市科协与常德市摄影家协会、常德市老摄影家协会联合主办了“科技之光”摄影大赛，年底裁稿时已收到科技纪实、科技风光类摄影作品200多件，经领导、专家认真评审，共评出一、二、三等奖和优秀奖58件。作者们用镜头记录了津市发展前行的足迹，宣传了科技改变生活、创造未来的魅力，激发了市民的投身创新创业的热忱。（朱智炜）

毛里湖湿地公园风光

军事

【概况】2017 年，津市市人武部紧紧围绕履行人武部“5+2”（“五步法”“两个转变）职能使命，紧盯形势任务，破除思维定势，狠抓工作落实，取得较好成效。

科学部署展开年度工作。年初，先后组织专武干部、全体干部职工召开 3 次会议，分析武装工作形势，查找薄弱环节，有针对性筹划新年度工作。形成“围绕改革固根本、聚焦中心谋打赢、统好班子强队伍、从严治军保稳定、着眼融合促发展”的工作思路。3 月 25 日，召开部党委会，专题学习上级党委全会精神，筹划年度武装工作任务，研究落实理论学习“五步法”、推进“两个转变”措施，实行部领导包干指导帮带镇（街道）制度，增强抓建工作方向感。4 月 6 日，召开全市民兵预备役工作暨国动委全会，传达上级军事机关党委全会精神，组织 3 名基层党（工）委书记进行党管武装述职，部署年度武装工作任务。6 月份，新的党委班子调整到位后，利用 1 个星期集中学习《民主集中制读本》《党委议事规则》和新规新政，紧紧围绕年度工作思路，抓好各项建设，督导基层展开武装工作，推动“两个转变”。

认真开展大项教育活动。1 月份，同步参加省军区改革教育动员部署和“拥护支持改革先进典型事迹报告会”，结合支部党员大会围绕支持改革谈认识、谈体会、谈打算，积极引导大家向先进典型学习，稳心定神干工作。2 月中旬，同步参加省军区第一专题理论学习，认真领会省军区刘副政委“坚定维护核心、坚决听党指挥”授课内涵，围绕“践行维护核心、听党指挥要求”进行讨论交流。3 月上旬，同步开展“坚决服从改革、正确对待去留”专题教育活动，组织干部围绕“五查五看”召开专题组织生活会，人人撰写“拥护支持改革”决心书。4 月中旬，部领导加强谈心交心，集中学习干部退役工作通知精神，引导干部坚决服从组织安排，用心干好当前工作。5 月份以来，严格落实“三会一课”制度，严肃认真开展民主生活会，着力推进“两学一做”学习教育常态化制度化。

组织民兵开展“学习宣讲系列讲话活动”暨十九大精神学习宣讲。我们着力做到“四个到位”。动员部署及时到位。及时将“学习宣讲系列讲话活动”暨十九大精神学习宣讲有关情况向地方主要领导作专题汇报，第一时间组织党委成员进行学习讨论，区分层次、谋划落实。同时在政府网站链接建立民兵“学习宣讲系列讲话活动”暨十九大精神学习宣讲网页，协调电台、电视台播放系列讲话、门头电子显示屏、手机报轮播宣传口号，开展民兵“习有所得”流动宣传展示，迅速兴起学习热潮。工作责任明确到位。成立以主官为组长的活动领导小组，明确政治工作科主抓，按照市人武部、镇（街）武装部、村（社区）民兵营三级，分层制定责任清单，明确各自学习内容，层层压紧压实责任。督促检查指导到位。采取部领导分片包干，明确政委主抓各镇（街）、副部长主抓应急连教育活动的落实。微信群坚持每周推送系列讲话，每半月对学习情况进行一次检查，每月到所属单位检查一次学习开展情况并进行总结讲评，每季度发一次学习通报，将“学习宣讲系列讲话”活动开展情况作为评选年度党管武装先进单位的重要依据，确保学习宣讲落到实处。经费保障落实到位。部党委在没有年初预算和经费紧缺的情况下，先后拿出近 20 万元专款专用，用于解决学习教育所需的学习资料、开展活动等支出。在津市工业区高速路口悬挂了大型户外广告牌，统一制作了“学习宣讲系列讲话”和十九大精神知识汇编、政治教育十二讲、宣传挂图和学习教育笔记本，分发至每个村社区及每名民兵，确保教育内容统一规范。

扎实抓好民兵整组工作。1 月 4 日，组织全体专武干部同步参加省军区整组工作会议，初步部署本级任务。1 月 10 日，全面展开网上兵役登记工作。春节前，推进整组工作向基层部署。2 月 9 日，军地联合召开推进会，全面部署整组工作任务。采用横幅、标语等传统手段和手机报、微信群等现代手段相结合，扩大整组宣传影响力和覆盖面。3 月中旬，先后组织召开 3 次专武干部例会，1 期专武干部、民兵营长集训，开展理论学习“五步法”、武装工作“两个转变”宣讲讨论，学习兵役法规文件和整组业务知识，强化军事素养，提升干部骨干抓好武装工作落实的能力。采取下发调研问卷、现地走访、座谈了解、数据查询等方式，认真核准服预备役退伍军人、地专对口人员等潜力信息，打牢编组基础。3月下旬至4月初，军地联合开展3轮督查，组织所有镇(街道)应急分队点验，下发检查情况通报，严抓问题整改。18周岁男青年兵役登记率达100%，应急队伍到点率95%以上；9个镇(街道)武装部阵地建设达标，75个村(社区)民兵营目前有56个阵地建设基本达标。

严格抓好各项军事训练。3月初，针对人员缺编实际，组织全体干部学习文件管理、通信密码装备操作、要讯写作等参谋基础业务知识。3月27日至4月5日，组织40名民兵队员在古大同森林公园开展了第1期森林灭火分队训练，熟悉掌握森林灭火器材操作使用动作要领，现地演练森林灭火组织指挥流程，学习战备拉动、快速集结相关知识，进一步提升了森林灭火分队应急应战能力。4月10日至20日，选派3名专武干事参加军分区集训，1人荣获“优秀学员”。4月17日开始，5名班子成员围绕理论学习“五步法”和“两个转变”开展研究作业，结合工作实际开展辖区武装工作研究。4月21日，我和原部长吴昊同志参加军分区研究作业考核，获得优异成绩。6月11日至20日，组织抗洪抢险机动队90人进行实地演练处置堤垸坍塌、封堵管涌、修筑子堤等专业科目，较大提升遂行任务能力。6月15日至16日，人武部机关和抗洪抢险分队全程参与了常德市民兵抗洪抢险分队跨区机动支援检验性演练，顺利完成封堵管涌等科目演练任务。

突出抓好兵员征集工作。一季度结合整组工作，着手对全市适龄青年进行全面摸排，对有意向应征青年制表造册，跟踪掌握思想动态。6月份，会同市公安局、教育局重点对应届高中毕业生进行详细统计，并下发各镇(街)，有针对性地做好工作。针对今年全面启用信息化体检系统的要求，协调市政府落实14万元的设备购置和体检站建设经费，组织相关人员集中学习信息化体检流程和廉洁征兵新规新政。6月18日，牵头组织召开2017年度征兵宣传工作部署会，成立征兵宣传工作领导小组，部署任务、明确责任。期间，共发放2000份征兵工作公告、1300份宣传手册、4500份宣传海报，悬挂张贴300余条横幅、标语，群发15万余条短信。7月26日，召开全市征兵工作会议，坚持挖掘兵员潜力，抓好检查督导，严把新兵质量，抓好体检政审、审批定兵、役前训练、欢送新兵等重要环节，上站体检数为任务数3.1倍，高中生入伍比率100%，大学生入伍比率58.7%，目前无违反廉洁征兵情况反映和退兵问题，圆满完成63名新兵征集任务。此外，严格选拔招录11名定向培养、1名直招士官和6名军校学员。

从严抓实安全保密工作。坚持每月分析1次安全形势，重大节假日进行1次战备形势教育，大项演训活动组织风险评估，每周四进行1次安全问题查找，用安全制度规范管理，把握安全工作主动权。2月10日至3月20日，开展枪弹专项清查整治活动，按照“五个查清”和“四查四看”要求，对人武部武器装备仓库枪弹数质量、各类登统计、安全设施等进行全面清理整治，干部职工人人签订责任书，规范枪弹管理。3月14日开始，组织开展调整改革期间保密工作专项整治活动，先后4次组织干部职工学习《中国人民解放军保密条例》《广州军区涉密军事信息安全保密管理规定》和省军区有关安全工作会议精神，厘清责任、强化担当；召开党委会研究保密形势分析，查找存在的安全问题共4类27项；区分人武部和个人围绕军委国防动员部明确的9个方面内容进行对照检查；利用4天时间对人武部1996以来的涉密文件资料进行全面清理、归档。坚持人防、物防、技防相结合，添置防恐维稳器材，更换武器库2个枪柜的锁具，为门卫室配备1个高清摄像头，集中组织干部职工2次防恐演练。5月份开始，坚持领导带头、刀口向内、不抱侥幸、不留死角，干部职工人人参与，开展经济责任自查自审自改，退还5笔共57000元违规开支，整改完善60多项不合程序票据。9月份开始，按分区统一部署开展“百日安全”活动，对照军委国防动员部安全检查细则，逐条逐项组织排查整改。9月25日，针对分区安全工作检查组指出的8项具体问题，组织专人专项抓好整改落实。

积极开展全民国防教育。3月21日，召开全市2017年度国防教育工作任务部署会，统筹部署召开津市市全民国防教育工作会议、开展“征兵宣传暨国防教育宣讲进学校进机关进社区上广场上街区活动”、参加常德市大中学校国防教育知识电视大奖赛、抓好学校国防教育阵地建设、落实国防教育日宣传、抓好日常国防教育宣传活动和国家公祭日祭奠活动7项工作任务。6月份，组织一中、三中、五中、二职、德雅等5所中学共30人进行了国防教育知识竞赛初赛，并遴选津市一中3名学生参加常德复赛，获得中学组第三名的好成绩。

主动参与地方经济社会建设。充分发挥民兵“三队”作用，组织民兵积极参加精准扶贫、抢险救灾、“国家卫生城市创建”等活动。3名干部与联点药山镇药山村6户贫困户开展结对帮扶，解决了困难户就医、社保、入学等难题。联合地方后盾单位先后协调筹措资金120万元，用于该村改造危房、改造电网、修建道路、发展特色产业等。6月份，指挥民兵抗洪抢险分队多次参加市防指组织的防汛演练，民兵队员在全市防汛抢险工作中担负重要职责，发挥着不可替代的作用。主动协调市民政局、农业局、市委宣传部等相关单位，共同做好退役军人待遇落实、就业创业、典型宣传等工作。(夏猛)

【国防动员】4月6日，津市市2017年民兵预备役工作暨国动委全会在兰苑宾馆二楼会议中心召开。会议由市委常委、副市长熊斌主持。会上，市人武部副部长吴双喜传达常德军分区党委全会精神；新洲镇、药山镇负责人代表基层党委书记作党管武装述职；市委常委、人武部政委姜超对2016年党管武装工作进行讲评；市人武部部长吴昊对2017年度民兵预备役和国防动员工作作出部署。市委副书记、市人民政府市长、国防动员委员会主任陈章杰在会上讲话。市委书记、市人武部党委第一书记傅勇强调，人武部党委要有针对性的做好干部思想工作，严密组织各项清理交接，确保不出纰漏，推进改革工作圆满完成；各级各部门要严格按照上级精神，进一步细化方案，按时按质抓好国防教育各项工作落实，争取打造出更多精品；要继续深挖典型、推陈出新，抓好“双带双促”，同时做好扶持退伍军人群体的就业创业工作，搭建好平台，确保津市党管武装工作再上新台阶。

7月11日，津市市召开宣布中央军委国防动员部和省军区命令大会。常德军分区副司令员吉荣华宣布军委国防动员部关于新体制、新编制下人武部主官任职命令及党委组成。会上，吉荣华宣读中央军委国防动员部命令和省军区党委党内任职通知，对津市人武部近几年的建设发展给予充分肯定，对市人武部新党委班子和各项工作提出了具体要求。市人武部政委姜超作表态发言。（夏猛）

【民兵整组】2月9日，津市市召开民兵整组暨兵役登记工作推进会。会上，市人武部副部长吴双喜肯定津市2016年度民兵整组和兵役登记工作，并对2017年度民兵整组及兵役登记工作进行全面安排部署。市人武部部长吴昊就2017年的民兵整组和兵役登记工作提出要求：一是要认清形势，明确任务；二是要核准建立，强化宣传；三是要科学编兵，建强队伍；四是要整体推进，巩固基层；五是要周密组织，跟踪问效。确保2017年3月底全市18周岁男性公民兵役登记率至少达到90%以上，征兵报名人数必须达到去年任务数的2倍以上；确保所有镇（街道）和有办公楼的村（社区）必须100%完成民兵基层阵地规范化达标建设；确保民兵整组工作落实到位。

2月13日至16日，市人武部姜超政委、吴双喜副部长分别带队分片下到基层，检查督导民兵整组和兵役登记工作、基层阵地建设情况。检查组采取听取汇报、查阅资料、现场提问等方法，对各单位进行了全面检查摸底。16日下午，人武部召开了碰头会，各组分别汇报检查调研情况，姜超政委综合各组检查结果作总结发言并对检查情况进行通报。

3月6日至10日，市人武部部长吴昊、政委姜超、副部长吴双喜带队，分片检查指导全市9个镇（街道）及各村（社区）的民兵整组及基层阵地建设工作。检查组采取听、看、查、问等方式，重点查阅各单位相关资料、表卡和整组、征兵宣传情况、村（社区）民兵营阵地建设情况。听取各单位领导针对各单位汇报的问题及困难，并现场提出解决办法和完成时限。（夏猛）

【队伍抓建】2月15日至17日，市人武部组织党委中心组开展以“坚决维护主席核心地位”为主题第一专题理论学习。理论学习采取理论授课辅导、个人自学、讨论交流等方式进行。召开支部党员大会，围绕“怎样以实际行动践行，坚定维护核心，坚决听党指挥”为主题的讨论交流；对照“五步法”要求，人人亮明投身改革、服从转隶的鲜明态度以及干好工作的基本打算。

根据军分区的首长指示，市人武部在2月对涉密载体进行了一次全面、深层次的清查。涉及1996年至2017年文件共计4641份。全体干部职工齐上阵，严格对照清理目录，同时在清查中注意绝不留死角，严格对照军分区下发的《1996—2016年下发人武部文件清单》标准进行，做到了全面、彻底的清理。下一步将进一步加强清查力度，认真严格管理，加强保密教育培训。

3月6日至10日，市人武部部长吴昊、政委姜超、副部长吴双喜带队，分片检查指导全市9个镇（街道）及各村（社区）的民兵整组及基层阵地建设工作。重点查阅各单位相关资料、表卡和整组、征兵宣传情况、村（社区）民兵营阵地建设情况。听取各单位领导针对各单位汇报的问题及困难，并现场提出解决办法和完成时限。

3月9日，市人武部组织全体干部、职工召开“坚决拥护改革正确对待去留”专题教育讨论交流会。大家一致表示，要强化大局观念，严守政治纪律、组织纪律、保密纪律，正确对待利益关系调整，坚决抵制混淆视听、干扰改革的错误言论。要服从大局、听从指挥，把自己担负的任务完成好，把本职工作干好，积极为军队建设、改革和军事斗争准备贡献力量。

4月26日，省军区联合工作组在刘端平处长带领下，对市武装工作进行检查调研。工作组一行实地查看人武部营院、襄阳街道党员活动中心和德雅中学国防教育基地。在和全体干部交流谈心的基础上，对年度贯彻落实上级会议精神情况、民兵整组、战备训练、理论学习“五步法”及“两个转变”主题教育、安全稳定、对外有偿服务清查清理、干部思想状况、党委班子建设等内容进行了检查调研。工作组对人武部近年来的全面建设给予充分肯定。

10月13日上午，常德军分区政委董亮来津市检查指导组织全市民兵开展“学习宣讲系列讲话活动”工作。市领导杨文惠、市人武部政委姜超、副部长吴双喜等陪同检查。董政委一行参观了桥头广场、金鱼岭街道、荷花社区，了解津市活动开展情况，随后对市专武干部进行座谈。董政委对津市的活动开展予以充分肯定。董政委强调，抓学习宣讲要准确把握学习宣讲的根本着力点，讲好主席的故事，联系非凡的成就；要把握结合渗透的原则、注重先进典型的带动、用好与时俱进的手段来学习宣讲；各级党委要担起主责，军地部门要形成合力。

11月3日，市委书记傅勇，市委副书记、市长陈章杰，市委副书记杨文惠，市人大常委会主任王育平，市委常委、常务副市长熊斌一行调研市人武部工作。市委常委、人武部政委姜超，市人武部副部长吴双喜及市委办、市政府办、市财政局负责人参与调研。傅勇、陈章杰一行首先前往民兵实弹射击训练场，了解市人武部相关基础设施建设情况，听取工作情况汇报。陈章杰对近年来在党管武装、基层人武部建设、国防教育等方面所做的工作和取得的成绩给予充分的肯定。傅勇强调，市人武部要抓好民兵队伍组建和训练工作，紧紧围绕强军目标，与地方公安、武警加强联合演练，打造出一支招之即来、来之能战、战之必胜的人民武装队伍；要加强国防教育，在社会、学校层面开展多种形式的国防教育活动，探索长效机制，查漏补缺，不断推进和深化国防教育建设工作；要抓好军民融合工作，结合津市主导产业，全力探索军民融合深度发展的新路径、新模式、新方法。

12月13日，常德军分区政治工作处处长杨涤非带工作组来津市进行人武部主官及党管武装工作绩效考评。(夏猛)

【民兵训练】3月16日至17日，津市市人武部会同市委组织部，在市委党校组织全市所有镇(街道)及村(社区)专武干部和民兵营长100人进行为期2天的集训。集训以落实理论学习“五步法”、规范民兵和兵役工作流程、推进武装工作末端落实为指导，重点突出党的十八届六中全会及全国人大十二届五次会议精神传达、民兵工作法规政策、民兵基层规范化建设、队列基本动作训练等内容。市人武部政委姜超主持开训动员并就“贯彻落实‘五步法’促进‘两个转变’”作了专题辅导；市人武部部长吴昊结合民兵干部队伍建设实际，作“明晰职能任务、转变工作作风、高标准抓好民兵工作末端落实”业务授课；市人武部机关各科对口组织了民兵整组、征兵工作业务培训，最后组织全体人员进行了应知应会测试和队列考核。

4月10日至19日，津市市人武部组织40名民兵骨干，组织一期森林防火训练。训练内容主要是：森林防火基础知识、灭火机具操作、紧急拉动演练等。为确保训练取得实效，人武部部长吴昊亲临训练场进行指导，并鼓励参训人员发扬不怕苦、不怕累的精神，争取在全市森林防火分队战备训练中取得好成绩。

5月初，市委、政府组建一支100人的防汛抢险机动队，并赋予市人武部组织防汛抢险机动队训练的任务。训练采取理论讲解、观看录像、现场示范、实地演练等方式，组织开展了抢筑子堤、渗水处理、管涌封堵、滑坡崩塌防治等课目，为培养令行禁止的军人作风，还穿插进行了队列训练。

6月16日，市人武部组织民兵应急连前往澧水流域参加常德市民兵应急分队抗洪抢险综合演练。此次演练采取上导下演、多场联动的方式组织进行，共出动兵力900余人，冲锋舟68艘，车辆87台。参演分队从接收预先号令开始，以实战化的标准，严格按照演练流程，进行收拢人员、组织装具发放、装载编队、下达机动命令、组织机动并处置情况、卸载泛水、水面搜救、转移群众、孤岛救援、失控客轮救援等科目的演练。在整个演练过程中，全体指战官兵配合有序，行动处置迅速，圆满完成了各项演练任务，赢得了群众的阵阵掌声和领导的充分肯定。在此次抗洪抢险演习中，市人武部圆满完成开设指挥部、封堵管涌、处置渗漏等演习内容。常德市委常委、军分区司令员李辉忠，市防指第一副指挥长、副市长龚德汉，军分区领导董亮，军分区参谋长翁曦、政治部主任吉荣华等领导全程指挥督导演练。

10月23日至27日，市人武部组织城区基干民兵应急分队49人，重点抓好以警棍盾牌的基本动作、基本队形和防暴处突基本程序等为主要内容的应急维稳训练。进一步巩固和提高了民兵的军事技能，增强了民兵队伍的凝聚力和战斗力。(夏猛)

【兵员征集】6月3日上午，津市人武部组织召开了全市征兵准备工作推进会议，人武部全体干部和24名专武干部参会。会议传达学习了上级有关武装工作文件精神；吴昊部长对各单位新年度开局武装工作进行阶段讲评，高标准抓好当前征兵宣传发动和报名工作进行具体部署，明确征兵报名和送检任务，并对当前防汛抢险工作作重要指示；姜超政委就如何开展好基层武装工作提出具体要求。

7月初，为提高应征青年参军热情、营造良好的征兵宣传氛围，由市委宣传部牵头组织国教委各成员单位，全面展开征兵宣传工作。市电视台、电台黄金时段滚动播出市征兵领导小组组长、市政府常务副市长熊斌同志的征兵电视讲话；各基层单位张贴征兵公告、开辟宣传专栏、悬挂横幅标语；政府网站及时报道征兵进展情况；开展进社区、进农村、进校园、进企事业单位、进厂矿“五进”活动，通过广播电视、互联网站、互发微信、群发短信、户外媒体等多种形式手段齐上阵、同发力，稳步推进征兵宣传工作。确保征兵信息及优惠政策家喻户晓、人人皆知。

7月26日下午，市人武部会议室召开全市征兵工作会议。会上人武部副部长吴双喜宣读了《2016年度征兵工作目标管理表彰通报》，总结2016年征兵工作，部署2017年征兵任务。市委副书记杨文惠在会上强调，各级相关部门要认清征兵严峻形势，把握政策，增强大局意识、忧患意识和责任意识，扎实有效开展工作，为军队输送合格的、高素质的兵员；要严格执行政策、标准、纪律三项规定，强化政策观念，把好体检关、政审关、复查关；要加强组织领导，强化部门联动，做好人力、财力各方面保障工作，确保2017年征兵任务圆满完成。

8月8日，津市市征兵体检工作正式启动。征兵体检分3天进行，共有188名应征青年参加体检。体检包括内外科、视力、心电图、耳鼻喉、B超、心理测试等项目。在市征兵体检站，军分区领导依次来到各检查科室，与检查医生和应征青年面对面交流，了解体检情况，并要求有关部门要切实增强责任感和使命感，以确保新兵质量为核心，加强组织领导，密切协作配合，认真履行职责，严肃纪律，严格把关。参加体检的医务人员要强化责任意识，克服酷暑天气，坚持体检标准，严格工作制度，确保将身体合格的优质兵员输送到部队。

9月11日下午，津市市2017年新兵入伍欢送大会在市人武部举行。市委常委、市人武部政委姜超、市征兵领导小组副组长、市人武部副部长吴双喜以及乡镇(街道)专武干部、接兵部队领导、新兵亲属和社会各界群众参加欢送会。会上，姜超代表市委、政府向全体应征入伍的新战士表示祝贺；向支持国防事业的家长、同志们表示崇高敬意。2017年征兵工作开展以来，全市广大适龄青年积极响应号召，踊跃报名参军，以实际行动依法履行兵役义务，经过报名、体检、政审等程序，共有62名优秀青年被批准入伍。征集的新兵将陆续起程，分批奔赴上海、广西等地开始精彩的军旅生活。(夏猛)

【国防教育】3月21日下午，津市市召开2017年国防教育工作任务部署会，市委副书记、市国教委主任杨文惠主持会议并讲话，市委常委、人武部政委姜超，市人武部政工科长、市国教办主任夏辉及全市国教委成员单位、各镇(街道)负责人出席会议。2017年国防教育工作将围绕五个方面展开，即，开展"征兵宣传暨国防教育宣讲进学校进机关进社区上广场上街区"活动、举办纪念建军90周年"军民鱼水情"专题文艺晚会、参加常德市大中学校国防教育知识电视大奖赛、抓好学校国防教育阵地建设以及国家公祭日祭奠活动。会上，市国教委成员单位及各镇(街道)负责人一一表态发言。

8月20日开始，市人武部和教育局组织对全市800余名高一新生进行了为期一周的军训。军训期间，对参训学生进行军容风纪、内务卫生、队列训练、国防、人防知识及消防知识讲座等科目的训练。军训教官规范标准的军事动作、令行禁止的纪律观念给参训学生留下了深刻的印象。同时，市人武部利用组织驻地学校进行军训的机会，努力提高专武干部、民兵教练员的军事技能。在学生军训前，组织部分专武干部、民兵教练员进行集中培训，使专武干部、民兵教练员的军政素质逐年得到锻炼和提高，储备了一批军政素质过硬的军训教官。

9月14日，常德市大专院校及普通高中学习习主席系列讲话暨国防教育知识电视大赛复赛在常德市文化馆举行。全市各大专院校及普通高中学共派出了28支队伍参加比赛，经过三场激烈的角逐，大学组五支队伍、高中组六支队伍分别闯入决赛。最终津市派出的津市一中代表队在比赛中荣获三等奖。(夏猛)

【参建参治】4月25日，市人武部扶贫工作小组前往药山镇药山村对所包保的6户贫困户逐户进行走访摸底，扎实开展精准扶贫工作。

6月29日，在建党96周年即将来临之际，津市市常委、人武部政委姜超在襄阳街街道办相关负责人的陪同下，走访慰问部分老党员和困难党员，为他们送去党组织的关怀与温暖，并代表市委、政府向全市党员送上亲切问候和崇高敬意，感谢大家为党的事业和津市发展作出的贡献。

7月27日下午，市委常委、人武部政委姜超来到襄阳街街道看望军转干部和退役士兵。姜超先后来到军转干部王永森、战退军人傅绍同家中，了解他们的生活状况，并代表市委市政府向他们送去了节日的问候和祝福。王永森、傅绍同表示，将继续发挥余热，全力支持市委、市政府的工作，为津市的发展贡献自己的一份力量。

12月14日，市襄阳街街道举行了学习贯彻党的十九大精神市委宣讲团报告会。来自襄阳街街道及社区的党员干部48人参加了学习。本次宣讲的主讲人是市委常委、人武部政委姜超，他紧紧围绕习近平新时代中国特色社会主义思想，从大会的主题、主要成果、习近平新时代中国特色社会主义思想、过去五年的历史性成就和历史性变革、我国社会主要矛盾的变化、两个一百年奋斗目标的战略部署、我国经济社会发展重大战略部署、坚定不移推进全面从严治党等八个方面内容，对党的十九大精神和历史贡献进行系统阐释和深刻解读。(夏猛)

武警津市中队

【概况】中国人民武装警察部队常德市支队执勤二大队津市中队(以下简称中队)前身是津市镇公安队，现隶属于武警湖南总队常德支队。中队的职能任务，主要负责津市市看守所外围武装警戒，以及担负处置突发事件，抢险救灾等临时性勤务。先后被湖南总队评为基层建设先进单位、军事训练先进单位。

【历史沿革】武警常德市支队津市中队在党的正确路线引导下，坚持四项基本原则，继承和发扬我党我军光荣的革命传统，以崭新的姿态、坚定的步伐，为巩固和发展安定团结的政治局面做出了积极贡献。津市解放后，即正式组建公安武装，依形势任务变化，中国番号体制多次易动，先后称中国人民武装警察部队津市公安队，中国人民解放军湖南省军区津市警备队，中国人民武装警察部队津市镇中队，中国人民武装警察部队常德市地区支队津市中队，中国人民武装警察部队常德市支队津市市中队。2018年1月，军队改革新编制运行后，中队番号改为中国人民武装警察部队常德支队执勤二大队津市中队。

【部队管理】2017年，中队坚持依法治警从严治警方针，大力加强部队正规化建设。严格按照条令条例加强部队管理，坚持民主集中制原则，继承和发扬尊于爱兵、官兵一致的优良传统，确保部队的高度稳定和集中统一，针对中队建设基础薄弱的显示，狠抓经常性管理。学习贯彻条令条例使条令条例学习教育经常化、制度化。依照条令条例严格规范中队的一日生活制度，正规中队的"四个秩序"(战备、训练、工作、生活)。加强检查督导抓住"四个"(外出、电话、汇款、会客)控制，加强检查督导，促进管理向全时制、全员额、全方位发展。

【军事训练】2017年，中队坚持把军

事训练作为和平时期提高部队战斗力的主要途径，严格按照《军事训练大纲》科学组训，从难从严从实战需要出发摔打部队，官兵牢记职责，苦练军事技能，牢固树立居安思危思想。军事训练坚持以提高执勤和“处突”能力为目的，一“四个贴近”为原则，按纲施训，科技练兵，不断提高官兵军事训练素质；以干部为重点，以“五小”练兵为主要辅导形势，从严格按纲施、科学合理实训、正规训练秩序、严防训练事故等方面抓好训练的落实。

【思想政治教育】2017年，中队始终坚持把思想建设摆在首位，从思想上、组织上、行动上牢牢掌握部队，针对驻地环境复杂、拒腐防变形势严峻等特点，努力探索思想政治工作新特点、新规律和新方法，围绕“坚定信念，筑牢军魂，永远做党和人民的忠诚卫士”这一最高政治目标，结合官兵思想实际，制订教育计划。强化思想政治建设首位意识，进一步校正官兵人生观、世界观和价值观，筑牢拒腐防变的思想防线。开展密切内部关系教育、法及教育，爱装管装教育、时事政治教育、心理健康教育、执勤教育、爱国奉献主义教育等。通过开展一系列教育活动，进一步激发官兵爱岗敬业精神，提高官兵明辨是非的能力。官兵理想信念坚定、思想稳定、纪律严明，争先创优意识明显提高。

【后勤保障】2017年，中队加强后勤人员的经常性思想教育，抓好设施完善把“五配套”设施建设作为部队建设的大事来抓，发挥“双重领导”的有事，争取地方政府和目标单位在经费、物资上的支持，营造一个拴心留人的好环境。加强军营财产设施管理，建立健全管理责任制，立档造册登记，责任到人，与年终评功评奖挂钩。成立以司务长为组长的维修小组，发挥“小能人，小行家”的作用，做到随缺随补，随坏随修，使中队的军营财产设施保持良好状态。抓财务管理经费管理实行党支部当家理财、“双主官”审批制度。充分发挥武警委员会的作用，提高经费使用效益，实施经费公开，自觉接受群众监督，开展“节约一度电、一滴水、一粒米”活动，收到较好效果。

【拥政爱民】2017年，中队继承和发扬部队的光荣传统，开展警民共建活动，做好拥政爱民工作。积极投身地方“三个文明”建设，开展“把驻地当故乡，视人民为父母”的拥政爱民活动，为驻地群众排忧解难、支援建设、抗洪抢险。多次配合市公安局做好演练、汇报表演工作。利用节假日参加“送温暖、献爱心”、义务献血、植树造林、看望慰问孤寡老人、为驻地打扫公共卫生等活动，加强与群众的血肉联系。通过扎实有效的拥政爱民工作，促进警政警民关系和谐，得到地方政府和人民群众主动到中队慰问，使官兵们深深感受到连州乡亲父老的深情厚谊，筑牢战士们扎根山区部队建设、安心服役的思想，激发为第二故乡奉献青春的热血信心。

毛里湖湿地公园风光

检　　察

【概况】2017年，市检察院共有政法专项人员编制54人，在职干警40人，其中男性26人，女性14人。从职务划分：有正副检察长4人，其他班子成员3人，检委会委员9人；聘请临时工11人，书记员11人，离退休人员24人。2017年，市检察院按照“整体争先、局部创优”的工作思路，全面履行法律监督职责，各项工作都取得了新进展，职务犯罪立案侦查贪污贿赂犯罪7件7人、渎职侵权犯罪1件1人；刑事检察受理侦查机关提请批准逮捕刑事案件101件149人，移送审查起诉157件242人；诉讼监督依法不批准逮捕19件38人，不起诉13件15人；民事行政检察监督办理督促行政机关履职案件17件，办理公益诉讼案件6件。2017年，津市检察院出台《关于依法保障和促进非公有制经济健康发展的规定》，明确平等保护、“除虫护花”、“依法容错”、法治思维和历史眼光相结合的原则，用三十条措施对非公企业、非公经济人士的人身权利、财产权利、知识产权、商业信誉进行保护，这种“亲清型”检商关系得到全市非公有制企业和省工商联的好评。2017年，津市检察院组织全院班子成员、中层骨干在庹家峪村、青苗村与37户94人建立结对帮扶关系，准确了解和掌握贫困群众的基本情况，增强扶贫工作的精准性。同时，在开展扶贫工作中注重给贫困群众增强“造血功能”，按照一户一策的原则制定特色化、差异化的帮扶措施，改善了贫困群众居住条件，提高了贫困群众收入。2017年，津市检察院在执法办案过程中建立风险评估预警机制，加强检察长接待、远程视频接访、律师参与矛盾化解等工作。妥善接待处理来信来访108件次，化解风险案件1件。践行群众路线，严格落实“三联四大”工作，通过大走访、大沟通、大排查、大化解，搭建群众与干部沟通的桥梁，及时排查矛盾隐患。2017年，津市检察院制订《2017年制度汇编》，做到用制度管人、管事。对制度执行情况开展检务督查15次，发出督查通报9份。认真开展“两个专项整治”、干警涉矿清理、领导干部亲属子女从事金融业情况报告等工作。按照常德市委政法委、津市市委政法委的部署开展队伍建设集中教育整训，召开党组专题民主生活会和干警组织生活会，认真查找在“警容不整、自律不严、担当不强、打击不力、执法不公、脱离群众”等方面存在的突出问题和形成原因，逐条列出整改措施，逐条限期销号。2017年，津市检察院坚持以党建带队建，严格执行《中国共产党党组工作条例(试行)》，对“三重一大”问题做到集体讨论决定。坚持“三会

常德市检察院检察长余湘文、津市市委书记傅勇共同为毛里湖检察室揭牌

一课”等党建工作制度，党组每季度召开一次党风廉政建设专题会议，党小组利用周例会、月例会组织开展“主题党日”活动，使“两学一做”制度化、常态化。邀请市委“十九大”宣讲团对全院干警进行“十九大”报告辅导，为检察工作顺利开展指明方向。严格落实党风廉政建设“两个责任”，扎实开展谈心谈话工作，班子成员与中层骨干、干警进行“两同时”谈话330余次。成立青年工作委员会，启动“青年公寓”建设，组织青年干警积极参与“我们正青春”主题演讲活动和“荷花品质，梅花精神”系列活动。队伍建设工作在常德市政法队伍集中教育整训动员大会上做经验发言。2017年，津市检察院继续保留第九届全国检察机关“文明接待室”、“省文明单位”称号，被湖南省人民检察院评为第三届“全省检察文化建设示范院”，被常德市人民检察院评为全市先进基层检察院，执法状况、公诉、民行、办公室工作被评为先进单位，被津市市委、市政府评为全市绩效评估优秀单位，连续三年保持了省民调在常德市检察系统排名第一。（龚平）

【职务犯罪侦查】2017年，在监察体制改革试点期间，做到思想不乱、力度不减、队伍不散，坚持“老虎”、“苍蝇”一起打，惩治、预防两手抓，保持反腐败斗争压倒性态势。立案侦查贪污贿赂犯罪7件7人、渎职侵权犯罪1件1人，判决6件7人，为国家挽回经济损失近500万元。按照检察机关侦查一体化办案机制，参与查办湖南省建筑工程集团总公司原党委书记、董事长刘某某（正厅级）受贿案。依法查处市住建局公用事业管理处正科级干部张某某贪污、挪用公款案，市毛里湖镇财政所原总预算会计何某贪污、挪用公款案，市道路运输管理处原主任秦某滥用职权案。市财政局原党组成员、非税局长封生富贪污、受贿一案被判处有期徒刑三年六个月，并处罚金人民币三十万元。在市委反腐败协调小组的组织领导下，与公安机关通力协作，抓获涉嫌挪用公款犯罪潜逃十五年的原市粮食局财务人员郭某某，并将赃款全部追回。着力从源头上预防腐败，对本院立案侦查的职务犯罪案件涉及的行业、部门进行全方位预防调查，开展犯罪分析5件、警示教育6次，提出检察建议2份，进行行贿犯罪档案查询208次。（龚平）

【刑事检察】2017年，受理侦查机关提请批准逮捕刑事案件101件149人，移送审查起诉157件242人。经审查，决定批准逮捕82件111人，提起公诉136件210人，现已判决156件207人。重点惩处影响群众安全感的涉众型犯罪、多发性侵财犯罪、严重暴力犯罪和毒品犯罪。办理涉案金额高达1.18亿元的王某某等11人传销案，该案提起公诉后主犯被判处七年有期徒刑。探索未成年人刑事检察工作规范化、队伍专业化、帮教社会化，在全省成立首个以检察官个人命名的“玉芳姐姐工作室”，实行“捕、诉、监、防一体化”工作机制。在城乡中小学开展法治进校园、模拟法庭活动，防止校园暴力和校园欺凌。强化社区矫正法律监督，国际禁毒日前联合公安局、司法局对全市80名社区矫正人员突击进行尿检，全面摸排社区矫正人员是否存在吸毒情况。加大检察环节司法救助力度，对1名生活确有困难的刑事被害人近亲属申请发放救助金。（龚平）

【诉讼监督】2017年，贯彻落实宽严相济与刑事和解法律规定，严格掌握批准逮捕、提起公诉证据标准，依法不批准逮捕19件38人，不起诉13件15人。加强刑事立案和侦查活动监督，对应当立案而不立案的，监督公安机关立案2件，对不应当立案而立案的，监督公安机关撤案1件。运用行政执法与刑事司法衔接平台，建议行政机关向公安机关移送案件线索4件7人，公安机关已立案3件5人。对应当逮捕而未提请逮捕的，追加逮捕12人，已判决10人，对应当移送审查起诉而未移送的，追加起诉7人。董某贩卖毒品案，津市检察院追加逮捕后被判处有期徒刑三年。在审查批准逮捕、审查起诉过程中，纠正侦查活动违法18件次。纠正审判活动违法3件次，提出刑事抗诉1件。按照

出逃十五年之久的嫌犯终落网

“玉芳姐姐工作室”建成正式投入使用

检察官履职评议

津市检察院书记员招录笔试现场

最高人民检察院《关于加强和改进刑事抗诉工作的意见》，津市检察院认为被告人资某某贪污、受贿、滥用职权案在一审时认定事实和定性方面存在错误导致量刑畸轻，依法提请常德市人民检察院抗诉。纠正刑事执行和监管活动不当19件，纠正监外执行和社区矫正不当11件，开展羁押必要性审查并被采纳15件。（龚平）

【民事行政检察监督】2017年，贯彻修订后的民事诉讼法和行政诉讼法，排查行政执法机关在生态环境和资源保护、食品药品安全、国有财产保护、国有土地使用权出让等领域存在的突出问题，办理督促行政机关履职案件17件，办理公益诉讼案件6件。运用行政公益诉讼的诉前程序督促相关职能部门收回逾期未缴纳出让金的土地一宗，为国家增值近2000万元。办理违法行为监督案件1件，办理执行监督案件3件。开展"小标的大查封、扣押、抵押、冻结"和"高值贱卖"专项法律监督，对19件符合监督范围的重点执行案件全部进行审查监督。对毛里湖饮用水资源保护区进行专项行政执法检察监督，督促主管部门对破坏毛里湖生态环境的污染源进行整治，发出检察建议9份，全部得到行政执法部门的整改回复。2017年年底，毛里湖国家湿地公园暨饮用水源保护区内的网箱、畜禽养殖户及葛果加工企业全部退养或关停。开展"食品安全护苗行动"，对全市校园周边的饮用水、小食品、米粉进行专项行政执法检察监督，建议相关职能部门对2家饮用水厂和1家食品厂生产不合格产品的行为进行查处。有关部门收到建议后，依法对其进行行政处罚并责令其召回不合格产品，关闭1家无证生产经营的米粉厂。（龚平）

【改革创新】2017年，按照全省统一部署，建立各类检察人员职务序列，完成"员额检察官、检察辅助人员、司法行政人员"分类管理，把14名员额检察官全部配置在一线业务岗位。配合做好省以下检察院人财物统一管理工作，完成检察机关人员编制、财务预算编制、资产和债务情况的统计、清理与上报工作。发挥诉前主导和审前过滤功能，与市公安局、法院联合制订《关于加强侦、诉、审工作联络机制的规定》。构建以证据为核心的刑事指控体系，与市公安局、法院统一证据标准，形成《关于办理"醉驾"案件的会议纪要》。在省院直接指导下开展"多元化听庭评议"活动，以多元化听庭评议为载体，构建新型诉侦、诉辩、诉审及诉社关系的"3+1"模式，实现庭审实质化。《国家公诉》微信平台和省院对这种听庭评议方式冠以"津市模式"予以推介。成立全省首家河湖生态资源检察室——毛里湖国家湿地公园暨饮用水资源保护区检察室，创建河湖生态资源保护监督新模式。与市政府联合出台《关于加强行政执法检察监督"检察建议"办理工作的若干意见》，从自行整改、督促整改、提请同级人大监督、上级检察机关监督、提请行政公益诉讼、犯罪线索移送等6个方面提升检察建议的刚性和实效，得到了湖南省人民检察院检察长游劝荣同志的高度肯定和亲笔批示，并在全省推广了津市的做法，最高人民检察院民事行政检察工作简报也予以推介。（龚平）

【检察文化建设】以争创"全省文明标兵单位"、"全省检察文化建设示范院"为载体，把检察文化建设与干警队伍建设相结合。举办"弘扬法治、助力检察"书画创作笔会，向13位国家级和省级书画家征集作品百余幅。组织全院干警开展文体活动，参与"政法杯"篮球及拔河比赛，开展论文评选、"全省十佳热爱读书检察官"撰写读书心得等活动，7篇论文、读书心得被湖南省人民检察院、常德市人民检察院采用。（龚平）

审　判

【概况】2017年，津市法院以争创全国模范法院、全国文明单位为目标，坚持"政治建院、制度治院、公信立院、科技强院、文化兴院"的发展理念，依法履行审判执行职能，服务社会稳定和经济发展大局，较好地完成了各项工作目标。全年共受理各类案件1772件，结案1636件，结案率93.38%。
（杨孟安、张鸿）

【刑事审判】2017年，津市法院共受理刑事案件149件235人，审结141件194人。判处十年以上有期徒刑4人，三年以上十年以下有期徒刑26人，三年以下有期徒刑、拘役、管制、单处罚金

162人，免除刑事处罚2人。参与“回应民调关注、打击违法犯罪”专项整治行动，助推平安津市建设。严厉惩治侵犯公民生命健康、财产安全犯罪，审结故意伤害、寻衅滋事、“两抢一盗”、诈骗、传销等类型案件63件。审结一批共同犯罪案件，其中社会影响较大的有陈某等7人故意伤害案、周某等8人开设赌场案、涉案金额达1.18亿元的王某某等11人组织、领导传销案。从重打击毒品犯罪，审结涉毒案件23件，对贩卖毒品犯刘某某判处有期徒刑十五年。保持打击职务犯罪的高压态势，审结贪污贿赂、滥用职权犯罪案件4件5人。依法维护公共安全，审结交通肇事、危险驾驶犯罪案件31件。积极参与社会治安综合治理，以案说法，发布专题布告4期。（杨孟安、张鸿）

【民商事审判】2017年，津市法院共受理各类民商事案件1059件，审结1002件。依法保障和维护民生权益，审结婚姻家庭、人身损害、劳动争议、医疗纠纷等案件369件。围绕四个中心建设，服务企业发展，深入企业调研，协调解决问题，开展“送清凉”、“送温暖”、“送政策”慰问活动。审结涉企合同案件96件，审结金融借贷纠纷案件28件，结案标的额2.15亿元。稳妥办理破产案件，对津市11家破产企业坚持“依法是底线、稳定是大局、盘活是目的”的原则，加强对接协调，5家破产企业得以盘活。坚持“调解优先、调判结合”的原则，调解、撤诉结案323件，调撤率32.2%。办理的何某某诉金湘猪鬃实业有限公司劳动争议纠纷一案，经过承办法官的多次调解，成功化解纠纷。保河堤法庭因地制宜加强调解的做法被《人民法院报》报道，津市法院服务困难企业的经验被省高院信息内刊转发，护航经济发展的做法在市委经济工作会议上推介。（杨孟安、张鸿）

【行政审判】2017年，津市法院共受理行政诉讼案件37件，审结31件。受理非诉行政执行案件7件，执结7件。推动行政机关负责人出庭应诉，应诉率达100%。依法支持行政行为，主动为津市城市建设、棚改攻坚、控违拆违等中心工作提供法律保障和服务，专门安排一名法官对棚改攻坚工作进行法律指导；加强行政执法培训指导，为行政机关培训12次，提升行政执法水平。加大协调力度，维护各方当事人合法权益，在审理湖南湘情酒业有限公司诉市国土资源管理局土地行政管理一案中，经过多方协调，圆满解决争议。（杨孟安、张鸿）

【案件执行】2017年，津市法院共受理执行案件507件，执结462件，结案标的14000余万元。落实最高院“用两到三年基本解决执行难”的要求，启动执行攻坚年活动，开展“执行攻坚百日大会战”；开通绿色通道，优先执行追索劳动报酬、赡养费、扶养费等涉民生案件38件。加强执行信息化建设，投资70余万元建成执行警务指挥中心，依托该中心司法网络查控系统，查找被执行人银行存款、房产、车辆及土地等财产线索1000余条，结案45件。强化威慑惩治措施，严惩失信被执行人，司法拘留15人，移送公安机关追究刑事责任1人，发布失信被执行人名单125人。推行网络司法拍卖，在常德法院系统率先试行网络拍卖并成交，截止2017年12月挂网拍卖13件，成交4件。对执行案款采取“一案一账户”规范管理，实现快速精准发放。（杨孟安、张鸿）

【立案信访】落实立案登记制，案件当场立案率99%。试行“跨域立案诉讼服务”改革，跨区域立案2件，减轻当事人诉累。继续推进诉讼服务窗口、便民查询平台、接待接访系统“三位一体”诉讼服务中心建设，共为4000余人次提供“一站式”诉讼服务。加大司法救助力度，为123名符合条件的困难当事人减、缓、免交诉讼费88.73万元，为32名司法救助对象发放救助金35.1万元。加强巡回审判，充分发挥人民法庭前沿阵地作用，采取深入田间地头、上门调解、就地调解等多种形式，将矛盾化解在一线，民商事案件巡回办案率达到50%。坚持运用法治思维和法治方式处理涉诉信访问题，采取执行诉讼风险提示、全程调解、判后答疑、律师代理申诉、院领导接访、领导包案、司法救助等一系列措施，化解一批信访案件。上级法院、政法委和信访部门交办转办涉诉信访案件4批次27件，全部得以化解。全国“两会”、党的十九大特护期间，无案件当事人越级赴省进京上访。（杨孟安、张鸿）

【司法公开】2017年，主动接受市人大及其常委会的监督，及时报告重大审判执行案件和主要工作部署，做到每季度报备审判工作情况，报告重点案件51件。积极推进“司法公正常德行”活动，组织开展“百案大评议、千案大评查、万案大公开”活动，3名法官接受履职评议，全部达到满意效果。强化庭审公开

2017年7月17日津市市委书记傅勇调研法院工作

力度，组织5场庭审观摩活动，邀请参人大代表旁听庭审80余人次。6月23日，开展禁毒主题公众开放日活动，邀请人大代表、职教集团师生、社区矫正对象等近200人走进法院，参观了解法院，旁听涉毒案件庭审，接受法制教育。持续推进司法公开平台建设，完成庭审互联网直播系统建设，网络直播4件案件。规范裁判文书上网程序，上传生效文书1150份，利用网站、电视、微信、微博等公开平台，让社会各界及时了解法院工作动态，各种信息动态达到200余条，司法公开取得新进展。
（杨孟安、张鸿）

2017年11月21日首次召开员额法官座谈会

【审判管理】2017年，围绕争优司法绩效指标保持全常德市法院先进地位，从严格规范审判流程抓起，推进数字法院系统应用，强化案件办理与系统数据录入、同步录音录像，实现从立案、审判、执行到归档的全流程监管。加强司法绩效工作调度，对长期未结案件逐案制定整改措施，强化案件月评查通报，严把案件评查质量关，案件自评优秀率达到98.6%，全年发改案件3件，发改率1.17%，较去年同期下降0.8%。同时规范诉讼费、执行费的收取情况管理，确保各项收费手续到位。强化案卷归档管理，每月对已结案件未归档情况进行考核通报。（杨孟安、张鸿）

【司法改革】2017年，严格按照上级党委和上级法院的工作部署，推行司法责任制改革，确保各项改革工作落实。在2016年完成28名员额法官选任的基础上，完成人员分类管理改革，落实司法绩效考核办法，配备完成员额法官工资待遇套改。健全审判权运行机制，按照“1名员额法官+1名法官助理+1名书记员”审判模式，招录18名书记员（聘任制），为司法责任制全面铺开打下基础。推进专业法官会议制度，全年共召开专业法官会议7次，讨论案件11件。充实审判一线办案力量，院领导、庭长办案成为常态，大部分疑难案件由院、庭长审理，全年院、庭长参与办案数占比64.85%。。家事审判改革纳入全市改革重点，在推进改革过程中，注重借鉴外地法院先进经验，积极探索与津市本地文化相适应的审判方式，提请市委政法委牵头召开由9家成员单位参加的家事审判联动机制联席会议，出台《津市市家事审判工作规则》，组建家事审判专业团队，以市民服务中心婚姻登记平台为依托，设立“津市和家事”工作室，并取得初步成效。全力推进律师参与化解涉诉信访和代理申诉工作，在政法委领导和指导下加强与相关部门的沟通协作，健全组织协调、日常管理、监督制约等工作机制，实行联合接访中心与涉诉服务中心“无缝对接”，2017年，诉讼服务中心共收到联合接访中心转交涉诉来访事项34件次，均已对接处理，办结律师、法律工作者代理涉诉案件2件。（杨孟安、张鸿）

【政务保障】2017年，对机关院落进行升级改造，建成园林式庭院，对办公大楼进行修缮和清洗，改善干警工作生活环境。加强警务保障，司法警察值庭押解112余次，出动警力700余人次，安全检查9800余人次，实现安全保障零事故。加强星级警队建设，按照四星级警队验收标准，升级改造羁押室，添置更新防爆桶等一批装备，规范警务区统一标识，建成执行警务指挥中心，加大司法警察体能和技能训练，警队的硬件和软件建设得到明显加强。加强门户网站建设，充分利用各种媒介宣传推介法院工作，创造良好舆论环境，全年被各类媒体、网络采稿200余篇，其中被

2017年12月11日部分政协委员和人民陪审员参观执行警务指挥中心

《人民法院报》采用7篇，省高院采用信息2篇，中院采用信息8篇，2篇经验材料分别在市委经济工作会和常德市政法队伍建设会议上推介，2篇论文获得国家学术论文一、二等奖，成功申报省院重点调研课题一个。2017年，市法院宣传、信息、调研三项工作被评为常德法院先进。（杨孟安、张鸿）

【队伍建设】2017年，以争创全国文明单位为契机，深入开展队伍建设年活动。注重发挥道德讲堂主阵地作用，坚持每季度一次"道德讲堂"，邀请全国道德模范候选人沈国初、全国优秀共产党员田工来院宣讲，引导干警自觉践行司法为民宗旨，争当人民满意法官。扎实开展"两学一做"专题教育，成立以党组书记为组长的学习教育领导小组，出台实施方案，以党支部为主体组织实施，明确专题教育各环节责任及要求，保证活动全面有序开展。加强领导班子建设，落实党组中心组学习制度，开展集中学习讨论4次。落实民主集中制，对于人事调整、重大开支、基础建设等事项，一律集体研究决定。推进智慧党建工作，并安排专人进行智慧党建系统信息录入，组织全体党员以"红星云"为学习平台，落实学习时间要求。坚决落实市委下达的扶贫攻坚任务，班子成员和骨干与新洲镇麓山村、车胤村51户困难群众结成帮扶对子，真心帮助群众脱贫致富。持久推进学习型法院创建，组织干警参加上级培训200余人次。始终把廉政建设挺在前，认真落实"两个责任"，层层签订党风廉政建设责任状，认真履行"一岗双责"和层级管理的要求，全面落实"两同时谈话"制度，及时掌握干警的思想动态，针对干警的苗头性、倾向性问题进行谈心谈话、提醒警示。先后启动了厚德强能教育活动、纪律作风问题教育整顿暨专项督查活动和队伍建设集中教育整训活动，院党组、各部门及全院干警对照5个重点问题进行自查剖析，列出问题清单，分析问题原因，明确整改措施，不断强化干警队伍纪律作风。2017年度，在全省法院队伍民调测评中，市法院以93.93分位居全省法院前列。（杨孟安、张鸿）

2017年10月9日全国优秀共产党员田工来津市法院道德讲堂授课

公安司法

公　安

【概况】2017年，津市市公安局党委带领全局民警、职工、辅警，牢固树立“四个意识”，牢牢把握“对党忠诚、服务人民、执法公正、纪律严明”总要求，坚定坚实推进“一二三四五”工程，实现行政和刑事案件发案率双下降，群众安全感和满意度双提升。2017年度，该局被常德市公安局评为全市公安机关绩效评估先进单位、全市公安机关党的十九大安保维稳工作先进单位、全市公安机关重点工程、重点项目治安环境专项整治行动先进单位；被津市市市委、市政府评为绩效评估红旗单位；在2017年下半年全省社会治安综合治理民意测评中，公安民调和禁毒工作群众满意度测评得分居湖南省129个区县之首。

2017年共立刑事案件523起，同比去年589起下降11%；破234起，同比去年198起上升18%，破案率达45%；刑事拘留262人，同比去年194人上升35%；逮捕111人，同比去年83人上升34%；移送起诉243人，同比去年162人上升50%；行政拘留535人，同比去年387人上升38%；强制隔离戒毒71人，同比去年60人上升18%；命案破案率保持100%，重大道路交通事故和火灾事故保持“零发生”。（汤俊）

【维护稳定】2017年，津市市公安局各警种各部门牢固树立“大局意识”和“一盘棋思想”，一切工作都服从服务于确保政治大局稳定。切实加强横向纵向联动，共建共享情报信息，确保津市全年未发生一起暴恐案事件和影响较大的群体性事件。建立派出所、政府、家属三方管控机制，确保11类重点涉稳群体不脱管不漏管不失控，实现全年无一例到常赴省进京上访滋事人员。完善突发事件应急处置机制和反恐工作机制，组建一支40人的反恐维稳处突快速反应队伍，全年共成功处置群体性上访事件13起。及时准确适用《反恐怖主义法》，在9月份开出常德首张“反恐”罚单。紧紧围绕“六个严防”和“四个不发生”的工作总目标，按照上级公安机关部署的“四大举措”及排查研判管控一体化的要求，全警动员、全员上阵，全力以赴、全面出击，全程高歌、全胜告捷，打赢“四大保卫战”，被常德市公安局评为“全市公安机关党的十九大安保工作先进单位”。（汤俊）

【刑事侦查】2017年，津市市公安局先后开展打击违法犯罪大型专项行动“三打击一整治”、“霹雳行动”、“夏季攻势”、“回应民调关注，打击违法犯罪”、“冬春攻势”，保持严打高压态势，挤压违法犯罪空间。全年共立刑事案件523起，其中侵财案件380起，危害公共安全案件62起，破坏社会主义市场经济秩序案件8起，侵犯公民人身权利、民主权利案件23起，妨害社会管理秩序案件49起。共破刑事案件234起，其中侵财案件109起，危害公共安全案件57起，破坏社会主义市场经济秩序案件3起，侵犯公民人身权利、民主权利案件19起，妨害社会管理秩序46起。把打击侵财犯罪作为重点，全年共破侵财案件109起，同比去年上升10%。5月份，捣

公安干警参加大演练

毁一个连续疯狂作案17起，利用砸汽车车窗玻璃盗窃车内财物，涉案金额达80多万元的职业犯罪团伙。8月份，朝发夕破盗窃津市重点企业中联重科高精尖设备案，为企业挽回直接经济损失100余万元。9月份，破获流窜津市、安化县、长沙市等地多起盗窃办公室系列案件。10月份，破获谭某某、李某某流窜津市、桃源、鼎城、汉寿、临澧、澧县、德山等地盗窃基站电瓶的案件13起。12月份，在津市法治广场隆重举办退赃大会，现场向受害群众集中发还价值上千万元的赃款赃物。打黑除恶工作常抓不懈，坚持"露头就打"、"打早打小"的原则，在7月份打掉一个10人以上涉恶团伙，全年共捣毁涉黑涉恶犯罪团伙4个，移送起诉34人。坚持命案破案率100%的基准，2017年共发生2起命案，均以最快的速度将嫌疑人员抓获归案，未发生不良舆情及社会负面影响。（汤俊）

破获"世界云联"特大传销案

【**经济犯罪侦查**】2017年，共受理经济犯罪案件13起，立案8起，破案4起，刑拘44人，逮捕20人，取保候审48人，监视居住3人，移送起诉60人，挽回经济损失9000余万元。与去年同期相比，立案下降27%，破案下降33.3%，刑拘上升83.3%，逮捕上升122%，移送起诉上升445.5%。5月份，侦破"12.08"特大组织领导传销案，先后出动130多名警力、5个抓捕小组，辗转数千公里，赶赴深圳、合肥、杭州、西安等地，统一指挥、同步抓捕，20多名涉案重点人员全部落网。6月份，破获一起非法持有使用假币案，犯罪嫌疑人覃某在毛里湖镇使用假币时，被当场抓获，后通过视频追踪，在津市某宾馆将同案人周某、阳某抓获，在周某驾驶的车内搜出疑似假币26800元，经中国人民银行津市市支行鉴定，268张100元券为2005年机制伪造假币，金额共计26800元。（汤俊）

【**治安管理**】2017年，共查处治安案件634起，同比去年748起下降15.24%，行政处罚451人，同比去年287人上升57.14%，治安拘留415人，同比去年228人上升82.01%，治安罚款32人，同比去年84人下降61.9%，局治安大队被常德市公安局评为"十佳基层单位"。10月份，该局治安部门共排查管控重点场所部位和重点行业单位2356家（次），下发整改通知书822份，排查发现治安隐患提出整改意见911条，督促整改隐患768处，牵头完成涉爆和涉众两项专题演练，确保十九大安保特护期的绝对安全和绝对稳定。组织开展"药山禅院开光周年慈云讲堂"、"2017年一带一路国际合作高峰论坛"、"健康湖南.动起来"2017全民健身大赛季津市首发站、2017中国新能源汽车拉力锦标赛·环洞庭湖津市段等大型活动警保卫工作25次。加强涉危涉爆企业管理，落实对3家剧毒化学品使用单位、1家民爆物品使用单位、15家其他涉危涉爆单位的每月安全检查。严格公务用枪管理，成立津市市公安局公务用枪管理委员会，完善公务用枪管理制度，并和全市其它公务用枪单位签订工作责任状，定期开展公务用枪检查，督促单位健全公务用枪管理台帐，确保公务用枪管理使用合法规范；加强旅馆业实名登记管理，3月份组织召开全市旅馆业主业务培训会，督促落实"四实"登记验证制度全年共下发限期整改通知书5份，处罚不按规定登记上传的旅馆6家。推进机修业、娱服业实名制登记管理，娱服业安装实名制治安管理系统达80%，机修业安装治安管理系统100%。每季度召开一次金融机构联席会议，每月进行一次金融网点的安全检查。在津市市人民医院和欣运长途车站建立警务室。组织召开全市"三电"企业协作联席会议，以"5.17"电信日为契机，部署开展"三电"安全防范知识宣传活动。严打"食药环"领域违法犯罪，积极开展食药打假"利剑"行动、"清水蓝天"保护行动，全力侦办公安部挂牌督办的销售不符合安全标准的"9.20"专案，将33人移送起诉，该案被评为常德市政法委2017年度十大精品案件。立案侦办"11.08"生产销售假冒伪劣产品案，查获品牌为云烟、红塔山、红河等假烟共计22603条，涉案价值1887300元，刑拘3人，逮捕2人，该案正在进一步侦办之中。办理环境类治安案件2起，治安拘留2人。开展"霹雳"行动服务津市经济，建立"责任、预警、联动、打击"四种机制，对全市43个重点工程项目分解落实责任，对21个已开工在建工程设立了治安执勤室，"霹雳"行动共刑事拘留20人，治安拘留44人，调处矛盾纠纷33起，行动成绩位于常德前列，工作经验先后被省厅、市局转载推介。整治"黄赌""枪爆"违法犯罪全面发力，10月10日晚在北大三路雅香苑按摩店捣毁一涉黄窝点，现场抓获涉嫌卖淫嫖娼的违法嫌疑人7名，刑事拘留1人，治安拘留6人；12月20日侦办1起非法储存危险物资案件，刑事拘留3人；全年收缴电游赌博机78台，收缴各类枪支33支。指导社区警务工作，制定社区警务工作考评方案，督促开展"三实"信息的采集录入，开展信息采集员培训，督促社区民警认真及时

津市市特种行业登记统计表　（单位：家）

	旅馆业	娱服业	开锁业	典当业	机修业
三洲驿	40	10	3	—	13
汪家桥	8	4	—	1	7
襄阳街	2	—	—	—	1
金鱼岭	5	—	—	—	1
嘉山	5	—	—	—	3
新洲	—	—	—	—	1
毛里湖	—	—	—	—	4
药山	—	—	—	—	2
白衣	—	—	—	—	2
合计	60	14	3	1	34

（截至 2017 年 12 月 31 日）

履职。开展派出所等级评定工作，按照《2017 年全省公安派出所等级评定操作办法》积极申报各派出所等级，确保一级所比例达标、二级所比例超标。（汤俊）

【禁毒工作】2017 年，全市共破获各类涉毒刑事案件 33 起，刑事拘留 42 人，移送起诉 38 人，缴获各类毒品 7526.7 克；查处涉毒行政案件 135 起，治安拘留 174 人次，强制隔离戒毒 71 人，收治特殊涉毒人群 5 人，收缴各类毒品 2152.74 克，铲除毒品原植物罂粟 4297 株。2017 上、下半年，津市禁毒工作群众满意度调查均排名全省第一；津市市被评为 2017 年度全省禁毒工作绩效评估先进区县（市）、常德市禁毒工作先进区县（市），公安局禁毒大队被评为常德市局先进单位。津市市委市政府始终将禁毒工作摆上重要议事日程，纳入经济和社会发展规划，纳入政府绩效考核、文明单位创建测评和综治考评。市禁毒办力量建设逐步加强，全市 9 个镇街禁毒工作领导小组，禁毒工作办公室、社戒社康工作办公室建设逐步完善，配备了专（兼）职工作人员。公安禁毒专业队伍不断壮大，禁毒协会、禁毒网格员、禁毒青年志愿者等社团组织队伍逐步发展。青少年毒品预防教育“6·27”工程有序推进，6 月份，投入 30 万元的市禁毒教育基地已在德雅中学竣工，全年共迎接全市中小学生参观学习达 5000 人次。学校毒品预防教育“五个一”活动开展常态化，禁毒公益歌曲《我想》在全市各中小学广泛传唱，全国青少年学生网上禁毒知识竞赛参赛人数达 13503 人，参赛率在常德各区县（市）居第 3 位。6 月 24 日，市禁毒委在德雅中学开展了“6·26”国际禁毒日大型集中宣传暨环津市骑行宣传活动，市委政府、禁毒委主要领导及镇街、禁毒委成员单位分管领导和专干、社区禁毒工作人员、禁毒志愿者、德雅中学师生 2000 多人参加，骑行宣传活动途径全市 9 个镇街，行程近 100 公里，各镇街当天分别设立禁毒宣传分站点，与主会场的大型宣传遥相呼应，全市上下形成点面结合、无缝覆盖的立体宣传新形式。强化精准打击，津市市公安局以深化集中打击整治突出犯罪专项斗争为契机，以“破大案、打零包、摧网络、断通道”为目标，坚持问题导向，突出工作重点，着重抓好“4.14”打击制毒犯罪、“5.14”堵源截流、吸毒人员查处等方面工作，组织开展对毒品违法犯罪的集群作战、精准打击，成效明显。8 月份，破获省督毒品目标案件 1 起，打掉以周某和其上线许某荣为首的特大贩毒网络，涉及云南、广东、常德武陵、津市等地，该案共收缴毒品冰毒 5377.7 克、麻古 35.06 克，车辆 2 台，仿 64 式手枪一支，子弹 5 发，猎枪一支，子弹 2 发，毒资 22700 元，疑似假币 429400 元。10 月份，破获以王某为首的运输毒品案，该局禁毒大队在王某从广东运输毒品回津市的途中布控将其抓获，当场从其乘坐的小轿车内缴获冰毒 2000 克。（汤俊）

【110 指挥调度工作】2017 年，110 报警平台共接受群众报警 6573 次，求助 356 次，咨询服务 268 次。津市市公安局指挥中心积极开展对重大事件预警、警情的分析研判，全年共下发各类研判核查指令 896 条，通过处警民警现场核查，共抓获在逃人员 7 名，涉毒人员 15 名，盗窃人员 5 名，查获一级监控

抗洪救灾

对象 14 名。(汤俊)

【人口管理】2017 年,全市户籍在册 235205 人,其中男性 119253 人,女性 115952 人;共出生人口 2161 人,其中男 1108 人,女 1053 人;共办理居民身份证 13251 张,同比去年 11899 张上升 11.36%;办理各类出国境证件 9144 本,同比去年 7033 本上升 30.02%,其中护照 4001 本、往来港澳通行证 4837 本、往来台湾通行证 306 本,各类签注 10639 人次,同比去年 6479 人次上升 64.21%,发放居住证 192 张。为 19 名老弱病残等行动不便的人上门服务,切实解决群众困难。7 月上旬,民警在日常活动中走访了解到李家铺万家村 13 岁的洪某鹏因超生、父母在外打工,一直没有上户的情况后,前往李家铺中学了解洪某鹏的实际情况,组织村民召开座谈会形成调查材料,在相关证据资料收集齐后及时为其补录了户口。津市市公安局人口与出入境管理大队在 2017 年共抓获逃犯 1 名,办理刑事案件 1 起,移送起诉 1 人,行政案件 6 起,行政拘留 4 人。6 月 5 日,在办证过程中发现雷某林有报警信息,信息提示其为刑拘在逃人员,办证民警告知其身份信息报错,需要核实后才能办证,要其在大厅等候,同时通过全国在逃人员信息系统查询到雷某林因涉嫌非法经营被四川省成都市公安局天府新区分局刑拘并上网列为在逃人员,随后立即联系治安大队,在治安大队的协助下在办证大厅将雷某林控制住,后移交四川省成都市公安局天府新区分局。办理非法入境、非法居留案件 1 起,遣送非法入境越南人 4 名。2 月 22 日,民警在辖区巡查时查获 4 名可疑女子,经盘查,4 名女子无有效身份证件,从言谈举止判断,疑为外籍人员。经进一步查明,4 名女子均为越南人,最大的 28 岁,最小的 20 岁,系非法进入我国境内。4 月 13 日,津市市公安局遣送小组将 4 名越南籍非法入境女子遣送至边防出口。(汤俊)

【"一标三实"工作】2017 年,全市共采集实体楼栋信息 52834 条,实有房屋信息 151212 条,实有人口信息 230370 条,实有单位信息 2437 条,从业人员信息 19316 条,就学人员信息 16487 条,通过"一标三实"信息采集查获违法犯罪人员 21 名,津市市公安局被湖南省公安厅评为全省"一标三实"工作先进单位。(汤俊)

【规范执法】深化执法规范化建设,津市市公安局法制部门严格把关案件质量,坚持每周通报一次执法状况,全年共下发执法监督通知书 5 份。全面推行执法办案积分制,并按规定兑现积分制奖金,执法质量和执法公信力得以不断提升,执法不作为、慢作为、乱作为等执法问题明显减少,绝对不诉、无罪判决、公安行政复议赔偿案件实现历史新低。(汤俊)

【警务机制改革】2017 年,津市市公安局紧紧围绕常德市公安局警务改革"4+1"中心建设方案警务架构,成立了警务机制改革小组,全速推进警务机制改革,推出了"一二三四五"工作思路:一是树立一个理念,即现代警务理念;二是装好两个引擎,即争先创优拉动,改革创新驱动;三是落实三大任务,即维护安全稳定、维护公平正义、维护津市发展;四是做好四篇文章,即防控保安、打击立威、管理树形、宣传留名;五是办好五件实事,即加快业务技术用房建设、启动标准化派出所建设、建成一个示范警务室、完成天网工程拓展工程建设、建立一支高效的快速反应行动队伍。4 月份,情报指挥、侦查实战、治安防控、新闻舆情四大中心全部挂牌运行。采取"请进来、走出去"的办法,开启互动合作模式,组成数十人的学习团先后前往北京、深圳、长沙、慈利等省内外 20 多个区县市学习交流,与福田、杭州、吉首、宁乡等 10 多个公安局签订战略合作协议,全年外出学习参观达 400 余人次,"跳出津市看津市,跳出公安看公安",开放思想、开阔心胸、开拓思维。深化"放管服"改革,推进微改革微创新,在全省公安机关第二届微改革微创新大赛上获评铜牌奖,被常德市公安局授予优秀组织奖。深入调研并转化成果,在全市公安机关新时代警情警务大调研主题研讨活动中荣获二等奖。(汤俊)

【基层基础建设】2017 年,津市市公安局新业务技术用房的工程建设保持有序推进,预计可于 2018 年底正式投入使用。派出所规范化建设已绘就蓝图,该局通过积极申报,并邀请市人大、市政协实地调研,多方争取支持,汪家桥派出所和毛里湖派出所的建设项目已通过省发改委立项,其中新建的汪家桥派出所预计可于 2018 年底正式投入使用,其他派出所的规范化建设也已纳入市委、市政府的工作议程,计划于两

开展永远的誓言主题活动

津市市公安局青年民警入住仪式

至三年内完成所有派出所的提质改造升级。天网工程顺利进入第二期建设阶段，已建成并投入使用监控探头494个，电子卡口17个，电子围栏9个，天网工程及其拓展工程已纳入智慧城市建设范畴。市委、市政府投入专项经费近300万元采购防暴枪、催泪弹、防暴防弹头盔等一批警用装备，更新执勤防暴警用汽车。襄阳街派出所、嘉山派出所分别建成综合警务指挥室。（汤俊）

【队伍建设】2017年，津市市公安局注重队伍建设，典型经验在《人民公安报》刊发。坚持政治建警，主动把思想和行动统一到市局党委和津市市委的决策部署上来，在市局党委和津市市委的绝对领导下开展工作，引导广大民警旗帜鲜明讲政治、更加自觉地投入到各项公安工作中，实现民警政治立场更加坚定、忠诚警魂更加牢固、士气斗志更加高昂、能力素质更加过硬、作风纪律更加严明、维护稳定更加有力，确保津市公安队伍的绝对忠诚、绝对纯洁、绝对可靠。坚持学习强警，响亮提出“学习是团队核心竞争力”，创新学习平台，创办“津警夜校”，通过“大班制授课+小班式课堂”，使每周一晚的“津警夜校”成为常态，解决民警的思想、业务、纪律三大问题。建立岗前培训制度、师徒结对帮扶制度，帮助青年民警迅速成长起来，让绝大多数民警能办案会办案。在承办大案要案、系列案件中，挑选一批青年民警充实到专案中去，让其接收实战的锤炼鼓励。支持民警学习深造，对通过司法考试、高级执法资格考试的民警一律按省厅、市局的惠警政策予以奖励。坚持人才兴警，树立正确的用人导向，在工作中发现人才、培育人才、关心人才、支持人才，营造津市公安尊才、重才、惜才的良好氛围。倡导“机制是最强的保障”的管理观，“用心工作就是在创新”的创新观，“适合岗位的就是人才”的人才观。坚持从严治警，加强队伍管理，以党建带队建，以制度管队伍，以规范树形象。提倡“规范是最好的形象”，将队伍管理落细落小、抓早抓小，从规范着装、内务卫生等小事抓起，10月份常德市副市长、公安局长李忠来津调研时，对津市公安给出“民警精神面貌好，精气神充沛”的高度评价。倡导“从严治警就是最大的从优待警”，教育不嘴软，监管不心软，问责不手软，实现队伍零违纪，被省公安厅评为“队伍建设成绩突出集体”，被津市市委政法委评为“队伍建设集中教育整训活动先进单位”。坚持从优待警，把“民警答不答应、满不满意、高不高兴”作为从优待警的评判标准，将“以警为本”的理念植入公安工作全过程，在政治上关怀民警，在生活上关爱民警，在工作上关心民警。3月份，启动民警大病医疗互助，筹措资金30万余元购买团体保险，全年共惠及民警、职工20余人。5月份，成立九个兴趣小组，涵盖信息科技、户外运动、写作、摄影等多个方面，让民警在工作之余“快乐学习、健康生活、定期旅行”。6月份，建成青年民警公寓，配齐六大件、六小件，民警连牙膏牙刷都不用购买即可拎包入住。9月份，举办“永远的誓言”主题晚会，传递情感，凝聚警魂。10月份，常德市副市长、公安局长李忠来津调研时，明确指示“希望津市市公安局在创建学习型机关上发挥示范带头作用，在从优待警上发挥示范带头作用”。（汤俊）

消防工作

【概况】2017年，津市市公安消防大队以着力提高消防行政监管和服务水平，大力提升公民消防安全意识、强力推进部队正规化建设、全力增强灭火和应急救援能力为抓手，全市火灾防控和灭火应急救援能力不断增强，公共消防安全水平大幅提升，部队内部安全稳定，全市火灾形势持续平稳，各项工作取得了明显成效。2017年，消防大队被公安部消防局评为党的十九大消防安保工作先进大队，被省消防总队评为全省先进基层党组织，被常德市消防支队评为宣传工作和后勤建设先进单位。

【队伍建设】强化班子建设。一是规范政治生活。大队严格执行七项组织生活制度，压实从严治党政治责任，始终抓住政治工作是部队各项工作生命线的地位，全面提高了班子驾驭全局的能力。二是落实学习制度。认真抓好十九大精神、习近平新时代中国特色社会主义思想以及“四句话、十六字”总要求等内容的学习，组织中心组学习12次，理论水平明显提升。三是压实主体责任。逐级签订《廉政责任状》，将廉政建设与业务工作同部署、同检查、同考核，定期通报党风廉政形势，进行廉政风险排查，常态化开展警示教育、廉政谈话、作风纠偏，确保主体责任不缺位。四是深化风险防控。开展“转作风、倡廉风、树新风”、干部风险大排查大管控、审计整改检查等活动，对“六涉”经营、财经领域、执法腐败等问题进行专项整治，全年大队开展消防执法腐败问题、后勤财经领域腐败问题、酒驾问题等廉政专题教育5次，观看警示教育片5部，参观警示教育基地津市监狱3次。五是优化经济环境。进一步推进执法规范化建设，定期组织召开向社会单位公开述职述廉会议，施行执法回访。持续开展“亮窗工程”，全面规范消防受理窗口工作，推行网上集中受理“一次告知、限时办结”等便民措施，实行消防审批阳光作业，加快消防行政审批效能建设，变事后服务为事前服务、变被动受理为主动上门服务、切实提高了办事效率。六是强化警民共建。积极争创文明单位，主动开展精准扶贫，结队帮扶贫困户2户8人，上门慰问走访6次，为一人申请大病救助、为一人协调解决安排工作。部署开展学雷锋爱民实践活动，定期深入敬老院开展走访慰问活动，主动给孤寡老人、失学儿童送去温暖，固定资助2名失学儿童，1名残疾人和1名孤寡老人。有效筑牢官兵扎根驻地、安心服役思想，激发为第二故乡奉献青春的热血信心。

【执勤训练】提升打赢能力。一是强化岗位练兵。实行“每日必练、每周必测”制度，严格实施官兵每月考核，并将成绩与干部精细化、战士入党、学驾驶等直接挂钩，全面调动官兵的训练积极性，训练水平逐步提高。二是加强熟悉演练。大队坚持岗位练兵与“六熟悉”活动相结合，加强对高层建筑、人员密集场所及化工场所的熟悉演练，与政府专职队、微型消防站建立了联勤联训机制，指导开展训练演练50余次。大队对辖区49家消防安全重点单位的完成了数字化预案制作，并组织实地演练60余次，为成功扑救各类火灾事故，打下了坚实的基础。三是强化执勤备战。从严执行等级战备制度，实行“一主一备”两套执勤班子，每日进行交班调度，确保人员、装备、训练、执勤四到位。大队共接警76起，出动车辆125辆次，出动警力815人次，抢救被困人员9人，抢救财产价值1202000元，无人员伤亡。在2017年6月棠华乡抗洪抢险行动中，大队官兵冲锋在前、不负重托，圆满完成了抢险任务，被多家省市媒体报道，得到了市委市政府和社会各界的高度肯定。

【后勤工作】优化综合保障。一是规范财经制度落实。坚持党委理财，加强党委对后勤工作的管控，严格执行财经法规和各项后勤工作管理规定，大力推进“公务卡”强制结算。严格把控三公经费支出，杜绝了私设小金库。严格执行现金管理“双限额”和资金监管要求，确保了资金运行安全。二是夯实基础设施建设。大队新建中队执勤楼正式投入使用，新大门道路硬化完工、新灯光篮球场建设和营院绿化全部完成，大队执勤、训练、工作、学习和生活环境全面改善，焕然一新。

【防火监督】推进消防工作社会化。一是高位推动工作。市政府召开消防工作会议，明确全年消防工作任务；层层签订工作责任状，推进消防工作责任落实。市政府市委、市政府主要领导多次听取消防工作汇报，亲自带队开展检查督导，分管领导分行业部署开展消防安全检查，督导火灾隐患和消防违法行为整改。提请政府将社会消防安全管理纳入“平安津市”发展战略和政府工作绩效考评，融入智慧城市总体规划，借力全市综治网格化平台，发挥政府政务督察优势，顶层设计成效明显。二是联手行业齐抓。创新联席会议、联动执法、联合考评和集中检查、集中约谈、集中曝光的“3+3”模式，落实监管责任和主体责任，消防社会化进程迈上新台阶。市委政法委将消防安全示范小区创建纳入平安社区考评范畴。10月份，联合综治办、房管局、公安局开展了消防安全社区创建达标验收，房管局从达标的小区中推荐10个小区参加常德市的“平安小区”达标评比。年内，联合商务、民政、安监、教育、住建、房管等部门开展了商场市场、养老服务机构、易燃易爆、中小学、高层建筑、居民住宅小区等专项治理。以重点单位标准化管理和智慧消防建设为主要抓手，全市49家重点单位和高层建筑全部纳入户籍化管理，建立微型消防站72个，32家社会单位安装了智慧消防监测系统，全面推进社会单位主体责任落实，开启了消防工作群策群力、群防群治的新格局。三是整治成效明显。大队按以高层建筑、人员密集场所、在建工地为监管重点，以电气火灾专项整治、平安社区创建、重点单位“四个能力”建设、消防宣传包服务以及公共消防设施建设为重心，以严格执法、刚性执法为手段，以政府督查和“一单四制”为推手，推进常态化火灾隐患排查整治。全年大队共检查单位、场所2876家次，督促整改火灾隐患或违法行为5650处，临时查封67家次，责令三停单位31家次。整改销案重大火灾隐患8处，有效的净化了全市消防安全环境。四是深化宣传培训。坚持宣传就是战斗力，深入开展消防安全“七进”工作，明确了社区消防安全大使23名，实现了重点单位消防安全宣传“三提示”覆盖率达到100%。开展了以“关注消防、平安你我”为主题的119消防宣传月活动，邀请津市各界具有高度社会责任感和广泛影响力的15名公众人物，摄制消防公益宣传海报，并在各类公众聚集场所广泛张贴、悬挂2000余张。同时，全面启动政府购买消防宣传服务外包工作，将社会消防安全管理纳入地方培训体系，组织全市养老福利机构、物业服务企业、学校、医院等人员密集场所的消防安全管理人、责任人员进行了“回炉式”、“循环式”培训，全年共开办消防培训班20期，培训人员1200余人次；广泛开展消防站开放、消防志愿者宣讲、消防教育培训、每周半日宣传、火灾隐患曝光等活动，依托手机短信、LED显示屏、官方微信、宣传标语等宣传媒介开展消防知识宣传，形成了消防宣传的全覆盖格局。（杨帆）

公安交通管理

【概况】2017年,津市市公安局交通警察大队共接处警1623起,受理交通事故1521起,查处各类交通违法行为6.7万多起,办理车驾管业务2.1万多起,未发生一起死亡3人以上的较大道路交通事故,未发生因交管工作引发的群体性事件、行政诉讼、国家赔偿案件和媒体舆论炒作事件。大队继续保持"湖南省2016—2018全省依法办事示范窗口单位"、"湖南省文明单位"、获得了湖南省"百日会战成绩突出集体"、"文明交通标兵护学岗"、"湖南省全民健康生活方式行动健康单位"、常德市"十二五扶残助残先进单位",常德支队"2017年度党建和优秀团队创建工作优秀单位"、"2017年度春运道路交通安全管理工作先进单位"、津市市"优化经济环境先进单位"、"综治工作先进单位"、"津市市创国卫工作先进单位"等。(雷孝亮)

【交通违法整治】2月28日至6月7日,津市市公安局交警大队在全市范围内开展了集中打击重点交通违法行为的"百日会战"行动。严厉打击无牌无证、假牌假证、酒驾毒驾、超员超速、逆行、闯红灯等各类交通违法行为。行动期间,共组织集中统一行动38次,查处酒驾行为263起,无证驾驶385起,客车超员42起,校车超员4起,行政拘留126人,刑事立案33人,在支队阶段性考核排名中,大队连续三个阶段排名均第一。(雷孝亮)

【四大攻坚战】2017年,为确保党的十九大胜利召开,围绕"不能发生暴恐案事件、不能发生在全国有重大影响的大规模群体性事件、不能发生重大公共安全案事件"的要求,自7月20日至12月31日,开展了以"路面防控战"、"宣传攻势战"、"隐患歼灭战"、"共治合成战"为主要内容的"四大攻坚战"行动。行动期间,共查处酒驾行为238起,无证驾驶277起,客车超员46起,校车超员2起,行政拘留92人,刑事立案24人,消除道路安全隐患19处,督促客运车辆报废3台,发布安全知识、提示官方微信、微博180余条。(雷孝亮)

【安全网络建设】建立了"两站两员"交通安全网络,镇(街)共设立交通安全服务站9个,村(居)共设立交通安全劝导站75个。农村道路交通安全信息平台开始投入使用,通过对辖区车辆、驾驶人、道路、安全状况、宣传教育情况等信息进行录入,实现信息共享。(雷孝亮)

【大练兵活动】5月20日至6月20日,大队开展为期1个月的全员"大练兵"活动,主要内容为体能训练、手势指挥、党性教育、专业培训。通过集中学习培训,提高民警素质。(雷孝亮)

【科技建设】2017年,升级改造全市智能交通系统,市政府投资1200多万元,从8月初至11月中旬,对全市的智能交通系统进行了升级和改造,新设立了津市大道与周家铺路、嘉山大道与周家铺路、嘉山大道与团湖路3处红绿灯,将全市150多处电子卡口、电子警察、监控探头全部升级为700万像素高清摄像,新建了孟姜女大道的澧水大桥北广场、银苑路口、车胤大道的海晨国际,津澧大道的宝悦广场共4处高空瞭望系统,新建了14处违停自动抓拍系统,重建了大队指挥中心及情报研判室等,津市交通智能化水平大幅提高。(雷孝亮)

【基础建设】争取资金150多万元,对大队院落和办公环境进行改善。一是对办公楼和宿舍区水电进行改造,实现了水电分开。二是新安装了单位专用变压器,保证了高峰时期办公生活用电。三是对大队院内两幢家属区住房楼顶进行修缮,解决了漏水问题。四是对大队院落进行黑化、绿化,在宿舍区安装了全民健身器材,进一步美化了院落环境。五是新修建了民警职工食堂和城北中队、秩序管理中队办公室及带班领导值班室。(雷孝亮)

【交通事故】

2017年1月15日17时38分,张伟驾驶湘J82087号中型普通客车沿省道205线由北向南行驶至津市市毛里湖镇灯塔村16组路段时,遇前方同向李翠莲驾驶的搭乘杨思雨的嘉陵牌无号牌普通二轮摩托车左转弯,因采取措施不力,两车发生碰撞,造成李翠莲经津市人民医院抢救无效于当日死亡的交通事故。

2017年4月1日5时23分,彭思井驾驶湘J87N68号普通二轮摩托车,沿县道033由东向西行驶至津市市新洲镇毛家岗村路段时,与相对方向刘志勇驾驶的湘A4LE68号小型汽车会车时发生碰撞,彭思井经医院抢救无效死亡的交通事故。

2017年7月6日2时,孙月驾驶湘J8J106号小型轿车沿省道205线由南向北行驶至毛里湖镇19KM+200M路段时,由于观察不够,操作不当,导致车辆失控驶往道路东侧沟渠中,造成乘车人刘斌抢救无效死亡的交通事故。

2017年8月10日0时30分,汤磊驾驶无号牌大众牌小型轿车,沿津市市孟姜女大道由南向北行驶至阳光宾馆门前路段时,由于观察不够,采取措施不力,将由东向西横过道路的行人道知富撞倒,事故发生后,汤磊弃车逃逸,道知富经医院抢救于3日后死亡的交通事故。(雷孝亮)

【车驾管业务】2017年,津市公安局交警大队共办理车驾管业务2.1万多起。其中办理汽车注册登记业务2519台,摩托车注册登记业务1499台,办理摩托车驾驶证申领业务642人次,受理小型汽车驾驶人科目一考试3590人次,受理驾驶人满分学习1563人次,大中型客货车驾驶人审验学习1520人次,办理补换证业务4647人次,核发机动车检验合格标志5783台次,淘汰黄标车110台等。(雷孝亮)

司　　法

【概况】2017年，津市市司法局围绕年初确定的“1235”工作思路，充分履行法律保障、法律服务、法治宣传等工作职能，开创司法行政工作新局面。一年来，共办理法律援助案206件(其中，民事案件191件，刑事案件15件)；共受理各类矛盾纠纷2632起，调解成功2617起（人民调解1795起，司法调解160起，行政调解644起，警司联调10起，部门联调8起)，成功率达99.4%；公证处共办理各类公证业务805件（其中：国内公证693件，涉外公证112件，涉港澳台31件)，律师共担任常年法律顾问58家、办理“两个代理”198件，基层法律服务工作者共担任常年法律顾问28家、办理“两个代理”132件，九澧司法鉴定所办理鉴定案件192件；所有法律服务从业人员在办理案件中实现零投诉；全市累计接收社区服刑人员527人，累计解除社区矫正444人，当前(2017年10月30日)在册83人(其中缓刑70人，假释7人，暂予监外执行6人)；共回归刑满释放人员89人，其中看守所刑满释放11人，监狱刑满释放22人，期满解除社区矫正56人，当前(2017年10月30日)在册356人。

2017年3月24日，在湖南省司法厅组织召开的全省法律援助制度改革和公共法律服务体系建设推进会上，津市市司法局以“着眼于维护群众利益全面推进公共法律服务体系建设”为题作经验介绍。3月，津市市司法局被湖南省人力资源和社会保障厅、湖南省司法厅授予“湖南省司法行政工作先进集体”荣誉。5月，毛里湖司法所唐伟被司法部授予“全国模范人民调解员”的荣誉称号。5月，津市市被省委法治办确定为全省38个“全国全省“法治县(市、区)”创建活动先进申报单位”之一，11月，被省委法治办确定为全省22个“全国“法治县(市、区)”创建活动先进单位”拟推荐单位。(车四友)

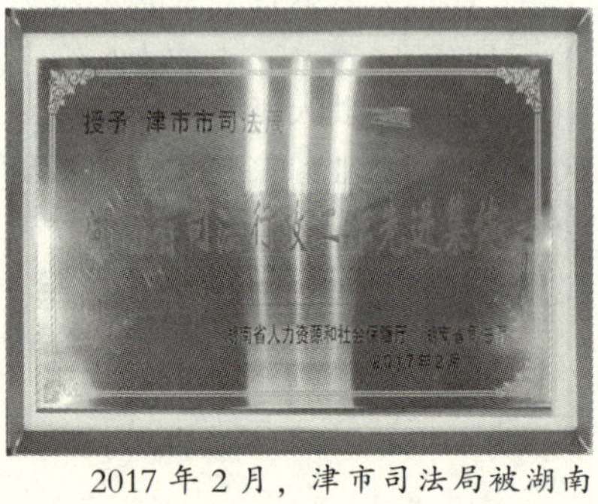

2017年2月，津市司法局被湖南省人社厅、湖南省司法厅评为“湖南省司法行政先进集体”

津市市公共法律服务中心

【公共法律服务】2017年，津市司法局高标准打造公共法律服务“三级服务平台”，在全市建成1个公共法律服务中心、9个公共法律服务站、78个公共法律服务点。建立健全多元化的公共法律服务工作机制，落实政府购买公共法律服务制度，明确将律师参与信访值班、律师参与化解和代理涉法涉诉信访案件以及“一村一顾问”等公共法律服务事项纳入政府购买公共服务体系，由市财政拨专款予以保障。全面推进市、镇(街)党政法律顾问制度，开展“企业免费法律体检”、“法律服务乡村行”等一系列公共法律服务专项活动。同时，组织和引导律师主动参与社会维稳活动，在市公共法律服务中心、信访局、法院设立律师接待窗口，规范律师参与化解和代理涉法涉诉信访案件流程，实现访援、访调无缝对接，对符合法律援助条件的信访人，提供法律援助，对缠访闹访的信访人，组织基层司法所及时介入，力促简单信访案件不出村(社区)、重大复杂信访案件不出镇(街道)，取得政府、群众双满意的社会效果。

(车四友)

【人民调解】2017年，津市司法局大力推进人民调解规范化建设，统一制定和规范调委会的档案、文书、台账、表册，落实人民调解员执证上岗、登记备案等制度，全面提高村(居)人民调解工作规范化水平；加强人民调解数字化建设，建立健全人民调解工作台账和人民调解专家库，对人民调解员进行信息登记编号；拟定并落实政府购买人民调解服务的具体实施办法，通过购买社会组织等社会力量提供10名专职人民调解员，充实基层调解力量。按照《关于推进行业性、专业性人民调解工作的指导意见》的要求，重点推进婚姻家庭纠纷调委会和环保纠纷调委会规范化建设，完善组织机构、实施办法、经费保障、业务规范等，形成“横向到边，纵向到底，上下贯通，左右协调”的调解网络。开展矛盾纠纷预防排查工作，在矛盾纠纷化解上采取抓早、抓小、抓苗头、抓化解、抓责任、抓落实的工作措施，建立每月矛盾纠纷排查上报制度，做到矛盾纠纷件件有着落，事事有结果，真正发挥“第一道防线”作用；同时，以“三调联动解纠纷，防控风险促发展”专项调解活动为主线，开展“两节两会”期间、村委会换届选举期间矛盾纠纷排查治理专项活

动以及“喜迎十九大全力保平安”矛盾纠纷排查化解专项行动，确保特护期社会和谐稳定。（车四友）

【**法治建设**】2017年，召开全市法治宣传教育工作会议和全市法治津市建设推进会，下发《“七五”普法规划》《领导干部和国家工作人员学法用法工作的实施意见》《“谁执法谁普法”责任制意见》《推进法治津市建设的意见》等文件，全面启动“七五”普法工作，确立争创法治先进市、推进法治津市建设、落实普法责任制等工作重点；开展“农村法治宣传教育月”“青少年法治宣传教育周”等系列活动，进一步深化“法治夜话”“周浩佬说法”等普法载体，使法治宣传教育深入人心；加强法治文化阵地建设，在完成法治文化广场的提质改造、三湖公园法治文化长廊和青少年法治教育基地建设的基础上，市委法治办开辟“津市普法”微信公众号、“法治津市”微博、H5页面等线上阵地，打造“互联网+法治宣传”模式，利用新媒体新技术大力开展法治宣传教育；组织开展依法办事示范窗口单位、诚信守法企业、依法治校示范校和民主法治示范村（社区）创建活动，完成全国“法治县（市、区）”创建活动先进单位”申报工作。（车四友）

【**社区矫正**】2017年，津市司法局突出社区矫正中心建设，在2016年底全面完成社区矫正中心业务用房主体工程的基础上实施庭院改造工程，共铺设沥青路面1610平方米、新设雨水沉泥井2座、铺设草坪615平方米、鹅卵石路面49米、建设透式围墙40米；同时，积极向市委市政府汇报并协调相关部门，于9月初成立津市市社区矫正工作局，明确其为司法局副科级直属机构，核定政法专项编制5名；落实社区矫正政府购买服务，为进一步规范社区矫正工作运行奠定良好基础。突出社区矫正教育矫治工作，按照一人一档的要求，为每一名社区服刑人员建立健全心理健康档案，对心理评估中发现的存在心理问题的社区服刑人员及时进行心理疏导，帮助其塑造健康心理。以司法所为单位，定期组织社区服刑人员开展教育学习和社区服务，5月下旬，组织全市社区矫正工作人员及社区服刑人员召开行为规范教育动员会，明确活动目的、内容、要求和步骤，并于8月和9月集中两个月时间，对所有社区矫正对象进行行为规范训练。突出社区矫正管控工作，积极部署和落实社区矫正“防脱管”、社区矫正监管安全隐患排查整治、集中清理判处实刑罪犯未执行刑罚等专项活动，实现“零脱管”的工作目标。加强督导检查，每月对司法所开展一次社区矫正工作督查，对社区矫正日常管理进行检查督促。落实对安置帮教对象的帮扶举措，与民政部门衔接，向新回归的12名刑满释放人员发分别放500元的临时救助金。同时，对40名家庭困难的刑释人员进行了临时救助，使他们能够缓解回归社会后遇到的经济难关。（车四友）

2017年9月，津市司法局组织开展司法行政系统队伍建设集中教育整训活动

【**法律服务**】2017年，实施公证机构体制改革，将津市市公证处由司法局管理的股级行政机构调整为司法局管理的股级公益二类事业单位，核定差额拨款事业编制3名；同时，建立公证质量管理体系，打造“阳光服务窗口”，努力提高公证公信力和社会效益；开展了法律服务市场专项整顿活动，根据常德市司法局《关于开展全市法律服务市场专项整顿活动的实施方案》要求，4月份出台整顿活动方案，组织各法律服务机构进行自查，9月下旬组织全市人大代表、

2017年9月，津市司法局邀请部分人大代表、政协委员对津市市法律服务机构开展评议活动

津市市公证处公证员宣誓大会

政协委员对全市法律服务机构开展评议活动。法律服务工作得到提升，全市有律师事务所3家，注册律师22名(鼎鸣律师事务所10名、津正律师事务所6名、秦明律师事务所6名)；基层法律服务所2家，基层法律服务工作者11名(名正法律服务所6名、鹏来法律服务所5名)；司法鉴定所（九澧司法鉴定所)一家，鉴定人员11名。做好律师事务所、基层法律服务所以及律师和法律工作者的年检、注册工作，把好年审、注册关。加强法律服务机构的阵地建设和业务管理工作，建立健全年度考核制度，加大考核力度。2017年，所有法律服务从业人员在办理案件中实现零投诉。(车四友)

津市监狱

【概况】2017年，津市监狱推进奋进图新、平安法治、规范高效、队伍过硬、内涵发展、现代智能、美丽幸福“七个新涔澹”建设。连续第15年实现监管安全“四无”目标，实现了“七个不发生”，做到了“三个坚决杜绝”；布局调整项目破土动工；从严治党、管警优警、社会综治等工作成效提升明显。实现各项工作“出新彩”、整体工作“满堂彩”。绩效考核在全省监狱系统位列第二，被省监狱管理局评为绩效考核优秀单位，多项工作走进全省司法系统第一方阵，政治、纪检监察、狱政、劳动改造、生卫、心理咨询、法制、工会、离退休人员管理服务等9项工作被省监狱管理局评为优秀单位。

监管安全。建立“密集型监管查控”机制，在监内轮番开展专项整治活动，全年开展大规模清查监42次。保持防治违规品、违禁品高压态势，规范进监安检操作流程，重新审批外协人员进监资格。严格落实监管核心制度，完善监内突发事件应急预案。与公安、武警联合建立反恐应急处置机制，开展合成演练。

安全生产。推进安全生产标准化建设，完善四级责任体系，深入开展“三大行动”和“打非治违”活动，共排查隐患200余项，投入整改资金200余万元，一般隐患整改率100%。开展“安全生产月”、应急疏散演练等活动，提高了从业人员的应急处置和救援能力。

教育改造。建立“主辅”双警包管包教体系。实行严重违规犯和高危犯“三级四层”谈话教育。开展为期8个月的春、秋两季整训。构建帮教“双向”平台，开展节假日进监帮教、特困罪犯家庭回访活动50多次，为60余名困难服刑人员家庭的子女发放爱心助学金共计13万多元；加强艾滋病犯的感化教育，“以爱关艾、情暖高墙”亲情帮教活动被红网“今日头条”报道。将文化教育融入罪犯改造、生活的细微层，罪犯总医院以病犯艺术作品为文化载体，建立专门的展览室。建立罪犯心理测试、考核、评价系统，完善特训特管模式，自编教案，细化不同性格、不同罪源罪犯的教育标准。全年开展团辅等活动45场次，化解心理危机88人次。

劳动改造。实行罪犯劳动改造“车间课堂化”，强化罪犯劳动习惯养成和技能培训。以召开全省罪犯劳动改造现场会、生产现场规范化管理达标活动为契机，深化生产现场6S管理，统一生产区各类看板，落实工具管理要求。完善罪犯处遇室设施，处遇奖励面达47.6%；实行警察分组管理、罪犯劳动周任务制；推广劳动餐厅，丰富劳动报酬用途，全年发放劳动报酬约450万元，覆盖面达98%，最高达500元。

生卫关怀。开展罪犯生活卫生“规范化管理年”活动，投入260万元，统一配发生活用品、囚被服；投入60万元，全面清理监内卫生；规范医疗、伙房各项操作流程。为“三无”和老病残犯发放生活必需品，传染病犯每人每月补贴100元生活费，为无经济资助的重病犯制作营养餐。开展老病残犯分级认定，统筹解决病犯送诊车辆、治疗经费、社会医院配套病房、管护人员、暂予监外执行办理等问题，罪犯病亡率持续低于控制线。

刑事激励。加强服刑人员减假暂新规定的宣传，严把提请、审查关口，实现新政衔接期平稳过渡。推进新的罪犯计分考核办法与减假工作对接。共办理减刑803件、假释39件、暂予监外执行16件。贯彻“宽严相济”刑事政策，92名老病残犯依法获得减刑假释。实现网上协同办案，全程留痕。

党建工作。将党建作为“龙头”工程，找准与其他工作的对接点，精准切入、同频共振，促进了党委领导力、党员学习力、党组织亲和力“三提升”。按照基层党建工作标准化建设要求，理顺党委、党支部、党小组三级工作体系，落实“一岗双责”，完成党支部换届选举、党员组织关系排查、党费清查等工作；设立基层党建活动室16个，完善党建业务、制度14项。35个党支部顺利通过省监狱管理局的达标验收，1个党支部被省司法厅列为党建工作示范点。规范党内组织生活，开展“双争一评”活动，党委班子带头过“双重组织生活”，监狱联系点领导、支部书记上“双重党课”，“线下集体宣讲+线上指尖课堂”的“双模党课”形式普遍推广。

队伍建设。建立警察职工队伍分层学习体系，持续开展周一例行学习，全年党委中心组集体学习26次、专题讨论11次。建立队伍多元化教培模式，开展“微党课”比赛、主题党日活动、教授讲座、观看红色影片等有时效性、有深度、有广度的教育活动。全年自办培训38期参训6000余人次，外送培训302人次。鲜明选人用人、评先评优导向，坚持“德才兼备，以德为先”的选人用人原则，按照“重政治、重实绩、重公论”的考量标准，选拔任用86名科级领导、34名科级非实领导；按照“崇尚实干、偏向基层”的原则，大力开展“四比一日看”等争先创优活动，加大先进典型推介力度，组织191名先进代表到井冈山接受红色教育，举行援疆警察欢送仪式、技能比武获奖人员表彰仪式。

执法执纪监督。坚持狱领导带队巡查、改造线巡查、考核办突查、纪委专项巡查、特殊时期联合清查、各单位自查的“六位一体”督查机制，驰而不息地治陋习。开展“主体责任落实机制建设月”活动，领导主体责任“清单上心”、“台签上桌”。监狱领导开展约谈和提醒教育谈话367人次。每季度召开党建工作讨论会，全狱“党性体检”，集体当“郎中”、开“药方”。校准擦亮“监督探头”，严查身边的“微腐败”问题，开展节前明察暗访6次。

基础建设。加快推进布局调整建设。1月1日第一押犯点项目奠基，破土开建。监狱派驻督导组和基建、审计、纪委等部门加强现场安全管理、过程和质量管控。3月份第一标段全面开建，12月底第二、三标段进入项目招标阶段，第四标段进入图审阶段，武警营房完成可研。投入259万元，修建进施工区的主公路。信息化建设同步开启，在学习全国信息化示范监狱基础上，完成了调研、规划和初步设计。加大农田水利建设力度。按照“政府主导、企业投资、农场配合”模式，导入民营资本，实施2万亩“旱改水”项目工程。解决了农田基础设施差、土地经营增加值低、土地污染严重、与承租户官司纠纷多等历史遗留问题，为布局调整积累了2000万元建设资金，置换出600亩建设用地。采用高新技术，测绘全场耕地、鱼池面积，平整边角土地，形成新的《地形图》，增加土地3000亩。投资540余万元，完成护砌护坡、涵管安装、大堤灌浆、防汛通道设施建设等工程，大堤除草除杂3次，机埠养护维修17次。争取1000余万元，完成澹水流域综治工程初步设计、黄家昏联合泵站改造工程设计和可研。

义务除草活动

民生工程。配合中央环保督查整改工作，清理1404吨工业垃圾，完成污水处理、垃圾填埋场清理整改工作，争取到地方政府投入的两个污水处理厂建设预算资金2100万元，价值50万元的垃圾运输车等设施；争取到垃圾中转站省财政预算资金70万元，解决了污水沟不畅、化粪池堵塞、垃圾露天堆放等老大难问题。投入60万元，维修小区20栋住宅屋面。投入45万元，在小区文体广场新建儿童乐园。提高扶贫帮困精准度，为614名困难、重病对象和困难党员发放慰问金共计42万元、助学金4.6万元；对口帮扶10户临澧县蒋家村贫困户，被常德扶贫办公众号专题报道。

【开展服刑夫妻远程视频会见活动】经与省女子监狱沟通协调，抓住服刑人员新春盼团圆这一时间节点，在2018年春节期间，以“让亲情在监狱之间传递，让新生梦想在双方共鸣”为主题，开展了夫妻双方均在监狱服刑罪犯的远程视频会见活动。4对身份特殊的夫妻远隔数百里，在电脑屏幕前实现了新春团圆。短短20分钟的视频见面，极大地增强了罪犯积极改造的内在动力。

【实行警察分组包干管教罪犯模式】3月份开始，按照“分组包干、管教一体、主辅协作、责任共担”的总体要求，按照“试点先行，全面推广”的步骤，实行警察分组包干管教罪犯管理模式。“主包”警察在共同管理所管罪犯的基础上，重点抓好包教对象教育改造任务，负主要责任，“联包”、“辅包”警察负责协助“主包”警察包教监管改造不稳定罪犯，落实相关个别教育要求，负次要责任。盘活了警力资源，落实了个别教育制度，形成了“纵向到底、横向到边”的罪犯管教网络。

省司法厅党组书记范运田到津市监狱检查指导第一押犯点建设

【鑫源公司缸套扩能提质项目顺利通过验收】6月21至22日，司法部煤管局局长何平率鑫源公司缸套扩能提质项目验收组一行7人到参加鑫源缸套有限责任公司2017年第一次股东大会，并进行缸套扩能提质技术改造项目验收。省司法厅副厅长、监狱管理局局长方华堂，万安达集团公司总经理张建辉等领导出席会议。验收组通过检查质询项目建设内容、审查项目文件资料等方式，全面评估项目运行情况，一致认为该技改项目设计合理、建设到位、质量合格、资料完整，环境保护、消防、劳动安全同步规划同步实施，达到了预期效果，同意项目通过验收。

【省司法厅党组书记范运田首次到津市监狱调研】7月4日至5日，省司法厅党组书记范运田率厅政治部副主任汤开清、厅办公室主任王铁军等一行5人，到津市监狱检查督导防汛工作并调研。范书记一行头顶烈日，上堤现场察看河道分布、河流走向和防汛水位；亲切慰问坚守在大堤的巡逻值守警察职工和清基扫障人员；深入基层一线了解监管安全、警力配置、防汛值班安排等工作情况，对津市监狱的工作予以充分肯定。

【在全省监狱系统岗位技能比武中斩获佳绩】9月28日，湖南省监狱系统岗位技能比武活动现场捷报频传：津市监狱代表队从全省25支队伍中脱颖而出，获得先进集体一等奖。李浩铭获得病犯日常管理项目的冠军；李剑雄、李祥、周俊分获讲评教育项目，劳动现场管理项目，减刑、假释、暂予监外执行项目优胜奖。

【建立反恐防暴联控机制】9月27日，津市监狱与津市公安局、驻狱武警召开联席会议，专题研究探讨如何推进三方在反恐工作中的联动合作。达成了成立反恐联动指挥机构，联合制定应急处置预案，加强信息收集与共享等7项决议。10月19日，三方联合开展了一次反恐防暴应急演练，进一步促进了三方在反恐作战上的沟通与合作，提升了跨警种协作的实战能力，积累了大区域联防联控的实战经验。“三警”联合演练在津市监狱尚属首次，被司法部微信公众号头条推介，反恐工作受到来狱检查的司法部领导的高度肯定。

【圆满举行全省监狱劳动改造现场会】11月14日，省监狱管理局在津市监狱召开全省监狱劳动改造工作现场会。省监狱管理局党委委员、副局长颜忠毅出席会议并讲话。省监狱局劳安处、生卫处、集团公司生产部相关领导，全省各监狱分管劳动改造副监狱长、劳动改造与安全生产科负责人、监狱医院院长共91人参加会议。与会人员观摩了津市监狱内务管理、医院及生活卫生管理、劳动改造等现场，并进行工作经验集中交流总结，罪犯劳动改造“津监模式”被全省推广。（办公室）

全省劳动改造现场会参会人员入监参观

交通运输

【概况】2017年,津市市交通运输局根据职能职责调整,内设办公室、政工人事股、财务审计股、运输与安全科技股、计划基建股、法制办(行政许可办)6个股室。下辖交通建设质量安全监督管理所、地方海事处、道路运输管理处、新洲超限检测站4家事业单位及交通投资建设有限公司、船货代理公司、常德龙运津市分公司、祥瑞交通事业有限公司、津市欣运客运站有限公司、农村公路养护站6家企业。全系统共核定行政、事业编制108名,其中:局机关行政编制10名,机关后勤服务编制1名;所属二级事业单位全额拨款事业编制97名,其中交通质安所核定编制数13名,地方海事处核定编制数18名,运管处核定编制数43名,新洲检测站核定编制数23名。

至2017年12月,津市市境内公路通车里程达到527.925公里。其中,高速公路12.048公里(东常高速),国道4.761公里(G353),省道5条(S224、S516、S305、S517、S311)里程104.479公里,县道27.962公里,乡道166.244公里,专用公路1.694公里,村道210.737公里,公路密度每百平方公里达到96公里,基本形成较为完整通达的公路交通网络。境内有桥梁60座,其中大桥5座,分别是津市澧水二桥1923延米、津市澧水大桥1607延米、涔水大桥607延米、哑河大桥626延米、八宝湖桥59延米。

根据《中华人民共和国内河交通安全管理条例》有关规定,2017年12月25日,津市市人民政府公示《关于同意对全市渡口码头进行调整的批复》(津政函〔2017〕56号),撤销陈溪坪渡口、叶家嘴渡口、王家码头等3处渡口码头,同时,继续设置新洲渡口码头。

2017年常德市考核津市交通大会战目标任务:全年完成本级投资5.83亿元。具体任务为续建津市澧水二桥,完成投资1.28亿元;新开工沅澧干线5号大道津市新洲至哑河段,完成投资1亿元;新开工建设津市新洲至岳山公路,完成投资1亿元;新开工G353津市涔水大桥西至临津桥东公路,完成投资0.34亿元;完成2号津市九澧大道经涔澹农场至澧县段项目前期工作,具备开工条件。建成津市三湘和达综合物流园,完成投资1.71亿元;续建津市窑坡渡码头,完成投资0.5亿元。完成S3061.2公里安防工程建设;完成干线公路小修保养工程任务,确保干线公路路况优良率达95%以上,完成干线公路路域环境整治任务;完成农村公路窄路加宽19公里、县乡道边界路和断头路15.8公里、农村公路安保工程5.9公里、农村公路安保工程5.9公里,旅游通景公路9.23公里;为安慈高速公路建设提供良好建设环境。

5800万元向上争资考核任务完成6518.42万元;抽调13人专门对毛里湖镇箭楼村灯塔社区进行结对帮扶,并协助灯塔社区整理完善连续三年的贫困户资料;完善"两客一危"监管平台、治超监控信息平台、不停车检测系统、渡口客船港区泊位视频监控系统,推进智慧交通建设;汇编20项交通系统管理制度;邀请省、常德市及本市专家开展交通业务知识培训6次;开展党的十九大精神、新党章、社会主义核心价值体系、两学一做等主题学习教育活动,参加全市"荷花品质、梅花精神"知识抢答赛和文艺节目展演,每季度定期评选文明股室、文明职工、优秀党员等;组建津市交通志愿者服务团队,全年共开展八次志愿者服务活动;2017年,津市市交通运输局被常德市政府评为2017年度平安交通创建优秀单位,2017年度全市交通跨越大会战和"最美交通行业"创建考核荣获三等奖,优化经济环境测评取得了全市第三、人大评议部门工作全市第四的好成绩。

因西河街改造,地方海事处和运管处办公场所(人民路46、47号)被征收,新办公地点在津市市交通宾馆,地址:车胤大道29号。

(裴莉林、鲁淑娣、刘佩佩)

【道路运输市场】全市有客运汽车站2个,其中二级客运站1个,五级农村客运站1个。有城市公共交通运输企业3家,其中经营城市公共交通运输企业1家(星胜公交客运有限公司),经营出租车运输企业2家(亨通出租车公司和鸿运出租车公司),共有城市公共交通线路7条,拥有公交车辆73台,共计1241座。出租车150台,其中亨通出租车辆公司50台,鸿运出租车公司100台。星胜公交客运有限公司、亨通出租车公司和鸿运出租车公司均为民营企业。

全市有客运运输企业3家(欣运集团、龙运公司、星胜公司),共拥有各类参运车辆646台,其中营运性客运班车135台/3151座,营运性货车511台/3832吨,有客货运从业人员1550余人。全市营运班线40条,其中跨省班线7条,跨地州(市)班线8条,跨县班线15条,县内班线10条。全市道路旅客运输达到380万人次,客运周转量11399万人公里、货物运输124万吨,货运周转量6936万吨公里。交通运输能力的快速发展满足津市旅客出行及货物配送要求,确保旅客春运、"五一"、"十一"等节假日期间的平安出行,全年未出现旅客滞留现象。

经过三年半的试运行,制定城乡客运环线实施方案,并通过津市市人民政府办公室正式发文——关于调整《津市市城乡客运环线实施方案》的通知(津政办发〔2018〕4号),方案明确城乡客运东线、西线线路走向及车辆运营情况,农村客运东、西线营运基本要求等,津政办发〔2013〕15号文件自行废止。

2017年,津市到临澧、常德柳叶湖、石门、常南、安乡、保河堤,津市棠华到常德柳叶湖、药山,津市新洲到临澧,共9条经营道路运输班线到期,线路进行重新发包。(裴莉林、鲁淑娣、刘佩佩)

【水运市场】港区。津市港共4个港区,码头泊位15个,码头泊位总长度约1200米;水运企业6家,在籍运输船舶为212艘,其中运输船舶中1000总吨以上船舶26艘,600-1000总吨船舶89艘,300—600总吨船舶78艘,300总吨以下船舶19艘,运力17万总吨左右。外籍船舶来津市参运100余艘(常年驻港参运50余艘);中心港区趸船13艘,其中3艘加油趸船(1艘可移动);渡船码头4处,渡船10艘(其中标渡船4艘);为加强港口建设,提升津市港口经济新的增长点,2017年12月,津市港区的规划调整工作正有序推进中。

航道。澧水航道津市段全长约44公里(澧县道河口—保河堤),航道等级为五级,常年通航能力为500吨级,中洪水期可通航千吨级船舶。2017年12月正按三级航道等级标准开展澧水航道疏浚工程,完成后可提升通行能力为常年1000吨级。2017年12月,该项目第二标段邵家咀—新河口段(新洲—保河堤)25公里年底前可完成施工,第三标段(澧县—邵家咀)已完成招投标。津市正争取将津市马颈口至青龙窖航道纳入淞虎航道整治项目,打通澧资—淞虎航道,实现对接长江的第二通道。

全年港口货物吞吐量409万吨,其中进港货物约234万吨,主要以砂石、钢材、煤炭、水砂、陶土等为主;出港货物约175万吨,主要以盐和中转货物(矿石、石膏、元明粉、煤炭、矽砂等)为主,以及少量农副产品;2017年完成6家水运企业、201艘船舶(其中客渡船10艘)年度核查工作;开展安全巡航589次,巡航里程9000余公里,纠正船舶违章357起,发布禁航通告17次;全年未发生一起重特大水上交通事故,未发生因责任过错造成的水上交通、港口、码头安全责任事故。
(裴莉林、鲁淑娣、刘佩佩)

【交通基础建设】2017年,津市市交通运输局加快推进交通基础设施建设,掀起交通项目建设高潮。

S233津市澧水二桥建设工程。该项目位于澧水大桥下游约1.7公里,是跨越澧水的一座特大型桥梁,北起洞庭大道跨澧水,经阳由垸,接清远路上S205。工程全长6129米,总投资约3.7亿元,承建单位为中铁建港航局集团有限公司,2015年10月中旬签订施工合同,2015年12月16日项目正式动工建设。2017年完成1.3亿元左右,全面完成年度目标任务。截止2017年12月,已完成土石方填筑32万方,全线桩基、立柱、系梁、盖梁全部完成,现浇连续梁已完成40%,架设30mT梁99片,50mT梁13片,完成涵洞10道。

津市窑坡渡千吨级码头建设项目。项目位于津市高新区附近澧水河段西岸,是湖南省水路交通"十二五"重点建设项目之一。项目码头陆域纵深185m,占用岸线长200m,总占地约83亩。拟建1000吨级通用泊位2个,主要为津市高新区及周边部分区县的食品、能源、原材料及其他物资运输服务,工程总投资1.3亿,2016年10月17日,项目正式动工建设。截止2017年12月,累计完成投资额1.03亿,完成陆域回填15万方,挡土墙1800方,水工砼19500方含桩基,水泥搅拌桩22000米,正在进行港池开挖,挡土墙施工,陆域回填,水泥搅拌桩,接岸挡土墙施工。

渡口至棠华公路路面大修工程。路线起于津市市渡口镇与S318(原S306,K248+000)交汇处,往西经过老湾里、双合村,终于津市市棠华乡(原X029,K10+335)处,该项目全长9.8公里,采用二级公路标准建设,设计速度60km/h,路基宽10m,路面宽8.5m,总投资1237万元,项目于2016年10月动工建设,2017年6月主体工程、附属设施均全面完工并通车使用。

S238津市新洲至棠华岳山公路建设工程。路线起于津市市新洲镇新洲桥南桥头处(原X028,K0+000),往南经过荷花堰村、梁家坪村、白衣镇、石板滩、棠华乡,终于津市市棠华乡岳山村S238(原X028,K31+550),路线全长30.13km。项目采用二级公路标准建设,设计速度60km/h,路基宽10m,路面宽8.5m,工程总投资约2.4亿元,项目划分为2个标段实施建设。2016年启动前期工作,项目S1合同段于2017年动工。截止2017年12月,该项目已完成投资5900万(其中征拆4200万,S1标段完成建安工程1700万),S1标段正在进行路基施工。S2标段正在进行施工工程清单财评和土地征收工作,下一步施工招标和土地征收工作同步进行。

农村公路建设(含窄路加宽、边界路、旅游路、通景路)。2017年津市农村公路提质改造项目总里程44.349公里,总投资约2252万元,已全部完成。

沅澧城镇干线5号大道津市新洲至哑河段项目。起于渡口哑河大桥,经毛里湖镇(原保河堤镇和原李家铺乡),新洲镇沿孟姜女大道经文家湾社区、澧水二桥至涔水大桥止。项目总里程43公里,其中新建35.5公里,改建7.5公里,路基宽18米,沥青砼路面,项目总投资约7亿元,截止2017年12月已完成前期工作。

锚地建设项目。该项目建设用地约10亩,总投资约2280万元,管理区内分期建设办公楼、靠船平台,并设置水上加油站、加气站、超市、船员休息活动中心、船舶维修服务区等水上服务设施。项目第一期将投资约1550万元,建设靠船平台一个,建设建筑面积约1200M2航道管理处用房1栋,建设建筑面积约900m²锚地管理用房1栋,并包含区场内绿化、道路等基础设施。根据省水运投安排,该项目2018年启动建设,由津市航道管理处负责完成前期工作。

根据省水运投安排,由津市航道管理处负责完成前期工作,2017年12月津市航道管理处正在办理用地手续。

津港大道项目建设。2017年10月底,向省公路局、省水运局汇报津港大道建设项目并完成工可编制工作。

澧水津市段航道疏浚工程。该项目为省水运投负责的项目,津市段投资约1.4亿,2016年SG2合同段完成招投标,于11月份正式开工,对朱家小垸滩(上)、朱家小垸滩(下)等同时进行施工。SG2合同段疏浚范围为澧水航道津市段邵家咀—新河口段,共25km,按三级航道等级标准进行整治,可通行1000吨级货船。该项目由湖南省中源航务工程有限公司施工,建设资金约5626.8万元,总工期18个月。津市主要配合协调好工程的建设,营造良好工作环境。2017年12月,邵家咀—新河口段疏浚工程已基本建成,第三标段津市张板渡—澧县黄沙湾航道疏浚已开标,施工单位为中源航务有限公司,投资额达3800万,施工总长35公里,施工内容为澧县二神滩疏浚、小渡口航道改道、二米厂航道处置、孟家洲切咀。

淞澧航道水运建设。淞澧航道是交通部"十三五"水运项目,由湖南省水运投作业主实施该项目,所有前期工作由省水运局和省水运投负责完成,地方负责配合协调工作。通过积极争取,淞虎航道建设工程已纳入交通运输部水运"十三五"发展规划,规划淞虎－澧资156公里航道由四至六级航道整治为三级航道。2017年12月,省交通运输厅完成工程可行性研究报告的编制,正在进行环境影响评价论证。

安慈高速公路津市段建设工程。安慈高速公路建设项目是湖南省规划的"六纵九横三环"高速公路网的重要组成部分,连接杭瑞高速、二广高速、常张高速,全长120.67公里,在津市境内约23公里,津市主要配合协调好工程的建设,营造良好工作环境。2017年,津市积极完成实物量复核、抽查工作,抓好安置点报批工作。

(裴莉林、鲁淑娣、刘佩佩)

【交通行业管理】安全巡查监管。实施船舶电子报港制度,强化各类运输船舶和渡口渡船的动态安全监管,开展水上安全执法检查32次,渡口渡船专项整治检查13次,全年纠正违章357艘次,打击取缔"三无"船舶2艘,整改安全隐患56起,津市水上交通安全事故"零发生";开展专项治理行动。开展运砂船舶超限超载、内河航运市场秩序、"隐患清零"等专项整治行动,严格落实中央环保督察反馈意见和全面推行河长制的整改任务及问题清单;维护涉水项目安全。加强澧水二桥、澧水航道疏浚、千吨级码头工程等涉水在建工程通航水域安全监管;全年调度石龟山大桥建设项目桥区过往船舶12000余航次,及时制止冒险航行船舶23艘次。

城市客运管理。落实长途客运实名制管理工作;完成70台新巡游出租车的更新、投放运营工作;完成津澧公交化改造工作任务,22台新能源电动公交车全部投入运营;新购置6台客运车辆,3路公交线路恢复正常运营;开展出租车行业打黑专项稽查活动,查获黑车、黑摩25车次;打击非法违法、无证经营、超载、站外揽客、甩客等现象,处理140起违章经营行为,治理纠正违规违章行为45起;优化货运发展环境。重新整理全市货运档案资料,开展货运企业质量信誉考核工作,全面落实货运实名制;优化维修市场环境。开展机动车维修市场整顿工作,严厉打击只收费不维护、二维检测企业乱收费、只收费不上线检测等违法违规行为。

路面和源头治超。截至2017年12月,共出动执法车辆660台次,执法人员2640人次,派驻企业源头监管人员240人次,站内检测货运车辆14070辆,流动检查车辆713辆,查处超限超载和非法改拼装车辆360辆,强制切割加装厢板52辆,自行恢复原状210辆,卸载货物587吨;继续营造治超氛围。发放宣传资料3000余份,张贴宣传横幅标语50多条,标志牌50幅,在省、乡镇干线设立宣传牌28块(含损坏重设的),在站内设立宣传牌4块、LED电子显示屏1块;大力推进科技治超。投入资金150万元完成了公路不停车检测系统的建设安装。

严守质量安全底线,确保全市"交通跨越大会战"交通项目建设有质有量,保持良好发展势头。严格落实制度,在项目建设过程中,按照"三检"制度验收隐蔽工程,做到验收三方到场,图文资料记录齐全。同时,坚持每日工地例行巡查制度,要求施工单位上报当日进度,全面掌控工地施工情况;严格落实工序,严控原材料进场标准、混凝土搅拌、钢筋保护与加工、路基施工等工程环节,组织专家评审关键部位专项施工方案,并根据施工进度和外界因素情况合理安排工期;严格落实责任,严厉惩处工程建设过程中的违规施工情况,对通知整改未执行的行为实行零容忍、严处罚;严格实施"平安工地"工程管理。

对项目施工中临边、临水作业面均设置安全防护；建立健全特种设备台账及检查记录管理制度，确保项目设施器材及安全装置完好；大力开展项目安全隐患自查自纠活动，按照定整改责任人、定整改时间、定整改效果的“三定”原则，实施安全隐患问题库动态管理。至2017年12月，全市交通建设领域未发生一起质量安全事故。

（裴莉林、鲁淑娣、刘佩佩）

公路管理

【概况】2017年，市公路管理局核定人员编制50名，其中局机关编制18名(实有人数10人)；道路养护中心事业编制30名（实有人数27人），合计在职在岗人员36人，退休人员19人。2017年，市公路管理局立足主业，夯实公路养护基础，为市民提供安全、畅通、绿色、舒适的公路交通保障，主动融入交通大会战，加快公路项目建设，适应公路事权改革新形势，探索公路养护市场化，尽职履责。公路养护保量提质，公路养护质量明显上升，全年综合好路率达到85%以上，位于全省先进水平。路政管理坚持日常巡查，确保公路安全畅通。安全生产责任落实，没有发生一起安全生产责任事故，2017年被评为全市安全生产先进单位。争取到S238新岳公路升级改造工程和毛里湖普通公路服务区建设2个项目。招商进工业园津市大新颜料有限公司、临澧雄福滑石有限公司移址等2个项目。（林霞）

【公路养护】2017年落实省公路管理局提出的“七无三有”（水泥路面接缝常年无积水，沥青路面常年无坑槽，路肩常年无反坡，边沟常年无积水，路基常年无缺口，护坡常年无缺损，施工路段不弃养常年无劣等路；集镇路段有边沟，路上有足够的养路工，养护作业有机械）总要求，以提质达标为标尺，规范养护、专项养护和全面养护，为确保市民安全、畅通、绿色、舒适出行尽职履责，完成全市农村公路130公里水泥砼路面清灌缝；完成农村公路路况快速测评374公里；对S224、S311主干线公路全线路肩打草二次，总里程共计60公里；处理S516线路基塌方两处、S311线钢护栏损坏修复一处；完成S517线省局下达安保工程任务，为车辆通行提供安全保障；为配合湘北干线改造项目建设，完成沿线6100m钢护栏拆除及临时安保设施安装工作；抓日常养护及雨季抢修。2017年，根据二季度雨水多、雨水集中的特点，在全局开展年度公路雨季养护竞赛活动，围绕确保路面良好、做好防水治水、养护技术升级、做好服务保畅、路况提升常态化等重点展开竞赛，取得好路率很好的效果，确保好路率达到全省先进水平。（林霞）

【路政管理】津市市公路管理局按照常德市局《常德市“最美交通行业”创建三年行动方案》的要求，以路域环境整治“八无”（交通标志前后500米基本无广告、基本无违法建筑物、无穿越公路的设施、基本无违法非公路标志、路基路肩边坡基本无非植物、基本无摆摊设点、无打谷晒粮现象、公路用地范围内基本无堆积物）为标准，以提高公路通行能力，保护路产、维护路权为核心，以服务社会、方便群众为重点，以创建“畅通、安全、舒适、美观”的路域环境为目标，围绕路政管理规范化、精细化、常态化，大力开展国、省干线公路路域环境整治工作。坚持路政日常巡查，确保公路畅通。2017年共清理公路及公路用地内临时堆积物60余处，办理行政许可案件4起，共收取占用公路赔补偿费、损坏公路赔补偿费近3万余元。二是加大宣传力度，营造良好的舆论氛围。利用全省“五月路政宣传月”的时机，在全市路域范围内全线开展法律、法规宣传活动，共更新宣传标牌20块，在人员密集处悬挂横幅3条，出动宣传

路政人员排查道路安全隐患

路政人员拆除违章非标

融雪除冰，保障畅通

车2台次，发放宣传单及路政举报卡100余份。加强队伍建设，提高执法人员素质。3次派员参加全省首期公路路政内勤培训班，2次组织全局路政执法人员学习省、市主管局印发的《路政人员管理办法》、《路政工作讲评制度》等6项制度，并在路政部门中推行路政员60分淘汰制及执行路政管理工作百分制考核标准。协助市治超办开展治理超限超载，确保公路畅通的工作。（林霞）

【安全生产】 安全生产按照上级安全生产“一岗双责”，“谁主管、谁负责”的要求，将防事故、查隐患、保安全作为安全生产工作的重中之重。2017年制定《津市市公路局2017年春运工作方案》，对做好全年公路的春运安全工作做了周密部署和安排。落实安全生产责任制，3月派分管安全领导带领安全股、养护股技术人员对管养的干线公路S224、S311、S516线进行全面详细的安全隐患摸底排查；落实市领导在市委第一次会议上关于安全生产的讲话精神和全省安全生产紧急电视电话会议精神，相继出台《2017年全市干线公路安全生产工作要点》、《2017年安全生产监督计划》、《全局安全生产工作清单》等措施、方案，并督促各股室执行到位；拟定《津市公路管理局2017年安全月活动方案》，成立局六月份安全生产月活动领导小组，强化工作措施，明确活动目标和任务。举办1次安全生产知识培训班，散发宣传单500张，制作安全宣栏2副。为提高职工安全意识。达到市政府各阶段有关安全生产的工作要求，相应制定安全生产6–8号文件予以落实，并严格按照每周上报大检查情况和“一单四制”要求，落实交办制、台账制、销号制、通报制等工作任务。2017年，全年未发生一起安全生产责任事故，被评为全市安全生产先进单位。（林霞）

【项目建设】 2017年，津市市公路局争取到S238新岳公路升级改造工程和毛里湖普通公路服务区建设2个工程项目。其中，S238新岳公路改造工程是“十三五”津市交通大会战的重点工程项目。2017年7月启动的S1合同段为棠华至岳山段，长9.454公里，按二级公路标准设计，路面宽8.5米，工程预算（建安费）5200万元。2017年该项目完成清表7万平方，挖土方1.3万方，挖淤泥7.2万方，回填土9.5万方，回填碎片石5000方，完成涵洞工程300延米，完成投资1500万元，完成工程形象进度20%。

毛里湖普通公路服务区建设，是津市公路局2017年向上争资项目。项目是在保河堤公路养护站站房基础上按三类服务区标准改扩建，规划建设面积5200平方，争取上级专项补助资金125万。毛里湖服务区项目的设计、预算、招投标工作已完成，并于12月下旬开工建设。此外，2017年津市公路局还争取到S311线公路安全防护工程建设项目。项目建设主要内容有建单柱式标志牌、波型钢护栏、道口标柱等，项目投资

S238新岳公路改造工程开工现场

原S306线设置钢护栏

30余万,已于10月建成并投入使用。对白衣镇村道C042线蔡家桥的危桥,业已完成检测、设计、预算及项目入库工作。(林霞)

邮　政

【概况】2017年,津市市邮政分公司共有员工107人,其中合同用工66人,劳务派遣工41人,另有离退休人员61人。辖一部:市场经营部(下辖快包中心、邮件处理中心);一室:综合办公室;四中心:金融代理中心(与中邮保险局合署办公)、函件中心、发投中心、渠道平台中心。下设九澧支局、北大路支局、桥南支局、窑坡渡支局、保河堤支局、渡口支局、棠华支局、白衣支局、灵泉支局等9个自办网点及人民路邮政代办所、李家铺邮政代办所、涔澹农场代办所、新洲代办所等4个代办网点;其中属自有资产的有九澧支局、北大路支局、窑坡支局、保河堤支局、渡口支局、棠华支局、白衣支局,其它网点均采用房屋租赁的方式进行经营,但其设备资产属于自有。

2017年7荣获常德市邮政2017年金融业务开门红竞赛"争先发展单位"光荣称号;被评为常德市邮政分公司2017年度"平安邮政"先进单位,李小云同志被评为先进个人;

被常德市邮政公司评为"2017年度党的建设和纪检监察工作"周志武同志获"先进个人"光荣称号。

【经营增效】2017年津市分公司累计完成业务收入3101万元(含管控收入80.41万元),完成收入计划的104.1%,同比增幅为17.10%,净增绝对值为452.8万元。其中邮务类完成459.93万元,完成计划的115.85%,金融类完成2304万,完成计划的103.97%,速递类完成279.77万,完成计划的90.25%,其他收入完成57.3万元,进度与增幅均列全市第一。(不含管控收入完成进度100.4%,进度列全市第三、年增幅达13%,列全市第三)。

【项目创新】金融翼平稳推进。截止2017年12月31日,邮储余额总规模达到13.33亿元。全年累计新增金融总资产21494万元。其中新增余额10500万元、新增理财保有量4781万元、新增保险5795万元、新增中邮期缴418万元。活期余额规模为46545万元,活期占比为34.92%,较年初下降了4.41%。金融收入累计实现收入2304万元,完成年计划(2145万元)的107.41%,超计划7.41个百分点,同比增幅为7.24%。在2016年–2017年金融跨年度竞赛中,取得了全市第3名的历史上最好的成绩,北大路支局获得"全省百优网点称号"。

其中储汇业务年累计实现收入1947.27万元,较去年同期增长了189.64万元,完成市公司计划(1839万元)的105.89%,超计划108.27万元,进度列全市第1名,增幅10.79%,增幅列全市第5名;其中保险业务年累计实现收入212.41万元,较去年同期少增11.26万元,完成年计划(210万元)的101.15%,进度列全市第9名;增幅–5.03%,增幅列全市第7名;其中短信业年累计实现收入144.32万元,较去年同期减少22.91万元,同比下降13.7%,进度全市第2名、增幅–14.02%,增幅列全市第2名。营造氛围,用模板驱动。将网点旺季氛围营造放在了首位,去年四季度全市就按照市公司要求对网点氛围营造进行了布置,网点营销氛围浓厚,为网点跨年度竞赛奠定了良好的基础。助力网点,用人才驱动。为全力支撑网点,分公司启动机关干部、督训师支撑帮扶行动,各部门负责人、督训师下网点进行帮扶工作。为切实起到帮扶效果,分公司制定了《津市分公司挂点帮扶及督训细则》。各帮扶人员进网点由支局长安排岗位角色,参与大走访、客户节等营销活动,督促网点规定动作落实和后勤保障等工作。督训师全面承担跨赛经营政策的培训宣贯及各类营销活动的落地指导,将跨赛经营与网点转型实际有效的结合起来,全力支撑分公司跨赛发展。

【能力提升】寄递翼实现快速发展。2017年全年实现包裹快递收入117万元,完成年计划的65%,进度列全市第7名,同比增幅21.3%。年增幅列全市第8位;全年完成包裹寄递量18.41万件,完成年计划的122%,进度列全市第3位;标准快递完成收入7.28万元,完成年计划的36.54%,进度列全市第4名,增幅–53.72%,列全市第2名。平台建设实施重点推进。2017年渠道平台收入总计划170万元,累计完成收入176.67万元,累计进度103.92%;其中电子邮政业务年收入计划15万元、完成收入8.42万元、完成进度56.13%、进度列全市第4名,增幅列全市第9名;代办业务年收入计划25万元、完成收入50.63万元、完成进度为202.53%、进度列全市第4名,增幅列全市第1名;分销业务年收入计划130万元,完成收入117.62万元(不含管控30万元)、完成进度90.48%、进度列全市第5名、增幅746.79%、增幅列全市第1名。加大基础设施建设。主要是对渡口支局进行了全方位的达标改造,其次是对全部ATM及安装了防护舱,并对金库系统进行了智能化改造,进一步提升了安全性能。管理增强。加强财务管控。构建了以利润为导向的财务管理体系,引导企业员工树立效益意识。通过ERP系统使用,加大了对资金、收入、成本等主要指标的管控力度,提高了资金的运营效益。制定了《成本预算管理办法》、《成本费用管理办法》等规章制度,精细化管理成绩显著,全年基本不欠员工各种业务发展奖励,是全市唯一一个不欠员工业务奖励的单位。强化人力管控。积极稳妥的推进了经营组织架构改革工作,配套了岗位职责,推行了员工绩效系统,加强了薪酬绩效管理;实行了零基预算,提升了人工成本效能;公开、公正、公平的完成了劳务工转聘工作,激发了劳务工积极性;分层次开展各项业务、职业技能培训,全年开展各类培训50多场,员工队伍素质得到有效提升。提升服务质量。实行服务质量责任制,建立了邮政企业服务质量责任制管理体系。加强对主要指标的动态管理，加强生产班组和农村支局所经营活动监管，严把邮件时限、资费、规格关口，狠抓邮件全程时限管理。加强了对客户投诉处理，规范完善客户投诉、邮件查验、赔偿处理流程，有效缩短处理周期，确保了客户投诉的妥善处理，用户满意度达到90%以上。强化了法律事务管理，保障了企业合法、合规经营。强化安全保障。夯实基础管理，规范安全管理台账，常态化开展"安全生产月"专项活动。一是开展了印章管理、消防等专项检查整治。二是对所有网点的强弱电路进行了全方位的改造，为业务发展及员工人身提供了安全保障；三是在全市金融机构安全评估工作中，分公司合格率达100%；四是坚决落实省、市两级公司关于邮件收寄"3个100%"制度，确保了全国重大活动期间邮政寄递渠道安全。(周志武)

电 信

【概况】2017年中国电信股份有限公司津市分公司围绕加快推进城市信息化这一工作主线，秉承“全面创新、求真务实、以人为本、共创价值”核心价值观，保持健康可持续发展态势。津市电信是一家集完整的固定网、移动网、基础网、数字网和数据网为一体的通信运营企业。拥有覆盖地域城乡的网络体系，具备电信全业务、多产品融合的服务体系，能够满足客户的各种通信及信息服务需求，是津市市最完备的基础网络运营商和综合信息服务提供商。

中国电信津市分公司主要经营品牌及业务：移动、宽带、天翼高清等。公司围绕规模效益发展，2017年完成总体收入3500万元，同比增长2.6%，上缴税收80万元。业务规模上，2017年有固定电话业务规模17114户，宽带业务规模22100户，移动手机业务规模45000户。固定电话业务收入占电信业务收入的8.6%，其中85.6%为家庭客户。移动数据及互联网业务收入占电信业务收入

津市分公司开展警示教育—参观武陵监狱

的比重提高至87.8%，终端全网通制式已成主流。50M以上宽带用户占比达86.3%，宽带业务中半数以上为家庭客户，光纤接入成为固定互联网宽带接入的主要接入方式。

【网络建设】2017年完成工程项目15项，按照市委、市政府三改四化要求，实施道路三改四化电信线路入地工程施工，入地工程投入资金409万元，涉及道路长度32公里，修建地下管道6.65公里，过街顶管2200米，移改光缆分纤箱350个，移改光纤用户2100户，拆除电杆140根，迁改各类光电缆135皮长公里，实现全光网城区管线入地改造。投入95万元加大农村全光网村建设，光缆建设12.5万皮长公里，安装光缆分纤箱145个，对所有农村全光网覆盖进行查漏补盲，宽带速率大幅提升，实现百兆，进一步发挥互联网在当地经济发展的作用。在网络方面，公司的光网和4G基础网络优势已经形成，实现了农村区域LTE800M网络全覆盖，建成LTE800M基站48个，耗资1200万元，LTE800M是国内第一张低频LTE网络，具有覆盖距离远、深度穿透强的优势，可以大幅提升农村区域的覆盖能力，为客户提供更佳的4G上网体验。

网络优化。中国电信津市分公司通过现有SDH、波分等传输承载网对原来数据网进行优化、升级后，实现全市电信用户的光网改造，能给普通家庭宽带提供200M上网速度，更稳更快；具有对全市所有政企单位高带宽(IPRAN)改造的能力。公司通过升级BRAS设备为“智慧城市”等新型信息技术的智能化应用提供有力保障，对电子政务外网带宽扩容，有力支持政务信息化的发展。“企业上云”为政企单位提供“云网融合，安全可信、专项定制”的服务，为用户提供云主机、云存储、桌面云、专属

津市分公司“三电”宣传

津市分公司举办"创意营销大赛"

抗震献爱心,与社区、居委会携手,共同开展"志愿者活动""综治维保活动"尽一切社会责任做好公益事业。

连续多年被常德和津市市消委授予"消费者信得过"单位;连续多年被常德和津市市工商行政管理局授予"重合同、守信用"企业;这四年来移动分公司荣获许多荣誉称号,有"常德双文明单位"、"中国移动集团模范职工小家"、"省级文明单位"、"常德市消费维权先进单位"、"津市绩效评估先进单位""治安联防先进单位"等。(马文锋)

云、混合云、CDN、大数据、云专线、云间高速等全线产品,是政府、企业客户上云的首选云服务商。同时,还为小微及初创企业提供扶持,为"互联网+"在各行业落地以及"大众创业、万众创新"提供坚实可靠的承载。通过优化,互联网化各项网络指标有了较大提高,城市宽带光网占比100%,农村宽带光网占比100%,全面完成互联网化提升指标。加快FTTH光功率整治,全年整治光网用户830户,保障用户光纤宽带上网质量。农村全面启用密波分电路,提高了网络稳定性,有效保证天翼高清的质量。

中国电信津市分公司下辖综合部、销售服务部、网络部3个部室,北大三路营业部、建设路营业部、桥南营业部3个城市营业部和新洲、毛里湖、药山、白衣、灵泉、窑坡6个农村支局,除自有中心营业厅外,还在城区建设路、万寿路、襄阳路、大码头、九澧大道和农村新洲梅花路、保河堤富强路、白衣街道、石板滩街道、棠华街道、李家铺街道、灵泉街道、渡口街道上设有代销网点,服务网点均匀分布、遍布城乡。有在职员工56人,中国电信津市分公司按照"加快规模发展、深化机制创新、推进降本增效、提升服务水平"的工作要求,全面落实"细分市场、多点拉动"的发展战略,积极应对各种挑战、考验和竞争。

企业在精神文明建设、市场拓展、客户服务、精确管理等方面均取得了显著成绩,持续保持省级"消费者信得过单位"、省级"双文明单位"、省级"青年文明号"、湖南省"模范职工之家"等荣誉称号。(汤静)

移动通信

【概况】2017年,津市移动通信分公司践行"四轮驱动新跨越"战略,坚持以加快业务发展为中心,以强化管理为保障,以巩固网络优势为支撑,以强化客户服务为企业社会责任,企业持续保持良好的发展态势。

2017年客户规模达到11.88万户,当年新增8839户。新增宽带用户9726户,上缴税收130万元。打造精品网络,提供一流网络服务。移动通信基站遍布城乡,新增4G基站58个,4G网络实现网络无缝覆盖。营销网点均匀分布,每个乡镇有2个以上营业网点,每个行政村有服务站,新增一级渠道6个,二级渠道8个。还配有1个城区营业部和2个乡镇营业部,加强渠道网点的管理和支撑,更加及时和便捷地为广大客户提供有效服务。相继开展"诚信服务,满意100"、"金牌服务,标杆创建""服务技能大提升"等服务活动,向广大移动客户率先提出八项服务承诺。秉承"正德厚生,臻于至上"的企业核心价值观,为当地的经济建设、构建和谐社会做贡献。参与精准扶贫点村建设、移动信息化村建设和"雪亮工程"建设,救灾保通信,

联通通信

【概况】2017年,中国联合网络通信有限公司联通津市市分公司以"沃"品牌作为中国联通企业品牌下的全业务品牌,分别面向个人、家庭、商务、青少年四大客户群体建立了涵盖所有创新业务、服务的五大业务板块:沃·3G/4G、沃·家庭、沃·商务、沃派、沃·服务。完成主营业务收入1900万元,移网规模用户30000户,宽带用户3000户。城乡共有基站117个,其中新增基站12处,有10处已经正式投入使用,新增室分设备1处。完成星胜公交、一中、双济学校、工信局基站的搬迁,对津市城区清远路、后湖沿线、护市路、城东等区域管线进行规整,网络建设完全符合文明城市建设要求,杜绝网线乱飞乱挂现象。

加强内部管理,整合人力资源,坚持诚信经营,强力执行用户"实名制"制度,无一例违法、违规事件发生,连续被当地消委评为"消费者信得过"单位及"重合同、守信用"单位。

作为热心公益的上市公司,积极响应政府扶贫办号召,参加"精准扶贫"工作,不仅对白衣乡金坪村对接的7户贫困户进行物资、经济上的帮助,而且对金坪村进行信息化扶贫工作,帮助金坪村村民更好的使用互联网,了解最新的社会资讯,通过各种讯息跟上信息化社会的步伐,脱贫致富。(叶芳)

住房和城乡建设

【概况】2017年,市住建局在编在岗人员57名,其中,公务员编制人员15名,事业编制人员42名。党员50人,设有办公室、人事股、计财股、绿化办、村镇站、燃气办、法制股(行政许可办公室)、建设绿化执法大队、建管股、招投标办、规划办(股)、城建股、城建档案馆、规划执法大队、管线办、测量大队等16股室,下属市政、园林、质安3个二级单位,行业管理自来水公司。调出人员3名、新进人员4名、1人自动辞职、2人退休,局属6个事业单位进行岗位设置。开展"农村危改整治巡查"工作,对涉及2013年至2015年的农村危改资金组织开展自清自查,清理挪用资金问题3起,责令进行整改,毛里湖镇纪检查处通报处分1人。11月,接受常德农村危改专项巡查。年内,完成对省市调研、汇报、总结总计36篇次、信访回复117篇次,回复市长热线、市民留言128次,回复率100%,满意率98%,收到人大、政协提案议案11件,回复率100%,满意率100%,完成网评156次,跟帖率86%,信息采集400余篇(次),省、常德、本市级各类媒体采用206篇,5篇被《常德日报》不同版面头版采用。1篇被中央人民广播电台采用。城建档案馆与工程建设单位签订46个项目的《报送工程档案责任书》,接收55个项目的竣工文件入馆审查。对通过预验审查的48个资料合格工程开具《工程档案预验收意见书》,完成15个验收备案工程档案的移交与归档入库工作,办理完毕7个项目的《工程档案移交证明书》。配合完成综治维稳、计生、民调、优化经济环境等其他工作。环境保护落实河长制责任,加强水源保护治理、涔水河治理,推进扬尘治理,启动污水处理车污泥干化、洞庭湖沿岸垃圾清理及城市南区污水管网建设三项工作。对结对点村庹家裕村及其9户帮扶对象投入近30万元用于农村基础设施建设和农户危改与养殖业发展,帮扶对象成功脱贫。对白云山村74户贫困户进行包报走访及开展脱贫工作,局属单位完成十户结对脱贫工作,6次走访娄星和宏森钢构企业,完成企业反映贷款难、用工难及交通安全隐患等问题的上报及协调处理。完成上争资8000万、招商引资5000万工作目标。(易继文)

【城市规划】2017年,完成《津澧新城总体规划(2016-2030)》编制,分别经津市市规委会、人大、常德市规委会审查通过,报省住建厅征集省相关职能部门意见。

组织编制完成排水管网新建及改造项目一期工程(南区)设计方案。组织完成周家铺路北延伸线、双济巷、汤家湖路等道路施工设计,组织完成工业园污水处理厂及配套管网施工设计。组织完成澧水沿江风光带、西河街棚户区改造规划。10月,正式启动津港新城概念规划、津市港口总体规划及津市五号大道(洞庭大道延伸线)道路施工图编制工作。省市设计院与水务、交通、高新区等职能部门现场踏勘、收集资料、座谈讨论,与溢多利公司协商完成热力管道改道方案,并报四大家领导召开初步方案商讨会。

私房现场踏勘40户,审批30户,验收20户。完成总平规划方案审查20件。组织4次专家评审,组织对人民医院改扩建、嘉晟新天地二期、团湖公园、虎爪山遗址广场、中医院整体搬迁项目、工人文化宫等10余个项目进行专家审查,并督促建设业主和设计院对设计方案进行修改。报市规委会召开5次专题会议,对后湖明珠、三中校园改造、药山寺农禅文化园概念规划设计、护市垸澧水北大堤除险加固工程初步设计方案等20个项目进行审查、讨论。办理《建设项目选址意见书》9件,建设用地面积约4万平方米;办理《建设用地规划许可证》7件,建设用地面积11万平方米;办理《建设工程规划许可证》52件,建筑面积50万平方米;办理《建设用地规划条件》10件,建设用地面积12万平方米;办理《临时建设工程规划许可证》5件,建筑面积1000平方米;办理《乡村建设规划许可证》1件,建设用地面积3000平方米。积极支持并配合向上争资项目，办理毛里湖敬老院、城东足球场、城市生活垃圾转运站等10余个项目建设项目选址意见书，建设用地面积3万余平方米。规划竣工验收15件：宝悦乐城、银苑世家、接龙桥、西城名居、恒盛青年城规划验收、南区医院、博联家居建材广场、人民医院公租房、保障性住房6件。完成自来水水管线路走向定位、公厕、垃圾中转站、铁塔公司北区基站等公用设施项目选址。

完成西城民居小区、接龙桥小区、银苑世家小区、中设商城广场等竣工测量，建筑面积合计约14万平方米；完成虎爪山遗址广场红线范围、帝达生态庄园、药山寺补征地块、自来水电力线路金鱼岭至大洼水厂测量，用地面积近5万平方米；完成沉降观测4件：恒盛青年城、国际名苑二期、民安路公租房、江南名苑；完成铁塔公司各乡镇58个电讯铁塔竣工测量；完成放线、验线16件：五环体育中心、民安三期公租房、医养楼验线、丽景豪庭、李家铺敬老院、津市市人民医院改扩建基坑支护、新洲四条街道路工程、新洲临街立面建筑棚改、药山安置小区等；完成关山10户私房位置测绘。完成汤家湖路、双济巷、周家铺路北延线等道路纵横断面测量，护市部分道路修测；完成市区顶管井位置测绘；完成E级控制点的现状调查；完成污水管网线路调整设计坐标修改及污水管网控制点测量；完成畜牧局白衣养殖户与毛里湖水系距离复核。
（易继文）

【**基础设施建设**】2017年，启动27个项目，投资21.08亿元。全部完工项目8个，即三湖景观提质改造工程、孟姜女大道提质改造工程、津澧大道提质改造工程、津市一中美丽校园建设工程、城区清扫保洁市场化、垃圾填埋场市场化经营、津市宝悦大酒店建设工程、津市博联家居建材广场建设工程（一期）。4个项目启动前期准备和设计工作，即生活污水处理厂二期工程、澹津公园改造工程二期、工人文化宫建设项目、津市中医院综合大楼建设工程。15个全面动工，即城北区道路提质改造工程（已完成民安路、双济路、银苑路）、供水管网改造工程（孟姜女大道等19条道路给水管网改造）、城区排水管网建设工程、津市市黑臭水体治理工程、“一街两片”棚改工程（一街：西河街至汪家桥，两片：临津桥西入城口、涔水桥东入城口棚改任务）、新洲“江南第一楚城”建设工程、药山旅游开发项目、津市毛里湖国家湿地公园生态旅游区建设工程、津市职业中专实训基地建设工程、津市市体育馆建设项目、人民医院扩建工程、津市残疾人康复托养中心建设工程、津市养老服务体系建设工程、智慧城市建设工程（天网、市民服务平台、指挥中心、智慧旅游等）、津市九码头商业美食街建设工程。

项目实施有保障。一是全市27个重点项目，明确牵头责任单位，牵头责任单位一把手为责任人，分管副市长负领导责任，任务分解到位，工期进度倒排到位。二是通过招标政府购买服务，引入湖南省工程质量检测中心作为津市城建项目第三方检测机构，对项目每道工序及主要原材料随机抽检，确保工程质量和效果。三是广开投融资渠道，多方筹措建设资金：分别有PPP融资模式、企业融资代建、专项基金、银行贷款、各类奖补资金等，大大减轻市财政压力。（易继文）

【**市政维护**】2017年，市政维护精细化。城区车胤大道、人民路、建设路、银苑路、孟姜女大道等沥青灌缝67541M、维护人行道板2153m²、更换侧石220M、沥青路面填补918m²、路面填补（10cm）424m²、绞边89m²等；疏通泄水井1602座、疏通下水道（D600）29650米，维护更换各种井盖、泄水板65块、疏通维护检查井38座。更换各种节能灯2958个、各种钠灯589盏、更换球罩511个、更换空开和灯头456个、更换护套线、电缆线2295M、新装路灯6盏、各种胶布72卷、更换九火华灯支架109个、4M庭院灯10套、更换智控钟7台、接线井15套。重点对津澧大道路灯进行改造，新安装华灯65盏。全市路灯亮灯率和路灯设施完好率均达98%以上。（易继文）

【**建筑管理**】2017年，完成招标项目孟姜女大道一期改造、大同路提质改造、人民医院改扩建等40项（其中设计1个，监理1个，代理机构比选3个），总中标额20510.56万元。

规范招投标行为，完善招投标运作。坚持“统一进场、全程监督”的工作思路，与发改、交易中心等部门协调配合，严厉打击规避进场招标的行为。加强监管，净化招投标环境。加强标后监管，将施工项目部关键岗位人员在岗情况、合同签订情况、违法转包和分包情况、建设单位标后管理及工程款支付情况等作为标后稽查的重点。全市共审批发放施工许可证61份，其中房屋报建25份，市政工程29份，装饰工程报建7份。新开工建筑面积16.2万平方米，整个建设项目合同造价6.15亿元。完成施工图初步设计审查12套，施工合同备案27份。

出台《津市市房建及市政基础设施项目施工项目部关键岗位人员考勤管理暂行办法》，出台《关于开展房屋建筑工程安全生产“大排查、大管控、大整治”专项行动的工作方案》等管理文件。

出台《津市市建设工地规范管理专项行动方案》、《津市市2017年扬尘防治专项行动方案》等文件。明确职责，建管股、质安站、执法大队负责该项目扬尘污染防治工作的监督管理，每月安排2次督查，发现问题及时指正，要求施工单位进行整改，下发统计排名进行通报。建设单位和监理单位督促施工企业做好扬尘污染防治。抓实扬尘污染防治工作，工程施工现场应使用预拌混凝土，严禁现场露天搅拌；工程施工区域内的裸露地面，建设单位应采取覆盖、定期洒水、保洁等措施，防止扬尘；工程施工现场专门设置集中堆放建筑垃圾、工程渣土的场地，并在48小时内完成清运，不能按时完成清运的建筑垃圾，采取围挡、遮盖等防尘措施，不能按时完成清运的土方，采取固化、覆盖或绿化等扬尘控制措施；工程施工现场专门配备保洁员负责车辆、进出道路的冲洗、清扫和保洁工作；施工现场出入口设置车辆冲洗池，配备高压冲洗设备，冲洗池四周设置排水沟和两级沉淀池；运输车出场前必须冲洗干净确保车轮、车身不带泥，建立车辆冲洗台账；经监督机构核查不具备设置冲洗台条件的，采取其他冲洗方法，并在工地出入口采取铺设麻袋、安排保洁人员及时清理等措施，避免污染城市道路；施工现场沿工地四周连续设置围墙围挡，不得留有缺口，底边封闭，不得有泥浆外漏；围墙围挡应坚固、稳定、整洁、美观。自全市开展扬尘治理专项行动后，城区新开工项目已全部安装洗车平台，安装12部洗车平台和12台雾炮机，安装围墙及道路喷淋管路2400米。塔吊喷雾系统15组。

加强网络信息平台的监管应用，《湖南省建筑工程监管信息平台》录入力度加强，全市2017年报建项目全部实现网上监管。《湖南省建筑行业统计信息管理系统》的加强使用，指导督促建筑施工企业的统计上报工作管理，及时准确地完成统计、上报工作；在《湖南省建筑和市场质量安全监管一体化平台》对全市工程项目进行一体化监管；在《湖南省房地产行业信用信息管理品台》对企业信用信息进行管理，实现了部分业务网上对外办公。

完善案件审理制度，对津市博联置业有限公司违规封闭回廊案进行了案件审理；对恒盛青年城项目建设单位违规建设案进行案件审理；对宝悦乐城项目施工单位未履行安全生产责任案进行案件审理；对市民之家装饰工程未办理施工许可案进行案件审理；对丽景豪庭小区项目建设单位支解发包案进行案件审理；对创业园公租房1-6号楼室内二次装修工程未取得施工许可擅自施工案进行审理等。

落实安全生产责任，加强安全措施管理。制定《住建局2017年安全生产工作要点》、《住建局2017年安全生产大排查、大管控、大整治工作方案》、《住建局2017年危险化学品综合治理工作方案》、《贯彻落实关于推进安全生产领域改革发展的意见的工作方案》、《安全生产巡查制度》、《重大事故隐患治理“一单四制”制度贯彻落实工作方案》等文件，强化责任意识，从制度上完善安全监管，推行月安全口令巡查制度。每月燃气办对全市9家燃气企业进行地毯式安全巡查。配合市消防大队完成消防国检资料报送。对常德市安委办交办的2个重大安全事故隐患进行协调督促整改，完成养老服务中心医养大楼在建工地6处消防隐患的销号和自来水公司白龙潭水厂重大安全隐患的销号工作。开展安全知识讲座。加强十九大期间、国家“一带一路”高峰论谈期间反恐工作宣传教育，协同常德市反恐领导小组检查白龙潭水厂。制定普法宣传计划，参加全市“5.12”应急宣传、“5.16”送法下乡大宣传。对药山镇白云山村村委会援助法治宣传栏1个。下乡开展法制宣传，共发放法制宣传资料420余份，制定宣传展牌7块。

配合控违拆违，开展多起房屋合法性鉴定。对三洲驿街道办事处、汪家桥街道办事处申请的房屋合法性鉴定进行调查和回复。完成对后湖社区（原印务公司）旁搭建部分合法性鉴定；完成工业区嘉山滟洲大桥接线北侧彭基香、尹云友私建房合法性调查和鉴定；完成了对西河街棚改区域何军房屋合法性进行调查和回复；完成三洲驿菜市场周边搭建部分合法性鉴定和柏枝林社区清源茶楼后杂屋搭建部分合法性函的调查和回复；完成城隍庙社区刘公桥路口、三洲街社区品元宫40号、后湖社区太子庙餐馆搭建部分合法性调查和回复等。

规划执法大队现场查处违章建筑14起(退回公共面积568平米)，下达停工整改通知19起，配合各办事处对历史遗留下来的违章建筑定性4起。配合工程用地室对私房放线9起，配合规划工程室对宝悦、博联置业等12家单位进行验收，对灵泉幼儿园、丽景豪庭等6家单位的放线工作。对津市市博联置业有限责任公司和湖北荆州恒盛房地产开发公司进行立案调查并结案，两起罚款共32万元。建设执法大队对全市在建工地“打非治违”、“扬尘治理”专项检查次数达213次，下达整改通知46份，立案查处12起，结案12起，经济处罚211300元。

检查在建工地115人次，下达整改通知12份，实施约谈项目5个，对未按要求整改到位的工地实行立案查处，全年立案查处1起，结案1起，经济处罚1万元。

加强对市政、园林基础设施的日常巡察制度。半年出动执法次数达170次，每次出动执法人数3—4人，共出动执法人数600人次。（易继文）

【质安监督】2017年，质安监管建设工程66个，其中市政基础设施建设为29个，私房建设5个；房建及三改四化工程32个，面积约16.2万平方米（不含市政基础设施及私房），造价约6.15亿元。竣工工程41项，建筑面积约21.38万平方米，竣工验收合格率100%。下发各类停工整改通知21余份，安全隐患整改通知280余份，出具各类检测报告4200余份。

加强质量通病监管力度。加强建筑质量常见问题防治工作，通过强化工程建设、设计、施工、监理单位的质量管理责任，突出治理重点，坚持治理楼板开裂现象，坚持采用预防墙体开裂的施工工艺，坚持外墙防水措施施工到位等措施，重点整治了影响使用功能的外墙及窗台渗漏、厨卫及屋面漏水、楼板及墙体开裂等质量通病。并按照《湖南省住宅工程质量通病防治技术规程》的要求，凡是住宅工程验收前必须做卫生间蓄水、外墙、外窗淋水试验，对存在渗漏的项目一律不予验收。严格落实质量常见问题后，全市质量问题投诉情况少，使全市质量控制一直保持在较高水平。推行样板引路和质量标识制度，2017年，培育“医养楼新建综合楼、丽景豪庭、公安局技术用房、孟姜女大道提质改造工程”四个质量安全标准化项目。四是加强民用建筑节能监督管理。对节能工程实施专项验收，严格节能材料的检测管理并加大建筑节能材料的进场抽测。

实行月安全巡视制度。局主要领导月初发布巡查口令,全体监督人员每月对全市所有在建项目开展一次安全生产巡查。

推行安全巡视员制度。对全市在建房建项目,要求每项目至少配备1名现场安全巡视员。七是创新考评模式,进一步贯彻落实安全生产标准化考评。考评组成员严格按照59-2011评分表格现场打分,现场公布。召开了2次安全生产标准化考评讲评会议,邀请常德市专家参加,对考评情况进行讲评。

开展安全专项整治工作,强化重大危险源监管。先后开展深基坑、脚手架、模板支撑系统、建筑起重机械、施工现场临时用电、预防高坠等安全专项检查。

推行起重机械设备监督检测,并实行常态化管理。在全省率先推行建筑起重机械监督检测工作。由我站聘请有资质的专业建筑起重设备检测公司,对全市在建"两工地"(建筑工地和市政工地)的所有建筑起重设备进行监督检测。责令停工使用3台,限期整改6台。

加强施工现场标准化建设,推行定型化防护用具。供电公司综合楼、丽景豪庭、医养楼等工地开始全面实行定型化安全防护用具。

加强市政基础设施工程监管力度。从工程质量、安全、扬尘、围挡、文明施工等几方面齐抓共管,逐渐扭转了市政工程施工面貌。孟姜女大道改造工程,安全生产标准化考评优良,申报评选常德市"芷兰杯"优质工程。(向长征)

【生态建设】2017年,绿化项目建设,对双济广场建设工程(双济路西北角、西南角)、后湖公园西湖、中湖景观改造工程、三湖水生态治理工程、渔丝湖公园建设工程、津澧大道东段绿化提质建设工程(九澧大道-洞庭大道)等13个开工在建项目进行监管;督促完成后湖公园西湖、中湖及东湖景观改造工程、三湖公园氧化塘治理工程、三湖公园景观照明提升工程、三湖水体治理工程建设工程、双济广场(西南角)建设工程、清远观游园(二期)建设工程、市政府机关大院海绵改造工程等12个项目;完成澹津公园二期绿化改造施工图设计。完成津澧大道东段(洞庭大道—G353出口)绿化提质建设工程设计。完成无车日活动;完成《津市市城市公园(广场)管理暂行办法》;完成2018年春节亮化设计工作。完成2017年省级园林城市复查资料上报工作;完成全市26家2012年以前已获命名的 "湖南省园林式单位"、"湖南省园林式小区"普查复查工作;安排好创建国家园林城市的前期准备工作。(易继文)

【绿化维护】2017年,园林处担负全市共计约77万 m^2 的公共绿地及园林设施的日常维护管理,其中绿地面积50.76万 m^2,水体面积13.36万 m^2,铺装绿色停车位等面具5.38万 m^2;另有8.09万 m^2 空坪隙地。完成绿地保洁除杂、施肥、修剪造型、防虫治病等绿化维护工作。对乔灌木、满灌及草坪修剪12次、打药治虫6次、对乔木病虫害防治2次、摆放草花4次。全年,义务为4个社区进行绿化维护指导,更好促进全市小区、单位院落的园林建设。为4个小区居民排除树木倒伏安全隐患4次、义务修剪苗木4次。全年已投入绿化长效维护费用近252万元。

园林处绿化建设上共签订23个绿化建设项目,工程总造价1712.4万元,新增绿地面积83720m^2,全年共完成工程总造价1541.16万元。完成了39个工程项目的预结算工作。完成了28个绿化设计任务。

2017年,市城区苗圃义务植树17000株,全市行道树以香樟、杜英、栾树、广玉兰为主,成品乔木28000余棵。(易继文)

【农村危改】2017年,农村危改任务计划396户,新洲镇60户、白衣镇100户、药山镇101户、毛里湖镇135户,资金910.5万元。动工396户,开工率100%;竣工337户,竣工率85%;入住188户,入住率47%。其中:建档立卡户287户,五保户23户,低保户23户,贫困残疾人63户。全市2017年"爱心房"建设共55户,新洲镇14户,药山镇12户,毛里湖镇16户,白衣镇12户,西湖渔场1户。市住建、市残联、民政部门多次到各镇督导建设工作,动工55户,开工率100%;竣工45户,竣工率82%,入住45户,入住率82%。(饶明)

【治理示范】2017年,政府采购投入24.8万元,由湖南省建筑科学研究院编制《津市市农村生活垃圾治理专项规划(2016-2030)》,经湖南省专项规划技术评审,成功申报为第一批全国农村生活垃圾分类和资源化利用示范县。在农村垃圾分类处理上,积极探索"绿色存折"制度的全市推广。

利用申报国家专项资金,做好基础设施建设及硬件设备采购配置工作,总投入1700万元。重点推广津市农村垃圾分类的"绿色存折"制度,已为毛里湖镇、金鱼岭办事处购置垃圾分类"三桶一筐"5568套,垃圾分类电动车23辆;计划投入900万元,重点在4个乡镇公路沿线新建农村生活垃圾分类回收屋30座,12月底在毛里湖镇和金鱼岭街道办事处关山村完成7个垃圾屋建设;实施垃圾转运设施建设。投入90万元,在白衣镇和毛里湖镇新建2座地埋式垃圾压缩中转站,该2座中转站首次在乡镇设置垃圾污水收集罐,并配套吸污车对收集污水进行转运处理;投入230万元,前期对公路沿线敞开式垃圾围进行全面摸底,将非正规垃圾堆放点破除后全部更换为可卸式垃圾箱,同时为各镇配备可卸式垃圾箱收集车5辆;投入150万元,采购一批全自动水葫芦清理设施,用于乡镇水葫芦泛滥治理,并可用于全市水葫芦清理的长期工作。

加快船舶垃圾污水收集点建设。正在进行千吨级码头建设,为避免重复建设浪费资源,将千吨级码头服务区、渔政码头、船舶污水垃圾收集点规划在一起合并建设。结合"绿色存折"垃圾分类回收开展工作,印制300份船舶污水垃圾分类宣传手册,由海事部门发放到每个船户,进行垃圾分类存放、上岸转运的知识普及,帮助其养成良好的环保意识和卫生习惯;为每条船配备垃圾分类"三桶一筐",引导船户分别将不可回收、可回收、餐厨等垃圾分类收集，并在码头停靠时将船舶垃圾转运上岸，宣传手册和第一批75套垃圾桶目前已经发放到位；在海事部门指定的码头配置2个容量在2.5立方的可卸式垃圾回收箱和一个餐厨垃圾桶，对应不可回收、可回收、餐厨等垃圾做好相应标识，以便船舶垃圾分类投放。所有垃圾，定期由保洁员分类清运处理。与海事、环卫等部门进行相关工作对接，垃圾收集转运设施采购完成配发到位。（易继文）

【镇村管理】成立由市政府主要负责人任组长，市政府分管领导任副组长，市各机关事业单位、各镇政府为成员单位的小城镇建设工作领导小组，负责督促、检查、指导全市小城镇建设工作，领导小组下设办公室（住建局），出台《津市市2017年小城镇建设工作方案》和《津市市2017年小城镇建设考核办法》，明确市小城镇建设工作总目标、工作任务、实施步骤和工作要求，制定详细的考核评分细则。开展全国第二批特色小镇申报宣讲工作，5月组织召集各乡镇分管领导和专干，传达全国第二批特色小镇申报工作的相关精神，指导各镇人员填报特色小镇培育网录入事项。开展湖南省第三批美丽乡镇示范申报宣讲工作。7月份对全市4个乡镇主要领导和专干宣讲湖南省第三批美丽乡镇示范申报的相关精神，并指导药山镇上报常德市美丽乡镇示范申报资料和现场评审工作，该申报未能进入省级复审。第五批中国传统村落申报宣讲工作。10月份向四个乡镇主要领导和专干传达关于第五批中国传统村落申报工作的相关精神，并指导上报药山镇药山村申报第五批中国传统村落的相关工作。（易继文）

【统计工作】2017年，涉及住建局主要是两项，第二产业增加值中的建筑业产值和城市基础设施建设项目投资。市本地5家、外地23家建筑企业及房地产企业实施房建、装修等报建项目33个，建筑面积11万平方米（不含开发区建设项目），完成产值5.8亿元。较2016年同期相比增加0.8亿元，增幅达16%；截止10月，由住建部门牵头实施的市政园林基础设施项目51个（不含开发区设施项目）。完成项目30个，实施项目11个，10个项目未启动建设。实际已经完成政府、社会资金（渔丝湖847万）投入约1.45亿元。小康社会指标工作上涉及住建局主要有5项，一是第二产业增加值中的建筑业产值，这个和经济指标工作的相同；二是常住人口城镇化率全省目标值为≥58%，津市2017年工作目标值为66%，配合统计局和公安局各项指标数据，津市可以达到此任务目标值；三是涉及津市的城镇建成区绿化覆盖率指标为≥26%，津市2017年目标值为30%，全市城镇建成区绿化覆盖率已达到37.4%；四是涉及津市城镇污水处理率指标为≥70%，津市2017年目标值为90%，建成区污水处理率为90%；五是涉及全市农村生活污水处理处理率指标为≥60%，津市2017年目标值为90%，该项指标配合环保局监管数据，全市可以达到此任务目标值。城建和村镇统计工作上，涉及住建系统的统计工作主要有：城建统计年报、城建统计快报、部门服务业财务统计报表和村镇统计年报等多项工作，其中涉及住建、城管、公安、财政、统计、国土等多个政府部门，涉及人口、面积、道路、排水、燃气、供水、园林绿化、风景名胜区、环卫保洁、垃圾处理、污水处理等多个方面的统计数据，每年年底将首先填报当年城建统计快报，来年开春时则需填报全年城建统计年报和村镇统计年报，与各个相关单位做好数据上报对接工作，配合常德市住建局做好年报系统数据的录入。（易继文）

【公用事业】2017年，公用事业安全运行，自来水公司全年累计完成售水量1052万m^3，比上年同期的1020万m^3上升3%，实现水费收入2000万元，比去年同期的1580万元上升27%，金旋公司完成建安收入1400万元，全年实现税收180万元，新增用户3348户，全市供水用户达52205户，城乡供水覆盖率达100%，为低保户减免水量10万立方米，新建及改造DN63mm以上管网长度12.9km，出厂水综合合格率99.9%，管网水综合合格率99.8%，管网压力合格率98%。年内市自来水公司启动社会资本和政府资本的PPP改革模式。

自来水公司主要从水源地保护、水质监测、设备改造、安全管理、应急处置等方面加强安全生产管理。按照省人民政府《关于公布湖南省县级以上地表水集中式饮用水水源保护区划定方案的通知》要求落实工作，公司投资20余万元在白龙潭水厂、谢家堰水厂水源保护区共设立界标18个、交通警示标志7个、宣传牌6个、航道警示专用标1个、一级水源保护区围栏设立2.3km、修建污泥干化池1个，水厂当班人员坚持每天定点定时进行巡查，24小时对取水点进行监控，并对巡查情况详细记录存档。未发现饮用水水源保护区内有建设项目和污水自排的情况。水质监测站对城区及乡镇共15个管网监测点每月进行2次七项指标的采样监测，出厂水、管网水每月检测项目39项，半年全分析检测项目55项，全年水质全分析2400项次、水质日分析20987项次，所检项目均符合国家生活饮用水标准(GB5749-2006)。为加强日常水质监测，公司投资10万元安装水质远程在线监测系统，将出厂水常规项目检测数据对省住建厅进行了实时上传。4个水厂完成了设备年检、巡视、改造、更新等工作，全年完成设备巡视400余次，设备年检120台套次，确保各水厂设备完好率达98%以上。全年公司完成技改投入30余万元，更换沈家台水厂取水泵房配电屏三组、3#水泵电机一组，更换金鱼岭水厂送水泵房3#水泵电机一组，更换白龙潭水厂高压柜互感器2台，更换谢家堰水厂取水泵房深井泵2组。完成谢家堰水厂避雷网铺设，配合完成西毛里湖新建取水泵房机组设备的安装，配合完成白龙潭水厂7.5万m^3/日扩容设备安装及试运行。针对常德市安全生产检查组对公司白龙潭水厂现场安全检查中发现的重大安全隐患，公司积极配合整改，投资45万元，与天维保安签订新的安保合同，完善白龙潭与谢家堰水厂的值班值守人员配置、完善了水厂监控，在平流沉淀池、V型滤池等重要部位安装隔离门，在厂区围栏加装防盗钢网，安保等级大幅提升。公司投资12万元委托专业环保公司重新编制白龙潭水厂、谢家堰水厂《水厂突发环境事件应急预案》各一套。4月公司邀请消防队和上级主管部门领导到公司进行消防应急演练指导，针对公司重点安全隐患，液氯的安全使用、灭火器的操作对员工们进行培训，增强职工的安全意识，提高事故快速处置能力。

城市燃气、污水工作方面，长沙燃气公司完成其北城储配站搬迁，正在试运行。全年新安装燃气用户3000户，全市燃气用户达到18300户，销售天然气300万立方米，销售液化气1500吨。9月，中国能源建设葛洲坝集团公司与湖南海川达投资管理公司达成战略合作协议，启动二期污水处理建设。年内，完成污水处理750万立方米，消减COD1340立方米。（易继文）

市委常委政法委书记李景峰副市长戴志刚检查水厂安全生产工作

供　　水

【概况】2017年，累计完成售水量1052万m^3，比上年同期的1020万m^3上升3%，实现水费收入2000万元，比上年同期的1580万元上升27%,金旋公司完成建安收入1400万元，全年实现税收180万元，新增用户3348户，全市供水用户达71893户，城乡供水覆盖率达100%，为低保户减免水量10万m^3，新建及改造DN63mm以上管网12.9km，出厂水综合合格率99.9%，管网水综合合格率99.8%，管网压力合格率98%。公司荣获了“省级文明卫生单位”、“常德市园林式单位”、“常德市守合同重信用单位”、“津市市创建国家卫生城市先进单位”、“津市市平安建设先进单位”等荣誉称号。（汪莉）

【安全优质生产】2017年公司以国家环保督查为契机，强化安全工作、健全防控体系、推动环保升级。从水源地保护、水质监测、设备改造、安全管理、应急处置五个方面加强安全生产管理。加强水源地保护。按照省人民政府《关于公布湖南省县级以上地表水集中式饮用水水源保护区划定方案的通知》要求，公司投资20余万元在白龙潭水厂、谢家堰水厂水源保护区共设立界标18个、交通警示标志7个、宣传牌6个、航道警示专用标1个、一级水源保护区围栏设立2.3km、修建污泥干化池1座。加强日常水质监测。为了让市民用上安全、放心的生活饮用水，水质监测站对城乡15个管网监测点每月进行2次七项指标的采样监测，全年水质全分析2400项次、水质日分析20987项次，所检项目均符合国家生活饮用水标准(GB5749-2006)。投资10万元安装水质远程在线监测系统，并将出厂水常规项目检测数据对省住建厅进行实时上传，完善白龙潭水厂量化分级A级单位申报工作，完成住建部水质检测质控考核任务，水质检测能力进一步提升。加强设备维护革新。全年公司完成技改投入80余万元，更换沈家台水厂取水泵房配电屏三组、3#水泵电机一组，更换金鱼岭水厂送水泵房3#水泵电机一组，更换白龙潭水厂高压柜互感器2台，更换谢家堰水厂取水泵房深井泵2组、控制系统自动化数字处理器二组，完成谢家堰水厂避雷网铺设。全年设备巡视400余次，设备年检120台套次，确保各水厂设备完好率达98%以上。加强安全监督

襄窑路供水主管改造工程

管理。查找白龙潭水厂安全生产隐患，投资45万元，增强白龙潭水厂与谢家堰水厂的值班值守人员配置、完善升级水厂监控系统，在平流沉淀池、V型滤池等重要部位安装隔离门，在厂区围栏加装防盗钢网，安保等级大幅提升。同时进一步规范液氯管理，建立进出库管理台账，聘请安全员每周对各水厂的液氯钢瓶及其他设施进行检查登记。加强应急处置能力。公司投资12万元委托专业环保公司重新编制白龙潭水厂、谢家堰水厂《水厂突发环境事件应急预案》各一套。4月份公司邀请消防队和上级主管部门领导到公司指导突发事件应急演练，增强职工的安全意识和事故快速处置能力。（汪莉）

扩改后的白龙潭水厂配电室

【供水设施建设】在保障全市28万人口饮水安全的同时，2017年公司配合水务部门完成白龙潭水厂7.5万吨/日扩建工程、谢家堰水厂取水泵房迁址工程，2个建设项目均已按设计要求如期完成并投入试运行。随着津市“五城同创”、“旧城改造”、“海绵城市建设”等工作深入推进，完善城乡供水管网布局，解决部分区域没有供水主管及管网老化造成的水压偏低等问题，金旋公司、设计室、新洲所、谢家堰水厂紧密配合、攻坚克难，在施工时间紧、难度大、任务重的情况下，完成大同路、襄窑路、新洲特色古镇、孟姜女大道、涔澹农场、盐兴路、双济路、民安路、李家铺敬老院等给水管道更换4724米；新铺设三湖补水管道、农科安置点、金海岸二期、国际名苑、新天地、高新园区等给水管道8221米；完成湘航小区、日杂小区、老教委小区、七完小小区等分户改造700户。全市新装及更换消防栓29台。统筹规划全市给水主管新建及改造工作，先后完成S238(新药线)给水主管改造工程、孟姜女大道(清远路至津市大道)给水主管改造工程、高新园区部分主管改造工程等项目的工程预算。（汪莉）

【供水营销服务】为拓宽用户缴费渠道，新增支付宝网上缴费模式，全市通过网上支付水费的用户达30000户。投资12万元在工业园区新设一个供水服务厅，针对用户需要，义务为津嘉兔业、新鲁包装、津市监狱等企业单位内部管网查漏，降低表内漏损率，免费为10多家企业提供水质检测报告，帮助食品企业进行水质分析，服务地方经济发展。借助信息化手段，推动计量收费管理提升，实施水表计量收费系统互联互通，保证水表抄收的准确率。扎实做好冬季水表防冻宣传和冰冻期间供水应急预案，公司和用户一道努力把冰冻损失降到最低。客户服务中心执行“一站式”服务，开展争创“礼仪服务文明岗、快捷服务收费岗、承诺服务咨询岗”系列活动。抢修热线坚持24小时值班，全年完成管网巡查200余次，查出漏点90余处，大小管网抢修710余次，其中DN100mm以上管网抢修100余次，维修更换DN100mm以上阀门22台次。强化对二供用户的服务工作，联合供应厂家开展对二供设备定期巡查维护，确保全市高层用户正常供水。全年接听服务热线780余次，办结及时率99%。加强水质公示、抢维修、停复水调度工作，借助政府网站、电视台、短信、微信公众号等媒体及时发布各类信息40余条，接听信访热线300余次，处理市长热线回复60余条。供水服务工作社会满意度进一步提升，在全市优化经济环境测评

“我们的节日·端午”主题活动

中(垂直管理公共服务类)取得了第一名的好成绩。(汪莉)

【PPP 项目改革】2017 年,市政府启动"津市市城乡供水一体化 PPP 项目"实施方案,通过由津市市自来水有限责任公司新设全资子公司津市市湘北城乡水务有限责任公司,注册资本 33300 万元,社会资本方受让子公司 90%股权的方式来实施。该项目涉及到国有产权核实与界定,债权债务处理、人员安置等问题,公司按照方案要求,成立改革工作领导小组,配合改革各项工作的开展。完成 PPP 项目的资产清理评估、财务审计、注册资本验资、社会资本方尽职调查工作;组织全体员工参加"津市市住建局政府与社会资本合作专题讲座""津市市城乡供水一体化 PPP 项目宣贯会",通过各种途径向员工宣贯实施方案;多次组织员工到澧县、安乡、汉寿、益阳等相关水司了解学习其改革经验与做法;邀请公司法律顾问为员工提供相关法律咨询;公司工会通过问卷调查、个别座谈等方式广泛征求员工对企业改革的意见及建议,确保企业稳定和改革顺利推进。(汪莉)

房地产管理

【概况】市房管局为市住建局管理的公益一类正科级事业单位。2017 年,有在职、退休干部职工共 214 人,其中局机关在编 14 人,退休 59 人,内设 7 个股室,办公室、人事股、财务股、法制股(房政稽查大队)、房地产市场监管和产权管理股(信息中心)、物业管理股、中介市场管理股。下属管理市住保办、市征收办 2 个副科级全额拨款事业单位。下属管理市房地产综合经营公司(在岗 39 人,退休 45 人)、市房地产交易所(在岗 31 人,退休 18 人)2 个股级单位。

2017 年,市房管局以棚户区改造和保障性住房建设为契机,着力解决群众保障性住房需求,规范房地产市场秩序。全市房地产市场开发新建住宅 1256 套,建公租房 920 套,棚户区改造建筑约 464951m^2,全市 15 家物管公司接管物业小区 43 家,全市国有直管公房日常维修 276 户(处)、廉租住房日常维修 200 户(处)。

2017 年度津市市棚户区改造项目被湖南省人民政府办公厅通报表扬;津市市人民政府被常德市保障性安居工程工作领导小组评为"保障性安居工程先进单位";津市市房管局被湖南省住房和城乡建设厅评为"2017 年度城市住房保障工作成效明显单位";津市市房管局被常德市保障性安居工程工作领导小组评为"2017 年度保障性住房工作先进单位";津市市房管局被常德市保障性安居工程工作领导小组评为"2017 年度城市棚户区改造工作先进单位";津市市白蚁防治所被湖南省房地产业协会白蚁防治专业委员会评为"2017 年度先进单位";津市市房管局被常德市委、市政府评为"2017 年度平安单位创建优秀单位"。(杨冰)

【房地产市场管理】2017 年,全市投放市场商品房楼盘 8 个,共发放商品房预售许可证 10 个(分别为国际名苑、江南名苑、丰华城、湖畔华庭、西城小区、嘉晟新天地、丽景豪庭、后湖明珠商业广场),批准预售面积 17.80 万平方米,其中住宅 1256 套,共销售商品房 22.17 万平方米,销售额 7.81 亿元,年成交均价为住宅 3274 元/m^2,非住宅 5723 元/m^2,全市预售资金监管近 1.80 亿元。(杨冰)

【物业管理】2017 年,全市 15 家物管公司接管物业小区 43 家。分别为:津市市鑫驿物业服务有限公司接管的福民小区、津市市鑫驿物业服务有限公司接管的接龙桥小区、津市天源物业服务有限公司接管的望江广场、津市天源物业服务有限公司接管的水岸银都、津市开元物业服务有限公司接管的金海岸森林水榭、津市开元物业服务有限公司接管的国际名苑、津市开元物业服务有限公司接管的东湖林语、津市开元物业服务有限公司接管的金海岸东、津市开元物业服务有限公司接管的阳光新城、津市开元物业服务有限公司接管的红旗幸福湾、津市开元物业服务有限公司接管的君之林府、湖南省津市鑫达物业有限责任公司接管的鑫民小区、湖南省津市鑫达物业有限责任公司接管的益民小区、湖南省津市鑫达物业有限责任公司接管的车胤小区、湖南省津市鑫达物业有限责任公司接管的桑园小区、津市市庭园物业服务有限公司、常德宝悦物业管理有限公司接管的宝悦乐城、津市市信仁物业服务有限责任公司接管的金世纪花园、津市市信仁物业服务有限责任公司接管的怡富小区、津市市信仁物业服务有限责任公司接管的金城银座商住楼、津市市信仁物业服务有限责任公司接管的步行街商住楼、津市市顾家物业管理有限公司接管的嘉晟新

房地产法律法规宣传

鑫民廉租房

福民廉租房小区

天地、津市市家顺物业管理有限公司接管的东湖小区经济适用房、津市市家顺物业管理有限公司接管的欣富花园、津市市家顺物业管理有限公司接管的紫竹苑、津市市瑞大物业管理有限公司、湖南省英伦物业管理有限公司接管的海晨国际、湖南省英伦物业管理有限公司接管的新城商贸广场、湖南省英伦物业管理有限公司接管的丽景豪庭、澧县浦金物业服务有限责任公司接管的中意幸福里、常德安居物业服务有限公司接管的津市市委市政府机关、常德安居物业服务有限公司接管的津市市第二行政中心、常德安居物业服务有限公司接管的津市市交警队、常德安居物业服务有限公司接管的嘉城湖畔小区、常德安居物业服务有限公司接管的雅梦苑小区、常德安居物业服务有限公司接管的阳光水岸小区、常德安居物业服务有限公司接管的恒盛青年城、常德安居物业服务有限公司接管的君之林府二期、常德安居物业服务有限公司接管的九澧华都、常德安居物业服务有限公司接管的九澧华府、常德安居物业服务有限公司接管的庭园春天、常德安居物业服务有限公司接管的市委鹿苑小区、常德安居物业服务有限公司接管的江南名苑、东莞市明茵物业管理有限公司接管的丰华城、澧县明居物业服务有限公司接管的西城小区。是年,在全市34个敞开式小区、31个社会化物业管理封闭式小区、13个业主自治封闭式小区中开展“平安小区创建示范单位”评选活动,对评选出的业主自治敞开式小区(同心小区、油库小区、荷花小区、城东五组小区、五号路小区、明道小区)、社会化物业管理封闭式小区(雅梦苑小区、君之林府一期、新开路小区、红旗幸福湾)、业主自治封闭式小区(接龙桥小区、西城名居、邮政花苑、麓园小区)14个小区通报表彰,促使全市房地产市场更加规范、发展更加健康。(杨冰)

【住房保障】全年共建成公租房920套,其中民安路公租房二期项目660套、创业园公租房项目260套,第一批分配535套已完成入住,共发放租赁补贴3153户707.6万元。

2017年,津市市作为海绵城市试点城市,将民安路公租房二期项目纳入海绵城市建设试点项目,首次在公租房项目中引入海绵城市理念,通过铺装海绵型城市透水砖,绿地起坡造型,生态型绿地及雨水花园等,改善小区环境,提升小区品质,有力推进津市市海绵城市试点建设工作。(杨冰)

【棚户区改造】2017年津市市棚改项目基本建成任务4544户,改造建筑约464951m²。其中城中村棚改1937户,城镇棚改2607户,均为货币安置。12月所有棚改征收项目均已完成征收任务。津市市最大的西河街片区棚户区改造项目,共2467户,其中公房1578户,私房889户,于2017年4月启动征收,通过强化队伍、完善机制、调优政策,征收任务得以迅速完成,群众反响较好。(杨冰)

【白蚁防治】2017年,津市市白蚁防治所坚持“防治结合、综合治理”的工作宗旨,针对全市蚁害高发区,全力灭治、防治面积近47万平方米,签订防治与灭治合同10份。先后完成津市市杉堰实验学校重建、江南名苑商住楼2、3、4楼,西城小区1、2、3号商住楼,嘉晟新天地一期3—7号楼及地下室等多处大,中型基建工程的白蚁防治任务。同时,对已满5年的预防工程项目全面进行蚁害检查回访,回访复查面积近68万平方米,并对复查中发现的蚁害现象及时进行灭治。

2017年取消行政事业性收费,津市市白蚁防治所减费不减事,对出现白蚁危害的低保家庭、特殊困难家庭、留守儿童家庭等给予费用减免,先后完成盐矿子弟学校、棠华中学、药山镇31组胡三明贫困户、公安局禁毒大队、神九堰度假山庄、商业小区住户等公益灭治任务,减免白蚁相关灭治费用近10万元,得到了广大群众的认可。(杨冰)

【公房管理】2017年,完成国有直管公房日常维修276户(处)、廉租住房日常维修200户(处);建立节假日巡查记录台账,完成危旧及C、D级黑瓦房危险点巡查20次;完成杨湖口20号封墙,

“同饮家乡水，共护母亲河”志愿者清理河岸垃圾

人民路172号、接龙桥、人民路170号危房解危拆除，湖桥宿舍区13-17栋钢筋裸露风化抹灰处理，人民路中心药店屋面解危处理；完成湖桥宿舍东区13-17栋外走廊砖柱加固，襄窑路鑫民小区底层门面装修工程质量监管。

全年共完成北材库35户拆迁户安置工作；完成西河街、小巷口等地块棚户区改造资料整理1344户，完成拆迁户公房核查7989户；完成民安二期保障房安置58户，收缴租金10多万元。(杨冰)

城管执法

【概况】市城管执法局实有编制82个，在编干部职工73人，其中行政编制3人，参公编制1人，事业编制69人(机关事业编制59人，大桥管理所事业编制10人)，空编9人，退休职工19人。内设机构5个：办公室、计财股、考核办、审批办、市容市貌行政执法大队(桥北、桥南、渣土、机动及“五个街道”共9个中队)。下设二级机构2个：澧水大桥管理所(副科级)、市环境卫生管理处。

2017年，市城管执法局以巩固提升国家卫生城市为目标，加大城市管理专项整治力度，探索城市管理新机制，将党风廉政建设工作列入年度工作计划和党组重要议事日程的机制惯例，做到与城市管理和其他中心工作同研究、同部署、同检查、同落实；健全完善“一把手负总责，分管领导各负其责，班子成员齐抓共管”的领导机制，修订新的《党风廉政建设制度》、《谈心谈话》制度及《行政执法人员“十不准”规定》；严格落实“谈心谈话”及“三会一课”制度，扎实开展“两学一做”常态化学习教育；积极开展脱贫攻坚工作，多次深入药山镇药山村、五办杉堰村对32户贫困家庭进行走访慰问和开展“情系药山助学扶智”等帮扶活动；积极承办建议、提案共计15件，其中主办8件，会办7件，逐一落实办理建议提案中涉及的各类事项，委员们回复均为满意和很满意；认真落实市委、市政府2017年招商引资工作任务，通过积极对接、跟进，11月6日，湖南灵猫食品科技有限公司与津市正式签约；切实帮助解决企业实际困难，每月对联点企业进行2次走访，为企业发展积极提供优质高效的服务，确保“亲清”的政商关系和谐、稳定发展；严格按要求完成民调“五个一”的宣传及落实工作；借助市电视台、市政府网站、手机报、微信等媒体平台，及时反映城管工作动态，提升城管正面形象。全年累计在常德纪委、常德城管网站、常德文明网、手机报及政府网站上稿118篇；推进“素质城管、法治城管、现代城管、人文城管”四个城管建设，不断提升城市管理综合水平；力促环卫基础设施建设，完善市场化运作考核细则，推进城市精细化管理，为全市经济社会健康、快速发展创造良好的城市环境。2017年，荣获超争资目标任务奖，被评为维稳工作先进单位、脱贫工作先进后盾单位、环境保护先进单位、城建工作红旗单位及全市综治工作合格单位，荣获津市市创建国家卫生城市工作先进单位；龚龙、张志刚、欧阳超雄、万锋、许邓刚分别评为向上争资、平安创建、脱贫攻坚及城市创建先进个人；易睿、汪健，环卫处胡振国、罗晓娟、贺胜军5人被评为全市年度先进个人记三等功人员；张志刚、刘金刚、印俊、周小超、彭勇、欧阳超雄，环卫处龚磊、杨拥军、孔祥东共9人被评为全市年度先进个人记嘉奖人员。(余晓英)

【城市管理】渣土运输管理：2017年，城管执法局以“定规矩、发牌照、上设施、讲道理、严执法、换车子”工作举措，进一步加强渣土源头管理和沿途治理。一是对渣土公司车辆进行全面摸底排查，经查全市共有渣土车辆225台，经过严格审核后，对其中符合运输资格的130台渣土车辆重新核发渣土准运证，对不符合运输条件的车辆坚决排除出渣土运输市场。二是局执法大队分别于2017年2月16日、4月20日对全市4家渣土公司负责人进行2次集中约谈。签订责任状，对道路运输证、行驶证等证件齐全的新增车辆核发了渣土准运证。三是提前介入，严格渣土审批程序，所有在建工地、码头、取土点开工前，必须上报市城管执法局审批办并备案，并书面报告工地、取土点土方面积、动工时限，上报渣土运输公司及运输车辆车牌号。市城管执法局审批办收到书面申请报告后，派专人到现场勘察，查看工地进出口道路是否硬化，是否设置冲洗平台，是否安排专人对工地、取土点进出口进行清扫保洁。对达到要求的工地严格规定运输时间、路线后，方可颁发渣土处置行政许可证，对没有达到要求的坚决不予审批。通过严格审批，完善工地、码头及取土点的制约机制。四是坚持“四个一律”，即：对非法改装和加装厢板的车辆一律切割到位；对失联、脱保、检测不达标、无《渣土准运证》的车辆一律强制退出渣土运输市场；对未完成和未正常使用洗车平台、冲洗设备、保洁人员和进出道路硬化的在建工地、取土点及砂石码头一律停工整顿；对黑车、黑工地、黑公司非法运输及车辆超限超载行为一律顶格处罚到位，并强制退出渣土运输市场。五是按照全覆盖、无撒漏、不带泥上路原则，在重点地段设卡拦截查处违规渣土运输车辆，安排专人对码头、矿山、工地进行日常巡查和管控，对违规渣土车辆处罚采取锁车、整改、再罚款的方式坚决执行到位。2017年共查处违规渣土车辆587台次，对砂石码头、在建工地、矿山下达整改通知书6份，对7家违规作业工地进行了停工处置。5月中旬，联合相关部门对全市的非法改装和私加高栏的渣土车进行了全面清理，此次行动共查处违规车辆180台次，强制切割150台次。

【市容管理】2017年，津市市城管执法局按照“主干道严管，次干道严控，小街小巷逐步规范”的工作方针，一是重点对出店经营、占道经营、流动摊贩、违章构(筑)物、乱拉乱挂等城市违规行为进行强力整治。二是采取现场疏导、责令整改等方式，对绿荷池、三眼桥、三洲街等3个马路市场进行多次专项治理，联合市场服务中心做好上门宣传工作，强化城市管理理念，引导业主自觉维护和自觉参与。马路市场得到明显改善。三是按照“纵深到底，以点带面”、逐步形成长效管理机制的工作理念，对凤凰路进行“市容严管街”精细化打造，实行管理全覆盖、零容忍，确保无乱搭乱建、无占道经营、无乱摆乱放、无流动摊贩等市容“八乱”现象。通过严管严治，推动形成城管工作从点到线、从线到面、由边缘到纵深的管理格局。四是以“食品安全护苗行动”为契机，集中力量对全市中小学周边市容环境进行强力整治，督促市环卫处加强学校周边的保洁管理。全年共开展市容综合整治行动10次，查处、取缔违规占道行为706处；收缴、规整流动摊点893起；拆除违章搭建物、构筑物、棚阁19处；清理清除门店“大花脸”、“双眼皮”168处；清理横幅、拱门253处；对违反市容市貌行为下达145份限期整改通知书，责令整改5户。

【户外广告管理】2017年，市城管局围绕“一改四化”标准，对全市范围内广告设置进行清理和规范。一是对城区户外广告、临时占道许可，该局严格按照法定程序进行把关，全年共受理行政许可事项59件，审批办理各类许可43件。二是对破损、侵占绿地、不合格的户外广告、标识牌等进行全面拆除和清理。全年共整改违规设置招牌19处，拆除临街破损门店招牌及各类违置广告63处，清理横幅、拱门253处。三是按照市委、市政府工作安排部署，该局对城区范围内所有户外大型楼顶广告进行摸底、登记造册。2017年4月，该局联合相关部门对好润佳超市、法制广场等8处户外大型楼顶广告进行全面拆除和清理，楼顶广告拆除后，城市形象进一步得到提升。

【乱停乱靠管理】2017年，市城管执法局对城区乱停乱靠现象进行多次集中整治，安排专人对城区主次干道进行全天候巡查，发现违规停靠机动车辆和非机动车辆，及时进行劝导或规整，对不听劝导或无司机在场的坚决予以抄牌。全年累计抄牌109台次，对乱停乱放的自行车、摩托车，采取教育劝导与现场纠正摆放相结合的方式，规范车辆停放740台次。

【“两禁”工作】联合居民社区做好城区内红白喜事、门店开业等信息摸排工作，春节、清明期间在禁放区域加派执法力量进行蹲点巡查，确保发现一处制止一处处理一处。2017年3月，城管执法人员对团湖、明道等偏远社区开展入户宣传，现场发放“两禁”宣传资料，与社区居民面对面讲解“两禁”工作相关政策，全年共发放“两禁”宣传资料8000余份，与操办红白喜事当事人签订“两禁”承诺书46份，及时劝导、制止燃放烟花鞭炮苗头33起。通过强化整治，市城区、刘家山公墓及城北区坟地未发生燃放烟花鞭炮情况。

【野外禁烧】2017年，市城管执法局围绕露天禁烧工作召开专题会议，制定专项整治方案，明确工作责任，要求各中队对所辖区域重点路段及易发生露天焚烧生活、建筑垃圾的地段进行重点监控，每天安排专人巡查，建立管理台账，特别是加强城乡结合部，城中村的巡查力度和宣传力度，每天将巡查情况上报局执法大队；同时加强与社区联系，调动社区积极性，共同做好重点路段及易发生露天焚烧生活垃圾、建筑垃圾现象的地段监管巡查工作。全年及时控制和查处露天焚烧垃圾行为为30处。

【牛皮癣清理】一是完成第二轮城市“牛皮癣”清理市场化招投标工作后，后湖周边、步行街、金城银座、护市路、盐矿社区、湖桥社区、清远路、团湖社区、明道社区、新村社区等19公里纳入第二轮市场化清理面积。二是为进一步抓好抓落实，出台新的考核办法，要求清理工作人员对新出现的“牛皮癣”必须当天清理干净，广告、招牌上喷绘野广告必须按广告牌主体颜色覆盖，清洗后的墙体、物体等不留任何污染痕迹。该局全年共督促清理“牛皮癣”4508处。(余晓英)

【环境卫生】环卫基础设施：一是完成粮食局、生产街、党校3座中转站的升级改造，新建公厕4座，2017年全市共有公厕39座，其中男厕位121个，女厕位127个；二是按照2018年计划安排，拟新建及升级改造公厕4座、中转站3座，经过选址定点，2017年11月2日全面开工；三是完成了城乡生活垃圾转运站建设项目申报2018年中央预算内投资备案的上报工作；四是加强公厕、中转站、餐厨垃圾站房及城区垃圾桶的维护和管理，实行全天候巡查督导，督促工作人员及时清洗、更换各种环卫设备，保障全市环卫设施的正常运行。全年累计维修公厕223次，维修中转站127次，对20个餐厨垃圾站房的设备进行维修和保养，及时更换风机、漏电保护器、感温头、铝合金窗、减速机、排风管等153个左右。五是对1座站房防漏防锈大型维修1次，3座站房电线水管小型维修1次，设备维修保养23次，对损坏和残缺的绿桶进行维护和补充，共计布置新绿桶120多个。六是按照年初采购计划，完成200个分类果皮箱、1000个垃圾绿桶、1台垃圾收集机、40个钩臂桶箱、6台垃圾压缩设备政府采购及验收工作，2017年全市有大钩臂桶20个，小钩臂桶186个，果皮箱536个，垃圾绿桶1970个。垃圾清运车21辆，扫地车6辆，洒水车9辆，保洁人员470人。七是2016年12月至2017年5月完成了垃圾填埋场雨污分流环保膜第一期铺设工作，投资100万元，面积5万平米，让雨水与污水彻底分离，减少渗滤液的生产量及处理运行成，防止蚊蝇滋生及垃圾飞扬。

清扫保洁：一是按新的《考核办法规定》对家宝公司、首创公司进行严格监管，加强清运巡查及吊运力度，保证了全市垃圾的日产日清。二是第二轮市场化运作启动后，在原先传统的"清扫保洁"基础上增加"清洗保洁"工作，制定详细的城区主次干道清洗工作计划，城北一级道路及城南孟姜女大道路牙2天1次清洗和人行道、指定沥清路（九澧大道、澹津路）7天1次清洗；每天出动6辆洒水车、清洗车，对市区道路进行循环式，常态化清洗。三是每天8:00–17:30对孟姜女大道、车胤大道、津澧大道及主要次干道的人行道、路牙，进行精细化冲洗作业。四是进一步完善清扫保洁市场化考评办法和考评细则，实行日考核、月通报考评方式，每天对清扫保洁、洒水降尘、清洗作业等进行督查考评。全年共对全市硬化路面机械化清洗1620台次，吊运和收集垃圾进入填埋场9050车，总重量32227.75吨，日平均97.66吨，下达整改通知书13份，及时清理渣土洒落85余次。

垃圾填埋场：制定《津市市生活垃圾处理场运营考核监管办法》，对垃圾填埋场从安全生产、规范作业、精准计量等三个方面进行全天候监管，对发现的问题下达督办函、整改通知书，要求首创公司及时整改，并将整改结果以书面形式上报。（余晓英）

【队伍建设】2017年，按照年初学习计划，该局全局中层及以上领导干部结合自身职责，定期不定期对全局干部职工进行政治理论、法律法规，业务技能培训；要求各中队每月必须上报2篇信息稿件并坚决落实到位。全年共开展学习培训29次。

制定《岗位目标管理考核办法》及《日常内部管理制度》，细化工作考核细则，该局考核办严格按照管理制度每月不定期对工作人员上岗情况进行抽查，对干部职工上班考勤、到岗履责情况进行月考核打分，每月月底印发月《督查通报》。全年共发放督查通报12次。9月–10月期间，通过广泛征求意见、多次修改，该局重新修订了《各部门岗位职责》《考勤管理制度》《文明办公制度》等十六项内部管理制度并严格按制度管人、管事、管权。（余晓英）

毛里湖湿地公园风光

工业 科技

【概况】科工局"三定"方案机关机构编制35名，其中行政编制20名，在编在岗12名，即党组书记1名，局长1名，副局长3名，总经济师1名，股级负责人及工作人员6名；事业编15名，在编在岗13名；"三定"股级负责人职数8名；市科技工信局内设综合办公室、经济运行股、投资规划与科技教育股、政工股、中小企业发展促进股、津市市散装水泥和墙体材料革新管理办公室等6个内设机构。

2017年，工业发展来势向好。大力发展生物医药、装备制造、健康食品等优势产业，帮助企业转型升级、靠大联强、加大科技创新及盘活闲置低效企业力度，呈现出新兴产业快速发展、传统产业转型升级的产业发展态势，形成以中联车桥为龙头的装备制造产业、以新合新、鸿鹰生物为龙头的生物医药产业、以湘澧盐化为龙头的盐化工产业、以新中意为龙头的食品产业、以娄星纺织为龙头的纺织产业和以坝道水泥为龙头的新型建材产业发展格局。2017年，全市105家规模工业企业完成总产值224.7亿元，同比增长14.1%；实现规模工业增加值47.5亿元，增长10%。企业实缴税金16678万元，增长20.3%；全年新增规模企业17家；新开工建设亿元以上项目9个，新上工业技改项目16个，其中4000万以上项目10个。

发展后劲明显增强。成立5个专业招商引资小组，开展"百日招商"活动，2017年共引进溢多利四大基地系列等工业项目18个，引进资金18.7亿元，其中有湖南科益新生物医药有限公司投资3.5亿元的甾体药物及中间体项目；湖南格瑞生物科技有限公司投资2.5亿元的生物酶制剂生产建设项目；湖南康捷生物科技有限公司投资1.5亿元的食品酶制剂生产项目；湖南渔经生物技术有限公司投资1亿元的5000吨/年水质改良剂项目；惠州市添彩印刷有限公司投资8000万元的印铁制罐项目；津市市天诚车桥有限公司总投资5000万元铸造项目等。科益新生物、格瑞生物、康捷生物项目现正进行基建施工及工艺设计，投资1.3亿的溢多利热电项目已完成设备检修，通过环评后即将点火生产。另有40多个项目达成投资意向，正在跟踪中。

新开工建设亿元以上项目9个，新上工业技改项目16个，其中4000万以上项目10个。湘澧盐化投资8000万元新上的20万吨小包装盐生产线已投产、5万吨大颗粒盐生产线即将投产。恒博尔热风机、特维新材料、菲托葳生物、炜基生物、隆顺猪鬃、湘情酒业、荣瑞电力、隆瑞家具、洞庭金兔等项目竣工投产，康捷生物、格瑞生物、科益新生物、浪力饮用水、绿达米粉、大新颜料、好米针镜、引航生物等一批项目快速推进，工业发展后劲稳健。

帮扶企业成效明显。为实施精准帮扶和优质服务，年初下发《津市市2017年百名领导服务百家企业活动的通知》及《服务企业考核细则》，共安排102家规模和成长性企业分别由31名市级领导挂帅、69个部门和乡镇街道实行"六包"服务，将部门服务企业工作纳入全市重点工作绩效评估。组织召开10次推进新型工业化暨部门服务企业调度会，对企业反映的问题以文字函形式及时交办并督促落实，帮助企业解决用工难、融资难、劳动纠纷调处难等问题217个。组织开展"暖企行动"及"三送"活动，为企业送去服务企业联系卡、涉工政策、防暑降温物资，企业反响热烈。组织召开建材行业优先采购本地产品对接会及政银企对接交流会，企业融资工作有效推进，全年新增工业贷款1.2亿元。9月联合市企业家协会举办津市市工业企业现场管理交流培训活动。出台《盘活闲置低效企业工作方案》，分解细化20家闲置低效企业盘活任务，成立由四大家领导挂帅的盘活闲置低效企业工作领导班子，市财政局、高新区、科技工信局、商粮局等主要部门参与。出台《关于进一步加快盘活闲置低效企业的实施意见（试行）》（津政发〔2017〕30号），有效盘活鑫洲汽配、华弘科技等8家闲置低效企业。

园区攻坚效果显著。围绕创建国家级园区、建设澧水流域工业经济中心的战略目标，推进园区提质扩容、产业发展及环境优化攻坚大会战。完成高新区发展方向区划工作，高新区总用地面积由634.07公顷扩大至1062.41公顷。全年完成基础设施投入2.02亿元，是园区启动建设以来投入最大、项目最多的一年。嘉山电排、工业污水处理厂、团湖新材料建房、胥家湖景观桥、沿江路、园区形象提质和绿化亮化工程等项目基本建成；团湖桥、团湖北路、杉堰路、团湖中心广场、团湖公园、实训基地、孵化园综合楼、边坡防护、信号灯、污水管网配套工程等项目有序推进。2017年园区80家规模工业企业完成规模工业产值187亿元，同比增长17.7%。

科技创新力度加大。津市有高新技术企业13家，国家驰名商标3个（鸿鹰生物糖化酶、中意糖果、雪天牌食盐），省级名牌产品或著名商标12个。围绕打造澧水流域创新研发中心，抢抓省科技成果转化示范县政策机遇，搭建企业创新研发平台。2017年拥有省级工程技术研究中心2家，省级企业技术中心3家。中联车桥、新合新生物、新中意、金湘猪鬃、万木汇、嘉品嘉味、阿斯达、石化仪器等8家公司完成高新技术企业认定工作并获得批复。全年向上级经信、科技等部门申报技术改造、中小企业发展、公共服务平台建设、节能、战略性新兴产业引导资金、省级工程中心、重点研发计划、重大专项、产学研合作专项等引导资金项目18个5000多万元。建成3个省级创新研发平台，分别是新中意省企业技术中心，新合新省新激素类药物工程研究中心，新合新省甾体企业技术中心，建成省级生物医药科技企业孵化器，市中小企业云服务平台和科技成果转移转化平台正在建设中。相关企业申请专利100多件，授权专利49件，其中发明专利13件，形成一批具有自主知识产权的核心技术和产品。2017年全市完成高新企业产品产值147.7亿元，高新增加值35.7亿元。

上级政策落实到位。通过贯彻落实省政府关于企业减负政策及《常德市人民政府关于进一步降费减负促进工业企业健康平稳发展的通知》（常政发〔2017〕13号）等相关文件，全市各部门共取消、停征、降标35项涉企行政事业性收费和服务性收费项目，初步统计为工业企业减轻税收、社保、贷款利息、用电用地、中介评估收费等项负担1500多万元；园区企业养老保险费费率过渡试点成功获批，缴费逐年下浮；各金融机构均已不同程度地开展了展期、借新还旧等业务，下调企业贷款利率；加大降费减负力度，市本级各项行政事业性和服务性收费，执收单位一律按现行标准下限减半征收；推行部门收费公示，建立“负面清单”，实行“首查免罚”；严厉打击强揽工程、强买强卖、乱收乱罚等破坏经济环境的行为。

执法监管力度加强。加大各级各部门涉企政策法律的宣传普及力度，落实降费减负举措，全市各部门为企业争资5000多万元，市政府落实各类涉工奖励330万元。禁止实心粘土砖、限袋推广散装水泥工作成效明显，目前市城区新墙材使用率达95%以上，商品混凝土使用率达90%以上。对李家铺和新洲机制实心粘土砖厂依法强制拆除，帮助灵泉、渡口机制砖厂进行环保整改，新建2条新型环保多孔砖生产线，完成目标任务。全市工业企业淘汰在用大小燃煤锅炉39台，总容量379蒸吨，年减少煤炭消耗量在37万吨以上。联合安监、电力公司等多次开展生产安全及电力线路隐患排查，整改隐患28处。

存在的主要问题。工业发展步伐不快。工业经济虽呈回升之势，但下行压力依然较大，受区位资源等因素制约，工业发展步履维艰，工业产值规模、税收总量在常德市排名靠后，全市税收过千万的工业企业仅4家，过百万的仅25家。工业招商效果不够理想，新引进的大项目少，没有一个单笔投资过10亿元的大项目，除溢多利系列项目外，有重大影响的新兴产业项目不多。新建、续建项目整体建设进度较慢，工业经济缺乏新的增长动力。环保持续高压，企业生存发展受困。企业环保设施投入提高与经济效益下滑呈现出两难局面，部分企业受到较大的影响。

转型升级力度不大。以原材料和初级加工为主的传统产业占绝大多数，发展方式粗放，质量档次低、附加值低，抵御市场风险的能力较弱。传统企业普遍存在设备老化、生产技术含量低等问题，高技术、高附加值产品较少，低端技术、低端产品较多。转型升级调整不快使企业竞争力较差。大部分企业研发投入少，企业适应市场能力较差，导致企业发展分化明显。近20家企业闲置低效，债务负担重，盘活困难工作政策性强、涉及面广、难度较大，特别是企业涉及股权债务纠纷的问题一时难以解决。

科技经费投入不足。国家、省级科技计划项目立项难度加大，高新技术企业增长乏力。津市小微企业的科技含量遍不高，特别是财务指标和高企要求差距较大；科技经费投入不足。市本级科技支撑计划仅50万元，与其他县市相比额度过少。根据科技成果转化示范县工作考核要求，全市每年应完成发明专利申报任务50件，工作差距较大。专业技术人员短缺，引进留用难。

生产要素供给不足。融资难、用工难的问题日益突出。中小企业员工素质普遍偏低，产业工人结构性缺口较大，技术型人才缺乏，严重制约企业发展。企业费税负担仍较沉重。企业反映财务成本依然较高，成为当前企业生产经营面临的主要难题。劳动力成本过高，社保负担仍感沉重，税收负担较重，中介机构收费较多，行政事业性收费总体与往年持平，但排污税、水利建设专项、水资源费、残保金、工会经费等在企业缴费总额中占比较高。企业反映与行政许可审批相关的经营性中介机构服务收费项目多，垄断经营，收费标准偏高。

服务成效有待增强。在严峻的经济形势下，企业大多在微利、保本，甚至略亏的情况下维持生产，银行惜贷怕贷，融资难、融资贵、融资慢等问题依存；招工难问题凸显，高技能人才缺乏，人力资源结构性缺口较大，制约了中小微企

2017年津市重点工业项目进展表

项目名称	计划总投资	建设规模及进展	备注
1.两湖生物医药园项目	20亿元	溢多利生物医药园系列项目(格瑞生物、科益生物医药、康捷生物等),市政府于1月13与溢多利签约。至年底已完成基础设施投资5000万元。	新引进。
2.新合新甾体药物氢化可的松二期工程	2亿元	年产70吨甾体药物及中间体项目,已建成投产	技改
3.鸿鹰生物科技公司饲料添加剂生产线升级改造	5000万元。	年产7吨氰钴氨及300吨B12饲料添加剂,已投产。	技改
4.天成生化与天津医药合作	2亿元	生产医药中间体。	技改
5.好米医疗器械	5000万	医疗器械,已进入创业园在建	新建
6.渔经生物水质改良剂	1亿元	北京基地迁转入津	兼并金永化工
7.湘澧盐化小包装盐生产线	8000万元	已完成	技改
8.苏州引航生物科技	5000万	生物酶工程孵化平台(中试车间),一期投资2000万元已建成投产。	新建
9.中联车桥与东风公司合作项目	1亿元	襄樊邦乐迁转回津,已投产	技改
10.大汉高档客车	1亿元	2000辆高档客车	在建
11.湘情酒业项目	1亿元	稻花香集团子公司,贴牌生产	新建
12.金健整合食品产业项目	10亿元	金健米业收购整合津市特色小食品,已完成规划。	新建
13.嘉品嘉味冷链配送	2000万元	新扩50亩新建冷链车间生产线	技改
14.绿达合作新上米粉项目	5000万元	联合5家米粉厂生产米粉,已投产。	新建
15.浩翰菜业、康舜天菌油	2000万元	租赁标准厂房经营	新引进
16.湖南嘉一食品	1615万元	年产5000吨脱水菜	新引进
17.欣龙非织造项目	5000万元	新增医疗卫生用品生产线,已完成基础设施建设,开始筹建。	技改
18.天泰天润新能源电池项目	5000万元	年产2000吨磷酸铁及500吨磷酸铁锂项目,开始试生产	新建
19. 娄星纺织5万锭智能纺纱技术改造项目	5000万元	已投产	技改
20. 宏力纺织细纱机全自动集落智能设备技术改造项目	2000万元	在建	技改
21.天成生化小苏打项目	1亿元	已投产	技改
22.新鲁包装二期	5000万元	瓦楞纸生产线,已投产	技改
23.仁和盛扩产	2000万元	包装纸项目,已投产	技改
24.大北农水产饲料项目	1亿元	新增水产饲料5万吨,达产13万吨	技改
25. 创奇食品风味鱼生产线节能技术改造项目	1500万元	风味鱼等	技改

津市市 2017 年专利授权一览表

申请号	专利名称	权利人	专利类型	申请人类型（授权）
2015102447245	杏鲍菇工厂化生产方法	湖南和平生物科技有限公司	发明	工矿企业
2014104896723	一种空气能热风机	湖南恒博尔热风机制造有限公司	发明	工矿企业
2013107382106	一种含有 β－葡聚糖酶的生长猪专用酶及其制备方法	湖南鸿鹰生物科技有限公司	发明	工矿企业
2013107172150	一种热稳定性好的 β－葡聚糖酶的制备方法	湖南鸿鹰生物科技有限公司	发明	工矿企业
2013107383486	一种含有 β－葡聚糖酶的小麦日粮酶及其制备方法	湖南鸿鹰生物科技有限公司	发明	工矿企业
2012102113151	一种以水稻秸秆为主要原料固态发酵产纤维素酶的方法	湖南鸿鹰祥生物工程股份有限公司	发明	工矿企业
2012102113113	一株高产纤维素酶菌株及发酵产中性纤维素酶的方法	湖南鸿鹰祥生物工程股份有限公司	发明	工矿企业
2016208592882	一种安装有三相开关磁阻电机及控制器的电动工具	湖南劲龙电机有限公司	实用新型	工矿企业
2016208592257	一种无刷电机定子绝缘骨架	湖南劲龙电机有限公司	实用新型	工矿企业
2015103396039	一种电火花线切割机床工作液的配置方法及其装置	湖南劲龙电机有限公司	发明	工矿企业
2015101933693	具有高纤维素酶活性的菌株及其应用和获得方法	湖南龙腾生物科技有限公司	发明	工矿企业
2016213266510	一种用于生产骨素的骨泥磨进料装置	湖南省嘉品嘉味生物科技有限公司	实用新型	工矿企业
2016213377937	一种用于生产香精的高速粉碎的下料装置	湖南省嘉品嘉味生物科技有限公司	实用新型	工矿企业
2016213377918	一种用于生产骨素的暂存搅拌装置	湖南省嘉品嘉味生物科技有限公司	实用新型	工矿企业
2016213222480	一种用于生产香精的微波干燥进料装置	湖南省嘉品嘉味生物科技有限公司	实用新型	工矿企业
2016213377922	一种用于生产调味料的在线乳化装置	湖南省嘉品嘉味生物科技有限公司	实用新型	工矿企业
2016213266525	一种用于生产骨素的提取出料装置	湖南省嘉品嘉味生物科技有限公司	实用新型	工矿企业
2016213265490	一种用于生产调味料的胶体磨进料装置	湖南省嘉品嘉味生物科技有限公司	实用新型	工矿企业
2016213265486	一种用于生产调味料的磨粉工序消声装置	湖南省嘉品嘉味生物科技有限公司	实用新型	工矿企业
2016306424854	包装袋(雪牌生态盐系列)	湖南省湘澧盐化有限责任公司	外观设计	工矿企业
2017301126497	包装袋(活水盐)	湖南省湘澧盐化有限责任公司	外观设计	工矿企业
2016102237580	16β－甲基甾族化合物的制备方法	湖南新合新生物医药有限公司	发明	工矿企业
201410729805X	一种中温 α－淀粉酶的制备方法	湖南新鸿鹰生物工程有限公司	发明	工矿企业
2014107350237	一株产中温 α－淀粉酶的枯草芽孢杆菌	湖南新鸿鹰生物工程有限公司	发明	工矿企业
2014107175350	一种含真菌 α－淀粉酶的洗涤复合酶及其制备方法	湖南新鸿鹰生物工程有限公司	发明	工矿企业
2014107349121	一种生长猪用复配酶及其制备方法	湖南新鸿鹰生物工程有限公司	发明	工矿企业
2015100811735	轮边减速器齿圈及其制造方法	湖南中联重科车桥有限公司	发明	工矿企业
2015105260334	限滑差速器及车桥	湖南中联重科车桥有限公司	发明	工矿企业

申请号	专利名称	权利人	专利类型	申请人类型（授权）
2016213989115	一种猪鬃含量百分比检测装置	津市市金湘猪鬃实业有限公司	实用新型	工矿企业
2016213989632	一种绑板机	津市市金湘猪鬃实业有限公司	实用新型	工矿企业
2016211707561	一种发动机油边界泵送温度测定器	津市市石油化工仪器有限公司	实用新型	工矿企业
2016209666686	一种蔬菜种植大棚	雷连净	实用新型	个人
2016206744749	一种生物质成炭燃烧机	雷连净	实用新型	个人
2016209842175	带光照强度与充电电流指示的太阳能折叠包充电器	李绍辉	实用新型	个人
2017301005721	耳机(EP-1301M)	刘明	外观设计	个人
2017301986050	蓝牙耳机(运动式 BT-701)	刘明	外观设计	个人
2017202338736	一种城市下水道沉淀井的清污装置	罗承福	实用新型	个人
2016306090209	行车记录仪	施菊梅	外观设计	个人
2017302078560	无缝平开门铝材配件(1 号)	汤开军	外观设计	个人
2017302079050	无缝平开门铝材配件(2 号)	汤开军	外观设计	个人
2017202189426	LED 新型洗墙灯	王小玉	实用新型	个人
2016306501282	办公台(17032T)	王毅	外观设计	个人
2016306508794	办公台(17031T)	王毅	外观设计	个人
2016304712749	办公桌(12005)	王毅	外观设计	个人
2017301874360	室内钢质门	杨兴武	外观设计	个人
2017205443151	一种室内安全钢质门	杨兴武	实用新型	个人
2016304737708	电动伸缩门(3)	郑青云	外观设计	个人
2016304737712	电动伸缩门(1)	郑青云	外观设计	个人
2016304737695	电动伸缩门(2)	郑青云	外观设计	个人
2017301270820	口罩(Q5pro)	朱其厚	外观设计	个人
2016305229750	主动送风口罩(Q7/Q8 款)	朱其厚	外观设计	个人
2017300590516	立体送风口罩(Q5S-3)	朱其厚	外观设计	个人
2016305319969	立体送风防护口罩(双涡道工业款)	朱其厚	外观设计	个人
2016304883085	硅胶水烟壶	朱巍	外观设计	个人
2017301331237	指尖陀螺(三头六臂)	曹勇	外观设计	个人
2016306285550	汽车遮阳帘	邓昭华	外观设计	个人
2017301012053	耳机(裕朗 DH-1703)	丁辉	外观设计	个人
2017301042665	耳机(裕朗 DH-1702)	丁辉	外观设计	个人
2017300633615	耳机(裕朗 DH-062301)	丁辉	外观设计	个人
2017300633583	耳机(裕朗 DH-1701)	丁辉	外观设计	个人

业的发展。科工管理部门职能作用有待进一步强化,少数部门服务企业措施不多、力度不大,还存在重信息收集上报、轻困难问题化解的现象,服务能力有待增强,工作水平有待提高。(甘德军)

【生物医药产业】生物医药产业是津市"十三五"规划和第十二次党代会明确的重点发展培育的新兴产业。津市在生物酶制剂、甾体激素及医药中间体、医用氨基酸、植物提取等领域里具有一定特色和优势,形成本区域内特有的产业体系。自2014年市委市政府提出重点发展生物医药产业,打造"两湖"生物医药园以来,生物医药产业一直保持着20%左右的增长速度。2016年4月,津市已被科技部确定为国家火炬计划生物酶制剂及应用特色产业基地。2017年,生物医药产业"以商招商"取得了重大突破,上市企业珠海溢多利公司投资20亿元的四大基地项目成功落地,为津市最大的招商引资工业项目,正在进行基础设施建设。引航生物实现当年签约当年投产。

2017年津市有生物医药工业企业14家,从业人员2200人,其中规模以上企业11家。2017年实现总产值38.4亿元,同比增长28.5%;入库税收4123万元,增长9.2%。

2017年,该产业主要生产企业9家:鸿鹰生物、新鸿鹰生物、新合新生物、龙腾生物、宏炎酶制剂、天成生化、菲托葳(新开工投产)、炜基生物(新开工投产)、汉晶瑞(复产转产)等。鸿鹰生物为溢多利公司的控股子公司,是该公司在湖南建立的南方酶制剂发酵生产基地。新鸿鹰生物为鸿鹰生物公司的全资子公司,主要开拓国内市场。新合新生物为溢多利公司的控股子公司,主营业务为甾体激素类医药中间体和原料药的研发、生产和销售。龙腾生物为新合新生物公司的控股子公司,主要为新合新生物配套生产医药中间体前端的甾体发酵物。菲托葳为溢多利公司的控股孙公司,主营业务为虎杖等植物中药提取医药中间体。天成生化主要产品为医用氨基酸系列和医药中间体,受国内外市场形势,特别是美国FDA对医用氨基酸增加技术指标检验影响,该公司产销近两年大幅下滑。宏炎酶制剂主要产品为啤酒酶,为订单生产模式,因市场不景气因素影响,一直处于开工不足状态。炜基生物主要产品为蒙脱石预混合饲料添加剂,4月建成投产。溢多利项目是我省2017年重大工业项目,但目前还在进行项目前期准备,资金募集仍未到位,工程进展与公司原计划进度延迟。津市的生物医药产业年上缴税收均在5000万元以上(含个人所得税),约占全市规模工业年入库税金的30%,但社会各层面对发展生物医药产业思想仍不统一,反映产业布局选址不优,环境影响较大等。目前,津市生物医药企业面临技术工人招工难、高端人才引进难等问题。(袁峰、彭佳)

【装备制造产业】装备制造是津市传统的优势产业,至2017年,形成中联

津市市生物医药企业概况

序号	企业名称	主要产品	2017年产值(亿元)	入库税收(万元)
1	湖南鸿鹰生物科技有限公司	酶制剂系列产品	4.29	820
2	湖南新鸿鹰生物工程有限公司	酶制剂系列产品	10.35	743
3	湖南新合新生物医药有限公司	甾体激素及医药中间体	9.89	2312
4	津市市龙腾生物科技有限公司	酶制剂系列产品	2.23	60
5	湖南阿斯达生化科技有限公司	甲基二磺酸	0.47	16
6	津市市宏炎酶制剂有限公司	酶制剂系列产品	1.09	14
7	湖南天成生化科技有限公司	医药中间体	0.6	78
8	湖南汉晶瑞氨基酸有限公司	小苏打	1	49
9	湖南菲托葳植物资源公司	植物中药及医药中间体	2017年投产 0.38	20
10	湖南炜基生物有限公司	蒙脱石预混合饲料添加剂	1.37	
11	湖南康捷生物科技有限公司	酶制剂系列产品	在建	是
12	湖南格瑞生物科技有限公司	酶制剂系列产品	在建	是
13	湖南科益新生物医药有限公司	医药中间体及成品药	在建	是

重科车桥公司、致远汽车配件为龙头，配套及装备制造业为支点的产业群。装备制造业主要涉及电机、船舶制造、机械加工、铸造锻压、钣金、结构、机加工、部件及整机装配等工艺工序，主要产品有三类：一是汽车、工程车配件：主要有系列商用车桥工程车桥，系列汽缸套，汽车系列半轴、轴管、制动鼓总成、支架总成，汽车工字梁、凸轮轴、挂臂锻坯、发动机油底壳及飞轮壳。二是其他装备制造，主要有船舶、通用带式输送机、锻压摆炼机、油泵电机。三是单纯的铸、锻、结构件和机加工零部件等基础件加工。

装备制造是津市"十三五"时期大力扶持和发展的产业。群体规模不断壮大，产业发展水平得到提升，已具备较好的基础和优势。规模以上装备制造企业共有29家，已占规模以上工业企业的近三分之一。以中联车桥为首的龙头企业积极抓技改、扩规模、搞合作，规模以上企业群体不断壮大，产销能力快速增长，带动作用不断增强。2017年27家装备制造规模以上企业完成产值49.5亿元，入库税金5030万元。津市的装备制造业产品产销量已经出现大幅增长的势头，产品需求量不断增大，市场占有率稳步提升。中联车桥的系列车桥、鑫源的缸套、中沃的工字梁、制动鼓总成、洞庭的轴管、泰安的挂臂锻坯、大同、飞达的橡胶件等，都体现专业化生产的特点，除零配件为本地龙头企业配套外，还可向域外汽车配件企业进行配套，扩展的空间很大。

全市装备制造生产企业，除中联车桥、致远车桥、中沃、鑫源缸套工业产值在3000万以上外，其他平均年工业产值不到1000万元，其中500万元以下的有8家，占企业总数的50%。中联车桥的主要外协厂家近300家，而津市只有7家，其他装备制造企业产能不大，产品品种单一。津市装备制造企业技术改造投入不大，且绝大部分技术改造就在中联车桥，其他企业的技改投资很少，中小企业融资瓶颈依然存在，企业规模难以扩大。铸造、锻压等设备仍处于半机械化程度，检测设备完好率只达80%，数字化设备只占到全部设备的2.3%。现有设备64%已经超过折旧期，41%的设备折旧已清零，不得不开始二次折旧。

津市装备制造业产品技术含量普遍不高，属传统低端类产品。中联车桥外协主要零部件有：前轴、横拉杆总成、转向节总成、制动器总成、轮毂制动鼓总成、主减总成、车壳7个系列48大类3478个品种。津市能为其配套产品的只有轴管、半轴、轮毂、底盘钢部件、曲轴、制动蹄、支架、橡胶件、加强圈、半轴套管等12个品种，仅占0.35%。

津市装备制造生产企业普遍技术人员很少，技术力量薄弱，企业自身难以解决重大的技术难题，企业产品的自主开发和创新更是难以开展。企业技术工人出现断层，招工难现象普遍存在。（洪振华 陈林 陈章华）

【健康食品产业】津市风味食品主要产品有糖果糕点、卤腊制品、果蔬制品、调味品、酒类饮品、保健品、药食同源食品等特色食品品种150多种，有不少特色产品已成为省内乃至全国的知名品牌，如中意糖果、果冻、润农茶籽油、张老头牛肉干、木子豆乳、绿康食品、南北特食品、津市米粉及津市藠果等一批特色食品，成为馈赠佳品和城市名片。靠大联强，依托金健米业、稻花香等上市龙头企业，开发早餐主食、休闲食品、传统特色食品、酒精酿造、食用油、食用菌等，依托大北农及旺森养殖，发展牲畜养殖及饲料加工业，整合现有食品企业资源，发掘传统食品，发展果蔬罐头、腐乳、菌油，开展牛肉、兔肉、猪肉、淡水鱼等卤腊深加工，对地方特产娃儿酥糖、桃酥、薄切、芝麻糖等实现实现工业化、规模化、智能化生产。2017年全市食品行业已拥有专利技术100多项，其中发明专利30多项，搭建产学研平台3个，拥有原产地地理标志2个（津市藠果、津市牛肉米粉）、国家驰名商标2个（中意糖果、中意果冻），省著名商标及名牌产品6个（绿康、涔澹香

2017年食品产业骨干企业基本情况表

食品产业		产值(亿元)	税收(万元)	主要产品产量	备注
1	中意糖果	10.3	109	糖果、果冻	
2	大北农	2.75	142	牲畜饲料	
3	南北特	3.26	109	豆制品	
4	创奇食品	0.88	29	风干鱼系列	
5	津味绿康	1.2	65	桔罐系列	
6	涔澹加工	5.25	10	大豆油	
7	光大食品	0.58	18	菜籽油	
8	嘉品嘉味	0.99	23	调味品	
9	天泰食品	1.05	25	食品添加剂	
10	张老头鹏来	1.98	14	卤腊肉制品	
11	十八子食品	0.82	56	豆制品	
12	润农茶油	0.53	35	茶籽油	
13	平和食品	2.86	9	藠果加工	
14	旺森农牧	4.63	46	生猪养殖、饲料加工	
15	皓天蛋业	0.48	42	卤蛋加工	
	其它(略)				

油脂、广钱油脂“绿润源”、南北特食品等）。津市食品企业与湖南农大等高等院校形成技术合作关系。新中意筹建食品研发中心、嘉品嘉味创建省级食品添加剂研发平台、润农博士后工作站建设全面启动，为产业发展提供技术支撑。

全市食品产业主要经济指标保持稳中有增，2017 年，23 家规模企业完成产值 54.8 亿元，实缴税金 790 万元。津市与湖南粮食集团签署合作协议，投资 30 亿元的健康食品产业园区已完成规划。湖南新中意食品公司组建后，成为金健米业全资子公司，经营模式、市场策划、销售渠道更加规范，具备跨越发展的条件。“中意”糖果、果冻及婴幼儿酸奶产品畅销全国 20 多个省市自治区，开发欧美市场。湖南润农生态茶油有限公司产品山茶油获农博会金奖：南北特新建开发长沙臭豆腐和津味豆干，弥补传统豆干系列市场萎缩的不足；皓天蛋业卤蛋生产，产品供不应求；嘉品嘉味、创奇食品、十八子、津味绿康、椰糠食品、张老头鹏来、广钱油脂、涔澹加工厂、新光大食品、仕林生物、和平生物公司产销两旺，浩翰菜业、康舜天菌油、湘情酒业已经投产，津市绿达米粉正式投产；威化薄片（食用威化纸）、洞庭金兔食品兔肉深加工、湖南嘉一食品有限公司年产 5000 吨脱水蒜片及系列农产品等项目入园在建；新光大食品与台湾荣祺食品合资，对葛果进行成品加工和开发国内市场的项目正在进行前期的准备工作；大沥环球新开发的红薯南瓜软糖、陈皮姜糖已通过国家专利申请的初审，番茄、玉米、土豆软糖已申请国家专利正在审查中。

津市食品企业户数多，但规模小，产业集中度低，利润水平普遍不高，税费贡献偏小，龙头企业带动性不强，食品产业在工业经济中的比重偏低，税收仅占 5%。部分企业发展缓慢，十八子等企业产品市场需求旺盛，但处于小而全状态。仕林生物、和平生物食用菌杏孢菇等产品供不应求，但受厂地限制，难以扩大生产规模。管理人员、营销人员、专业技术人员奇缺，从业人员文化及技术水平普遍不高；大多数食品企业存在淡旺季现象，员工招聘留用难，季节性缺口大；原材料价格上涨，企业资金短缺，融资难、贵、慢问题比较突出，品牌多而杂，规模小，宣传力度不够，很多特色产品的知名度小。食品市场、食品加工与农业原料基地的产业链尚未真正形成。食品工业的初级加工所占比重大，精深加工较少，下游产品不多，下脚料的综合利用率低下，产业链条还有很大的延伸空间。产品精加工相对落后，高附加值精品匮乏，包装简单，产量过小，特色食品口感适应面窄，销售半径受到限制；企业设备简陋，工艺相对简单，自动化程度低；食品科技人才严重不足，加工新技术、新工艺严重缺乏，在技术更新及产品研发上突破少；部分企业还没有自己的产品标准、质量管理和卫生管理体系。

（李运忠　孔令平　甘德军）

【纺织服装产业】2017 年，全市现有纺织服装工业企业 10 家，从业人员 2100 人，其中规上企业 10 家，实现规模工业总产值 25.9 亿元，同比增长 16.9%，主营业务收入 23.9 亿元，入库税金 1754 万元。2017 年该产业实际开工企业：娄星纺织、宏力纺织、友联纺织、欣龙非织造、名仕服饰、雅琪制衣、金翔服饰、荣威服饰等 8 家企业，益林纺织、楚天纺织处于破产改制期、乔锐纺织已停产。

津市纺织业仅有棉纺、蚕茧丝，没有产品的深、精加工；产品档次不高。支撑纺织产业规模的大宗产品种类，主要是纺纱，上游延伸只有棉花轧花，下游的织布、印染等没有一家企业，4 家服装企业只是代加工，没有服装设计展示和自有品牌，整个产业链还不完整。津市纺织工业装备经投资改造后，其装备水平在全国同行业中仍然属于中等档次，每万锭用工人数平均 200 人，最好的 70 人，全国最好的只需 30 人。行业劳动用工人员严重短缺，3 家主要纺织企业从业人员平均年龄约 48.5 岁，年龄结构偏大，文化程度偏低，从业人员梯队结构严重脱节，致使技术开发、经营管理人才、专业技术人才和熟练技工严重不足。（刘宇丹、杨博）

【盐化工产业】2017 年盐化工企业共有 10 家：湘澧盐化、渔经生物、裕达卤碱、三鑫化工、三原颜料、汉瑞化工（试生产）、天盛电化、汇湘化工、首信化工、广汇气体。全年规模企业完成产值 17.7 亿元，实缴税金 3807 万元，增长 40.1%。龙头企业湘澧盐化大力推广“雪牌”活水盐、生态盐系列新品。天盛电化

津市市纺织服装企业概况

企业名称	主要产品	产值(万元)	税收(万元)
湖南娄星纺织公司	纯棉竹节纱、混纺竹节纱	77004	800
湖南宏力纺织公司	纯棉竹节纱、混纺竹节纱	26624	430
津市友联纺织公司	竹节纱	65897	158
湖南欣龙非织造公司	无纺布	11929	65
津市市名仕服饰公司	女性内衣	4356	
津市雅琪制衣公司	成衣	45133	2
湖南楚天纺织公司	双股纱线	7369	185
津市金翔服饰公司	成衣	4442	4
津市乔锐纺织公司	成衣	5560	
津市荣威服饰公司	女性内衣	11199	111

正在进行并购重组复产，开发盐化工下游精细化工产品。

位于澧县盐井镇官桥村的岩盐矿区，距县城北约24公里，矿区东西宽2.6公里、南北长3.5公里，面积约8平方公里。现已探明该处盐储量为11000万吨，岩盐矿氯化钠含量81.81-96.32%，深度650-800米，封闭性好，易于开采，属大型岩盐矿床，工业盐开发价值极高。岩盐量按20%的工业回采率计算可开采量超过2700万吨，按年产100万吨工业盐计算，矿山服务年限可达30年以上。

全市有工业盐、无水硫酸钠、氯碱系列均为盐化工产品。产品生产的单一性突出，产品之间的关联度不高，没有形成流畅的产业链。湘澧盐化由于初级产品多，科技含量少，大部分远程外销，使附加值低的产品成本愈加提高，企业抗风险能力很弱。天盛电化、汇湘化工等企业的停产造成津市盐化工产业链断裂，企业间产品不能在本区域内消化和形成关联循环，企业的生产能力不能得到有效发挥。盐化工产业的产品呈现上游产品量大，中间单一，终端空白的倒金字塔状况。

津市盐化工企业多半是近几年引进的中小企业，企业发展速度不快，缺乏贷款抵押物（设备质押价值不高、土地厂房面积偏小），银行贷款额度和授信较低，资金缺口较大。（汪宇、谭荣）

【新型建材产业】2017年全市规模以上新型建材企业9家，正常运行的4家新型建材企业主要生产水泥、瓷砖、预拌混凝土、钢化玻璃等产品。

坝道水泥生产采用HFCG120/45辊压机和SF500/100打散分级机与ф3.2*13m高效筛分磨机组合而成的联合挤压粉磨系统，采用DCS中央控制系统，公司于2010年2月由上级主管部门正式认定为资源综合利用企业。主要产品“壩道”牌P.C32.5R和P.O42.5，是民用建筑、市政工程、高层建筑、道路、桥梁等工程十分信赖的产品。

鸿科建材拥有2个三一重工集团现代化大型环保混凝土搅拌站；2个徐工集团环保沥青混凝土搅拌站，设有全自动电脑自控，数型检测设备的混凝土专项实验室，配备了GPS卫星定位车辆监控调度系统和混凝土企业ERP管理系统。同时，公司拥有搅拌和运输车辆为35辆，三一重工输送泵车4台，1303型德国福格勒伸缩摊铺机1台，徐工胶轮压路机1台，双钢轮振动压路机1台，平板振动器2台，HD138悍马双钢轮1台，乳化沥青洒布车1台，切割机1台等各种先进的施工设备，确保多个工地混凝土的连续生产和供应。

瑞晶玻璃拥有意大利保特罗自动玻璃切割线1条、韩国PLC中空玻璃生产线1条、新智能型平弯强制上下全对流钢化玻璃生产线条、磨砂玻璃生产线1条以及钢化前处理设备：清洗机1台；磨边机3台；专业玻璃钻孔机2台等设备，主要生产钢化玻璃，中空玻璃，夹层玻璃，装饰玻璃。

湘陶建材日产能超过15000平方，旗下“锦运陶瓷”、“金湘陶陶瓷”、“凯锐陶瓷”三大品牌300多个品种在湖南、湖北、广东、福建、江西、重庆、贵州、河南等地发展大小经销商近二百余家，主要产品规格：600*600、300*300、300*600、600*900、800*800。2017年，湘陶计划新建釉面抛光砖生产线一条，年产能规划约600万平方米；计划新建陶瓷瓷片生产线一条，年产能规划约700万平方米。（刘宇丹、汤湘忠、杨博）

【林纸加工行业】2017年津市林纸加工企业有常德仁和盛五金包装公司、津市市中南新鲁包装公司、常德泓宇纸业公司、津市市祥顺纸箱包装公司等4家公司。

盐化工部分企业主要经济指标及人员结构表

企业	产值（万元）	税收（万元）	主要产品	从业人数（人）	专业技术人员（人）
湘澧盐化	40495	3621	食用盐、芒硝	1246	494
渔经生物	11469	19	生物消毒剂	203	15
裕达卤碱	36242	33	小苏打	189	11
三鑫化工	6882	30	涂料	96	0
三原颜料	8474	38	涂料	109	18

新型建材企业基本情况表

序号	单位名称	主要产品	运行情况
1	坝道水泥	水泥	正常
2	湘陶建材	瓷砖	正常
3	宏森钢构	钢构厂房	停产
4	龙屿环保	环保砖	停产
5	星辰环保	环保砖	停产（以房产开发为主）
6	鸿科建材	预拌混凝土	正常
7	华星泰实业	管材	停产（待招商）
8	江山建材	水玻璃	停产（待招商）
9	瑞晶玻璃	钢化玻璃	正常

常德仁和盛五金包装公司、津市市祥顺纸箱包装公司2017年生产正常，产销两旺；常德泓宇纸业公司租赁原湖南雪丽造纸公司（已破产兼并）、津市市中南新鲁包装公司租赁原湖南新鲁包装公司。常德泓宇纸业公司处于试生产阶段。津市市中南新鲁包装公司自6月二期开业后，企业产值利税快速增长。新能源天泰天润公司新产品磷酸铁已通过比亚迪公司的检测，在同类产品中质量第一，正进行试生产。新材料欣龙无纺二期完成规划，拟完成基础建设后，开发高端下游医用卫生产品。（李运忠、王娟）

【中国铸造协会两化融合部部长邓超来津市考察】2月8日，中国铸造协会两化融合部部长邓超一行，深入中联车桥公司、致远汽配公司、鑫嘉城铸造公司等企业实地考察，与相关企业就铸造产业发展深入洽谈。中国铸造协会在产业信息、行业引领、技术、专家人才及企业资源方面具有较强的优势，而津市装备制造产业及铸造锻造工业有较好的基础，双方已初步达成合作共识，将利用产业转移契机，尽快在津市建立铸造业基地。（甘德军）

【市引航生物酶工程孵化平台项目成功签约】1月20日，苏州引航生物科技有限公司与市嘉山实业有限公司共同投资的津市引航生物酶工程孵化平台项目成功签约。苏州引航生物科技有限公司是以留美博士谢新开为领头人的研发团队，在合成生物学、代谢工程、酶工程和绿色化学及其产业化方面积累了丰富的研发和产业化经验，自主研发30多种生物法合成工艺和酶制剂产品，建立500余种酶种资源库和自动化高通量筛选工作站。引航生物酶工程孵化平台项目预计总投资10000万元，分三个阶段投资，第一阶段投资600万元，主要用于研发设备与仪器、中试生产设备、办公设备和研发前期投入资金；第二阶段投资2000万元，主要用于成果转化和产业化投入；第三阶段投资7400万元，主要用于扩大再生产。（陈林）

【部门服务企业工作】2月20日，市推进新型工业化领导小组召开全市2017年部门服务企业工作调度会暨2017年推进新型工业化第二次调度会。常务副组长、副市长杜登全作工作报告；市推新领导小组副组长、市人大副主任、工商联主席胡湘萍宣读了《关于下达2017年度推进新型工业化工作计划任务的通知》，对2017年的部门（68个）服务结对企业（100家）、工业企业在建工程、高新区项目建设任务安排等进行具体部署；市人民银行、财政局、审计局、就业处等部门作了表态发言；推新领导小组组长、市委常委、政法委书记李景峰作了总结讲话，认为去年工作有实效。要求今年全市各部门要带着任务、带着使命，带着感情搞好服务。帮助企业提振信心、引进项目、解决问题，取得更好的工作成效。会议由市人大副主任黄费武主持，全体推新领导小组领导及成员单位负责人，各部门单位分管企业负责人、企业特派员及工业新区、科工局班子成员参加会议。（甘德军）

【荣瑞电力签约入驻高新区】3月10日，湖南荣瑞电力设备责任有限公司与市嘉山实业有限公司签约，入驻高新区小微企业孵化园。湖南荣瑞电力设备公司将投入1000万元，厂房建筑总面积为1658m²，建设万米绝缘铜管母线项目。全绝缘、半绝缘铜管母线为该公司主导产品，通过国家高压电器质量监督检验中心的型式试验，是国家电器系统大电流铜排母线、电缆的首选换代产品。荣瑞电力是国家电网提供此类型产品的18家设备供应商之一，也是省内唯一的生产厂家。（甘德军）

【新洲镇嘉山机制砖厂关停】3月12日晚9时，新州镇嘉山机制砖厂约40米高的烟囱成功实施人工拆除，使这一运行了40多年的粘土砖厂彻底关闭停产。此次新洲嘉山机砖厂烟囱实施拆除是按照市委、市政府关于依法限期关闭取缔粘土砖厂通告的要求，对未达到国家环保工艺标准的砖厂实施强制关闭而实施的。机砖厂的关停将对节能减排，保护嘉山生态环境起到积极作用。（杨博）

【常德经信委督导津市高新区攻坚工作】4月11日，常德市经信委副主任夏智一行督导市高新区攻坚工作。市人民政府副市长杜登全参加活动。?督察组先后现场查看工业污水处理厂、胥家湖景观桥、溢多利土方平整、千吨级码头、示范小区配套工程等项目现场，详细了解园区攻坚工作情况汇报。?督导组对津市园区攻坚工作给予充分肯定，要求市高新区坚定信心，强化研判意识、目标意识、项目意识、服务意识，确保完成各项任务，齐心协力打好园区攻坚战。（汪宇）

【召开建材行业产品展示对接交流会】4月10日，2017年度建材行业产品展示对接交流会在高新区召开。与会人员参观湘陶建材公司、瑞晶钢化玻璃公司等企业及其产品。市科技工信局负责人宣讲常德市及本市《帮扶工业企业十条》文件中关于“财政性资金和国有企业资金支出项目，同等条件下鼓励优先采购使用本地工业企业产品”的有关政策，并就优先采购本地企业产品的必要性和可行性作了阐达。各部门负责人就城镇项目建设使用本地建材产品的情况及今后打算进行了表态发言。市政协主席姜正才指出，加强政企、企企合作，

林纸加工企业基本情况表

企业名称	产值	税收
中南新鲁包装公司	14692万	182万
仁和盛五金包装公司	20628万	39万
祥顺纸箱包装公司	5966万	2万
常德泓宇纸业公司	调试	

在同等质量、价格情况下优先采购使用本地工业企业产品对支持园区大会战有重大意义，是工业立市的重要举措，是抱团取暖共同发展的有益探索。企业要优质、优价，加强后续服务工作；要加强自身宣传，让产品走出去。各部门要主动作为，主动推介，依法监管，落实政策，优先采购本地建材等产品。市人大常委会副主任胡湘萍，建材行业法人代表，各乡镇街道、部门负责人等30余人参加了会议。（杨博）

【市津鑫投资发展有限公司授牌成立】4月18日上午，常德财鑫金融控股集团在区县市的首家控股公司，津市津鑫投资发展有限公司正式授牌成立，市委书记傅勇出席授牌仪式并讲话，市委副书记、市长陈章杰，常德市财鑫金融控股集团董事长余俞共同为新公司授牌。授牌仪式由市委常委、政法委书记李景峰主持。据了解，津市津鑫投资发展有限公司为财鑫金控集团的控股子公司，坚持"市场运行、严控风险、创新发展"的原则，通过为企业提供低成本过桥资金、融资担保业务等，帮助企业度过"过桥"难关，拉动社会投资，切实降低企业的融资成本，促进社会就业。（孔令平）

【澧多利重点项目指挥部挂牌成立】4月19日，津市溢多利项目重点项目指挥部正式挂牌成立。溢多利生物医药重点项目包括康捷年产15000吨食品用酶制剂项目，格瑞年产20000吨生物酶制剂项目，科益新年产1200吨甾体药物及中间体项目，科益新药物制剂项目，鸿鹰、新合新、龙腾新增/扩产项目，总投资23.5亿元，建设周期为五年。现康捷、格瑞、科益新项目均已完成土地招拍挂及前期施工准备，计划5月份开始基础建设，预计年底可完成厂房建设及主体设备安装，其他项目将按照战略合作协议内容依次推进。（甘德军）

【常德市科技局考察市高新技术企业申报工作】5月4日，由常德市科技局局长马慧带领的市高新技术企业认定考察组来津，对津市拟申报2017年高新技术企业认定的新合新、新中意等企业进行了现场考察。考察组一行对照高新技术企业认定标准考察了企业知识产权、科技成果转化、组织管理水平、财务状况及企业成长性等方面的情况，认为上述企业基本符合高新技术企业认定条件，并希望企业通过高新技术企业的申报认定，进一步加大研发投入，提高企业科技创新能力，常德市科技局将依程序积极推荐上报。副市长杜登全、市科工局相关负责人参加考察。（陈林）

【省经信委来津调研溢多利系列项目】5月10日，省经信委党组成员、副主任黄宝林等一行5人的调研考察小组，调研考察津市溢多利项目情况。考察组一行对溢多利电厂、新合新生物公司、鸿鹰生物公司和溢多利新建项目选址进行了现场考察。市委书记傅勇，市委常委、政法委书记李景峰，市人民政府副市长杜登全及市科技工信局、市高新区、鸿鹰生物和新合新生物等部门及企业负责人参加考察。黄宝林指出，广东溢多利生物医药产业园是省政府领导联系的重点建设项目，对推动湖南生物发酵产业做大做强起着重要作用。并表示将积极帮助协调解决企业在项目建设过程中遇到的困难和问题，确保省重点项目顺利推进，尽早投产达效。（袁峰）

【湖南好米针镜科技有限公司入驻市高新区】6月9日下午，湖南好米针镜科技有限公司与高新区管委会签订相关协议，将于本月正式入驻园区中小企业孵化园。湖南好米针镜科技有限公司拟投资5000万元，建设针镜微创医疗器材生产项目。根据协议约定，该项目预计在年底前投产运营，正式投产后年产值可达1.5亿元。湖南好米针镜科技有限公司是一家专门从事针镜微创光学仪器、电子仪器研发的医疗科技企业，注册资本5000万人民币。法人陈克银首次提出了针镜的概念及针镜产品的模块化、全能化思想。该公司与德、美内窥镜公司建立了良好的技术协作关系。（陈林）

【市绿达米粉有限公司标准厂房破土动工】6月9日，市绿达米粉有限公司在市高新区举行开工仪式，开始建设标准厂房。市绿达米粉有限公司是津市湿米粉提质改造工程的重大项目，由原绿达粉厂、窑坡粉厂、民生粉厂等3家米粉生产企业合作，投资1000万元，征地15亩，在市高新区新建生产车间、办公用房，添置新的生产设备，拟建设米粉自动化生产线三条，米面自动化生产线一条，预计年产鲜米粉1500万斤，年底前投产。津市从2016年年初开始，强力推进米粉生产企业整合。严格按照《湿米粉生产许可证审查细则》和《食品生产许可证审查通则》进行审查，全面整治和规范湿米粉生产加工，改进湿米粉的生产工艺，提高湿米粉的产品质量。力争把津市米粉生产企业打造成现代化、规范化的标杆企业。（甘德军）

【举办2017年企业融资暨"新三板"上市知识培训】为培育和发展津市资本市场，切实帮助企业搭建融资发展平台，推动津市中小企业进一步做大做强。近日，市金融办联合科技工信局、高新区举办了一期企业融资暨"新三板"上市知识培训会。邀请方正证券投资银行部董事、总经理傅胜授课。全市中小企业及相关部门负责人参加了培训会。傅胜主导和负责"新三板"挂牌及并购，做市、上市超过30家企业，为企业融资超过10亿元。傅胜的授课深入浅出、通俗易懂，定位准确、可操作性强，使参会人员对"新三板"有了全面、系统的认识。通过此次培训会专题辅导，使企业深入了解、掌握改制上市及"新三板"有关政策和操作方法，更好地推动企业多渠道、多元化融资，借力"新三板"助推津市企业做大做强。（陈林）

【年产1.5万吨铁系颜料项目落户高新区】6月30日，津市市大新颜料有限公司与高新区签订投资协议，年产1.5万吨铁系颜料项目正式入园。该项目选址在高新区精细化工区，位于杉堰路以北、新城路以东，占地面积约40亩，总投资4800万元，采用湿法生产铁红、铁黄，其中年产氧化铁红1万吨，氧化铁黄0.5万吨。据了解，该项目系市委统战部引进，符合国家产业政策及有关行业技术经济政策，项目建成达产后，可实现年销售收入6900万元，年利润额1200万元，增值税600多万元。（陈林）

【湖南湘情酒业竣工投产五款新品盛装亮相】7月31日，稻花香集团旗下湖南湘情酒业有限公司竣工投产暨产品推介会在津市高新区隆重举行，湘情尊情A8、激情、特情、柔情和小情调五款产品全新亮相，成为稻花香集团白酒品牌阵营又一支生力军。市高新区主要负责人主持投产竣工仪式。

湖南湘情酒业正是稻花香集团打造特色白酒品牌集群、培育白酒主业增长极的重要项目之一。该项目位于津市高新区，总投资投资3亿元，占地面积180亩，公司主打"湘情"品牌，已开发设计出湘情尊情A8、激情、特情、柔情和小情调等五款产品，均采用传统白酒酿造工艺与稻花香特有的先进生产工艺酿造而成，产品品质风格典雅，包装设计时尚精致，顺应当前白酒市场大众化、年轻化消费需求。未来将进一步深耕渠道建设，不断拓展和壮大市场份额，确保年产商品酒2000吨，产值3000万元，力争3年内实现销售收入1亿元，创利税500万元，争创湖南省著名商标。（甘德军）

【威化薄片（食用威化纸）生产项目落户高新区】8月4日，投资商满宏军与津市嘉山实业有限公司签订厂房租赁协议，租赁中小企业孵化园厂房，投资500万，建设威化薄片（食用威化纸）生产项目。该项目系高新区开展全员招商活动以来，首个由园区招商责任人自主引进并落地的项目，是高新区创新招商引资方式的新成果。据了解，食用威化纸用于餐饮终端（酒店、酒楼）及食品加工厂作为煎炸辅助用品，用途广泛。项目正式运营可解决20人就业，投产后年销售额可达400万元左右，年创税收约50万元。（王娟）

【常德经信委暨金健米业公司来津市调研食品产业】8月4日，常德经信委原材料与消费品工业科科长涂远昊与金健米业公司行政总监、财务总监一行，深入津市新中意食品、十八子食品、津味绿康、南北特、创奇食品及张老头食品公司等骨干食品企业，与企业负责人就企业基本情况、生产加工（原料、设备、环保）、市场营销、技术研发、人力资源、财务状况，企业生存发展方面存在的问题及解决问题的办法与建议进行了深入探讨，并对各企业对政府、行业及市场监管等方面的请求及有关经济指标进行了收集。此次调研是根据常德市打造千亿食品产业集群规划开展的前期工作，旨在加强产业整合，促进食品产业健康快速发展。市科工局相关负责人陪同调研。（甘德军）

【市政府与湖南粮食集团签署战略合作协议】8月7日，津市市政府与湖南粮食集团签署战略合作框架协议，共同建设津市市特色食品产业园项目。湖南粮食集团党委书记、董事长谢文辉，副董事长、总裁杨永圣，集团董事、金健米业股份有限公司党委书记、副董事长陈根荣等集团高层，市领导傅勇、陈章杰、李景峰、杜登全及高新区负责人出席签约仪式。津市市特色食品产业园项目选址位于津市高新区西部片区，紧邻二广高速互通出口、三湘和达物流园和公用保税仓，规划面积2418亩，由食品加工区、配套产业区、综合服务区、研发孵化区4个区块组成。项目立足津市牛肉米粉品牌和湘西北传统食品产业基础，传承和弘扬津市"津津有味"的城市食品文化，依托湖南粮食集团"大品牌、大市场、大物流"专业优势，积极发展现代食品工业，打造集食品加工、物流、研发、检测、电子商务为一体的休闲食品之都。（甘德军）

【常德市经信委调研市生物医药产业】8月8日，常德市经信委主任唐子钧一行4人来津，对溢多利电厂、新合新生物公司、鸿鹰生物公司和溢多利新建项目进行了深入调研及现场考察。唐子钧一行对津市生物医药产业发展给予了高度评价，并指出：津市溢多利生物医药产业园是省政府领导联系的重点建设项目，对推动湖南生物发酵产业做大做强起着重要作用，希望企业进一步做大做强，常德经信委将在多方面给予支持。津市市科技工信局负责人陪同考察。（彭佳）

【年产2万吨铁系颜料项目签约入驻市高新区】8月18日下午，湖南鑫嘉源化工颜料有限公司与高新区签订投资协议，建设年产2万吨铁系颜料项目。该项目选址在高新区精细化工区，征地约50亩，总投资6800万元，建设年产2万吨铁系颜料项目。项目采用湿法生产铁红、铁黄，其中年产氧化铁红1.5万吨，氧化铁黄0.5万吨。据悉，湖南鑫嘉源化工颜料有限公司为园区第二家生产铁系颜料的企业。该项目符合国家产业政策及有关行业技术经济政策，为津市发改局招商引进。项目建成达产后，预计可形成年销售收入1亿元，上缴税收700多万元的效益规模。（陈林）

【兔肉深加工项目入园】8月28日，湖南省星辰生态农牧发展有限公司与湖南创奇食品有限公司签署战略合作协议，入股新成立一家公司——湖南洞庭金兔食品有限责任公司，建设兔肉深加工项目，拟投资5000万元，预计项目正式投产后可实现年产值8000万元。该项目的入园标志着津市食品产业又壮大了力量。湖南洞庭金兔食品有限责任公司租赁湖南创奇食品有限公司1000多m^2厂房，从事速冻食品、酱卤肉制品、禽畜肉制品、熟食品、水产品、蔬菜制品和腌腊制品的生产、加工及销售。预计1–2年内将扩大生产规模，自建厂房。（龙艳来）

【津市举办企业界书法绘画摄影作品评选巡展活动】10月15日，由市企业家协会主办、市科工局协办的津市企业界"书法绘画摄影作品评选巡展活动"在市科工局开幕。由副市长杜登全担任顾问，企业家协会及科工局负责人、本市书画、摄影专家组成的评审组，对企业选送的作品进行了认真评选，共评定一等奖2个，分别由鸿鹰生物张锦杰的书法作品和湘澧盐化谭永恒的摄影作品获得；二等奖5个；三等奖8个；其余为优胜奖。十九大召开期间，企业家协会还将对评选出的优秀作品在全市进行巡展。企业界书画摄影作品评选会自9月初开始筹备，面向企业界共征集参展作品63幅，皆为津市企业家和企业员工的倾力之作，题材广泛，主题鲜明，涵盖书法篆、隶、楷、行、草，人物素描、场景绘画，企业生产、风光人物摄影等。活动弘扬了企业家及员工爱岗敬业精神，展现了津市企业昂扬向上的精神风貌和深厚的文化底蕴。（葛美君）

【省科技厅来津市考察科技型中小企业】10月19日，省科技厅成果处副处长向兵、省中小微基金董事长沈翔一行来津市，重点对部分高新技术企业和科技型中小企业进行调研考察，市科工局负责人参加。?考察组一行先后到阿斯达、恒博尔、鸿鹰生物科技等公司，听取企业基本情况介绍，实地考察企业生产流程，详细了解了企业自主创新、研发平台能力建设及技术改造项目进展情况，并表示将在多方面支持科技含量高的成长性企业发展壮大。（陈林）

【嘉一食品入园】10月31日，原津市华弘科技投资有限公司资产移交现场办公会在高新区会议室召开，湖南嘉一食品有限公司成为原华弘公司破产资产的新主人。市人大、市人民法院、高新区、市科工局、市农业局、市食药工质局、嘉一食品公司等单位相关负责人及原华弘公司资产破产管理人参加会议。会上，法院宣布资产竞买结果，湖南嘉一食品有限公司成功购得该资产。资产管理人介绍相关情况，并与嘉一食品公司代表进行资产交接，该资产系原津市华弘科技投资有限公司所属的破产资产，是津市今年重点督办的闲置低效企业之一。嘉一食品公司负责人表示，初步计划一期投入资金6000万元，建设年产5000吨脱水蒜片及系列农产品加工项目，入园后将严格遵守国家法律法规，高标准建设，服从园区的管理，尽快投产达效。（汪宇）

【年产100吨食品级添加剂肉桂酸分装项目签约入园】11月2日，湖南灵猫食品科技有限公司与津市嘉山实业有限公司签订厂房租赁协议，租赁中小企业孵化园3000m²厂房，投资6000万元，建设年产100吨食品级添加剂肉桂酸分装项目。肉桂酸是一种有机合成中间体，是一种无毒、微具肉桂香味、易溶于水的杀菌防腐剂和抗氧化剂，广泛用于食品、医药、香料、农药、塑料和感光树脂等精细化工产品的生产，现公司产品主要是用于食品添加剂。本项目为肉桂酸分装项目，项目正式投产后，预计年产值8000–10000万元，年创税收500万元左右。（王娟）

【灵犀牌山茶油荣获第15届国际粮油展金奖】2017年12月，在中国第十五届国际粮油产品及设备技术展示交易会上，湖南润农生态茶油有限公司生产的“灵犀牌”山茶油凭其优异的品质荣获本届粮油产品展金奖。中国国际粮油产品及设备技术展示交易会是我国粮食行业内规模最大、规格最高、参展企业以及粮食需求和科技信息最多的国际性盛会。津市推荐湖南润农生态茶油有限公司参加此次粮油产品展，将对促进津市粮食产销衔接，展示津市的粮油企业形象，为粮油产品“走出去”开辟新的方向。（甘德军）

【选派农村科技特派员下村入户开展科技服务】为加速推动科技精准扶贫，建立完善的科技扶贫服务体系，支持贫困村全面小康建设，帮助解决农村主导产业发展中的关键技术难题。11月23日，市委组织部、市科工局专题召开了2017–2018农村科技特派员工作会。市委组织部、科工局分管负责人及全体农村科技特派员参加了会议。会上，宣读了《关于向省级贫困村选派科技特派员的通知》，明确了工作职责和考核办法。涵盖农业、林业、畜牧等领域的11名科技特派员纷纷表示，要深入一线、努力工作、不负重托、取得实效，助力乡村振兴战略，提升农业科技水平。全市科技特派员已下村入户，科技服务工作正全面展开。（陈林）

湖南中联重科车桥有限公司

【概况】湖南中联重科车桥有限公司前身为湖南汽车车桥厂，是一家省国资委直接监管的大型省属国有企业和东风汽车公司合资成员厂。2008年7月，企业由中联重科收购重组，更名为湖南中联重科车桥有限公司。

公司位于湖南省津市市孟姜女大道800号，注册资本4.66亿元，其中中联重科股份有限公司占88.86%，东风资产管理有限公司占11.14%。公司现拥有总资产9.08亿元，占地面积27万多平方米，下设9个职能部门、5个生产车间、1个事业部（工程车桥事业部）、2家控股子公司，员工1000多人，其中专业技术人员100多人。

2017年，公司认真贯彻落实总部经营管控要求，坚持“创新模式，精耕市场；精简精干，降本增效；提升质量，持续改善”的年度经营思路不动摇，上下凝心聚力，努力践行“四精”工作理念，顶住生产人员短缺和资源紧张的双重压力，完成总部下达的年度目标任务，取得经营规模和经营质量双丰收。全年完成工业总产值7.75亿元，同比增长13.16%，产销车桥总成19.01万根，同比增长16.5%，实现销售收入8.55亿元，同比增长35.5%，实现利税3850多万元。

【控股子公司经营变更】2017年9月18日，湖南中联重科车桥有限公司控股子公司襄阳邦乐车桥有限公司（注册资本3000万元，经营范围为设计、制造、销售汽车车桥及汽车配件）的股东及股权结构发生变更，其股东上海嘉华投资有限公司根据其经营战略发展调整需要，将其持有的襄阳邦乐车桥有限公司部分股权转让给了津市嘉山事业有限公司。由此，襄阳邦乐车桥有限公司的股东变更为：湖南中联重科车桥有限公司（占股51%）、津市嘉山事业有限公司（占股31%）和上海嘉华投资有限公司(占股18%)。

2017年10月，襄阳邦乐车桥有限公司根据自身战略发展需要，经全体股东同意，公司整体从湖北省襄阳市搬迁至湖南省津市市工业园区，并于同年10月25日在津市市食品药品工商质量管理局完成登记注册，其股东、股权结构、注册资本和经营范围不变，公司名称变更为津市邦乐车桥有限公司。

【质量管理】2017年10月16日–18日，湖南中联重科车桥有限公司在经过近7个多月的充分准备后，迎来了质量管理体系升级版—新版IATF16949:2016标准认证的审核。经TUV德国莱茵公司3名审核员为期3天的现场审核，顺利通过审核认证，成为湖南省区域第一家通过莱茵公司新版IATF16949:2016标准认证的公司。

2017年1月14日，湖南中联重科车桥有限公司获得主机客户东风商用车公司颁发的2016年度《质量改善贡献奖》和《2016年度"降低后桥漏油售后赔偿"质量改善优秀课题奖》等6个质量改善优秀课题奖。

2017年8月16日，东风股份公司采购部供应商品质管理分部副部长一行来湖南中联重科车桥有限公司进行质量监查，经过多日的交流与现场检查，对湖南中联重科车桥有限公司的质量管理工作给予了充分肯定。

【车桥公司荣获高新技术企业证书】2017年9月5日，湖南中联重科车桥有限公司获得湖南省科学技术厅、湖南省财政厅、湖南省国家税务局、湖南省地方税务局联合授予的高新技术企业证书。

【公司两化融合工作成果】2017年11月23日，湖南中联重科车桥有限公司申报常德市两化融合示范企业，经常德市多轮评估、评选，最终被认定为常德市首批两化融合示范企业，并成为首批22家两化融合示范企业中唯一的津市市企业。

2017年8月23日，湖南中联重科车桥有限公司信息化负责人朱建波主任受邀参加了常德市经信委组织召开的"两化融合"对接峰会企业恳谈会，并作为大会主讲人在会上做了企业信息化建设工作经验介绍。

【党群工作】2017年5月1日，湖南中联重科车桥有限公司获得中联总部2016—2017年度"工会先进集体"、"模范员工之家"和"先进基层团组织"荣誉称号。公司总装车间员工梁俊荣获中联总部"优秀青年"荣誉称号。

2017年7月1日，湖南中联重科车桥有限公司获得中联总部"先进基层党委"荣誉称号，公司总装车间党支部荣获中联总部"先进党支部"荣誉称号。公司员工张程、洪丕军、梁辉、周兴国和黄南海荷荣获中联总部"优秀共产党员"荣誉称号。(陈文)

2017年湘澧盐化公司厂区新貌

湖南省湘澧盐化有限责任公司

【概况】2017年，受国内经济形势持续下行、盐业体制改革预期双重因素影响，湘澧盐化公司迎难而上，砥砺前行，开拓奋进，取得较好成绩。公司全年共生产盐硝产品92.48万吨，其中，精盐84.61万吨，芒硝7.87万吨；销售盐硝产品93.56万吨，其中，精盐85.45万吨，芒硝8.11万吨；实现工业总产值4.05亿元；实现营业收入4.11亿元；上缴税款3600万元，同比增长43.23%。全年工资总额5302万元，在岗职工收入增长7.3%。无重大安全责任事故发生。

生产管理不断提升，各项费用逐年下降。提高卤水质量，延长两炉两机生产时间，精心组织生产，减少品种转换和过渡产品，发挥生产规模效益，消耗不断下降。吨产品耗汽比去年同期下降0.04吨，同比下降4%；吨产品综合能耗比去年同期下降3.55公斤，同比下降3.05%；全年维修费比去年同期下降189万元。

市场开拓稳步推进，应收账款控制较好。公司积极调整品种结构，奋力拓展市场，规范价格管理机制。严格物流流向管理，结合实际调整营销架构，发挥"一江一路"优势，设立了19个分公司。出台了各类营销管理方面的制度和细则，年末对外应收账款比上年末减少107.71万元，下降率为5.48%。

项目建设有序展开，发展后劲不断增强。20万吨/年小包装食盐包装仓储配送中心工程建成投产后，不断优化和改进生产工艺，推动项目尽早发挥产能规模效益。关注环保，推进绿色发展。投资553万元，完成了2台燃煤锅炉SNCR脱硝系统改造、2#锅炉除尘器改造项目，确保氮氧化物排放控制在100mg/Nm³以下，锅炉粉尘排放控制在20mg/Nm³以下。

完善绩效考核机制，盘活企业人力资源。树立正确选人用人导向，不断优

2017 年 12 月 23 日，公司举行了完成 90 万吨生产任务祝捷仪式

2017 年 10 月 25 日，公司参加 2017 年上海盐博会，组织对 12 个食用盐品种进行了展示

化干部队伍结构，结合工作实际需要，选拔任命了 1 名公司副总经理，调整了营销公司管理层，补充了 6 名中层副职，完成 7 名副主任专业技术职称评聘工作，将各单位检修人员进行整合，强化了检修队伍协同作战能力。对劳务力资队伍进行了招标，将 5 支队伍压缩为 3 支，力资单价同比去年有所下调。完善了销售激励考核机制，在小包新车间推行新的绩效考核方式，激励员工多劳多得。

党建工作全面加强，职工发展信心倍增。推进全面从严治党，学习宣传党的十九大精神，开展“党员强党性”、“干部成长感恩谁”主题活动，抓好党组织规范化建设。启动“企业文化建设年”活动，编印“雪牌”食用盐宣传手册，拍摄企业文化宣传片，创建企业文化展厅。发挥工会桥梁纽带作用，加强民主管理，组织困难帮扶，开展广大职工喜闻乐见的文体活动。发挥思想政治工作优势，加大形势宣讲力度，增强职工对企业发展的信心。

12 月，公司获得中国盐业协会颁发的企业信用评价 AAA 及信用企业证书。（彭锐琴）

【公司 20 万吨/年食用盐包装仓储配送中心建成】为应对盐业体制改革，适应制盐生产循环经济，节能环保减排的发展趋势，满足消费者对食用盐天然绿色、有益健康的需求，实现产品升级换代，公司决定实施 20 万吨 / 年食用盐包装仓储配送中心建设。

公司在前期进行可行性研究、勘察设计、三通一平等准备工作。2016 年 3 月 22 日，该项目获得集团公司的批复。

2016 年 11 月 18 日项目正式开工。经过大半年的施工，完成打桩、电气照明、给排水、建筑、暖通、弱电、装饰装修等工程。至 2017 年 6 月 20 日，完成所有设备招标与安装工作。2017 年 6 月 30 日，公司 20 万吨 / 年食用盐包装仓储配送中心新建工程从原盐输送、混料、称重、包装、堆码等初步调试成功。之后，进行所有设备联动带负荷试运行，成功将盐产出。公司第一期共推出 11 条生产线，其中：立袋纸箱 4 条线，平袋纸箱 2 条线，平袋装袋 4 条线，2.5kg 装袋 1 条线。2 台 ABB 机械手，分别实现纸箱和编织袋的码垛，一流的技术，全自动化操作。

20 万吨 / 年食用盐包装仓储配送中心的建成实现全自动化的生产，提高产能，解放了劳动力。

2017 年 11 月 25 日，常德市委书记周德睿，常德市委副书记、市政府代市长曹立军等常德市“五大家”全体在家市领导及常德市各区县市书记、市长一行到公司现场视察，详细了解公司 20 万吨 / 年食用盐包装仓储配送中心项目建设。（彭锐琴）

【公司通过绿色矿山规划建设验收】2017 年 9 月 20 日，在湖南省国土资源厅绿色矿山现场验收组第三组组长陈亚赞的带领下、省国土资源厅、市、县国土资源局相关专家到我公司进行绿色矿山规划建设现场验收。

在实地查看新建的 20 万吨 / 年食用盐包装仓储配送中心后，验收组一行认真听取公司资源综合利用，科技创新与节能减排，环境保护与灾害防治，科学管理与生产安全，内外和谐与企业文化创建情况等五个方面的情况汇报。

验收组对湘澧盐化有限责任公司开展绿色矿山建设的工作给予充分肯定，一致同意呈报国土资源部列入绿色矿山企业名录。（彭锐琴）

【公司盐硝年产破 90 万吨】2017 年 12 月 23 日 16:00，公司盐硝产量首次突破 90 万吨。为纪念这一历史性时刻，公司在生产区门卫举行完成 90 万吨生产任务祝捷仪式。董事长宋海将“盐硝年产 90 万吨纪念牌”授予生产系统，公司在家高管、各单位代表 80 多人参加仪式。

对于经历 48 年风雨洗礼的湘澧盐化来说，“盐硝突破 90 万吨” 迈上新的里程碑，更是应对盐业体制改革不断挑战自我、奋勇拼搏的成果。公司将以 90 万吨年产量为新台阶，补齐短板，缩小差距，迎难而上，攻坚克难，推动企业振兴发展。（彭锐琴）

【公司获得 HACCP 证书】2016 年 9 月 5 日，公司向北京中大华远认证中心提交了危害分析与关键控制点（HACCP）体系认证申请。不久，北京中大华远认证中心正式受理我公司的认证申请。经过前期资料评审，公司基本符合危害分析与关键控制点（HACCP）体系认证要求。自2016年10月中旬开始，北京中大华远认证中心专家来公司现场实施一阶段与二阶段外部审核。审核完毕后，出具审核报告。2016年12月，公司根据审核报告，完成纠正措施。2017年1月3日，公司获得北京中大华远认证中心颁发的危害分析与关键控制点（HACCP）体系认证证书。（彭锐琴）

2017年2月19日，公司在津市市兰苑宾馆隆重举行"雪牌"活水盐新品推介及业务恳谈会

【**活水盐首发仪式**】2017年1月7日，公司在小包装厂举行"雪牌"活水盐首发仪式。公司领导、营销公司、生产管理部、小包装厂等单位负责人及工作人员参加首发仪式，并为装满"雪牌"活水盐产品的首发车辆披红挂彩。公司党委书记苏倪华代表公司致辞，并介绍"活水盐"名称的由来、产品特色及四大系列。"活水盐"系列产品是公司利用自身天然优势，以湖北松滋涴水国家级天然饮用水源，开采距今3800万年前的侏罗纪地质年代深井岩盐，采用独立食用盐装置，精心打造出的新一代绿色食用盐升级版本，盐品纯粹、鲜美。"问盐哪得鲜如许，为有源头活水来"，活水盐因此而得名。产品分为加碘活水盐、无碘活水盐、海藻碘活水盐和低钠活水盐四个系列，产品秉承"绿色、环保、安全、健康、便利"的核心理念，包装新颖、简洁、实用，是健康美食的理想伴侣。（彭锐琴）

【**"雪牌"活水盐新品推介及业务恳谈会**】2017年2月29日，公司主办的"雪牌"活水盐新品推介及业务恳谈会在湖南省津市市兰苑宾馆隆重举行。湖南盐业股份有限公司副总经理王哈滨到场祝贺，湖南各地市公司的负责人参加推介会。会上，公司董事长、总经理魏敏致欢迎词。公司邀请的两位食品界资深营销专家做"厂商联手、共筑盐业第一品牌"和"互联网+环境下的快消品营销模式构建策略"专题讲座。现场气氛喜庆热烈，循环播放的公司宣传片、精美的产品宣传画册、展架上触手可及的活水盐系列产品、新颖的包装设计，吸引来宾们的目光，大家纷纷咨询产品推广方案，对"雪牌"活水盐系列产品产生浓厚兴趣，表达与我公司的合作意向。至2017年底，"雪牌"活水盐系列产品已销往东北三省、山西、河南、云南、湖北、深圳、海南等全国多个省、市。（彭锐琴）

2017年3月13日，公司隆重召开第一届十次职代会暨2016年总结表彰大会

【**第一届十次职代会**】2017年3月13日，公司隆重召开第一届十次职代会暨2016年总结表彰大会，公司党委副书记、工会主席刘发云主持会议，董事长、总经理魏敏做题为《外拓市场内强管理击水中流为打造中国井矿盐高端品牌努力奋斗》的工作报告，回顾总结2016年取得的成绩，分析了2017年面临的形势，明确2017年的工作总体要求和奋斗目标。（彭锐琴）

【**公司产品参展上海盐博会**】2017年10月25日，公司参加2017上海盐博会，组织对"雪牌"生态盐系列、"雪牌"活水盐系列、"雪牌"基础盐系列、"雪天"基础盐系列等12个食用盐品种进行展示，并对公司企业文化进行宣传。公司董事长、总经理宋海，副总经理黄勇、张胜、王津平等领导亲临展会现场，向各地经销商及观众大力宣传推介企业形象和公司品牌。公司所展示的新产品分别针对中高端市场和基础盐市场需求，定位准确，品质优良，特色鲜明，前来咨询洽谈、参观拍照的经销商和观众络绎不绝。公司在展会现场就与上海、南京、江苏、河南、山东、东北多地经销商初步达成了合作意向。（彭锐琴）

防震减灾

【概况】2017年，津市地震局遵守监测工作要求，熟练掌握设备性能、操作技能、搞好存档备案。坚持每月监测会商制度，按时与常德地震局开展会商，重点关注澧水流域及邻区地震活动趋势。加强宏观观测点的业务指导和专业培训，做好观测物体的保护措施和异常反应上报备案。带动周边群众开展群测群防工作，搞好年度异常情况登记及认证审批手续。严格实行工程项目报建预审的前置把关。将行政审批工作移入市政务中心窗口，公示行政审批流程，做好服务工作。

2017年共办理行政审批项目12个，总建筑面积约20万平方米。推进农村民居安居工程建设，免费推广使用民居建房安全图纸，2017年，全市共建农村民居安居房520户，面积约10多万平方米。5月12日，在城区中心地带开展科普知识宣传活动，展出宣传展报16块，发放科普手册3000本，宣传资料5000份。会同教育、街道社区、卫生、国土等部门举办应急救援演练活动。2017年，完成一所省级地震科普示范学校建设任务（津市一完小），完成一所常德市级地震安全示范社区（大同社区）创建任务。设置一处地震应急避难场所。“三网一员”队伍进一步发展和完善，应急预案体系基本形成，地震应急救援进入常态化管理。2017年，完成国家地震局的台站灾损修复项目2个（围墙、道路），总投资15万元。4月26日，常德市科技局、常德市地震局调研津市市防震减灾工作，8月12日国家地震局、湖南省地震局、常德市地震局调研津市市防震减灾工作。

2017年津市市地震局被评为常德市防震减灾工作综合先进单位。（杨绍华）

电　力

【概况】国网津市市供电公司担负着全市4个乡镇、5个街道办事处、82个行政村16个居委会的生产生活供电任务，兼有全市范围内的电力基础建设，生产经营和办理客户的业扩报装、施工、接电及用电管理职能。内设综合管理部、党建工作部、财务资产部、发展建设部、调度控制分中心、运维检修部、营销部（县客户服务中心）、安全监察质量部、农电服务公司、金鱼岭供电所、保河堤供电所及湖南德力电力建设集团有限公司津市分公司。2017年完成售电量4.37亿千瓦时，同比增加8.57%，售电均价694.25元/千千瓦时，比年度计划值高1.25元/千千瓦时。综合线损率4.97%，同比下降0.59%；台区线损率5.3%。优质服务规范率居县级公司前列。未发生员工安全责任性事件和外人触电伤害事件，未发生员工违法违纪和违反作风建设相关规定的行为。

2017年11月2日，公司正式改称为：国网湖南省电力有限公司津市市供电分公司。

2017年公司荣获“2016年度省级文明卫生单位”、“2016年志愿服务先进集体”、“国网湖南省电力公司文明单位”、“国网湖南省电力公司安全工作先进集体”、“国家电网文明单位”荣誉称号。（王权）

【电网建设】津市电网以大网供电为主，辅以用户自备热电厂，境内无水电电源。津市电网供电电压等级共有5个：220kV、110kV、35kV、10kV、0.4kV。拥有500千伏变电站1座、220千伏变电站1座、110千伏变电站4座，直接运维管理35千伏变电站两座，35千伏线路5条，总长80.75公里，10千伏线路50条，总长789.13千米，其中公用线路41条，长772.5千米，专用线路9条，长16.6千米。配电变压器948台（不含专变），服务用电客户9.2万户。

2017年，实现贫困村网改全覆盖。全年电网建设共4个批次，全年总投资1730.205万元，按里程碑计划顺利完成2016年和2017年电网建设各项工作；开展物资供应基础管理年活动，清理历年来库存物资利库，达到“零库存”目标；争取资金35万元完成露天堆场地面硬化，全公司物资仓储集中分区存放，做到账、卡、物全部相符；加强网改施工全过程安全管理，实现全年网改施工零事故；较好完成了属地协调工作；高标准完成2018年项目需求及编制，2018年总投资计划3200多万元。

2017年4月14日，随着10千伏棠新线057号杆智能故障指示器安装完毕，标志着公司辖区内10千伏线路均已实现在线监控。

2017年9月，津市“110千伏中华变电站”竣工投运。（王权）

【人力资源】2017年，国网津市市供电公司有干部员工83人，其中各类技术人员中：高级职称2人、中级职称5人、初级职称46人；高级营销师14人；高级技师1人、技师8人、高级工48人、中级工6人、初级工8人、学员3名；硕士研究生文化程度1人、大学本科文化程度52人、大专文化程度20人，大专及以上文化程度占员工总数88%；中专、技校4人，占员工总数4.8%；高中2人，占员工总数2.4%；初中及以下4人，占员工总数4.8%。津市农电服务责任有限公司现有员工87人，其中本科5人，大专34人，中专6人。

截至12月底共派送39批126人次参加市公司、省公司组织的各类培训，公司及班组举办各类培训305项，培训1078人次，全员培训率达100%。（易敏）

【民生实事工作】2017年度国网津市市供电公司“民生实事工作”涉及6个行政村，分别是原渡口镇三合村，原棠华乡临东村，白衣镇白衣庵居委会、蒲山村，新洲镇九堰村、车胤村。工程总投资387万元，新建、改造10千伏线路5.262千米；新增配变新建台区3500千伏安/21台；新建、改造220～380伏线路31.769千米；新立电杆705根。

国网津市市供电公司严格按照津实办发〔2017〕1号文件的量化考核办法、“津实办发〔2017〕2号”文件的验收标准要求及农村配电网改造标准，确实切实解决配电变压器过载、用户电压低等用电问题，常德范围内率先完成“重点民生实事”项目，得到了津市市委、市政府领导及广大农户的高度肯定和好评。（易敏）

【**经营管理**】2017年，强化财务预算管理，财务报账流程有效规范；加强成本控制，没有任何超支现象，基本建成成本管控体系；每月开展经营诊断分析和问题清单治理，完成提质增效工作措施；规范各类会议、“三重一大”决策程序，党委会议决策事项18项，总经理办公会决策事项6项；坚持项目申报、实施、验收、审计全过程管控，“收、支”两条线规范农电业扩管理；全年常态化开展“六型本部”文明办公督查33人次，绩效考核3600元；强化“网上派车”管理，做到车辆定点停放和值班报备。（易敏）

【**安全生产**】2017年，日稽查、周通报、月考核，扎实推进“本质安全实践活动”；深入开展安全生产问题清单专项梳理，严肃各级人员履行安全责任，实现连续第8个“安全年”；自查违章现场13个，处罚25200元；创省公司无违章合格现场1个，市公司无违章标准现场3个，无违章合格现场9个；广泛开展“村村响”安全用电宣传；圆满完成防汛、防冻、“两会”、“两考”、党的十九大和春节等重大保电任务。获得省公司安全生产先进单位。扎实开展春季安全大检查工作，2017年3月24日，常德市公司领导崔先迤率春季安全大检查第二督查组到公司，实地督导“春检”工作。4月20日，省公司运检部配网专责刘定国率检查组一行到公司开展春季安全大检查工作复查。（王权）

【**营销服务**】2017年，大力开展“优质服务月”活动，发放粘贴便民服务卡6万余张、台区公示牌900多个，“倒逼”台区经理履责，服务投诉有效管控；完善信息发布平台，及时推送用电信息；发放“大客户经理服务卡”，定期走访用电客户，完善“一户一策、一户一措”档案，解决用户困难49件；多措并举开展同期线损整治，同期线损指标创历史最好水平；科学调度迎峰度夏、度冬，强化设备测温、消缺，没有烧损一台变压器；更换过载变压器17台，确保春节保电无忧；各类电费实现月结月清；营销指标月度综合评价稳定在市公司第一方阵。（王权）

毛里湖湿地公园风光

农业水利

农　　业

【概况】2017 年，在中央、省委、常德市委各级农村工作会议精神的指导下，全市农业农村工作以美丽乡村建设为抓手，坚持改革创新、因地制宜，大力发展现代农业，农村经济稳步发展，民生福祉不断改善，社会大局和谐稳定。（宋雪）

【现代农业发展】主导产业稳中有进。2017 年粮食种植面积总计 37.36 万亩，产量 14.12 万吨，较前 5 年增长 0.93%；高档优质稻种植面积 11.52 万亩，产量 4.0 万吨，较前 3 年面积增加 1.13 万亩，产量增加 0.38 万吨，分别增长 10.9%、10.6%；经济作物面积为 20.27 万亩，较前三年增加 2.21 万亩，增长 12.24%；市场绿色有机优质粮油产品供给率达 40.2%。特色产业提质增效。推广稻田综合种养模式，以养虾为主要模式的稻田综合种养面积由 2016 年的 200 亩发展到 2017 年的 2100 亩。蔬菜设施栽培进一步优化，重点扶持药山镇“三新垸”现代设施蔬菜标准化示范园建设。区域种植进一步发展，重点打造以毛里湖镇为中心的叶类菜基地，白衣镇为中心的蓏果生产基地，药山镇为中心的食用菌、设施蔬菜生产基地，襄阳街阳由垸为中心的城镇蔬菜生产基地。农产品加工业及休闲农业稳中向好。农产品加工业，全年完成农产品加工总产值 65 亿元，增长 19.3%；全市休闲农业接待游客达到 119 万人次，同比增长 11%，实现营业收入 1.49 亿元，同比增长 20.5%。锦绣兰苑生态农庄成功晋级省级休闲农业示范点，是 2017 年常德市获此称号的 4 家农庄之一。品牌建设强力推动。落实“常德品牌、中国品质”常德品牌农业推介行长沙站活动，有效推广灵犀山茶油、中意糖果、鸿粉知己牛肉米粉等津市特色农产品。切实抓好“三品一标”认证工作，2017 年全市新增“三品一标”（无公害农产品、绿色食品、有机农产品和农产品地理标志）8 个产品，分别为低钠活水盐、海藻碘活水盐、加碘活水盐、无碘活水盐、低钠生态盐、海藻碘生态盐、加碘生态盐、无碘生态盐。湖南润农生态茶油有限公司被省农业委评为省级绿色食品示范基地，基地规模达 2.2 万亩。润农生态茶油先后参加上海全国优质农产品博览会以及 2017 香港美食博览与国际茶展和澳门茶叶专场推介会，切实提升湖南省著名商标“灵犀山”茶油品牌影响力。（产业化办）

【美丽乡村建设】整域推进显成效。通过前期准备、现场答辩、向上对接，积极申报湖南省整域推进试点项目，津市有望成为全省首批美丽乡村整域推进县。2017 年，新洲古镇、白衣庵社区、药山村美丽乡村建设迎来甘肃省庆阳市、

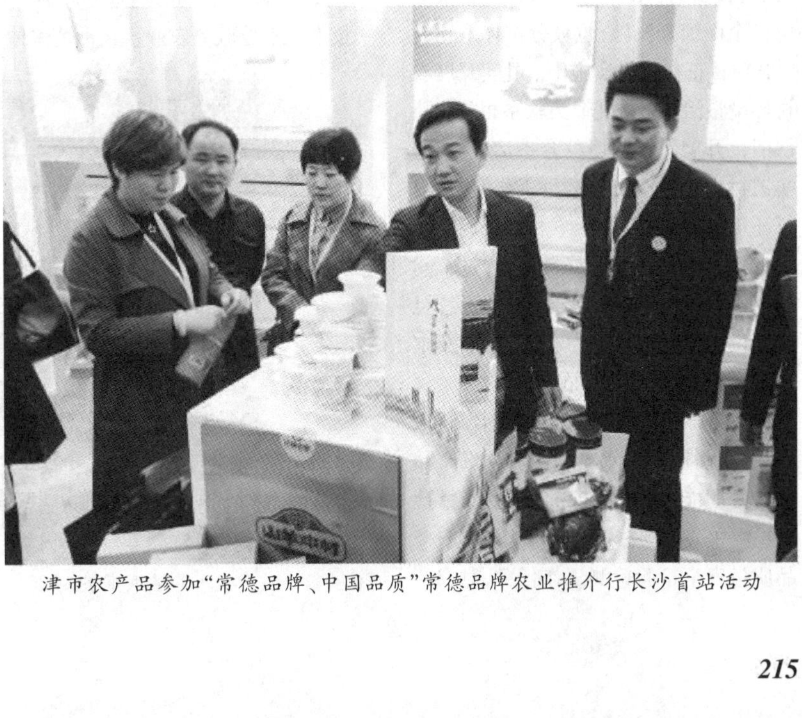

津市农产品参加“常德品牌、中国品质”常德品牌农业推介行长沙首站活动

湖南股交所优选板(Q版)挂牌企业

长沙市岳麓区考察团和常德市人大代表团、常德市移风易俗流动现场会考察团等数批人的学习考察。(新村股)

【农村环境整治】创新推行"绿色存折"制度。津市从2014年开始探索建立"绿色存折" 制度即农民先利用政府统一配置的"三桶一筐"分类垃圾,然后上交"绿色银行",在"绿色存折"上零存整取,兑换奖励。通过实施农村垃圾分类处理,努力实现农村垃圾处理减量化、资源化和无害化目标。目前该项工作先后被央视、湖南卫视等媒体予以专题报道和推介,2017年5月荣获湖南省首届创新奖。"绿色存折"制度2017年已在毛里湖6个村(中南村、荣台社区、樟树村、箭楼村、灯塔社区、万家村)和大关山村全面铺开实施,垃圾分类体系建设PPP项目正在积极实施中。扎实开展农村环境整治。每季度牵头联系相关职能部门,开展农村环境综合整治考核,落实镇村垃圾处理及保洁员工作经费,农村环境整治成效明显。农村面源污染防治有效。秸秆禁烧开局良好,通过不间断巡查督导、严格执法检查,秸秆禁烧成效位居常德市前列,得到常德市及本市领导的充分肯定。(农环站)

【农产品质量安全监管】整合蔬菜、水果、畜禽产品和水产品等食用农产品的检测职能,成立津市市农产品质量检验检测中心。该中心统一承担津市农产品质量安全检验检测工作任务,对农产品全面推行市－镇－村三级网格化监管。截至2017年12月,共检测样品11365批次,合格率为99.71%,其中检验检测中心监测样品2000批次,合格率为100%。2017年1月,湖南润农生态茶油有限公司被评为全省绿色食品示范基地(第二批);示范产品:山茶油;基地规模:22500亩、产量903吨;基地范围:津市市药山镇、毛里湖镇;执行标准:绿色食品食用植物油NY/T751。(监管股)

【农业产业扶贫】坚持把产业扶贫作为脱贫攻坚的第一抓手,制定了《津市市产业精准扶贫规划(2016–2020年)》和具体实施方案。通过企业引领、社员合作、大户带动,大力发展粮食、优质水果、生猪、食用菌等主导产业。优质水果产业带动贫困户252户、908人;食用菌产业带动贫困户116户,399人;生猪产业带动贫困户372户,1308人;粮食产业带动贫困户638户,2216人。通过逐村调研,因村指导,分别实施蔬菜、优质柑橘、光伏发电、食用菌、油茶、油牡丹、湘莲等扶贫产业项目。(办公室)

【农业科技推广和农民教育培训】培育农业科技示范主体。以家庭农场主、种养大户、新型职业农民等农业新型经营主体为重点,2017年全市共培育农业科技示范主体600个,其中农业种植业450个,畜牧水产100个,农机从业大户50个。同时遴选100名基层农技人员指导服务农业科技示范主体。加快农技推广信息化平台建设和应用,加强农技推广云、湘农科教云、农技科技书屋、知网等农技推广信息化平台建设和应用,推广老田微农技、农资导报、农管家等微信公众号,建立种植大户群及农技推广群,80%的种植大户已进群,100%的农技推广人员进群。培育新型职业农民150人。(科教站)

【农业执法工作】2017年,执法大队结合春季农资打假保春耕生产、夏季农资打假保农产品质量安全和秋季农资打假保秋冬农业生产安全三次专项治理行动,累计出动执法人员256人次,出动执法车辆81台次,检查农资经营门店123家,合计检查农资品种93个,检查农药标签104张,填写《执法检查记录表》245份,抽检农资样品44个,其中种子样品22个,农药样品20个,肥料样品2个,不合格1个,立案查处农业违法一般程序案件5起,简易程序17起,没收违法种子360公斤,收缴高毒农药17公斤,挽回直接经济损失达20万元。5月—11月结合"蓝天保卫战"秸秆禁烧专项治理行动,积极应对中央环保督查,累计出动执法人员下乡镇巡查75人次,出动巡查车辆25台次,查处违法案件7起,起到了很大的社会影响力和震慑力。(执法大队)

【农业争资争项】2017年,津市农业局全年争资任务为3000万元,资金已经全部到位,完成全年的目标任务。成功引进湖南嘉一食品有限公司,投资

津市市举办2017新修订《农药管理条例》经营人员培训班

总额 1.2 亿元，其主要业务是出口农产品加工。完成 2018 年度省级财政专项项目申报，共申报现代农业发展专项、农业技术服务与安全监管专项和农村发展专项三大类项目 41 个子项目，申报上级财政补助 1664 万元。(计财股)

农经工作

【概况】2017 年，市农经站按照各级农业农村工作会议精神，全市农村土地“三权分置”改革、农村集体产权制度改革、农民负担监管、扶贫攻坚等工作取得了显著成效，连续第三年被评为全省农民维权监管工作先进市县，“农村土地承包纠纷调解仲裁工作”“农村集体产权制度改革试点工作”被常德市农经站评为常德市先进单位。

【农村土地“三权分置”改革工作】按照省、常德市农村土地“三权分置”改革工作的总体部署及新型城镇化综合改革试点的工作要求，6 月份，津澧两地政府办公室联合行文，出台了《落实“三权分置”政策措施实施方案》，重点做了农村土地确权登记颁证、引导农村土地有序流转、培育新型农业经营主体、构建社会化服务体系等基础性工作，为落实所有权，稳定承包权，放活经营权奠定了基础。

做好农村土地确权登记颁证工作。土地确权工作按省、常德市要求正稳步推进，全市确权八个镇(街)58 个村(居)3.14 万户，实测集体土地耕地面积 26.7 万亩，占应确权国土调耕地面积的 95%，首批权证发放仪式于 2017 年 12 月 8 日在毛里湖镇举行。正在进行权证打印、发放及后期数据库建设等扫尾工作，2018 年 6 月份计划全部结束。

引导农村土地有序流转。一是完善登记备案资料。按照《农村土地承包经营权流转管理办法》等文件精神，新成立的家庭农场、合作社及时到市、镇(街)两级备案，提供土地流转合同等资料，引导新型农业经营主体有序流转土地。全市流转土地 6.9 万亩，占农户承包耕地面积的 35%。二是努力化解土地矛盾纠纷。随着土地确权的深入推进，土地流转市场不断活跃，土地经营纠纷逐年上升。一方面督促镇(街)、村(居)抓早，抓小，变上访为下访，主动排查，定期排查，发现纠纷苗头，主动介入，及时调处。其次是及时受理土地纠纷信访，积极协调镇、村共同调处。三是将土地承包经营纠纷调处纳入对镇(街) 综治维稳绩效考核，压实基层责任。成功化解了毛里湖镇灯塔社区李某土地纠纷，毛里湖镇樟树村 9 组与村集体土地纠纷等有影响的矛盾纠纷，没有发生土地纠纷越级上访、群访及个人极端事件。

为加快培育新型农业经营主体，发展多种形式适度规模经营。一是引导健康发展。5 月份制定《津市市家庭农场认定管理办法》《关于引导和促进家庭农场、农民专业合作社规范发展的通知》，向镇(街)印发宣传资料 3000 余份广泛宣传；二是完善备案资料。对家庭农场、农民专业合作社进行清理，对备案、登记资料不齐全的补充完善，对没有正常经营的进行清理。全市家庭农场 103 家，(其中今年新增 45 家)，创建示范家庭农场 10 家，农民专业合作社 92 家(其中今年新增 14 家)，入社成员2554 名，创建省级示范社 3 家。三是加大项目扶持。全年向家庭农场、农民专业合作社等经营主体发放补助资金 130.8 万元，其中中央财政补助云贵藠果、三凤禽业 2 个合作社 40 万元，省级财政补助 10 万元，常德市级补助 4 万元，本市拨付农民专业社发展资金 13.5 万元；为 2015年、2016 年申报的 32 家省级百千万工程的家庭农场发放补助资金 63.3 万元。

构建社会化服务体系。按照常德市农村工作领导小组《关于推广锦绣千村模式、助推“三权分置”改革试点实施方案》文件精神，多次与“锦绣千村”农业合作社沟通对接，组织二批次前往学习考察，在白衣镇举办深度对接讲座，请锦绣千村合作社高管传经送宝，常德市农业合作社专家授课，受训镇村干部、家庭农场主和合作社理事长 200 余名。引进锦绣千村合作社在津市落户，计划镇建分社、村建站。新洲镇分社已建成，12 月 18 日在新洲镇举行了分社营运启动仪式。通过“锦绣千村”新洲分社的启动，逐步构建市、镇、村三级服务体系，形成“全程、多元、高效”的新型农业社会化服务模式。

【圆满完成农村集体产权制度改革试点工作】津市是常德市农村集体产权制度改革重点试点区域，按照省、市由点及面开展集体产权制度改革，力争 3—5 年全面完成改革的总体部署，津市积极稳妥进行了农村集体产权制度改革试点工作。9 月份，在学通改革政策的

推广锦绣千村模式，助推三权分置改革新洲镇分社启动仪式

农村土地承包经营权证首发仪式现场

省涉农乱收费乱摊派专项检查交办会

基础上，组织单位相关人员赴武陵区实地学习改革工作流程；10月份，以市农村工作领导小组的名义出台了津市集体产权制度改革试点方案，并选择嘉山街道团湖社区进行改革试点；11月初，组织嘉山街道和团湖社区相关人员10余人，再次前往武陵区学习借鉴改革的成功经验。经过2017年底2个月的努力，全面完成成员认定、资产清查、方案制定等工作，成立社区股份经济合作社。社区329户1369人，其中321户1273人被确认为集体经济组织成员，按人均1股共享受股权1273股，用于折股量化的经营性净资产355万元。2017年12月底，在嘉山街道团湖社区举行集体产权制度改革试点团湖社区股份经济合作社揭牌仪式，标志着津市集体产权制度改革试点工作圆满完成。

【农民维权与减负监管工作】落实农民负担监管责任。年初，下发了《2017年农民权益维护和农民负担监督管理工作要点和主要活动安排》等指导性文件，各镇街和相关涉农部门按照农民负担目标管理的要求，及时调整和充实农民权益维护和农民负担监督管理工作领导小组，落实责任人，明确监管职责。市、镇(街道)及相关责任单位层层签订了农民权益和农民负担监管工作责任状，将农民负担监管工作纳入绩效考核范畴，专题研究部署农民负担监管工作，形成了党政一把手亲自抓、负总责，分管领导具体抓，涉农部门密切配合抓，直接责任人全力以赴抓的监督工作机制。

开展“雁过拔毛”专项整治。以开展“雁过拔毛”专项整治为抓手，在接受省、常德市检查的基础上，经常性开展农民负担监督检查。3月初，对农村中小学春季教育收费情况进行了专项检查；5月下旬，对全市农村危房改造资金使用情况进行跟踪检查；6月中旬，对农村三资及扶贫惠农补贴资金落实情况进行检查；8月份，对各镇街涉农乱收费乱摊派专项治理情况进行督导检查；11月份，联合乡财局对全市各镇街及相关涉农部门减负惠农政策落实情况进行综合检查。通过高频率的监督检查，对发现的问题及时交办整改，敲响农民负担监管的警钟，有效的震慑违纪违规行为，农民负担监管成效得到进一步巩固。

指导“一事一议”规范开展。市减负办在资料审核和现场调查的基础上，坚持做到“五个一律”和“八个到位”，即出现超议事范围、超标准筹资、未纳入奖补范畴、举债兴办项目、程序不规范等五个方面的问题一律不予审批；坚持做到议事程序到位、上限标准控制到位、农民负担与补贴监督卡发放到位、筹资筹劳方案公示到位、票据开具到位、资金管理与使用到位、公益事业项目兴办到位、项目实施资料归档到位。2017年，全市8个镇街道共54个村(居)开展了2017年“一事一议”村级公益事业建设，主要用于道路硬化、堰塘护坡等村内公益事业，项目总投入1883万元，其中一事一议农户自筹215.7万元，财政奖补933.5万元，其他捐助733.8万元。

从严治理涉农乱收费乱摊派问题。通过对各种涉农乱收费的专项治理，涉农部门乱收费现象得到有效遏制。全年检查中村级账目中未发现违规收费情况。根据省农民维权监管办《关于开展2017年涉农乱收费乱摊派专项治理工作的通知》(湘农维监办〔2017〕3号)精神，印发《2017年津市市涉农乱收费乱摊派专项治理工作实施方案》(津农维监〔2017〕5号)，认真部署了涉农乱收费乱摊派的专项治理，对各镇街涉农乱收费乱摊派专项治理情况进行监督检查，8月底，省涉农乱收费乱摊派专项检查时未发现部门向农民乱收费情况，得到省维权监管办充分肯定。

落实农民负担监管日常工作制度。制定并落实了《津市市2017年度农民权益维护和农民负担监督管理工作考评方案和考评记分细则》，全面落实农民负担领导负责制、部门责任制、“一票否决”制、惠农补贴政策备案制、惠农补贴发放一卡通制、农民负担与补贴公示制、《农民负担与惠农补贴监督卡》到户制、涉农收费会签备案制、农民负担专项审计制、村级报刊订阅限额制、农民测评涉农单位制等监管制度，巩固和完善了农民负担监督管理工作长效机制。

【村级集体经济蓬勃发展】村级集体经济是促进农村经济社会发展、实现农民共同富裕的重要基础。结合扶贫攻坚工作,充分调动村级发展壮大集体经济的积极性,增强村级集体经济发展内生动力实力,集体经济发展势头良好。

4月下旬,省农业委员会、省财政厅出台了《湖南省农业财政专项支持村级集体经济发展试点的指导意见》的通知(湘农联〔2017〕51号)文件,明确选择和平生物实施的现代农业特色产业园项目开展先行试点。市财政局、农业局、农经站多次会商,积极对接了特色产业园的实施主体—湖南和平生物科技有限公司,得到了公司负责人的理解和支持。5月18日,市财政局、市农业局、市农经站、嘉山街道、戚关村的相关人员在和平生物科技公司会议室现场办公,公司负责人当场签订村集体经济组织股金分红承诺书,并在各部门共同见证下和戚关村村委会签订股金分红协议书。按照分红协议,将财政支持和平生物科技公司的现代农业特色产业园项目资金总额的50%作为戚关村持有的股金,股金为人民币50万元,以固定分红的方式,每年按照村集体经济组织股金的8%(即4万元)作为村集体经济组织的分红收益,从项目资金拨付到账的第一个年度起,连续实施10年。

为有效促进村级集体经济的发展,积极争取各级对集体经济发展的项目扶持,全年共争取集体经济发展进步村项目5个,补助资金45万元。其中省级集体经济发展进步村项目按10万元/村的标准共40万元,其中药山镇药山村用于花木苗圃建设,白衣镇白衣奄社区用于蜜柚苗圃基地建设,毛里湖镇清泉村用于发展油茶种植,新洲镇毛家岗村用于村级果木基地建设;另外为省级贫困村—白衣镇柏林村争取常德市级集体经济发展进步村项目,补助资金5万元。

通过连续几年对集体经济发展的激励,有力的促进了全市集体经济的发展,涌现出了一批集体经济发展的先进典型。如白衣镇白衣奄社区依托水蜜柚种植的特色产业,由村委会领办了津市市云贵果丰林果种植专业合作社,农户以土地入股的形式加入合作社。实行公司+合作社+集体的生产销售模式,按照公司17%、村集体10%,合作社73%比例分红。到2017年底,入社农户300余户,水蜜柚种植面积1000余亩,实现销售收入200多万元,进入丰产期后,每年的产值将达到600万元以上,扣除生产成本,每年创利将达到400万元以上,届时,每年村集体经济分红收益将达到40万元以上。

团湖社区股份经济合作社成立揭牌仪式

【开展扶贫攻坚工作】按照市委、市政府关于打赢脱贫攻坚战会议精神,结合我站实际,制定了扶贫工作方案,安排一名班子成员具体抓,配备了专干,分解了工作任务,完成了点村扶贫和产业扶贫两项任务,点村扶贫完成脱贫任务,多方筹措,全年给予贫困村及联系的贫困户帮扶资金5万元。产业扶贫方面摸清了贫困人口与农民专业合作社、家庭农场等新型农业经营主体利益联结机制的底子,全市共有贫困户2728户,贫困人口8848人,与合作社、家庭农场建立利益连接的贫困人口6616人,占贫困人口总数的74%,全面完成了每个贫困村建立1个以上的产业合作社的任务。

畜牧兽医水产

【概况】2017年,市畜牧兽医水产局不断优化区域布局,转变生产方式,强化动物疫病防控和质量安全监管,大力推进种养业生态循环发展,构建养殖废弃物综合利用的有效模式与途径,各项工作稳步推进。

2017年,全市畜禽水产品产量虽全面下降,逐渐趋于稳定,全年生猪出栏56.04万头,牛0.63万头,羊4.49万只,家禽449万羽,兔51.01万只,同比分别增长2.52%、1.61%、2.05%、0.45%、3.68%;水产品起水28465吨,同比增加2.66%,畜禽水产品产量实现稳步增长。全市养殖业总产值19.6亿元,比上年增长9.56%,占农业总产值的53.1%。

成功申报省级畜禽标准化养殖场1家,农业部水产标准化健康养殖示范场1家,无公害产品和产地认证企业2家。湖南星辰生态农牧与湖南创奇合作成立湖南洞庭金兔食品有限责任公司,建设兔肉深加工项目,提升品牌竞争力和影响力。制定《津市市养殖水域滩涂规划》,引导大型水面转型发展生态渔业,全面拆除西湖渔场围网,实行人放天养。委托湖南农业大学开展毛里湖浮

2 月 16—17 日农业部来津专题调研畜禽养殖废弃物处理和资源化利用

游生物现存量调查，测算毛里湖渔产力数据，为合理控制西湖渔场养殖密度提供依据。（李栋）

【渔业资源保护】2017 年，市畜牧兽医水产局通过搞好春季禁渔、开展人工放流、打击电捕鱼养护水域生态资源。强化政策宣传。出动宣传车 6 次，召开座谈会 3 次，张贴、散发《禁渔通告》800 份，在重点区域制作悬挂 4 块永久性标识，同时动员全市群众积极监督举报，切实将宣传工作做到实处。继续实施人工放流。2017 年，以“保护渔业生态环境，增殖养护渔业资源”为主题，在澧水流域组织人工增殖放流 2 次，共筹措放流资金 41.93 万元，投放鱼苗夏花 709 万尾，鳙鱼春片 1708.6 斤。6 月 6 日的三峡后续放流活动，筹措放流资金 22 万元，放流夏花 509 万尾，鳙鱼春片 1708.6 斤。其中白鲢 227 万尾、鳙鱼 127 万尾、草鱼 114 万尾、青鱼 27 万尾、编 10 万尾、黄板刁 4 万尾。6 月 29 日的省级放流活动，筹措放流 19.93 万元，放流鱼苗 200 万尾。其中白鲢 149 万尾、鳙鱼 30 万尾、草鱼 20万尾、鳜鱼 1 万尾。重拳出击打击违法捕捞。2017 年，组织 45 次非法捕捞专项整治行动，共出动执法车辆52 台次，执法船只 52 艘次，出动执法人员 180 多人次，巡回检查近 700 公里。共查获禁渔期下河捕鱼 2 起，没收网具 12 条，拆除布围子 7 个、没收虾笼 20 个。查获违法电捕鱼案 1 起，治安拘留 1 人，没收电捕工具一套。（李栋）

【渔业安全生产】2017 年，建立应急机制，对渔船救生、消防等进行全面深入排查，100%配置救生装备。严厉打击澧水河非法捕捞，查获电捕鱼案件 2 起，移交公安治安拘留 1 人。联合公安、湿地公园、周边镇和西湖渔场开展整治行动，严厉打击毛里湖非法捕捞螺丝、河蚌和偷捕水产品。“全国平安渔业示范县”复评取得圆满成功。（李栋）

【动物疫病防控】2017 年，狠抓春秋两季防疫，免疫证发放率、牲畜挂标率 100%。认真开展重大疫病的例行监测和流行性病学调查，全年采集血清样 1600 份、样品 420 份。完成动物血防查病及化疗工作，共查病家畜 4890 头、化疗家畜 5500 头。动物检疫电子出证工作步入正轨，全年出具动物检疫电子票证 22000 多份。严格执行“瘦肉精”同步检测，抽检 8485 头，结果全为阴性。强化定点屠宰场主体责任意识，明确镇政府为定点屠宰第一责任人，规范驻场检疫。（李栋）

【养殖污染治理和综合利用】2017 年，开展畜禽网箱退养。退养畜禽养殖场（户）352 户，拆除栏舍面积 26.72 万 m^2，拆除网箱 664 口，拆除网箱面积 1.9 万m^2，拆除拦网 17000m。洞庭湖生态环境专项整治被湖南新闻联播专题报道。开展粪污设施设备全面升级改造。推广干湿分离、雨污分离、饮污分离、自动刮粪等清洁化生产方式，配套沼气池、三级过滤池等粪污处理设施设备，引进立页增氧污水处理系统、反渗透膜等新技术，实现粪污源头减量化、处理无害化，共完成 45 家畜禽规模养殖场的全面升级改造，粪污设施改造率 70.3%。畜禽粪污治理工作得到农业部高度肯定。开展粪污资源化利用。按照“猪－沼－林（果、蔬）”种养一体化路线发展生态农场，粪污就地还田利用。开发“四式养蚯”粪污处理模式，与中国农业大学合作，建设机械化蚯蚓养殖加工厂，提取蚯蚓液，研发动物营养添加剂。粪污资源化利用在全省畜禽养殖废弃物资源化利用会议上被典型推介，吸引海南省农业厅等单位来津 市取经。开展禁投肥监督管理。全面禁止水库、湖泊、哑河投肥养殖，设立禁投肥区域 97 处，92800 多亩。（李栋）

【新屠宰场建设】2016 年投资 800

1 月 9 日省畜牧水产局来津验收退养工作

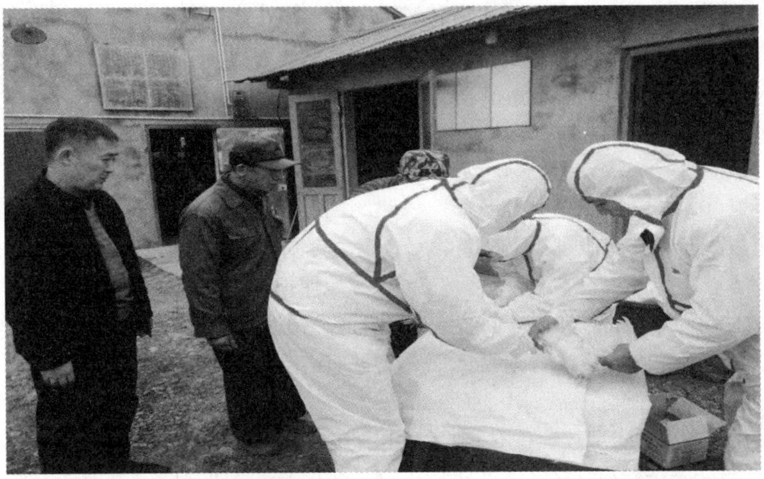

动防采样

万元，在工业集中区团湖社区8组新建一个年屠宰规模为生猪5万头、菜牛5000头及加工服务一体化的大型机械化定点屠宰场，2017年正式动工建设，并于年底建成，预计2018年4月投入使用。根据工作计划，新建的定点屠宰场将逐步淘汰镇屠宰场。由市政府统一调度，收回各镇的宰场承包合同，实现全市生猪统一屠宰，统一配送。（李栋）

【畜禽水产品质量安全监管】2017年，加强组织领导，落实工作责任。成立由局长任组长、其他班子成员为副组长、各业务股室负责人和各镇（城区）站动物防疫站站长为成员的食品安全工作领导小组。建立各股室、站所分工负责的工作机制，做到分工明确，责任到人。制定《津市市畜牧兽医水产局2017年农资打假工作方案》和《津市市畜牧兽医水产局2017年农产品质量安全行活动方案》；依法签订畜禽水产品质量安全责任状，严格落实畜禽水产品质量安全属地监管责任和生产经营者主体责任。注重宣传引导，营造良好氛围。定期组织干部职工、各镇动物防疫站站长、防疫员、养殖户、学习上级文件精神、法律法规及动物防疫业务知识。利用新闻媒体、送法下乡入户、集中宣传日等活动形式宣传有关畜禽水产品安全的法律法规，组织执法人员深入市场、街镇，设立咨询台，展板、发放张贴宣传资料1000多份，接受咨询群众100多人次。加强执法监管，保障质量安全。加强养殖场所监管，严格执行产地检疫制度；严格市场环节监管，实行活畜及畜产品安全市场准入制度；加强畜牧兽医综合执法，加大对动物卫生和畜牧产品安全违法案件的查处力度。2017年，按照上级部署及有关法律法规要求，认真履职，加大监管力度，对全市养殖生产场所、兽药饲料经营市场进行专项整顿，保障养殖业的持续健康发展。（李栋）

林　业

【资源现状】2017年12月全市共有林地面积16.34万亩，湿地面积15.6万亩，森林覆盖率24.12%，活立木蓄积量57.425万立方米，全市生态公益林2.3476万亩，其中国家级公益林2.2164万亩，省级生态公益林0.1312万亩。（袁超军）

【造林绿化】2017年，津市市林业局以“绿色津市”建设活动为抓手。实施长江流域防护林工程造林、中央财政补贴造林、退耕还林、森林抚育重点生态绿化工程，全市共完成营造林生产面积14400亩，其中：长江流域防护林工程4400亩（含新造林3400亩、封山育林1000亩），新一轮退耕还林工程造林2000亩，中央财政补贴项目造林3000亩，森林抚育5000亩，分别完成建设任务的100%。完成新造油茶林1100亩，油茶低改林改造3000亩；争取国家林业项目造林建设专项资金553万元。2017年，先后迎接省林业厅、常德市林业局造林工作检查、抽查督导4次，其中，3月10日常德市林业局来津市开展造林督查指导，5月27日省林业厅组织对津市天然林及退耕还林实施情况进行检查，11月27日—12月2日省林业厅对津市2014年度退耕还林实施开展情况进行核查，12月28日常德林业局对津市冬春造林情况进行督查；2017年，林业局按照“因地制宜，适地适树”，原则，全面加强公路绿化，共完成公路绿化新造及补植48.5公里。（袁超军、陈金平）

【义务植树】2017年，市林业局组织形式多样的义务植树工作，号召全体市民深入开展“三边”造林，荒山绿化，2017年3月12日全市各镇（街）组织市民开展集中义务植树活动，全市适龄公民共完成义务植树50万株，履责尽职率达到90%。3月12日当天，市林业局全体干部职工在古大同核心景区开展义务植树活动，共栽植樱花、樟树等苗木1500多株。组织全市118家机关事业单位在高新区集中义务植树基地进行集中义务植树活动，共栽植樟树、杜英、栾树、桂花、红叶石楠等大规格绿化苗木近20000余株。（袁超军）

【林政资源管理】　加强林木采伐管理。按照《林业“十三五”规划》要求，在全市推行木材采伐指标进村入户公示制度，加强森林采伐限额和年度木材生产计划执行情况的监督，做到“三个落实”：指标分配要具体落实到有可伐资源并提出申请指标的林权经营者手中，林权不确定的，不得分配计划；镇、村二级采伐指标分配情况要进行公示；指标入户要落实到书面告知程序，应向分配到采伐指标的经营者发放主伐指标进村入户通知书，经营者凭通知书及其他规定的资料办理采伐申请。准确把握采伐限额管理的政策：凡胸径5CM以上的林木采伐必须办理林木采伐许可证，农村居民房前屋后的零星树木除外。取得建设用地审批手续的占用征收林地上的林木采伐、非乔木型经济林采伐(采挖)、非林业用地上的林木采伐不纳入采伐限额管理,但必须依法申请林木采伐许可证。2017 年,全市发放采证 53 份,采伐蓄积量达 11173.29 立方米,林木采伐管理秩序井然。

加强林地资源管理。严格按照有关规定认真审核、审批征占用林地手续,按照占一补一的原则,做好植被恢复工作,确保森林资源稳定增长。为项目建设服好务,对符合用地条件的重点工程项目,提供全方位的优质服务,在材料组织和省厅进窗等环节积极介入,热情指导,及时为项目方办妥林地审批手续。2017 年,全市共初审上报征占用林地 9 宗,占用林地面积 9.6872 公顷,征缴森林植被恢复费 93.5528 万元,审批临时占用林地两宗,面积 4.5735 公顷。打击破坏林地行为,依法保护林地资源。2017 年 4 月局党组召开专题会议研究部署,组织森林公安分局和资源林政股,开展为期 2 个月的打击破坏林地资源的专项行动,打击非法征占用林地行为,2017 年,全市共查处案件2 件,征占用面积 29.6 亩,行政处罚 6 人。

加强公益林管理。2017 年,坚持“三防”原则,一是防破坏,防止破坏生态公益林及生态公益林地,各镇(街)配备了生态公益林护林员,落实待遇和管护职责范围,坚持实行定期监测和巡查;二是防错误,2017 年,组织技术人员再次下到各乡镇和村组,为群众指认公益林山头地块,督促村干部和乡林业站将公益林到户花名册造准确,保证图、表、农户、实地四一致。三是防腐败,坚持定期督查,保证每一分公益林补贴资金准备下发到户,杜绝雁过拔毛式腐败。

编制林地资源一张图。2017 年,根据全国森林资源第八次连续清查和全省“十二五”二类资源调查的要求,全面摸清和掌握全市森林资源数量和质量,完成全市 3.4 万亩天然商品林区划界定及数据建库工作,并上报省厅申请天然商品林停伐补助;在全市开展林地资源变更调查,完成全市 16.34 万亩森林资源图编制工作,确定全市林地保护红线。

6 月 22 日,贵阳专员办由张立新处长带队督查组一行,在省资源林政处、常德市林业局陪同下,对津市市征占用林地执行情况进行全面督查。督查组一行重点深入安慈高速津市段现场对征占用林地情况进行督查。紧接着督查组在市林业局召开座谈会,会上,津市市林业局负责人汇报了林地保护管理、规划利用编制和执行情况,市人大常委会副主任邓惠荣就津市怎样抓好征占林工作作表态发言,与会人员围绕津市林地保护与利用深入进行交流讨论。张立新对津市近年来林地保护管理与规划利用编制给予肯定,并就如何做好林地保护利用规划工作提出三点意见:一是进一步加强林地保护利用规划的执行力。要加大林业法律法规宣传力度,让各级政府、相关部门和广大市民熟悉了解林地红线,形成保护合力,确保林地保护利用规划的严肃性和有效执行;二是进一步保持高压态势,严肃查处非法侵占林地行为,深入开展专项整治行动,严厉打击各类破坏森林资源违法犯罪活动;三是强化责任问责机制。强化工作责任,对重大破坏森林资源情况负有责任的有关领导和有关人员严肃问责,切实强化以林地为核心的森林资源保护管理。(袁超军、黄兆雄)

贵阳专员办张立新处长一行来津市调研汇报会现场

【林权管理服务】 2017 年协同不动产登记中心办理林权堪界10 宗,面积 2159.9 亩;配合不动产登记中心办理发放不动产登记证 8 本,面积1869.9 亩;整理出林权登记纸质档案近 180 本(盒),电子档案一套,正在与不动产登记中心进行移交。

2017 年是津市第一个林业站标准化建设验收年,也是林业站“一站式、全程代理服务”建设验收年,为做好白衣镇林业站试点建设工作,对照验收标准及时进行查漏补缺,建立完善各种工作程序、流程、制度等,并多次下到白衣镇林业站进行实地督导,查看林业站的站房、器材、制度等建设情况,及时提出整改意见,确保林业站两项建设工作落到实处。9 月,津市林业站标准化建设和“一站式、全程代理服务”建设工作得到常德市林业局的好评,并推荐柳叶湖区来津市参观学习。10 月,省林业厅林业发展改革处张式楷、欧涛一行来津市检查林业站建设工作,对津市林业站标准化建设和“一站式、全程代理服务”建设工作给予肯定,为全省平湖区林业站标准站建设探索出经验。
(袁超军、罗长清)

【森林资源保护】 有害生物防治工作。2017 年,市林业局牵头组织完成《有害生物防治预案》制定。通过加大森林病虫害监测力度,大力开展春秋季松材线虫病监测普查、杨扇舟蛾防治、白蚁防治以及森林植物检疫等工作，全市重点实施森林病虫害防治面积 0.2 万余亩，有效地遏制全市森林病虫害的大面积发生和蔓延。在对所有的电缆、光缆盘等松木材包装材料进行森林植物检疫专项执法行动同时，积极开展产地检疫，对全市 120 亩苗圃进行全面检疫，检疫苗木达 180 万株。检疫活立木 3.0283 万株，木材 1.2934 万立方米。组织施放白僵菌高孢粉 0.5 吨。达到了预期防治效果，有效的保护全市森林资源。

野生动植保护工作。以“爱鸟周”、“野生动物保护月”为平台，采取电视、网络及下发宣传标语、倡议书，在广场、集镇人群集中地段以图片展板形式开展野生动植物也是人类朋友的宣传，让市民逐步自觉形成爱护野生动植的良好习惯，树立良好的饮食观和生态观。2017年，全市共张贴横幅标语 60 多条，印发“倡议书”10000 余份，举办图片展览 3 次，通过宣传教育市民自发保护动植的良好氛围正逐步形成，健全保护体系。按照上级主管部门及市野生动物保护的要求，结合津市的实际，重点在澧水河道湿地、毛里湖；国家湿地公园、嘉山国家森林公园等鹭类等野生动物的重点栖息地林区，恢复和重建野生动物的栖息地、停留地。同时构建市、镇（街）、村（社区）上下整体联动的全市野生动物保护网络，成立了专门野生动物保护队伍，做到重点季节对野生动物保护不留盲区、不留死角。加强执法，为切实有效维护林区治安稳定，确保资源安全，先后开展保护候鸟“百日专项行动”、保护野生动物“天剑行动”等专项行动。2017 年，全市共开展执法检查 15 次，处理群众举报 4 起，共办理林业案 35 起，其中林业刑事案件 2 起，林业行政案 33 起，刑事处罚 2 人；收缴死鸟 70 多只，放生活鸟 90 余只，放生蛇类20 余斤。（袁超军、赵志、王豹）

【森林防火】 2017 年，津市贯彻落实上级森林防火工作会议精神，始终坚持“预防为主、积极消灭”的森林防火方针，有效遏制森林火险高发势头。森林防火各项指标控制在省、常德市规定的范围之内，确保无重特大森林火灾发生，保障全市森林资源安全。

开展加强野生动植物保护工作宣传

组织领导到位。市党政主要领导先后 3 次召开专题会议，对此项工作进行安排部署，并要求各级各部门切实把森林防火作为一项重点工作来抓紧抓实。市党政领导班子成员亲力亲为，深入到所联系的镇（街道）、村（社区）进行检查、督促和指导森林防火工作。各级、各部门始终坚持“主要领导亲自抓、分管领导具体抓、班子成员分片包干抓、部门单位配合抓”。尤其是春节、清明节等重点防火时期，白衣镇、金鱼岭街道办事处等镇街的党政主要负责人轮流带班值班效果好。

宣传到位。利用电视、网络、短信、标语等多种形式，加强对森林防火有关法律法规、安全用火和避险自救等知识的广泛宣传。据统计，全市共制作固定性防火宣传牌 500 余块、宣传碑 21 座；张贴宣传标语 3000 多条，印发宣传资料 2.5 万份、出动宣传车 300 多辆次，药山镇、新洲镇、国有林场等在重点林区加大防火宣传力度、在通往村区的路段、山头制作张贴醒目的森林防火宣传、警示牌。襄阳街街道办事处、白衣镇、毛里湖镇等在春节、清明期间还开动宣传车走村入户进行大喇叭喊话宣传，达到了路上见标语、电视见音像、手机见信息的效果。同时，各镇（街道）、村（社区）干部，大力开展了摆鲜花、点电子香烛等文明祭祀的宣传，广大群众的森林防火意识得到明显增强。

责任落实到位。全面落实管控责任，实行市领导联镇（街道）、镇（街道）干部包村（社区）、村（社区）干部分片包户、林业站工作人员和村（社区）护林员包山头、包坟头的森林防火工作责任制，形成一级抓一级，一级对一级负责，上下联动，纵向到底，横向到边的工作责任机制。市林业局与各镇（街道）、村（社区）认真落实干部值班巡查、护林员巡山护林的巡查等制度，加强对路头、田头、山头、坟头等敏感区域和重点地段的巡查，同时对精神障碍痴呆傻等特殊人群落实监护人责任，实施重点跟踪监管，有效降低人为火源引发山火的可能性。广大一线值守防火人员按照“打早打小打了”的原则，做到见烟就查、见火就打，有效遏制森林火灾的发生。

保障完善到位。一是强化队伍建设。2017 年 5 月，市武装部组织市应急连在职教集团开展为期一个月的准军事化训练和森林防火实战演练；市林业局、森林公安局组织镇（街道）林业站长、防火专干开展消防设备使用和森林防火专业知识培训，提升扑救森林火灾的整体实力。二是强化设备更新。先后投入资金近20万元新购置提灌机、风力灭火机、油锯、砍刀等森林防火设备，各镇（街道）也相应地补充更新部分防火设备，物资应急保障能力得到提高。三是强化教育惩处。市森林公安局坚持依法治林，严厉打击山火肇事者，全市有效处置大小森林火灾2起，过火面积56.25亩，当日扑灭率100%，查处刑事案件1起，各项防火指标完全控制在省、常德市规定的范围之内，确保无重特大森林火灾发生。（袁超军、王豹）

【古树名木保护】 2017年，全市古树名木保护工作在巩固去年工作成果的基础上，完成全市100年以上古树名木资源总量、各类、公布状况、生长情况，130株单株古树名木的树种、树龄、保护级别、生长地点、生长环境、生长状况、养护管理等数据和照片资料数据录入及微机化管理。9月21日上午，津市召开古树名木资源普查成果专家评审会，普查成果通过专家评审，并在市政府门户网站上挂网进行公示。下一步将提交市人民政府出台规范的管理办法，对古树名木进行认定、公布，制订古树群落及每木保护措施，实施挂牌保护。（袁超军、赵志）

【毛里湖国家湿地公园建设】创建工作方面。2017年初毛里湖旅游景区建设成功通过上级检查验收，正式获批国家3A级旅游景区。9月毛里湖国家湿地公园正式获得全国森林康养基地试点建设单位授牌。正式被纳入《全国湿地保护"十三五"实施规划》，并成功跻身全国22家重点建设国家湿地公园笼子。

湿地保护。禁投养殖成果进一步巩固，饮用水源保护地建设成效显著，毛里湖的人放天养的局面已经形成，现环保局多个水质监测点数据显示稳定在Ⅲ类，湖水水质进一步改善。2017年继续开展毛里湖渔业生产秩序及湿地生态资源保护集中整治专项行动，依法查处破坏湿地生态资源的违法违规行为20余起。开展毛里湖"两拆两退"（即拦网、拦坝拆除和退塘、退耕）综合治理，同时对部分滩涂土地的流转，开展湿地保护修复，播种冬小麦，三年来的冬候鸟调查数据显示，鸟类种群、数量都有增加，周边群众爱鸟护鸟意识明显增强。

争资引项。2017年11月申报长江经济带绿色发展湖南毛里湖国家湿地公园湿地保护数字化管理建设项目资金1亿元，已向省林业厅递交相关资料。

工程建设。2016年2月，正式在毛里湖毛水汊启动公园一期能力建设，拟总建设项目12个。其中在建项目6个（宣教中心土建、宣教中心外部环境、游船码头、旅游公厕、访客中心、1号道路，不含民投代建的办公服务区项目）。6个在建项目中，除1号道路外，其他5个项目整体建设基本完工。按照一期能力建设总体布局，待建项目6个（大门入口景观、科普宣教中心布展、主入口至宣教中心2号道路、1号道路两边绿化、一期能力建设区沟汊水生植物栽植、箭楼和龙头咀部分岛屿林相改造），这6个待建项目正在进行实施前准备（设计、征地、审图等），预计2018年"五一"前基本完成。（袁超军、曾琴）

森林防火演习现场

【嘉山国家森林公园建设】基础建设。2017年，共投入建设资金605万元，对嘉山国家森林公园古大同核心景区的道路、环卫设施、休闲设施进行了改造和完善，进一步提升公园的接待功能，改善游乐环境。该项目于2017年3月份动工，11月底完工。项目建设总面积45000m²，建设内容有林区铺设沥青路面6070m²、人行道铺设渗水砖750m²、森林康游步道350m²、排水设施（下水管道387m）、公厕两个、环湖道路沿线新栽各类乔木共计387株，园区野花组合5742m²、春鹃683m²、草皮30000m²。

2017年来林区新增加防火宣传牌20块，安全警示标语及温馨提示牌35块，景点指示牌15处。极大的提升了林场基础设施和森林公园的整体质量。

资源保护。为管控好森林公园的每一寸土地，保证每一片森林都有人看，有人管。国有林场制定了森林管护与防火应急处理制度，签订了责任状，要求每个班子成员负责一片区域，山头具体落实到人；要求护林员每天的巡逻不少于两次，并详细记录防火日志。在防火期完成14公里防火隔离带的砍割，并加大在防火期的宣传力度，增强周边住户的防火安全意识。在每个季度定期组织防火队队员进行学习和训练，熟练掌握各种防火器材的操作运用。2017年尚未发生一起森林火灾与违法违纪事件。

6月初，采取喷洒药剂、刷白方法对森林公园内松树和白蚁危害区进行了防治行动，防止树木被侵害，有效的遏制了病虫害的繁殖及蔓延，切实有效地保护了森林资源。

争资引项。津市市国有林场和湖南嘉山国家森林公园管理现处于初期发展建设阶段，保护和发展资金大部分靠林业项目支持，2017年争取到的林业项目有天然商品停伐资金、天然林管护资金、林区公路建设资金、林场改革资金、贫困林场等10多个项目。

旅游产业。8月份，中国林业产业联合会森林医学与健康促进会副秘书长葛建华一行3人，来津就湖南嘉山国家森林公园森林康养项目进行现场调研，肯定森林公园的生态环境，对森林公园发展森林康养项目建设提出意见与建议。

9月5日，省林业厅副厅长李益荣一行4人对津市林业安全生产工作进行督导检查，市人大常委会副主任邓惠荣，常德市林业局、津市市林业局负责人陪同视察。

10月31日，市委书记傅勇在市委办、市林业局、市国有林场等部门负责人陪同下，就国有林场建设、发展情况进行调研。傅勇一行先后实地考察了该场场部、基础设施建设等情况，听取了该场关于基础设施建设、森林资源保护和培育、今后发展等方面的情况汇报。(袁超军、丁桂林)

【森林城市创建】 2018年，津市的创森工作全面落实常德市创森会议精神，狠抓工作落实，市政府与镇、街道、市直各相关单位，市林业局与各镇街林业站，各镇街与各村签订创森工作责任状，并层层分解、落实任务。除完成全年绿化造林任务外，94公里环城“绿色生态走廊”基本贯通，三湖公园提质改造全面完成，城区增绿20公顷。加强道路、河道绿网建设，道路林木率达82%以上、水岸绿化率达82%以上，湿地保护率70.15%以上，毛里湖国家湿地公园获批全国第二批森林康养基地试点建设单位，津市创森经验被常德市林业局推介。积极配合常德市开展国际湿地城市创建工作，并取得阶段性成果，津市创湿工作受到常德市创湿办的通报表彰。(袁超军)

省林业厅副厅长李益荣调研嘉山国家森林公园安全生产工作

【绿色庭院建设】 2017年，抓住国家重视林业与生态建设的有利时机，以生态绿化为重点，以项目造林为抓手，大力开展“绿色庭院”建设工作，全市共投入资金1350多万元，新建“绿色庭院”示范村3个，“绿色庭院”示范户103户，栽植各类苗木13.68万株，实现群众得利、政府得绿、社会得益的多赢效果，助推“绿色津市”建设，2017年，全市共组织大型宣传10多次，出动宣传车20多台次，发放各类宣传资料2万多份，张贴标语300多条，制作电视专题节目10多期。让群众看到“绿色庭院”建设的益处，进一步坚定了群众“绿色庭院”建设的信心，增强了群众参与“绿色庭院”建设的主动性。通过开展“绿色庭院”建设工作，全市城乡面貌焕然一新，农村的荒山、林地、屋边、水边、路边都栽上了经济林、果木林；城区的公园、广场、空坪隙地、居民小区全都披上绿装。2017年，全市农村共有14310户的庭院绿化达到“绿色庭院”建设标准，绿化面积667.772万平方米，完成公路绿化314.5公里、沟渠绿化98.5公里，建成公共绿地1.1万平方米，栽植各类绿化苗木45.6多万株。

10月27日上午，常德市“绿色庭院”建设现场会在津市召开，常德市林业局，各区县市及常德经开发区、西湖

常德市“绿色庭院”建设现场会在津市召开

人大代表视察绿色走廊建设情况

管理区等15家单位林业局相关负责人参加了现场会，与会代表在副市长高见的陪同下先后参观了津市新洲镇五泉社区、白衣镇蒲山村、襄阳街街道阳由社区。汇报会上，市林业局局长陈克兵从三个方面详细汇报津市“绿色庭院”建设开展情况。常德市林业局党组书记、局长关建锋到会并讲话，对津市的“绿色庭院”建设工作给予肯定，认为津市绿色庭院建设规划好、标准高、特色新，走到常德市各区县市前列，并要求全市各单位以此次会议为起点，科学部署、加强宣传、压实责任、狠抓落实，打一场“绿色庭院”建设的攻坚战。（袁超军）

【绿色走廊建设】 2017年是完成2015年市人大“1号议案”办理的最后一年，津市林业局将总投资1997.5万元的13个项目建设任务以清单形式交办到具体责任单位，并规定完成时限。

随着绿色走廊建设的不断深入推进，山体滑坡存在安全隐患、原规划线路与千吨级码头重点工程建设相冲突等问题初步显露出来，影响绿色走廊建设的推进及环线畅通。针对这一情况，市政府在实地调研、征求意见的基础上，对环线建设期限、线路以及部分建设项目提出调整建议，得到市人大常委会的大力支持和人大代表的充分理解。调整部分环线建设期限。将“四环”建设期限由一次完成调整为二期完成。即：“生态体验环线、生态田园环线、生态健身环线”三条环线作为第一期工程，在2017年年底前全部完成。“生态旅游环线”新洲段和面粉厂至盐矿北门路段硬化、亮化工程等调整为第二期建设工程，先完成概念性设计，其他建设暂缓，待条件成熟后再实施。调整部分环线走向。考虑山体滑坡、生态保护等因素，暂缓生态田园、生态健身、生态旅游这三条环线白龙潭水厂至关山机埠山边道路拉通工程建设，三条环线从果园路出来后改走白龙潭水厂→嘉山国家森林公园古大同核心景区→关山路→关山明月生态园；考虑与千吨级码头建设项目有冲突，将“生态健身环线”高新区段津市大道→千吨级码头→沿江路调整为高新区段津市大道→孟姜女大道→丝绸路→沿江路。调减资金。根据建设期限和环线走向调整、部分工程暂缓的实际情况，将总投资2个亿的建设总额压缩至1.35亿元。经过科学调整，保障工程建设的顺利推进。

在加强绿色走廊建设的同时，由市政府办牵头，组织文体广新局、旅游局、电视台、三办、四办、五办等责任单位以绿色走廊为平台大力开展系列宣传活动和形式多样的文体健身活动。三年来，共组织大型宣传20多次、出动宣传车20多台次、发放各类宣传资料2万多份、张贴标语300多条、制作电视专题节目10多期、电视台微信公众号宣传5期，开展枇杷采摘节、关山越野跑、“共青林”志愿者植树等各类文体健身和志愿者活动10多次，扩大绿色走廊的知名度和影响力，让市民共享绿色走廊的建设成果。

三年来，把绿色走廊建设与美丽乡村建设办点示范结合起来，发动关山村、关桥村等美丽乡村建设示范村的后盾单位投入资金近1000万元。内引外联，鼓励社会知名人士参与到绿色走廊建设中来，三年累计社会融资达2000万元。共整合退耕还林、长江防护林、棚户区改造、通村公路建设、高标准农田整治等项目10多个7500万元。市财政累计投入3000多万元，用于古大同核心景区建设、盐矿空坪地绿化、桥南广场建设和津市大道、果园路等道路的绿化、美化工程。

三年来，市委、市人大、市政府、市政协的主要领导先后20多次到一线检查指导，市人大先后组织8次代表视察活动，涉及代表139人次。

三年来，在市委的坚强领导、市人大的强力督导和市政府的大力推动下，全市各相关单位围绕绿色走廊建设通力协作、狠抓落实，累计投入1.35亿元，先后实施道路建设、生态绿化、环境整治三大工程19项建设任务、31个具体建设项目，共完成路基扩宽8.6公里、道路砂石化5.16公里、硬化6.2公里、黑化7.3公里，新造林5000亩、道路绿化36.7公里、栽植各类绿化苗木18.7万株。至2017年11月，94公里的绿色走廊基本贯通，成为市民旅游、休闲、健身的好去处。（袁超军）

毛里湖国家湿地公园管理处

【概况】 湖南毛里湖国家湿地公园位于湖南省北部、津市东南部，洞庭湖西北边缘、澧水下游。公园由99条沟汊溪河汇聚而成，横跨津市毛里湖、白衣、药山3个乡镇，是湖南省最大的溪水湖，仅次于洞庭湖的第二大天然优质淡水湖,还是湖南省为数不多的未感染血吸虫的溪水湖泊,是进行亲水活动良好去处。总面积6250公顷,常年蓄水1.38亿立方米。园内有湿地植物403种,湿地动物262种,素有“鱼儿家园、鸟类天堂、植物王国”之美誉。公园交通便捷,“二广”“常岳”和在建的“安慈”高速环湖而过,区位优势明显,为武汉、重庆、长沙三大旅游城市的几何中心,岳阳至张家界黄金旅游线路的重要节点,洞庭湖生态经济圈5大节点城市之一津澧新城的战略要地。

毛里湖湿地于2011年3月获批开展国家湿地公园试点建设,2014年6月25日,湖南毛里湖国家湿地公园管理处正式挂牌运营, 历经三年的努力,2016年8月正式获得国家林业局授牌,成为常德市首家正式授牌的国家湿地公园。2017年初,毛里湖国家湿地公园建设成功通过旅游管理部门检查验收,正式获批国家3A级旅游景区;2017年9月毛里湖国家湿地公园正式获得全国森林康养基地试点建设单位授牌; 对上争取,毛里湖在全国近千家湿地公园中脱颖而出,正式被纳入《全国湿地保护“十三五”实施规划》,并成功跻身全国22家重点建设国家湿地公园笼子。(曾琴)

【湿地保护与恢复工作成效】水环境治理成效明显。市委、市政府经多方努力,取得省政府同意,成功将毛里湖渔业养殖水源调整为饮用水源保护地,并与大湖股份多轮磋商谈判,全面叫停投肥养殖, 真正实现毛里湖的人放天养,现环保局多个水质监测点数据显示稳定在Ⅲ类,个别监测点数据显示为Ⅱ类,湖水水质明显改善。涉湖生态治理推进有序。2017年,继续开展毛里湖渔业生产秩序及湿地生态资源保护集中整治专项行动,依法查处破坏湿地生态资源的违法违规行为为20余起。配合搞好毛里湖“三退三还三拆”工作(即环湖污染企业腾退还林; 临湖农田退耕还湿; 临湖养殖池塘退养还湖; 拆网、拆坝、拆土围子),同时对部分滩涂土地的流转,开展湿地保护修复,播种冬小麦,三年来的冬候鸟调查数据显示,鸟类种群、数量都有增加,周边群众爱鸟护鸟意识明显增强。(曾琴)

【公园综合环境得到有效整治】环湖乡镇严格落实市政府“六不准”政令,对毛里湖周边500米范围内的土地进行严格控制,杜绝土地(水面)私自流转、重新发包、延包和转包,严厉打击抢建改建民房等违规行为,全面停止环湖周边土地平整项目,实施环湖周边各类养殖、加工等项目环境准入制度,公园周边土地资源得到有效管控。此外各环湖乡镇还严格落实湿地公园周边卫生环境责任,配齐健全环湖村组的生活垃圾收集设施,并经常性开展环湖周边农村生活垃圾清理行动,公园的良好卫生环境得到有效保障。相关职能部门主动作为,平稳完成毛里湖水域的网箱拆除任务,并在环湖周边及主体水域设置交通指示牌,有效规范园区交通秩序。探索环湖周边养殖退出机制,推进公园周边500米范围内的各类养殖场退场工作。(曾琴)

【公园一期能力建设稳步推进】2016年2月,正式启动毛里湖国家湿地公园一期能力建设, 拟总建设项目12个。其中在建项目6个(宣教中心新建工程、游船码头新建工程、旅游公厕新建工程、访客中心新建工程,1号道路建设工程,办公服务区项目)。6个在建项目中,除1号道路外,其他5个项目整体建设基本完成。按照一期能力建设总体布局,待建项目6个(大门入口景观建设工程、科普宣教中心内部布展、主入口至宣教中心2号道路建设工程、1号道路两边绿化新建工程、一期能力建设区沟汊水生植物栽植、箭楼和龙头咀部分岛屿林相改造),至12月,这6个待建项目正在进行实施前的设计、征地、审图等工作。(曾琴)

【增资引项成果喜人】湿地公园管理处围绕公园生态保护与恢复,紧盯国家产业政策、项目信息,抓好项目策划,2017年度增资引项成果喜人,争取到的以及正在争取的项目有:争取到全球环境基金赠款项目,湖南澧水河口东亚—澳大利亚候鸟迁徙路线关键栖息地保护与恢复项目(简称GEF项目),项目资金约为300万美元。争取到法国开发署的毛里湖国家湿地公园生物多样性保护与合理利用示范工程项目,项目资金3500万欧元。正在争取的项目有,长江经济带绿色发展湖南毛里湖国家湿地公园湿地恢复与保护项目,项目总投资两亿元人民币, 项目可研已编制完成。(曾琴)

森林公安

【概况】津市市森林公安局原名津市市公安局林业派出所,2009年5月,正式更名为津市市森林公安局,正科级单位,受津市市林业局、公安局双重领导,与津市市森林防火指挥部办公室合署办公。下设刑侦治安大队、综合办、法制办和防火办四个股室。定编政法专项编5名。

承担津市森林防火指挥部办公室日常工作,督促各森林防火责任单位和成员单位尽责履责,防止发生森林火灾和人员伤亡事故。

2017年在森林公安和贫困户的共同努力下,13户贫困户12户已经脱贫,解决了经济来源困难的问题,其中还有养殖业收益颇丰的, 剩余未脱贫1户,当期已拟订方案逐步开展。

为企业和投资者办实事、做好事、解难事,多举措优化经济发展环境。加强企业周边秩序整治。加强涉林企案件分析研判工作,坚持内部单位治安状况定期通报制度,突出解决企业周边治安问题。为保证林区企业安全,主动指导组建林区巡防队伍进行巡逻防控。积极化解矛盾纠纷,重点查处化解阻挠工程施工、妨碍涉林企业生产经营等影响涉林企业发展的矛盾纠纷,依法处理强装强卸、阻挠企业施工、暴力讨债等违法行为。严厉打击涉企违法犯罪,各类违法案件,坚决予以快侦快破、严打重处,最大限度为企业挽回经济损失。

建立责任制,明确各部门负责人为

“优化经济发展环境”工作责任人，对每个岗位、每个环节、每个民警都要负总责，发生任何影响经济发展环境的人和事都要追究主体责任。建立培训保障制。以民警培训学校为平台，加强民警服务经济社会发展的知识培训，切实提高民警服务经济社会发展的主动性、自觉性和工作能力，为公安服务工作提供素质保障。建立督查追究制。纪检、督察等部门负责对“优化经济发展环境”工作进行跟踪督查，对涉企投诉件优先查处，在3天内必须予以答复。对查证属实的，一律进行倒查问责、严查深究。（王豹）

省农机局督查调研津市农机安全生产工作

【案件查处】2017年森林公安坚持专项行动与日常打击相结合，集中整治与综合治理相结合，着力开展了“春雷行动”“亮剑行动”、“天网行动”、“缉枪治暴”、“三山保护”、“野生动物保护”、“活立木市场整治行动”、非法贩卖野生动物等专项整治行动，取得了不俗的成绩，以打促防，努力构筑“打、防、控”一体化机制，有力的打击了破坏野生动物资源违法犯罪行为，有效的保护了津市市森林资源和野生动植物资源。

2017年查处林政案件60余起，涉林刑事案件3起，收缴木材215.5立方米，移送起诉3人，林政处罚人次70余人，收缴并放生青蛙1600余只、蛇200余条、鸟类300余只，收缴枪支4支，查处违法经营户11户，刑事案件查处率为100%，林政案件查处率达100%，有力维护了津市市森林生态的持续，为社会经济协调健康发展增添了活力。（王豹）

农业机械

【概况】津市市农业机械化管理局为市农业局管理的正科级公益一类事业单位，内设办公室（财务股）、科技质量和监督管理股2个股室，下辖农机安全监理所、农机培训服务中心2个二级事业单位，核定编制18人，其中局机关10人，农机安全监理所6人，为财政全额拨款；农机培训服务中心2人，为自收自支。主要承担全市农机安全生产监督管理、国家农机购置补贴实施、农机新机具新技术推广、农机市场监管、农机教育培训和农机职业技能开发等职责。

2017年，市农机化局按照“立足大农业，发展大农机，服务新农村”的工作思路，践行农机为农核心追求，在小农机服务大农业的真情实践中，推动农机化事业转型跨越发展。

2017年，全市农业机械拥有量达31515台套，农机总动力达19.6万千瓦，同比增加0.3万千瓦，农业机械原值3.04亿元，综合机械化水平65.07%。全市共有农机专业合作社15个，农机大户211户，农机经营、维修网点30个，农机从业人员8155人，农业机械经营收入9154万元，利润总额5455万元。农机社会化服务体系得到长足发展，农机服务领域遍及于农、林、牧、副、渔、加工等各个领域、各个行业，服务形式日益多样，服务组织不断壮大，有效提高全市农业综合生产能力，促进农业增效、农民增收和农村经济的发展。2017年市农机化局被评为全省农机科教质量工作先进单位、常德市农机化工作先进单位、常德市农机安全生产工作先进单位。

【农机中心工作】向上争资，面对农机项目少、争资口子窄的窘境，善谋勤跑，抢抓机遇，主动汇报，争取国家、省等各级农机发展项目7个，到位资金688万元，完成市委政府下达的年度目标任务的57%。对外招商，围绕农机产业开展招商。2017年元月，引进山东雷沃重工和常德德阳农业机械有限公司联合投资3000万元成立津市市金秋农业机械销售有限公司，并挂牌运营。下半年，引进张家界凸出农业有限公司投资3000万元对常德智鹏机械制造有限公司进行承债式收购，在工商注册成立新的津市市凸出农业智能科技有限公司。为农服务，克服人少手的困难，采取“保姆式”服务，帮助常德智鹏机械制造有限公司盘活存量资产，研发新产品，邀请省农机专家领导实地考察调研，使其产品顺利进入省农机购置补贴产品目录。与企业一道开展招商合作，引进张家界凸出农业有限公司进行承债式收购。精准扶贫，对照工作要求，逐户登记造册，分户制定扶贫措施，并拿出3万多元资金进行帮扶解困。城市创建，抽调1名专职人员服务联系城市创建工作，在人力、财力、物力上优先保障，举全局之力，全力以赴，被市委政府授予创建国家卫生城市先进单位。

【农机队伍建设】2017年，市农机化局立足“强作风、优服务、树形象”的高站位，筑牢全局干部职工为农服务、为职尽责本领。以活动正形象。开展“文明单位”创建、学习型机关创建、“雁过拔毛”腐败问题专项整治、优化经济发展环境等主题活动，以问题为导向，对各类不正之风和腐败问题进行全面扫描，深入调研，重点排查，建立问题台账，逐项整改落实；深入推进“两学一做”学习教育常态化制度化，扎实践行“红船精神”，进一步提高党员队伍政治觉悟和政治能力，始终做政治上的明白人。以硬件提形象。自筹资金20多万元对农机服务大厅进行提质改造升级，优化大厅服务功能，成功申报为省农机安全监理“为民服务创先争优”示范窗口。药山镇成功创建省“平安农机”示范镇。以规范促形象。从《岗位职责》和《内部管理制度》入手，健全《日常工作制度》、细化《财务管理制度》、完善农机安全、农机购置补贴、治理“三乱”、党风廉政等方面制度，分解落实精细化管理，强化制度约束，加大跟踪问责，规范党员干部职工行为，树立良好的部门形象。以服务强形象。从群众迫切需要解决的机耕道、农机上户、农机维修、农机年检、农机保险、办理农机购置补贴之类的小事、琐事、杂事做起，向所有农机手免征拖拉机号牌费、行驶证费、登记证费、驾驶证费、安全技术检验费等5项收费，取消拖拉机反光贴收费；积极联合中石化津市公司对本市农机手购买农机作业柴油，按每升低于市场价0.81元优先加油，为农机手节约资金20多万元，密切党群干群关系，增强基层群众的满意度、信任度。

【农机安全生产】2017年，市农机化局紧扣“平安农机”示范创建和“安全监管执法年”两大主题活动，严格农机安全生产责任和措施，加强农机安全监管执法，强化安全风险管控，深化隐患排查治理，坚决防范和遏制农机安全生产事故的发生，确保全市农机安全生产形势总体稳定。落实责任体系。按照“党政同责、一岗双责、齐抓共管、失职追责”的要求和属地管理原则，市与乡镇、乡镇与村组、村组与农机手、农机专业合作社与社员层层签订农机安全生产责任状，落实农机安全生产主体责任、领导责任和监管责任，将农机安全生产纳入全市年度目标管理考核范畴。强化

举办第一期农机驾驶操作员考试

安全意识。组织开展农机“安全生产月”、“安全生产宣传咨询日”、安全生产大检查等活动，结合本单位部门网站、官方微博、乡镇街道广播等平台大力宣传安全生产法律、法规和农机安全生产知识，发放宣传资料20000多份，发送农机安全警示短信2000余条，推动农机安全知识、安全常识在广大农民群众中普及，提高农民机手的安全意识。严肃执法行为。对全市农用机械设备及农机手情况登记造册、专项管理，全面掌握全市当前基本情况，做到心中有数。督导全市农机安全生产工作，对涉及农机安全的重大危险源和农机安全隐患的变型拖拉机、农机生产经销企业进行了全面督查，对发现的问题及时整改落实。2017年，全市农机年度检审率达90%，驾驶员持证率达95%，保险率达100%，新建平安农机示范镇1个、示范村2个，示范合作社1个，累计开展各类执法行动50余次，检查各类农业机械1000余台次，纠正违章行为30余起，查治隐患11个，排摸造册拖拉机1098台，并对91台报废、长期脱检的变型拖拉机和147台小型盘式拖拉机在市电视台发布注销公告，农机安全事故连续七年保持“零”记录。

【农机购置补贴】2017年，成立以

市农机化局组织开展新型职业农民培训

分管农业副市长任组长，农机、财政、减负等部门参与的农机购置补贴工作领导小组，召开全市农机购置补贴专题工作会议，与各镇、街道签订农机购置补贴工作责任状，明确工作职责，落实工作责任；建立农机购置补贴研究决策、目标管理和责任追究机制，实行“谁办理、谁负责，谁核实、谁负责”，责任追究覆盖补贴申请、审核与审批、公示与核实、监管与督查、档案管理全过程。加大宣传，阳光操作。市、镇、村整体联动，通过村务公开栏、各种媒体、培训、活动及会议等形式，反复宣传农机购置补贴政策，发放宣传资料3000多份，张贴农机购置补贴操作流程挂图100余份，在市电视台图文频道进行为期一个月的政策宣传，将购置补贴工作流程、相关政策予以公示，严格按照《湖南省2015-2017年农业机械化购置补贴实施方案》相关规定，将享受农机购置补贴资金情况作为村务公开内容；建立机具核实台账，保留机具核实记录，市和镇街两级补贴机具核查率达到100%；会同市财政局、市减负办等单位，对购机大户和重点监管机具按规定组织联合复核，确保农机购置补贴落实到位；落实补贴机具销售市场监管，每周最少监测一次并作出记录，督促经销商规范经营行为，履行承诺。对新进补贴产品实行现场演示评价，每次演示都有上级领导把关、纪检干部监督、技术专家表态、机手代表见证，杜绝了钱权交易，规避了腐败行为。7月8日-9日，在常德市“两个专项”整治领导小组办公室组织的各区县市交叉检查中，对津市农机购置补贴实施情况进行了专项检查，没有一例违法违规情况，得到了充分肯定。

2017年，全市完成农机购置补贴资金546.12万元，补贴各类农业机械339台套，受益农户（组织）225个，带动农民农机直接投入2000多万元，引导全市农机装备结构不断改善，提升农业生产全程机械化水平。

【农机科教推广】2017年，市农机化局重点抓好农机农艺融合、试验示范推广和关键重点突破三个环节。加强与农艺部门沟通合作，建立健全农机和农艺协作攻关机制，深入推进水稻栽植、粮食烘干、油菜直播等关键重点环农机农艺融合示范建设，在全市4镇建立水稻生产全程机械化示范基地5个，示范面积1500亩，油菜免耕直播机械化技术示范推广基地2个，示范面积1000亩。经过试验对比，水稻机插秧实现亩均增产20公斤以上，全程机械化每亩节约劳动力成本300元以上。采取举办现场会、培训班、专题讲座、科技下乡等多种形式，宣传和推广先进适用的农机化技术装备，加快农机化科技成果转化和应用，提高农机覆盖面和渗透力。组织举办无人植保飞机机械化作业现场会、水稻机插秧现场会、油菜免耕直播现场演示会、新进补贴机具现场演示评会等10余次，推广无人植保飞机2台、精准监控深松机8台、谷物烘干机10台，粮油生产全程机械化“卡脖子”环节方面取得突破，水稻耕种收综合机械化水平达78.38%。在“春耕”、“三夏”、“三秋”等重要农时季节，开展农机具组织调度、维修保养、技术培训及机具、油料等要素保障服务，全年组织农机技术人员进村入户下田开展技术指导服务100余人次，检修保养各类农机具300余台（套）。围绕农机“三减量”、秸秆粉碎还田、农机深松整地作业等关键技术推广开展工作。制定《农作物秸秆粉碎还田工作方案》，对秸秆粉碎还田机实行敞开补贴，对没有安装秸秆粉碎装置的收割机不予办理农机购置补贴，不予发放跨区作业证、禁止下地作业。发放《推行秸秆还田，争做模范农机手》倡议书1000余份，在乡镇村组、田间地头、农机经销商拉横幅8条，安装秸杆还田粉碎机102台。持续开展农机深松整地作业，完成作业面积8000亩。

市农机化局联合多部门开展重点场所拖拉机安全生产专项整治行动

【农机市场监管】2017年，市农机化局以“规范农机市场经济秩序，依法维护和保障广大农民和农机经营者的合法权益”为目标，通过“督、导”结合、“查、处”配合，完成对农机市场全方位的动态监督。开展农机培训、现场会、科技下乡等系列活动，宣传识别假冒伪劣农机产品的方法，提高农民维权意识；联合农业、工商等部门开展打假维权专项行动，保障农民合法权益；依托农机安全生产大检查，对全市农机维修网点及经销商等农机经营维修场所及农机专业合作社开展多次安全生产专项检查，对经销、维修网点部分“三无”小农机配件，责令停止销售、整改到位，对农机专业合作社部分隐患机具督促维修整改到位；严格规范办理跨区作业证发放工作，实行网上登记注册，对手续不全的一律不予发放。2017年全市共发放跨区作业证30份；对社会和群众关注的农机质量安全和售后服务保障进行常态化监管，全年无一例农机质量安全事故投诉。

【农机专业合作社】2017年，市农机化局以提升农机合作社“规模化、组

举办全市水稻机插秧现场演示会

织化、产业化"水平为导向,在合作社农机装备建设、专业队伍建设、机具场库建设等方面下功夫,指导开展省级、常德市级农机合作社示范创建工作,使农机合作社成为农机作业服务和农业生产经营的"双主体"。对农机专业合作社的发展实施项目带动策略,把农机新技术推广、农机购置补贴等政策项目向农机专业合作社倾斜,安排项目时优先考虑,办理补贴手续时优先审批;争取省级农机购置补贴资金35万元,对全市5家农机专业合作社,11台粮食烘干机进行累加补贴。在舆论上进行宣传推广。通过典型让农户切实感受到社内和社外的差别,增强农机专业合作社的吸引力和凝聚力,为农机专业合作社的发展创造良好的舆论环境。实行免费培训。为农机专业合作社和农机大户提供现场技术操作免费培训。向农机专业合作社提供各种新机具使用、农机作业等信息,引导合作社与外出打工缺劳户签订农机作业承包合同,鼓励开展跨区机耕、机收等作业。全市已举办各类农机技术培训12期,培训合作社理事长、成员100余人次。2017年指导帮助市阿莲农机专业合作社成功申报为省级现代农机合作社示范社,市农发农机专业合作社、市同兴农机专业合作社成功申报为省级现代农机合作社。

2017年底,全市在工商登记注册的农机专业合作社15家,其中省级现代农机专业合作社6家,省级农机示范社3家,常德市级农机示范社1家。合作社入社成员183人,从业人员325人,拥有各类农业机械500多台套,其中大中型拖拉机200多台,联合收割机100多台,粮食烘干机20台套(日处量300吨大型烘干机1台),水稻高速插秧机21台,无人植保飞机4台,同步精量施肥机2台,机具原值2000多万元。合作社入社经营面积2万余亩,承包土地面积3.5万亩,农机作业服务面积(含跨区作业面积)30多万亩,作业服务收入达3000多万元。(黄佩)

水　务

【概况】2017年,市水务局科学应对局部洪涝灾害和大面积旱情,有力保障人民群众生命财产安全;统筹推进农田水利建设、农村饮水安全扩容提质等工程,民生水利取得新进展;深化水利改革,全面推进河长制工作,依法治水管水迈出新步伐,开创水利发展新局面,收到良好的经济效益、社会效益和生态效益。(郭庆)

【防汛抗旱】2017年,津市降雨频繁,雨量大、雨期长,汛期中先后遭受5次局部特大暴雨过程,部分镇、街道出现较为严重的涝灾。从7月初开始,津市又出现涝旱急转,连续无有效降雨天数达到一月有余,造成涝旱交织的复杂局面,在严峻的自然灾害面前,市委、市政府全面部署,市防指精心调度、分类指导,市领导多次亲临防汛抗旱的一线给予现场指导,受灾地区科学应对、全力减灾,保障农业生产用水和群众安全饮水,保障防洪和人民生命安全,保障经济社会平稳较快发展,夺取防汛抗旱工作的重大胜利。

2017年,津市市市区(水务局雨量站录)全年降雨量为1307.8毫米,汛期中的降雨量及有效降雨天数分别为:4月份为117.9毫米,有效降雨天数12天;5月份为146.5毫米,有效降雨天数10天;6月份为279.9毫米,有效降雨天数17天;7月份为14.6毫米,无有效降雨天数;8月份为128.8毫米,有效降雨天数3天;9月份为133毫米,有效降雨天数4天,汛期总降雨量为773.1毫米,占整个降雨量的59.1%。

为切实做好年度备汛工作,2017年初,津市先后实施新洲老电排涵管、新洲下垸铁家嘴堤段、毛里湖渍堤、西湖渍堤除险加固工程等重点除险工程,其中新洲老电排涵管为拆除重建工程,主要建设内容为泵站老出水涵管全部拆除,新建启闭机、防洪闸门、出水涵管64m等,工程总投资123.17万元,资金来源为本市财政自筹;新洲下垸铁家嘴堤段除险加固项目位于新洲下垸铁家嘴大堤,主要建设内容为对430米堤段(桩号4+570—5+000)进行除险加固处理,堤外脚灌注桩固脚、修建外平台、外平台块石护坡。主要工程量为土方开挖1.4万立方,土方回填0.98万立方,灌注桩总进尺6020米,C30砼灌注桩756立方米,C20砼阻滑墙430立方米,M7.5浆砌石护坡1509立方米,人工栽草皮1.6万平方,该工程总投资246万元,由湖南省筱沅水利水电建设有限公司中标施工,监理单位是湖南省汇友工程咨询有限公司,工程于2017年1月3日开工,3月底完工;毛里湖渍堤除险加固工程的主要内容是:对津市市毛里湖镇四林垸渍堤(桩号0+000-1+900)、五儿咀渍堤(0+000-2+400)除险加固,堤岸防护,堤防外坡种植放浪植物及护脚、堤防内坡填筑浸平台、堤防内坡护脚、灌浆等,提高堤防防护标准,改善防洪能力。主要工程量为土方开挖1.8万立方，土方回填2.7万立方，人工栽草皮3.8万平方，C20阻滑墙8887.5立方米，填充灌浆进尺8220m，雷诺护垫维护2068.5立方米，川三蕊柳7110株。该工程总投资740万元。工程由湖南省筱沅水利水电建设有限公司公司中标施工，监理单位是湖南德江监理有限公司，工程于2017年2月28日开工，5月12日完工；西湖渍堤除险加固工程是对位于津市市药山镇新湾渍堤（桩号0+000-2+400)除险加固，主要实施堤岸防护，堤防外坡种植放浪植物及护脚、堤防内坡填筑浸平台、堤防内坡护脚、灌浆等工程，提高该段堤防防护标准，改善防洪能力。主要工程量为土方开挖1377立方，土方回填1354.5立方，人工栽草皮4050平方米，C20阻滑墙1038立方米，填充灌浆进尺8400米，栽种川三蕊柳600株。该工程总投资279万元，由湖南水总水利水电建设集团有限公司公司中标施工，监理单位是湖南德江监理有限公司，工程于2017年2月28日开工，2017年3月20日完工；对护市机埠、新洲下垸南湖汊机埠等进行了维修改造，护市机埠主要实施设备改造工程，工程主要建设内容为泵站2台水泵更换轴承、叶片及附件，配电设备更新等，工程总投资5万元，资金来源为本市财政自筹；新洲下垸南湖汊机埠主要实施设备改造工程，工程主要建设内容为泵站出水涵管水泵接箱涵部分拆除，新建出水涵管15m，配电设备更新等，工程总投资10万元，资金来源为本市财政自筹；市防指同时还修复5处水位雨量监测站和2处预警设施，对汛前检查出的19处险工险段进行除险加固。为做好年度防汛抢险工作，市防指汛前还从民兵预备役、近几年退伍转业军人和士官、近几年新招录的公务员和引进的人才以及相关企事业单位中抽调300人组成防汛抢险应急队，同时组建2000人的防汛抢险预备队伍，其中农村部分1000人，分别从新洲、药山、白衣等镇抽调的精壮劳力组成；城市部分1000人，由本市工业系统具有较强抢险能力的人员组成。

4月18日，市委、市政府、市人大、市政协、市人武部领导一行，在上午对津市药山镇、西湖垸、新洲垸、阳由垸等重点堤段及电排机埠实地踏勘及详细了解其防汛准备工作后，下午在市水务局会议室召开了2017年度防汛抗旱会商会。会上，市水务局负责人就2017年津市防汛抗旱工作准备情况进行详细汇报，市人民政府分管副市长高见宣读了2017年度市防汛抗旱组织机构人员名单、防汛抗灾责任制、防汛物资代储任务、2017年应急除险经费安排等工作方案；与会各部门进行表态发言，并就防汛抗旱工作提出意见建议。

4月27日，津市市召开全市防汛抗旱动员暨全面推行“河长制”工作大会，会议贯彻落实全省和常德市关于做好防汛抗旱工作的重要部署，回顾总结2016年防汛抗旱工作，安排部署2017年防汛抗旱暨全面推行河长制工作。津市市防汛指挥部全体领导和各街道办、镇党政负责人、分管负责人及水管站长、相关部门负责人共计130人参加了会议。津市市防指指挥长、市委副书记、市长陈章杰主持会议，津市市防指副指挥长、分管副市长高见作全市防汛抗旱暨全面推行河长制工作报告，津市市防汛抗旱指挥部政委、市委书记傅勇在会上对全市防汛抗旱和推进河长制工作进行了强调部署。会后，市防汛抗旱指挥部组织与会人员参加由水务局资深工程师鲁秉生主讲的防汛抢险知识培训，学习相关防汛抢险知识和抢险案例，进一步提高大家的防汛抢险业务能力和做好防汛工作的责任感。

5月8日上午，常德市市委常委、组织部长梁仲和常德市人大常委会副主任谭弘发来津市检查防汛工作，他们先后实地查看阳由垸双电杆除险堤段、新洲上垸新洲电排、新洲下垸铁家嘴除险堤段、市防汛器材储备仓库等地，详细听取津市防汛备汛工作情况汇报，并根据检查过程中的现场情况有针对性的提出改进意见和要求。

5月23号，常德市防汛指挥部、常德市政府督查办联合检查组来到津市检查防汛工作。在津市相关负责人的陪同下，检查组一行抽查了新洲镇防汛指挥所人员在班在岗情况，以及汛期办公室值班人员、水库“三员”、各村（居）防汛人员花名册落实等情况，并对该防汛抗旱指挥所防汛物资储备是否到位，新洲上垸堤防设施是否安全达标，新洲镇新老电排站设备是否维修保养等进行检查。

5月24日开始，津市市防汛抗旱指挥部、市人武部组织分三期组织300名防汛抢险应急队员开展了防汛抢险集中集训和现场演练，向防汛抢险应急队队员传授了防汛抢险基本理论知识，对防汛抢险过程中可能出现的散浸险情、管涌险情、翻沙鼓水险情、滑坡险情的抢护及子堤的抢筑进行了实地演练，增强防汛抢险应急队员的军事素质，有效提高他们执行防汛抢险任务的能力。

5月底，津市收悉上级气象预报指出，5月31日至6月1日、6月4日至5日期间，湘北地区将有一次强降雨过程，可能会出现时间短、强度大、范围广的情况。为做好强降雨应对工作，5月31日下午，津市市防汛抗旱指挥部办公室按上级防指通知并报请市防指领导批示同意，于当日18:00时起，启动全市防汛Ⅳ级应急响应，要求全市各级各相关部门积极主动应对此次强降雨过程，确保防汛抗灾工作万无一失。市防指办还督促襄阳街街道办事处加强果园山洪地质灾害易发区的值班值守工作，按要求做好联村干部驻村值守工作；通知各街道办、镇政府加强对辖区内小型水库的巡查力度，保持水库巡查员手机24小时通讯畅通，发现问题及时汇报；通知市防指护市垸分指挥部做好市城区的渍涝防范工作，要求汪家桥机埠提前排空蓄水前池底水，空池待蓄，与护市机埠一道做好随时开机排渍的准备。截至6月1日上午08:00时，津市当日平均降雨量为18.22毫米，最高降雨量为白衣镇朱亮桥雨量站29.3毫米，此轮降雨过程中没有发生一起受灾情况。

6月23日，津市市多地出现局地性暴雨，当日，全市平均降雨量86.4毫米，其中最大降雨量为市药山镇龙泉堰雨量监测点，达到195.3毫米，另有2个监测站超过100毫米，分别是药山镇192毫米，毛里湖镇石龟山站121.5毫米，全市录得50–100毫米的站点的共3个：分别是市水务局雨量点76.9毫米，白衣镇雨量点75毫米，新洲镇庹家峪雨量点52.6毫米，按照上级防指通知要求，津市市防指于当日09:00时启动全市防汛IV级应急响应，6月24日09:00时升格为防汛III级应急响应。受6月23日强降雨影响，津市药山镇、毛里湖镇受灾严重，据市民政部门勘灾统计，药山镇农作物受灾面积1.5万亩；垮塌塘坝27口；公路中断5.5公里；冲毁渠道21.5公里；紧急转移人口285人；房屋受损69间，其中倒塌房屋6间。毛里湖镇农作物受灾面积521公顷，青苗村、七星村村级公路发生路体滑坡27米，房屋受损26间。在药山镇、毛里湖镇因强降雨出现灾情后，津市紧急行动，全力开展抗灾救灾工作。6月23日强降雨当日下午，市委书记傅勇赶赴药山镇受灾一线进行现场调度，并于当日晚上组织交通、电力、国土、农业、民政、人武部、公安、住建、保险公司等部门负责人在药山镇政府召开防汛抗灾会商会，就防汛救灾工作进行安排部署，市防汛抗旱指挥部也迅速组织专业人员当日下午前往药山镇、毛里湖镇指导勘灾救灾，认真收集灾情信息，受灾镇镇村两级干部也迅速行动，24小时分别驻守各自责任区，查看农田、路体滑坡等水情，设置警戒区域，做好监控和预警，组织过往车辆和人员安全出行。同时，防汛抢险队及时清理河道杂物，疏通排水管道；各泵站管理人员开启泵站机电设备，全力进行渍水抢排；积水严重的村居，动用挖土机开挖排水沟，将积水及时抽出。在“6.23”强降雨过程中，市公安民警和武警、消防官兵顶着暴雨，冒险涉水在药山镇奋战十多个小时安全转移被水困群众95户285人，未发生人员伤亡。药山镇安全转移受灾群众的事迹，事后得到了中央、湖南省等主流媒体的广泛报道，受到了社会广大群众的高度好评和赞扬。根据上级防指通知，经津市防指批准，6月25日14:30分津市由防汛应急III级应急响应降为IV级响应，6月26日10:00时解除防汛IV级应急响应。在津市发生“6.23”局地暴雨灾害后，省民政厅救灾处于6月25日、省住建厅防汛工作组于6月26日分别来到津市受灾严重的药山镇，进行了现场踏勘及救灾指导。

从2017年7月开始，津市市一直处于晴热高温少雨天气，无有效降雨天数达到32天。因旱造成津市药山镇、毛里湖镇、白衣镇、新洲镇、金鱼岭街道办、襄阳街街道办等镇街出现不同程度旱情，其中药山镇天鹅村、枫树村、和平村，毛里湖镇川门村、七星村、田家山村，白衣镇红光村、清化驿村，新洲镇长岭岗村、车胤村旱情较为严重。全市农作物受旱面积达11.26万亩，其中轻旱面积5.98万亩、重旱面积3.37万亩、绝收面积0.91万亩。

在旱情蔓延期间，市防指加强指挥调度，第一时间将收到的上级天气预报信息和防指相关通知传达到各镇、街指挥所，积极组织、督促各地开展了抗旱保秋收工作，指导各镇、街督促村组，安排专人对水库、塘坝进行管控，做到合理用水、节约用水，并督促各地对抗旱机埠进行维修保养，疏通灌渠，以保证旱情出现后能迅速抽水抗旱，同时，要求各处水管单位加强对沿堤的涵闸进行巡查，根据水情及时关闭或开启排水闸门，为持续抗旱蓄水保水。市防指还建议市本级财政按照以往的做法，对干旱严重镇街给予资金补助，主要是补助抗旱电费，对22千瓦以上的抗旱机埠抽水电费由市财政全额结算，以减轻各镇街和村级群众负担。7月25日上午，市委副书记杨文惠主持召开市农口系统抗旱工作调度会，要求各部门迅速行动，紧密配合，全力抓好当前抗旱工作。7月27日下午，市委副书记、市长陈章杰主持召开市政府第九次常务会议，对抗旱工作专题调度和部署。根据旱情发展，市防指于7月27日08:00时启动了抗旱Ⅲ级应急响应，要求各级各部门务必加强相互协作，强化责任落实，全力抓好当前抗旱救灾工作，尽力将旱灾损失降到最低限度。旱情蔓延期间，市委、市政府主要领导和分管领导还多次深入七星山、南亭堰、红毛湾、黄土坡等机埠抗旱现场进行调度，另外，为缓解旱情，市政府领导研究决定拨出专款20万元，拟在气象条件适宜时进行人工降雨作业。旱情持续期间，市水务部门迅速启动抗旱工作预案，由局领导带队，分成4个抗旱应急服务组，分期分批次深入到全市农业生产的一线田间地头开展抗旱减灾工作，他们科学调度就近水源，协调解决抗旱问题、指导泵站机埠维修、提供抗旱机具等抗旱设施物资，充分发挥水利工程抗旱骨干作用和最大效益，确保最大限度地满足当地农业生产用水需求。截至7月30日，津市市共投入抗旱资金约600万元、劳力2.7万人次、抗旱设备2400台套，累计浇灌面积10.4万亩，努力降低旱情损失，没有发生一起因旱导致的人畜饮水困难。

8月9日，国家防总防汛抗旱工作组在水利部长江委砂管局局长夏细禾的带领下来到津市，检查指导津市防汛抗旱工作。因防汛抗旱工作成绩突出，2017年度，津市市水务局和津市市药山镇人民政府被常德市评为防汛抗旱先进单位。（郭庆）

【水利建设】2017年，津市共计投入水利建设资金1.95亿元，其中国投4459万元，自筹各类水利建设资金15041万元（本级财政投入5303万元，镇、村自筹1738万元，融资8000万元）。计划开工建设水利项目850处，移动土石方650万立方米。在当年冬春水利建设中，疏挖新建塘坝122口、清淤渠道182条249公里、整修保养机电排灌设施33处52台1135千瓦；在小农水项目县建设中，整修山塘67处、改造泵站6处66kw，另外，为贯彻落实省水利厅《关于印发<湖南省高效节水灌溉项目“民办公助、先建后补”试点工作方案>

的通知》(湘水农〔2017〕7号)要求,按照开展高效节水灌溉项目“民办公助、先建后补”原则,鼓励和引导农户、村组集体、农民专业合作组织等新型农业生产经营主体成为高效节水灌溉建设和管理的主体,经自主申报,镇、村、协会推荐,市水务局呈报,常德市水利局进行合规性审查,确定由津市市金虎蔬菜农民专业合作社、津市市绍兵家庭农场(原名团湖世纪红农场)、津市市鹏投果木种植农民专业合作社为试点单位开展低压管道灌溉工程建设,面积1000亩,项目于2017年10月初动工,12月底全面完工。

为顺利完成当年洞庭湖区水环境综合治理五大专项行动之沟渠塘坝清淤增蓄专项行动年度工程,8月初,市水务局就组织专业技术人员,分成2个工作组深入药山镇民康村木豆口电排渠、毛里湖镇中心村石龟山电排渠等大型沟渠和药山镇三新垸村8组沟、嘉山街道办张家滩垸撇洪渠等中型沟渠,对各地工程现场施工条件、开工准备等情况进行了查看,并督促相关镇政府、街道办责任人员提高认识,密切配合,简化优化程序,全力推进工作开展,确保沟渠疏浚任务不留死角、早日开工,顺利完工。8月17日,湖南省洞庭湖工程管理局副局长伍佑伦率省沟渠塘坝清淤增蓄专项行动督查组一行7人,对津市市2017年度沟渠塘坝清淤增蓄专项行动开展情况进行督查指导,在常德市水利局相关人员和津市水务局负责人的陪同下,他们先后实地察看津市17年度毛里湖镇、药山镇拟施工项目工程现场,了解了工程宣传发动、履行建设程序、签订施工合同等各项开工准备工作的进展情况,并对2016年度已实施完成的沟渠项目进行回头看式检查,详细了解查看了已完工沟渠的后续管护情况,在随后召开的座谈会上,听取津市市水务局负责人关于津市市洞庭湖区沟渠塘坝清淤增蓄专项行动开展情况的工作汇报。省督查组一行对津市推进洞庭湖区沟渠塘坝清淤增蓄专项行动工作给予肯定,希望津市进一步加快进度,把握时间节点,强化组织领导,保证施工质量,争取在全省范围内率先完成年度任务,为其他县市区做出表率。10月13日,津市市召开2017年度洞庭湖区沟渠疏浚工作推进会,会议由市委常委、分管副市长王俊主持,市水务局、各镇街分管领导和水利站站长参加了会议。会上,各镇街汇报各自工作开展情况,市水务局负责人宣布年度工作任务,2017年度,津市市计划疏浚大中型沟渠86条150公里、小微型沟渠438公里,清淤塘坝730处,涉及蓄水量575万立方米,总投资2600万元。市水务局排灌站、水利建管中心随后对各地的沟渠疏浚工程实行半月一调度,一月一通报,促进各地抢抓有利时节,赶超工作进度,保证全部工程任务于12月底完成。

2017年,市水务局实施谢家堰水厂增建毛里湖取水头部工程,投资464万元,在毛里湖镇(原保河堤镇和李家铺乡合并而成)箭楼村25组,新建毛里湖取水泵房1座,设计供水规模6000m³/d,同时铺设DN315PE进水管2*40m、DN250PE输水管2*1750m。

津市市在中小河流治理项目上,实施道水津市段、冲柳撇洪河津市段治理项目,其中道水河津市段治理工程治理长度1.8公里,工程总投资582.7万元,主要实施清淤疏挖1.25公里、为大堤加高培厚0.55公里、大堤护坡阻脚0.42公里、拆除重建张家滩涵闸,该工程于2017年4月13日完工。冲柳撇洪河津市段治理工程主要对位于津市市西湖垸药山镇境内的冲柳撇洪河堤防2900米进行加固工程,主要实施加固护岸2.15km、加固堤防机械压浸长度0.4公里、泥结石路面硬化长度0.5公里、新建新民闸亲水平台一处,该项目于2017年11月开工,计划2018年3月完工。(郭庆)

【**全面推行河长制**】2017年2月26日,湖南省《关于全面推行河长制的实施意见》(以下简称《实施意见》)正式发布,湖南全面推行河长制工作正式拉开序幕。根据湖南省《实施意见》,湖南省全面推行河长制将坚持流域与行政区域相结合,全面建立省、市、县、乡四级河长体系。4月12日,常德市召开防汛抗旱动员暨全面推行河长制工作会议,传达中央、湖南省会议精神,全面推行河长制落地生根。4月27日,津市市召开全市防汛抗旱动员暨全面推行“河长制”工作大会,会上对“河长制”工作进行安排部署。按照湖南省、常德市关于全面推行河长制的工作方案和具体要求,津市市水务部门采取多种措施,狠抓责任落实,迅速核查全市河流、湖泊、水库,对津市的河流、湖泊和水库进行了全面细致的调查摸底,全市列入“河长制”管理的主要河流六条:一是澧水河道津市段,二是澧水洪道津市段,三是道水津市段,四是涔水津市段,五是澹水津市段,六是冲柳高水津市段,列入“河长制”管理的主要湖泊13处,水库28处(小Ⅰ型水库5处、小Ⅱ型水库23处),其中列入常德市河长名单的河流2处,湖泊1处。在准确掌握了基础资料后,市水务部门依据“河畅、水清、岸绿、景美”的工作目标,制定津市市《关于全面推行河长制的实施意见》报市政府审定后颁布实施;同时,成立由市级领导担任市级河长、河流流经所在地的镇、街道主要领导担任河段长的河长制工作委员会,河长制工作委员会办公室设市水务局,河长制工作委员会办公室主任由市水务局主要负责人担任,负责组织、协调、调度、督导、检查、考核河长制实施具体工作。津市市河长制工作委员会办公室还采取通过媒体向社会公告河长名单,在河湖岸边显著位置竖立河长公示牌,标明河湖概况、河长职责、管护目标、监督电话等内容,接受社会和群众监督,并聘请社会监督员对河湖管理保护效果进行监督和评价。截至2017年底,津市市全面落实市、镇、村三级河长近100名,结合中央环保督察问题整改工作,各级河长各司其职,广泛开展了河长巡河工作,津市市全市范围内水域已全面禁止砂石采挖,城区所有沿河砂石码头全部搬迁、取缔;津市市人民政府投资8000万元对城区主要水域

“三湖公园”进行“活水”改造，投资300万元新建4个集镇污水处理站，完成市高新区污水处理厂新建项目主体工程；同时西毛里湖由总河长督办，投资20万元对水葫芦进行彻底的清理打捞，并对西毛里湖周边栏河、拦网、投肥等进行彻底的清理整治，有效维护全市河湖健康。（郭庆）

【**水行政执法**】2017年，市水政监察大队全面贯彻依法治水管水，稳步推进依法行政，认真抓好水法规宣传、队伍建设和人员培训等工作，较好地完成各项工作任务，水行政执法工作得到全面规范。一季度，市水政监察大队联合市交通、城管等部门按照市委、市政府统一部署，对城区码头进行专项整治，组建专项整治工作小组，对码头、路段实行24小时值班巡查制度，对市城区整治区域进行全天候不间断巡查，重点对市城北区九仓库码头、民生码头和城南区连红码头等6个码头经营业主、16艘船舶经营人、40辆砂石运输车驾驶人员进行文明宣传、劝导和监督，杜绝市城区码头脏乱差现象，保障沿河大道畅通、整洁。结合中央环保督查整改工作，根据《常德市贯彻落实中央第六环保督察组督察反馈意见整改方案》和《常德市砂石码头（堆场）专项整改行动方案》和津市市环保督察整改工作部署，市水政监察大队全年还深入开展中央环保督查整改涉及内容的砂石码头整改工作，会同周边区县涉水执法部门开展联合执法，对两地结合部、共管水域的砂石采挖和码头管理进行专项治理，对砂石业主进行了环保宣传教育、对2处扬尘较大的码头进行日常洒水除尘规范、对1处违法扩建的码头下达责令整改通知书、并要求相关部门开展辖区内水域水面水葫芦打捞清理工作和河道卫生清理，特别是在对市自来水公司白龙潭水厂取水口在涉水环保整治方面取得进展，驱除了长期停靠在津市市白龙潭水厂取水口上游水源保护区附近的邻县涉砂船只，并坚决禁止临近津市白龙潭水厂水源保护区附近邻县船只的涉砂作业。9月26日，水利部长江委和湖南省水利厅联合组织的河湖执法检查组来到津市，对津市市2017年度河湖执法活动开展情况进行检查。检查组由水利部长江委水政监察总队张辉平支队长带队，在湖南省水利厅政法安监处唐要善处长、常德市水利局张铁牛副局长、津市市市委常委、市政府副市长王俊等陪同下，乘船检查津市西毛里湖涉湖建设项目，重点查看毛里湖水质情况，对毛里湖水源保护工作进行详细了解，随后检查组查看澧水河道管理状况、三湖公园河湖联通工程情况和津市监狱一大队沟渠管理现状，检查组一行对津市认真开展河湖执法检查活动给予充分肯定，尤其是对津市结合全面推进河长制工作加强河湖执法力度提升管理效率上进行的有益探索给予高度肯定。全年累计出动执法人员186人次，执法车、船60余趟，制止投肥养殖、非法采砂、堤防违规堆放行为二十余次，取缔沿河碎石厂一处、加油站一处。通过加强查处力度，尽可能将违章消灭在萌芽状态，较好的维护津市正常水事秩序。（郭庆）

【**水土保持和水资源管理工作**】2017年3月下旬第25届“世界水日”及第30届“中国水周”活动中，结合“落实绿色发展理念，全面推行河长制”的宣传主题，市水务局组织各镇、街道办水管站利用“村村通”广播进行广播宣传，并在各镇、街醒目位置处张贴宣传画，悬挂标语进行宣传，在市城区主要广场设立宣传点，散发宣传手册800多份，对过往群众开展水法律知识宣讲工作，2017年，市水务局坚持多措并举，以健全最严格水资源管理制度、完善水资源监控体系、落实管理责任和考核制度为重点，严格用水总量、用水效率和水功能区限制纳污控制，强化用水需求和用水过程管理，开展全市取水单位的取水许可证报备工作，强化全市取水许可管理，并通过强化水源保护和水质监测，全面推进饮用水水源保护区划定和规范化建设，较好的完成上级下达的主要控制指标任务。2017年津市市代表常德市迎接湖南省对实行最严格水资源管理制度工作情况的考核，4月27日，湖南省实行最严格水资源管理制度考核组对津市市实行最严格水资源管理制度的落实情况进行考核。在湖南省水利厅党组成员、副厅长甘明辉带领下，考核组先后对津市庹家峪水库饮用水源区、工业集中区猪鬃实业、鸿鹰生物2家用水大户企业、湘澧盐化公司排污口、津市市自来水公司水厂进行实地检查，查看各用水户用水台账、实时计量监控系统建设、水资源费征缴和入河排污口设置相关信息，在综合各项指标计分后，湖南省实行最严格水资源管理制度考核组对津市市实行最严格水资源管理制度考核结果评定为优秀。一年来，市水务局在水土流失易发区加大了巡查力度，认真贯彻执行水资源论证审批制度，先后完成“津市市西河街棚改”、“津市市澧水风光带”建设项目的水土保持方案审批，2017年，津市市在水土保持和水资源工作中，坚持源头控制、统筹共治、多部门联动系统治理的新思路，协同推进水污染防治、水资源管理和水生态保护，津市市主要出境河流责任目标断面水质稳定达标，城乡饮用水源保持持续安全，水污染防治重点工程建设快速推进，全市水环境质量全面提升。（郭庆）

商务　粮食

【概况】2017 年，市商务粮食局取得了新成果，迈出了新步伐，实现了新突破，被评为全市绩效评估红旗单位，部门服务企业工作十佳单位、项目建设红旗单位等。2017 年，共引进新项目 38 个，协议投资额达 30.53 亿元；完成进出口额 6608 万元美元；实现社会消费品零售总额 67.96 亿元。（周也茹）

【招商引资】2017 年，津市共引进新项目 38 个，协议投资额达 30.53 亿元，投资额同比增长 38%，超年度目标任务 22%。其中，引进 5000 万元以上项目 28 个，过亿元项目 7 个。

各招商专业小组由市级领导挂帅，牵头单位分别召开任务分解调度会，多途径对接洽谈项目。全年各单位外出开展招商活动 60 批次，拜访公司企业 65 家，邀请 80 余位客商老板来津考察。高标准策划、编印“津市招商投资指南”、“津市食品产业投资指南”等，全面推介宣传津市的优势条件、产业特点、招商需求。搜集、整理津市籍外地党政军领导、企业家通讯录，加强与在外津市籍客商的广泛联系，鼓励他们返乡投资兴业。同时，积极参加“德商恳谈会”、“港洽周”、“常德品牌、中国品质”、“承接产业转移对接会”以及异地常德商会成立大会等多个专题招商活动，进行了富有成效的宣传，建立了稳定的商会联络圈。（周也茹）

【外经外贸】2017 年，津市完成进出口额 6608 万元美元，完成目标任务的 147%，总额常德市排名第四，其中加工贸易完成 347万美元，破零企业 2 家，倍增企业 1 家；外派劳务人员实际工资收入为 1013.5 万美元；全年全市外资到位 9130 万美元；内资到位 56.66 亿元。

培育壮大外贸主体。2017 年，为创奇食品、椰康食品等 6 家企业新办理外贸经营者备案登记，进一步壮大津市进出口企业的队伍。联系外贸企业，了解企业开拓国际市场遇到的困难及部分业绩外流的内因和外因，及时解决企业的后顾之忧，推动对外贸易业务的顺利开展。积极宣传扶持政策，指导和帮助企业用好外贸政策，坚定企业开拓国际市场的信心。优化外贸发展环境。常德市首家公用型保税仓和海关工作站落户津市，改善津市的外贸发展服务环境，为津市外贸企业提供了进口保税业务。夯实外派劳务工作基础。先后与津市职教集团、就业处建立联络机制，宣传推介外派劳务工作，取得较好的宣传效果。（周也茹）

【商贸流通】2017 年，津市实现社会消费品零售总额 67.96 亿元，同比增长 11.4%，增速常德地区排名第四。

推进三产服务业。成立市三产服务业领导小组，印发津市市《加快推进三产服务业工作方案》等文件。同时，编印四期《津市三产》简报，联合市电视

2017 年 8 月 8 日，常德海关驻津市工作站开展“8.8”法治宣传暨业务培训

津市市 2017 年部分签约项目

序号	项目名称	投资方	投资金额(万元)
1	生物酶制剂生产建设项目	湖南格瑞生物科技有限公司	25000
2	食品酶制剂生产项目	湖南康捷生物科技有限公司	15000
3	甾体药物及中间体项目	湖南科益新生物医药有限公司	35000
4	生物酶工程孵化平台建设	苏州引航生物科技有限公司	5000
5	旺森农牧战略合作项目	湖南鑫广安农牧股份有限公司	9000
6	万米绝缘铜管母线项目	湖南荣瑞电力设备责任有限公司	5000
7	汽车铸造项目	津市市天诚车桥有限公司	5000
8	年产 1500 万斤米粉及米面项目	津市市绿达米粉有限公司	5000
9	年产 5000 吨水质改良剂项目	湖南渔经生物有限公司	10000
10	印铁制罐项目	惠州市添彩印刷有限公司	8000
11	年产 200 万桶五加仑桶装暨 5000 万瓶纯净水生产线项目	湖南常德浪力食品饮料有限公司	6000
12	年产 2 万吨铁系颜料项目	鑫嘉源化工颜料有限公司	6800
13	怡园养老项目	津市市怡园养老中心	5000
14	一养养老中心项目	湖南一养养老公司	5000
15	新型环保砖项目	津市市新洲镇坤源环保砖厂	5000
16	年产 10 万吨文化用纸技术项目	常德泓宇纸业有限公司	5300
17	出口农产品加工项目	湖南嘉一食品有限公司	12000
18	维生素 B12 系列建设项目	广东溢多利生物科技股份有限公司	5000
19	汽车零配件生产	津市市新华机械制造有限责任公司	6000
20	襄樊车桥迁址项目	湖南中联重科车桥有限公司	35000
21	“渔光一体”光伏发电项目	通威惠金新能源公司	40000
22	肉桂项目	湖南灵猫食品科技有限公司	5000
23	年产 300 万双运动鞋鞋底项目	湖北福力德鞋业有限公司	8000
24	兔肉深加工项目	湖南省星辰生态农牧发展有限公司	5000
25	威化薄片(食用威化纸)生产项目	津市市惠东森食品有限公司	5000
26	无人机配件项目	东莞钰兴科技公司	5000
27	津市布朗风幼稚园	湖南华龙教育咨询有限公司	9800
28	年产 50 吨 17a- 羟基黄体酮中间体生产线	龙腾生物科技有限公司	6250

台,推出 6 期《津市三产今日头条》微信专栏。项目推进给力。2017 年度计划应建项目 43 个,实际启动 45 个(新增 5 个),未启动 3 个,项目启动率达到 105%。三湘和达荣获国家 4A 级仓储型物流资质企业,并列入省、常德市物流标准化项目试点单位。推进电子商务。建成 120 家湘村驿站,设置县级综合物流仓库,新增物流营运车辆 6 台,每天往返城乡开展快消品物流配送工作,打通“工业品下乡,农产品进城”最后一公里路。电商孵化园大楼二期项目建设于 2017 年 7 月动工建设,计划 2018 年 3 月投入运营,建设电商创新创业基地、生活服务基地以及快销品服务基地。全年网上销售额约 1.1 亿元。推进成品油管理。对津市 22 家加油站的资质、设备等情况进行清理和排查,完成加油站年检。推进中小商贸企业服务平台注册。完成新注册企业 90 家,其中服务机构 2 家,协会 1 家,形成向中小商贸流通企业提供全方位服务的有机体系。推进项目建设。重点服务宝悦乐城和博联家居建材广场及美食城建设项目,对入住博联家居广场企业进行摸排,为企业入限打好基础。组织创奇食品、孟姜女食品参加中国食品餐饮博览会,组织举办津市首届汽车展销会。推进“津市牛肉米粉”品牌推广。全年新增 13 家牛肉粉品牌标准店。(周也茹)

【**粮食储备**】2017 年突出项目建设。加大仓储基础,改善津市储粮条件,规划在窑坡渡粮库新建一栋 1.5 万吨高标准粮食仓库。根据国家有关“军民融合,军粮保障创新示范工程”规划和国家“粮安工程”建设要求,完成津市澧水流域军供物流配送中心项目的申报。抓好储粮安全监管。对全市现有政策性库存粮食按照"四无一符"科学储粮管理要求进行监管，确保库存粮食数量真实、质量完好。全面完成地方储备粮轮换和储备计划。完成地方储备粮3000吨的轮换任务和6200吨的储备任务。扶持粮食行业发展。开展2017年粮食仓储建设等项目的申报和衔接；加强润农茶油等企业在技术创新等方面示范引领作用，并组织参加全省2017年世界粮食日、爱粮节宣传周活动和第十五届中国国际粮油产品及设备技术展示交易会。(周也茹)

【执法工作】整合队伍。将商务综合执法大队和粮食执法大队合并，组建商务粮食综合执法大队，从职责、机构编制、经费上保证行政执法工作的有序推进。加强对粮库、加油站、超市安全隐患的排查。2017年共计出动检查人员136人次，检查车辆28台次，对粮库、加油站、超市进行安全生产检查，确保不留生产隐患，严防国有资产毁损、流失。开展粮食库存大清查。对粮食代储企业开展一次粮食库存大检查，通过监督检查，促进代储企业加强规范管理，有效保证库存粮食数量真实、质量完好。(周也茹)

【中心工作】向上增资。全局共争取多项专项资金等约1950万元。安全生产。积极开展安全生产大检查、大管控活动，定期巡查大型商场(超市)、加油站、粮库等安全生产工作情况。同时，组织开展安全生产和消防安全培训班，邀请全市加油站和超市相关负责人参加。扶贫攻坚。全局干部结对帮扶庹家峪村和中南村贫困户，定期开展走访，询问家庭情况，替他们解决实际困难。(周也茹)

【举办首届年货节】2017年1月19日－21日，津市举办首届年货节，共有39家企业参加，糖酒副食、腊货、水果、服装等应有尽有，现场热闹纷呈，更有春联赠送、文艺表演观看等。(周也茹)

【省商务厅领导来津调研商务工作】2017年5月10日，省商务厅市场秩序处处长傅晨曦等一行6人来津调研商务执法、单用途预付卡管理、"12312"投诉举报中心平台建设等工作。

检查组实地察看了广兴超市单用途预付卡台账，实地听取商务粮食局相关负责人汇报相关管理工作。傅晨曦处长对津市的商务管理工作给予了高度评价，同时强调商务工作要常抓不懈，希望在今后的工作中更上一层楼。

2017年6月15日，省商务厅运行处副处长秦捷、外贸处调研员邱国祥和财务处副调研员唐剑荣一行三人来津市调研商务工作。

调研组听取了市商务粮食局主要负责人的工作汇报，详细了解了津市今年来招商引资、外贸和内贸的工作开展情况、工作中存在的问题等。调研组对津市商务暨开放型经济的发展给予了高度肯定，并就津市提出的相关问题进行了现场解答。(周也茹)

2017年1月19日－21日，津市举办首届年货节

【常德市互联网协会来津考察电商工作】2017年7月19日，常德市互联网协会会长等一行8人来津考察津市电子商务发展情况。

考察团实地察看了津市互联网产业园基地及各电商企业。随后，在津市互联网产业园一楼会议室举行了交流座谈会。会上，市商务粮食局负责人对津市电子商务发展情况进行了细致的介绍，各参会人员就电子商务发展趋势、如何发展津市电子商务产业等问题进行深入探讨。常德市互联网协会会长对津市电子商务发展工作给予肯定。

副市长杜登全指出，推动津市电子商务产业发展一是走政府主导、市场运作模式，结合物联网+，培育发展潜力大的中小型企业；二是做好园区定位，在园区建立服务外包基地、电商企业孵化基地、电子商务研发基地、商务物流基地等，为园区企业提供配套基础设施；三是搭建好大平台，在园区内搭建产业培优、技术支撑、科技金融、法律保险、人才服务等大平台，为园区内企业做好服务工作；四是适当举办大型电子商务活动，做好园区宣传工作。(周也茹)

【傅勇、陈章杰赴湖南省轻工盐业集团考察招商】2017年7月24日，市委书记傅勇，市委副书记、市长陈章杰，副市长杜登全及商务粮食局、湖南鸿鹰生物科技有限公司、湖南新合新生物医药有限公司、湖南欣龙非织造材料有限公司、湖南一朵生活用品有限公司相关负责人赴湖南省轻工盐业集团开展项目对接。

考察期间，傅勇、陈章杰一行与湖南省轻工盐业集团党委书记、董事长冯传良，党委副书记、总经理李志勇等公司高层进行了洽谈，并向轻工盐业集团宣传推介了津市的投资环境、资源优势、发展前景等。双方重点就进一步利用优势资源，合作开发盐化工产品及无纺布下游产品等相关项目进行深度对接，并达成基本共识。座谈会上，双方同意成立专门的项目推进小组，力促各个

项目尽早签约落地。(周也茹)

【傅勇、陈章杰调研电商产业园二期项目】2017年8月3日，市委书记傅勇，市委副书记、市长陈章杰调研电商产业园二期项目建设情况。

傅勇、陈章杰一行实地视察电商产业园二期项目建设情况，详细了解产业园的规划设计、功能区域分布、配套设施建设等。傅勇强调，电商产业园二期是促进津市电子商务持续健康发展的一项重要举措，要加快建设进度，按计划完工，同时，相关配套设施要同步规划实施。

津市市电商产业园二期由原鑫洲汽配公司厂房改建而成，建筑面积约8000m²，由园区管理办公中心、商务洽谈中心、电商品牌孵化中心、图文制作中心、写字楼办公中心等区域组成。

市委常委、市政法委书记李景峰，市政府副市长李阳、杜登全，高新区，商务粮食局，教育局，嘉山实业，职教集团负责人参加此次调研活动。(周也茹)

【陈章杰赴长沙海关对接工作】2017年8月28日，市委副书记、市长陈章杰，市委常委、政法委书记李景峰，市委常委、副市长(挂)王俊及商务粮食局负责人赴长沙海关对接保税物流中心和码头海关监管区域建设工作。

陈章杰向长沙海关关长黎对贞等负责人详细介绍了津市外向型经济发展情况、海关工作站和公用型保税仓库运营情况，申报建设保税物流中心(A型)、海关码头监管区域前期所做的工作等。黎对贞高度肯定了津市的开放型经济发展状况，并表示在项目申报建设上给予大力支持。

陈章杰表示，津市政府将会迅速开展保税物流中心(A型)，码头海关监管区域建设的可行性研究和申报工作，为促进津市市开放型经济快速发展搭建优势平台。(周也茹)

2017年9月15日，津市举办首届汽车展览会

【津市企业参加中国食品餐饮博览会】2017年9月13日，市商务粮食局组织创奇食品、孟姜女食品两家企业前往长沙国际会展中心，参加中国食品餐饮博览会。

中国食品餐饮博览会是商务部重点培养的食品和餐饮行业专业展会，由商务部和湖南省人民政府共同主办，于9月14日在长沙开幕。此次食餐会以“绿色、安全、融合、创新”为主题，突出市场化、专业化、产业化、多元化特色，积极推动食品餐饮行业品牌建设和企业交流合作。展区展览面积6万平方米，展位3000个，集中展示了国内外名优食品、绿色食品、餐饮行业的新成果和品牌形象，为全国企业提供了展示宣传平台。

津市两家企业在此次展会中与各企业参展商、采购商进行交流和沟通，对津市商品进行了宣传，并与采购商签订了口头购货协议。通过中国食品餐饮博览会，让津市食品真正走出去。(周也茹)

【津市举办首届汽车展销会】2017年9月15日，津市首届汽车展览会在新开路(德雅中学旁)拉开帷幕。

随着经济的快速发展，人们的购买力不断加强，汽车作为实用的交通工具正快速进入家庭，为推动津市市商贸发展，提升城市品位，扩大本地区商业影响，聚升人气，拉动消费，由市人民政府主办，市商务粮食局、市工商联、市汽摩协会精心组织，特举办津市首届汽车展销会。

此次展销会展销品牌达40多个，通过优惠的展销会活动吸引了津市及周边县市的消费者。为期三天的展会，共签约汽车142台，最高家签约达27台，最少的也有6台，促进了津市汽车消费。

津市首届汽车展销会于2017年9月17日圆满闭幕。(周也茹)

【津市举办第一期牛肉米粉培训】2017年9月26日，由市商务粮食局、人力资源和社会保障局及牛肉米粉协会联合举办的津市牛肉米粉第一期培训班，在市商务粮食局五楼会议室举行开班典礼。

本次培训时间为26日–28日三天，培训学员为本市几家牛肉粉馆学徒

津市市2017年社会消费品零售总额统计表

单位：万元

年份	社会消费品零售额	限上行业批发	限上零售业	限上住宿业	限上餐饮业
2017	679600	3149	158029	1140	11427

2017 年 9 月 26 日-28 日，津市举办第一期牛肉米粉培训班，安排了津市牛肉米粉产业现状简介、创业体会和一般制作工艺等课程。

约 30 余人。安排了津市牛肉米粉产业现状简介、创业体会和一般制作工艺等课程。

此次培训是推动津市牛肉米粉产业发展的一项重要举措，也是推进全民创业战略、为广大创业人员加入津市牛肉米粉行业进行创业的培训。此次培训旨在加深学员对津市牛肉米粉产业的认识，并加大津市牛肉米粉"走出去"的力度。（周也茹）

【省粮食局调研津市军粮供应工作】2017 年 10 月 25 日，省粮食局巡视员向才昂、省军粮管理中心主任龙建跃、副主任苏小兵一行 3 人，就津市军粮供应工作进行专题调研。市委常委、副市长王俊，市商务粮食局主要负责人参与调研活动。

调研组听取津市军粮供应工作情况汇报，实地察看军供站门店、军供窑坡渡粮库、千吨级码头建设等地。

向才昂等调研组领导对津市军粮供应工作给予肯定，并对下一步工作提出要求，一是全力做好军粮供应，切实保证平时供应，应急供应，切实保证军粮供应质量和数量；二是积极推进军民融合发展，发挥区位优势，充分利用军供招牌，积极拓展市场，出经验、想办法、出效益，探索军民融合新思路；三是转变思想观念，进一步加强军粮供应的管理，按照"四化"要求搞好军供仓库建设，推动军供企业做大、做强。（周也茹）

【津市外向型经济增添新动力】2017 年 10 月 30 日，湖南新合新生物医药有限公司从美国进口的 38 吨原材料，从广州黄埔港直接运至津市三湘和达保税仓，货值 100 万美元，所有报关、出仓的产品均在保税仓内进行。这是津市公用型保税仓运营以来开展的最大的一笔业务，同时为生产企业和外贸服务平台共谋进出口贸易的良性机制奠定坚实基础。

2016 年，三湘和达公用型保税仓启动运营以来，不仅可以为津市及澧水流域外贸企业提供清关提货、缓税仓储、转口贸易、物流配送等服务，降低企业经营成本、增强风险抵御能力，还将极大优化津市及澧水流域的招商引资环境，提高津市外贸平台服务能力，促进外向型经济的发展壮大。（周也茹）

【长沙海关来津市调研】2017 年 11 月 2 号，长沙海关党组成员、副关长姜奎一行来津市调研工作。

长沙海关一行先后到三湘和达保税仓、金湘猪鬃有限公司、千吨级码头、鸿鹰翔生物科技有限公司、新合新生物科技有限公司等地进行实地调研。详细了解津市企业、工程建设相关工作。

在随后召开的座谈会上，长沙海关党组成员、副关长姜奎对津市企业发展、工程建设工作给予充分肯定，姜奎表示，津市历来就是湘西北重要的工作城市，近年来，随着经济转型发展，津市对工业企业发展也做出了符合自己的规划，希望在未来的发展过程中，津市能够一如既往找准发展定位，依托现有的优势做好工业企业发展，长沙海关也将继续支持津市工业企业稳步发展。

市委副书记、市长陈章杰表示，感谢长沙海关对津市各项工作的支持和关心，津市工业企业在未来的发展过程中，将继续加大与长沙海关的对接工作。希望长沙海关能够加大对津市的帮助支持力度，为津市经济社会发展奠定良好的工业基础。

市委常委、副市长王俊，市高新区、交通运输局和商务粮食局参与调研。（周也茹）

【津市灵犀牌山茶油荣获第 15 届国际粮油展金奖】在中国第十五届国际粮油产品及设备技术展示交易会上，湖南润农生态茶油有限公司生产的"灵犀牌"山茶油凭其优异的品质荣获本届粮油产品展金奖。

中国国际粮油产品及设备技术展示交易会是我国粮食行业内规模最大、规格最高、参展企业以及粮食需求和科技信息最多的国际性盛会。津市推荐湖南润农生态茶油有限公司参加此次粮油产品展，将对促进津市粮食产销衔接，展示津市的粮油企业形象，为津市粮油产品"走出去"开辟新的方向。（周也茹）

烟　草

【概况】2017，津市市烟草专卖局（分公司）内设机构有办公室（法规、烟草学组、安保、经济运行）、综合室（政工、人事劳资、妇委会、计生会、监察、整顿）、财务室、专卖管理监督股、内管派驻组、市场服务分部。在职在岗员工 33 人，离退休人员 21 人。

2017 年，津市局基层党支部持之以恒抓好党建工作，不断增强党员队伍的凝聚力、战斗力、创造力，深入落实全面从严治党要求。在年底的全市系统党建考核中，津市单位以99.1分位居全市系统县级局第一名。积极参与精益管理降本增效工作，在全市系统QC成果发布会中津市局获得三等奖。坚守安全生产红线，确保全年安全生产零事故发生，在年底代表全市系统接受省局安全处检查获得好评。

2017年1~12月，津市辖区共销售卷烟9986.65大箱，同比减少4.96%；实现销售收入30168.46万元，同比减少4.43%；单箱均价30208.80元/箱，同比增加0.5%；实现利润9277.17万元，同比减少6.94%；辖区年人均销量为11.76条，同比增加了0.76条。

截至12月底，共查处涉烟案件81起，总案值371.75万元，同比增长614.44%；查获涉案卷烟926.28万支，同比增长770.40%，其中真品卷烟407.06万支，同比增长282.50%，假冒卷烟519.22万支，同比增加519.22万支，走私烟0.5万支，同比增加0.5万支。共查处5万元以上的大要案11起，其中两起案子有较大影响力：10月30日，查获一起真品卷烟非法流通案，查获真品卷烟171.72万支，涉案金额达66.9万元；11月7日，查获一起假冒卷烟案，查获假冒卷烟452.4万支，案值达188.73万元，市场管理取得了新的成效。

2017年来，津市局积极投身社会公益事业，开展了春节慰问困难职工、发放金叶慈善医疗卡、爱心助学、精准扶贫、援助地方经济建设等工作。先后为贫困老党员、困难职工、空巢老人、留守儿童、贫困学子等捐赠资金8万元。先后筹措资金20万余元援助地方发展建设，树立起烟草良好社会形象。开展精准扶贫工作，局党组多次深入扶贫点村，访困问需，开展结对帮扶，帮助5户贫困户实施危房改造，向单位职工筹资对贫困户的土鸡、鸡蛋、葛根等农副产品进行收购，积极对接油牡丹产业扶贫开发项目等，全年共计捐赠扶贫资金5万元，助力地方政府打赢脱贫攻坚战。（陶斯彤）

供　销

【概况】津市市供销合作社联合社（简称市供销社）是市供销合作社的联合组织，根据市政府授权，对全市供销合作社负有指导、协调、监督和服务的职责。根据深化供销合作社综合改革（2017年-2020年）的要求，重新定位了供销社的职能职责，即把供销合作社系统打造成为服务农民生产生活的生力军和综合平台。重点构建起农业生产服务、农产品流通服务、城乡社区综合服务、农村合作金融服务四大服务体系。2017年新增内设机构“供销信息服务中心”，为市供销社管理的公益一类股级事业单位，全额拨款事业编制2名。

市供销社结对药山镇杨坝垱村7户贫困农户，针对各户的具体情况制定帮扶措施，资助购买生产资料，发展养殖业，提供劳务机会。组织缺乏劳动力的贫困户以土地、扶持资金等方式入股合作社，直接参与利益分配，获得稳定收入。2017年实现脱贫2户，已脱贫5户收入稳定增长未返贫。

2017年，引进湖南智慧民生信息科技有限公司，投资1000万元发展农村电商。2017年争取常德改革扶持资金30多万元。（宋昭）

【综合改革】2017年，市委书记傅勇、市委副书记杨文惠，政府副市长高见和上级部门领导先后来到供销社调研指导工作。中共津市市委、津市市人民政府联合下发《关于深化供销合作社综合改革的实施意见》（津发〔2017〕6号）。市深化供销社综合改革领导小组统筹协调各项工作，出台《津市市深化供销合作社综合改革实施方案》、《2017年度深化供销合作社综合改革示范创建工作方案》等系列文件，明确路线图和时间表，定期召开小组联席会议，协调调度综合改革工作。

市委编委会批准设立津市市供销信息中心，增加全额拨款事业编制2人。2017年市政府第七次常务会议决定供销社综合改革多个事项，建设覆盖农村的惠农服务体系，由财政出资开办市级实惠农公司，划拨镇、村部分闲置资产用于镇中心社和村服务社建设。明确食用菌产业和农村电商服务管理职能划归市社，划拨高新区电商产业园部分场地用于农村电商运营中心办公。市财政保障供销社综合改革专项资金100万元，列入财政预算。

2017年市国资公司管理的9处原供销社资产，恢复社有资产属性，移交市供销社经营管理。成立新农资产管理有限公司进行社有资产管理运营，成立津市市新农合作农业发展有限公司进行土地托管服务，成立津市市供销电子商务公司进行农村电商经营，成立津市市新农农贸批发市场有限公司组织农产品的销售。

2017年，市供销社以新农合作农业发展有限公司作为投资主体，参股35%成立镇惠农服务中心社，参股10-15%成立村惠农综合服务社，以产权联结，构建覆盖“市、镇、村”三级全方位为农服务组织体系。药山镇、毛里湖镇的惠农服务中心社已挂牌运行，新洲镇按示范社要求建设，白衣镇已筹备就绪；34个行政村成立惠农综合服务社，完成计划总数70%。广泛覆盖的多平台多层级多产业组织体系，为全面开展为农服务打下坚实基础。（宋昭）

【农村电商发展】2017年，市供销合作社与湖南智慧民生有限公司合资，于10月成立“津市市供销电子商务有限公司”，对接中国供销总社“供销e家”电商平台，推进“互联网+”农业，发展农村电子商务。“供销e家·津市市运营中心”选址在津市市核心商业区“宝悦乐城”综合体内，正在紧张筹备。村级电商服务网点建设全面铺开，村级电商服务网点已建成34个。

【土地托管服务】2017年，市供销合作社与多家水稻、农机农民专业合作社合作，在药山镇、新洲镇依托镇中心社成立土地托管服务中心，为农民量身定做农业生产订单服务模式，即生产全程托管的"保姆式"和部分生产环节托管的"菜单式",提供产前、产中、产后的全程农业社会化服务。土地托管中心中心拥有较为完整的各类农业机械设备,多台大型烘干机、高速插秧机、联合收割机、大型拖拉机和植保无人机,以及其他各类农机具和农用运输车辆,并建有完善的农机农具库房和符合资质的维修车间。全市托管土地面积达35000余亩。(宋昭)

【探索三产融合】市供销社探索三次产业融合发展,创新村级经济发展模式,引导村干部、农户、农民专业合作社与社有企业联合成立村级惠农公司,并注册商标。以种植特色农产品的第一产业为基础,以生产休闲食品的第二产业为重点,以发展休闲农庄、果园采摘、民宿旅游等第三产业为补充,实现农业、工业、服务业融合发展,促进村级经济发展,带动农民创业增收。青苗社区举办的腊八节暨地方农产品博览会和杨坝垱村绿岛蓝湾的产业扶贫等已成为地方品牌,常德日报、中华全国供销合作总社相继报道。(宋昭)

市场服务

【概况】津市市市场服务中心于1999年工商体制改革后分流成立,2000年7月由市人民政府财贸办公室管理,为正科级自收自支事业单位,实行企业化管理、独立核算、自负盈亏,核定事业编制的有44人。市场服务中心下设办公室、考核办、财务股、人教股以及和平所、三眼桥所、福民所、襄阳街所、生产街所等5个基层所,所辖有7个农贸市场(和平市场、三眼桥农贸市场、福民农贸市场、君之林农贸市场、绿荷池农贸市场、襄阳街农贸市场、生产街综合大市场)。农贸市场总面积30000平方米,经营门面650间,市场摊位1350个,共有农产品、日杂、生鲜、水产等各类经营户3500多户;另外对九澧建材城市场实行物业管理服务。2017年,市场服务中心强化市场管理和服务,改善市场经营环境,强力推进津市市场建设发展。(办公室)

【农贸市场创建】2017年是津市创建国家卫生城市的收官之年,市场中心按照市委、市政府创建工作要求,精心组织,周密安排,形成领导带头、人人参与、齐抓共管的良好氛围。市场中心以创建为切入点,营造舒适的购物环境,严格规定肉、禽、蔬菜等各类商品不随意乱摆放,做到各类商品上台摆放,活禽入笼,水产入池,熟食带罩,净菜上市,使市场服务管理逐步走向制度化、规范化。实施划行归市,整治出摊出店经营,确保摊位摆放整齐,车辆停放有序。配合城管等职能部门先后对三眼桥、君之林、生产街等市场组织5次大规模的集中整治行动,通过系列措施,市场秩序进一步好转,脏、乱、差问题得到明显改善。2017年市场服务中心被评为"创建国家卫生城市先进单位"。(办公室)

【平安市场创建】2017年为认真贯彻落实中央、省、常德市及津市市关于深化平安建设的总体部署和开展八大"平安创建示范单位"评选活动的具体要求,市场中心把创建"平安市场"工作摆在重要日程上,成立创建"平安市场"领导小组,制定《创建"平安市场"活动的实施方案》和"平安市场"考核办法,建立检查考核和奖励激励机制,明确平安市场创建工作要求及考核要求,全市平安市场创建覆盖率达95%以上,确保"三个不发生"、"一个建立"的创建目标。"平安市场"创建活动主要对津市城区商品交易市场的创建机构健全、市场经营规范、市场管理规范和安全管理规范四个方面进行考核,通过查看资料与实地检查的方式,最后经综合评比襄阳街农贸市场被评为"平安市场"。(办公室)

【农贸市场改造】2017年市场服务中心根据《2017年城市基础设施建设与改造计划》,投入51万元对君之林农贸市场下水道进行改造,生产街农贸市场地面砖更换,生产街、绿荷池肉食摊位改造,生产街、君之林、和平、襄阳街、福民等农贸市场地面防滑处理。先后投入资金10.5万元,对市场设施进行修缮,安装遮阳网500平方米、改造、完善供、

和平市场一角

福民市场一角

市场蔬菜区

市场家禽隔离区

排水系统4套，清淤、疏通下水道450米，清理建筑垃圾和排水沟内的杂物10余吨，硬化地面1000平方米，市场经营条件得以明显改善，为巩固创建成果提供保障。(办公室)

【盘活市场资产】2017年，市场服务中心以资产运营为纽带，优化资产结构，挖掘现有存量资产潜力，通过创新市场招租模式，采用多种形式，盘活闲置资产，引导经营业主入市经营。通过宣传引进原交通宾馆商户租赁生产街综合市场西边门面从事水果批发零售，盘活门面面积490平方米；通过创新租赁方式盘活生产街综合市场二楼东西空置资产2680平方米，分别进行舞厅、茶楼经营。经济收入净增20%，增加市场经济收益，提升市场人气。(办公室)

【市场服务管理】2017年市场服务中心为着力提升管理水平，在市场全面执行制度化、标准化管理，以服务求生存、以服务谋发展，为经营户和消费者提供优质服务。健全完善市场管理制度。各市场进一步健全完善《集贸市场管理制度》、《集贸市场卫生标准》、《集贸市场安全管理制度》、"门前三包责任制"等一系列规章制度，制定卫生、消防管理办法，市场清洁卫生和综合管理工作逐步实现制度化。树立市场服务理念。坚持佩证上岗，礼貌待人，营造"重商、亲商、护商、安商"的良好氛围，赢得经营户的好评。调节各类矛盾纠纷，切实维护经营者和消费者的合法权益，着力解决经营业主反映强烈的问题，全年共调解各类纠纷50次，受理服务对象投诉和反映问题80余人次，所有问题均得到妥善处理，未出现一起经营户非正常上访事件，群众满意率不断提高。(办公室)

绿荷池市场

兰苑宾馆

【概况】津市兰苑宾馆始建于1987年，位于市车胤大道402号，地处市区黄金地段，环境幽雅，交通便利，城区2路公共汽车可直达，距二广高速东常段仅五公里之遥。经过二十多年来的精心运营，特别是2003年大规模升级改造之后，现已发展成为占地面积4万平方米，建筑面积2万平方米，集住宿、餐饮、休闲、娱乐、健身、购物为一体的综合性宾馆。2009年6月顺利完成企业改制，更名为津市市兰苑宾馆实业有限公司，成为津市较具规模的民营股份制企业。2017年公司有员工近300人，资产近亿元。公司以品牌增值为企业发展动力源泉，着力提升服务水平，大力倡导企业文化，努力构建和谐兰苑，在湘北地区的宾馆行业中独领风骚。2017 年共接待客人 5 万多人次，其中客房 3 万多人次，餐厅 2 万多人次，年经营收入超过 2000 万元。

宾馆拥有温馨安全的各类中、高档客房 143 间(套)，其中八楼为豪华商务套房，整层均按五星级标准装修，在九澧一带堪称一流；配有顶级音响的会议中心设施齐备，功能先进，可供 500 多人大会及影视文艺活动，另外还有 3 个小型会议室；锦绣兰苑餐厅内设有 18 个造型典雅、风格迥异的豪华包房和可容纳 500 人同时就餐的大型宴会厅；为推动大众消费，2018 年 12 月 18 日，小兰津美食城隆重开业，娱乐城设 15 个高雅大气的 KTV 包房，新建的兰苑特色音乐酒吧，休闲中心有 22 个宽敞舒适的足浴、按摩包房；还配有大堂吧、商务中心、棋牌室、洗衣房及近 300 个停车位等多项服务设施，是来津客人休闲娱乐、商务洽谈的最佳场所。2013 年荣获“常德市食用油放心工程示范企业”；2013年荣获“湖南省酒店餐饮服务食品安全示范企业”；2014 年荣获“常德市商贸经营星级店”；2015 年荣获“常德市维护消费者权益先进单位”；2009-2017 年荣获“常德市最佳星级饭店”。(佘金石)

毛里湖湿地公园风光

中国人民银行津市支行

【概况】2017年，人行津市支行全面落实中央经济工作会议精神，牢固树立创新、协调、绿色、开放、共享的发展理念，坚持稳中求进总基调，着力推动各项工作齐驱并进。在宏观调控、金融服务、金融宣传和金融监管等方面，取得了良好的成绩。雷光艳获总行级货币金银工作先进工作者；支行货币信贷与统计股获湖南省诚信文化教育基地原创微信作品竞赛活动参赛奖；张斌在2017年度武汉分行离退休干部工作调研课题评比中获一等奖，撰写《别让牢骚聚头》获中支征文一等奖，并编入武汉分行《履职宝典》；袁振强在湖南省人民银行系统反假货币知识与技能竞赛获全能奖第四名，抽调参加总行竞赛获团体第三名；张文学获2015–2016年度常德市中支优秀党务工作者称号。（傅智松）

【落实稳健中性货币政策】及时向金融机构传导国家宏观政策的调整，督促加强存款准备金的足额缴存，指导金融机构贷款合理投放。增强地方政府对货币政策的认知，组织政银企联系会，向地方政府和金融机构传达2017年常德市中支信贷政策实施指导意见，4月10号，津市政银企对接交流会在兰苑宾馆召开。会上，支行就当前货币政策进行了宣传，系统的讲解了2017年稳健中性的货币政策实施下津市金融支持应特别关注的几个问题，并就县域金融经济运行情况进行汇报，同时也对保护银行债权向政府做说明。8月21日，津市召开三季度金融联席会议，会上支行传达全国金融工作会议和常德市中支刘新华行长年中工作会议讲话精神要求：金融部门必须牢固树立“四个意识”，在思想上、行动上与党中央保持高度一致，毫不含糊执行党中央的各项方针政策，不折不扣落实党中央对金融工作的部署。通过这些措施，向地方党政及其相关部门宣传稳健中性的货币政策的目的和真正内涵，争取地方对金融机构的理解和支持。至2017年12月末，全市金融机构贷款余额45亿元，比年初增加9.8亿元；各项存款129亿元，比年初增加18亿元。（傅智松）

【改善金融生态环境】及时发布银行业执行人民银行政策法规评价报告，稳步推进重大事项报告制度。将金融生态环境建设目标分解到相关部门的考核任务中，形成打造良好金融生态环境的合力，夯实金融业健康发展基础。2017年津市的金融生态环境经过2015年企业破产、民间借贷等不利因素的冲击后，已开始复苏，各项指标正在向好的方向发展。9月末津市农商行在人行的有力监督下，在政府的支持下，成功摘除问题投保机构的帽子，不良率为13.51%，相比年初下降2.32%，进入正常投保机构的序列，避免了代管风险。开展“五创”活动。一是认真开展信用乡（镇）、信用社区、信用村创建活动。信用环境明显好转。组织金融机构通过信贷和利率优惠，激发群众的创建热情，形成了良好的创建氛围。截至2017年12月末，本市共有5个自然行政村被常德市中支授予常德市信用村称号，64个自然行政村被本市授予信用村称号，全市信用村达到69个，占全市行政村总数的64%。二是强化信用企业和信用农户创建活动。津市市拟将推出新的10家企业作为信用企业，并为其授牌。组织开展对农户信用等级评定，对信用好，讲信用的农户发放信用证，2017年底，取得信用证的农户有11803户，农户获取信贷资金支持的总额为54376万元。（傅智松）

【开展金融扶贫工作】一是开展金融产业扶贫。2017年，根据省扶贫部门扶贫贷款政策调整，5月下旬津市农商行启动了津市首笔扶贫贷款的发放。津市辖内其他金融机构也相应的启动了金融扶贫工作，农行推出了光伏贷、富农贷、粮食贷等贷款品种。2017年，农行已发放金融扶贫贷款14户，金额160万元，宏力纺织公司8000万元贷款、娄新纺织公司3000万元贷款都涉及到产业扶贫项目。二是继续扩大支农再贷款投放额度，壮大法人机构支农支小资金规模。2017年发放支农再贷款5笔，金额1.2亿元，农商行1亿、湘淮村镇银行2000万元。强化了贷款后续管理，要求法人机构建立再贷款使用台账，按月报告再贷款使用清单，按季开展再贷款现场检查，督促法人机构合理确定利率与投向，确保再贷款政策效应的发挥。三是建档立卡开展农户信用评价。截至2017年12月末，全市建档立卡贫困农户户数2728户，8848人，评级户数2487户，评级率91.17%，授信户数2156户，授信率86.69%，共发放扶贫贷款1683万元、307户。截至2017年12月，风险补偿金余额300万元。全市共建立金融扶贫服务工作站11家，实现助农取款服务点与农村电商服务站二站融合共建的站点数量7个，业务量128笔，金额1.2亿元；实现金融扶贫服务站与农村电商服务站二站融合共建的站点数量2个，业务量28笔，金额16.5万元。提前并全面完成2016—2018年建站工作任务。（傅智松）

【国库服务地方】随着财税、金融体制改革的深入和信息化技术的快速发展，国库业务也发生了巨大的变化，国库资金风险逐步加大，国库监管工作面临严峻考验。津市支库认真贯彻国库监管条例，认清形势，把加强国库管理、杜绝国库案件发生作为重要工作。加强对财税部门提交票据的审核和国库经收处的现场、非现场监管。2017年，支库共堵住不规范的缴款书4笔，金额190万元；不合规拨款9笔，金额1468万元；积极做好国债发行工作，2017年共发行16期国债，金额3962万元，津市支库加大宣传力度，每期发行前通过微信、网点电子宣传牌等方式及时让客户知晓国债发行；及时、准确、规范处理日常国库会计核算业务，国库会计核算质量总体良好，未发生核算差错或事故，全年共完成税收收入5.69亿元，公共预算收入42.87亿元；公共预算支出46.92亿元。（傅智松）

【货币发行管理】加强人民币流通管理工作，强化人民币收付和反假业务检查。全年共查库36次，移位查库8次，共办理出库业务360笔，金额40亿元；入库业务900笔，金额43亿元；调拨发行基金5次，金额26亿元，货币发行业务无一差错。配合公安机关严厉打击假币犯罪，全年共收缴假币收缴1300张，金额12万元；强化对金融机构的监管，开展日常性对金融机构在现金的挑剔、整点和柜面兑残、收假等方面的情况检查，对入库发行基金严格执行“五好钱捆”的标准，保证了流通中人民币的整洁度；积极开展二维码整袋交接业务推广工作，4月6日，津市支行组织各银行机构开展了二维码整袋交接培训会，聘请专业人士进行讲解，系统的了解整个工作流程；同时，开展了对清分公司人员培训，为二维码整袋交接业务的推广打下良好的基础。（傅智松）

【抓好精准扶贫工作】2017年支行共下乡扶贫8次。4月14日，支行张文学行长带队，支行所有行领导下乡同乐堡村，逐户到访调查，摸排贫困户情况，初选11户贫困户结成对子，为其“出点子、开方子”，分别拟定脱贫步骤和方案。4月26日，支行志愿者来到同乐堡村，向村干部仔细询问每个贫困户的现实情况，多方采集信息，核实贫困户信息资料。6月1日，支行再次下乡，查阅农户档案资料，全面熟悉支行认定的10户贫困户信息。为确保扶贫工作落到实处，津市支行邀扶贫小组长来支行讲授扶贫要点，下到乡村与村干部恳谈，多次与农户面对面交流，思考脱贫长效之计，量身定做脱贫方案。（傅智松）

【成功引进新设银行，金融机构壮大】2017年在津市支行大力争取下，津市成功引进了两家银行。为确保新设银行开业规范，支行强化开业管理监督，多次到新设机构进行开业指导，及时解决在开业中存在问题。长沙银行于2016年12月与津市政府签订合作协议，开展筹备工作。6月19日，刘彩玲主任科员与相关股室负责人到长沙银行进行开业管理现场验收和开业辅导。6月26日，长沙银行津市支行盛大开业，时任常德中支行长曾涛参加仪式；湘淮村镇银行于2016年4月开始了筹建工作，经过一年多的努力，各项准备工作到位，5月19日，张文学行长带领相关股室负责人到津市湘淮村镇银行进行开业管理现场验收。7月18日，湖南津市湘淮村镇银行隆重举行开业仪式。常德中支副行长钟昌彪出席开幕式。（傅智松）

【开展执法检查，严肃金融秩序】8月14日，支行对工行津市支行的现金收付业务进行了专项检查。为了确保此次检查的顺利进行，在常德中统一安排下，由澧县、安乡、石门抽调业务精干人员组成联合检查组，认真、严肃的开展了检查工作。8月21日，支行对津市农商行金融信用信息基础数据库接入情况开展征信工作检查。9月11日，支行对津市建行开展了国库经收、集中支付代理业务专项检查；同时对邮政银行、建设银行、津市农商行、湘淮村镇银行开展了支付结算业务检查。（傅智松）

【抓住重点工作，顺利完成各项宣传任务】开展了“金融消费者权益日”宣传活动，3月1日至3月15日，津市支行组织金融机构开展了深化金融普法教育和金融知识宣传工作；5月，津市支行开展了“5.12”防灾减灾日宣传活动，组织干部职工参观学习津市政府应急指挥部在桥头广场开展的第九个全国防灾减灾日宣传活动；组织辖内各金融机构在津市灵泉镇开展6.14征信金融知识宣传月集中宣传；开展了九月金融知识宣传月活动。9月18日，在渡口镇社区，津市支行对妇女干部开展了金融知识授课活动，龚道恺副行长亲自主讲。9月19日，支行开展了对全辖13个金融扶贫点的反假工作宣传，在一天的时间内对所有金融扶贫点开展了送点钞机、反假制度上墙活动，并开展了“反假货币小超人”网络知识问答竞答活动。9月21日，支行组织全辖12家金融机构、市金融办等相关部门在津市桥头广场开展了金融知识集中宣传。通过这些宣传活动，让广大老百姓充分了解金融知识，增强了防范意识，取得了良好的宣传效果。（傅智松）

【库区安保有力，“保卫工作标准化管理年”活动深入推进】津市支行把增强员工的防范意识放在突出的地位，重点围绕防抢、防盗、防诈骗、防恐等内容对支行员工进行预案教育和防范技能演练。针对近年来银行案件日趋频繁的严峻局面，及时收集整理转发相关案例，认真组织员工学习上级行下发的各种文件、通报、通知、案例剖析等10余次，组织员工各类应急演练4余次，并针对支行自身的防范工作进行分析查找隐患，完善防范措施；2017年，按照（长银办 2017 70号）要求，津市支行认真配合上级行完成安全保卫管理系统上线工作；认真做好发行库技防建设四项新标准学习培训工作，进一步提高发行库技防建设与管理水平；进一步加强守卫值班室标准化建设，大力推进支行守卫值班室标准化建设，做到守卫值班室制度化、标准化、规范化、系统化、准军事化。（傅智松）

【安全防范水平有效提升】年初与全行干部职工签订保密承诺书，加强保密教育，进一步增强支行员工的保密安全意识。2017年，津市支行按市保密局的要求，配置价值2万元的保密安全管理系统，全面提升了支行安全保密技术水平。按时开展保密工作安全排查，对支行保密文件、计算机安全、印章管理等进行全面检查；加强档案管理，支行档案工作连续三年被津市档案局评为先进单位。2017年根据上级行会计档案管理工作的要求，津市支行开展了对会计档案的清理工作，支行成立了专门的清理工作领导小组开展了档案的清理、整理工作。为了保证清理整理工作能如期完成，聘请一名原津市档案局退休人员，配合清理小组专门从事清理整理工作，共计72个工作日，完成清理各类会计档案7875册，其中整理销毁档案1691册，整理存档档案6184册；开展风险排查，完善应急预案。坚持由行领导带队定期开展安全检查特别是节假日的安全检查，及时排除风险隐患，建立、完善各种应急预案，集中学习各类防灾、减灾知识。5月27日，津市支行组织全辖金融机构参加防汛演习。9月底，津市支行邀请津市消防大队对全行员工进行消防安全知识专题培训，开展消防演练。（傅智松）

【开展项目建设】一是开展了办公大楼维修项目。10月初，支行正式开展了办公大楼的维修，成立了项目小组，从立项、成立小组、向上争资、招标各种前期工作，精心准备，多次与上级行相关部门联系，力求项目最优化，争取各方的“双赢”效果。在正式施工阶段，津市支行派出专人进行监督，及时与施工方联系，确保质量。二是新建发行库项目。12月30日，津市支行新建发行库项目举行了开工仪式。项目经长沙中支2016年12月8日长银办函〔2016〕22号文批准建设，核准项目建筑面积776平方米，其中发行库建筑面积631平方米，库务用房建筑面积145平方米，建设投资315万元。经过一年的准备工作，津市支行已完成了项目的总体规划、总平面设计布置、设计、设计审图、招投标等各项工作，预计工期100天。（傅智松）

工商银行津市支行

【概况】中国工商银行股份有限公司津市支行2017年末在职员工49人，设有办公室、公司业务部、个人金融业务部三个部室，营业部、万寿路支行、湖桥支行三个营业网点，在澹津北路、湘澧盐矿、中联重科车桥、九澧大道设立自助银行、ATM机共13台，营业网点和自助银行分布津市市城区澧水南北两岸。

【主要业务指标情况】截至2017年12月末，两项存款余额为153245万元，比年初净减6173万元，其中，对公存款余额28504万元，较年初净减7770万元，储蓄存款124741万元，较年初净增1596万元，各项贷款余额为31719万元，较年初减少4203万元，其中公司贷款余额23426万元，个人贷款余额为8023万元，签发银行承兑汇票20000万元。

【经营情况】

1、截至12月末，两项存款余额为153245万元，较上年净减少6173万元，其中，对公存款28504万元，储蓄存款12471万元，活期存款70317万元，定期存款82928万元。受国家政策和地方经济影响，我行存款呈下滑趋势，各项存款较年初负增长7770万元，形势不容乐观，个人储蓄存款仅增长1596万元，较前几年大幅减少，主要是个人资金用于购买社会养老保险、购房、投资等，再加上网络金融的发展对实体银行产生了一定的冲击，虽然网络金融种类繁多，收益较高，但风险相对较高。

2、截至2017年末，两项贷款余额为31719万元，较上年减少4203万元。其中，公司贷款23426万元，个人贷款8023万元。受国家政策影响，加上地方经济不景气，工业园区破产企业较多，银行对部分不符合国家政策的公司贷款进行压缩，但对新型企业如湖南新合新生物医药有限公司、湖南欣龙非织造材料有限公司等公司进行贷款投入，支持地方经济发展。个人贷款主要是个人住房贷款，受房地产市场的影响，居民购房热情不高，且在外地购房（主要是大中城市）的居多，因此个人贷款减少。

【内部管理】2017年年初，根据省、市分行行长会议精神，支行班子及早作出部署，内控案防、安全保卫能力进一步得到增强，促进各项业务健康稳定的发展，已连续实现二十五年未发生案件和安全责任事故。内控案防工作是津市支行的一面旗帜，为确保无各类案件和各种责任事故的发生，2017年，支行认真开展员工异常行为排查、执行规章制度再检查、对检查出的问题进行再督查的“三再查”活动及对重点领域和风险事件专项治理工作，为25年无各类案件和各种责任事故的发生打下坚实的基础，内控管理体系得到进一步加强。支行每月召开一次内控案防和员工思想动态分析会，此举收到较好的效果。加强操作风险管理，重点加强对营业网点库存现金、空白重要凭证、印章、密码、钥匙的交接管理，加强对ATM的管理和网点现场主管的履职管理。一是利用晨会、行务会、员工大会组织员工学习《员工行为守则》、《员工行为禁止规定》以及国家法律法规,加强员工思想动态分析和行为排查，规范员工的行为,并形成例会制度。二是优化人员结构,将一批有活力、责任心强、敢于开拓进取的年轻人充实到中层骨干队伍中来，充分发挥年轻人的活力进取精神。三是加强客户经理队伍建设,对客户经理的岗位职责、工作职责、目标任务进行明确分工,强调客户经理工作纪律,坚守道德底线。四是中层骨干、客户经理以及员工在完成本职工作的同时,要加强联系,信息共享,寻找客户,挖掘客户,培养客户,为客户提供高效优质服务。

【企业文化】津市支行在积极推进业务发展的过程中,全面开展企业文化建设，为员工创造一个和谐的环境,让员工在工作之余身心得到放松。一是搞好职工之家和员工食堂的建设,在上级行的支持下，累计投入 20 余万元进行职工之家的建设，设立图书阅览室、乒乓球室、健身房、娱乐室、荣誉室等,使员工在业余时间有一个好去处。二是制定了“婚丧病假探望制度”、“节假日走访慰问制度”,并将这些制度贯彻落实,使员工感受到组织的温暖,2017 年,支行班子成员共同走访生病、住院、家庭困难员工 10 余户。三是加强行领导与员工之间的沟通渠道，不定期与离退休、在职员工开展座谈会,就津市支行的发展和大家共同关心的问题进行沟通交流,对大家提出的问题能解决的及时解决，因有些问题支行不能解决的,逐级向上级行反映,化解了员工与单位之间的矛盾。

【服务工作】为不断提升该行服务工作,更好服务广大客户,津市支行不断强化服务工作。一是加强业务的培训,提高对服务的意识,选派业务能力强、服务态度好的员工充实到网点担任大堂经理,指导客户办理业务;二是坚持行长营业网点坐班制，督导大堂经理、柜员办理业务服务态度和效率,及时处理网点发生的各种突发事件,将各种事件消灭在萌芽中；三是做好 ATM、自助设备的维护,提高 ATM、自助设备的使用率,方便广大客户。

【社会责任】支行班子狠抓党建工作,强化企业文化建设,并承担社会责任。一是积极参加市委、市政府组织的各项工作,近年来,在创建国家卫生城市、民调、捐资助学、精准扶贫等市委、市政府的重大工作中,工商银行津市支行不遗余力全力支持,在资金支持的基础上,还利用业余时间参与志愿者平安创建巡逻活动。二是配合政府的民生工作，积极参与棚户区改造的资金发放,与社会保障部门、社区发放社会保障卡,确保居民的社保、医保资金及时到位，目前已累计发放社保卡 33000 余张。以上工作得到了市委、市政府的肯定,提升了工商银行的整体形象和社会知名度。

在津市市地域、经济总量偏小、金融资源有限、同业竞争异常激烈的情况下,为了抢占市场份额,支行要求全行员工树立逆境中求生存、求发展的思想，全力打好储蓄存款营销的攻坚战,促进储蓄存款快速增长。同时,加大对公司法人客户的营销,力争对公存款有较大的增长。在营销存款的同时,加大对有贷款需求的法人客户和个人客户的营销,采取定人、定点、定户、上门走访,上下沟通、及时汇报,加班加点,确保贷款及时到位,有力的支持地方经济发展,受到当地政府的表扬。(聂辉)

建设银行津市支行

【概况】2017 年中国建设股份有限公司津市支行在职员工 20 人，其中党员 8 人。设有支行本部一个网点、另有营业部本部、人民医院、中医院、津市蔡家河社区、宝悦共 5 个自助银行服务区,有 15 台自助设备。2017 年 12 月末,支行全口径存款时点余额为 136671.36 万元,比年初新增 17099 万元。各项贷款余额为 44715 万元，比年初新增 14735 万元。其中：对公类贷款余额为 20602.95 万元,比年初增 1625.31 万元。个人类贷款余额为 24113.59 元,比年初新增 12909.38 万元。

中间业务收入 358.44 万元。个人网银活跃客户 3570 户；个人手机活跃客户新增 1121 户；个人短信客户新增 5122 户;企业网银活跃客户新增 19 户;微信银行客户新增 4099 户；善融商务企业商城交易 2380 万元。全年实现利润 2231.33 万元。

加强安全行建设和声誉风险管理,落实监测报告制度。把内控外防作为长期工作来抓,下半年结合常德市银监局及公安局组织的金融机构安全评估活动,支行分别为办公大楼所有楼层安装

向群众宣传金融知识

"三新垸"村慰问贫困户

防盗门，为所有自助存取款机按要求加装一个防盗防撬报警器，整改了安全隐患，夯实技防物防基础。实现年内没有发生案件事故目标。结合地方综治管理，加强了与当地公安部门、政法委、综治办等联系，确保支行安全稳定，全年没有人员上访。开展健康向上、丰富多彩的团队活动。在工作之余，支行多次组织集体活动丰富员工业余生活，既保证业务发展和经营需要，又增进员工之间的交流，促进了团结。3月份组织员工登山比赛活动；5月份组织全行员工捐款捐物到扶贫点慰问贫困户活动；6月份组织党员及党员积极分子到林伯渠故居参观，并重温入党誓词；9月份组织员工训练，参加市分行气排球比赛；10份组织员工到津市特种学校和残障儿童共上一堂课；组织参加市分趣味运动会；组织全体员工石门采桔活动；11月份组织员工编排节目参加市分行汇演。同时大力建设职工之家，添置多种体育健身器材及其他设备，组织员工进行体育锻炼活动，让员工在运动中、在献爱心中增强爱行爱岗意识和团队协作意识，多角度、多层面地深化企业文化内涵，支行办公楼二楼新的职工小家已重新进行装修。提高员工后勤生活保障，支行为办公室和营业部装上净水器，让员工每天喝上令人放心的饮用水，职工食堂添置设施，提高菜品质量。通过多渠道组织活动提高了凝聚力，缓解员工的压力，激发员工的工作和生活热情。（贺腾）

中国银行津市支行

【概况】中国银行股份有限公司津市支行2017年末在职员工30人，下设综合管理部、营业部、建设路支行和车胤自助银行，共有20台自助设备。2017年，中国银行津市支行以"树立新形象、采取新行动、达成新目标"的工作思路作为指导思想，创造较好的经营业绩。

各项存款：截至2017年12月31日，津市中行人民币各项存款较年初增加33424万元，余额达115117万元，占四大行新增市场份额59.22%，余额市场份额较年初上升32.08百分点。其中：公司存款余额46091万元，较年初增加29196万元，新增市场份额67.48%，对私存款余额68947万元，较年初新增4227万元，市场份额32.80%。

各项贷款;2017年末，支行各项贷款余额32231万元，贷款余额较年初增加8949万元，占四大行新增市场份额32.96%，余额市场份额为22.45%，提升2.45个百分点。其中：公司贷款余额16456.98万元，新增8089万元，新增份额63.06%；个人贷款余额15774.77万元，新增860.82万元，新增份额6%；

资产质量：至2017年12月31日，不良贷款降至112万元，不良资产率0.81%。

客户基础：支行2017年新立公司客户56户，新增信用卡658户，新增个人有效客户1437户，个人网上银行交易户数3380户，手机银行交易户数新增2848户。

经营效益：2017年实现业务净收入2103万元，拨备前利润1294万元，净利润872万元。（孟祥纯）

【存贷款业务】以客户为中心，促进各项业务快速增长。夯基础：壮大核心客户群。2017年，全年新增公司优质客户14户，任务完成率350%，在县支行中排名第一，个人有效客户1440户任务。(2)拓渠道发展业务新来源。2017年，社保发卡取得突破。尤其11月份开始，联系人社局、街道办、社区及全行合力发卡，效果甚佳，全年群发短信6000多条，直接电话通知5000多人次，发出社保卡9000多张，激活社保卡12000张，新增社保卡6039张，新增借记IC卡8589张。全力支持津市地方经济发展，公司贷款业务发展实现了超常规。2017年，先后为"涔澹农场旱地改水田"项目贷款1.44亿元，为湖南新合新生物医药公司贷款3000万元，公司贷款新增额在辖内6个县行中排第一位。持续深入推进网点转型建设，网点等级得到提升。（孟祥纯）

【内控管理】内控和安全保卫工作常抓不懈，促进业务健康稳定发展。坚持逢会比讲，进一步深化"晨会案防一分钟"的工作机制，时常提醒员工遵守；及时传达学习《中行员工双十禁》、《中国银行员工行为违规处罚管理办法》、《严禁参与高利贷和民间融资》、《内控五十条》等文件，加强员工行为思想排查，规范员工的行为；坚持尾箱现金、重要空白凭证的周查、月查制度，把制度和员工的业务操作管理落到了实处；物防、技防及规章制度并重，坚持用制度管人，把制度贯穿到业务工作的各个环节。通过对内控和安全保卫工作的常抓不懈，有效促进了我行业务的健康稳定

发展，被常德市公安局评为“2017 年度内保工作先进单位”。(孟祥纯)

【企业文化】2017 年，加强企业文化建设，有效发挥了员工的工作积极性。支行管理层经常就工作、生活与员工交心谈心，听取员工对支行发展的意见和建议，尊重他们在工作中的创造力，有效激发了员工的工作积极性热情；支行尽可能的创造条件解决部分员工在工作与生活中遇到的困难；加强中行品牌宣传，得到了社会的普遍认同，增强员工的自豪感。支行利用江南明珠广场大型电子显示屏连续滚动宣传中行业务产品和企业文化，加深市民对中行的了解。在日常营销过程中，走进社区、园区，主动为客户推介合适产品，在客户心中留下来良好印象。(孟祥纯)

农业银行津市市支行

【概况】中国农业银行股份有限公司津市市支行 2017 年末在职员工 52 人，内设综合管理部、财会运营部、客户管理部和风险管理部，下辖营业部、九澧大道分理处和新洲分理处 3 个人工网点，设有人民医院、银苑路和农场 3 个离行式自助网点，惠农服务点遍布全市所有行政村。2017 年，支行被常德市公安局评为“内保先进单位”。截至 2017 年末，各类存款余额 144638 万元，比年初增加 11970 万元。各项贷款余额 34822 万元，比年初增加 7888 万元。在四大行中各项存款存量占比 26.3%，各项贷款存量占比 24.25%，均排名第二。(雷桃桃)

【落实一岗双责，狠抓队伍建设】2017 年始终坚持思想政治工作与业务工作“两手抓、两手都要硬”的方针，坚持党要管党，从严治党，从严治行，切实把主体责任、监督责任落到实处，使“一岗双责”管理体系与各项业务工作有机地结合，推动各项工作全面进步。加强网点领导班子建设，按照“以业绩为准绳、按德才选干部”的原则，通过竞争上岗等方式，注重选配政治素质高、工作能力强的年轻干部进入基层班子，把能胜任“一岗双责”的干部选配在“班长”的岗位上，真正做到人尽其才，2017 年通过民主推荐、组织考察等方式，聘用 2 名有能力、有经验、有责任心的中年员工担任网点负责人，起到了很好的示范作用，盘活了人力资源，缓解了人员压力；落实基层党支部建在基层的要求，在全行 3 个营业网点建立基层党支部，确保每个网点支部书记与纪检委员均由骨干党员担任，党建工作与业务发展同部署、同安排、同落实。(雷桃桃)

【加强业务营销，实现效益增长】2017 年通过加强与国开、农发行政策性银行合作抓代理性存款；通过代发撤迁补偿资金抓代发性存款等；加强贷款营销，积极对接政府重点项目，力争在对平台公司贷款投放上有所作为。自市分行推出政府服务项目融资业务以后，积极主持召开专题会议研究部署，向政府相关部门积极汇报，寻求合作。充分利用惠农担下的贷款项目推动“三农”业务发展，出台《关于开展农户贷款营销竞赛活动方案的通知》，成立两组农户贷款营销团队，由两名主管行长担任组长，明确各组营销粮食贷的乡镇范围，将任务按月分解，2017 年成功发放粮食贷 160 万元。(雷桃桃)

【夯实基础管理，提升管理水平】2017 年为夯实“双基”管理，津市农行不断对原有的管理制度重新进行梳理和完善，出台一系列新的制度和办法，形成一整套科学健全、操作规范、管理严密、适合支行发展的管理体系，使各部门职责明确、各岗位有章可循，经营活动按章操作。同时对制度落实情况加强督导和检查，使业务操作更趋规范，促进基础管理向规范化、制度化方向发展。如针对运营工作中的短板，出台《津市支行运营基础管理奖惩实施细则》，使原来的短板变成了现在的优势，该行运营考核在全市排名靠前。(雷桃桃)

【加强风险管控，严防案件发生】2017 年颁发《津市支行贷款收息管理暂行规定》、《关于加强贷款到期逾期管理的通知》等文件。通过制定严格的风险管控措施把合规管理、合规经营和合规操作落实到位，促使全行内控管理水平有一个新的提高。组织干部员工层层签订“内控案防责任书”，组织学习“两个办法”，增强员工的风险防范意识。通过建立健全内控管理体制和工作机制，加强自律检查的力度和频次，定期召开内控案防分析会和贷后管理例会，及时发现风险消除隐患，确保全行未发生一起重大案件和责任性风险事故，2017 年成功申报内控评价一类行。(雷桃桃)

【严格行为管理，加强人文关怀】2017 年积极组织开展员工风险行为排查、员工经商办企业专项排查及日常观察等活动，加强员工日常行为管理。严格执行考勤、休假等规章制度，对违反制度的员工，按规定严肃处理。大力推广“三线一网格”管理模式，定期开展谈心谈话、家访活动，加强对员工的人文关怀。牢固树立“以人为本”的思想，积极开展“五小”建设，添置一批小家电，改善了员工的住宿环境。组织看望慰问生病住院的员工，积极开展工会活动，提高大家的“精气神”，充分调动员工的工作积极性，使大家团结一致，齐心协力，营造良好的企业文化。(雷桃桃)

农业发展银行津市市支行

【概况】中国农业发展银行津市市支行成立于 1996 年 12 月，坐落在津市市九澧大道 1093 号，是津市市唯一的一家政策性银行，业务范围涵盖粮棉油收购、储备、产业化龙头企业、农村基础设施建设及县域城镇建设等领域。至 2017 年底，支行有干部职工 17 人，平均 39.6岁，其中党员 7 名，占比 41.17%。机构设置有办公室、信贷业务部、会计结算部，共两部一室。办公楼建筑面积 1000 平方米，占地面积 1800 平方米，服务功能齐全，设施一流。

【业务经营】截至 12 月末，各项贷

款余额114254.6万元，比年初增加56950万元，增幅98.3%，其中：粮食挂账及不合理占用贷款13985.6万元，地方储备粮食扶贫贷款819万元，产业化龙头企业棉花短期流动资金扶贫贷款20000万元，水利设施建设中长期贷款40000万元，棚户区改造中长期扶贫贷款38000万元，产业化龙头企业棉花中长期固定资金扶贫贷款1450万元。2017年累计投放各类贷款82214万元，累计收回贷款25264万元，日均存款余额68515万元，实现账面利润2492万元，不良贷款实现零余额，全面完成了上级行下达的各项任务指标。

2017年，支行信贷规模跃居津市市同业首位，“六小”工作法被总行党委评为全系统“十佳示范案例”，支部先后荣获省分行“十佳党支部”、“先进基层党支部”荣誉称号，支行被市分行评为2017年度先进单位。（洪军）

津市农村商业银行

【概况】湖南津市农村商业银行股份有限公司（以下简称我行）经由津市市农村信用合作联社于2014年7月18日经中国银行业监督管理委员会批准成立，注册资本12000万元。目前为津市网点最多、服务范围最广的地方性金融机构，秉承“服务三农、服务社区、服务中小微企业”的办行宗旨服务城乡居民。存贷款份额稳居全市第一、第二位。在津市全辖4镇5街道共设1个营业部、9个支行、1个分理处；内设办公室、人力资源部、党群工作部、财务会计部、信贷管理部、金融市场部、信息科技部、风险管理部、安全保卫部、稽核审计部、纪检监察室、运营管理部12个职能部门，现有在岗员工136人。自2014年农商行成立起，连续三年被市政府评为先进单位、目标管理先进单位，先后被市办事处评为进步单位、综合考核优胜单位、资金组织先进单位等。

【经营成效】2017年，各项存款增长形势喜人。通过总冠名“健康湖南动起来”全民健身活动、举办“金融知识普及月”路演活动、开展“全员奋战一百天、献礼行庆三周年”资金组织竞赛活动、对接“居民健康卡”等民生服务项目、布放墙体广告和车身广告等系列举措，截至2017年年末，各项存款合计250773万元，余额比年初净增45650万元，突破25亿大关，市场份额突破20%，开创新高；深耕农村市场成效显著。严格贯彻落实第五次全国金融工作会议精神，牢固树立农商行“根植农村、服务三农”的经营理念，落实“做小、做优、做散、做精”的工作部署，截至2017年年末，我行累计发放贷款70981万元，其中累计发放涉农贷款68517万元、占比达96.53%，我行农村市场的信贷业务已遍地开花；内部管理日趋严格规范。成立运营管理部，编制柜员“风险管理手册”，建立“月风险提示”和“日工作清单”制度，强化日常业务管理的规范化运作；安防管理不断加强，2017年先后投入安防设施建设资金70余万元，对部分网点安防设施进行升级改造；先后组织各类安全保卫检查100余次、基层网点自查144次；开展专项消防演练活动，提高员工应对突发各类事故的处置能力。

【信贷服务】2017年，坚持“做小、做散和做优”的经营理念。紧紧围绕全国第五次金融工作会议精神，信贷营销回归本源、坚持主业，即“做小不做大、做实不做虚、做土不做洋”，为乡村振兴战略的实施提供金融支撑。农村支行按照片区管辖范围，逐村逐户进行客户资源调查，重点围绕种养殖业及新型农业经济主体，有选择性地进行评级授信，结合本地实际需求，重点支持发展生态林果、食用菌、有机蔬果、生猪养殖等种养产业，扶持专业合作社、家庭农场等农业新型主体的培优；补齐乡镇街道小商户市场，结合之前的客户资源调查及评级授信情况，将商户“流水贷”的上限从5万元调整到50万元，不断提升信贷产品的市场竞争力。通过召开各层级会议，将信贷管理工作意见和指导思想传递至每位员工，确保信贷营销“转向”。对目标客户群不明确，营销效果不明显的支行进行对口帮扶和指导。加强考核和营销进度的督促落实，按期督导工作推动的进度，及时公布各支行工作进度排名，开展支行工作比比看活动，激发营销积极性。

发挥“地缘、人缘和网络”的资源优势。建成1家以上“社区银行”（商圈银行）。以原市东分理处为中心，建成1家覆盖附近建材市场、居民生活区等金融需求潜力大的社区银行，全面掌握存量客户经营、风险、需求等方面的情况，对优质客户没有继续与该行建立信贷关系的进行回访。建立乡镇（街道）、村组（社区）金融服务联络员制度。按划分片区，由各支行负责人与当地政府及相关部门汇报沟通后，确定乡镇（街道）、村组（社区）金融服务联络员名单，掌握全辖范围内的农户、个体工商户及居民户的花名册；并根据掌握的辖区客户花名册，将客户划分到每一位客户经理名下，由各支行组织客户经理对所管客户开展客户资源信息采集和评级授信工作。推行城区支行拓展“三个一”的营销工作，大力开展住房按揭贷、个人消费贷、商业门面抵押贷等业务：即“一个小区”，每个城区支行选定至少一个居民小区作为主营销目标，逐户上门，实现发卡全覆盖；“一个机构”，每个城区支行至少拓展一家企事业单位，并以此为载体，实行团体营销；“一个市场”，每个城区支行至少拓展一个专业市场或一个商区街道，对所有商户实行全面营销发卡，实施精准分类营销。深入开展“两扫五进”和“访、问、优”活动。全面启动普惠金融、“两扫五进”等专项活动，开展信用村镇的建设，确保年内实现辖内小额农户评级面和授信面分别提高到70%和50%以上，力争在基础“小户”的拓展上实现量、质同升。

突出“高效、便捷和增值”的服务特色。在信贷支持领域进一步简化办贷流程、强化限时办结。在规避法律风险和操作风险的前提下，对优质客户实施“四免”增值服务，即免抵押物评估登记费、免费办理项目评估论证、免费办理代收代付业务、免费办理征信查询,对竞争性客户坚持“宁可让利率、不可让市场”。开展业务宣传。每季组织一次信贷业务知识宣传活动或外拓活动,逐户发放业务宣传资料，开展关于诚信意识、金融知识及本行业务知识的宣讲,增强客户的获得感;良好地履行企业社会责任,提高市民的金融知识水平。

【网点服务】优化客户管理。结合低成本存款份额少、财政性存款占比低的结构劣势,以及“小额存款最稳定”的实际,扎实做好数据分析和客户维护工作。各基层支行根据ODS存款明细系统中导出的存量客户清单,按照金额进行分类,分别确定柜员、委派会计、支行行长各岗位类别的维护对象和联系频率、方式,支行定期组织召开回访情况交流会议,由金融市场部不定期对客户回访和维护情况进行抽查。建立外出务工人员信息库,各基层支行以村组为单位建立外出务工人员信息库,通过服务牵引,增强外出务工人员对农商行的依存度,从中培养优质客户。加强与财政、企事业单位的沟通,重点关注津市基础设施的建设,如安慈高速工程、涔澹农场旱改水工程等,吸纳引进项目工程建设款项，并跟进其代发工资的业务,带动优质客户数量和资产的增长。

提升服务质量。充分发挥柜员和大堂经理的作用,对优质客户实现渠道全开通，对开户单位实现业务全承接。对手机银行存量客户实现对接,提高手机银行有效客户净增;抓好移动支付业务的宣传推广和应用,稳步提升有效手机银行客户净增、电子银行替代率、社保卡激活率。进一步优化服务环境,进一步加强柜员与客户之间的亲切、友好互动，将柜台服务延伸至营业厅外,从小事做起、从点滴做起,提高客户的满意度和忠诚度,通过客户影响和寻找客户,深入挖潜存量潜力客户,在确保客户资源不流失的基础上壮大客户群。巩固发展中间业务,大力做好城乡社保IC卡和惠民卡的代理工作,稳住农村市场客户。(熊思颖)

邮政储蓄银行津市市支行

【概况】2017年邮储银行津市市支行在全市有12个网点覆盖城乡，拥有ATM机等自助终端26台，服务网点和自助设备数量位居全市银行业机构前列。截至12月,津市邮政储蓄存款余额(含公司存款)达到21亿元,城乡居民在邮储银行开立的账户数达26万户,持有邮储银行绿卡的客户数达13万户,发放各类贷款存量3.3亿元,邮储银行成为津澧百姓身边的一家全功能零售型商业银行。

扶持微小企业发展及服务“三农”,邮储津市支行发挥覆盖城乡的网络优势,创新金融服务手段,不断致力于为城乡居民提供专业、优质、高效的金融服务,有效解决广大微小企业主及农户融资难、贷款难的问题,“好借好还”贷款品牌深入民心，为服务地方经济发展、支持社会主义新农村建设作出了积极的贡献。

【经营业务】支行2017年收入目标是1750万元,利润计划490万元,截至12月末收入完成1712.6万元，比上年同期增幅11.44%,完成计划的97.86%,进度欠产2.14%，欠产绝对值37.4万元。利润完成383.3万元，完成计划的78.2%,欠产绝对值106.7万元。人均创收为40.86万元,本年增加4.56万元。

截至12月底，信贷总规模为29409.76万元，县域市场占有率为6.49%，信贷总量今年净增5042万元,商业银行净增市场占有率为12.1%。其中小额贷款年净增1036.25万，完成年计划的172%。商贷净增 -268.27万。消费贷净增5545万，完成年计划的277%。小企业贷款净增 -1271万。支行贷款结余与中国银行,农业银行,工商银行基本持平。净增额排名全津市10家金融机构中排名第6。

截至12月底,个人贷款逾期总额为311.64万元，总逾期率为1.38%,总不良为274.35万元，总不良率为1.25%，其中小贷逾期额为37.29万元,逾期率为0.02%，小贷不良额为20.38万元，不良率为0.01%。商贷不良额为253.96万,不良率为3.78%,消费贷不良额为0。小企业贷款不良额为213万元。

截至12月底，手机银行本年新增4017户,完成年计划的118.15%,第一阶段完成2545户，完成新增计划的105.69%;邮讯通年新增5129户,完成年计划的102.58%;信用卡年进件1771张，年发卡2239张，完成年计划的101.77%。

公司业务取得突破,2015年末津市支行公司存款为4104万元，截至2017年11月末达16117万元，净增12013万元，成功摘掉公司存款业务未过亿的帽子。

信用卡发展增速明显,2016年津市支行全年发卡1514张，完成年计划的137.6%,完成率排名全市第一。2017年津市支行全年发卡2209张,完成年计划的100.41%。

贷款净增区域占比大幅提高,2017年津市支行信贷净增商业银行市场占有率为12.1%，结余市场占有率为6.9%,超5.2个百分点。

重拳出击严控风险。突出抓好重点风险贷种的质量管控,突出抓好不良贷款重点整治,突出抓好不良金额大的重点客户清收,津市支行主要是1笔小企业贷款213万,1笔商贷共计237万元,这2笔争取在2018年内解决。及时把握风险化解处置的时机和方式,要规范信贷业务操作流程,提升信贷员防范风险能力,加强贷后检查,提高发现风险的能力，严防死守杜绝新增不良贷款。强化逾期贷款及新放不良贷款的预警监测和快速处置,做到风险管控关口前移。

顺势而为突出重点。2017年为促进信贷业务方面深度转型,“两小”业务强势回归,支行通过推进专业市场的营销深度,与建材协会开展合作,通过协会牵头,对建材城内的商户进行逐一单独拜访,宣传支行的信贷产品和中间业务产品，提高营销成功率和交叉营销；做大经营性车辆按揭贷款，支行准入二家新的经营性车辆经销商，通过2017年一年的磨合以及审批权上收省行后进一步规范相关流程，风险控制比较到位，没有出现一笔不良贷款，2017年支行在严格按章操作的同时提高服务质量，争取来年经营性车辆按揭贷款净增超过600万；深入开展大走访，与工商局、农经局、科工局合作，将辖内所有商户资料、种粮大户、生猪养殖大户、工业企业名单提供给该行，支行将信贷员分为2组，由支行行长负责带队拜访小企业客户和商贷客户，由副行长带队拜访小贷客户。通过电话拜访、上门拜访的形式，根据拜访情况建立目标客户数据库，确定根据客户情况制定拜访计划，做到定期联系，感情沟通，此项工作已作为信贷员的长期工作来抓。进一步提高议价能力，虽然支行在常德分行的定价水平属于比较高的，但是与全省相比，还有较大的提升空间，以后还要通过专业能力和服务水平提高定价水平。

抢抓渠道做大规模。以项目为抓手加快个人存款业务的发展，加强与街道办事处与工业园的对接，提高拆迁项目的营销力度；加大对建材城已经网点周边商户流动资金的揽收；加快POS机的发展速度和资金沉淀率；提高客户分层的维护力度，将客户系统的使用纳入个人绩效，按0–5万，5–30万，30万–50万，50万以上5个等级分层进行客户维护。进一步向网点灌输资产配置的理念和方法，通过理财、保险、存款综合金融产品组合提高优质客户粘度；加大节日活动以及客户联谊会的组织，提高客户的忠诚度。

以平台维护为抓手加快消费类贷款的发展，2017年与合作的楼盘、车行通过前期的沟通与协调，业务合作融洽度大幅提高，年末新增准入3个车行，拓宽合作渠道。将进一步加大对汽车消费贷款的营销力度，加快发展节奏。将加大优质单位的拜访力度，通过建立单位联络人，通过一点带面逐一做到每宣传一个单位，做到全员覆盖，提高信消的发展速度，并以优享贷为重点产品，加大宣传力度。进一步推广邮享贷、优享贷、邮薪贷等产品在政府、企事业单位的营销力度和综合授信，要人人都当营销员，提高营销的积极性。

以关系维护为抓手加快公司存款的发展，以为提升能力为抓手加快中间业务的发展。

2017年支行将中间业务作为全年的重要工作来抓，在信用卡、手机银行、邮讯通这3个业务取得更大发展，提升客户维护度。

打造好悦享品牌，加大特约商户的营销，并结合省分行的相关活动，打造丰富的用卡优惠活动，利用特约商户和刷卡有礼等活动加大信用卡的激活率和使用率，以通过电话、短信宣传支行悦享商户活动以及支行信用卡的优惠活动，提升信用卡发展的市场化和专业化。开展员工信用卡发展PK赛，树立发展标兵，激发发展热情。

华融湘江银行津市支行

【概况】华融湘江银行股份有限公司津市支行于2013年1月8日正式开业，成为第一家进驻津市市的股份制商业银行。充分发挥该行具备央企、地方政府双重资源的优势和“小、精、专、新、特”的经营特色，利用该行华融卡“免卡费、免年费、免手续费”服务零收费的优势，秉承“立足津市、服务津市、依托津市、支持津市”的宗旨，实现稳健、快速发展，开启建设特色股份制商业银行的新局面。

2017年，津市支行各项存款余额

津市支行大门

2018.4.2 晨会

支行营业厅客户等候区

为 15.06 亿元，市场份额占比达 11.62%，较年初净增 2.97 亿元，占同期金融机构新增存款 18.69 亿元的 15.59%；贷款余额为 8.9 亿元，其中个人贷款 1.49 亿元、公司贷款 6.03 亿元、小微贷款 1.38 亿元。市场份额占比达 19.76%，较年初净增 3.6 亿元，占同期金融机构新增贷款的 27%；津市支行自开业以来累计投放贷款 15 亿元，呈现良性发展势头、零不良。支行各项指标在华融湘江常德分行 8 家经营机构中排名靠前，各项工作得到了市委、市政府及上级行高度认可。

2017 年，津市支行员工 13 人，其中行领导 3 人，主管 1 人，客户经理 4 人，柜员 4 人，理财经理 1 人。

支行先后荣获"湖南省银行金融服务竞赛百佳优秀团队"、"常德市青年文明号""常德市五四红旗团支部"、"津市市平安建设先进单位"、"华融湘江银行优质服务示范网点"等。

【银政、银企合作】支持津市市教育、医疗卫生以及民本民生工程。

2016 年该行向津市市第一中学发放 5000 万元项目贷款用于津市市第一中学新建综合楼建设项目，该项目的建成是该行落实市委市政府以"新教育、新作为、新形象，努力创办人民满意教育"的重大举措，同时也是推进津市市教育改革发展，建设教育强市，实施人才战略，提高国民素质，振兴民族精神，促进社会进步的强有力保障。

2014 年该行向津市市人民医院发放 2600 万元流动资金贷款用于购买医用设备以及器材，提高了人民医院硬件设施水平。

该行自 2013 年开业伊始即向津市园林与自来水公司投放了 5000 万元流动资金贷款，截至 2017 年，该行已累计向津市园林与自来水公司投放流动资金贷款 1.2 亿元。

2015 年该行向生产街旧城改造等重大民生和发展工程项目累计发放 6000 万元流动资金贷款，对美化、亮化津市以及拉动内需、促进投资、去除存量商住房、稳定市内房地产市场价格起到了积极作用。

服务重点项目建设 2015 年该行向津市嘉山实业有限公司发放项目贷款 1 亿元用于工业园标准化厂房建设，经过两年的建设，工业园标准化厂房已投入使用，极大强化了工业园的功能和作用，增强招商引资的竞争力。

2016 年该行向津市嘉山实业有限公司发放流动资金贷款 5000 万元用于津市两湖生物医药孵化园建设工程，该项目的建成将吸引基因工程、细胞工程、酶工程等现代生物技术领域专家型创业者，拥有自主知识产权的科研开发人员和研发型初创小企业入园创业，加速区域高新技术产业的集聚与发展，为津市工业园建设成为高新技术产业集聚的平台提供硬件基础。

2016 年该行向津市市城市建设投资开发有限责任公司发放项目贷款 6000 万元用于置换金赛银基金，该笔贷款的投放，使得金赛银基金得以按时顺利兑付，维护了政府信誉，节约了融资成本。

2016 年该行向津市市土地储备中心发放 1 亿元土地储备项目贷款，用于津市市 2012 年城乡增减挂钩土地收储项目，该笔贷款的投放给津市市增加 365 亩可供出让的土地指标，获得土地出让收入 4.6 亿元。

2017 年 1 月该行向津市市交通建设投资有限公司投放 2 亿元项目贷款用于津市市澧水二桥建设，津市市澧水二桥的建成将进一步优化区域路网结构，缓解交通压力，提升区域公路通行能力，为区域经济发展提供交通支撑，促进项目沿线土地开发，也进一步突显区域的功能和地位。

2017 年 1 月该行向津市市嘉山水务有限公司发放 1.282 亿元项目贷款用于津市市工业园污水处理厂及管网配套建设。

2017 年 10 月该行向津市市城市建设投资开发有限责任公司发放 6000 万元流动资金贷款用于津市市城市建设。

2017 年 12 月该行向津市荣晟农业产业开发有限公司发放 3000 万元流动资金贷款用于津市涔澹农场旱地改造水田项目。本项目最终新增耕地水田指标 1.2 万亩，旱改水指标 4000 亩，其中旱改水 4000 亩指标已经在省国土资源厅登记并收储到省级补充耕地指标调剂库中，并已经完成交易，为津市市带来可观的经济效益，保障了津市市建设用地需求，促进农村经济发展和新农村建设。

倾力支持中小微企业，服务实体经济。该行已向湘澧盐化综合授信 8000

万元，为其盐业体制改革后发展腾飞提供强有力的资金支持，同时该行已与湘澧盐化就其2018年技术改革、产能提升融资业务达成了合作意向；同时金湘猪鬃、津市兰苑宾馆、恒博尔、仁和盛、绿康、和平生物、南北特、天泰食品、汉晶瑞、毛里湖陈氏生态家庭农庄等一批优质企业在该行的贷款资金支持下实现健康稳定的发展。

网点图

津市湘淮村镇银行

省行领导到津市调研

【概况】湖南津市湘淮村镇银行股份有限公司（简称“湘淮银行”）是经中国银行业监督管理委员会批准，由全国28家标杆银行之一的浏阳农商银行作为主发起行，常德和津市市人民政府参股，征集部分省内企业法人及社会自然人共同发起，于2016年11月设立的区域性独立法人银行。湘淮银行总部位于津市津澧大道998号，机构下设财务部、综合管理部、风险合规部、市场拓展部和营业部，有员工14人。

2016年7月，湘淮银行筹建工作小组进驻津市，先后征集发起人并召开发起人会议和创立大会，制订公司各项管理制度和业务发展三年规划，开展员工招聘及培训工作，确定营业网点并完成装修。2017年4月取得金融许可证和营业执照，注册资金1亿元，于7月18日顺利开业。

湘淮银行立足津澧，面向常德，以津市地区为中心向周边地区的“三农”、个体工商户、城镇居民和小微企业等发展提供优质金融服务，先后推出了农户小额信用贷、工薪消费贷、商户流量贷、

工作安排会议

防范金融风险宣传活动

企业流动循环贷等面向农户、社区居民、商户、企业的贴心、便捷产品,社会成效显著;结合津澧地方实际,增加服务种类,健全金融工具,拓宽业务领域,加强与银行、保险、担保公司等其他金融机构的合作,增强发展后劲,与常德财鑫担保公司、常德圣禹基业融资性担保公司合作开展担保贷款业务,与中华联合保险公司合作开展人身意外伤害保险、财险等代理业务,与华融湘江银行、长沙农商银行、交通银行开展同业资金往来业务,与澧县农业产业协会建立战略合作关系;坚持优化内部管理,加强内部控制,健全和完善各项经营管理制度,建立监督机制和激励约束机制,加强风险防范,增强竞争能力,目前基本制度建设框架已完成,下一步需优化操作流程和细化操作办法;坚持支农支小及小额分散的战略定位,全力做小做优,朝流程化、精细化、市场化管理目标稳步迈进。

截至2017年12月31日,各项存款余额达到2.9亿元,各项贷款授信160户,授信余额13000万元,贷款余额8520万元,收息率100%,案件发生率为0,开业当年实现盈利。(刘政驿)

长沙银行津市支行

【概况】长沙银行股份有限公司津市支行于2017年6月26日正式开业,位于津市九澧大道与孟姜女大道交汇处宝悦乐城一楼,隶属一级支行,开设一个贵宾室、2个对公柜台、2个综合柜台,自助取款机3台,2017年12月在岗员工9人。

截至2017年12月31日,长沙银行津市支行一般性存款时点4.8亿元,其中储蓄存款时点3,464万元,对公存款时点4.46亿元;一般性存款时期数2.1亿元。截至2017年12月31日,表内外授信总额56,450万元,贷款余额36,450万元。客户基础:新增公司战略客户1户,新增公司成长型客户6户;新增有效客户534户,新增价值客户94户,新增网络活跃客户数459户;新增个人理财销售2,349万元,线上销售比例达90%以上;新增公司保本理财销售1.5亿元;新增心意通卡236张,授信总额3,970万元,用信额度1,181万元;信用卡发卡273张。

津市支行坚持社区化、平台化、综合化、集约化、智能化发展思路,持续推进转型发展、合规稳健经营,不断提升综合金融服务能力,努力打造“湖南人的主办银行”的本土形象。市场定位:服务地方经济,服务中小企业,服务市民;企业愿景:做最快乐的银行,做最优秀的社区化银行,做领先的网络银行。(李珊珊)

方正证券常德津市澹津路证券营业部

【概况】方正证券常德津市澹津路证券营业部于2009年11月经湖南证监局批准成立。营业面积600平方米,拥有散户大厅、大中户室,交易环境舒适、宽敞,交易设施先进、完备,交易通道快捷、安全。营业部位于澹津路17号中国银行二楼。营业部与各大银行都开通第三方存管业务,设有自助委托、电话委托、网上交易等多种服务手段,使客户委托、交割、转账便捷,为客户提供方便快捷全面的网络服务。津市营业部客户规模激增,下设澧县、安乡2个托管营业部。常德津市澹津路营业部始终秉承“客户至上”的宗旨,遵循“让客户资产增值”的经营理念,采取“营销、客服、咨询”三位一体经营模式,锐意进取、追求卓越,并素以规范的内部管理、有口皆碑的特色服务赢得客户赞誉,成为投资者理想的证券投资场所。

至2017年12月31日营业部共有员工24人,其中经纪人9人,2017年营业部资金账户数36544户,全年股基权交易量946388.7万。在短短的几年内,在津市市政府和相关职能部门的关心和支持下,各项业务均得到长足的发展。(周勋)

【证券经纪业务】常德津市澹津路营业部2017年全年交易金额946388.7万元,实现营业收入944.80万元,指定和托管市值7.0亿元,客户交易结算资金4670万元。(周勋)

【融资融券业务、IB业务、证券投资顾问业务】2011年10月经湖南证监局审核批复,取得融资融券资格。2017年末信用资金账户数量629户,营业部所有客户已获批可使用授信额度35903万元,融资融券收入490万元。

2013年7月经湖南证监局审核批复,取得IB业务资格。2017年末累计IB业务客户数318户,累计成交量39581万元,累计IB业务净收入30.8万元。

2012年末取得投顾资格以来,营业部现有投顾2名,2017年签约资产日均过亿元,累计签约收入53万元。(周勋)

中国人民财产保险股份有限公司津市支公司

【概况】2017年,人保财险津市支公司瞄准日益变化的市场形势和日益增长的民生需求,坚持转方式、调结构、防风险、促发展主基调,调整业务结构,转变发展方式,坚持有效益的发展,全司上下目标明确,扎实工作,从根本上提升了公司的拓展能力、竞争实力和市场影响力,公司经营管理迈上了一个新的台阶。人保财险津市支公司提高把握机遇的能力,把良好的政策环境转化为促进发展的动力,加快有效益业务的发展。抓主要矛盾,实施重点突破,取得佳绩。

业务发展稳定增长。市场份额保持稳定,2017年公司实收保费达到4871万元,实现利润达661万元,市场份额稳定在60%以上。2017年车险收取保费2855万元,津市星胜公交、龙运公司、欣运集团、政府采购以及的士公司车辆基本在津市公司承保,另外还包括澧县金泰物流公司、常德邮政快递以及澧县新澧化工有限公司等域外业务；财产船货险收取保费324万元，其中货运险45万元、财产险279万元；责任意外险收入保费262万元，其中责任信用险100万元、意外建筑险162万元。

坚持服务大局，经济补偿功能凸显。2017年，人保财险公司津市支公司积极发挥保险市场主渠道作用，勇担社会责任，对当地经济补偿的作用更加明显。全年公司签订保险合同2万多笔，承担风险金额30多亿元，全市多家企事业单位获得保险保障。公司全年处理各类保险赔案4000余件，其中机动车辆保险事故发生1415余件，支付机动车辆保险赔款1555万元。影响较大的赔案有：湖南省湘澧盐化有限责任公司的财产险事故，由于2017年5月22日市内出现大到暴雨，造成该公司仓库积水，有700吨盐和包装物受损，经济损失近30万元。接到报案后，公司履行保险义务，充分发挥社会相应职能，启动应急预案，配合该单位采取应急措施，减少相应的财产损失，为该单位恢复生活发挥重要作用，有效地化解了社会矛盾。至该案件结案，我司共赔付该公司28万多元。

农业保险稳步推进。公司努力将农业保险这项党和国家的惠民政策落到实处，积极探索推行农业保险基层服务体系建设，使中央政府到地方由过去单纯靠民政农业灾后救助过渡到事前的保险制度安排相结合的惠农政策逐渐变为现实，公司的经验和做法得到上级公司和地方政府的好评。贯彻落实各级政府和上级公司关于政策性农业保险的要求部署，全力服务社会主义新农村建设。2017年，全市农业保险签单承保种植业45.18万亩，其中水稻20.98万亩，棉花8.2万亩，油菜16万亩；养殖业签单承保头数156.09万头，其中，能繁母猪签单承保2.2万头，育肥猪签单承保15万头，肉鸡签单承保138.89万只，为全市种植（养殖）户提供了风险保障。公司积极发挥救灾补偿职能，将中央和省级财政惠农保险资金，用保险这只无形的手，共为全市6500多户受损农户支付了不同金融的保险赔款887万元，为当地政府丰富菜篮子、米袋子工程发挥较好的保险保障作用。

坚持优质服务，自觉维护公司形象。开展整顿经营作风坚持依法合规经营活动，大力整治违规违纪经营行为，认真贯彻落实保监会和湖南保监局关于行业治理整顿的有关规定，坚持诚信文明从业和依法合规经营，带头执行行业自律公约，自觉维护市场竞争秩序，努力提高行业公众形象；积极推广客户服务标准化系统，推行承保、理赔“绿色通道”，有效解决“理赔不难”的问题。近些年人保财险公司对理赔服务实行快赔机制，即1万元之内的赔案立等可取，8万元以内的赔案7天内赔付到位。这些优质服务举措极大地化解受灾客户的困难，提升公司的社会形象，客户对公司的认可度日益提高。（姜小巍）

中国人寿保险股份有限公司津市支公司

【概况】中国人寿保险股份有限公司津市支公司2以服务客户为宗旨，全方位为企业事业单位、广大投保客户提供保险保障，及时理赔兑现，满期给付和生存领取。

2017年公司代理人人数增至400多人，较2016年增长52%，为津市新增就业岗位过百人。2017年公司共缴纳税收1081679.28元，同比增长41.6%。（谭松姗）

【业务发展】2017年津市支公司保费总收入为4784.11，较2016年增长–28.32%。新单保费收入2151.2万元，较2016年增长–2.66%。续期保费收入2391.41万元，较2016年增长–34.92%。短期险保费（健康险和意外险）406万元，较2016年增长20.83%。因近三年来公司产品结构调整，控制趸交业务总量，故总保费收入有所下降。（谭松姗）

【“零违规，从我做起”为主题宣传教育活动】2017年，为落实总公司“坚持以加快发展为第一要务，以转型升级为战略支撑，以防控风险为重要保障”和省公司下发的《关于在全省系统开展“零违规，从我做起”专题活动的通知》（国寿人险湘发〔2017〕226号）文件要求。经分公司党委、总经理室研究决定，于2017年5月–7月在全市系统开展“零违规，从我做起”专题活动。以“零违规，从我做起”为主题，通过合规宣传教育，组织监管法律法规和风控制度学习，举办风险管控教育知识培训，传播全面风险管理文化理念，引导员工学习法律法规、守法经营，增强员工风险识别能力和防范意识，进一步提升全员恪守职业道德、遵守法律法规的自觉意识，推进风险管理核心价值观。（谭松姗）

【开展风险排查及非法集资专项排查工作】根据总公司《关于开展2017年保监会风险排查及非法集资专项排查工作的通知》（国寿人险办发〔2017〕161号）文件精神，进一步做好防范和处置非法集资工作，分公司定于2017年4月至6月期间组织全市系统开展非法集资风险专项排查工作。深入学习贯彻保险监管部门和上级公司关于非法集资风险专项排查工作的要求，充分认清当前非法集资严峻形势和严重危害，采取多措并举的专项风险排查，全面、持续地监测公司非法集资风险状况，消除风险隐患，强化源头治理，不断推进防范和处置非法集资工作的制度化和常态化，坚决守住不发生区域性、系统性风险的底线。（谭松姗）

【“加强风险管理，防控经营风险”专项治理工作】根据保监会〔2017〕35号、40号、136号等文件精神及总公司国寿人险发〔2017〕292号、国寿人险湘发〔2017〕294号方案要求，为进一步加强风险管理，防控经营风险，保质保量按时完成风险排查工作，分公司决定成立督导小组，对全市系统贯彻落实保监会文件精神、加强公司风险防控专项整治工作开展现场督导检查。通过自上而下对专项整治工作开展现场督导和检查，充分宣导和贯彻保监会的文件要求，督促、推动自查整改各项工作的执行，做到层层抓落实、防止走过场，进一步加强专项整治工作的效果，确保经得起上级公司及外部监管机构的检查。（谭松姗）

【诚信服务】2017 年津市国寿以"诚信我为先"活动深入推进诚信建设，加强沟通、整合资源、抓紧落实，制定活动实施细则，把对销售人员的诚信教育作为公司的首要任务，努力打造诚信服务金牌团队。连续五年致力于保险的诚信合规教育，以诚信赢得客户、促进发展，营造诚信和谐的良好氛围；以诚信铸就团队文化内核。公司从销售人员"两个风险点"专题教育，搜集客户真实资料，组织进职场、进社区、进柜面等活动，分三个阶段认真开展了此项活动。在推进公司职业道德诚信教育的制度化、日常化和规范化，以及提升公司品牌，树行业新风等方面都起到良好的促进作用。每年 9 月 16 日是中国人寿诚信合规日，津市支公司在领导的精心部署下，扎实有效地组织各项活动。还进社区摆摊设点搞宣传，收到非常好的宣传效果。（谭松姗）

【反洗钱工作】2017 年津市支公司积极开展反洗钱宣传活动，提高社会公众对反洗钱工作重要性的认识，预防洗钱活动，遏制洗钱犯罪，鼓励举报涉嫌洗钱犯罪等信息。同时，在宣传活动中充分发挥各级反洗钱工作部门的作用，凝聚反洗钱力量，营造和保持全辖共同参与反洗钱，打击洗钱犯罪的良好氛围，防范金融风险，维护金融稳定。津市支公司反洗钱工作突出三个重点：一要重点普及反洗钱基本知识。向社会公众介绍洗钱犯罪的基本特征及手段等，介绍近年来典型洗钱案例，提高社会公众识别洗钱风险的能力。二要重点宣传反洗钱相关法律法规。包括《中华人民共和国反洗钱法》、《金融机构反洗钱规定》、《金融机构大额交易和可疑交易报告管理办法》等，提升社会公众的的法律意识和洗钱风险防范意识。三要重点明确金融机构及公民的反洗钱义务。向社会公众宣传客户身份识别等反洗钱履职措施的必要性，引导公众理解、配合金融机构开展反洗钱工作。（谭松姗）

【保险理赔】2017 年共处理理赔案件 947 件，总赔付金额 232 万元，其中短险理赔 858 件，赔付金额 134 万元，长期险理赔 89 件，赔付金额98 万元。满期给付 2551 万元。（谭松姗）

2014~2017 年短期险保费收入及赔付统计表

单位：万元

项目	2014 年	2015 年	2016 年	2017 年
实收保费	524.75	291.8	336	406
赔款	161.78	78	173.2	134
赔付率	30.83%	26.73%	51.55%	33%

毛里湖湿地公园风光

财　政

【概况】2017年，围绕提升征管效益、改善收入质量，从三个方面强力抓收促收，较好克服了非税收入限额影响，取得收入总量与质量的“双量齐升”。全年完成一般公共预算收入70783万元，同比增长10.0%。其中，实现税收收入56923万元，同比增长16.7%，税收占比80.42%。地方本级收入43817万元中，非税收入占比31.6%，较上年下降4.6个百分点。推出综合治税。推动组建全市综合治税领导小组，出台综合治税管理办法，搭建以“国地税+”为核心的部门协税护税、涉税信息共享的综合治税平台，保障各项税收应收尽收，并实现原营业税附征税种和四行业税收的稳步增长。强化征管调度。深入开展税源调查分析，压实征管责任，强化收入调度与督导，加大收入考核力度，确保征管措施有力。规范非税缴库。加快财政票据电子化改革，全年安装POS机48台，市域内电子化缴费实现全覆盖。对用票量较少的单位实行“见函出票”制度，规范执收单位非税缴库。及时调整非税执收项目和收费标准，全面落实行政事业性收费减免政策，全年实现社会减负500多万元，确保非税收入既不漏征、也不滥征。

实施积极的财政政策，多举措发挥财政杠杆作用，促进经济发展。助力产业发展。落实园区税收返还3000万元，充实园区融资公司的资本金，支持园区建设。帮助争取园区及企业奖补资金5000多万元，服务实体经济。实施贷款贴息、助保贷、过桥担保等政策，破解企业融资瓶颈。支持开展20家低效闲置企业盘活工作。支持基础建设。推动各融资公司向集团化、市场化、多元化转型发展，突出项目融资自求平衡，2017年，共完成城建项目53个，启动重大基础项目10个，全面开启津港新区、西河街棚改、工业污水处理厂等一批重点建设。着力争资引项。争取上级专项资金，推动本地民生项目建设，创新推出“争资政策研究新闻发布会”机制，形成争资工作全市上下齐心协力、齐抓共管的局面。全年争取上级专项7亿多元，实现项目建设43个。

津市市2018财政工作会议

2017年全市一般公共预算支出中，与民生相关的教育、卫生、社保、住保、环保、科技、农林水等7项支出占比达76%。提标村级运转保障，将城、乡村居运转保障标准提到22万元、18万元，较上年分别增加5万元和7万元。并筹资1亿元落实干部职工待遇的调标补差工作。提标民生事业保障。安排社保就业5.57亿元，企业养保月人均增资150元，城乡居民基础养老金月人均达到85元，农村“五保”供养达到4600元，城乡低保月人均达到320元和160元；安排卫生医疗1.84亿元，城乡居民医保人均财政补助达到450元，推动大病保险提标和医疗救助扩面，完善健康扶贫体系，支持公立医院综合改革等；

安排教育资金2.33亿元,全面推进美丽校园建设,加强教育经费保障,完善贫困学生资助体系等;安排文化体育资金0.65亿元,加大全民健身活动支持力度,完成虎爪山国家级遗址保护工程,加大了公共文化体育服务体系建设的力度等。提标农业农村保障。深化农村综合改革,将惠农补贴改为"两卡两折"发放,使补贴信息更加明晰,完成打卡发放项目34个、资金1.1亿多元,惠及10万余群众。整合投放涉农资金1.5亿元,投入"一事一议"和美丽乡村建设1600多万元,支持农村集体经济发展试点项目300万元,助推农业农村发展。加强精准脱贫保障,全年拨付资金2000多万元,确保扶贫项目如期推进。

推进PPP合作。建立健全PPP工作体系,出台PPP合作实施意见,并聘请专业中介机构,完成城乡供水一体化、集镇污水处理及管网建设和毛里湖水域治理两个PPP项目的招标采购和签约落地。城乡供水一体化PPP项目成功入选财政部第四批示范库。启动国资统一监管。理顺国资管理的体制与机制,明确国资中心的国有资产资源统一监督管理的职责职能,建立健全国资运营管理的联动机制。2017年,实现国资经营收益7000多万元。理顺财政所体制。围绕财政所管理体制工作定位难、人员管理难、任务考核难"三难"的遗留问题,推动在市级层面得到有效解决,明确了财政所为财政局的派出机构,并从管理机制、人员编制、工作经费等方面作了界定。同时,出台镇街财政所管理办法,有效推动了镇街财政管理的规范化进程。

规范预算管理。实行有保有压编制财政预算,2017年年初预算专项支出增支1.12亿元、减支1.23亿元,确保有

津市市2017年财政收支统计表

单位:万元

收入项目	金额	支出项目	金额
一、税收收入	29957	一、一般公共服务	22043
其中:增值税	10201	二、国防	356
营业税	11	三、公共安全	7700
所得税	3586	四、教育	23283
城建税	1896	五、科学技术	3000
二、非税收入	13860	六、文化体育与传媒	6500
专项收入	2139	七、社会保障与就业	55736
行政事业收费	1043	八、医疗卫生	18401
罚没收入	4953	九、环境保护	12531
国有资本经营收入		十、城乡社区事务	7899
国有资源(资产)有偿使用收入	3278	十一、农村水事务	19967
其他收入	2447	十二、交通运输	2200
三、上级补助收入	159698	十三、资源勘探信息等支出	1807
其中:返还性收入	5725	十四、商业服务业与事务	507
财力性转移支付收入	83078	十五、金融监管等事务支出	70
专项转移支付收入	70895	十六、国土资源气象等事务	946
四、国债转贷补助		十七、住房保障支出	20058
五、转贷财政部代理发行地方政府债券收入	8800	十八、粮油物资储备支出	700
六、调入资金	2311	十九、债务付息支出	4392
七、上年结余	668	二十、其他支出	1844
八、调入预算稳定调节基金	590	二十一、债务还本支出	1910
		二十二、上解上级支出	2884
		其中:一般转移支付	726
		专项转移支付	2158
		二十三、调出资金	
		二十四、安排预算稳定调节基金	
		二十五、年终结余	790
总　计	215884	合　计	215884

限财力用在刀刃上；启动三年滚动预算编制，增强了预算的连续性与可预见性；加大存量资金收回力度，共收回沉淀资金590万元；加大预决算公开力度，对部门预决算、三公经费、预算执行、政府债务和上级转移支付资金、资金绩效报告等全部上网公示，阳光财政建设步子加快，群众满意度大幅提升。强化绩效管理。对本级30万元以上、上级50万元以上的所有专项，实行先申报绩效目标，再纳入年初预算。试点开展部门整体支出绩效评价工作，牵头对部分重点专项展开全方位绩效评价，深度评价专项资金使用的经济性、效率性和效益性，加强评价结果应用。严格评审、采购管理。2017年完成财政评审项目401个，审定金额12.92亿元，审减2.64亿元，综合审减率16.94%。通过完善评审程序、执行清单管理、严格取价标准和引入中介评审等办法，有力促进了评审的量质提升；累计完成政府采购合同金额4.1亿元，较预算价节省资金3700多万元，节约率8.3%。其中，采购本地产品1.6亿元，基本做到采购项目应采尽采、采购程序严谨规范、采购服务优质高效。

严格集中支付管理。注重发挥集中支付终端审核的把关作用，2017年完成集中支付27.3亿元，其中，直接支付比例99%。控支“三公”经费1508万元，同比下降11%。督导公务卡结算刷卡2171笔，支出954万元，推动公务消费公开透明。严格财经纪律管理。2017年完成残疾人就业保障等4个专项资金和5家预算单位的监督检查工作，查处违规问题13个，违规资金185万元，清理单位“吃空饷”人员12名，收回资金27.6万元，有力维护了财经秩序。严格政府债务管理。一方面，全面执行财政部的财预50号和87号文件精神，扎实开展违规举债清理整改，完成了对12家单位、36笔违规举债项目的整改工作；另一方面，积极开展债券置换工作，合理确认和清偿存量债务等，有效压减系统内债务，有效防范和化解政府性债务风险。（马华明、易盟）

【国库集中支付管理】2017年累计完成集中支付27.3亿元，其中，直接支付比例99%。突出集中支付预算执行把关、终端审核把关的作用，使预算管理更加精准精细。严格落实财经纪律和财务管理规定，退回不合规支出160笔、58万元，锁定三公经费支出1508万元，同比下降11%。督导公务卡结算刷卡2171笔，支出954万元，占授权比例的99%，顺利完成常德考核任务。加强支付系统的核算和对账管理，定期与预算单位和代理银行进行对账，坚持资金核算日清月结，按月开展资金运行情况分析，反映新情况新问题，及时掌握财政支出动态变化，推动合理安排财政资金。（齐志坚）

【非税收入征收管理】2017年，非税票据电子化改革步伐加快，安装POS机48台，实现市内电子化缴费全覆盖，POS机刷卡缴费达1.94亿元，同比增长33%，方便群众缴费；非税执收管理进一步规范，强力开展非税执收检查，对2016年和2017年停征、减征和取消的收费项目进行政策落地检查，及时在执收系统调整执收项目和收费标准，为行政事业收费正本清源，2017年约为社会减负500多万元。同时，对用票量较少的单位创新推出“见函出票”制度，源头规范非税执收行为；非税清算、划缴服务进一步优化，定期清查非税执收系统，及时清理待查收入，帮助单位确认收入。执行按旬划缴制度，及时划转单位非税收入，解决单位用款问题。（单文杰）

【政府采购和投资评审管理】2017年完成项目评审401个，审定金额12.92亿元，审减2.64亿元，综合审减率16.94%。更加注重评审规范，完善评审程序，告知送审单位；编制评审工作手册，落实评审责任，实行评审质量到人管理；及时汇总材料市场价格，严格评审取价标准；坚持评审一律现场踏勘、三方签字、底稿存档，严格自查评审不实问题，促进评审质量提升。更加优化评审服务，引进中介初审，解决财政评审服务项目建设的问题，实行评审资料清单管理，优质服务项目建设，执行评审结果按月公开制度，促进社会监督，增强社会满意。全年累计完成政府合同金额4.1亿元，较预算价节省资金3700多万元，节约率8.3%。其中，采购本地产品1.6亿元，较好完成常德下达的考核目标任务。进一步完善采购预算编制，坚持政府采购项目年初预算应编尽编，强化联动管理，确保采购项目应采尽采。完善网上竞价管理，充分放权采购人，便利采购活动开展；加强采购程序监管，启动采购控税工作，助力税收征管。加强与服务对象的业务沟通，实行监管与服务同步，推动采购活动规范开展。（邓玉兰、韩绍军）

【预算管理改革】2017年，坚持全口径预算管理，对公共财政预算、政府基金预算、社保基金预算、国有资本经

政府与社会资本合作知识培训

营预算和政府采购预算、政府债务预算等六本预算统筹统编、统批统管，预算管理的全面性、科学性和约束力进一步提升；推行零基预算编制法，加强综合部门管理，有保有压编制公共财政预算，2017年的年初预算编制专项支出增支1.12亿元、减支1.23亿元，保证了有限财力用在刀刃上和办实事上；启动2017年至2020年三年滚动预算编制工作，合理预测后三年收支变化，增强预算的可预见性，提高预算管理的连续性；强力执行存量收回的改革规定，2017年共收回2年以上未用完的专项资金590万元，较好盘活了存量，减少了资金沉淀；积极开展预决算公开工作，综合省财政厅和市本级政务公开要求，在时间紧、任务重的情况下，对部门预决算、三公经费、预算执行、政府债务和上级转移支付资金、资金绩效报告等全部上网公示，公开数量多达400条，居市直部门之首，按质按量完成了公开工作任务，通过晒预算、晒资金、晒绩效有力推进阳光财政建设，增强群众满意度。（董燕敏）

【融资与债务管理】2016年全市地方政府性债务综合债务率为120.44%，为橙色预警。降低债务率成为2017年财政工作的重中之重。一方面，严格落实债务管理政策，及时汇总上报各类债务数据，对融资公司所有债务进行全面清理，掌握真实情况，全面执行财政部的财预50号和87号文件精神，开展违规举债清理整改工作，完成了涉及12家单位的36笔违规举债项目整改；另一方面，集中力量调降政府债务率，通过加快债券置换进度和合理确认、清偿存量债务等，使债务退出风险预警。同时也为2018年争取新增债券预留空间。（刘向云）

【民生保障】2017年，坚持用公共财政的钱办老百姓身边的事，不断改善民生福祉。全市一般公共预算支出21.03亿元，其中，与民生相关的教育、卫生、社保、住保、环保、科技、农林水等七项支出占比达76%，民生幸福指数进一步提升。社保就业方面，共安排5.57亿元，企业养保实现“十三”连增，月人平增资150元。城乡居民基础养老金月人平85元，较上年增加5元。农村“五保”供养标准达到4600元。城乡低保强化动态管理，城乡低保人数分别降为8587人和5797人，月人平补助标准分别为320元和160元，较上年分别提高12%和27%；卫生医疗方面，共安排1.84亿元，城乡居民医保人均财政补助450元，较上年提高30元。推动了大病保险提标和医疗救助扩面，支持人民医院、中医院、妇保等公立医院综合改革，完善健康扶贫体系。认真落实计生扶助政策，安排76万元支持农村妇女两癌筛查和孕产妇筛检；教育方面，共安排2.33亿元，完善教育经费保障，投入450万元落实乡村教师和特岗教师工作补贴。投入农村义教薄改和城市义教扩容1235万元，推进美丽校园建设。支持一中新建教学科技楼。安排220万元保障贫困学生资助体系运行，完善教师进修经费保障等。文化体育方面，共安排0.65亿元，投入104万元支持“三馆”免费开放，投入108万元支持全民健身计划，投入1022万元支持虎爪山遗址保护建设，有力推进了公共文化、体育服务体系建设。（马华明、曾涛）

综合治税工作动员大会

【破解转移支付瓶颈】针对2010年省直管县财政体制改革以来，人均财力虚高影响津市转移支付的老大难问题，2017年，通过扎实的数据测算，充分的汇报争取，实现转移支付突破，省财政厅专门为津市安排500万元的财力困难县补助并进入基数；对地方配套过高的问题，同意将津市调整到三类县标准，每年节省本级财力约3000万元。（易盟）

【财政改革】推进PPP改革。在2017年建立健全运行体系，设立专门工作机构，出台实施意见，聘请中介机构，掀起全市上下关注、了解、支持PPP工作氛围。并顺利完成城乡供水一体化、集镇污水处理及管网建设和毛里湖水域治理两个PPP项目的招标采购和签约合作，正在进行最终的谈判签约。按照采购文件，将引进社会资本10亿元投入本市建设。城乡供水一体化PPP项目成功入选部级第四批示范项目库。推进综合治税改革。坚持问题导向，着力解决“营改增”后税收增长后劲问题，推动组建全市综合治税领导小组，印发综合治税文件，建立各职能部门、各乡镇街道协税护税、各负其责的工作体系，搭建以“国地税＋”为终端的税源信息互联互通网络，全年实现原营业税附征税种两位数增长，四行业税收稳步增长，体现了较好综合治税效果。推进国资监管改革。推动召开全市国资管理专题会议，理顺国资管理的体制和机制，赋予国资中心对国有资产资源以及国资收入统一监督管理的职责职能。2017年，国资中心还通过拍卖车改公车、拍卖户

津市市财政局迎新春趣味体育运动会

按月召开局务会，讲评上月工作、交办下月重点工作，形成制度加快推进重点工作，并与年底评先评优挂钩；在预算执行、财政监管、后勤服务上，严格做到按制度办事、依程序办事、守规矩办事，保证财政工作稳定可靠的工作秩序。加强机关文化建设。注重打造财政文化氛围，启动财政文化墙建设，分论述篇、思想篇、党建篇、廉洁篇、修身篇等5个篇章，成体系地介绍财政文化内涵；"津市财政"微信公众号上线运行，宣传财政动态及政策，顺应网络时代的发展趋势，开辟财政形象宣传新渠道，反响较好。（马华明）

外广告经营权、归集国有资产征拆补偿款等，较好完成预定的收入目标任务。开启津市首轮市政债券发行准备工作。（易盟）

【乡镇财政管理】2017年，围绕财政所管理体制的遗留问题，积极推动上市政府常务会议、市编委会议解决这一难题，彻底明确财政所为财政局的派出机构，从管理体制、人员编制、工作经费等方面进行明确界定，纳入财政局统一管理。推进乡村财务精细化管理，深化细化乡村预算管理，规范乡村资金管理，实行村居三资信息化管理，启动"互联网+"村级财务公开白衣试点工作，完成了白衣财政所改造，推荐了新洲财政所、襄阳街财政所为常德、省级星级财政所；加强惠农补贴打卡发放管理，将原来的"一卡一折"升级为"两卡两折"，增加补贴明白卡和扶贫明白卡，补贴信息更加明晰，累计完成打卡发放项目34个、资金1.1亿多元，惠及群众10万余人；农村综合改革扩面提质，争取"一事一议"和美丽乡村建设项目800多万元，争取农村集体经济发展试点项目300万元，推进村级公益事业建设和促进农村集体经济发展壮大。（汪媛萍）

【财政内部管理】2017年，加强党建廉政建设。局党组扎实履行管党第一责任和党风廉政建设主体责任，推动业务工作与党建工作两融合、两促进、两手抓和两手硬，"两学一做"、"三会一课"按质按量完成，双述双评按要求开展。不断提高党建位置，组织开展优秀共产党员评选活动，选派优秀党员外出考察学习，增强党员荣誉感。特别是十九大精神学习上，组织了全局干部职工收看大会直播和开展学习讨论，并专门邀请了党校老师进行十九大报告学习辅导讲课，使干部的政治意识和政治素养进一步提升。狠抓党风廉政建设，层层签订廉政责任书，强化廉政意识。开展"两个责任"谈心谈话，确保廉政教育贯穿工作始终。加强制度管理建设。突出制度管人、管事、管钱、管权的原则，建立健全制度，树牢"按制度办事"的意识，在机关运行管理上，严格执行上班、集中学习和集体活动的考核制度，经常化组织纪律检查，增强纪律的约束力；在重点工作推进上，纳入制度管理，年初确定课题、年中督导、年底结账。坚持

国　税

【概况】2017年，津市市国家税务局准确把握"稳中求进"工作总基调，坚持"深化改革、集成发展"两个原则，围绕"干好税务、带好队伍"两大主题，增强"奋勇争先、务实创新、担当作为"三个意识，突出"绩效、创建、文化"三个引领，把握"深、创、实、优、严、全、细"七字要诀，在税收现代化建设和努力打造新国税的征程中，实现了新作为，各项税收工作均取得不错成绩。2017年共组织入库各项税收收入（含车辆购置税）33357万元，同比增收10692万元，增长47.17%；不含车辆购置税入库31671万

2月28日，津市市国家税务局召开2017年国税工作会议

津市市国家税务局2017年税收收入统计表

单位：万元

项目	2017年	2016年	同比增减额	同比增减比例
一、国税收入合计	31671	21135	10536	49.85%
(一)三税合计	31554	20855	10699	51.30%
1.增值税	27660	17861	9799	54.86%
2.消费税	2	2	0	0.00%
3.企业所得税	3892	2992	900	30.08%
(二)个人所得税	96	229	-133	-58.08%
(三)城市维护建设税	11	28	-17	-60.71%
(四)教育费附加	6	14	-8	-57.14%
(五)地方教育附加	4	9	-5	-55.56%
二、车辆购置税	1686	1530	156	10.20%
合计	33357	22665	10692	47.17%

元，同比增收10536万元，增长49.85%。(邹毅)

【组织收入】2017年，该局迎难而进，依法征税持续深入，收入突破3个亿。2017年，面对诸多困难和挑战，不等不靠，主动作为，坚持组织收入原则，提升征管主观努力程度，圆满完成组织收入工作。一是注重分析，精准预测。充分运用各系统数据开展数据分析，为组织收入提供科学依据；在过半、年末等关键时间节点，扎实认真开展税源预测，保证组织收入工作有序进行。二是想方设法，挖潜增收。找准征管薄弱环节，针对不同行业、不同类型纳税人分类施策，食品加工业、建筑业、餐饮业、涉农企业等增加税收3000多万元，增收成效十分显著。三是规范执法，落地税收优惠政策。深化“放管服”改革，规范行政审批，认真开展执法督查，防控执法风险；不折不扣落实各项税收优惠政策，极大助力了津市经济发展。四是综合治理，加强震慑。积极开展风险应对，切实有效地组织开展打击虚开虚抵税收综合治理工作，扎实开展纳税评估、税收核查和税务稽查。全年共纳税评估17户，入库税款、滞纳金129.77万元，冲减留抵税额63.97万元，调减亏损0.48万元；核查21户，入库税款、滞纳金182.97万元；税务稽查21户，入库税款、罚款、滞纳金251万元，调减亏损220万元。挂牌成立津市市公安局派驻津市市国家税务局联络机制办公室，形成警税合作的长效机制。(邹毅)

【税收征管】一年来，该局齐抓共管，征管质量持续提升，实现3个“+”模式。坚持以问题为导向，不断完善国地税合作、营改增后续管理等。一是深化国地税合作，实现“国地税+”综合治税模式。细化国地税合作44个具体事项，联合制定37个合作方案，确立“科学、稳定、务实、长效”的合作目标；拓展国地税合作的深度和广度，积极参与津市市综合治税平台的搭建和运行，“国地税+”综合治税作为我局亮点工作参与全市系统亮点工作评选。二是推进信息管税，实现“互联网+政务服务”模式。大力推行“一窗一人”联合办税，提升实体办税服务厅服务能力。扎实推进“多证合一”“两证整合”，积极推广实名办税和电子税务局，拓展互联网税款缴纳渠道，简化办税流程，提升办税体验。同时，大力加强信息安全建设，投入资金数十万元，排除安全隐患，确保了系统、网络和数据的安全。三是积极做好出口退税、企业所得税汇算清缴、营改增后续管理，实现“征管+”集成模式。加强出口退(免)税管理，全年共核准免抵退税3094.89万元，其中直接退税1934.76万元、免抵调库1160.13万元。严格企业所得税管理，针对亏损面大、长亏不倒等现象，在加强日常管控的同时，严把汇算清缴关，确定8项重点审核内容、实施四级审核制度，收到明显成效。2017年年度汇缴363户，入库税款407万元，亏损面由2015年的49.64%下降到31.01%。着力打好营改增“改进好”“总

11月10日，津市市委书记傅勇来到津市市国家税务局开展调研。图为傅勇书记在办税服务厅调研场景

结好”两场战役，改革顺利落地，1名同志受到省局表彰，4名同志受到市局表彰。（邹毅）

【纳税服务】一年来，该局便民办税，纳税服务持续优化，满意度获得全市第一。持续开展“便民办税春风行动”和“纳税服务提质年”活动，着力打通纳税服务“最后一公里”。一是充实办税服务厅窗口力量。安排青年公务员、新招聘7名工作人员充实到办税服务厅，常设窗口由6个增加到8个，集中开展《纳税服务规范》、6项减税新政、一次性告知等专题培训，全面提高窗口人员业务素质及服务效率。二是为企业提供实实在在的帮助。从扎实开展税收宣传入手，“问需求、优服务、促改革”，全年开展部门服务企业30多次，一大批企业获得了实实在在的帮助。在“银税互动”方面，积极协助劲龙电机、创奇食品、荣瑞电力等企业获得银税合作授信200多万元，一定程度缓解了企业发展资金不足的问题。三是持续优化纳税服务举措。全面实行限时办结、延时服务、预约服务和首问负责制，访企业、送政策、广宣传，特别针对营改增企业和税收优惠政策新惠及纳税人，开展政策辅导和个性化服务，让他们应知尽知、应享尽享，倾心服务，得到纳税人的高度认可。2017年，该局在全省纳税人满意度第三方调查中，获得94.90分，名列常德市第一名。（邹毅）

【从严治党】一年来，该局清廉从税，从严治党持续推进，取得突出成效。一是党建工作成效显著。按照上级要求，认真学习贯彻党的十九大精神，推进“两学一做”学习教育常态化制度化。认真落实党的报告员制度，扎实开展“三会一课”、党组中心组学习、主题党日、主题团日等学习教育活动，结合精准扶贫，积极探索党建与税收业务“1+1+N”共融新模式。该局的经验和做法，在津市市党建工作会议上得到推介和交流，第四支部委员会被评为津市市“十佳先进基层党组织”。二是廉政建设取得突出成效。以作风建设为抓手，建立常态化的监督检查机制，加强对落实中央八项规定等纪律执行情况的监督检查，通过定期通报纪律执行情况，促进作风持续向好。开展“学纪知纪守纪”廉洁知识系列学习，举办全员党风廉政知识测试，以考促学、以学促廉。2017年，在市局组织的模拟办案竞赛活动取得第一名。全面细致开展巡察整改，针对巡察组反馈的16类问题，提出的2条建议，制定整改方案，逐条逐项对照整改到位，健全完善相关制度机制17项。派员参加津市市委巡察工作，被评为巡察工作先进个人。在全市落实党风廉政建设主体责任工作考核评比中，该局被评为先进单位。（邹毅）

3月2日，津市市国家税务局干部连续第24年开展“走进津市市特教学校”志愿服务活动。图为志愿者和孩子们开心玩耍

【队伍管理】一年来，该局倾情相待，队伍活力持续迸发，斩获多项荣誉。围绕税收中心工作，切实加强队伍建设，挖掘工作潜力，激发队伍活力。一是强能提素激活力。利用“纳税人学校”“国税大讲堂”等，培训干部1500余人次。开通47个专一网财务实习工厂账户，切实提高干部实务操作水平。还鼓励干部参加“三师”考试，为参考提供便利条件。今年，共有10名干部参加税务师考试，2名干部参加司法考试；3名干部入选常德市国税系统“素质提升‘115’工程。二是强化干部管理激活力。运用数字人事系统和绩效考核加强干

3月16日，津市市国家税务局、津市市地方税务局联合开展企业所得税汇算清缴培训

5 月 4 日，津市市国家税务局向宇宏同志一行来到湖南新合新生物医药有限，开展“问需求 优服务 促改革”大走访活动

4 月 12 日，津市市国家税务局开展了形式多样、内容丰富的“纳税服务日”主题税收宣传月活动

部管理，数字人事系统使用率达 100%。绩效考核结果得到有效运用，2017 年，从考核第一段人员中，择优选拔副股级干部 3 名。三是丰富工青妇活动激活力。积极组队参加常德市第七届运动会、“万步有约”健步走、城市定向赛、国际马拉松等赛事，组织开展“五一”广播操比赛、春游、秋游、观影等活动。弘扬传统文化，定期开展“我们的节日”、志愿者服务、道德讲堂等创建活动，落实离退休干部“两个待遇”，倡导健康、文明理念，激发干部队伍活力。一年来，该局的活动情况被各级媒体报道 40 余次。同时，还从公文、网站、经费、车辆、食堂等方面加强政务事务管理，强化督查督办，内部运转保障更加有力。2017 年，成功蝉联“湖南省文明单位”，荣获“湖南省文明卫生单位”“湖南省健康单位”、津市市“目标管理优秀单位”、津市市“综治工作先进单位”等多个称号，有 34 人次获系统内外各项荣誉。（邹毅）

地　税

【概况】2017 年，津市市地方税务局认真落实津市市委、市政府“为建设澧水流域现代化的中心城市而奋斗”的发展定位，以“保平安、促和谐、提素质、创业绩”治局理念为引领，坚定信心不动摇、真抓实干不松劲，顺利通过 2017 年湖南省文明单位复检，获评津市市目标管理优秀单位、综治工作（平安建设）优秀单位。全年入库各项收入 29308 万元，占年计划的 103.74%，同比增收 3215 万元，增长12.68%。

【组织收入】坚守组织收入的红线底线，加大收入质量动态监测、日常监管力度，做实经济税源分析，进一步优化税种贡献结构，12 个税种有 11 个实现正增长，其中增值税、城建税、土地增值税、印花税、企业所得税、耕地占用税等 6 个税种增幅超过 30%，契耕两税、个人所得税、土地增值税、企业所得税占税收的比重达 71.82%。除融资平台契税外的其他收入占全部收入的比重从 2016 年的 86.54% 上升到 2017 年的 91.47%，收入质量得到进一步提升。

【税收征管】面对营改增后地税主体税种缺失、重点税源减少、控管手段弱化等不利因素影响，坚持科学应对，税收征管从“粗放式”征管向“精细化”征管转型，从营业税为主向以财产行为税为主转型，从“以票管税”向“信息管税”转型，从以“核定征收”为主向“查账征收”转型，逐步夯实征管基础，厘清征管岗责体系，日常征管逐步达到了更高层次、更高水平和更高效率。抓好注销户剩余财产分配的个人所得税征管，清税注销户入库税收 188 万元；抓好股权转让个人所得税跟踪管理，入库股权转让个人所得税 2914 万元；抓好耕地占用税、资产转让方面的一次性税源的征收管理，征收融资平台契税和耕地占用税 4002 万元，资产转让入库税收 1827.3 万元。受理上级推送风险任务

省地税局财产和行为税处长莫曲波一行到湘澧盐化有限责任公司调研

2017 年津市市地方各税费种收入情况统计表

单位：万元

税费种类	金额
改征增值税	713.5
营业税	28.5
企业所得税	2711.4
个人所得税	6110.3
资源税	1087.6
土地使用税	1504.0
城建税	1885.5
印花税	527.1
土地增值税	3098.0
房产税	1309.4
车船税	393.7
耕地占用税	1451.0
契税	5614.5
教育费附加	732.7
地方教育附加	488.5
残保基金	161.3
水利建设基金	400.8
文化事业建设费	1.7
社保基金收入	827.9
工会经费	260.8
价格调节基金	–0.6
税务部门罚没收入	
合计	29307.6

875 户次，查补税款 515.75 万元，入库税款 468.13 万元，加收滞纳金 6.62 万元；清缴各类欠税 266 万元。积极推进综合治税平台建设，2017 年共有 41 家协税护税单位加入，报送涉税资料 677 份、各类涉税数据 36.45 万条，

【**依法治税**】认真落实税收法治建设要求，做好税种改革、税收减免和规范执法等工作，坚持用法治思维调整税收关系、规范税收秩序、化解税收矛盾。深化资源税从价计征改革，全面做好环保税开征前各项准备工作，不断提高两个所得税管理水平。严格依法减免。严格按照规定权限与程序办理减免税事项，帮助纳税人用足、用活、用好各项税收优惠政策，2017 年办理备案类减免税 998.98 万元。坚持依法稽查。按照“双随机”选案模式确定稽查对象 12 户，查补入库 341 万元，实行信息共享和部门联动，加大税收违法行为的打击力度，强化联合惩戒作用，实行“一案双查双报告”制度，做到稽内查外、以查促管。

【**纳税服务**】深化简政放权，认真落实“放管服”改革，不断优化办税环境，实现了“进一家门、到一个窗、办两家事”，审核审批环节和时限的双减，精简率达到 98%，100%实现“零超时”。扩大了区域通办范围，实现“同城通办”业务 54 项、“省内通办”业务 7 项。组建“税务咨询专家团”，积极开展税收宣传月活动，发放税收宣传资料 500 余份，赠送营改增涉税政策书籍 180 余套，起到了以点带面的宣传效应。

【**国地合作**】不断拓宽合作事项，定期召开征管合作联席会议，优化资源共享，通过优势互补，促进管理和服务的深度融合，“国地税+” 合作模式受到财政部网站推介。联合国税局开展“七一”一把手讲党课庆建党 96 周年活动。共建税务大厅联合办税，联合办理变更登记3137 户，联合采集财务报表 6319 户次，国税代地税征收 929.88 万元，地税代国税征收 1034.56 万元，国税、地税代开发票 18507 份、发售发票 1696 户次。共建征管档案室，联合建档 1080 户，实现纳税人一套征管资料一处存放，国地税共享。

【**党风廉政建设**】坚持把党建工作与税收工作高度融合，纵深推进“以身示范、向我看齐”活动，分层设定示范对象和看齐目标，强化示范表率作用。严格落实“三会一课”、民主评议党员等制度，以“找准角色定位敢于担当履责”为主题，把党支部组织生活会、部门行政生活会、重点工作推进会科学融合为“三合一”会议，促进党建工作与业务工作有机结合。

年初全局干部职工签订“忠于地税、敬于事业、团结同事、珍爱生命、勤于学习、清正廉洁”六个维度的工作承诺书。开展公职人员涉矿等各项经营活动专项治理，组织“贯彻十九大精神不忘初心牢记使命做廉洁地税人”监狱警示教育活动，参与法院职务犯罪庭审旁听，树立干部法制思维，确保队伍纯洁平安。

【**队伍管理**】深入践行以人为本理念，坚持严管善待并行、激励激活并重。组织全局干部职工赴湖南师范大学开展综合素质提升学习，组织“我读书我快乐”、“爱岗敬业不忘初心” 等主题青年读书会，引导青年干部茁壮成长。2017 年，一人入围省局“十佳地税青年”考察人选、获常德市局“优秀文秘工作

组织环保税培训

4.12 税法宣传日

者(写作能手)”,一人参加省局“喜迎十九大爱税爱国家”演讲赛获三等奖,一人入选常德市局“荷花品格梅花精神”知识抢答赛代表队获二等奖及个人最佳风采奖,一人荣获常德市局“优秀办税员”称号,两人获评津市市委年轻干部读书班优秀学员,两人获优秀论文奖,两人参加津市市“荷花品格梅花精神”知识抢答赛获三等奖,一人荣获津市市十佳优秀共产党员,一人被津市市委聘任为党的报告员。

市住房公积金管理部

【概况】津市市住房公积金管理部是隶属于常德市住房公积金管理中心的具有行政职能的财政全额拨款事业单位,2017年有编制5人,设主任1名、副主任2名。办公大楼于2006年3月正式落成,大楼面积1330平方米,院落面积6600平方米。管理部在常德市住房公积金管理中心和津市市委、市政府的领导下具体负责全市住房公积金的管理和运作。

2017年,归集住房公积金15530.32万元;新增公积金缴存人员858人;发放个人住房公积金贷款7198.9万元,促进津市房地产市场健康有序发展;截至2017年底津市市住房公积金参缴人员已达21913人,累计归集职工个人住房公积金106821.1万元;提取住房公积金47317.5万元;为3811个家庭发放个人住房公积金贷款56504.66万元。

津市市住房公积金管理部热情、严谨、务实的工作作风,获得市县两级领导的高度认可和社会各界的广泛好评。多次被津市档案工作年检优秀单位;连续4年获得津市市委、市政府“目标管理良好单位”;2017年津市优化经济环境现场测评垂直管理单位名列前茅;常德市文明委授予窗口单位;7月获得了常德市住房公积金管理中心首面优质服务流动红旗,部分缴存客户也纷纷在市民网站留言点赞。(傅杨梅)

毛里湖湿地公园风光

环境保护

【概述】2017年，津市环保局设办公室、大队长室、监察室、检察院联络室、减排办、法宣股、信访室、管理股、生态办、项目办、财务室、政工室，下设环境监测站、监察大队。2017年市委、市政府落实环保工作“党政同责”“一岗双责”，批准津市市环境保护委员会更名为津市市生态环境保护委员会，制定工作规则。制定《津市市环境保护督查工作制度》。制定印发《津市市党政领导干部生态环境损害责任追究实施细则(试行)》。与市检察院联合设立市检察院驻市生态环委会检察联络室，双方各确定1名联络员，建立常态化工作机制。结合大气污染防治专项行动，完善环境网格化监管体系，将全市划分为市、镇(街)，村(社区)三级网格，分别明确职责，确定网格员，设立办公室，完善基础设施，建立工作机制，使环境监管网格化建设取得实质性进展和突破。承接上级部门下放的建设项目报告书审批权；在市政务中心设立窗口，实行“一站式”服务。全年1—10月，完成环评审批事项52件，其中编制报告书项目2件、报告表项目27件，填报登记表项目25件，按时办结率100%。开展排污权有偿使用费的收缴工作，向45家企业征收2017年度排污权有偿使用费53.8万元，征收率91.8%，完成上级下达的90%的目标任务。完成环评审批项目主要污染物总量指标购买工作，环评审批的24个建设项目，有16个购买指标，其余8件不需购买。完成全市23家危险废物在全国固废网上的申报登记。每年开展2次执法检查，督促整改存在的问题，做到管理严格、处置合规、安全可控。选送10名同志到省厅、市局参加业务培训学习新建了城南区空气自动监测站和西毛里湖水质自动监测站，提高津市监测自动化水平。与新洲黄林堰村、庹家峪村结成扶贫对子，联系贫困户63户，捐赠扶贫资金30万元，其中支持农业物资8万元。招商引资引进江山建材公司与博康餐具消毒公司合作，建设餐具消毒和机构加工项目，总投资2400万元，已完成一期工程。(姜自明)

【大气污染防治】2017年印发《津市市蓝天保卫战专项行动实施方案(2017—2019年)》《津市市环境空气质量改善攻坚战方案》《津市市大气污染防治网格化管理实施方案》，取缔市城区（包括工业园区)10蒸吨及以上燃煤锅炉33台。督促湘澧盐化、新合新、鸿鹰生物、龙腾生物等7家企业治理烟尘和废气，实现达标排放。推动全市20家加油站安装油气回收设施。采取行政审批和执法检查双重监管手段，强制城市建成区内所有建筑工地落实控尘措施。城市街道实行机械化低尘清扫，定时洒水降尘；加强渣土运输车辆管理，推动车辆改型升级；严密巡查执法，发动群众举报，查处渣土车沿路遗撒行为。完成城区19家3灶头及以上餐饮企业和19家单位食堂的油烟治理。持续加力推行“两禁”工作，杜绝城市燃放烟花鞭炮

《大气污染防治法》执法检查培训动员会

和露天焚烧垃圾行为。推行秸秆粉碎还田及综合利用,农作物收获期加强宣传教育、驻守督导、巡查制止等,农村地区基本消除秸秆露天焚烧现象。推动“黄标车”淘汰,已淘汰74台;加强机动车排气检测和控制,新建1座机动车尾气检测站;公安交警部门强制实行机动车环保检测,将尾气排放合格作为安检的前置条件,从源头上防控机动车的尾气污染。取缔市城区5家粘土砖厂,其中3家关闭,2家转产页岩砖。2017年建成运行城市南区空气自动监测站。(姜自明)

【水污染防治】2017年,市环保局以环洞庭湖水环境整治为重点,推进全市水污染防治工作,制定《津市市碧水保卫战专项行动方案(2017—2019年)》,推进津市“十三五”期间的水污染防治,提出路线图、任务书和时间表。整治西毛里湖生态环境。加快推进西毛里湖保护治理工程建设,督促项目承建单位抢抓时间,抓紧施工,补上去年因征地延误的工期,基本完成灵泉等4个农村集镇和湿地公园旅游景点污水处理站和1000个四格净化池的建设工程。启动宋家坪、白衣庵、胡家桥、辛家台等4条大溪河生态拦截工程建设,推行PPP建设模式,引入社会资本进入津市环保基础设施建设。关闭沿西毛里湖200米范围内的10家蔬果加工企业,关停广丰生态、利兴托洲等2家规模化养殖企业。对西毛里湖水葫芦开展集中打捞专项行动,控制湖体水葫芦爆发蔓延。与大湖水殖公司协商,解决其所属企业西湖渔场对水域投养密度过大、买鱼囤养影响湖水水质等。实施“两拆两退”专项行动(拆坝拆网、退塘退田),进行摸底调查,待摸清底数后,采取外科手术方式,全部平毁拦湖围湖建造的拦网与鱼塘,实施退塘还湖、退田还湿。整治城乡饮用水水源地环境。开展饮用水水源地规范化建设。申报省政府取消环境不达标、设置不合理的沈家台、金鱼岭、石板滩等3处饮用水水源地;对其他10处饮用水水源保护区完善地埋界标、交通警示标志、宣传牌和防护设施。开展保护区环境整治,关闭饮用水水源保护区全部排污口;对邻近水源保护区的澧水河沿岸砂石码头、堆场进行专项整治。与澧县协商,整治位于白龙潭水源保护区的澧县境内的养殖和山塘腐烂草污染源。整治畜禽养殖污染,实施水源地及禁养区的全面退养,全市禁养区养殖场(户)299家,已退养297家。对限养区及适养区内部分中小型畜禽养殖企业环保手续不全、污染治理设施不配套的情况进行全面检查,发现问题及时整改。2017年,立案查处这类企业7家。按属地管理原则与镇街签订责任状,明确镇政府和街道办事处实地实时监管本区域养殖污染的责任。发动群众举报投诉,对举报属实的给予奖励,解决过去对养殖污染监管覆盖窄、力度小的问题。加强环保设施建设,建成西毛里湖水源地自动监测系统;完成市垃圾填埋场渗滤液处理设施的提质扩容改造;完成了工业园区污水处理厂及配套管网建设工程,实现2017年年底前投运的预定目标。开展涔澹水污染治理。与津市监狱协调,对澹水河岸垃圾、水体杂草进行清理。积极争取国家专项资金治理涔澹水环境,编制并申报了涔澹水流域综合治理项目。该项目已进入省及国家项目库。(姜自明)

【土壤污染防治】2017年初,市政府向常德市政府签订《土壤污染防治目标责任书》,市环保局全面启动土壤污染防治工作。制定《津市市土壤污染防治工作方案》。开展土壤污染调查,完成土壤污染源地块48个监测点位的设置。通过整合行业监测资源,发挥行业监测作用,建立健全土壤环境质量监测网络,形成全市土壤环境监测能力。实施项目治理,争取国家项目资金支持,开展五公嘴土壤重金属污染治理、原香料厂厂区有机物污染治理;落实原汇湘化工厂地块有机物污染治理项目。推行农村垃圾分类处理,减少生活污染。完善“户分类、村收集、镇转运、市处理”的农村垃圾清运与处理系统的基础上,加快“绿色存折”实施。2017年选择在毛里湖镇沿湘北干线6个村建设“绿色存折”示范片,为全域推广打好基础。强化空间布局管控,根据区域功能定位组织划定生态保护红线区,共划定生态保护红线区面积60.27平方公里,占全市国土面积的10.80%,其中毛里湖国家湿地公园46.61平方公里、嘉山国家森林公园11.49平方公里、嘉山省级风景名胜区2.17平方公里。(姜自明)

【执法和信访案件办理】2017年,为彻底解决市西毛里湖饮用水源地周边畜禽养殖企业、蔬果加工企业的环境污染问题。4月,市环保局借中央环保督察的东风,对违法排污企业实行查处的同时,提请市人民政府关闭10家蔬果加工企业,对沿湖163家养殖场(户)全部退养到位,杜绝饮用水源地的环境安全隐患。严厉打击违法排污企业。共查处环境违法行为26起,其中,立案处罚19起,罚款74.13万元,责令17家企业限产、停产,移送公安部门4件。开展洞庭湖五大专项行动,开展重点工业源排查整治。已排查入河(湖)排污口15个,涉及企业65家。其中,列入整治计划排污口中11个,涉及企业37家。对津市5个入河(湖)排污口进行规范化整治,按要求设立规范的标准、标牌。对重点工业企业建立“一厂一册”,内容包括企业环评、验收,污染物排放监测数据以及存在环境风险企业应急预案等资料,为切实掌握工业源环境风险提供基础支撑。为确保津市澧水水质安全,结合排查情况,要求新合新医药、鸿鹰生物、龙腾生物等3家企业污水处理设施实施并完成了提质升级改造工程。要求金湘猪鬃、南北特食品等24家企业完成了违规治理。积极办理群众信访和举报投诉,维护人民群众环境利益。2017年末共办理群众信访举报86件(包括中央环保督察组交办件9件),已全部处理办结。(姜自明)

【西毛里湖生态保护】西毛里湖生态环境保护项目是纳入国家水质良好湖泊保护项目库、受到中央财政支持的项目。

1、落实拆坝和转产引导资金,市财政按照亩平退养水面1000元的标准,拨付给沿湖各镇,各镇政府结合养殖水面合同年限、价格等实际情况,将补助资金核算到户。拦坝投入不受保护,不予补偿。

2、按照亩平水面100元的标准,拨给沿湖各镇工作经费。

3、坝体拆除费用从湖泊治理中央专项资金中解决。(姜自明)

【中央环保督查】完成中央环保督察问题整改。2017年4—5月,中央第六环保督察组对湖南开展环保工作督察,市环保局积助市委、市政府做好接受督察的相关工作。使津市不仅顺利通过了中央环保督察的"大考",而且有力推动了津市突出环境问题的整治和解决。在迎接中央环保督察阶段,津市通过自清自查、上级检查、中央环保督察组暗访调查等方式,排查出12类38个问题,集中开展整改,并及时完成了大部分整改任务。在中央环保督察阶段,津市在收到中央环保督察组转交的9件群众举报件后,立即组织整改,限时办结了案件。在贯彻落实中央环保督察组反馈意见阶段,津市根据反馈意见梳理出津市目前仍然存在的13个问题,另外还有2个省里督办的问题,形成"13+2"问题的整改目标。通过强化措施,狠抓落实,各项整改目标已基本达到。(姜自明)

国土资源管理

【概况】2017年,津市市国土资源局坚持"保护与发展"并重的原则,一手抓服务经济发展,一手抓坚守耕地"红线"。全年市国土资源局上报建设用地项目15个,省厅下达用地指标为420亩,实际争取用地1050亩,保障全市经济社会发展用地需求。津市成立津市市土地经营管理委员会,科学编制土地供应计划,全市城区全年出让土地18宗810亩,出让总价款5.25亿元,同比增长1.3倍。全市连续多年实现耕地总量动态平衡和年度耕地占补平衡,守住耕地32.07万亩、基本农田25.14万亩保护红线,大力推进农村土地综合整治项目8个,总投资0.6亿元,总规模3.96万亩。旱改水项目1个,总投资1.9亿元,形成旱改水指标2万亩,新增耕地指标3888亩,通过实施土地平整、灌溉排水、田间道路等工程,建成集中连片、设施配套、高产稳产、生态良好,与现代农业生产和经营相适应的高标准农田,实现田、水、路、林、村综合整治,改善农民生产生活水平。选派精干力量入驻点村。2017年,市国土资源局共有2名班子成员,2名副科级干部分别派驻4个扶贫点村,共帮扶贫困户96户。全年产业扶贫48户,危房改造46户,技能培训56人次,教育助学30人次。共为4个点村援助帮扶资金500万元,援助生

附表1　津市市2017年新增建设用地报批情况表　　单位:公顷

序号	项目名称	总面积	农用地	耕地	建设用地	未利用地	上报时间	批准时间	批文号
1	津市市110千伏中华变电站建设项目	0.4496	0.4496	0	0	0	2016.6	2017.1	(2017)政国土字第92号
2	津市市机械化定点屠宰场建设项目	0.9860	0.9860	0	0	0	2017.1	2017.9	(2017)政国土字第1508号
3	津市市怡园养老中心建设项目	0.6340	0	0	0.6340	0	0	0	(2017)政国土字第665号
4	津市市食品包装机械制造建设项目、医疗设备制造生产线建设项目	13.0388	10.1849	5.2614	2.8539	0	2017.1	2017.3	(2017)政国土字第281号
5	津市监狱第一押犯点建设项目	28.0002	28.0002	28.0002	0	0	2017.7	2017.1	(2017)政国土字第1539号
6	津市市2017年度第一批次项目	0.4004	0.4004	0	0	0	2017.4	2017.5	(2017)政国土字第852号
7	津市市科技孵化器、针镜微创医药、杉堰路等三个建设项目	7.7294	6.5826	4.4220	0.5190	0.6278	2017.4	2017.9	(2017)政国土字第1518号
8	津市市汪家桥襄阳派出所业务用房建设项目	0.3493	0.3493	0.3493	0	0	0	0	(2017)政国土字第1850号
9	津市毛里湖植物园配套设施建设项目	1.9873	1.6511			0.3362			(2017)政国土字第1849号
总计		53.5750	48.6041	38.0329	4.0069	0.9640			

2017年5月22日，常德市国土资源局彭建武副局长、地环监测站杨宏润站长一行来到黄姑山、果园老区对津市地质灾害防治工作进行督查。副市长徐兴勇、国土资源局局长吴正清和副局长胡振基陪同检查。

产生活物资折合人民币20万元，走访慰问96户特困户共送去慰问金1.92万元，全年4个点村共计脱贫41户。市国土资源局对口帮扶企业是金翔服饰有限公司和南北特食品有限公司，发现企业问题2个（南北特公司生物燃料供应问题，金翔服饰资金周转问题）并协助解决。2017年，市国土资源局积极加强内部能力建设，完善组织机构岗位建设，2017年，市国土资源局践行“三严三实”。重点开展不动产登记办证业务方面、土地综合整治项目方面、地质灾害防治项目方面的问题清查。全面实施办公用房、公务用车、财务审计回头看，制定“两学一做”学习教育活动全年学习计划，认真组织好基层支部组织生活会、

附表2　2017年津市市土地出让情况一览表

用地单位	土地用途	出让面积（公顷）	出让价款（万元）	签订日期
湖南科益新生物医药有限公司	工业用地	4.224793	1095	2018-03-07
湖南嘉晟置业有限责任公司	其他普通商品住房用地	0.17695	474	2017-12-18
湖南省津盛投资开发有限公司	其他商服用地	2.449924	5601	2017-12-13
津市市君晖房地产开发有限公司	其他普通商品住房用地	1.5734	1723	2017-11-29
湖南鑫大置业有限公司	其他普通商品住房用地	0.48892	836	2017-10-25
湖南津市农村商业银行股份有限公司	商务金融用地	0.67361	2996	2017-09-26
湖南津市农村商业银行股份有限公司	商务金融用地	0.59987	2269	2017-09-26
津市市城市建设投资开发有限责任公司	商务金融用地	1.03711	2396	2017-09-25
津市市城市建设投资有限责任公司	其他商服用地	1.03329	2387	2017-09-18
津市市绿达米粉有限公司	工业用地	0.83284	196	2017-09-14
津市中宝置业有限公司	其他普通商品住房用地	5.19346	4350	2017-08-28
湖南格瑞生物科技有限公司	工业用地	13.0388	2986	2017-06-14
湖南科益新生物医药有限公司	工业用地	16.60199	3802	2017-04-10
湖南康捷生物科技有限公司	工业用地	5.62124	1282	2017-04-10
津市嘉山水务有限公司	公共设施用地	2.4006	526	2017-03-15
湖南星辰房地产开发有限公司	其他商服用地	0.4545	650	2017-03-06
湖南银厦房地产开发有限公司	其他商服用地	0.84596	1025	2017-02-22
湖南星辰房地产开发有限公司	其他普通商品住房用地	0.11106	250	2017-02-15
津市市沃天房地产开发有限公司	其他商服用地	0.24086	1370	2017-01-04
总计	57.599177	36214		

津市市涔澹农场旱地改水田项目完工图，项目完工后，当地农村土地“田成方、林成网、路相通、渠相连”，实现田、水、路、林、村的综合整治，耕地生产能力普遍提高，村民生产生活条件得到显著改善。

重点工作推进会、重点工作督办会、“七一”党支部书记上党课重温入党誓词、集体学习《党章》、《准则》、《条例》等多重形式。通过党的报告员制度、深入基层下乡讲法、机关户外素质拓展运动、趣味运动会等活动，局机关干部职工政治意识、大局意识、核心意识、看齐意识进一步增强。全局现在编在岗干部职工86人，退休人员45人。党员40名，大学本科以上文化程度47名。下设10个股室、1个副科级参管单位、3个副科级二级事业机构、6个股级二级事业机构、5个镇(城区)国土所。财政体制实行经费与土地收入挂钩的模式。2017年，全市国土工作认真贯彻落实党的“十九大”精神，凝心聚力，真抓实干，各项工作取得满意成绩。2017年被评为绩效考核优秀单位。(刘烜君)

【**保障发展**】2017年，市国土资源局拿回批文项目9个(见附表一)，总面积53.575公顷。办理18宗公共基础设施、工业和商服用地供地手续，面积53.9223公顷。有偿供地14宗，面积48.69公顷，出让总价款5.25亿元。全年共拟储备土地面积44.21公顷，涉及35个工业企业，10个住宅区，有效保障全市中华变电站、屠宰场等一批政府重点项目、民生工程和基础设施项目用地。(刘烜君)

【**保护耕地**】2017年，津市完成永久基本农田划定工作。编制永久基本农田划定方案，建立基本农田数据库，2017年6月成果已提交部里备案，省厅审核验收已通过。划定后津市耕地保有量32.5700万亩，基本农田25.1453万亩，均达到省厅下达的任务指标。2016年省级项目毛里湖镇灯塔社区、新洲镇青山峪村高标准农田整村推进项目，投资金额1863.48万元，总规模12150亩，项目

津市市城镇基准地价一览表

一、基准地价内涵

表1　津市市城区商服用地基准地价内涵

级别	土地权利	开放程度	年期	容积率	基准日
一	出让土地使用权	五通一平	40年	1.8	2015年5月1日
二	出让土地使用权	五通一平	40年	1.6	2015年5月1日
三	出让土地使用权	五通一平	40年	1.4	2015年5月1日
四	出让土地使用权	五通一平	40年	1.2	2015年5月1日
五	出让土地使用权	五通一平	40年	1.0	2015年5月1日
六	出让土地使用权	五通一平	40年	1.0	2015年5月1日

表2　津市市城区住宅用地基准地价内涵

级别	土地权利	开放程度	年期	容积率	基准日
一	出让土地使用权	五通一平	70年	2.4	2015年5月1日
二	出让土地使用权	五通一平	70年	2.2	2015年5月1日
三	出让土地使用权	五通一平	70年	2.0	2015年5月1日
四	出让土地使用权	五通一平	70年	1.8	2015年5月1日
五	出让土地使用权	五通一平	70年	1.6	2015年5月1日
六	出让土地使用权	五通一平	70年	1.4	2015年5月1日

表 3 津市市城区工矿仓储用地基准地价内涵

级别	土地权利	开放程度	年期	容积率	基准日
一	出让土地使用权	五通一平	50 年	1.0	2015 年 5 月 1 日
二	出让土地使用权	五通一平	50 年	1.0	2015 年 5 月 1 日
三	出让土地使用权	五通一平	50 年	1.0	2015 年 5 月 1 日
四	出让土地使用权	五通一平	50 年	1.0	2015 年 5 月 1 日
五	出让土地使用权	五通一平	50 年	1.0	2015 年 5 月 1 日
六	出让土地使用权	五通一平	50 年	1.0	2015 年 5 月 1 日

二、级别范围

表 4 津市市城区土地级别范围

土地级别	级别划分范围
一级	刘公桥路—九澧大道—万寿路—沿河大道
二级	一级区域外围：西环路—护市路—凤凰路—沿河大道
三级	二级区域外围：西环路—北环路（澹水南岸）—双济路—沿河大道 孟姜女大道—襄窑路—大同路（工业园区）
四级	三级区域外围：双济路—发展大道—城东路—斑马路—人民路 周家铺路—澧水南岸—襄窑路以东规划道路—沿江路—龙岗路（工业园区）
五级	四级区域外围:城东路—发展大道—澹水东岸—规划道路—东环路—人民路—斑马路 科凌路—丝绢路西延线—澧水南岸—澧水二桥道路—沿江路—胥家湖路（工业园区）
六级	城区规划区定级范围内的其他区域

三、城区基准地价

表 5 津市市城区基准地价表

单位：元 / 平方米

基准地价				
用途	商业用地（40 年）	住宅用地（70 年）		工矿仓储用地（50 年）
级别	价格	价格	楼面地价	价格
Ⅰ	2824	1320	550	420
Ⅱ	1575	1100	500	370
Ⅲ	1024	900	450	310
Ⅳ	792	747	415	275
Ⅴ	582	576	360	255
Ⅵ	495	435	310	240

表 6 津市市商服用地路线价表

单位:元/平方米

路段编号	路段名	起止点	路线价格（40 年）	路段编号	路段名	起止点	路线价格（40 年）
L1	建设路	澹津路—万寿路	6197	L31	银苑路	西环路—刘公桥路	1587
L2	建设路	澹津路—刘公桥路	6622	L32	护市路	刘公桥路—万寿路	1188
L3	人民路	澹津路—万寿路	3856	L33	刘公桥路	九澧大道—澹水	1122
L4	澹津路	沿河大道—车胤大道	5948	L34	护市路	万寿路—双济路	1100
L5	车胤大道	刘公桥路—万寿路	5435	L35	护市路	刘公桥路—西环路	1188
L6	万寿路	车胤大道—沿河大道	3590	L36	孟姜女大道	襄窑路—大同路	1791
L7	刘公桥路	沿河大道—车胤大道	3985	L37	襄窑路	孟姜女大道—大同路	1319
L8	澹津路	车胤大道—九澧大道	4294	L38	大同路	襄窑路—孟姜女大道	1232
L9	建设路	刘公桥路—巷道口	3693	L39	双济路	人民路—九澧大道	1375
L10	人民路	万寿路—凤凰路	2701	L40	车胤大道	双济路—洞庭大道	1126
L11	车胤大道	万寿路—凤凰路	3794	L41	九澧大道	双济路—洞庭大道	1203
L12	万寿路	车胤大道—九澧大道	3130	L42	银苑路	双济路—洞庭大道	1066
L13	银苑路	刘公桥路—万寿路	2986	L43	人民路	双济路—洞庭大道	1045
L14	银苑路	万寿路—凤凰路	2295	L44	桑园路	人民路—九澧大道	1048
L15	车胤大道	刘公桥路 -—巷道	2536	L45	桑园路	九澧大道—发展大道	990
L16	刘公桥路	车胤大道—九澧大道	2006	L46	护市路	双济路—桑园路	1078
L17	凤凰路	沿江大道—车胤大道	1609	L47	孟姜女大道	大同路—丝绢路	1087
L18	凤凰路	车胤大道—九澧大道	1748	L48	孟姜女大道	丝绢路—龙岗路	883
L19	九澧大道	凤凰路—巷道	2904	L49	清远路	襄窑路—孟姜女大道	1041
L20	建设路	西环路—巷道	1873	L50	发展大道	双济路—洞庭大道	1089
L21	人民路	双济路—凤凰路	1620	L51	襄窑路	大同路—澧水	1029
L22	澹津路	九澧大道—护市路	1697	L52	洞庭大道	人民路—九澧大道	979
L23	车胤大道	西环路—巷道	1615	L53	洞庭大道	九澧大道—发展大道	902
L24	车胤大道	凤凰路—双济路	1640	L54	车胤大道	洞庭大道—小渡口	1021
L25	万寿路	护市路—九澧大道	1589	L55	人民路	洞庭大道—小渡口	963
L26	凤凰路	九澧大道—护市路	1595	L56	九澧大道	洞庭大道—小渡口	990
L27	双济路	九澧大道—护市路	1155	L57	城东路	车胤大道—九澧大道	935
L28	九澧大道	西环路—巷道	1817	L58	城东路	九澧大道—发展大道	891
L29	九澧大道	双济路—凤凰路	1584	L59	发展大道	洞庭大道—澹水	968
L30	银苑路	双济路—凤凰路	1224				

四、各镇基准地价

表 7 津市市各镇商服用地基准地价内涵

级别	土地权利	开放程度	年期	容积率	基准日
一	出让土地使用权	五通一平	40 年	1.2	2015 年 05 月 01 日
二	出让土地使用权	五通一平	40 年	1.2	2015 年 05 月 01 日
三	出让土地使用权	五通一平	40 年	1.2	2015 年 05 月 01 日

表8 津市市各镇住宅用地基准地价内涵

级别	土地权利	开放程度	年期	容积率	基准日
一	出让土地使用权	五通一平	70年	1.2	2015年05月01日
二	出让土地使用权	五通一平	70年	1.2	2015年05月01日
三	出让土地使用权	五通一平	70年	1.2	2015年05月01日

表9 津市市各镇工矿仓储用地基准地价内涵

级别	土地权利	开放程度	年期	容积率	基准日
一	出让土地使用权	五通一平	50年	1.0	2015年05月01日
二	出让土地使用权	五通一平	50年	1.0	2015年05月01日
三	出让土地使用权	五通一平	50年	1.0	2015年05月01日

表10 津市市各镇土地级别范围

各镇名称	级别范围		
	一级	二级	三级
毛里湖镇（原保河堤镇）	富强路菜市场东门口——圆盘；岳阳路圆盘——白防组西边。	启明路、颖新路上起凸上大山九组，下至原大山小学前低水沟止，中正路南北。	富强路信用社十字路以北，沿河路等均为三级地段。
毛里湖镇（原李家铺乡）	新桥大道600米（湘北公路李家铺集镇段，自北向南李德群住宅至陈克育住宅）、中心街250米（湘北路至老街街道）	卫生院至米厂500米、弧形街200米（菜市场一条街）、双坪路250米（湘北公路至刘树梅住宅）、同乐路100米（老街到中学校门口）	其他地段
新洲镇（原新洲镇）	南正街、梅花街、湘北公路（粮油公司至交警中队），湘东路（新洲镇政府至农贸市场），东正街（流水沟至东门桥）	北正街、书院路、将军路、苍堰路、寺堰路、天子岗街、沿河大道、嘉山路	除一、二级以外的区域
新洲镇（原灵泉镇）	灵泉大道（灵泉中心小学横路西南方向1000米至童振发屋止）	五泉老街（老加油站沿东北方向600米至周如瑜屋止、原乡养路班沿东南方向50米至鲁丙伍屋止）	除一、二级以外的区域
药山镇（原渡口镇）	文昌路全路段；人民东路（政通路路口至文昌路路口）	人民西路（政通路口至渡口砖厂）、江山路全路段、环城路全路段、政通路全路段	除一、二级以外的区域
药山镇（原棠华乡）	新街棠华大道三叉路至原棠华乡派出所	三叉路至药山方向（300米），原棠华乡派出所至渡口方向（600米）	棠华街、华政街
白衣镇	向阳路自原农机站上坡起至派出所主干道	文化路；金达食品有限公司至白衣中心小学包括农贸市场。	除去一、二级后剩余路段为三级。

表 11 津市市各镇土地基准地价表

单位:元 / 平方米

各镇名称	用途	级别基准地价		
		一级	二级	三级
		价格	价格	价格
毛里湖镇（原保河堤镇）	商业	905	630	430
	住宅	500	385	320
	工矿仓储	265	245	235
毛里湖镇（原李家铺乡）	商业	585	395	285
	住宅	400	290	250
	工矿仓储	220	210	200
新洲镇（原新洲镇）	商业	880	600	400
	住宅	495	380	315
	工矿仓储	255	245	230
新洲镇（原灵泉镇）	商业	860	570	350
	住宅	470	345	295
	工矿仓储	240	235	225
药山镇（原渡口镇）	商业	795	530	315
	住宅	450	316	275
	工矿仓储	235	225	215
药山镇（原棠华乡）	商业	635	420	270
	住宅	420	325	255
	工矿仓储	220	215	205
白衣镇	商业	695	480	300
	住宅	420	310	265
	工矿仓储	225	220	210

正在施工中。2017 年省投资新洲镇长岭村、药山镇和平村高标准农田建设(农村土地综合整治）项目已完成规划设计和预算；省投资白衣镇建国村高标准农田建设(农村土地综合整治)项目已经通过省厅入库审查，3 个项目总投资金额 3934.4 万元，总规模 25710亩。2017 年常德市级项目投资金额 300 万元，总规模 1996 亩，正在启动招投标程序。津市市 2016 年涔澹农场社会投资旱改水项目建设总规模 25837.8 亩，其中旱地改造水田面积 16825.2 亩，其他地类改造水田面积 6383.4 亩，总投资 1.9 亿元，旱改水指标 20000 亩，新增耕地指标 3888 亩，成交交易额达26 亿元。(刘烜君)

【**地质灾害防治**】2017 年，市国土资源局编制《津市市 2017 年度地质灾害防灾预案》，及时调整更新市、镇(街道)、村(社区)、点 4级群测群防网络；加大汛期巡查、督查力度，完善汛期 24 小时值班值守制度，多手段发布地质灾害预警信息，发放地质灾害明白卡、避险卡3000 多份，保障群众生命财产安全，未出现因地灾造成人员伤亡事件；加强在建项目监管，督促白衣镇政府启动实施石板滩东街地质灾害治理项目；督促药山镇三叉路地质灾害治理项目竣工验收；联合襄阳街道办事处在老果园举行地质灾害应急避险演练，提高群众防灾避灾意识和能力。(刘烜君)

【**执法监察**】2017 年，开展土地矿产巡查 100 余次，出动人员 150 人次，发现国土资源违法行为 28 起，下发《责令停止通知书》22 份，立案查处的违法案件 12起。将土地矿产卫片执法和环保督查结合，配合全市粘土砖厂的关闭专项整治工作，全市 5 家粘土砖厂 2 家关停，3 家已转型生产页岩环保砖。常德市国土资源局下发到全市 2016 年度违法用地图斑 12 个(共 11 处违法用地)，市国土资源局全部进行立案查处，罚款共计 75.81 万元，没收违法用地建筑物面积 60000 平方米，已全部上缴市财政。今年来共接待群众来信来访来电 10件，已全部办结，按期办结率 100%。(刘烜君)

2017年6月23日第27个土地日，津市市国土资源局在法制广场进行国土资源宣传

【不动产统一登记】2017年，完善不动产登记岗位设置和人员结构安排。简化不动产登记审批流程，缩短办证时限，一般登记从30个工作日缩短为20个工作日，抵押登记从30个工作日缩短为5个工作日，查封、解封登记即来即办。开展数据整合及数据库建设，市房地产管理局已将房屋登记电子和纸质档案资料整体移交到不动产登记中心，共移交房产档案52888卷。全年共受理落宗业务6812宗，办结不动产登记业务6207宗，办结率95%。（刘烜君）

【征地拆迁】2017年，津市市征地拆迁工作严格按照征地拆迁法律法规以及相关文件规定，依法依规征地拆迁，全市征地拆迁工作采取“政府领导、部门管理、乡镇实施”的模式稳步开展，每一个征拆项目政府领导都亲自调度，国土、财政等部门按各自分工认真履职履责，乡镇、村组按征拆方案严格落实。保证征拆资金的及时拨付，项目用地的及时交付，为建设项目提供用地保障。坚持按规定程序进行操作，批地前做到告知、确认，批地后做到“两公告、一登记”。全年实施征地拆迁项目7个，市本级全年征地508.43亩，拆迁房屋71户，拆迁房屋面积1.48万平方米。市国土资源局建立征地拆迁专人信访接待制度，让群众的咨询和诉求有专人接待、专人解释、专人答复。全市的征地拆迁工作基本上是在安全、稳定、和谐的环境下顺利开展。全年无一起因征地拆迁上访案例。（刘烜君）

【新一轮基准地价调整】2017年5月，召开基准地价调整更新成果听证会，听取乡镇政府、市直单位以及社会各界群众意见，技术单位结合所提意见对基准地价进行多次修正，于2017年8月形成城镇基准地价最终成果并通过湖南省国土资源厅验收。（刘烜君）

【基础工作】2017年，全市各镇、街土地利用规划经修改完善，已通过市级评审。新型城镇化试点工作按要求进行中。督促新洲镇城镇地籍更新和农村集体所有权确权登记发证工作，全市土地权属纠纷的调处工作有序进行，调处率达100%。顺利通过2016年土地整理测绘成果质量检查工作，完成宝悦乐城、新天地等商业楼盘的落宗测绘任务和畜禽退养摸底测绘工作。2016年度耕地质量等别调查与监测评价工作顺利通过省厅验收，启动开展2017年度耕地质量等别调查与监测评价工作和2014—2018城市建设用地节约集约利用初始评价及更新评价。（刘烜君）

【国土政策法规宣传】2017年，津市市国土资源局深入开展土地法律法规学习和宣传教育活动，认真组织、扎实开展?“4·22”世界地球日、“6·25”全国土地日、“8·29”测绘日、“12·4”全国宪法日等主题宣传活动，全年发放宣传资料3万份，悬挂宣传横幅45幅，每月利用局机关LED电子显示屏滚动播放与土地相关的法律法规和政策；强化《宪法》、《土地管理法》、《行政处罚法》《不动产登记暂行条例》等行政法律法规学习宣传，组织全系统人员开展一次法律知识测试，开展“周末课堂”依法行政专题讲座，提高广大干部职工依法行政意识、文明执法、廉洁履职及防范执法风险，把依法行政知识的学习列入领导班子理论学习的重要内容；邀请相关法律专家，有计划、分层次地组织镇、村、组干部进行土地法制培训活动，全年组织法制培训8次，下乡宣传6次，听取国土资源部、省厅法律法规视频会15次，进一步增强各级领导干部和广大农村群众依法用地的意识；配合各有关单位部门到各镇、市城区广场开展法制宣传活动，并与新闻媒体紧密配合，面向全社会广泛宣传国土资源法律法规、不动产统一登记工作和全市土地利用现状等，积极同省厅内网、湖南日报、常德市局、常德日报、津市市人民政府网站、津市手机报及津市电视台联系报送信息，共计报送信息100余条，刊登稿件信息70余条，在常德市各区县市国土资源系统信息报送中排名中上游，与津市电视台积极联系拍摄全市国土资源管理工作宣传片，得到市委市政府、市人大领导的一致认可和高度评价，进一步增强全市人民群众对国土管理工作的认可和支持。通过全方位、多广度宣传，大力宣传了国土资源法律法规及政策，营造了节约集约用地和保护耕地特别是永久基本农田的氛围。（刘烜君）

审　计

【概况】津市市审计局内设办公室、法制股、财金股、行审股、经责股5个股室，下设政府投资审计专业处1个二级事业机构；核定领导职数为1正5副，实配领导1正5副；核定行政编16个、工勤编1个、事业编8个，实有行政编干部15名、工勤人员1名、事业编人员

8名，聘请临时人员2名，其中中共党员18名、民建党员1名。

2017年，审计局各项工作呈现出良好的发展态势，全年计划审计项目27个，实际完成44个，公示审计结果23份，为政府审减节约资金1919万元，建设项目查出违规资金51407多万元，移送线索7件，编发《审计要情》14期，被市委政府主要领导签批12次。有1篇业务文章获省厅征文二等奖，有2个审计项目获常德市审计局表彰奖。2016年度农村危房改造资金审计项目被评为“全省优秀审计项目”，实现建局以来“零”的突破；国家级媒体上稿26篇、省级媒体上稿116篇，其中，累计发表文章210多篇次，位居常德区县前列。

2017年8月3日上午 在津市监狱十监区 津市市审计局全体干部开展警示教育活动

队伍建设方面。一是选优配强班子。争取领导支持，调任1名兢兢业业、阅历丰富、有中级会计职称的同志任局党组成员、经责办专职副主任。同时，成功争取政府投资审计专业处主任高配，并配备副科级主任1名；解决了1名老干部的副科级别。二是充实工作力量。5月份，通过面向全市选调，从市档案局调入90后懂财务的公务员1名。通过全省公务员招考计算机、财务专业干部各1名。三是加强业务培训。采取外聘专家讲课、干部轮流授课等方式，组织干部集中学习11次。实行全局动员，要求干部参加审计知识、党建业务等网络培训，参训率100%。选派干部24人次，分别参加了政府投资审计、科级干部读书班等集中培训。利用“上审下”“交叉审”机会，选派干部9人次，外出参加住保审计、巡视巡察等工作，让干部在实践中学习提高。组织干部11人次，实地到江浙、长沙等地学习审计体制改革、PPP项目审计等经验。采取“老带新”方式，全局结成帮带对子5对，积极开展传帮带活动。健全创学制度，鼓励干部自学，激励干部考证，参加资格证考试的达12人，其中通过中级职称考试的干部4名，干部素质明显提高。

2017年，市审计局被评为“全省模范职工之家”，审计局被评为“常德市文明标兵单位”“常德市‘六五’普法先进单位”“常德市审计工作先进单位”“全市绩效考核红旗单位”“全市廉政建设先进单位”“全市招商引资先进单位”“全市部门服务企业十佳单位”等荣誉称号。（马漪）

津市市扶贫专项审计进点会议

【预算执行审计】2017年，坚持由财金股牵头，全局干部参与的工作格局。实行“1+N”模式，以财政预算执行审计为“龙头”，同步推进部门预算执行审计项目3个（民政局、交通局、农机局）、专项资金审计项目4个（扶贫专项、保障性安居工程、高标准农田建设项目、农机具补贴）、国有企业审计项目1个（住保投公司融资平台）和政府投资审计项目1个（车胤大道改造工程）。在审计中，推行“总体分析、发现疑点、分散核实、系统研究”的审计方式，开展各类数据关联分析、综合分析，智能筛选问题疑点，提高审计的精准度和时效性。在人大常委会上，工作报告连续第二年获市人大常委会全票通过，受到市人大、市政府领导肯定。（马漪）

【经济责任审计】2017年，以任中审计为主，离任审计为辅，突出“三责”审计，探索开展自然资源、环境保护等审计。完成市委办、住房和城乡建设局、教育局、民政局、城市管理和行政执法局、文物局审计项目6个，审核完成单

2017年8月18日，在审计局大会议室全体干部开展道德讲堂活动向道德模范学习

2017年5月26日，在津市市审计局大会议室 全体干部开展学习弘囊萤夜读主题活动

位“一把手”《离任交接表》19套，共查出违规资金1083.57万元、管理不规范资金13571.61万元；给部门单位提出意见建议81条，全部采纳，累计建立完善机制105个，促进工作规范。年底，经责股被评为“全省巾帼文明岗”。（马漓）

【政府投资审计】2017年，摸清政府投资项目底子，建立项目跟踪台账，探索项目跟踪审计。启动社会审计中介机构项目库建设，通过政府集中采购的方式，公开选取5家甲级资质的工程造价咨询机构入选审计机关备选库，并参与了对环保、农业。卫生等工程项目的审计。主动引入谷歌等第三方技术获取数据，延伸审计手臂，经验被全国推介。启动50万元以下项目备案抽审机制，对竣工多年的25个项目进行抽审，加强审计监督，树立审计权威。全年审计项目28个，为政府审减节约资金1919万元，确保每一分钱都用在刀刃上。（马漓）

【政策跟踪审计】2017年，完成扶贫资金、住保资金等政策落实审计工作，发现问题19个，查出违规资金280多万元，移送线索5条，确保上级政策贯彻落实到位，促进经济社会发展。（马漓）

【服务中心工作】扶贫方面，推荐1名干部任扶贫工作副队长，选派2人专抓扶贫工作，结对贫困户26户，开展帮扶活动18次，提供致富信息6条，送资金12万元，送物资价值5万元，为村民脱贫致富打下坚实基础，中国审计报、省厅网站、常德日报等媒体多次报道。招商方面，成功引进合强棉业有限公司，总投资3000万元，已启动建设；与新州镇人民政府一道，成功引进坤源新型环保砖厂，总投资5000万元，已正式投产。服务方面，深入企业，排忧解难，帮助解决场地租赁、员工招聘等问题14个，为企业节资30万多元，被电视台专题宣传。还推荐企业特派员1名。7月，在全市服务企业推进会上介绍了经验，服务企业工作被当作全市典型由电视台专题推介。巡视（察）方面，选派3名素质高、业务强、经验丰富的同志脱产参与湖南省、常德市、津市市巡视（察）工作。（马漓）

安全生产监督管理

【概况】2017年，津市市安全生产工作以习近平总书记安全发展的重要论述为指引，以省委省政府和常德市委市政府安全生产工作会议精神为指导，坚持党政同责、一岗双责、齐抓共管，突出落实企业安全生产主体责任，全面推行“四梁八柱”建设，强化监管执法，深入开展安全生产大检查、大管控、大整治，安全生产形势总体平稳向好。

2017年，全市共发生2起一般生产安全事故，死亡2人。与去年相比，一般生产安全事故减少了2起，死亡人数减少了3人。没有发生较大及其以上生产安全事故。（贺茫）

【基层基础】机构编制。2017年市安监局共有编制22个，其中机关公务员编制8个，安全生产监察大队参照公务员管理编制10个，安全生产宣传教育中心事业编制4个。目前在岗人员14人，其中行政编制（含参管）11人，事业编制3人。市安监局机关设5个内设机构。即办公室（政工股、行政许可办）、综合协调股（法制股）、非煤矿山监管股（烟花爆竹安全监管股）、危险化学品安全监管股、职业安全健康监管股（工贸行业安全监管股）。四个镇内设机构中均设立安监站，五个街道中，一个与工业园区重叠的街道由市编委行文设立安监站，其余四个街道内设安监站。

基础设施。各镇街道安监站在办公场所上，均有两间办公室，其中一间兼档案室；在办公设施上，均配备一台打印、复印、传真于一体的打印机，一台公用的笔记本电脑和便携式打印机，人手一台办公电脑；在办公经费上，按照上级要求拨付到位。各镇、街道，各负有安全生产监管的部门均建立健全了监管台账，各村（居）委员均明确了安全监管员。

业务培训。4月11日至14日，市安监局共派出了包括安监局副局长、各股室相关负责人，各镇、街安全生产分管领导及专干在内的共14人的培训队

2017 年 5 月 10 日，市委书记傅勇、市长陈章杰带队检查千吨级码头建设土地、三峡燃气公司津市分输站、湘陶建材公司安全生产工作

伍，参加常德市举办的为期 4 天的全市安监系统干部培训班，学习行政检查与职务风险预防、示范乡镇创建、职业病危害防治以及危化、烟花、非煤矿山、工贸安全监管等方面的内容，取得较好效果。2017 年 9 月 4 日至 9 月 22 日，组织 2 人参加安全监管执法资格培训，其中党组书记、局长朱泽兴参加综合类(第二期)执法资格班，党组成员胡丕波参加了 2017 年工贸冶金类专题执法资格班，均顺利通过考试，取得执法资格证。同时，还组织全局在编在岗的干部参加 2017 年安全监管监察干部网络培训班。其中领导班子成员参加安全监管干部第一期网络培训班，其他干部按照各股室工作需要分别参加第二期、第三期、第四期的培训，参学率达到 100%。先后举办全市生产经营单位安全生产业务培训班、全市安全生产法制培训班、全市安全生产执法软件培训班，培训企业主要负责人 150 人次、市镇(街道)两级安监干部 200 多人次。召开局领导干部相关政策法规业务培训 18 次，通过学习，局干部整体业务水平得到提升，相关法律法规知识运用更加娴熟，进一步夯实了津市安全生产基础。(贺茫)

【体制机制】市安监局在市政府第 2 次常务会议上专题汇报安全生产工作，会议重新调整津市市安全生产委员会组成人员名单，重新修订《津市市有关单位安全生产工作职责清单》，对 32 家市安委成员单位职责进行了再次明确。市安委办共召开 4 次安委扩大会议，传达省、常德市安全生产电视电话会议精神，部署各项安全生产工作。市政府与各镇(街)、市安委成员责任单位签订了责任状，各镇、街道与村(居)，市安委成员责任单位与本系统安全监管企业均签订责任状。明确和落实党委政府领导责任、部门监管责任、企业主体责任，强化属地管理，严格工作考核，切实做到"党政同责、一岗双责、失职追责"。严格执行安全生产法律法规，完善安全生产规章制度和标准体系。市安委办共召开安全生产大检查、百日整治大会战、隐患整治等专题会议 13 次，旨在传达上级会议精神，分阶段部署各项安全生产工作。市委书记傅勇主持召开 2 次安全生产工作工作调研座谈会，给全市干部提劲下压，直面和解决问题。市安监局局长朱泽兴多次召开镇街安监站长、安委成员单位联络员会议，就阶段性工作、重点工作进行详细部署，特别是十九大期间，安排部署大检查、专项整治、督促督查、大检查“回头看”等工作，确保是十九大期间津市安全生产工作的稳定。全市各镇(街)、市安委成员单位，层层召开会议传达和学习会议精神，部署工作，扎实开展安全生产大检查和百日整治大会战，严格按照“一单四制”制度开展隐患排查整治工作。市安委办遵照书记、市长指示，给每名市级领导递送《关于市级领导近期带队开展安全生产检查的函》。市委书记及市安委会 8 名正副主任共开展安全生产督导 50 次以上，市安委成员单位根据各行业领域特点积极开展安全检查，镇(街)针对各辖区实际情况分别开展领导带队的站、办、所专项检查及村、居辖区巡查工作。市安委办对各镇、街道以及 25 家重点安委成员单位就相关会议贯彻落实情况进行2 次督查，并将督

2017 年 9 月 1 日，副市长、市公安局局长戴志刚主持召开全市安全生产工作“百日整治大会战”上劲会

2017年4月28日上午，市安监局联合市卫计局疾控中心、汪家桥街道，在桥头广场集中开展职业病防治宣传活动

2017年6月16日上午，以“全面落实企业安全生产主体责任”为主题的安全生产咨询日活动在市津城广场拉开帷幕

查情况在全市进行通报。还打造“互联网+安监”模式，积极开展线上互动。各镇、街道，负有安全生产监管职责的部门开展“随时拍及时传”活动，在市安委办QQ群和安监微信平台互动频繁，建立一大批安全检查记录、照片、隐患排查台账。

【业务工作】大检查大会战动真格。今年以来，市安监局共出动执法人员149人次，取缔非法经营窝点4处，检查生产经营单位68家，排查安全隐患111处。交警大队组织开展严厉打击7类重点交通违法行为的“百日会战”行动，对营运车辆超员、超速、疲劳驾驶、酒驾毒驾、涉牌涉证、城市秩序乱源等交通违法行为进行严厉查处。消防大队检查单位183家次，发现火灾隐患和违法行为521处，督促整改火灾隐患和违法行为522处，下发责令改正通知书183处，下发行政处罚决定书4份，查封4家。

“打非治违”力度加大。市安委办结合津市市实际制定了行动方案，成立了津市“打非治违”专项行动领导小组。行动期间，共组织执法行动20次，出动执法人员108人次，检查生产经营单位120个，排查发现隐患46处，其中仅在5月10日组织市公安局、市安监局等单位，在新洲镇开展烟花爆竹“打非治违”专项行动中就缴烟花鞭炮11个种类共270件，总价值约5万元。开展部门联合执法。2017年，市安监局联合安委会成员单位开展部门联合执法8次，重点针对企业隐患排查治理、安全教育培训、危险物品管理、职业健康防护、作业现场管理等方面进行了检查。

攻坚克难扎实有力。今年，市安委结合监管执法年活动，扎实开展了行业领域攻坚克难行动，下发了烟花爆竹、非煤矿山、危险化学品、消防、职业病防治、工矿行业等攻坚克难行动方案（津安办发〔2017〕8号、津安办发〔2017〕6号、津安发〔2017〕2号、津安办发〔2017〕5号、津安办发〔2017〕4号、津安办发〔2017〕7号）。制作各类执法文书260份，立案5起，处罚约3万元。其中，非煤、烟花领域：上半年联合打非8次，共查处零售点134个，非法经营15家，非法储存4处，属于“两关闭”范畴的专卖零售点6家，非法经营点15个，行政拘留1人，市镇两级检查经营单位33次，共排查隐患77条，停业整顿?11家，共办理烟花爆竹零售许可48件。工贸、职业健康领域：职业病现状评价签约企业7家，职业病危害因素检测的签约企业有5家，其中已有1家企业完成了评价，1家企业完成了检测。针对陶瓷耐火材料专业整治的，下达了职业病危害因素检测和接触职业危害员工体检的文书，目前检测正在进行。危化领域：积极开展了长输管道安全生产排查及整治，排查隐患8处，重大隐患2处，已整改完毕，否决了一处长输管道旁的工程项目。开展了成品油油罐专项整治，5家加油站更换了防渗漏油罐。开展了危险化学品生产企业打非治违专项行动，责令停产企业1家，行政处罚1万元。

安全生产月活动和咨询日活动开展有成效。活动月期间，津市市安监局被常德市安委办授予2017年“安全生产

2017年6月28日下午，湖南新合新生物医药有限公司举办氯气泄漏专项预案应急演练

月”活动宣传工作先进单位称号，在2017“安全生产月”群众安全文化活动中派出的队伍荣获三等奖，派出的选手在“最美安全卫士”演讲比赛总决赛中荣获二等奖。全国第九个防灾减灾宣传日期间，在市桥头明珠广场开展了安全生产应急知识宣传咨询活动，共展出安全生产宣传展牌5块，发放宣传传单200多张，接受现场咨询120人次。参与指导湖南新合新生物医药有限公司重点对应急响应、应急疏散、洗消演练、伤员抢救、应急救援五个核心科目，进行氯气泄漏专项预案应急演练。通过演练，提高了企业参演人员的应急响应能力，同时也为津市的应急演练工作提供了素材。（贺茫）

食品药品工商质量监督管理

【概况】2017年3月，津市市市场和质量监督管理局更名为津市市食品药品工商质量监督管理局，党组成员6名。下设三洲驿、汪家桥、新洲镇、药山镇四个监管所，内设机构有监管、消保、12315、办公室、财务、食监、商广、人教、监察、法制、计量、标质、特安、保化、餐监、食保16个股室；注册、市管、公平3个直属行政机构；个私协、消协2个挂靠社团组织；质计所、药检所、食药稽查大队、信息中心4个事业单位。到2017年12月底，津市市食品药品工商质量监督管理局共有在册人员192人，其中在职99人，退休86人，提前退休7人，在职人员中公务员52人，职工47人。

年初大幅度调整中层骨干及工作人员，提拔一批中层干部，制定15项内部管理制度，并印制成《规章制度》口袋书100本，在职干部职工人手一本。制定统一的法律文书和办案程序规范，开展“一月学一法”活动，领导干部带头上课讲法，每月月中或月末的周五下午组织全局干部职工学习一部法律法规，自行命题、自行组考，一年进行2次法律知识考试。市食药工质局获得“2011-2016年全市普法依法治理先进集体”荣誉称号，2016年再次被评为全市“六五”普法优秀单位。

依托“三会一课”、主题党日，组织党员手抄《党章》《准则》和《条例》，对党风廉政建设、“两学一做”、“增强四种意识，践行四个合格”、“两学一做”等方面进行专题学习讨论。开展民情日记、“荷花品格、梅花精神”、“喜迎十九大”、“囊萤之光”、“我为津市发展献一计”等系列征文活动，共收到征文88篇，选送16篇优秀文章参加上级评选。

2017年来，市食品药品工商质量监督管理局紧紧围绕市委、市政府中心工作，以服务发展和强化监管为主线，深化商事制度改革，加强事中事后监管，推进质量强市，为创造良好的市场准入环境、竞争环境和消费环境履职尽责，全市未发生一起重大食品、药品、特种设备、危化品及产商品质量安全事件。（陈钢）

【商事制度改革】推进“多证合一”、“一照一码”工作。商事制度改革是国家层面全面推行的一项政治任务。市食药工质局牵头，提请市政府常务会研究出台《关于深化商事制度改革的实施意见》规范性文件，制订《津市市商事制度改革工作考核办法》，同时，加大简政放权力度，优化办事流程，全年办理企业设立登记467户、企业变更登记323户、企业注销登记97户，2017年12月全市各类企业已达到2212户。多证合一

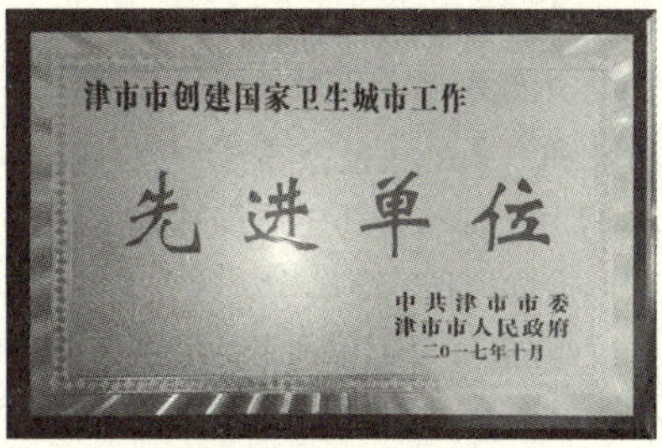

创卫先进牌匾

改革以来，共发放多证合一营业执照126户，给企业带来极大的便利。

推行事中事后监管平台，归集涉企信息。牵头推进“常德市涉企信息归集与部门事中事后监管平台”运用，组织全市45家商改办成员单位进行培训操作，成功推行监管平台工作部署和上线运行，实现部门数据交换、信息共享和联合惩戒机制全覆盖。联合市政府督查室检查各商改成员单位贯彻落实情况，迎接省市两级商改领导小组对津市的2017年商改年终考核。

开展企业年报、个转企工作。2016年需年报企业1626户、农民专业合作社156户、个体工商户6981户，2017年6月30日前已全部完成，三项年报率居常德市第一，津市被评为全省年报工作先进单位。成立“个转企”工作领导小组，全年召开工作调度会3次，5月、9月，市“个转企”办公室和政府督查室对全市各镇、街道“个转企”工作进行全面督查，2017年常德市给津市“个转企”的任务数为254户，全市实际完成“个转企”416户，超出任务数60%，津市居常

宪法宣誓现场

德9个区县市第一名。在《关于表彰2016年度市场主体年报公示工作先进单位和个人的通报》(常工商发〔2017〕61号)中,津市食药工质局被常德市工商局推荐为省工商局表彰的先进单位,局党组成员、总工程师朱巨泽被评为全市先进个人。在常德市人民政府办公室(常政办函〔2017〕23号)文件中,津市市人民政府被评为2016年度全市“个转企”工作优秀单位。

开展“双随机、一公开”抽查。召开局长办公会专题研究部署,将“双随机一公开”纳入系统各级年度目标责任考核,制定工作方案,抽调得力人员成立督查小组,按照“一单两库一细则”的要求抽查卷烟零售市场和装饰板材市场,按照经济户口比例,卷烟零售市场抽查139户,分为10个检查组,每组2人;装饰板材抽查3户,分为3组,每组2人。其中板材送检结果1户不合格,已经立案,并按照要求将检查结果依法录入到企业信用信息公示系统。

开展依职权注销个体工商户和清吊工作。组织各基层食药工质所学习《工商总局关于推进个体工商户简易注销试点工作的通知》及有关改革内容,确保各所工作人员全面掌握个体工商户简易注销改革的具体程序、提交材料规范及内部工作流程等。全市依职权注销共1773户,规范企业经营和失信企业,按照《企业经营异常名录管理暂行办法》的规定,依法移出企业经营异常名录企业4户、列入企业经营严重异常名录企业2户。(陈钢)

【食品药品监管】食品安全监管。一是全面推行食品安全网格化监管。在食品生产、流通、餐饮、药品、医疗器械等监管领域划分4个网格,设立23个监管区,形成“政府负总责、食安办统一协调、相关部门各负其责、基层监管网络完善、社会各界广泛参与”的工作格局,保障食品安全整体水平。二是湿米粉提质建新厂。整合津市绿达、窑坡、民生湿米粉厂,整体迁入高新区,投资1600万元新建生产厂房。无论是投资规模、生产能力还是厂房设备,在常德市各县市都是第一,也是全常德唯一一家在区县市地域内整合了所有米粉生产企业的公司。三是规范整顿豆制品加工小作坊。对全市豆制品小作坊业主进行培训,确立林杰、刘士军、张国庆、李祖英、谢光久5家为示范点,通过吊顶、地面、墙砖、三防、卫生等方面翻新整改,以点带面,全面提升豆制品小作坊食品质量安全。四是加强农村集体聚餐安全监管。将全市农村集体聚餐全面纳入规范化管理平台,实行电子化备案登记,组织对各乡镇、街道食品安全协管员和厨师队伍开展为期2周的轮训,确保农村聚餐食品安全。五是开展食品安全示范创建。指导德雅中学和新洲镇中学分别申报了省级、市级食品安全示范性学校,津市是常德市唯一申报两所示范性学校的区县。推荐襄阳街农贸市场申报常德市示范农贸市场,并在11月份经常德食药监局检查验收。六是组织专项整治。集中开展肉及肉制品、湿米粉、酒类、豆制品、养老机构食堂、校园及周边“食品安全护苗行动”、茶叶以及桶装饮用水等专项整治。七是创卫工作。10月24日,在津市召开的全市卫生与健康大会、全市创建国家卫生城市总结表彰暨城市创建工作推进大会上,市食药工质局局长陈杰代表全局作为创国卫工作典型单位在会上发言,食药工质局五名人员在会上被评为先进:陈宏、欧阳广、李建、刘勇、卢俊。食药工质局被市委市政府评为“津市市创建国家卫生城市工作先进单位”。

药械安全监管。一是组织开展中药饮片、特管药品专项整治。检查药店68家、医疗机构14家,其中发现供货方资质不全8家,储存条件不合要求19家,对发现问题的单位责令其限期整改到位。二是加强药品不良反应、医疗器械不良事件的监测工作。完善全市不良反应上报网络基点,全面开通7个乡镇卫生院及4个社区卫生服务中心不良反应上报账号,完成药品不良反应监测188例(全年任务180例);完成医疗器械不良事件监测91例(全年任务90例)。聘请常德市局不良反应中心副主任杜慧、周奕兵来津市对药品和医疗器械不良反应上报单位和医疗机构进行实地培训。三是提高保健品化妆品监管力度。开展“护老行动”,对全市以会议营销方式经营保健品、医疗器械的企业进行严格审查,对咏寿堂、冠瑞高电位、红瑞乐帮店面进行关停。

监督抽检。一是生产环节。全年生产环节共接受省、市监督抽检65批次,其中4批次不合格。二是流通环节。对相关学校、水果超市、农贸市场销售(餐饮原材料)的食用农产品随机抽样240批次,样品送广电计量检测(湖南)有限公司进行检测,检测结果全部合格。完

3.15消费者权益日宣传

5.12 应急宣传

成 10 批次药品抽检任务，其中 2 批次不合格，已立案查处到位。三是消费环节。对高考、中考、学考、药山寺开光和全市青年联谊等重大活动快检 60 批次，协助常德市药监局在津市餐饮环节食品抽检 26 批次，检测结果全部合格。

打假治劣。全年共立案查处食品药品案件 84 件，涉案金额 800 多万，罚没 120万元，扣押没收“三无”、不合格食品 2 万余公斤、假酒 10 件，涉案货值金额约 2.7 万元，没收不合格中药饮片 1.5 公斤，涉案货值金额约 1600 余元。全年共查处 5 万元以上案件 1 件，关停湿米粉小作坊 3 家，端掉一假冒生产食品添加剂小苏打的黑窝点，查封食品添加剂 20 余吨。向南县、安徽亳州局移送相关案件线索 3 起，全市全年未发生一起重大食品、药品、特种设备、危化品及产商品质量安全事件。常食药监函〔2017〕20 号《关于 2016 年度全市食品药品重点业务工作考核结果的通报》，津市市食品药品监督管理局被评为“2016 年度全市食品药品重点业务工作优秀单位”、“2016 年度全市食品药品稽查工作先进单位”。食药稽查大队大队长欧阳广荣获省人力资源和社会保障厅、省食品药品监督管理局联合表彰的“全省食品药品监督管理系统先进个人”。

宣传培训。3 月 17 日，对全市餐饮单位开展了第一期食品“三小”条例培训，参训 100 人次；3 月 31 日，对全市各学校食品安全分管负责人进行了食品安全知识培训；4 月 10 日，对津市一中近 3000 师生进行了食品安全知识讲座；5 月 20 日，对全市民办托幼机构 30 名园长进行了为期半天的《食品安全法》及相关业务知识培训。组织电梯负责人知识培训、豆制品小作坊业主培训、乡镇厨师培训、药品、医疗器械不良事件报告培训、广告从业人员学习培训等。开展广场宣传活动，举办“3.15”消费者权益日、“5.12” 防灾减灾日宣传、“网络诚信，消费无忧”、食品安全宣传周、安全生产月、全国安全用药月等活动，共发放宣传资料 4500 余份，接受咨询 1000 余人次，曝光假冒伪劣商品 20 余种。（陈钢）

【维护市场秩序】开展“红盾护农”专项行动。对全市七个乡镇 98 家农资经营户进行排查，共检测出不合格复合肥料 1 种，不合格农机 - 水泵 3 个批次。

安全生产工作。开展安全生产专项检查 42 次，检查烟花爆竹经营户 27 家，对没有及时更换证照 2 家经营经营户现场进行督办。加强特种设备安全监管，召开各液化气站和电梯安全负责人会议 2 次，培训电梯负责人 60 人次，组织开展危化品泄漏事故应急救援演练。检查电梯、液化气罐等特种设备单位 178 家次，发现隐患整改 23 起，立案查处不合格充装液化气等案件 18 起。在市委、市政府《关于表彰2017 年度全市工业经济等 14 项工作先进单位和先进个人的通报》（津委〔2018〕2 号）中，市食药工质局荣获 2017 年度 “安全生产工作先进单位”、特安股股长王新跃被评为“安全生产工作先进个人”。

商品质量监管。对辖区加油站销售的成品油及柴油抽检 8 个批次，其中 2 个批次的车用柴油不合格，罚款 4 万元。开展电线电缆市场专项检查，约谈 8 家生产电线电缆企业在津市销售的客户代表。开展儿童玩具、塑胶跑道、校服、课桌、学校化验室器材专项执法检查和常德市工商局安排的双随机建材市场的板材抽样监测 10 起，其中不合格的有 7 个批次，立案 7 起。对全市的衡器、天平、压力表、计价器、加油机等强检计量器具检定 3019 余台件，确保合格率 100%。

虚假违法广告和商标侵权专项整治。查处谢林平侵犯晚安注册商标专有权案和湖南口味王槟榔有限公司等 8 起违法案件，罚没金额 11.3 万元。对津市电视台违法广告进行立案调查，查处老百姓大药房、益丰大药房两起发布违法处方药广告行为，罚没 15 万元。

打击传销和不正当竞争行为。与全市七类涉嫌商业欺诈、霸王条款、非法融资企业签订承诺书 56 份，约谈 13 家企业负责人。联合烟草专卖局、公安局等部门对烟草市场进行专项整治，下达责改通知书 63 份，受到常德市烟草市场治理整顿领导小组的表彰。联合公安出动 200 多人次对全市的有关麦点商城、大唐天下等可能存在涉嫌传销的营业网点进行拉网式排查，收缴其印刷品，禁止发布商业广告，两次约谈其津市负责人，并通过 12315 短信平台发布消费警示 3 万余条，在社区、学校张贴打击传销宣传海报、画册及宣传单近万份，杜绝传销行为的滋生土壤。

开展消费维权。2017 年在全市增

安全用药月活动现场

设投诉站点19家，全年（截至12月5日）共受理消费者投诉、举报132起，其中12315电话平台投诉67起、全国12315互联网平台投诉11起，市长热线21起、电话投诉18起、来信来函投诉2起、上门投诉6起，常德市食药局交办件5起、常德市质监局交办件2起，接待消费者咨询70余人次。全部进行处置和回复，结案率100%。严格节假日值班制度，确保维权电话24小时开通，及时便捷的化解消费矛盾和纠纷。为消费者挽回经济损失200多万元。其中查处两起现代、猎豹汽车消费欺诈案，罚没30多万。（陈钢）

【**服务经济发展**】引深品牌战略，推进质量强市。2017年商品申请注册商标20件，获得湖南省著名商标3件，其中“灵犀山茶油”、广钱油脂“绿滑源”被评为湖南省著名商标。协助湖南润农生态茶油有限公司组建津市茶油协会，并指导申报“津市茶油”国家地理证明商标。通过名牌咨询、技术指导等措施，提高企业的质量意识和创牌意识，组织企业参加常德市质监局名牌产品会议，鸿鹰生物公司获得名牌产品的授牌。

开展“合同帮农”工作。制定2017年的“合同帮农”工作方案，组织涉农企业和农户学习《合同法》、《农民合作社法》等法律法规，动员农户发展“订单农业”，推广使用规范合同格式，针对“订单农业”履约难的问题，帮助企业、农户建立利益和风险共担的机制，增强企业、农户依法履行农业订单的法律意识。

帮扶企业融资。发挥行政指导作用，服务企业动产抵押、股权质押。全年完成动产抵押登记7起，涉及贷款金额近8755千万元，拍卖备案6件，监督拍卖行为6次。全年办理企业股权出质22家，累计股权出质数额31021万元，累计担保债权数额13762万元。

开展“守重”企业评选。2017年5月份以来，市食药工质局按照省、常德市工商局有关文件精神开展企业2016年度“守合同，重信用”评选活动。湖南星辰房地产开发有限公司、湖南银厦房地产开发有限公司、津市市江湾船舶修造有限公司3家企业，被评选为湖南省“守合同，重信用”省级企业。津市市金湘猪鬃实业有限公司、湖南娄星纺织有限公司、湖南宏力纺织有限公司、湖南新合新生物医药有限公司、津市好润佳商业有限公司、津市市私享智能安防科技有限公司、津市市自来水有限责任公司、湖南有线津市网络有限公司、津市长燃燃气有限公司、津市市园林绿化有限责任公司、津市市石龟山油脂有限责任公司、湖南鑫源缸套有限责任公司、湖南创奇食品有限公司、湖南润农生态茶油有限公司、常德仁和盛五金包装制品有限公司、津市市人民医院16家企业被评为常德市“守合同，重信用”单位。

开展“幸福津市，消费无忧”工程。4月份成立工作领导小组，下设办公室消保股，走访、摸排申报对象，向常德市申报兰苑、新阳光、金一等16户放心消费示范店，确定武装部路口至六一路口

护老活动现场

1条样板示范街。制作"幸福津市·消费无忧"宣传标志55个、"一承诺五制度"公示牌45块，发布经营户电视宣传视频广告7个、商业街大型广场宣传视频广告1个。

精准扶贫工作。2017年市食药工质局的扶贫联系村是毛里湖镇中心村和药山镇三新垸村。在毛里湖镇中心村，清理"四类人员"10户，新增11户，共结对帮扶54户，2017年以前脱贫12户，2017年脱贫14户。在药山镇三新垸村，2017年共走访贫困家庭16户，通过精准扶贫有1户在2017年脱贫，全年共下村走访20余次，慰问2次，开展为贫困户建立家庭桔园、产业扶持、宣传政策、落实医保、落实助学金等活动，支付帮扶资金共计10万余元。中共津市市委、津市市人民政府《关于表彰2017年度全市工业经济等14项工作先进单位和先进个人的通报》（津委〔2018〕2号），市食药工质局被评为"脱贫攻坚工作先进后盾单位"。

招商引资工作。2017年完成招商引资工作任务5000万元，为湖南旺森农牧有限公司引进资金2268万元，和市农业局共同引进湖南嘉一食品有限公司，该项目总投资1.3亿元。在市委、市政府《关于表彰2017年度全市工业经济等14项工作先进单位和先进个人的通报》（津委〔2018〕2号）中，市食药工质局荣获"部门服务企业工作十佳单位"。津办〔2017〕28号文《关于2016年度全面建成小康社会工作考核结果的通报》中，市食药工质局被评为"2016年度全面小康红旗奖"。

推进非公党建。7月开展非公党建"百日攻坚行动"，一把手任组长，成立"津市市非公经济组织综合委员会"。4个基层食药工质所设立党建工作指导站。创建3个推送常德市级和12个本级非公党建联系点，指导成立中共津市市药山镇四季红林果农业专业合作社支部委员会。与湖南润农生态公司党支部在位于毛里湖镇花桥村的润农油茶林种植基地联合开展"党团共建、携手共建""户外素质拓展、服务企业发展"主题党日活动。（陈钢）

毛里湖湿地公园风光

【概况】2017年，津市教育工作以满意教育为总揽，以建设教育强市为方向，以为建设澧水流域现代化中心城市提供智力支撑为己任，围绕“更加均衡、更高质量、更加和谐”奋斗目标，扎实开展各项工作，推动全市教育事业科学健康发展。2017年，顺利迎接国家三类城市语言文字工作评估迎检并取得优秀等次。先后取得了湖南省教育信息化试点县(市、区)、湖南省生源地信用助学贷款工作优秀单位等10多项省、市级荣誉。

教育规划引领呈现新思路。市教育局党委多次调研，多方听取群众意见，几易其稿，形成《津市市教育布局调整规划(2016-2020)试行稿》，经过市教育强市领导小组研究并在市委常委议教会确定通过。教育局党委组织实施，一是抓城乡一体化，通过农村薄弱学校改造工程，学前教育普惠工程，夯实农村学校办学基础，改善办学条件，缩小城乡教育差异。二是抓优质均衡，坚持优质、均衡一起抓，实现双轮驱动，通过学校重点工程项目建设，发展优质教育资源，既打造一批品牌名校，又确保全市教育均衡发展。三是抓城区调整，二小、三小、双济学校深度融合，实行“一所学校，两个校区，一套班子，一体管理”的办学模式。七小整体搬迁到原五中，全新升级改造，夯实办学基础。恢复车胤中学，形成城区初中“北德雅、南车胤”两校竞争并行的办学新格局，为津市高中阶段教育提供更多的优质生源基础。职教集团实行南北校区合并，特殊教育学校整体搬迁原电大校区，整合教育资源，解决城区大班额问题、义务教育均衡发展。

重点项目建设打造新格局。2017年是津市教育重点项目工程建设年，投入资金1.05亿元用于学校项目工程建设。城区教育布局调整，按照津澧融城城区发展总体规划，重建车胤中学及市二小三小双济学校联合办学等系列工程。城区美丽校园建设。持续开展市一小、二小、五中、五小、二小双济校区等学校美丽校园建设，高品质、多元化、特色化的美丽校园初见成效，提升教育现代化水平。市一中美丽校园建设工程一期顺利收官，建筑面积20000多平方米的综合科教楼落成并投入使用。市三中美丽校园建设一期工程破土开工。农村薄弱学校改造，高标准改造翊武中学、新洲中学塑胶田径运动场地，新建保河堤中心小学1400平方米教学楼，新增学位近300个，为农村学校添置学生寝室储物柜(架)，改善学生居住条件。学前教育基础建设，相继建成渡口中心幼儿园、棠华中心幼儿园教学楼，易址新建灵泉中心幼儿园建设，占地面积4500平方米。三所乡镇中心幼儿园的建成为津市农村新增幼儿学位600个。2017年10月30日，常德市在津市开展省级重点民生工程项目校(园)的评估验收工作，保河堤中心幼儿园、白衣镇中心幼儿园、嘉山实验学校顺利通过此次督导评估验收工作。

教育内涵发展实现新提升。加强爱国主义和社会主义核心价值观教育，推动未成年人思想道德建设再上新台阶。2017年3月，组织全市义务教育阶段学校学生进行思想品德素质评价活动，围绕“培养学生良好习惯养成教育”德育主题，各校开展学雷锋月、绿色校园、网上祭英烈、经典诵读等德育特色教育活动。在全市范围内开展“争创最美校园、争当最美园丁、争做最美学子、争选最美家长”(以下简称“争四美”)主题活动。评选通报表彰“最美校园”6所，“最美园丁”、“最美学子”、“最美家长”各10名。津市一中严心怡、德雅中学陈芷妍荣获“2017年常德美德少年”称号。

围绕教师专业成长、学生全面发展目标，通过常规视导、质量包保、组织教师参加各类竞赛、青年教师教学比武等活动，带动全市教学水平整体提升。各学科教研员深入一线，参与学校管理、上常规课、组织集体备课、开展课例研讨、举办专题讲座并指导青年教师教学，发挥示范引领作用。津市中考成绩进入常德市第一方阵，会考、高考成绩稳步提升，是常德市各区县进步幅度最大的县市。2017年湖南省职业院校技能大赛上，津市职教集团取得个人二等奖2人，个人三等奖1人，小组赛三等奖1个。在2017年第四届全国中学生科普科幻作文大赛总结赛上，一中学子共荣获5个国家级奖项，其中一等奖1人，二等奖1人，三等奖3人。

坚持“一校一特色，一生一特长”素质教育发展战略，举办中小学校艺术节、体育节、科技创新大赛等特色活动，培养学生的核心能力和素质，促进学校和学生内涵品质的提升。市一中篮球队在常德市中学生男子篮球赛上勇夺四连冠，市学生乒乓球队傲居常德榜首，德雅中学女子足球队在常德市七运会上蝉联冠军，津市二小入选“全国青少年校园足球特色学校”。湖南省第十八届中小学电脑制作活动中获二等奖作品3件，三等奖作品2件。

提升教师教学能力和学生核心素养，促进课堂提质增效，提高教学质量，以“落实‘四改四抓’”、“组织课堂竞赛”为工作内容，推广德雅“雅智课堂”和二小“趣智课堂”教学模式，开展“提高课堂效率”的一系列活动。鼓励教师参与网络教研，支持骨干教师建设网络“优质空间课堂”，充分发挥肖建军中学物理、谭晓明小学数学两个省信息教学示范空间作用，引领团队网络教研。3项省级课题通过立项申报开题论证，4项省、市级课题通过中期评估，5项省、市级课题在常德市教育科研成果评比中获奖。在优秀教学论文、教学设计、课件制作评比中，津市共有185篇文章（课件）获奖，其中省级奖123篇，常德市级奖62篇。

教师专业发展激发新活力。2017年通过特岗教师招聘、人才引进，共引进优秀大学毕业生66名，除高中阶段外，新进教师全部安排到农村中小学、幼儿园任教，改善农村中小学教师队伍年龄结构、学科结构。实施义务教育学校校长、教师交流轮岗工作的省级试点，市级教师交流、乡村教师交流、下乡支教等交流教师112人，促进城乡教师队伍均衡，专任教师学科、年龄和职称结构日趋合理。开展全体农村教师免费体检、教师节慰问、教育系统文体活动，提高农村教师队伍凝聚力，激发农村教师干事创业的激情。

持续6年坚持开展暑期师德师风集中整训和“千名教师进万家大家访”活动，教师队伍工作作风持续向好。开展名师工作坊建设，一中生物学科谭启荣老师的工作坊获批为常德市首届名师工作坊。2017年，全市教师参加国培、省培、市培等各类培训650人次。推进“一师一优课、一课一名师”活动，促进信息技术与教育教学深度融合。在全国中小学安全教育精品课程征集展示活动中，取得常德市第一名，其中，5堂课程被评为部级精品课程，1堂课程被评为部级优秀课程。

校园安全稳定提供新保障。2017年是创建湖南省“平安校园”先进市的开局之年，制定《深入开展平安创建活动实施方案》、《关于全面开展“平安校园”创建活动工作方案》、《津市市教育系统安全生产“一岗双责”实施办法》和《津市市教育局党委班子成员安全维稳职责分工》，落实安全管理“一岗双责”制度，规范全市校车公司化营运，完善校车基础设施建设，实现国标校车在所有镇（街）全覆盖。推进全市中小学校校园及周边“食品安全护苗行动”，开展“护苗行动”专项整治工作，落实学校食品安全责任，做好学校食品及饮用水安全工作，及时消除安全隐患，学校食品安全意识不断增强。严格落实安全隐患排查整改工作，突出改善安全工作基础条件，提升学校“三防”能力建设，确保全市校园安全责任事故为“零”，校园违法犯罪率为“零”，津市一小被评为湖南省防震减灾科普教育示范学校，德雅中学被评为常德市禁毒示范学校，新洲中学被评为津市市平安创建示范单位。

2017年津市迎接国家三类城市语言文字工作评估，党政机关和公共服务行业的重视与参与程度高，全市共有58家单位的1282人参加普通话测试。11月23至24日，通过国家三类城市语言文字工作评估，并取得优秀等次。

2017年，全市完成教育脱贫攻坚各项任务，发放各类学生资助245.44万元，资助学生3872人次，2017年为147名大学生发放贷款118.4万元，为大一新生发放路费补助2万元。摸清每个建档立卡家庭学生信息，共有建档立卡学生729人，建立建档立卡家庭学生在校信息台账，实现建档立卡家庭学生资助全覆盖。开展驻村帮扶工作，为农户销售农产品，对特困户实行资金扶助。针对2017年洪涝和旱灾比较严重的情况，协助疏通排灌沟渠，整修抗旱机埠，落实基础设施建设帮扶资金5万余元。

党的建设引领凸显新成效。2017年，市教育系统加强党的思想建设、组织建设和作风建设，组织“两学一做”学习教育，开展“书记上党课”活动。完成中组部和常德市委组织部智慧党建系统录入、维护工作，全市教育系统共有一千余名党员信息进入智慧党建系统，推动党建工作“互联网+”进程。推进“红星云”微信公众号的关注、激活及网上支部工作开展，教育系统的激活工作排在全市前列。

党风廉政建设不断加强。严肃政治纪律，对教育行政干部进行党风党纪、从政道德、示范和警示教育，加强党员干部思想政治建设，引导党员干部廉洁从政，拒腐防变。局党委班子成员与教育局中层干部、校长谈心谈话近300人次，以谈话促廉洁自律、促规范管理，提升规矩意识和政治觉悟；严肃执纪问责在，对违规征订教辅材料、违规收费、违规招生、有偿补课、师德师风和“四风”问题等行为实行零容忍；切实加强廉政文化建设，组织开展“荷花品格、梅花精神”系列廉洁文化活动，通过廉洁知识抢答赛、廉洁模范评选及“荷花品格、梅花精神”十佳廉洁文艺节目开展系列活动开展，营造了良好的社会氛围。

优良政风凝心聚力。落实“三重一大”事项集体决策要求，完善党委内部的议事和决策机制，强化集体领导和个人分工负责相结合的具体制度，不断提升教育局党委工作的规范化、民主化、科学化水平。2017年在机关股室负责人竞聘，干部轮岗、考调，城乡校长、教师交流，校长任免、新建城东新区寄宿制小学等重大事项上均经党委会集体讨论，进行民主决策。（吕磊）

【德育】2017年3月,津市各校相继开展"学雷锋"主题班会、"植树节"绿化校园活动、"学法律,重安全"活动、"走进敬老院,关爱老人"活动。各学校还利用国旗下讲话、黑板报、广播站,宣传雷锋精神和身边学雷锋的典型事例,弘扬雷锋精神。4月,各学校开展主题班队会活动,搜集英雄信息,宣传英烈事迹。9月30日,津市一中、车胤中学部分学生代表在烈士陵园参加全市烈士纪念日活动。市文明办、市教育局于9月22日举办中小学生经典诵读活动比赛。津市一小等5个单位荣获一等奖,德雅中学等7个单位荣获二等奖,翊武中学等5个单位荣获三等奖,彭敏等教师荣获优秀指导教师奖。6月,在未成年学生中开展2017年常德市"美德少年"推荐评选和学习宣传活动,推荐了二小王叙心、一小田桉羽、一中严心怡、德雅陈芷妍、新洲杨湫蓉参加常德市"美德少年"评选。杨湫蓉、严心怡、陈芷妍评为常德市"美德少年"。6月25日举办全市中小学生艺术节,各校选派优秀节目参加全市的中小学艺术节展演活动。组织全市中小学生三独比赛,各校推荐优秀选手参与上级竞赛活动。

团市委、市少工委2017年继续深入开展希望工程"一元捐"公益助学活动,共募集资金17792.5元。

6月—9月,市教育局、市文明办在全市中小学和学生家长范围内开展"争创最美校园、争当最美园丁、争做最美学子、争选最美家长"(以下简称"争四美")主题活动。全市中小学"争四美"评选活动计划评选通报表彰"最美校园"6所,"最美园丁"、"最美学子"、"最美家长"各10名。德雅中学被评为常德市"最美校园";保河堤中学杨银、七小张雯老师被评为常德市"最美园丁";津市一中易林燊、津市二小王叙心同学被评为常德市"最美学子";津市二小家长雷红梅被评为常德市"最美家长"。

9月,以德雅中学国防教育基地为依托,在全市中小学生中进行国防知识教育。市一中代表津市参加常德市大专院校及普通高中国防教育知识电视大奖赛,取得团体三等奖的成绩。9月,津市一中、三中、职专组织新生进行为期一周的军训活动。

10月,组织开展"学宪法、讲宪法"演讲、征文、微课、法治知识网络大赛等系列活动,津市二小但静怡、德雅中学杨鑫裴、津市一中黄汝洁参加常德市"学宪法、讲宪法"演讲比赛分别获得二、三等奖。组织开展"法制宣传周"系列活动,教育引导青少年从小牢固树立宪法意识、公民意识、爱国意识、民主法治意识。

11月,团市委、教育局团工委联合下发《津市市中学共青团改革实施方案》。12月,经民主评议,学校推荐,津市市教育局审查,常德市教育局审定,车霁峰等29名学生被授予2016—2017普通高中"市级三好学生"称号,张竣博等15名学生被授予2016—2017学年度常德市普通高中"市级优秀学生干部"称号,李明睿等6名学生被授予2016—2017学年度普通初中"市级三好学生"称号,雷霆等3名学生被授予2016—2017学年度常德市普通初中"市级优秀学生干部"称号。市教育局在嘉山实验学校组织开展"用社团活动有效承载德育工作标准化管理"为主题的班主任论坛活动。(蔡勇、涂戎)

【体卫艺科工作】2017年,全市学校体卫艺工作,健全和完善各校体育、卫生与健康教育、艺术教育工作机制,提高工作效率。学校体育工作贯彻《学校体育工作条例》,督查各学校落实"两操一活动"开展情况,使全市体育课教学逐步走向规范化。高质量搞好"两个测试"的保障工作,确保九年级中考体育测试、国家学生体质健康测试与上报工作顺利完成。3月组织开展足球教练员、裁判员培训,有近50人参加。2017年是第二十届体育节,教育局组织的中小学生田径运动会有来自全市各学校25支代表队548名运动员参加,评选出8名体育道德风尚奖、13名优秀代表队、多名优秀裁判员和教练员;2017年有小学男子200米、小学男子4×100米接力、初中女子铅球破市运动最高纪录;11月举办中小学篮球赛和首次足球赛。参加2017年常德市高中生篮球赛,市一中荣获第一名;参加2017年常德市青少年校园足球联赛总决赛,市德雅中学获初中女子组第二名、男子组第三名、市职专获高中女子组第三名;参加常德市2017年青少年阳光体育运动联赛中小学乒乓球赛,市一小学生彭予迪取得女子单打第一名,津市获得小学女子团体第二名;津市德雅中学获教育部国防教育特色学校、津市市第二小学获教育部青少年足球特色学校。

建立健全并落实学校传染病疫情报告制度、学生晨检制度、室内外环境保洁消毒杀虫制度,确保学校卫生工作的顺利开展;开展学生生长发育监测工作,对学生进行视力、身高、体重等项目测量、分析评价。

9月,开展入学新生的预防接种证查验,向学生和家长宣传预防接种知识;下半年,组织学生健康体检,建立学生体质健康档案。落实教育部《中小学健康教育指导纲要》,开设中小学生命健康教育课,围绕学校常见病、多发病和季节性呼吸道传染病防治等主题,开展形式多样的宣传教育活动,教育局统筹安排,建好学校医务室,配齐相关设备,做好中小学生生命安全教育和疾病防控工作。2017年,市德雅中学评为湖南省生态文明示范学校、湖南省健康食堂;市第一小学、市职业中专学校评为湖南省健康学校;市教育局机关评为湖南省健康机关;市第一中学教师姜淑莲获省普通高中心理健康优质课评比二等奖。

规范艺术类课程的落实,建立健全艺术教育的各种制度,开展兴趣小组、少年宫、社团活动,组织初三学段艺术考试,促进学生艺术能力的培养。上半年,各校根据实际情况举办校园艺术节,并选派优秀节目参加津市市第十九届中小学艺术节展演活动;组织2017年津市市中小学生书法、绘画、摄影作品比赛及"三独"比赛,推荐优秀选手参与常德市的竞赛活动并取得较好成绩。参加中学生建制班合唱比赛,市德雅中学获常德市一等奖、湖南省二等奖，津市三中获常德市二等奖；参加常德市中学生“三独”比赛，新洲中学、德雅中学、白衣中学、灵泉中学学生分别获得一、二、三等奖；参加常德市中小学生绘画、摄影作品比赛，新洲中学、津市三中、津市一小、津市二小、白衣中学、津市一中、灵泉中学学生作品分别获得一、二、三等奖。（蔡勇）

【学前教育】2017年，津市新增普惠性民办幼儿园津市市小风车幼儿园；新认定常德市示范性幼儿园津市市萌芽幼儿园、灵泉慧慧幼儿园；原址新建乡镇中心幼儿园棠华中心幼儿园、渡口中心幼儿园；选址新建乡镇中心幼儿园灵泉中心幼儿园；新建民办幼儿园津市市东宇幼儿园；停办民办幼儿园兰芷幼儿园。12月，全市共有各类幼儿园43所。城区有幼儿园19所，其中公办园6所，民办幼儿园13所（含6所普惠性民办幼儿园）。乡镇有幼儿园24所，其中公办农村乡镇中心幼儿园7所、村级园3所，民办园14所（含7所普惠性民办幼儿园）。全市已建成普惠性幼儿园29所，占比67.4%；全市共有专任教师487人，其中中专及以上学历水平420人，占比86%，大专及以上学历水平210人，占比43%；有216人持教师资格证、有120人持保育员资格证，占比为69%；全市3–5岁学龄前幼儿总数4782人，公办园在园儿童1943人，普惠性民办幼儿园在园儿童数为1791人，占比78%。2017年全市以二期学前教育三年行动计划为契机，加大建设力度，改善办园条件，提质改造乡镇中心幼儿园（农村幼儿园建设有白衣中心幼儿园、保河堤中心幼儿园为省事实项园进行扩建；新建的渡口中心幼儿园为常德市级事实项目园），着力扩大农村学前教育资源，解决乡村学前适龄儿童“上好园”的问题。全市已基本形成以公办幼儿园为主体，以示范园为主导，以乡镇中心园为基础，以火花幼儿园为龙头的公、民办共同发展的学前教育新格局。

2017年，津市学前教育通过各项活动的开展落实优教优保工程，一是开展结对帮扶、送教下乡活动，通过教学观摩、业务培训、送教下乡、师徒结对、捐赠等活动提高全市相对薄弱幼儿园的办园水平和保教质量，促进全市幼儿教育健康、持续、均衡发展；二是开展了系列评比活动，全市幼儿园校园文化建设评比、自制玩教具评比、幼儿园区角活动展评及社会领域优秀活动评比、中小学幼儿园艺术节文艺节目展演、学前教育宣传月、优秀幼教论文评选等活动来提高保教质量，防止和纠正幼儿教育“小学化”倾向。2017年，火花幼儿园张玲、姜婷婷老师所执教的社会领域活动分别获常德市一、二等奖特校谭贵才、火花幼儿园张玲、保河堤中心园徐淑萍老师撰写的论文分别获常德市一、二等奖。三是开展系列培训，2017年各幼儿园多次参加省、市学前主管部门组织的业务活动及会议；有42人次参加学前项目的国培、省培。以城乡结对帮扶活动为载体，结对园所教师进行师徒结对、分期分批到帮扶幼儿园跟班学习，共有200多人次参加市级的各类学习与培训，形成一支综合素质高、业务能力强的幼教师资队伍。全市学前教育通过抓建设落实管理创新工程，一是抓幼儿园管理队伍建设。2017年多次派园长外出学习与培训，目的是让各园园长开阔眼界，更新观念，在办园方向上把好舵；二是抓师德师风建设。暑期，教育局组织开展师德师风主题教育活动和“千名教师大家访”活动，并要求园方和教师签订师德师风承诺书，严格按照师德标准高于业务标准的要求选聘从教人员，把师德师风建设纳入到教师队伍选聘、管理和考核的重要内容；2017年教师节表彰师德高尚、爱生如子的优秀幼儿教师张玲（火花）、周颖文（火花）、黄妍（襄阳街）、胡忠慧（灵泉慧慧）等教师。三是抓安全管理。每学期开学，全市各幼儿园填写“幼儿园基本情况”、“教职工基本情况”、“幼儿花名册”等表册，学前办摸清各园的底子并定期不定期的联合卫生局、社管办、安稳办对各幼儿园进行安全、卫生检查，实时下达整改通知，排除安全隐患，为幼儿园营造安全健康氛围；四是抓收费管理。幼儿园保教费与伙食费的收取严格按照发改局的备案标准执行，坚持收费公示制度，办人民满意的教育。（蔡勇、袁香）

【义务教育】2017年，全市共有义务教育阶段学校28所，其中：初中7所（城区2所、乡镇5所）；小学18所（城区6所、中心小学5所、村小和教学点7所）；九年一贯制学校2所（乡镇2所）；特殊教育学校1所。2017年下学期全市小学生总数为9058人。其中一年级学生总数1530人，办41个班，平均班额为37人；二年级学生总数1547人，办39个班，平均班额为40人；三年级学生总数1654人，办43个班，平均班额为38人；四年级学生总数1502人，办38个班，平均班额为40人；五年级学生总数1408人，办34个班，平均班额为41人；六年级学生总数1417人，办33个班，平均班额为43人。2017年下学期全市初中学生总数为3508人，办89班，平均班额为39人；其中七年级学生总数1181人，办31个班，平均班额为38人；八年级学生总数1183人，办29个班，平均班额为41人；九年级学生总数1144人，办29个班，平均班额为39人。（蔡勇、涂戎）

【普通高中教育】全市普通高中教育学校有津市一中和津市三中。市第一中学是一所省级示范性普通高级中学，省级“园林式单位”、省级“食品卫生安全学校”、常德市“教育科研先进学校”。学校创建于1943年，已有74年历史。学校秉持“合格加特长，为学生的终身发展奠基”的办学理念，始终相信“每一个孩子都是父母的希望，每一名学生都是一中的骄傲”。2017年，学校有教学班36个，在校学生1668人；在职教师197名，其中特级、高级教师76人。

推进名师工程、青蓝工程。2017年5月，津市一中“谭启荣生物工作坊”正式挂牌，是常德地区唯一生物学科市级工作坊，2017年9月，伍红帅被评为“常德市优秀教师”，易红艳、卢小庆等9人在湖南省教学比武中取得好成绩，刘朝相、沈勇等多人荣获常德市教学比武一等奖。2017 年暑假,组织了杨渊、彭威等 30 多位骨干教师赴杭州参加“第六届数字校园建设”培训,唐静等多名教师参加常德市高中教师培训。开展校际教研教学交流。2017 年 10 月中旬,“常德市 2017 年普通高中化学教学竞赛暨教学改革研讨会”在一中化学探究实验室举行。11 月初,“2017 年常德市地理学会学术会暨地理核心素养培养研讨活动”在一中举行。学校化学和生物组教师分赴怀铁一中和衡阳参加教学观摩。12 月初,举办的“鹿山杯”教学比武活动,特邀请家长和学校工作监督员做评委,参与学校评教议教。2017 年,市一中被常德市教科院评为“2017 年度教育科研工作先进学校”。常德市教育局组织的“最美校园”评选活动中,一中在网络投票中位居常德市中小学第 15 位。

2017 年,采取小班化教学、一包五辅导、辅尖补偏等措施,得到了家长认可和社会好评 2017 年高考,高考一二本上线 332 人。高二年级 2017 年学业水平考试的合格率达 98.9%,位居常德地区第 4 名。

2017 年,投资近 7000 万元修建的综合大楼投入使用,校园道路完成了白改黑工程。2018 年,市财政将增加学校 200 万元保障经费,到 2020 年达到全额保障。对校园环境将围绕“美丽校园建设”方案,逐步完成进一步升级改造。

2017 年开始津市市委、市政府投资 3000 多万元全面升级改造学校,建设美丽的新三中。第一期建设工程已在稳步推进。学校有学生800 多人,在编教职工 74 人,其中中小学高级教师 24 人,中小学一级教师 32 人。

2017 年,课题研究《农村高中生语文阅读能力培养研究》在常德市第 11 届教育成果评奖中,获得二等奖;在常德市 2017 年中小学研究性学习成果评选活动中,庹云老师代表学校做《综合实践活动,让我们走得更远》讲座报告;其中民盟津市三中支部获常德市先进基层组织三等奖,所选送节目参加市艺术节获市一等奖和创新奖;5 月参加《传承中国文化,健康快乐成长》合唱、三独比赛获市一等奖、创新奖;9 月参加津市市教育系统《国学经典诵读》获市一等奖;11 月参加津市市教育系统红歌合唱比赛二等奖;以学生自主管理为主体的“值周班”工作在津市电视台得到推广;组织班主任赴常德市二中参加学习培训;2017 年下学期与津市一中合作,开展教师校际交流活动。一中 11 名支教教师和该校 5 名交流教师分别上出了较高质量的研讨课;新老教师结对子,开展教育教学传帮带活动。5 名新老师各上了1 堂汇报课;马亮老师综合实践活动教学比武《走进毛里湖湿地公园》获得常德市二等奖。李英老师生物实验教学比赛《比较过氧化氢在不同条件下的分解》获常德市二等奖;在津市市第二届青少年科技创新大赛上,三中获得组织奖,选送作品《汽车野外露营清洁能源系统》获一等奖,另有二等奖 2 名,三等奖 3 名。庹云老师获评优秀辅导员并做典型发言《科技创新大赛与综合实践》;学生课题《毛里湖湿地公园与开发》获湖南省铜奖,另有 3 个学生课题分获常德市银奖、铜奖;袁肇鑫等教师撰写的 8 篇论文在国家级刊物上发表,张震等老师撰写的 10 篇论文分获省市级奖励;晒课达到 110 堂,超额完成任务;兰泽贵获常德市乡村红烛奖;王颖、胡丕宏获津市市乡村红烛奖;雷晓梅、彭先磊获津市教学质量奖,聂三友获津市优秀教师奖。(蔡勇)

【**职业教育**】争取项目力促提质。2017 年,津市市抓住津澧融城机遇,落实布局调整,电大分校搬迁到紧临职专的特殊教育学校原校址,职教集团校区得到整体融合。同时争取国家发改委基础能力项目资金及本级自筹资金共计 1800 万元改善办学条件。新建教学楼一栋,装修改建旧教学楼、实验楼和学生宿舍。全部教室新装“三通两平台”信息化教学设备,教室和宿舍利用 BOT 项目安装冷暖空调,升级改造学生食堂。投资 400 多万元建高标准橡胶田径运动场。

2017 年调整职成教育管理权属,职成教育纳入教育股管理。加强学籍管理,清理完善职专、电大、技校学籍。在秋季招生普职分流,职高招生 344 人。

依托赛事狠抓质量。3 月 31 日,职业中专学校教师夺得常德市中职学校课件制作比赛一等奖。5 月 2 日,职业中专学校学生程果在 2017 年湖南省职业院校技能大赛中获得二等奖 2 个、个人三等奖 1 个、小组三等奖 1 个。对口高考升学考试有 9 名学生上本科线,本科上线率达 16.1%,其中 2 名学生被一本院校录取。夺得 2017年常德市青少年校园足球联赛总决赛季军,6 名教师被湖南省教育厅等厅局授予技能大赛优秀指导教师,3 名教师被津市市政府授予优秀班主任,2 名教师被常德市教育局确认为常德市级“双师型”教师,青年教师鲁银珍、杨帆等获常德市机电专业信息化教学设计竞赛一等奖。4 月 13 日,市教师进修学校举办津市市第四期信息技术应用能力提升工程示范课研讨活动。

抓好校企合作服务地方经济。2017 年,建设“省级示范性校企合作生产性实习实训基地”重点项目,取得阶段性成果,其专业实训教学模式、校企合作运行机制等在省内同类学校中起到示范引领作用。职业中专学校先后与厦门海乘、常德美途劳务公司签署校企合作协议;与常德技师学院院校合作签约。

职业中专专业建设特色彰显,服务地方经济发展。学校对接市域产业办专业,为更好地服务地方经济社会发展,与湖南化工职业技术学院、湖南生物机电职业技术学院等 4 所高等学院深度合作,与湖南新合新生物医药有限公司、湖南鸿鹰生物科技有限公司等企业合作,12 月签订合作办学协议,实现院校合作、校企合作的专业建设模式。(蔡勇、黄道师)

【**成人教育**】2017 年,市成人教育主要由教师进修学校和职业教育集团承担。学校以“开放务实、服务社会、发展教育”为宗旨,坚持高效实用原则,优先对全市中小学及幼儿园教师培训、教育科研指导、管理与实施,履行全市中小学教师继续教育培训、新教师岗位培训、骨干教师培训、信息技术应用能力提升培训以及各种短期培训职责；同时承担中小学教师继续教育学分登记与管理、教师普通话水平培训与测试；学校校本培训开展等工作。现有教职员工10人，其中专任教师6人，高级职称4人，中级职称5人，本科学历10人。2017年，开展第四期、第五期中小学教师信息技术应用能力提升培训，第四期培训人数176人，第五期培训人数293人，共计469人参培，合格率达到100%。（吕磊）

【特殊教育】2017年，津市市委、市政府投入近1000万元，对津市市特殊教育学校实施整体搬迁，彻底改善津市特校的办学条件，新建塑胶运动场，塑胶跑道、篮球场、足球场。每个教室配备短距离多功能投影，另外，计算机室、感统康复室、语训室、律动室等配置齐全，津市特校已建设成为一所集听障、智障于一体，涵盖三年学前康复教育、九年义务教育的特殊教育学校，有14个教学班，残障学生135人，招生范围涵盖石门、临澧、澧县、津市4个县市。津市特校作为津市市特殊教育指导中心，指导区域内普通学校的随班就读、送教上门服务。2016-2017年，全市义务教育三类适龄残疾（视力、听力、智力残疾）儿童总数30人，已入学28人，（含随班就读14人，送教上门6人）。入学率93.3%。2017年，津市特校引进3名特教专业毕业的特岗教师，并申报1名特教专业的免费师范生，解决特校培智专业教师匮乏的燃眉之急。2017年，通过课堂观摩评比、教师教学比武等活动，促进教师教学水平的提高。先后有4名教师在省、市级特教教学竞赛中获奖。（蔡勇）

【民办教育】2017年年初，全市共有民办教育机构43所，市兰芷幼儿园停办注销，新增市东宇幼儿园、毛里湖今朝教育培训学校，至12月共有民办教育机构44所，其中民办幼儿园27所，民办培训学校17所。市小风车幼儿园通过普惠园评估验收并由市教育局授牌。市新洲镇灵泉慧慧幼儿园顺利通过市级民办骨干园评估验收合格并由常德市教育局授牌。

津市市社会力量管理办公室依法管理，正确引导全市民办学校，坚持常规工作的检查督导，限期整改存在问题，严格按照《常德市民办幼儿园年度办学水平情况评估细则》和《常德市民办培训学校年度办学情况评估细则》引领督导，印发评估检查通报，榜样示范，激励全面上进，取得一定效果。市新洲镇灵泉镇慧慧幼儿园、市襄阳街金宇幼儿园、市大风车幼儿园等年度办学水平评估为优秀等次，市星东方外语培训学校、市小新星英语培训学校、亚历山大教育机构津市市分校等年度办学水平评估为优秀等次，并在津市教育网站、津市电视台微信公众号、津市电视台予以公示，接受社会监督。（彭浩、万传金）

【队伍建设】2017年，狠抓师德师风建设。2017年暑期，以“两学一做”活动为契机，以“立德树人铸师魂，教书育人强本领”为主题，以强化作风建设为主线，以“专家宣讲、主题教育、业务培训、千名教师进万家”为活动形式，开展教师作风建设大整训。完善教师队伍补充机制，把高中阶段的教师引进，省特岗教师的招聘，免费师范生招考和安置，紧缺学科教师招聘作为教师队伍补充的重要途径，2017年新招聘省特岗教师41人，引进12名本科院校毕业生补充到高中阶段学校，招聘紧缺学科教师5人，政策安置公费定向师范生3人。建立教师保障和激励机制，市人民政府以《津市市乡村教师支持计划（2016-2020年）实施细则》（津政发〔2016〕27号）文件为蓝本，在职称评定、评先评优、奖励帮扶等方面向农村教师倾斜。鼓励教师到边远地区或农村学校从教，对在农村片小、教学点任教的教师每人每月给予100—200元的补贴，组织全市中小学教师进行一次免费体检。加大教师表彰奖励力度，教师节，市委市政府表彰各类优秀教师175人次，津市市白衣镇金林小学校长王进新获得津市市第二届车胤教育突出贡献奖；四是积极开展校长教师交流轮岗。2017年共轮岗校长14名，占全市义务教育学校应参加轮岗校长的81.1%；共交流教师52名，占全市义务教育学校应参加交流教师的13.7%。参与轮岗交流的校长教师中，从城区学校交流到农村学校的校长有4名、教师有8名，从城区优质学校交流到城区薄弱学校的校长有2名、教师有12名，从农村优质学校交流到农村薄弱学校的校长有1名、教师有4名。参与交流的教师中，共有县级及以上骨干教师13名，占全市市级及以上骨干教师总数的9.62%，其中：从城区学校交流到农村学校的骨干教师有3名，从城区优质学校交流到城区薄弱学校的骨干教师有5名。实施职称制度改革，2017年是全省职称制度改革深化年，各学校通过对岗申报、实地考核、层层公示、坚持师德师风问题一票否决等，全年共评选中小学系列正高级教师1人（津市一中：谭启荣）、中小学高级教师33人、一级教师56人、二级教师60人。（刘望华、曾文先）

【教育基金】2017年5月3日，中共津市市委常委第八次会议纪要指出：财政2017年安排教育基金80万元、2018年增到90万元，2019年增至100万元。从2017年起纳入财政预算，每年安排5万元的办公经费。2017年7月10日，召开津市市教育基金工作会议，布置2017年的募捐工作，参会单位108个。2017年9月14日，召开津市市教育基金会第一届理事会第四次、第五次、第六次理事会，调整津市市教育基金会理事、秘书长、副理事；讨论研究申请慈善组织认定；报告津市市教育基金会上半年的工作。2017年基金会与海南经济管理学院董事长曹成杰取得联系，曹向津市教育基金会捐赠200万元，设立津市三中“曹氏兄妹教育奖励基金”，基金三年定期存入邮政银行，每年利息用于奖励三中优秀教师和学生。全年募集资金374.15万元。10月12日，市教育基金会被津市市民政局认定为慈善组织。开展津市市第二届车胤教育突出贡献奖评选活动，评选白衣中学王进新老师为"车胤教育突出贡献奖"，发放奖金5万元。开展"津市市乡村红烛奖"、"津市市优秀教师"、"津市市最美园丁"、"教育教学质量优秀单位和个人"的评选表彰活动，表彰奖励了14名津市市"乡村红烛奖"教师、26名"津市市优秀教师"、10名"津市市最美园丁"，7个教学质量优秀奖单位，2个教育教学质量进步奖单位，39名津市市教育教学质量优秀奖教师，11名教育教学质量进步奖教师。表彰2016—2017学年度教师教学比武、课题研究获奖人员43名和6个课题组，表彰2016—2017学年度实验教学和优课获奖人员30名，共颁发奖金28.4万元。开展高考质量和一中教育教学质量专项奖励，颁发奖励资金70万元。三中拨付"曹氏兄妹教育奖励基金"7.5万元。2017年教师节，表彰奖励优秀教师174名，先进单位9个，优秀课题组6个，共发放奖金105.9万元。走访慰问名、优、特教师。春节前夕，走访慰问特级教师、优秀教师、特困、重症教师84人，支出慰问经费5.15万元。教师节期间，走访慰问20名特困教师，每人发放慰问金1000元，共发放慰问金2万元，11月，慰问困难教师20人，每人发放慰问金1000元，支付慰问金2万元，2017年共走访慰问教师124人，合计发放慰问金9.15万元。资助困难学生，上半年，资助学生84人，其中：义务教育阶段49人，每人资助500元；高中阶段23人，每人资助1000元；大学教育3人，每人资助1000元；幼儿教育9人，每人资助500元，发放资助金5.5万元。下半年，资助对象90名，其中：义务教育阶段63人，每人资助500元；高中阶段18人，每人资助1000元；大学教育2人，每人资助1000元；幼儿教育7人，每人资助500元，发放资助金5.5万元。5月，为全市5所学校100名计生困难家庭子女发放特困补助2万元。9月，"习酒.我的大学"2017年大型公益资助活动资助困难大学生20名，每人发放资助金5000元，合计发放资助金10万元。翊武中学杨美慧老师获得"2017年湖南最爱的乡村教师"提名奖，并支付1万元拍摄专题片《妈妈老师——杨美慧》。2017年，津市市教育基金会公益项目总支出139.05万元。截至2017年12月31日止，津市市教育基金会的基金总量为870.60万元。（刘望华、傅岚清）

【**教师培训**】2017年，完成了国培、省培、市培计划。全年国培、省培468人次，完成市培计划106人次。津市被选派学员借助网络研修平台和线下学习交流、依托学科专家进行专业引领，在探索和反思中，撰写了很多研修学习心得和经验文章，德雅中学贺徽娟老师获得湖南省"双百"论文评选三等奖，谭启荣、黄道军、程学琼、甘甜等教师参加了教育部未来教师精英和未来教育家培训，津市一中校长谭启荣常德市生物名师工作坊已经授牌、肖建军省级物理名师工作室年度考核获良好，他们从平凡向优秀出发，从优秀走向卓越，在不断研修过程中倾听成长拔节的声音。本轮次信息技术提升工程全部达标。津市按照2017年师训工作计划，开展第四期、第五期中小学教师信息技术应用能力提升培训，第四期培训人数176人，第五期培训人数293人，共计469人参培，合格率达到100%。按常德市提升工程办的要求，2015-2017年要完成该项目的全员培训，截止到2017年底，全市该项目累计培训人数1320人，完成第一轮提升工程培训目标。按上级文件精神，已取得提升工程应用能力提升培训结业证书的教师，可以申报发展测评，2017年组织32名教师参加省工程办的2017年的发展测评。"十三五"第二期全员远程教育有序推进。2017年是国家"十三五"时期教师全员远程培训第二年，全市中小学327名教师参训，培训时间为去年5月5日至11月15日。在开班前制定了《津市市全员远程继续教育培训学员守则》、《辅导员、班主任工作职责》，按质按量按时完成培训任务。开展县市级培训工作。2017年暑期，组织全市40多名中小学校长、教育局机关股室站负责人前往西南大学开展为期一周的教育管理干部高端研修。组织中小学、幼儿园开展了城乡结对、送课下乡活动和农村青年教师教学比武活动，加大了城乡、校际教师交流力度，推动城乡教育均衡优质发展。依托教师进修学校，开展教师普通话水平提升培训，特别是为了迎接语言文字国家三类城评工作，对全市2000多名教师、干部职工以及中职学生进修普通话培训与测试工作，津市普通话水平得到了整体提升，全省理科教师普通话水平抽测，津市获得全省122个区县市和省直单位第13名，被评为湖南省普通话水平抽测先进县市。校本培训规范有序。全市各中小学把校本培训与国培、省培、市培有机结合起来，凡外出参加培训学习者，回校后必须向全体教师汇报、交流学习心得，做到以点带面、资源共享、共同进步。严格规范学分登记与管理，以学分登记管理为杠杆撬动各级各类培训工作积极、科学、有序推进。2017年，发动全市教师积极撰写教育教学经验文章和教学论文，全市上报省教师教育学会论文154篇，15篇获得省一等奖、39篇获得省二等奖、49篇获得省级三等奖、10篇获得省级优秀奖。
（曾文先）

【**教学教研**】2017年，确定教研室为提质办公室，做好学科提质方法、策略研究，做好教学提质的总体调度和协调，为局党委决策提供参考，做好服务。

各教研员明确联系股室和联系学校，落实"包保"责任，每双周五汇总各股室站提质包保情况，每月定期出好《包保简报》，对学校提质工作的督导情况以及发现的主要问题、提出的改进措施进行及时通报。初毕九门学科于4月分别组织学科课标、考标、考卷分析研讨会，邀请常德教科院学科教研员来津作中考辅导报告。五月组织初毕学科教师进行中考模拟试卷命题竞赛，教研室根据试卷质量发放证书。组织高中、七八年级、小学各年级协作考试，九年级模拟考试。组织考试命题制卷、组考、阅卷、统计、分析，编辑考试成绩册，为改进教学提高质量服务。各教研员深入了解学科教学工作，分析教学质量情况，组织教学质量调度分析会，诊断、研究学科教学中的问题并提出改进建议与要求。共组织了8次质量分析调度会，其中5次九年级教学质量分析调度会，3次义务教育阶段教学质量分析调度会。

落实《津市市教育局2016～2017学年度提升教学质量工作方案》，抓住青年教师内涵发展这个关键点，全体教研员和全市部分学科骨干教师对25名青年教师的课堂教学、教学常规进行听、查、评，并与之交流，着意引领。4月，开展2016-2017学年度津市市青年教师课堂教学汇报活动人员摸底、校本活动和全市课堂教学汇报活动。5月，以推介优秀青年教师，树立标杆为指导思想，开展"2016-2017学年度津市市青年教师优质课推介展示活动"。9月，推出，新一轮的"津市市青年教师课堂教学汇报"的专题活动。

2017年，支持骨干教师建设网络"优质空间课堂"，为教育信息网站"教学教研"栏目开发优质资源，展示教研成果，丰富教研动态、课题研究、学科资源等栏目内容，服务全市教师教学。发挥肖建军中学物理、谭晓明小学数学、谭启荣中学生物3个信息教学示范空间作用，引领团队网络教研；发挥各学科QQ群作用，开展问题导向的学习、交流活动，提高平台交流效益；发挥教育局网站作用，及时传递教研信息、资源。鼓励教师参与网络教研，组织教师参与网络教研活动，评选"网络教研之星"。

2017年，获省级教学比武奖9个，常德级教学比武奖28个，省级中小学教研教改成果及经验奖2个。在优秀教学论文、教学设计、课件制作评比中，共有185篇文章（课件）获奖，其中省级奖78篇，常德市级奖107篇。
（徐美烟、贾群英）

【教育投入及办学条件】2017年全市财政教育总投入2.37亿元占公共财政预算支出的11.27%。

2017年农村义务教育薄弱学校改造工程招投标项目5个：新洲中学运动场、翊武中学运动场改造、翊武中学红楼改造、五小美丽校园改造、棠华等六所学校围墙改造；城区学校美丽校园建设招投标项目3个：双济实验学校运动场、双济学校校舍及附属设施改造、二小校园改造项目。共计投入1102万元。

保河堤中心幼儿园、白衣中心幼儿园新建功能房项目完成验收，投入使用；渡口中心幼儿园、棠华中心幼儿园新建工程项目完成竣工验收，即将交付使用；灵泉中心幼儿园新建完成主体工程建设，预计2018年秋季能交付使用。

投入407万元实施二小双济联合办学，实施了二小校园文化建设及双济校区校园、运动场、厕所改造等项目；投入750万元实施了津市市职教集团南北校区合并和特校整体搬迁工作。投入140万元实施了七小整体搬迁至原五中校区，五中整体搬迁至一中建立车胤中学工作。其中现七小（原五中）校园改造及设备添置约60万元，车胤中学校门及传达室修建共80万元。投入60万元实施嘉山实验学校、保河堤中心幼儿园和白衣中心幼儿园标准化项目建设。

采取按程序申报，及时整改的方式，投入200多万元为17所学校（幼儿园）有针对性地进行校园校舍、供电供水、校道及附属设施等方面维修改造，及时消除了影响师生人身安全的各类校园安全隐患。

有序推进津市三中美丽校园建设，一期工程共计投资1261万元实施新建学生食堂、女生宿舍，改造校门及教职工宿舍区，现已启动施工；启动津市市东城新区寄宿制小学和幼儿园新建工程。项目预计总投资近1亿元，项目规划方案和项目建设规划用地已初步确立，幼儿园项目建设已经启动建设报批程序。（文红卫、廖可成）

【教育装备与实验教学】2017年，以常德市中小学实验室标准化建设创建为契机，开展小学科学、中学理科实验创新以及实验教师操作技能竞赛，促进全市教育装备与实验教学工作持续健康发展。是年为津市一中投入249万元高标准配置理化生实验室和通用技术实验室，德雅中学创建为第一批常德市中小学实验室标准化建设示范学校，有13名教师获得上级举办的实验教学说课竞赛和实验创新与技能大赛奖励，其中，车胤中学生物教师杨位珍执教的《探究花生果实大小的变异》在湖南省中学生物教师实验技能竞赛活动中获三等奖、津市一中生物教师易红艳执教的《绿叶中色素的提取与分离》在常德市中学生物教师实验技能竞赛活动中获一等奖、德雅中学生物教师孙沁芳执教的《探究鱼尾鳍的血液循环》在常德市中学生物教师实验技能竞赛活动中获一等奖、德雅中学生物教师杨桀茹执教的《观察洋葱鳞片表皮细胞》在常德市中学生物教师实验技能竞赛活动中获二等奖、津市一中物理教师沈勇执教的《探究平抛运动》在常德市中学物理教师实验能手大赛活动中获二等奖、德雅中学物理教师杨帆执教的《探究焦耳定律》在常德市中学物理教师实验能手大赛活动中获二等奖、津市一中教师洪双露执教的《探究功与速度变化的关系创新实验设计》在常德市中小学实验教学说课竞赛活动中获一等奖、津市一中教师梁倩琪执教的《钠与氯气反应实验的改进》在常德市中小学实验教学说课竞赛活动中获二等奖、药山镇棠华中学教师李晓玲执教的《灭火器原理实验的改进》在常德市中小学实验教学说课竞赛活动中获二等奖、药山镇棠华中学教师周幸执教的《探究呼吸过程中CO2含量的变化》在常德市中小学实验教学说课竞赛活动中获二等奖、津市三中教师李英执教的《比较过氧化氢在不同条件下的分解》在常德市中小学实验教学说课竞赛活动中获二等奖、新洲镇灵泉中学教师彭君辉执教的《活塞式抽水机》在常德市中小学实验教学说课竞赛活动中获二等奖、津市二小教师童丽芳执教的《昼夜的形成》在常德市中小学实验教学说课竞赛活动中获二等奖。
（杜德森、李海）

【学校食品卫生安全】2017年津市市教育局系统学校食品卫生安全工作以落实"食品安全护苗行动"为契机，贯彻实施新修订的《食品安全法》、《湖南省食品生产加工小作坊小餐饮和食品摊贩管理条例》以及常德市食品安全办等九部门《关于印发常德市中小学校校园及周边“食品安全护苗行动”工作方案的通知》，开展中小学校校园及周边食品安全综合治理，抓实“食品安全护苗行动”的各项工作，规范学校食堂商店的管理。一是抓整章建制和培训，2017年市教育局先后与学校签订了《津市市教育系统食品安全责任书》，下发《津市市教育局关于进一步加强学校饮用水安全监管工作的通知》、《津市市教育局关于进一步做好学校食品卫生安全和学生饮食营养健康管理培训的通知》、《2017年学校食品安全宣传教育活动实施方案》，确保学生食堂的规范化管理和服务质量。二是强化督查与整改，先后开展春秋开学季大规模的食品卫生安全专项督查和违规行为的专项督查整改，不定期与食药监局、卫计局等部门下校指导督查食堂商店饮用水安全监管工作，对督查出的问题实行“一单四制”(问题清单、交办制、台账制、销号制、通报制)的工作办法加以整改落实。三是以创建省、常德市“食品卫生安全示范学校”为契机，促学校食堂商店管理的标准化规范化建设，指导学校开展食品安全教育宣传活动，引导学生合理饮食，自觉抵制垃圾食品。2017年完成津市德雅中学、新洲中学常德市“食品卫生安全示范学校”的申报和验收工作。(杜德森、傅祖金)

【教育信息化工作】2017年，组织参加湖南省和常德市第十八届中小学电脑制作活动竞赛，津市获得省级二等奖作品3件、省级三等奖作品2件，常德市级一等奖作品6件、常德市级二等奖作品6件，并获常德市第十八届中小学生电脑制作活动最佳组织单位。二是组织参加湖南省和常德市2017年度现代教育技术论文评选活动，共有4篇论文获省级一等奖、5篇获省级二等奖、2篇获省级三等奖、11篇获常德市一等奖、14篇获常德市二等奖、17篇获常德市三等奖；三是组织参加2016-2017年度“一师一优课、一课一名师”活动，获得常德市级优课11堂，省级优课8堂，部级优课3堂。四是完成“智慧教育”一期工程建设，投入950多万元用于津市一中信息化建设，启动“智慧教育”二期工程建设。开展贝壳网融媒体教学资源平台的优质资源进学校、进课堂活动，促进优质资源的推广应用。
(杜德森、李海)

【学生资助工作】2017年全市共有建档立卡等家庭经济困难学生1286人，其中建档立卡学生781人、农村低保家庭学生162人、农村特困救助供养学生169人、家庭经济困难残疾学生174人。2017年共向津市各级各类50所学校开展资助工作，占全市学校总数的70%。

2017年共资助家庭经济困难学生7236人次，资助资金719.952万元。其中学前教育资助家庭经济困难幼儿720人次，资助资金36万元；义务教育享受贫困家庭寄宿生生活补助学生2081人(初中956人，小学1125人)，补助生活费116万元；高中共为841名学生发放国家助学金77.8万元；免除高中建档立卡等家庭经济困难学生学杂费(上期93人、下期172人)24.92万元；中职免学费1520人次，金额182.4万元；中职发放助学金155人次，资助资金15.5万元；学校和学校向社会各界引资资助学生1201人次，资助资金112.482万元；向147名贫困大学生进行生源地助学贷款118.4万元，回收89名大学生贷款本息合计61.195979万元。为35名家庭经济困难大学新生进行入学资助活动，资助资金2万元。

2017年资助中心先后两次开展“育才行动”对全市174名家庭经济困难学生进行资助，资助资金11万，其中义务教育阶段112人，5.6万元，高中阶段41人，4.1万元，大学阶段5人，0.5万元，学前教育阶段16人，0.8万元。通过《2017年中央专项彩票公益金教育助学项目》开展“滋惠计划”“励耕计划”、“润雨计划”资助活动，资助普通高中家庭经济困难学生52人，资助资金10.4万元；资助在职家庭经济困难中小学幼儿园教师13人，资助资金13万元；与市统战部联合开展“泛海助学行动”为津市15名家庭经济困难大学新生资助7.5万元；与市侨联联合开展“星洲之星”学生资助活动，资助津市义务教育阶段家庭经济困难学生30人，资助资金5.55万元。(贺爱华、熊思伟)

【校车安全管理】2017年，全市各责任单位落实市政府常务会议精神，确保校车安全平稳运营，全年未发生一起校车安全事故，津市市校车办被常德市推荐为湖南省2017年度校车安全管理工作先进单位。

全市共有义务教育阶段学生12702人、幼儿4782人，乘校车学生幼儿3396人，接送学生上下学的国标校车53辆、农村客运班线车8辆，校车运营线路63条。国标校车覆盖6个镇(街道)、14所学校、21个幼儿园。按照“政府主导、属地管理、部门联动、齐抓共管、标本兼治”的原则，建立健全校车管理的协调机制和安全管理责任机制。

2017年，市政府持续加大校车经费保障力度，全年校车补贴总额142.70万元，其中省级奖补资金52万元，市级配套90.7万元，保证校车的安全平稳运行。其中贫困学生乘车补助8万元，解决远到贫困学生的上下学问题。

市校车办修订《关于规范校车服务公司安全运营管理考核办法（试行)》，校车办考核结果占60%，各镇、街道考核结果占30%，学校占10%。市校车办由教育、交警、交通部门派出人员在教育局合署办公，市校车办工作人员纳入教育局统一管理，考勤打卡，外出请假，工作统筹，严肃工作纪律，规范工作行为，明确工作人员职责和工作流程。

层层签定责任状，明确界定校车安全运行的责任。组织校车驾驶员、随车照管员、安全管理员培训成常态。加强对校车的安全督查。2017年，市校车办组织教育、交通、交警等部门开展专项整治6次；各镇(街道)校车办每月一次校车“打非治违”行动；校车公司每月一次路检路查、道路安全隐患排查；每天不少于20台车的监控检查，市校车办每月通报一次全市校车治理情况和校车违法违纪情况。加强对校车公司的检查考核,并将考核结果纳入年终目标考核。

市财政投入50万元建设校车公共服务平台,由市智慧城市办公室公开招标,可望2018年上半年建成投入使用。校车停靠站点建设,各镇(街道)的校车运营线路和停靠站点的设置已经交通部门审批,嘉山街道的站点建设试点工作已经完成第一期工程,金鱼岭街道的站点建设已近尾声,部分镇政府已拿出建设计划。(毛典华)

【教育督导】2017年制定津市市2017年教育督导工作要点,开展开学工作、安全工作、教学设施设备、幼儿园办园行为、教学常规等专项督导和随机督导。开展学校工作社会满意度测评,探索"学校、家庭、社会"三位一体大教育模式。顺利迎接"常德市第十八批合格学校"的评估验收工作和"教育强市"验收检查。完成全国义务教育均衡发展评估认定工作,2017年2月21日,《国务院教育督导委员会关于公布2016年全国义务教育发展基本均衡县(市、区)名单的决定》认定津市为全国义务教育均衡县市。(廖元锢)

津市市第一中学

【概况】湖南省津市市第一中学是一所省级示范性普通高级中学,省级"园林式单位"、省级"食品卫生安全学校"、常德市"教育科研先进学校"。学校创建于1943年,现有教学班36个,在校学生1668人;在职教师197名,其中特级、高级教师76人。学校建有标准的教学大楼、办公大楼、科技馆、图书馆、体艺馆、学生公寓、教师公寓、学生食堂,每间教室配有现代化多媒体教学设备,学生公寓和教室均安装空调,新修综合大楼已投入使用。

学校党委面向全体党员教师,认真组织落实"两学一做",开展多种形式的党风建设活动,组织了"做一个有信仰的共产党员"专家讲座,举办了党风建设知识竞赛活动、以"囊萤夜读——我的读书活动"为主题的演讲活动、征文比赛。10月底组织党员教师学习党的十九大报告精神。11月聘请津市党校章定炎教授为全体教师上党课。开展师德建设系列活动,举办师德演讲征文活动,开展党员"一岗一责"公开承诺、学生满意率调查等活动,每月聘请专家团队来校讲座。

推进名师工程、青蓝工程。做大做强语文、英语、数学、物理、生物5个名师工作室,以带动5个学科教师队伍。2017年5月,"谭启荣生物工作坊"正式挂牌,是常德地区唯一生物学科市级工作坊,2017年9月,伍红帅老师被评为"常德市优秀教师",易红艳、卢小庆等9名教师在湖南省教学比武中取得骄人成绩,刘朝相、沈勇等多名教师荣获常德市教学比武一等奖。2017年下半年引进8位青年教师。拿出详细的青年教师培训方案,从各个方面对新教师进行先期职业培训。大胆使用青年教师,2017年引进的8名青年教师中有3名在高一当班主任,有一位担任团委书记,直接进入学校行政会议成员,还有几名分别在教务科、团委和办公室协助学校的管理工作。2017年,修订规范教师量化考核标准,建立学生家长评教机制,完善教师的评价体系。开展了"浓情九月,感恩老师""我最喜欢的老师"等征文活动。推行《高二高三教师选聘原则》,每周2次行政随机听课,逐步改变个别教师自由散漫的习惯。开展教师业务培训,严格教师教育的学分考核,鼓励教师们主动参加继续教育、学校教研、外出学习观摩和网上学习活动。2017年暑假,组织了杨渊、彭威等30多位骨干教师赴杭州参加"第六届数字校园建设"培训,唐静等多名教师参加常德市高中教师培训。2017年10月中旬,"常德市2017年普通高中化学教学竞赛暨教学改革研讨会"在学校化学探究实验室举行。11月初,学校举行"2017年常德市地理学会学术会暨地理核心素养培养研讨活动"。化学和生物组教师分赴怀铁一中和衡阳参加教学观摩。学校教师自主开发的校本课程《高中生职业生涯规划》一书,2017年9月正式走入课堂,为高一学生提前谋划、选择职业做准备,同时也调动他们的学习热情和主动性。

推行封闭式管理,学生学习时间、校内安全得到最大程度的保障;2017年下半年开展"最美教室和最美寝室"的创建活动。在2017年常德市教育局组织的"最美校园"评选活动中,学校凭借优美的环境和完善的管理,在网络投票中位居常德市中小学第15位。

2017年上半期,学校举办了"教学开放周"系列活动,学校除通过传统的家长委员会会议、家长会评教议教外,还专门聘请了12位学校工作监督员。12月初,举办的"鹿山杯"教学比武活动,特邀请家长和学校工作监督员做评委,参与学校评教议教。

2017年高考,在优质生源流失严重的情况下,高考一二本上线332人。2017年学业水平考试的合格率达98.9%,位居常德地区第4名。

2017年,学校被常德市教科院评为"2017年度教育科研工作先进学校"。积极组织教师参加教育系统唱红歌比赛,荣获特等奖。2017年,投资近七千万元修建的综合大楼已投入使用,校园道路完成了白改黑工程。2018年,市财政将增加学校200万元保障经费,到2020年达到全额保障。对校园环境将围绕"美丽校园建设"方案,逐步完成进一步升级改造。(伍红帅)

湖南广播电视大学津市分校

【概况】湖南广播电视大学津市分校是全省唯一一所县级市分校,由津市市人民政府主办,教育教学业务受湖南广播电视大学领导和指导。

学校始终秉承"让学习伴随一生"的校训,向着"处处能学、时时可学、样样有学、人人乐学"目标转型发展。学校的主要任务是：开展专、本科高等学历教育，为行业、企业从业人员及其他社会人员提供高等学历教育；开展岗位培训、农村劳动力转移培训及农村实用技术培训等非学历教育，为各类社会人员更新知识和掌握新的技能提供教育培训服务；统筹利用各级电大的教育资源，建设远程教育公共服务体系，为全民终身学习和创建学习型社会提供学习支持服务。

学校以国家开放大学开放教育专、本科教育为主，成人高等教育、奥鹏远程教育为辅助。开放教育本科层次开设汉语言文学、法学（含农村法律事务方向）、会计学、英语教育、行政管理等5个专业；专科层次开设计算机信息管理、小学教育、法学、农业经济管理、会计、电子商务、机械制造及自动化等7个专业。成人教育医类本科层次开设了临床、护理、药学、医疗影像学等4个专业；专科层次有临床、护理、药学等3个专业。奥鹏远程教育专、本科共开设12个专业。

学校在职教工44人，其中专任教师37人，专业课教师29人。专任教师中本科学历34人；研究生学历2人，较2015年增加1人，占专任教师数的5.4%。副高职称15人，中级职称21人。兼职教师5人，占专任课教师数的13.5%，兼职教师中有3人具有副高职称，2人具有技师及以上技术资格。

学校现有校级干部4人，二层行政7人，均有本科及以上学历，其中副高职称4人，中级职称7人。专任教师中有15人获得专业相关工种技师或高级职业资格证书，占专任教师数的40.5%。有2名科研人员，其中具有研究生学历1人，主要从事职业教育方面的研究工作。

2017年共开设有20多个专业，专业涵盖文、理、工科类，在校学生1387人。为津市及周边地区培养近万名专本科毕业生，为市域经济和社会发展提供高学历的人才支撑。

2017年共招新生562人，是近三年来招生人数最多的一年。

2017年国家开放大学全面实行网上教学，学校在全省每月网上教学情况通报中均保持全省前五名。2017年，开放教育学生谭晓莉、吴方参加全省电大“计算机应用基础知识”竞赛获二等奖；周振桂、杨宇平、谭雅婷等获三等奖，郭群、赵晖参加常德市“农民大学生”信息技术能力竞赛获二等奖，马龙获三等奖。

2017年全年组织电大期末考试两次，奥鹏教育期末考试四次，全国公共基础课程统一考试两次，行政执法人员考试一次。2017年，该校计算机、英语全国网考260科次，期末考试共计3906科次，期末考试成绩合格率达90%。全省行政执法人员资格考试中，被评为优秀考点。

成立了教学服务团队，由专业带头人、网络主管、课程责任教师、班级管理员组成的教学服务团队，每学期初清理出学期每门课程的考核方式，根据不同的考核方式建立教学模式，制定学生自主学习流程，让学生尽快掌握最简捷有效的学习方法、了解学习积分获得方法及完成作业平台等。教学服务团队成员通过QQ、微信、手机短信、面对面等形式指导学生进行学习，大大提升了教师的服务意识，同时也提升了学生的学习效果。

2017年“农民大学生培养计划”招生59人，村支两委成员、农村后备干部、科技致富带头人占95%以上，农为津市新农村建设工作做出了特殊贡献。

2017年全市社区教育落实到政府机关部门、各类学校、街道工厂、村居社区等，开展了老年人计算机操作竞赛、社区居民书法班、关爱留守儿童、囊萤之光学习故事演讲赛等丰富多彩的全民终生学习活动，社会反响良好；参加常德市全民终身教育活动周活动，社区居民毕家寿被评为常德“百姓学习之星”。（邓朝华、屈辉）

津市市教师进修学校

【概况】津市市教师进修学校始建于1978年9月，当时为津市市教学辅导站，校址在汪家桥（原三中），时任校长陈孝诗。1981年9月北迁至蔡家河，经市政府批准正式成立津市市教师进修学校。1984年3月，湖南省教育厅对我校检查验收合格，以湘教师字（1984）5号正式批准备案，是全省第一批验收合格的69所县（市）进修学校之一。1986年9月学校迁址至原津市六中校址，时任校长潘训栋。1991年9月，根据津政发（1991）37号文件，津市市教师进修学校并入津市职业中专。1994年11月，湖南省教委对我校的复查评估验收，被认定为合格的教师进修学校。1997年重新独立，迁址到紫竹林（原三小）。2002年9月合并到津市职教集团，成立师训科负责教师进修学校各项工作。2004年10月，接受省教育厅师范处对进修学校验收，成为合格学校。2008年建立校园网，教学、考试、测评均可在信息化平台上进行，信息化建设取得重大进展。2017年6月迁至津市市职业中专院内办公。

学校作为全市中小学校和幼儿园教师的继续教育培训机构，拥有一个团结向上、务实求真、廉洁自律的领导集体，学校现有教职员工10人，其中专任教师6人，高级职称3人，中级职称4人，本科学历8人。

2017年，开展第四期、第五期中小学教师信息技术应用能力提升工程培训，完成全市教师该项目的培训。第四期培训人数176人，第五期培训人数293人，共计469人参培，合格率达到100%。信息技术应用能力提升工程的意见》等文件精神，按常德市提升工程办的要求，2015-2017年要完成该项目的全员培训，截止到2017年底，津市该项目累计培训人数1320人，基本完成了培训目标。

进修学校组织部分教师参加省工程办的2017年的发展测评，已取得提升工程应用能力提升培训结业证书的教师，可以申报发展测评。本年度共有32人申报发展测评，第一期申报人数25人，专家评审成绩为：优秀5人（特校2人，一中2人，灵中1人）、良好11人（特校4人，五中1人，一小1人，灵中4人，嘉山1人）、及格6人（五中2人，翊武4人）、不及格1人（五中）。第二期申报人数5人，2人优秀，2人良好，1人合格。

根据《常德市教育局关于开展三类城市语言文字工作评估的通知》，津市在2017年开展这项工作，3月至5月举办了全市教师普通话水平机辅测试培训班，126名教师及社会人员参训，9月全市党政机关、学校、新闻媒体、主要的公共服务行业共计57家单位1084人，采取送培到单位与分片设点集中培训两种形式开展培训，职业中专高二、高三学生共计370人，在日课中开展了普通话培训。全年培训总人数1580人。

5月22日至23日，126名教师及社会人员、172名中职学生共计298人分21个批次进行了测试。10月23日至24日，1084名社会人员、198名中职学生共计1282人分33个批次进行了测试，参考社会人员合格率95%，学生合格率99%。

组织各中小学的209名45岁以下的理科教师开展培训，10月19日津市20名45周岁以下的中小学在职理科类教师参加了抽测。津市抽查合格率达到95%，位居全省144个县市区第13位。

2017年度国培、省培计划在津市全面开展，津市共有471名教师报名参训，进修学校在国培报名系统中完成了报名及审核工作。

教师进修学校开展省培S201项目培训工作，9月9日、12月9日组织全市320名学员进行了两次线下集中研修，聘请了省首批教师培训师谭晓明主任作专题讲座。

2017年津市327名教师中小学教师参训，培训时间为5月5日至11月15日。

2017年，国培、省培、市培、县培、校本培训都要按规定的程序进行相应的审核、认定后，方能进行登记。为了保证继续教育情况信息化管理工作的顺利推进，进修学校按常德电大培训学院的要求，市培、县培、校本培训学分录入系统等工作。（邓朝华、屈辉）

津市职业中专学校

【概况】湖南省津市职业中专学校是津市市人民政府主办的一所公办职业学校，是首批国家级重点职业高级中学、湖南省示范性中等职业学校、湖南省示范性县级职教中心的牵头学校、湖南省教育信息化试点学校。学校先后被评为湖南省职业教育先进单位、湖南省中职德育工作先进单位、湖南省文明卫生单位、湖南省职业能力考试先进单位、常德市职业技能与培训先进单位。学校地处津市市车胤大道1800号，总占地约100亩，建筑面积28425.68m²，固定资产3095万元。

2017年有在职教工109人，其中专任教师86人，专业课教师58人，“双师型”教师42人，占专业课教师72.4%。专任教师本科及以上学历79.1%，其中研究生学历2人，占专任教师2.3%，副高职称32人、中级职称48人，兼职教师4人，占专业课教师7.9%。

学校设有办公室、教务科、学生科、招生就业办、培训中心、后勤科、团委会等7个二层机构，完善了专业建设指导委员会、教学工作诊断委员会工作机制，形成了团结务实的管理团队。现有校级干部4人、二层行政7人，均有本科及以上学历，其中副高职称4人、中级职称7人，学校被津市市政府评为年终目标考核良好单位。学校适时对各项制度进行修订完善，形成了学校管理制度汇编文本，涵盖教学管理、学生管理、财务管理、后勤服务、安全管理、科研管理等各方面。如《绩效津贴发放办法》，明确向一线教师和班主任倾斜，将专业技能抽查、技能竞赛等纳入《教学人员考核细则》。定期召开校委会、行政会、教工大会，党员大会，每年召开1次教代会，开通学校网站、微信企业号、QQ群，实现社会参与管理。

学校毕业生企业留任率达80%以上、用人单位满意度93%。有57人成为了企业技术骨干或岗位管理员，有2人成为全市高新区企业技术总监。学校电子技术应用专业毕业生田华在深圳开办的深圳市晶品鑫科技有限公司，自主研发生产的CNC数控雕刻机、精雕机、打孔机，年产值500万元，其产品畅销国内外。

2017年，学校把教育教学提质作为学校的中心工作。出台奖惩制度，对语、数、英科目在期中、期末考试中按照名次总和的升降值进行奖惩，专业课仿照技能抽查的模式进行，即30%的理论+70%的实操，理论题在授课教师的500道题的题库中选取，实操定任务、定时间，按照合格率和优秀率进行奖惩，考核评委校内校外专家相结合。

实施“发现教师工程”，持续抓好教师培养和教师队伍建设。每周召开班主任例会，及时通报班级日常考核和控辍保学情况。以教研组活动为平台，每两周开展一次高标准教研组活动，组织教师外出学习交流，开展读书活动，实施“青蓝工程”，开展师徒结对工作，加强对青年教师的培养。

2017年上半年，学生程果、向昱昕参加省级专业技能竞赛获得二等奖，程果同学成功入围全国学生专业技能大赛。学生童琨、郑子威、鲁杰、陈进获得省级三等奖。杨洪、孙忠诚、黄春辉、伍夜支等教师参加“高教杯”全国中职教学设计大赛和省级教学信息化大赛，获得国家级三等奖1个。全国中职学生文明风采大赛中，马哲同学获省级一等奖，杨丹同学获市级一等奖，彭小芳、杨丹等3名学生获市级二等奖，田凤菊、杨丹、彭小芳等3名学生获市级三等奖，学校获常德市团体三等奖。

2017年10月31日，与常德技师

学院顺利签订协议，两校将在人才培养、学生实习与就业、职工高技能培训与职工技能鉴定等方面开展合作。

2017年11月22日，湖南化工职业技术学院陈院长、就业处汪处长等一行5人，与学校洽谈合作细节，并前往高新区、新合新生物、鸿鹰生物和实训基地实地考察。11月30日，与湖南化工职院签订协议，以化工、医药专业人才培养与就业安置为合作重点。

2017年下半年，多次与常德职业技术学院对接，双方口头协议在学生实习与就业、医药专业人才培养方面加强合作。最近，正在与湖南生物机电志愿对接，谋划更广泛更深入的合作。

2017年，新建教学楼已经投入使用，对教学二楼和实验楼的维修改造于2017年10月初交付使用。运动场在2018年1月中旬完工。二期工程美丽校园建设（校园道路白改黑及绿化建设）已经完成工程设计，即将进入预算阶段。（邓朝华）

津市市第三中学

【概况】津市市第三中学创办于上世纪六十年代，位于“孟姜女故里，车武子家乡”——新洲古镇。建校50多年以来，学校为国家培养了初高中毕业生20000多人，为高等院校输送优秀学生万余人，其中空军飞行员19人，取得硕士学位者300多人，取得博士学位者30多人，出国留学者100多人。

学校秉承“立志立德立身、求知求实求新”的校训，坚持“五育并重、德育为首、全面发展、艺体见长”的办学理念和“精细管理、有效教育、阳光师生、和谐校园”的办学思想，拓展办学特色，提升办学水平。学校形成了“艺体教育”、“德育管理”、“综合实践”三大特色。学生的文艺演出、数理化竞赛、科技创新多次获得省市奖励，学校先后承担了省部级教育研究课题两项。学校先后被评为全国综合实践活动优秀实验区校、常德市安全文明校园、津市市年度考核先进单位、津市市目标管理先进单位、津市市德育工作先进单位、津市市中小学科技创新先进单位。

学校占地86亩，教学和活动设施齐全，现有学生800多人，在编教职工76人，其中高级教师25人，中学一级教师35人，常德市骨干教师2人。校园花团锦簇、香樟常青、桂花飘香、环境怡人，是广大学子求学的理想之地，是立志高中教育工作者的良好舞台。

2017年，津市市市委和政府规划投资3000万元提升学校的办学条件。美丽校园建设正稳步推进。课题《农村高中生语文阅读能力培养研究》在常德市第11届教育成果评奖中，获得二等奖。常德市2017年中小学研究性学习成果评选活动中，庹云老师代表学校做《综合实践活动，让我们走的更远》讲座报告。9月，参加津市市教育系统《国学经典诵读》获市一等奖。11月，参加津市市教育系统红歌合唱比赛二等奖。选送作品《汽车野外露营清洁能源系统》获一等奖，另有二等奖2名，三等奖3名。庹云老师获评优秀辅导员并做典型发言《科技创新大赛与综合实践》。2017年，参加津市市第二届青少年科技创新大赛获得组织奖，马亮老师综合实践活动教学比武《走进毛里湖湿地公园》获得常德市二等奖。李英老师生物实验教学比赛《比较过氧化氢在不同条件下的分解》获常德市二等奖。学生课题《毛里湖湿地公园与开发》获湖南省铜奖，另有3个学生课题分获常德市银奖、铜奖。（兰泽贵）

津市德雅中学

【概况】津市德雅中学创建于2010年。学校总投资1.2亿元，占地面积152.6亩。学校建筑气势恢宏，美轮美奂，教学楼、科教楼、办公楼浑然一体；多媒体教室、计算机教室及各种功能教室装备先进；标准的塑胶田径场、篮球场，设施齐全；学生公寓、师生餐厅方便舒适；校园网络系统、广播系统、直播系统、监控系统无缝覆盖，中央空调系统全校贯通。校园环境幽雅宜人，校园文化意蕴深远。学校现有学生一千八百多人，39个教学班。拥有一支充满活力、富有激情、深爱教育、学识广博的教师团队。现有156名教师中，中学高级教师31人，本科以上学历142人。常德市学科带头人1人，常德市骨干教师4人，津市市骨干教师8人。2017年中考，德雅中学593名毕业生被一中正取353人，正取率达到了74%，在2016年70%的正取率基础上提升四个百分点。

学校注重教师队伍建设，把党建工作作为引领，抓好师资队伍的培训。注重教师队伍建设，一年有一百多人次参加国培、省培、市培等各级学习和培训。

2017年，学校党支部被评为津市市十佳先进基层党支部，教师节有郭泽红老师被评为常德市优秀教师，周屹、尹恒、彭升被评为津市市优秀教师。围绕津市教研室开展的“四改四抓”主题活动，推行“每组一课”，即备课组集体研讨一课，交流一课，成功一课，将集体备课转化为课堂实效。一年来，备课组共呈现了50堂研讨课，其中九年级政治组张方兰、郑湘莲老师的研讨课以中考考点为指南，同时践行“有效课堂教学模式”。5月份，组织开展“雅师杯”理化生组实验技能展示活动。11月份组织“雅师杯”英语教师学科素养大赛。2016–2017年度“一师一优课，一课一名师”活动中，共有136名老师参与晒课。11月份，承办2017年常德市地理学会学术年会暨地理核心素养培养研讨活动。课题工作推进教研教改，英语组课题《多元智能视野下初中生英语课外活动维趣策略研究》准备结题；艺术组《依托艺术课程提升学生积极人格品质的策略研究》正在研究中；省级重点课题《网络联校远程课堂的互动研究》顺利开题。完成学校期初设定的中考目标：中考目标达到合格率90%，一中直升353人，各科总分及格率居全市第一，且平均分高出全市平均分50分。完成实验室标准化建设示范学校的创建工作，并通过了常德市检查并授牌。并以此为契机，加强了理化生实验教学，加强实验室管理。以语言文字迎评工作为契机，规范语言文字，倡导说普通话，写规范字，并通过开展各学科素养大赛，培养学生各科核心素养，督促学生全面发展。开展语文阅读、经典诵读活动，加强国学教育。充分利用三次预备铃后的十分钟时间，分别开展唱经典歌曲、国学经典诵读、英语听力训练活动。规范教学行为，实行一教一辅，不滥订购教辅材料，不推荐省市推荐目录外的教辅材料，期初每位老师和学校签订不违规征订教辅材料承诺书。

举办第六届校园文化艺术节，学校团委牵头组织合唱、市艺术节等活动均得到了最高奖项。作为全国青少年足球特色校，班级足球联赛开展得有声有色，篮球、乒乓球等团体赛也丰富多彩。多方联动开展交通、法制讲座、未检法治、国际禁毒日活动等。先后与公安局、交警、检察院、禁毒委联动组织了由陈益民警官主讲的交通知识讲座、检察院汪琪主讲的校园暴力预防等方面知识讲座，三月份与市公安局联动开展了全国中小学生安全教育日开展了“知安全风险，会紧急避险”的启动仪式活动。公安局、禁毒委一起联动开展6.26国际禁毒日活动。组织第七届田径运动会，参加了市第20届体育节田径运动会，并获得了团体总分第一名的好成绩。

2017年在学校微信公众号开设德雅心育专栏，收到了家长和社会良好的反响；德雅心语室每年定期发放心理期刊；上了专门的心理健康教育课等。先后有市、省级领导先后检查工作，给予了高度评价。学校评为创卫共工作先进单位，曹敏敏评为先进个人。学校国防教育基地被推荐申报省级基地，禁毒教育基地顺利完工，达到湖南省禁毒教育县市级基地一类标准。

筹资18万对教学楼、食堂、学生厕所、学生热水系统、学生课桌、太阳路灯、围墙、路面等10多个项目进行改造及维修。投入二十多万元更新了室内室外的电子屏，投入三十万进行了禁毒基地建设，投入十多万进行校园文化建设。（程学琼）

津市车胤中学

【概况】津市市车胤中学（原津市五中）是一所市直全日制普通初级中学。2017年9月，根据津市市委、市人民政府“南车胤、北德雅”的城区教育布局调整规划，在津市一中原初中部校址复建落成。学校占地45.8亩，设计规模600人，12个教学班。车胤中学在教育资源、师资队伍、师生活动、文化建设和学校管理等方面与津市一中共建共享，并已初具规模。2017年8月，根据津市市委、市人民政府“南车胤、北德雅”的城区教育布局调整规划，津市五中整体搬迁至津市车胤中学，重建车胤中学。

3月20日召开教学提质工作会。分管教学教研工作的校长助理罗伟传达教育局2017年上学期教学质量提升工作推进会精神，分析2016年下学期期末调研考试成绩。4月1日，津市市第五中学开展了清明小长假系列活动，丰富清明主题教。开展网上祭英烈，“我们的节日——清明节”手抄报和征文比赛。5月19日，在常德市三中举行第十二届全国中学生作文大赛湖南赛区常德颁奖仪式，该校学生庞琳以《宇宙历险》一文荣获第十二届全国中学生作文大赛湖南省三等奖。11月12日举行的全国中学生能力大赛初赛上，荣获省级一等奖的学生有1703班的李岱霞，指导教师王春梅；1704班的龙湘粤，陈鑫雨，指导教师周晓霞；1601班学生宋筱妍，指导教师戴婷婷等。12月1日，车胤中学召开2017年秋季中期教学工作会议。校长黄道勇主持，全体行政、全体教研组组长参加会议。12月13日，车胤中学举行课堂教学研讨活动。（黄秋菊）

津市市翊武中学

【概况】津市市翊武中学地处津市市南大门—药山镇。傍依湘北干线，毗邻安乡、鼎城、临澧，是一所历史悠久，久负盛名且具有重大统战意义的学校。学校以翊武中学为核心，下辖渡口镇中心完小、新湖教学点和4所幼儿园。学校现有教职员工80人（其中，有高级教师10人，中学一级教师30人）。学校中学本部内楼群林立，错落有致，教学区与生活区分布合理，电脑室、语音室、实验室、图书室、阅览室等功能设施一一俱全，标准田径运动场、篮球场、羽毛球场、乒乓球活动区、高规格水冲厕所等，应有尽有。学校办学条件日益完善，教育行为不断规范，教育水平逐渐提升，2009年以优异的成绩接受检查评估挂上了省合格学校牌匾。

全体党员教师党员争做教学能手，"七一"期间评选表彰了刘佩、胡桂枝两名教育系统市级优秀党员。引导优秀教师靠拢党组织，本年度发展预备党员1名，确定入党积极分子1名。

以“提升安全素养”为主题，开展“开学第一课”、“5.12防震减灾”、“防邪反邪”“禁毒教育”“防溺水教育”“119消防教育”“道路交通安全”等专题教育，进行安全知识讲座，组织全校学生进行紧急避险和消防疏散演练；开展主题班会教育，从“文明礼仪”到“学习习惯”到“保护环境，过低碳生活”。加强班主任队伍建设，提高班主任队伍的整体素质。2017年下学期，安排成林霞、姚佳美等老师参加常德市班主任培训班，号召班主任撰写德育论文，参加全市班主任论坛。开展丰富多彩的校园文化活动。举行全校跳绳比赛，清明节组织公祭蒋翊武活动、进行新团员入团宣誓、东山少年宫学生社团建设、成功举办学校第十一届“东山之夏”艺术节、抓好体育艺术卫生工作，进一步提高全校学生的身体素质，提高教育教学质量。开展教学比武活动,周远娟老师参加全市小学英语评价与质量监控教学比武中获二等奖,刘俐老师参加全市中学英语阅读教学专题优质课比武获三等奖。加强对“走出校门”的各类公开课深入学习。组织教师参加市“青年教师展示竞赛专题研讨活动”、“常德市物理优质课教学竞赛活动”、“常德市信息技术优质课展评活动”、“中考复习各学科研讨活动”等系列活动。走出校门,引领研修。2017年下学期,学校各教研组分赴市各所中学进行校际交流。注重学生全面发展。一年来,加大“培优工程”的力度。经常开展学生竞赛活动,促进学生“学”的落实。积极开展英语单词背诵比赛、单词默写竞赛、古诗文竞赛、经典诗词知识竞赛等形式落实学生的“学”。落实课间大活动教学,开展学生跳绳、拔河等活动;将包保责任制落到实处,以年级为单位召开教学质量分析会。2016——2017年度期末调研考试,成绩居全市前列。其中八年级、六年级整体位居全市第二名;二年级位居全市第一名。在2017年教师节表彰会上,学校荣获“教育教学质量进步奖”。2017年上学期,胡媛、左婷、刘姣、杨敏四名老师参加新进教师汇报课比赛,胡媛老师获优秀,并代表学校参加在棠华中学举办的津市市新进教师汇报课教学比武,获最高奖优胜奖,全市共4人获此奖项;小学期末考试稳步提升,其中二年级考试成绩位于全市前列。

2017年,投入9万元进行教学楼栏杆改造及学校围墙改造;投入200万元对校运动场改造建设;投入80万对红楼进行维修改造;学生宿舍添置柜橱花费7.5万元。通过校友捐赠,添置办公桌椅,空调等,校园网、班班通、教师电子备课室、校园监控设备基本完善。(钟易红)

津市市新洲镇中学

【概况】津市市新洲镇中学创建于1981年,是一所九年一贯寄宿制学校,位于澧水河畔、嘉山脚下,占地面积38512平方米(其中幼儿园2500平方米),建筑面积13600平方米(其中幼儿园1370平方米)。承担着原新洲镇7个行政村3个居委会适龄青少年的教学服务工作,其服务半径5.5千米,服务总人口2.3万人。中小学现有专任教师101人,其中高级职称教师8人、中级职称教师69人;国家、省市级骨干教师培养对象12人,常德市级学科带头人1人,常德市级骨干教师3人。现有中小学生1018名,其中初中生269名、小学生749名。下辖荷花村级小学一所,公办幼儿园两所(新洲镇中心幼儿园、荷花幼儿园),民办幼儿园一所(星河幼儿园)。

津市市新洲镇中学是湖南省合格初级中学,湖南省中小学管理专业委员会常务副理事长单位,常德市示范性初级中学,常德市安全文明学校,常德市防震减灾科普知识教育示范学校,湖南省幼儿师范高等专科学校联盟单位。

2017年,争取专项资金286万元兴建学生食堂,上学期投入使用。实施了“三通两平台”建设工程。实现了“宽带网络校校通”、“优质资源班班通、校级资源人人通”;安装了40个探头的校园监控系统管理平台和教育教学资源管理平台。争取资金建设300米高规格塑胶运动场。投资4万多元安装了校园低音广播系统和学生寝室用电热水器。改进学生食堂内部设备,实行“明厨亮灶”模式运行。

开展青蓝工程,2017年结对教师15对,要求老教师切实搞好传帮带工作,促进青年教师迅速成长。做精“青年教师教学大比武”。搭好教师专业成长的发展平台,实施有计划、有主题、有层次、有交流的大比武,全校有近20多名青年教师参与。由分管校长带领16人到岳阳许市镇中学实地学习,由校长带领7人到慈利县景龙桥中学送课并慰问支教教师;邀请常德市、津市市知名专家学者2人来校给全校老师进行讲座。还有本市灵泉中学、棠华中学,外县市的临澧停弦渡镇中学、鼎城双桥坪中学等校际间相互交流,实行“同课异构”教学切磋,提升教师课堂教学水平,增进校际之间友谊。做强“教学质量”。开展学科趣味竞赛,激发学生学习兴趣;落实基本知识,包保责任到人到班到年级;2017年中考,雷雨佳同学以总分全市第二名的成绩录入津市一中实验班;小学部在全市教师节表彰大会上荣获市“教育教学质量优秀单位”称号。做实“课题研究”。该校完成省级课题《快乐校园背景下的生本课堂教学策略研究》的结题工作,并与德雅中学联手申报湖南省重点课题《网络联校远程课堂互动研究》正处于论证阶段。学校连续三年被津市市教育局授予“教育教学质量优秀奖”奖牌,连续三年被评为津市市年度目标管理考核先进单位。(李昌平)

津市市第二小学

【学校概况】傍孟姜女故里、承车武子精神的津市市第二小学创办于1927年,由私塾小学逐步成为津市市重点小学(1959年),常德市重点小学(1978年),1996年搬迁到现址,2014年与津市市第三小学联合办校,试行学区制管理,2017年津市二小、津市三小、津市双济学校三校联合办学,统称为津市市第二小学。目前有二个校区,辖两所幼儿园(二小校区、兰雅幼儿园;双济校区、晨曦幼儿园)。共41个教学班(二小校区30个,双济校区11个),130名在岗教师(二小校区89名,双济校区41名),学生2020名(二小校区1487名,双济校区533名),是一所因“基础教育课堂教学研究”扎实而享誉三湘的百年老校。

近年来，学校先后获得了全国青少年文明礼仪教育示范基地、中国少年科学院科普基地、湖南省基础教育教学研究优秀实验学校、湖南省红领巾示范学校、常德市名优学校、常德市书香校园、常德市语言文字规范化示范学校、湖南省教师培训基地校、“全国青少年校园足球特色学校”等荣誉称号。（陈芳芳）

津市市嘉山实验学校

【概况】津市市嘉山实验学校是津市市委、市政府加快推进新型“城市化”进程，实施“民生升温”攻坚战、解决城区小学布局不优和“大班额”问题、进一步扩大城区优质教育资源而新办的一所城南学区完全小学，学校是由市教育局直接管理、学校自主办学的法人单位。

学校绿树新植、环境优雅，总占地53亩，建筑面积12003.6平方米，共投资3000万元。建有体育健身中心、教学综合大楼、师生食堂、师生公寓、附属幼儿园和高标准的田径运动场。学校设施先进、功能齐备。实现班班通、电子白板进教室。配置多媒体教室、电脑室、图书室、阅览室、科学探究室、音乐室、体育器材室、舞蹈室、自然室、心理咨询室等十多个功能室。安装校园广播系统、校园监控系统，校园网覆盖学校的每一个角落，达到省颁布的一类标准。

2017年在校学生411人，9个教学班。在岗教师28人，其中有湖南省十佳总辅导员、津市市最美教师，高级职称教师2人，本科以上学历15人。

1月9日，津市电视台教育在线播出专题片《变化中的嘉山实验学校》。2月28日，学校安排7名教师前往“丹洲乡中心小学”参观学习。3月14日，澧县如东中学校长谭恢雄一行15人到该校开展交流学习。4月，省级信息技术课题《智慧校园环境下教育教学的应用研究》顺利开题。5月6日，嘉山实验学校在学校运动场开展以“弘扬五四精神，奉献火热青春”为主题的教师趣味运动会。6月23日，参加教育系统“荷花品格、梅花精神”知识抢答赛中并获一等奖。8月31日，嘉山实验学校邀请香港汇贤国际教育集团“金牌讲师”罗引成老师为全体教师专题讲座，津市市第一小学的全体教师聆听讲座，并参与互动交流。10月30日，学校顺利通过常德市教育局合格学校评估验收。11月23日，学校女子足球队勇夺市小学女子足球赛第一名。（吴喆）

火花幼儿园

【概况】火花幼儿园是津市市教育局直属公办幼儿园，常德市示范性幼儿园，地处万寿路繁华商业中心地段，交通便利，安全无噪音、无污染。教育资源丰富，自然环境幽雅，人文氛围浓郁。幼儿园管理规范，服务热情，是孩子们学习生活的理想乐园。

火花幼儿园占地面积2866平方米，园舍面积3455平方米。标准高、设备新、卫生条件好。拥有全省一流的幼儿户外活动环境。各种各样的幼教大型玩具、游乐设施、塑胶操场、幼儿戏水池、沙池等科学布局，一应俱全。电子钢琴、电脑、液晶电视、DVD、中央空调、紫外线消毒灯、自动化广播、教学监控设备等现代化教学设施设备配置齐全。厨房设备科学精良，幼儿活动区、生活区十分标准规范，为幼儿提供一流的学习生活环境，硬件设施达省级示范性幼儿园建设标准。是一所拥有现代化教学设备和高素质高水平师资力量的示范性幼儿园。

火花幼儿园现有教职员工57人，大专以上学历教师71%，本科教师学历占40%，高级职称教师占6%，中级职称教师占52%，初级职称教师占42%，严格按照每班“两教一保”的标准配置教师。

火花幼儿园设有小班、中班、大班13个班级，在园幼儿455人。注重幼儿基础课程教学，综合运用多媒体教学，功能室齐全。该园认真贯彻《纲要》、《指南》精神，从“以爱为魂，以人为本”为办园理念；以“乡土资源的挖掘利用”为教育特色。教师周颖文、张玲、谭敦慧、罗晓芳被评为常德市骨干教师，赵玲、王莉被评为津市市优秀共产党员，黄珊珊、张梅、钱华等7名教师获市教师节表彰。5月舞蹈《为健康加油》在津市市中小学（幼儿园）艺术节获特等奖，11月在全市教育系统大合唱比赛中获二等奖。

2017年5月，张玲老师执教的《我就喜欢我自己》、姜婷婷老师执教的《班级树》分获常德市艺术领域教学比武一、二等奖，2017年10月赵玲老师执教的《身体里的洞洞》、张玲老师执教的《我就喜欢我自己》参加送教活动活动。积极撰写教育教学论文，其中6篇论文在国家级期刊上发表，近20篇论文获省市级奖励。

幼儿园秉承“以人为本、以爱为魂”教育理念，让幼儿在快乐的游戏和日常生活中接受教育，3月开展雷锋学习月活动，5月开展幼儿“自理小能手”比赛，6月开展的“挑战自我风采，快乐童年过六一”运动会。10月开展“庆国庆”幼儿朗诵活动。2018年元月开展“趣味猜灯谜快乐迎新年”活动。

坚持公开办园、民主办园，让家长委员会的委员们参与到幼儿园的日常保教工作。4月、11月分别举行家长半日开放活动，更是让每一名家长走进幼儿园，走进班级与幼儿一起开展活动，观摩和体验幼儿园的一日保教常规，评比表彰是年度28名优秀家长。

（曾丹）

卫生计生 医疗

【概况】2017年，津市卫生计生工作以深化医药卫生体制改革，全面提升卫计综合能力为抓手。

项目建设，不断完善医疗卫生服务体系。2017年，市委、市政府投资3.2亿元，重点启动津市市人民医院改扩建和津市市中医医院整体搬迁项目，津市市人民医院基坑支护工程已经动工，预计住院大楼主体2018年1月可正式开工；津市市中医医院改扩建项目于7月31日举行奠基仪式，预计两个项目在2019年能够全面完工并投入使用；强化医院深度合作。津市市人民医院与常德市第一人民医院，签署全面战略合作协议，正式挂牌为常德市第一人民医院津市分院；津市市中医医院分别与湘雅附二医院眼科、常德市中医医院骨伤科签约合作，通过引导优质的三甲医疗服务资源下沉基层，加强医院制度建设、医疗技术支持、人才队伍培训等措施，让人民群众在家门口享受到专家优质服务；专科建设稳步提升。2017年2月市中医医院肛肠科、脉管炎科被评为常德市重点专科，力争市人民医院五官科、妇科、肝胆外科、市中医院康复科进入省级、常德市级重点专科项目。专业技术人员培训有序开展。全面启动医疗机构、医师、护士电子化培训注册工作，全年共有8名本科学历中西医医生参加住院医师规范化培训。抓实各项创建工作。新洲镇中心卫生院、白衣镇中心卫生院成功创建为“湖南省满意乡镇卫生院”；金鱼岭社区卫生服务中心成功创建为“全国优秀服务示范社区卫生服务中心”；津市市创建为常德市第一个省级慢性病防范示范区；卫计局尽牵头部门之责，津市市成功创建为全国卫生城市。

2017年5月11日万步有约全名健走活动

家庭医生签约，推进健康扶贫政策落实。由卫计部门牵头，协调12个部门联合出台《津市市健康扶贫工程实施方案》、《津市市健康扶贫工程“三个一批”行动计划实施方案》、《津市市农村贫困住院患者县域内先诊疗后付费工作实施方案》、《津市市农村贫困人口大病专项救治工作实施方案》，理清部门职责，明确时间表和路线图；推进家庭医生签约服务，2017年，全市共组建家庭医生服务团队64个，与全市8848位建档立卡贫困人口签订服务协议，签约率达到100%，为居民提供主动、连续、综合、个性化的家庭医生式服务，落实民生实事。对接相关部门健康扶贫优惠政策，医疗机构落实先诊疗后付费、大病救治相关政策，联合医保、大病保险、商业保险、残联、民政等部门按照职责分工给予贫困患者相应救助，落实“三提高”、“两补贴”“一减免”中的相关政策；明确大病救治合作医疗机构。确定津市市人民医院为市食管癌、胃癌、结肠癌、直肠癌、终末期肾病定点医院，常德市第一人民医院为儿童先天性心脏病、儿童白血病定点救治医院和定点指导医院。强化对健康扶贫管理系统平台监管，10月初对系统录入情况核实核准率进行每日网上通报，津市因病致贫因病返贫核准率达100%；启动一站式服务。2017 年所有医疗机构已设立“先诊疗、后付费”服务窗口、“一站式”结算窗口，全市共先诊疗后付费救助 573 人次；“一站式”结算软件系统已于 12 月 1 日正式上线启动。

落实医改政策，不断提升卫计综合服务能力。推动实现阳光用药制度。津市三家公立医院、基层医疗卫生机构基本药品已全部执行网上采购，全面取消药品加成，实施零差率销售；2017 年 1–9 月份，比照复核平台监管比率标准，所有公立医院医疗费用较去年同期仅增长 6.96%，低于省标准线 3.01 个百分点；津市于 10 月 1 日启动“两票制”药管工作，对药品供应商、配送企业进行遴选，理清问题药品清单，加大巡查力度，促进“两票制”政策的落实。继续推行对口支援乡镇卫生院工作。以三大主体医院为核心，定期派驻专家到对口单位坐诊，实行优质资源下沉，不断提高对口单位医疗卫生服务水平。加快医联体运作进程。津市已形成三家主体医院为核心的三个医联体，积极探索分级诊疗制度，以城乡医保作为杠杆，引导就诊进行分流，促进医联体相关政策落实。

预防关口前移，不断提高公共卫生服务能力。提高疾病防控能力。2017 年，传染病总发病率为 240.73/10 万，死亡率为 1.18/10万，远远低于省控标准；重点加强“不明原因肺炎、霍乱、手足口病”传染病防控，未发现不明原因肺炎、霍乱；开展手足口病监测，共报告手足口病 110 例(无重症病例和死亡病例报告)，占甲乙丙类传染病报告病例总数的 12.22%，发病率为 43.27/10 万，发病数低于去年同期水平，无死亡病例；推进地方病防治，检测碘含量合格样本为 90个，合格率为 100.00%；加强对艾滋病监测和行为干预。推行公共卫生服务工作。继续实施公共卫生服务工作量化绩效考核工作，公共卫生服务工作已进入全省第一方阵。积极开展生活饮用水监测。共采集生活饮用水样品 72 份，其中

2017 年 5 月 12 日津市市卫计局庆祝“5.12”国际护士暨优秀护士表彰会

采集出厂水质样品 9 份；末梢水 64 份，水质样品合格率 100%。加强健康管理创建慢病示范区建设，到 2017 年 10月，已建立居民健康档案份数 234758 份，老年人的管理率为 99.3%，老年人体检率为 55.7%，完成高血压、糖尿病、严重精神障碍患者的健康规范管理，2017 年 1 月津市成功创建为常德市第一个省级慢性病防范示范区。不断提升妇幼保健水平。孕产妇系统管理率达到 96.11%，7 岁以下儿童健康管理率达到 83.53%，津市住院分娩补助率达到 76.12%，农村孕产妇住院分娩基本医疗实行全免，津市积极响应上级爱心助孕政策，到 10 月 20 日，津市已有一对夫妇正在上级医院进行试管婴儿助孕手术治疗；实施两项民生项目。到 10 月 20 日，已完成农村适龄妇女“两癌”免费检查 3464 人，超过任务数 464 人，孕中期免费“产筛”检查 1745 人，完成上级的目标任务。开展儿童保健合格县创建工作。2017 年基础设施建设和软件工作已全面完成，接受常德市卫计委的验收。推进血吸虫防治。开展封洲禁牧工作，目前共淘汰牛 568 头，羊 502 只，12 月 31 日前淘汰全部牛羊；完成垸内外查螺 1069.73 万平方米，完成药物灭螺 251.85 万平方米，救治晚期血吸虫病病人 41 例，未发现急性血吸虫病人。

监督管理，助推计划生育工作转型发展。生育秩序继续保持稳定。人口出生比较稳定，波动幅度小；至 2017 年 9 月 30 日，符合政策生育率为 99.69%，比常德市下达的 97.5%指标高 2.19 个百分点。全面二孩政策推行有力。至 2017 年 9 月 30 日，共办理二孩生育服务证登记 1054 例，二孩出生率达到 46.74%，出生人口性别比为 99.82，比上年同期(108.15)下降 8.33 个基点，出生人口性别比下降幅度较大。计生惠民政策落实。共发放 2016 年三项扶助金 490.392 万元（其中农村奖扶 4479 人，发放 429.984 万元；特别扶助 444 人，发放 195.10 万元，手术并发症 27 人，发放 4.17 万元）和特别扶助生活补助 26.64 万元。三项扶助金已纳入财政预算；计划生育协会 2017 年共走访各类家庭共计 95 户，发放慰问金和困难救助资金 101500元。卫生计生综合执法。严厉打击“两非”行为，共立案违法生育案例 21 例，立案率达 100%，申请法院强制征收 7 例，查处 2 起“两非”案件，完成常德市社会抚养费征收的考核任务。

落实目标任务，推动各项中心工作全面完成。向上争取资金 3139.94 万元，完成全年争资任务的 105%。完成“两癌”免费检查3464人，孕中期免费“产筛”检查 1745 人，均完成上级的目标任务。小康指标全面达标。每千人口执业人数2.08，5 岁以下儿童死亡率 4.29‰，

两项指标均远低于省控标准；每千人口拥有床位数 4.6 张，达到省控标准。（胡杰）

【卫生计生综合监督】津市市卫生计生综合监督执法局为副科级公益一类事业单位，隶属于津市市卫生和计划生育局。内设编制 27 名。其中：局长 1 名，副局长 3 名，副股级领导职数 6 名，其他工作人员 17 名。是卫生和计划生育局所属执法机构。

2017 年，卫生和计划生育综合监督执法局按照省卫生计生委，常德市卫生和计划生育综合监督执法局和市卫生计生局的统一部署，注重卫生执法队伍业务培训，规范卫计监督执法行为，树立卫计监督新形象，2016 年办理的“两非”案卷被评为省优秀典型案例；2017 年被省评为打击“两非”先进单位；津市市创建国家卫生城市工作先进单位；微课制作获得国家级三等奖，省级二等奖，常德市一等奖。

2017 年，立足部门职责，推动经济发展的环境明显改善。按市脱贫指挥部的统一部署，开展走访帮扶工作，全面下基层 75/ 人次。廉政建设，坚决落实“两个责任”谈话制度，认真与干部职工进行谈心谈话，更加扎实地把党中央的各项决策部署落到实处。营造良好氛围，推动卫计监督工作发展。

2017 年，本着谁执法谁普法的原则，先后针对全市卫计监督人员、监督协管、计生人员，所有社区卫生室负责人、个体诊所责任人，全市公共场所经营单位开展了法治监督、法律法规、业务知识培训，向省卫计执法局网站、津市政府网、手机报、优化办共计投稿 27 次。（郭博礼）

【公共场所监督】2017 年，继续推行公共场所卫生监督量化分级管理制度，落实卫生部对公共场所量化分级管理有关要求；严把卫生许可关，坚持依法许可。全年共发放卫生许可证 43 家。对市辖区 263 家公共场所进行经常性卫生监督检查，监督覆盖率为 100%。组织人员对津市城区范围内公共场所单位进行专项监督检查，为津市公共场所行业迎接城市创建复查工作提供有力保障。（郭博礼）

【学校卫生监督】2017 年，按照津市市卫生和计划生育局、津市市教育局联合下发的《2017 年津市市学校卫生安全检查方案》的要求，联合对津市市各中小学校和托幼机构饮用水卫生、传染病防控、卫生保健室配备等情况进行专项检查。检查全市范围内学校 19 所，制作监督文书 38 份，4 月开展“扶苗行动”再次对辖区内学校饮用水卫生安全管理情况进行全面监督检查，确保全市校园学生无饮用水卫生安全事件的发生。（郭博礼）

2017 年 10 月 25 日召开卫生与健康大会

【生活饮用水监督】2017 年，按照生活饮用水有关法律、法规、标准和规范的规定，对集中式供水单位和原乡镇水厂开展检查，了解津市饮用水卫生状况，监督检查原乡镇水厂有无私自制水情况发生。对存在安全隐患，提出整改意见，要求立即改正。在严格审核下为 3 家饮用水厂换发放生活饮用水卫生许可证，全年来循环监督检查生活饮用水供水单位（含二次供水）18 户 / 次。制作监督文书 18 份，采集市政供水出厂水、合格率 100%；抽检二次供水水样合格率 100%。（郭博礼）

【医疗机构监督】2017 年，结合津市工作实际，除日常监督外，组织开展了打击非法行医等一系列损害群众利益违法行为的专项整治行动。全年针对全市 178 家各级各类医疗机构开展监督检查，共出动执法车辆 108 台 / 次，执法人员 324 人 / 次，针对检查时发现的违法违规情况，下达监督意见书 320 余份，责令改正 31 家，监督覆盖率达到 100%。成立打击非法医疗美容专项整治工作办公室，依据有关法律法规规定及国家要求，加强医疗美容服务管理，严厉打击无证行医行为，通过专项整治，促进医疗美容行业规范健康发展。（郭博礼）

【职业病放射及传染病防治监督】2017 年，进一步理顺放射诊疗许可证的办理和校验工作。加强医疗机构放射诊疗许可和放射防护的监督，全年共检查放射诊疗单位 14 家。制作文书 26 份。全年针对医疗机构预防接种管理、疫情报告、疫情控制措施、消毒隔离制度执行情况（控制医源性感染）进行监督检查，重点开展医疗废物处置为主要内容的传染病防治监督检查。（郭博礼）

【计划生育监督】2017 年，开展“两非”专项整治活动，督促镇街对违法生育对象即时立案办案，全市立案 21 起。征缴社会抚养费即时入库。加大强制征收力度，全年申请法院强制征收 7 例，实施强制征收 1 例。（郭博礼）

【国家基本公共卫生服务】国家基本公共卫生服务项目 2009 年启动，至

2017年国家基本公共卫生服务项目从9大项增加为14大项53小项，2017年津市的国家基本公共卫生服务项目任务目标均已完成。

老年人、高血压、糖尿病和严重精神障碍患者管理情况，截至2017年12月全市常住人口259500人，本季度已建立居民健康档案份数235740份，居民健康档案中65岁以上老年人口数为27717人，已建档管理27561人，老年人的管理率为99.4%。完成65岁老年人体检21785人，老年人体检率为79.0%，体检表的完整率为90%。全市辖区内按发病率25.2%计算共有高血压患者52316人，共报告管理高血压患者数为16835人，规范管理14637人，全市高血压患者的健康管理率为32.2%、规范管理率为86.9%。辖区内按发病率9.7%计算共有糖尿病患者20138人，共报告管理糖尿病患者数为6849人，规范管理患者为5801人，全市糖尿病患者的健康管理率为34.0%、规范管理率为80.3%。严重精神障碍在册患者1445人，严重精神障碍患者的发现率5.57‰，在管患者为1299人，规范管理的患者为1279人，规范管理率为98.5%。全市大部分各镇卫生院、街道社区卫生服务中心对高血压、糖尿病、严重精神障碍患者的随访、分类干预、健康指导和体检达到基本公共卫生服务规范的要求。

预防接种管理情况，截止到12月31日，全市各项目单位累计接种国家免疫规划疫苗37493剂次，全市应建证人数为1920人，已建证人数为1920人，建证率为100%。全市各预防接种单位均无接种差错事故发生。

孕产妇、0–6岁儿童健康管理情况，2017年全市出生活产2042人，系统管理人数2027人，孕产妇系统管理率99.27%。出生2042人，新生儿访视人数2040人，新生儿访视率99.90%。3岁以下儿童数7750人，系统管理人数6652人，3岁以下儿童系统管理率85.83%。7岁以下儿童数13051人，健康管理人数12095人，健康管理率为92.67%。

健康教育管理情况，全市健康教育工作基本完成全年的工作任务，质量有明显提升，各项目单位均按要求开展各项健康教育活动：开展健康教育讲座与健康咨询活动，并按要求设置宣传栏，双月更新一次，每周影音播放不少于30个小时；有针对性的定期开展个体化健康教育；进一步深化控烟活动。通过大力开展宣传健康教育工作，使居民的健康知识知晓率与健康行为形成率得到很大的提升。

传染病及突发公共卫生事件管理情况，传染病和死亡病例网络直报工作正常运转，各单位均安排工作人员负责传染病和死亡病例报告管理工作，能较及时进行网报，没有出现传染病和死因零报告的现象。均制定较完善的传染病和死因相关工作制度，组织传染病防治培训，资料较为完善。

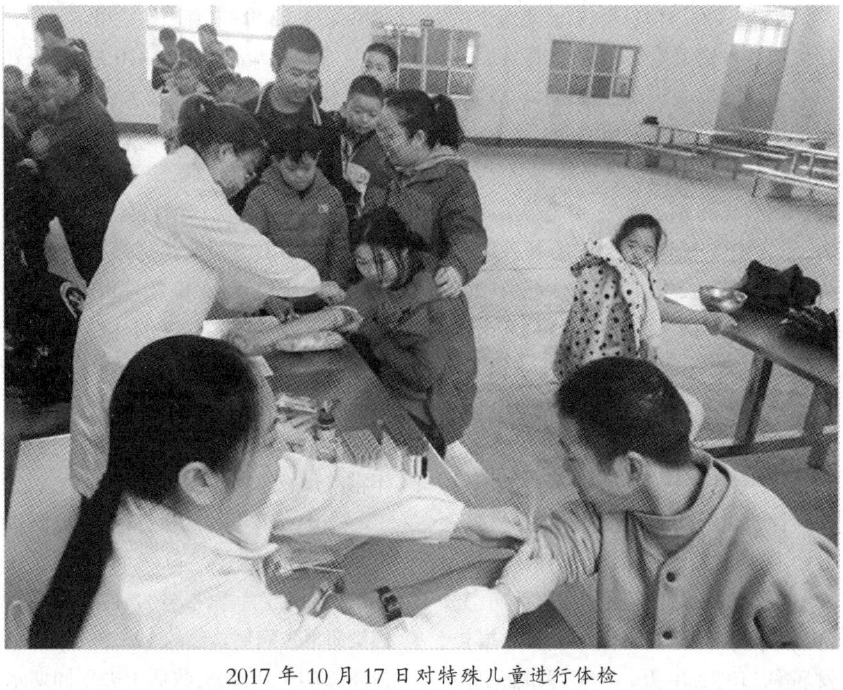

2017年10月17日对特殊儿童进行体检

卫生监督协管服务情况，全年全市的卫生监督协管工作取得较好的成绩。各项目单位在认真贯彻落实文件精神、积极开展学校卫生、公共场所卫生、非法行医、饮用水及食品安全等工作方面，均取得长足的进展，各项工作取得显著成绩，切实保障人民群众身体健康和生命安全。

结核病健康管理，截至2017年全市登记初诊病人716人，初诊查痰704例，痰检率98.32%，免费照片704张，摄片率100%。检查出活动性肺结核208例，新发涂阳62例，接受免费抗结核药物治疗208例。“3.24世界防治结核病日”开展了?“社会共同努力，消除结核危害”为主题的宣传活动。全年对各个医疗单位进行了4次结核病防治督导检查。

中医药健康管理服务，2017年全年，全市为65岁及以上老年人开展中医体质辨识和中医药保健指导8977人。0–36个月儿童中医药健康管理服务中医药健康管理服务2003人。

满意度及项目成效评估，随着公共卫生服务工作不断深入开展，项目成效日渐凸显，群众普遍受益，全市城乡居民的健康素养得到普遍提升，健康水平得到有效提高。2017年半年度考核，通过入户、电话等形式随机抽查了15名居民（包括老年人、慢性病患者、孕产妇、儿童家长），进行居民知晓率、满意度和综合满意率调查，抽查结果显示，90%以上居民知晓公共卫生服务；90%以上居民对获得基本公共卫生服务的方便程度、服务态度、服务环境及有效性表示认可。（张智洋）

【**疾病预防**】2017年，全面开展各项疾病预防控制工作，加强体系建设，重点抓好实验室计量认证质量体系运行的各项工作，执行标准规范和技术操作规程，按计量认证、质量手册、程序文件、作业指导书、技术记录的各项要求，完成检测检验工作。做好各项菌、毒种传代和剧毒物品的保管工作以及检测检验仪器的维护、计量器具的周期性检定和实验室之间比对及能力验证。以加强预防接种单位免费疫苗登记、使用管理为重点，加强各预防接种门诊的建设与管理工作。加强督查和指导，重点抓好了法定传染病及死亡病例的报告管理，严格疫情网络直报质量控制，逐步提高全市疾病监测与疫情信息报告质量。

传染病网络信息报告，全市市直医疗机构、乡镇卫生院（含社区医疗服务中心）、保河堤血防站、监狱防疫站均已实行法定传染病的网络直报。1–10月份，通过“疾病监测信息系统”共报告乙类传染病8种612例（无甲类传染病报告、不含HIV阳性19例），分病种依次为：肺结核（272例）、病毒性肝炎（260例）、梅毒（59例）、艾滋病（13例）、出血热（3例）、淋病（3例）、血吸虫（1例）和布病（1例），报告传染病死亡病例3例，均为艾滋病（3例），发病率240.73/10万，死亡率为1.18/10万；报告丙类传染病5种288例，病种依次为：手足口病（110例）、流行性腮腺炎（93例）、流行性感冒（40例）、其他感染性腹泻病（35例）和急性出血性结膜炎（10例），报告发病率113.28/10万，全年津市法定传染病总发病率354.01/10万。

传染病网络信息管理，贯彻执行《突发公共卫生事件与传染病疫情信息报告管理办法》，提高津市传染病疫情信息报告管理规范，已完成每月对市直医疗单位和每季度对乡镇卫生院（含社区医疗服务中心）的督导工作，并对存在的问题书写书面整改意见，保障传染病报告的规范性。

2017年1–10月共报告传染病类突发公共卫生事件0起。通过信息系统监测显示传染病预警信息45次，预警病种分别为麻疹、手足口病、流行性感冒、流行性腮腺炎、其他感染性腹泻病，其中4起麻疹预警初步判定为疑似事件，经调查处理最终排除疑似事件。

重点加强“不明原因肺炎、霍乱、手足口病”等传染病的监测，防止SARS和人感染高致病性禽流感等传染病传入津市，定期或不定期到市直医疗单位开展不明原因肺炎病例的主动监测，以期及时发现异常情况，筛查可能的SARS和人感染高致病性禽流感病例，截至10月底未发现疑似病例。

2017年1–4月津市根据《津市市2017年不明原因肺炎与人感染禽流感监测防控实施方案》的要求，对和平市场、三眼桥市场、襄阳街市场、三洲驿市场共采样12份，未有阳性检出。

在霍乱流行季节（5–10月）开展外环境水体（澧水、涔水、澹水、后湖、生活污水）和水产品（甲鱼、龙虾、牛蛙）的常规监测，并要求市直医院常年开设肠道门诊、乡镇卫生院（含社区卫生服务中心）于5–10月开设肠道门诊，对腹泻病人进行常规检索。2017年津市共登记腹泻病人339例，检索89例，检测结果均为阴性，检索率达26.25%，外环境常规监测样本共90份，其中外水30份、水产品60份，未有阳性检出，已圆满完成全年霍乱常规监测任务。

2017年1–10月通过“疾病监测信息系统”共报告手足口病110例（无重症病例和死亡病例报告），占甲乙丙类传染病报告病例总数的12.22%，发病率为43.27/10万，发病数低于去年同期水平。及时采集了手足口病散发病例样本38例，其中采样病例中实验室诊断14例（均为CoxA16感染者3例，EV感染者11例），很好的控制手足口病的传播和流行。

根据《津市市2017年疟疾防治工作方案》，全市各医疗卫生机构均常年开设发热门诊，1–10月共进行三热病人血检230例，未有阳性检出。4月26日在市区车胤大道路道开展“全国疟疾日”宣传活动，共发放宣传单1500余份，通过此次宣传使更多的群众了解疟疾防治知识，并为防控工作打下基础。

3月中南大学湘雅一医院报告布病1例，患者李某，现住津市监狱七大队。从事养羊工作。因2月25日出现畏寒、发热、头晕、腰痛等症状到津市人民医院临床诊断发热待查进行治疗无明显好转，于3月1日前往中南大学湘雅一医院诊治。患者已治愈，无二代病例发生，疫情控制良好。

死亡病例监测，按照《县及县以上医疗机构死亡病例实施方案（试行）》的要求，1–10月，全市医疗机构通过“死因登记报告系统”共录入死亡病例1320例，其中男性741例、女性579例，男女性别构成比为1.28:1。报告死亡率为519.21/10万，死亡数居前三位的病种依次为循环系统疾病、恶性肿瘤、损伤和中毒外部原因。

地方病监测，根据《2017年津市碘盐监测方案》，对湘澧盐矿和居民用户食用盐进行监测。1–10月，共抽取湘澧盐矿碘盐样品10批次90个样，经检测碘含量合格样本为90个，合格率为100.00%。5月份根据《2017年津市市碘缺乏病监测方案》进行了全市居民用盐监测、儿童及孕妇尿碘监测、儿童甲状腺监测工作，共采集5个乡镇（办事处）20个行政村（社区）居民用盐300份，依照GB26878–2011的标准，其中200份儿童食用盐样检测中，碘盐覆盖率100.00%，不合格碘盐（低碘盐）5份、合格碘盐195份、合格碘盐食用率97.5%。200名儿童的尿碘中位数为281ug／L。100份孕妇食用盐样检测中，碘盐覆盖率100.00%，不合格碘盐（低碘盐）1份、合格碘盐99份、合格碘盐食用率99.00%。100名孕妇的尿碘中位数为207.5ug／L。并于5月15日在市区广兴超市前开展“防治碘缺乏病日”宣传活动，共设立宣传点12个、悬挂横幅12条、出动宣传车1台、发放宣传单1400余张，咨询1200多人次。通过此次宣传使更多的群众了解碘缺乏病防治知识，并为以后工作打好基础。

慢性病监测，2017年内组织2次慢性病防控专业技术人员的培训，培训专业技术人员60人次。组织1次全民健康生活方式指导员的培训，培训300余人,培训合格者发放健康生活方式指导员证书。

建立并完善居民健康档案和65岁以上老年人管理,全市常住人口259500人,2017年度已建立居民健康档案份数234758份,居民建档率为90.47%,通过对居民健康档案的抽查,津市居民健康档案合格率达95%。65岁以上老年人常住人口数27538人，现已建档管理27349人，老年人的健康管理率为99.3%。

加强高血压、糖尿病和严重精神障碍患者的全程管理。各乡镇和街道社区卫生服务中心均建立门诊首诊测血压制度,且门诊首诊测血压率均达到95%以上,并将门诊首诊测血压高的人群纳入高危人群进行登记和定期复查,提高病人的发现率。全市年内新增高血压患者925人,全市累计发现并建立健康档案的高血压病人数为15955人,规范管理的高血压病人数为13687人,血压控制人数为12312人,高血压患者的规范管理率和控制率分别为85.8%和77.2%;新增糖尿病患者844人,全市累计发现并建立健康档案的糖尿病患者数为6517人,规范管理的糖尿病患者为5328人,血糖控制人数为4847人,糖尿病患者的规范管理率和血糖控制率分别为81.8%和74.4%。年内新增严重精神障碍患者135人,全市累计发现严重精神障碍患者1406人，在管患者为1274人,累计规范化管理1258人,病情稳定1210人,服药治疗1191人,全市规范化管理率为98.7%，管理的严重精神障碍患者病情稳定率为94.9%，服药治疗率为93.5%。各乡镇和街道社区对高血压、糖尿病和严重精神障碍患者的督导,随访、分类干预、健康指导和体检基本达到了公共卫生服务规范的要求。

开展心脑血管事件的报告及肿瘤的随访登记工作,各医疗机构共报告心脑血管疾病报告卡523张,报告发病率为201.54／10万，肿瘤登记报告521例,登记率为200.77／10万。

开展全民健康生活方式行动,为响应《健康中国2030规划纲要》和《国家慢性病综合防控示范区建设管理办法》中关于全民健身的要求,以及《中国疾控中心慢病中心关于下发第二届“万步有约”职业人群健走激励大奖赛》的号召,统筹推进健康城市建设和国家慢病示范区建设,深入开展全民健康生活方式行动,落实全民健身计划,满足人民群众日益增长的精神文明需求,倡导科学健身的理念，普及健康生活方式,营造政府主导、多方参与的慢性病防控氛围，开展2017年第二届全国“万步有约”职业人群健走激励大奖赛津市赛区的比赛。比赛启动仪式于5月11日在法治广场举行,全市有14个机关、事业单位的18只参赛队伍,总参赛队员262人参加为期100天的比赛。此次比赛津市获得全国优秀健走示范区的光荣称号。

常规接种率及AEFI监测,2017年1—10月完成国家免疫规划疫苗32125剂次，常规免疫报告接种率均保持在95%以上，超过国家90%的接种指标，其中乙肝疫苗实种4676剂次，接种率96.45%;卡介苗实种1320剂次,接种率95.31%;百白破疫苗实种5580剂次,接种率96.14%;麻风疫苗实种1641剂次,接种率96.59%；麻腮风疫苗实种1700剂次，接种率95.88%；乙脑疫苗实种3252剂次，接种率95.96%;A群流脑疫苗实种2861剂次,接种率95.05%;A+C群流脑疫苗实种2795剂次，接种率95.52%;脊灰疫苗实种5379剂次,接种率95.04%;甲肝疫苗实种1655剂次,接种率96.39%;白破疫苗实种1266人,接种率95.05%。

2017年1-10月共报告预防接种后不良反应(AEFI)12例,其中异常反应2例,偶合症1例,一般反应9例,全市AEFI报告率为33.28人/10万剂次。全年无严重的AEFI和群体性AEFI报告,AEFI48小时内报告率、48小时内调查率、3日内调查表报告率均为100%。

相关传染病监测与控制，截止2017年10月共完成4例疑似麻疹及风疹病例的流行病学调查、采样等处理，实验室麻疹、风疹IgM检测均为阴性，48小时完整调查率、病例血标本采集率、血标本采集后3日内送达网络实验比例、麻疹风疹IgM检测结果4日内报告率均为100%。

预防接种宣传,利用“4.25全国儿童预防接种宣传日”,围绕“规范预防接种,共建健康中国”为主题,在全市开展了免疫规划宣传活动,全市共向现场群众发放预防接种知识宣传材料600份，悬挂横幅13条，现场咨询1120多人次,张贴宣传画970多份,制作展板12板,动用车辆1台次。

狂犬病防治,2017年1-10月犬伤门诊共处置动物咬伤者1972人，狂犬病疫苗接种1914人，狂犬病疫苗接种率为97.06%;Ⅲ度暴露341人,接种抗狂犬病免疫球蛋白142人,被动免疫制剂接种率为41.61%。

疫苗和冷链系统管理,为了保证津市疫苗接种质量和效果,按照《疫苗流通和预防接种管理条例》的要求,对全市疫苗流通和储存进行了严格的监管,要求疫苗始终处于规定的温度下,不得脱离冷链,并定时监测、记录温度。1—11月,全市冷链运转5次,向各预防接种单位发放卡介苗790支、tOPV1000粒、bOPV990支、麻风疫苗1500支、麻腮风疫苗1500支、乙脑减毒活疫苗1200支、A群流脑疫苗620支、百白破疫苗5400支、甲肝减毒活疫苗1960支、乙肝疫苗6020支、A+C流脑疫苗1355支、白破疫苗480支。

卫生监测工作稳步推进，医疗机构、食品安全、生活饮用水监测,2017年的医疗卫生机构消毒效果监测工作,对社区和个体诊所、津市市中医院、人民医院、妇幼保健院等共54家医疗卫生机构进行了监测采样工作,共采集样品194个。对全市生活饮用水监测、二次供水、直饮水委托检验进行采样工作,共采集生活饮用水样品72份，其中采集出厂水质样品9份;末梢水64份,水质样品合格率100%。对人民医院的二次供水和德雅中学、津市市第一中学、白衣中学的直饮水和红鹰祥进行水质委托检测。津市除棠华岳山村部分村组外，全部实现城市农村自来水管网一体化供水，使得农村生活饮用水水质检测合格率比以前有大幅度提高。

按照省级要求的食品安全风险监测主要是：地方即食凉菜的致病微生物监测，采集样品20份；采集大米样品40份、农户自种新鲜蔬菜20份，分2次采集样品，检测镉和总砷，已经按照要求进行采样和检测工作，10份新鲜蔬菜和20份即食凉菜样品检测结果全部合格，结果按照要求已经进行上报。还有40份大米样品和新鲜蔬菜正在检测中。按照规定对从事食品行业相关人员进行预防性健康检查4100余人次，未发现甲、戊肝感染者。食源性疾病网络报告和审核工作，至11月6日止，共完成144例食源性疾病的网报审核。

职业病防治宣传和健康体检，2017年对辖区内的鸿雁生物、湖南渔经生物技术有限公司、常德大北农饲料、湖南中联重科车桥有限公司等13家企业共421人进行职业病健康体检，职业健康检查未发现疑似职业病，和职业禁忌症。对421人的体检结果按照相关要求进行录入到职业卫生信息监测系统。开展职业病防治宣传教育，在4月24日—4月30日在辖区范围内开展《职业病防治法》宣传周活动，宣传的主题是“健康中国，职业健康先行”“关注新生代农民工职业病防治”增强劳动者职业病防范意识与能力，切实保障劳动者的职业健康；按照湖南省卫计委疾控处（湘卫疾控处便函2017年第36号）的要求，2017年职业病防治法宣传周活动实施方案，疾控中心职业病防治科和津市市安监局共同于4月28日和30日在津市市桥头法治广场和津市市产业开发区开展职业病防治宣传活动，派发宣传资料、张贴海报和回答劳动者的相关提问。接受咨询300人次，发放宣传资料500余份，制作和摆放宣传版牌14块。

加强学校卫生工作，上半年市卫计局和教育局对全市范围内所有中小学校（共23所）进行督导，内容包括常见病和传染病防治情况，并对学校检查情况进行通报。

8月对全市学校和托幼机构分管卫生的校长和卫生专干进行培训，在11—12月期间，全市16000名中小学生进行健康体检。获得中小学生生长发育和常见病患病数据，为制定学校卫生工作计划提供科学依据。

11月对一小、二小、德雅中学、车胤中学、一中进行了学校学生常见病及健康危险因素监测、学生伤害调查，全面了解津市学生常见病及健康危险因素状况，指导全市各校开展学校卫生工作，提高学生健康水平。

结核病、全球基金艾滋病工作取得新进展，与各综合医院已实施疫情网络直报制度，各综合医院和乡镇医院均设有专人负责结核病报告、登记、治疗、管理等信息资料的综合分析和反馈，2017年（2016年12月01日～2017年9月30日）全市非结防机构网络直报肺结核患者320例，重报26例，住院12例，出院0例；总体到位269人，总体到位率为95.40%，其中转诊到位140例，转诊到位率为52.04%；应追踪142例，实际追踪142例，追踪率为100%，追踪到位129例，追踪到位率为90.84%；到位患者有诊断结果的有269例，其中非结核107例，占到位患者的39.78%，到位未收治的患者0例.

开展巡回健康宣教6次，分别为：在襄阳街办事处进行关爱女性乳腺健康讲座、在疾控中心进行“万步有约”健康讲座、在三洲驿办事处巡讲控烟健康知识讲座、在交警大队进行中医养生知识讲座、在德雅中学进行生活方式讲座。共571人参加，发放资料1280份。

开展3.24结核病防治日、4.16全国疟疾日、爱国卫生月、4.25计划免疫日、职业病防治日、5.15碘缺乏病防治日、5.31无烟日、7.28世界肝炎日、9.1全民健康生活方式日、9.20爱牙日、10.8日高血压日、10.10精神卫生日、10.29世界卒中日等13次宣传活动，共计4200人参加，发放资料14000份，制作展板45块、横幅11条。

全市7家镇卫生院、4家社区卫生服务中心。至2017年10月31日，全市影音播放25141小时；宣传栏更新584次；开展公众咨询99次，接受咨询人数10635人；开展健康讲座536次，参加听讲人数20806人；合计发放宣传资料110456份。（袁宇）

【妇幼健康服务】2017年津市市孕产妇健康管理率达95.64%，高危孕妇筛出率达30%以上，高危孕产妇管理率达100%。孕产妇住院分娩率达100%。0–3岁儿童系统管理率达90.86%，0–6岁儿童健康管理率达95.30%，5岁以下儿童死亡率为6.37‰。孕产妇艾滋病、梅毒及乙肝检测实行全免费，检测率达100%。妇女病普查15492人，普查率达35.10%。县乡农村孕产妇住院分娩基本医疗全免费工作全覆盖，对农村孕产妇住院分娩实行一站式服务。全市积极推进免费婚前医学检查，婚检率达90.65%。叶酸投服率达96.44%，依从率达92.49%。国家免费孕前优生健康检查1471对（2942人），早孕随访4268人次，妊娠结局随访2537人次。全市孕产妇产前筛查率达110.06%，产前筛查高危孕妇接受干预诊断率达82.66%，产前筛查高危孕妇妊娠结局随访率达100%。新生儿疾病筛查率为97.67%（机构）。新生儿听力筛查率为99.16%（机构）。地中海贫血初筛工作全覆盖。农村适龄妇女“两癌”免费检查，完成数3464人，筛查率达115.46%，查出宫颈癌1人。孕产妇免费中期产前筛查1935人。计划生育手术开展情况：放置宫内节育器179人。取出宫内节育器289人。输卵管绝育113人。负压吸引术、钳刮术、药物流产、麻醉流产共计803人。
（曾祥兰）

【血防】2017年贯彻落实《湖南省消除血吸虫病规划纲要（2016–2025）》，坚持以传染源控制为主的综合治理措施，继续做好急性血吸虫病感染防控、疫情监测等基础工作；推进钉螺控制、家畜传染源控制、人群传染源控制、血防机构能力建设四大工程，加快传播阻断与消除达标进度。全年完成查螺1050

万平方米、灭螺370万平方米、灭蚴120万平方米、压缩坑内钉螺面积8.74万平方米、查病16200人次、化疗7000人次。确保急性血吸虫病零发生目标，巩固血吸虫病传播控制达标成果。
（唐业平）

【个体诊所管理】2017年，个体诊所设置不受规划布局限制，放宽市场准入，简化优化审批服务，促进社会办医加快发展。规范医疗机构、从业人员、诊疗科目管理，全年完成全市66家个体诊所现场审查、年度校验工作。加强对个体诊所日常执业行为的监管，及时指导医疗机构规范执业行为；开展法律法规、院感等业务知识培训，提高医疗服务能力和水平。（汤亮）

【药品管理】2017年津市基层医疗卫生机构严格执行基本药物制度，根据自身功能定位和服务能力，合理选择配备使用基本药物。全面实行零利率销售政策，规范基层医疗卫生机构药品购销行为，加强药品验收入库管理。1—9月网上采购10148567.90元，备案采购2931661.70元，共计13080229.60元。基本药物全部执行网上采购，符合平台监管比率标准。对抗菌药物执行审批管理，有效规范合理使用，药占比较上年下降了2个百分点，平均比例为37%。特慢病门诊报销普及到乡镇卫生院和街道社区卫生服务中心，方便慢病患者。药物品种齐全，价格稳定。对药学工作人员进行国家基本药物临床应用指南和处方集远程教学培训，使之能更好地认识到基本药物的药理药性及不良反应等知识。能更安全的为老百姓带来好的药品及效果。各单位通过横幅、展板、公示栏等多种形式宣传基本药物制度及政策规定，创建良好舆论氛围让老百姓更好的认识到基本药物的耗材与便利。按照规定配备使用基本药物及备案采购药品，规范医务人员用药行为，引导群众形成良好用药习惯。2017年从10月1日开始，医疗机构、基层单位均执行“两票制”。

医疗机构药品采购实施“两票制”是深化药品流通领域改革，规范药品流通秩序，净化药品流通环境，打击“过票洗钱”、偷税漏税等药品购销中违法违规行为的重要抓手，对理顺药品价格，保障人民群众用药安全将发挥重要作用，是2017年深化医改工作的重要任务之一。（刘荣华）

【人口计生工作】2017年津市以“创先争优、服务提质”为目标，强基层、打基础，截至2017年9月30日，全市共出生2240人，人口出生率为8.73‰，符合政策生育率为99.69%，出生人口性别比为99.82，确保“全面两孩”新政的有序开展。

截至2017年9月30日，津市全员人口25.64万人，育龄妇女6.28万人，其中已婚育龄妇女4.61万人。

生育秩序保持稳定。主要表现在以下几个方面：一是人口出生比较稳定，波动幅度小。在全面二孩政策实施后的2016年出生2298人（补报回归后），2017津津市共出生2240人，与上年度基本持平；符合政策生育率保持较高水平。截至2017年9月30日，津市出生2240人，其中政策内出生2233人，政策外7人，符合政策生育率为99.69%，比常德市下达的97.5%指标高2.19个百分点；政策外多孩率较低，违法生育控制有力。2017年9月30日，津市出生的2240人中，一孩出生1140人，一孩率50.89%，二孩1047人，二孩率46.74%，多孩89人，多孩率3.97%，其中政策外多孩3人，政策外多孩率0.13%。出生人口性别比趋于正常。截至9月30日，本年度全市出生男孩1119人，女孩1121人，出生人口性别比99.82，比上年同期（108.15）下降8.33个基点，出生人口性别比下降幅度较大。

全员人口信息质量较高。关键业务信息上报及时率较高。截至2017年9月30日，妊娠信息上报及时率为94.12%，生养信息上报及时率94.29%，避孕节育信息上报及时率87.54%，业务数据上报综合及时率为92.87%；全员人口基础数据质量高。人员基本信息、妊娠信息、生养信息空填率均为0，配偶信息、避孕信息的空填率均仅为0.1%；全员人口关键信息准确性高，逻辑错误少。人员身份信息、全员人口信息、生养信息逻辑错误比例均为0，避孕信息逻辑错误比例仅为0.01%，妊娠信息逻辑错误比例仅为0.02%。

推行全面二孩政策。全面落实好两孩政策，以宣传服务为抓手，加强培训，加大服务，简化办证程序，科学引领育龄群众适时生育、优生优育，推进政策顺利实施。各镇、街、场开展入户调查，在调查摸底的基础上，开展政策解释和宣传工作，积极引导群众有计划地安排生育，避免生育高峰。利用国家免费孕前优生健康检查，设立咨询服务台，免费向群众发放叶酸营养素，并根据高龄孕产妇的实际情况，加大了随访服务力度，不断提升妇幼保障服务能力。工作中注重便民高效，简化办证程序，全面落实首接责任制、一次性告知制，并利用村务公开栏，全面公开生育登记的依据、条件、程序、时限、需提交的材料和服务承诺等信息，缩短审批时间，提高办事效率，2016年10月1日至2017年9月30日，共办理二孩生育服务证登记1054例。

基层基础重点夯实。清理人口底子，从2017年3月中旬开始，各镇、街道和场深入村（居）、农户实地调查，对2016年10月1日以来的人口出生、生育证发放、社会抚养费征收、新婚、妊娠、节育措施落实、已婚育龄妇女生殖健康检测、利益导向机制落实、流动人口管理、全员人口注销等十项工作底子进行大清理、大盘底。每月月初上报出生人口前，各乡镇、街道和场将上报的出生名册与医院分娩登记台账、医疗机构住院分娩实时通记录、儿童防疫花名册、公安派出所上户名册、新型农村合作医疗名册、城镇医疗保险名册、居民健康档案“七比对”，防止人口出生漏统漏报、错统错报。在行政审批上，完善便民服务机制，实行再生育审批网上办理，从2016年10月1日至2017年9月30日共审批发放再生育证81例，无一例差错。加强优质服务管理。截至8月31日，免费优检已参检992对，完成目标任务1300对的76.31%，免费产前筛查1470人，完成目标任务1935人的80.07%，目前妇幼健康工作正在有序开展。“实时通”信息录入到位，自2016年10月以来，公安部门提供出生上户、户口迁入信息2437条，食药工质局提供流入育龄妇女办理营业执照信息60条，住建局提供施工工地流入育龄妇女信息6条，其他部门也都按各自职责对相关信息全部按要求进行了录入，对提高全员人口信息质量，加强计生管理起到了积极作用。“村直报”录入到位。依托全员人口信息库和农村基层网底建设平台，在村级建立计划生育信息村级直报系统，将由镇、街道上报信息下移到村（社区），由纸质文档上报改为网络实时上报。整合部门数据资源，用信息化指导村计生专干工作，在8月运用，上报数据3599条。

计生宣传氛围浓厚。6月8日，在全市科干班学习中，作了一堂计生政策法规知识讲座，让全市科级领导干部进一步深化对计生工作的认识；8月4日上午，在市委中心组（扩大）集中学习会议上，南开大学原新教授进行《全面两孩政策人口形势与健康中国热点问题》专题辅导讲座。市电视台开辟人口计生专栏，每周播出一期人口计生专题节目，免费开展一次人口和计划生育公益宣传，及时报道计生工作动态。全市各镇、街道、场和村居都有计划生育宣传标语，营造了良好的宣传氛围。

惠民政策深入推进。2017年为335名特别扶助和27名手术并发症对象代缴居民医保费，为116名特别扶助和17名手术并发症对象代缴城乡居民养老保险费，共计6.28万元；民政局在临时救助中优先考虑计生特扶家庭，为低保户中的56名计生特扶对象给予每人500元临时救助，共计2.8万元；教育局为100名独生子女和农村双女户家庭提高200元扶助标准，共计2万元；工商联在为5名计生困难家庭给予每户2000元资助；农业局为25名计生户提标200元；移民开发局为24名计生困难家庭给予每人每年500元的生活救助，在医疗救助中，分别为2名计生特困户给予3000元和1000元救助；住建局在农村进行危房改造时，为2名计生特扶家庭给予2000元提标。（周凌）

【落实计生政策】加大对计划生育家庭奖励扶助，构建家庭发展支持体系，提高家庭发展能力。开展形式多样的宣传。各镇、街道均制作1条大型墙体喷绘奖励扶助标语，每个村都张贴奖励扶助宣传标语。利用卫计局局域网，将《湖南省城镇独生子女父母奖励制度政策解释及操作办法》、《农村部分计划生育家庭奖励扶助对象确认条件》、《计划生育家庭特别扶助对象确认条件的政策性解释》等政策性文件公开，针对利益导向政策的新内容、新变化，分级进行业务知识培训。

严格按照奖扶政策口径和确认程序，2017年新增奖扶对象的确认工作。全市已确认农村奖扶新增对象738人，确认计划生育家庭特别扶助对象78。全部新增对象都已公示到位。

坚持“年审要见面，退出要告知”的原则，确保所有奖扶对象年审到位率100%。通过见面年审，已退出农村奖扶对象75人，计划生育家庭特别扶助对象10人，且全部公示。

开展奖扶专项调查，确保奖扶准确率100%。从3月6日-20日，对所有的奖扶对象进行抽样调查，各乡镇奖扶对象上报准确率均达100%。

建立信息档案，落实联系人制度。根据《国家卫生计生委办公厅关于印发计划生育特殊家庭信息档案标准和规范的通知》要求，将392户特殊家庭建立信息档案。

给予生活补助。根据常德市委市政府《关于推行计划生育特别扶助家庭关爱行动的意见》文件，对已享受计划生育家庭特别扶助制度的444名对象，在国家发放特别扶助金的基础上，每人每年增加600元生活补助，共发放生活补助26.64万元，对只生育1个子女或合法收养1个子女，现无存活子女或独生子女被依法鉴定为残疾（伤病残达到三级以上）且女方年龄在35周岁以上49周岁以内的，本人不宜生育且不愿收养子女的27名对象，给予每人每月100元生活补助，共发放3.24万元生活补助。

加大计生特殊家庭精准帮扶力度。根据《常德市计划生育特殊困难家庭精准帮扶方案》（常卫发〔2016〕53号）文件精神，结合津市实际，制订《津市市计划生育特殊困难家庭精准帮扶》工作方案和确认办法，对全市计划生育特殊困难家庭在生活保障、养老照料、大病医疗、精神慰藉等方面实行精准帮扶，全年分二批审核确认21个家庭，发放帮扶资金8.9万元。

计生协每年对计生特殊家庭的特困对象进行走访慰问，对所有的特扶对象购买一份意外险；人社局对347名对象代缴医疗保险费；民政局对特扶对象中的56名低保户实行临时救助；住建局在危房改造中对计生特扶对象优先安排。

兑现独生子女保健费。2017年的独生子女保健费1148户，需要的13.776万元全部打卡发放到位。

兑现国家的三项扶助制度。严格执行政策，及时发放资金，及时足额发放2016年三项扶助金490.392万元（其中农村奖扶4479人，发放429.984万元；特别扶助444人，发放195.10万元，手术并发症27人，发放4.17万元）和特别扶助生活补助26.64万元。2017年的资金已列入预算，年底前发放到位。

落实城镇独生子女父母奖励制度。截至2017年9月共录入城镇奖扶系统15457人，奖励金全部发放到位。（王红）

【流动人口管理】2017年，流动人口计划生育服务管理工作以《湖南省流动人口计划生育服务管理办法》和《流动人口计划生育服务管理“一盘棋”业务规则》为指针，以“湖南省全员人口信息管理系统”为依托，以“关怀关爱”、“均等化”服务为目的，工作稳步推进。

截至9月，全市总人口256644人，流出人员53902人，占全市总人口的21.00%，其中男性28201人，女性25701人，女性流出人员占全市流出总数的

47.68%，流出已婚育龄妇女 17425 人，占流出女性的 67.79%。流入人员 5595 人(其中跨省流入 714 人，跨省流入人员在本地出生 10 人 < 其中男孩 7 人，女孩 3 人 >，省内流入 4881 人)，其中男性 2941 人，女性 2654 人，占流入人员的 47.43%，流入已婚育龄妇女 1654 人，占流入女性的 62.32%。

完成信息平台日常监控，全市共新增采集录入流出人口 11972 人，新增流出人口占流出总人口的 22.21%；新增采集录入流入人口 2391 人，新增流入人口占流入总人口的 42.73%。信息反馈及时，接收反馈省内省外各类协作信息共 7685 条，其中省内 4413 条(流入地190 条、流出地 640 条、异地 3583 条)，外省 PADIS 信息 1579 条、湘粤通报信息 767 条，来源于广东流入登记协查信息共 926 条。各单位均无逾期信息、督办信息，所有信息都及时接收与反馈，反馈及时率为 100%。

完成流动人口月报表的制作，每月 5 日，收集、整理、汇总各单位上报的流动人口月报表，并从流管平台提取全市的流动人口月报表数据，根据报表数据分析津市的流动人口现状，找出存在的问题，提出解决问题的办法。4 月 24 日向国家 PADIS 平台上报了津市半年度报表数据。

开展对流动人口关怀关爱的专项活动，全市利用春节前后一个月的时间开展关怀关爱流动人口活动，制定行动《方案》及考核细则，通过电视、微信公众号及网站、宣传资料、横幅、标语、电子显示屏、宣传栏进行宣传。镇、街道、场区均在人员集中的大型广场举办了宣传服务活动，活动现场均进行了流动人口宣传资料、避孕药具的发放、健康讲座及义诊活动。

全市春节期间共开展流动人口的宣传栏 164 个，发放宣传品 7898 份，开展宣传活动 11 场，义诊、咨询 814人次，开展讲座 14场，发放避孕药具 2250 人次，办理卫生计生相关证件及证明材料 234 份，慰问流动人口 860 人，慰问品慰问金共计 15.05 万元。切实开展流动人口“关怀关爱”活动，对计生留守家庭进行走访慰问，全市共为留守儿童健康体检 153 人次，为留守儿童心理辅导 184 人次，留守儿童父母健康教育 507 人次，联系未返乡留守儿童父母 251 人次，留守儿童健康需求调研 139 人次，补种疫苗 76 人次。

完成对办理《暂住证》、《健康证》流入人员的清理清查，截至 9 月，公安提供办理《暂住证》流入人员花名共 158 人，疾控提供办理《健康证》流入人员花名共 235 人，根据居住地址，我们将对象分解到各乡镇、街道、场区，要求各单位将任务具体到村、社区，由村、社区专干进村入户对调查对象进行清理、核查，对属流动人口的对象登录流管平台。完成半年度流动人口的抽样调查工作。3 月 6 日至 10 日，对 5 个街道、4 个镇、西湖渔场、津市监狱的流动人口管理情况进行抽样调查，撰写半年度流动人口抽样调查情况通报。

加强与外地的区域协作。至 9 月份共电话处理外地区咨询有关流动人员的信息共 160 条，处理各区域协作站来信来函共 6 份。

基本完成了国家流动人口动态监测的调查。自 3 月津市嘉山街道被抽中为国家流动人口动态监测调查点后，制定工作方案，对人员进行分工，步骤进行明确，提出工作要求，经费进行分配等。配套调查设施，按照上级调查配置要求，购买了 4 台华为平板电脑，均在移动公司开通了移动流量，确保随时随地移动网络覆盖；给每位被抽中的调查员赠送了精美的礼品。5 月 9 日流管股的 2 名工作人员、嘉山街道卫计专干、明道社区、团湖社区卫计专干共 5 人参加由常德卫生和计划生育委员会举办的调查培训班。是 3、4 两个月，对嘉山街道辖区内的所有流入人员进行了地毯式的摸底，校核及修改录入工作。完成第二阶段抽样框的编制工作。完成第三阶段调查对象花名册的上报及定位工作。完成所有抽中人员的调查问卷及村、居问卷。对所有调查问卷进行了初审工作。完成“婚育新风进万家主题征文活动”。2017 年 2 月，国家卫生计生委办公厅印发《关于开展 2017 年度婚育新风进万家活动的通知》，确定 2017 年婚育新风进万家活动主题为“人口流动 健康同行”。为进一步推动婚育新风进万家活动深入发展，在流动人口中普及计划生育和生殖健康知识，传播新型婚育文化，国家卫计部门开展婚育新风进万家主题征文活动。为此，津市发动全市各级流管工作人员积极主动地参与此次征文活动，并最终从三洲驿办事处、汪家桥办事处评选了两篇高质量的文章进行了上报。完成跨省流动人口数据清理清查工作。从 2017 年 2 月历时 2 个多月，完成清理工作任务，此次跨省流动人口个案清理清查共 24668 人，其中全员未建档信息 3704 人，补充建档 172 人，补充建档率为 4.64%，不属本地管理 3532 人；全员有但未登记流出信息共 7839 人，现补充登记流出共 5203 人，补充登记率为 66.37%，已返回 1553 人，返回率为19.81%，不属本地管理 194 人，其他 889 人；户籍地地址不一致信息共 13125 人，其中属本地管理并申请移交 6370 人，本地外嫁女并移交信息 105 人，不属本地管理 5800 人，其他 850 人；新增流出人员 312 人，登记返回 18 人。

完成省内“百日行动”清理工作。2017 年 5-8 月，省打包下发津市主动登记流出流入地未登记流入共 2967 人、津市代建卡户籍地未确认及不确认 129 人、流入地登记离开津市未处理 256 人。津市流出人口总数为 53845 人，其中联系电话空填 5206 人，空填比例为 9.67%；省内流出人口总数为 12120 人，其中联系电话空填 481 人，空填比例为 3.97%；跨省流出人口总数为 41725 人，其中联系电话空填4725 人，空填比例为 11.32%。津市流入人口总数为 5445 人，其中联系电话空填 2 人，空填比例为 0.04%；省内流入人口总数为 4772人，其中联系电话空填 1 人，空填比例为 0.02%；跨省流入人口 673 人，其中联系电话空填 1 人，空填比例为 0.15%。

津市省内流出人口已匹配人数为

10979 人，匹配率为 90.59%。（乔新蓉）

【计生协会工作】2017 年，津市市计划生育协会组织建设日臻完善。2017 年 2 月份，新任命一名副科级的市计生协副会长；经按程序申请批准公开招聘一名市计生协会工作人员。健全乡村两级计生协组织。津市市 11 个镇、街道、场区 91 个村（居）建立计生协会组织并配备了德高望重、乐于奉献的专职副会长，落实工作报酬。延伸基层计生协会组织建设。加强企业、集贸市场流动人口聚集地计生协会的建设，同时积极探索创建“行业 + 协会”、“楼栋 + 协会”等新模式。津市市已经建成“企业 + 协会”共有 3 家，并在其中流入人口较多的娄新纺织有限公司建立流入人口计生协示范点；在宝悦乐城集贸市场建立一个流动人口计生协会。

生育关怀资金有保障。2017 年，财政加大资金投入，建立新的生育关怀筹措机制，将生育关怀资金列入 2018 年的财政预算，预算资金 55 万元。同时 2017 年的生育关怀资金除社会抚养费 10%提取外，另外拨付 26 万元到生育关怀资金账户。联合卫计局，妇联、红十字会、残联、志愿者协会建立示范帮扶基地，切实发挥计生协生育关怀帮扶示范作用，开展特殊群体的系列帮扶活动。2017 年春节期间，共慰问计生生困难家庭 81 户，发放慰问金或物资共计 9 万元。在“5.29”期间走访计生贫困家庭 14 户，为其送上 500 至 1000 元的慰问金，对白衣镇建国村新增的一例失独家庭发放 3000 元的慰问金，此次活动发共发放慰问金 11500 元；联合市红十字会为 100 名参加免费体检的困难群众送上扶贫物资。在“5.29”期间，计生协会员深入乡村小学、社区对 100 多名留守儿童进行关心关爱：为李家铺小学 30 名留守儿童送上 200 元学习用具及体育用品；联合妇联为白衣镇 40 名 0–3 岁的留守儿童送去价值 1.2 万元的奶粉；联合襄阳街街道计生协志愿者为部分留守儿童送去关心关爱，志愿者和留守儿童做亲子游戏，对其监护人进行心理讲座及咨询，并为留守儿童发放一份学习用品。经过市妇联、市卫计局、市计生协精心的宣传和组织，2017 年津市市共组织 3100 名妇女参加免费的“两癌”筛查，并对 2016 年查出的 2 名计生家庭患癌对象各送去了 1000 元的慰问金。做好小额贴息贷款、计生“三结合”、计生特殊家庭综合保险等项目工作，通过项目扶持生产和就业，提升计生家庭发展能力和抵御风险能力。2016 年度计生家庭创业贷款贴息项目 2 个，贴息金额共计 15 万元；计划生育“三结合”项目一个，项目资金 3 万元。这三个项目取得一定的经济效益和社会效益，共解决 180 名计生对象就业，发放工资 108.9 万元，救助贫困计生家庭 18 户，救助金额 1.2 万元。2017 年，津市市申报一个“三结合”项目，获批资金 5 万元，两个贴息贷款项目，获批贴息资金 5.9 万元，现三个项目运行良好。津市市拓展服务平台，2016 年初以来津市市计生协联合襄阳街志愿者协会，把计划生育家庭居家服务作为工作的重点，对失独家庭、留守儿童、留守老人、计生特困家庭、贫困残疾人开展系列帮扶活动。两年来，襄阳街志愿者协会已经累计上门服务 120 次，服务总时长 200 小时；累计服务 170 多人次。发动志愿者扶助计划生育特殊困难家庭 300 多户，发放扶持资金及物资共计 28 万多元；居家上门服务对象100 多人，发放节庆日走访慰问物资 7 万多元，居家服务对象生日慰问金 2 万多元。2017 年 7 月 5 日，常德市计生协会常务副会长车向东来到襄阳街街道办事处考察志愿者协会，并对志愿者协会所作出的一系列的成绩表示肯定。

庆祝计生协会成立 37 周年

开展计生基层群众自治示范镇（街）、村居创建。2017 年津市市乡村两级计生协积极开展创建活动，襄阳街街道计生协、药山镇计生协申报省级计生基层自治示范镇（街）创建工作；金鱼岭街道计生协申报常德市级计生基层自治示范街道的创建工作，三洲驿街道柏枝林社区计生协、白衣镇清化驿村计生协申报省级计生基层自治示范村（居）的创建工作。将基层群众自治纳入计生综合目标管理考核的重要内容，在考核 100 分权重比中占 6 分；规范村居民自治公约和协议内容。2017 年，提出要规范村居民自治公约和协议的要求，6 月在进行计生协半年度检查时着重对村居民自治公约、计生协章程等的公示情况和协议的内容及签订工作进行督导检查：各镇、街道、场区均按新的计生政策方针制定规范的《村居民自治公约》且和育龄妇女签订协议，协议签订率为 90%以上。

公共卫生服务工作实现有效融合。2017 年各镇、街道、场区计生协和卫生院（社区卫生服务中心）签订《津市市基层计生协参与承接基本公共卫生计生服务管理项目协议书》，界定的服务项目和服务标准，甲乙双方按协议书职责履行义务。乡级、村级计生协会组织把同级医疗机构负责人吸收进计生协会组织，成为计生协会常务理事、理事或骨干会员，整合资源，实现基层计生协组织网络和基本医疗服务网络的无缝衔接。基层计生协主动承接免费健康体检、免费孕前优生健康检查、免费产前筛查、“两癌”筛查的宣传发动工作。至9月底全市已完成免费体检73669人，其中：老年人27536人，儿童免费体检8812人，孕产妇1381人，高血压患者15834人、糖尿病患者18850人，严重精神障碍患者1256人。计划怀孕夫妇免费孕前优生检测980对，按进度完成全年任务的75%；全市孕产妇免费产前筛查1590人，完成全年任务数的82%，已完成进度任务数；35—64岁的已婚农村妇女免费“两癌”（宫颈癌、乳腺癌）检查3178人，完成全年任务数的106%。2017年基层计生协积极主动参与健康扶贫工作，在对建档立卡贫困户开展家庭医生签约服务方面宣传发动到位，津市市建档立卡贫困户8848人，已经全部完成签约，签约到位率达100%。

2017年8月4日上午，在市委中心组（扩大）集中学习会议上，南开大学原新教授进行《全面两孩政策人口形势与健康中国热点问题》专题辅导，在辅导内容中对计生协在政策转型期间新的工作任务进行着重强调说明，为计生协工作开展营造良好氛围；借改版计生协工作手册的机会，将新的计生协会章程印制在工作手册中，做到基层计生协工作人员人手一册，使上级精神深入到村级协会组织；借助“两学一创”的好机会，加强政策宣传，强化争先创优意识。5月17日，津市市卫计局班子成员、津市市计生协、津市市红十字会全体工作人员及津市市中医医院、李家铺卫生院的部分医务人员在毛里湖万家村村部开展集中宣传服务活动。现场发放计生宣传政策、优生优育宣传资料、健康教育资料2000多份。为群众免费进行义诊和健康咨询。津市市中医医院、李家铺卫生院的18名医务人员组成了义诊医疗队，为困难群众免费体检150多人次，通过义诊发现疑似白内障病例32例，疑似颈椎病病例5例，疑似胆结石病例13例。医疗队医务人员为他们提出专业治疗意见并留下了联系方式，方便跟踪随访。此次义诊真正做到服务于民，社会反响好。镇、街道计生协“5.29”活动主题突出，内容丰富。全市各计生协共组织12场次的学习宣传服务活动，发放各类宣传资料5万份。媒体宣传及时到位效果好。津市市各级计生协开展活动后能及时联系媒体上报信息宣传计生协的工作。2017年我们在省计生协网站上已经发稿17篇，中国人口报发稿4篇，共21篇信息。2017年"5.29"计生协会员活动日的集中宣传服务活动津市市电视台就进行近3分钟的报道，传播计生协好声音。充分发挥津市卫计网站、微信平台作用，在政策宣传、健康资讯、帮扶救助等方面发挥更大作用，扩大计生协的社会影响力。（滕儒旭）

2017年5月17日关爱留守儿童活动

【津市市人民医院】津市市人民医院是津市唯一的一家公益性二级甲等综合医院，担负着全市及周边近50万人民及邻县部分群众的基本医疗、急诊急救及突发应急事件处置等任务。医院设有16个临床科室、13个医技科室以及两个大型门诊部和一所社区医疗服务中心。现有占地面积32.8亩，建筑面积61750平米，编制床位500张，在岗职工573人，有正高职称4人、副高职称80人、中级职称162人，硕士研究生4人。医院拥有德国西门子64排128层螺旋CT机、荷兰Phillips1.5T磁共振、美国GE双排螺旋CT、800毫安X光机（DR）、美国GE血管数字减影机、移动式X线C臂机、高清晰四维彩超、全自动进口生化分析仪、OMOM胶囊胃镜、关节镜、宫腔镜、腹腔镜、鼻窦内窥镜、胆管镜、支纤镜、膀胱镜、输尿管软镜、钬激光等高精尖大型医疗设备200余件。

把公立医院改革、平安医院创建、精准扶贫等工作有机结合，不断强化内涵建设，管理上从严，工作上做实，院各项工作稳步推进，取得较好的经济效益和社会效益。医院先后获得“创国卫先进单位”“精准扶贫先进后盾单位”等荣誉称号；连续六年被评为“重合同守信用单位”和“消费者信得过单位”。曹永芬、陈磊夫、唐高萍、来平、吴友文、李贤楔、杨业、万海霞、金蓉、孙凌云、鲁琴、郑潇潇等一批先进典型受到常德市、津市市表彰，傅涛等6位同志荣立三等功。

2017年全年总收入18383.9万元，其中医疗业务收入17045万元，较去年增长6.35%；全年总支出19076.5万元，较去年增长7.27%；全年完成总诊疗近23万人次，其中门急诊20.5万人次，出院病人2.3万人次；实际开放床日18万天,实际占用床日 17.6 万天,相比去年略有下降;病床使用率 92.7%;完成外科手术 2976 台次,较去年减少 194 台次。

2017 年 5 月 3 日,医院正式成为常德市第一人民医院津市分院。截至 12 月底:常德共安排出诊专家 500 人次,门诊接诊 6000余人次;疑难病例查房 500 余例、会诊 50 余次;教学 7 场次。专家来院开展手术 300 余台,医院管理和医疗护理派往常德跟班学习 30 余人次。常德市第一人民医院已派眼科、心血管等 9 个科室专家常驻医院。

按三级医院标准建设高水平的二级甲等医院,建立综合实力更强的津澧新城区域医疗中心。已完成一期基坑支护工程总量的75%,正在进行住院大楼主体工程项目预算及招标之前的准备工作,预计 2018 年 4 月底可正式动工。医院占地面积由 35 亩增加到 70 亩,在建的 17 层高标准外科大楼、3 层高标准感染病房以及食堂和其他设施,业务用房建筑面积将由 4 万平方米增加到 8 万平方米,开放床位从500 张将增加到约 800 张。争取"十三五"健康扶贫工程项目,项目资金为 5000 万元,已完成前期资料申报,省发改委、卫计委已立项,中央发改委正在审批之中,项目资金有望在 2018 年 3 月初落实到位。

深化绩效制度改革,按人社部门要求落实新工资改革工作,调整各类险金的幅度,改善广大职工的福利待遇。制定适合实际情况的绩效薪酬制度,激发调动医院干部职工的工作积极性和创造性。推动人事制度改革。建立健全管理制度,建立岗位职责,完善考核评价,实行全员目标管理,以岗位职责履行和目标任务完成情况为考核依据。专程赴中南大学湘雅医学院专场(湘雅医学院,5 名临床研究生签署意向性协议)招聘医学人才,全年共引进医学类本科生 13 人,硕士生 1 人。选送 40 名医护骨干到上海长海医院、湘雅医院、常德市第一人民医院等三甲综合医院进修学习。实施中层竞聘上岗。对医护技药科室及重要业务部门的负责人采取竞争方式选拔任用,2017 年对全院行政管理层的中层干部全部实行竞聘上岗,竞争方式选拔护士长 3 名、检验科主任 1 名。

质量管理体系不断完善。医院以"二甲"复评挂牌为契机,不断健全质量体系,落实核心制度,全面启动"医疗质量管理月"活动,深入各临床科室开展医疗质量、医疗安全管控,开展优秀病历、优秀科室评选。新技术、新项目积极开展。心内科 PCI 及双腔起搏器植入术、胸腔镜下肺大泡切除术等一系列新技术新项目取得突破,均为津市市首例。完成外周血管介入手术 153 台次,心血管介入手术 131 台次。院感及传染病疫情防控管理体系不断完善。全年进行手术切口目标性监测近 600 例,院内感染 1 例,属多重耐药菌感染,全年无院内感染暴发事件发生;全年上报传染病例 923 人次,开展食源性疾病监测 181 人次,慢病上报 900 人次,妇幼工作管理不断加强。设备设施投入加大。共投入资金 800 多万元,新添置神经外科显微镜、腹腔镜影像系统、超声刀、超乳治疗仪、眼底照相机、彩超、麻醉机、呼吸机、热红波康复理疗仪等相关设备,为提升医疗质量提供有力保障。药事管理不断规范。开展处方点评,加强辅助用药监管,落实药物不良反应上报制度。风险防控不断加强。高度重视危急重症患者、高危孕产妇、疑难病例管理,医疗投诉与纠纷有所下降。

2017 年 5 月 3 日常德第一人民医院津市分院揭牌

加强临床护理管理。全面落实三级护理质控体系,细化护士长考评标准,提高护士长管理工作的科学化、规范化、精细化水平。加强业务培训。强化各层级护士在职培训,培训率达 92%,考核合格率 100%;规范化落实新护士入职培训;开展护理全能比武。开展护理创新。举办医院第三届护理创新大赛,积极开展以器具创新、制度和流程创新、管理创新(6S)三项护理创新活动。

邀请院内、外专家为全院医务人员开展学术讲座 20 次,其中院外专家 12 人次,院内专家 8人次。接受安排津市基层专业技术人员 19 人次来院进修学习,接受安排各大、专院校医学实习生 20 人次,包括临床医疗、临床护理、医学检验、医学影像等专业。选送 6 名新招毕业生到指定规培基地参加住院医师规范化培训,超额完成任务。选派 146 人次的专业技术人员外出参加各类学术会议及培训学习。积极组织鼓励医护人员撰写学术论文,医务人员全年共发表学术论文 22 篇。(胡振彬)

【津市市中医医院】2017 年,医院有职工 120人,返聘、临聘人员 46 人,临床医疗、护理人员 105 人,工勤管理人员 15 人;副高级职称7 人(返聘 2 人),中级职称 28 人,初级职称 70 人。

津市中医医院成立于 1953 年,位于市中心,交通便利,环境优雅,是澧水流域一所集医疗、科研、预防、保健于一体,以中医中药为主的综合性医院。医院是城镇职工医保、城乡居民医疗保险、机动车驾驶员体检定点医院。

医院占地面积8639平方米，建筑面积6884平方米，医院开设有内科、外科、骨伤科、脉管炎科、耳鼻喉科、口腔科、妇科、皮肤性病科、麻醉科、手术室、肛肠病专科、糖尿病专科和省重点建设专科眼病专科、针灸推拿专科及放射、检验、B超、心电图等医技科室和药剂科、制剂室、供应室等辅助科室，主要设备有进口螺旋CT、影像CR、四维彩色B超、电子胃镜、电子肠镜、电子阴道镜、彩色经颅多普勒、腹腔镜、500毫安X光机、多普勒、眼科专用手术显微镜、全自动生化分析仪、血球分析仪、动态心电分析仪、心肺功能测定仪、体外震波碎石机、白内障超声乳化治疗仪、眼科A超、眼科B超、泪道激光机、呼吸机、康复器材一套、双极射频控温热凝器、心电监护系统。实现中心供氧、中央传呼，医院电脑化网络管理。

2017年，强化医院文化建设，突出中医特色，提高医疗质量，深化优质服务，确保医疗安全，改变医院就医环境，更新医疗设备，打造重点专科、特色专科、创建和谐医院为重点。紧紧围绕“以病人为中心，以质量为核心”，和继续开展“三好一满意”活动，改善服务态度，提高医疗质量，规范医疗行为，促进医患和谐，完成各项目标任务。年门诊量78128人次，收治住院病人4500人次，治愈好转率90%，中医药参与率56%以上；年业务收入2700万元，药品收入占总收入的17.24%，中医特色治疗收入占总收入的19%，形势稳定，平稳发展。

2017年7月31日津市市中医医院整体搬迁项目奠基仪式启动；8月18日与常德市第一中医医院骨伤科全面合作挂牌仪式启动，申请到“复明10号”中国眼科流动手术车项目，争取到“全国第四次中药资源普查”项目，于2018年正式启动，聘请主任医师皮明毅为外科主任，湖南省中医药大学附一医院专家来医院开展义诊和学术讲座活动。（肖丹）

2017年7月31日中医医院整体搬迁奠基

毛里湖湿地公园风光

文化 体育

【概况】津市市文体广新局内设办公室、法制服务股、社文艺术股、政工股、财务规划股等5个股室，下设文物局、文化市场综合执法大队、全民健身服务中心、文化馆、图书馆、非物质文化遗产保护传承中心、青少年体校、广播电视电影事业站等8个二级机构，直管3家转制企业（红旗剧院有限公司、电影放映公司、津市市孟姜女文化演艺有限公司）和1家投融资公司（北辰文体投资发展有限公司）。在编在局人员104名，其中，局行政编制8名，事业（含工勤编）编制63名，事业转制企业身份34名，临时聘用人员6名，空编12名。

全年共举办大中型文化活动11次，创作文艺作品16部。举办大型体育活动110余场（市级10场，协会组织100余场），获得常德市和省级奖牌共30枚。虎爪山遗址于2018年1月15日动工。（刘倩颖）

【文化活动】2017年，市文化馆举办"欢乐津城""2017送文艺进社区巡回演出"，承办2017年"企业家新春团拜会"、"我们的中国梦—湖湘文化进万家"、"文化科技卫生三下乡"、"津市青苗腊八节开幕暨常德乡村旅游年"、"常德白马湖百姓大舞台"、"首个国家文化和自然遗产日"、大型纪实话剧《热血老兵》、2017年全省"安全生产月"暨常德市创建示范性城市群众安全文化宣传活动、"培育文明新风共建秀美药山"颁奖演出、"乡风和煦·美在白衣"演出、喜迎党的十九大之"荷花品格·梅花精神"主题文艺晚会暨十大廉洁模范表彰大会、第五届"湘鄂边"京剧艺术节、"健康湖南·动起来"全民健身大赛季津市市首发站开幕式等。据统计，2017全市已组织开展各类群众文化惠民活动60多场，参加活动团队10多个，参加人员1000多人次，受益群众2万多人次。图书馆开展4·23世界读书日之车胤读书节系列活动，如"你读书我买单"全民阅读推广活动、"情暖三月·与爱同行"关爱留守儿童志愿服务活动、"车胤读书节"书香致远伴成长之"同在蓝天下·幸福迎六一"志愿服务活动、"光辉历程"—中国人民解放军军史连环画展等，积极贯彻落实"进学校、进机关、进企业"的工作要求，把"走出去"与"请进来"相结合。

实施文化惠民工程。市文化馆开办"我是雷锋家乡人·湖湘文化送春风"

欢乐津城活动

2017年"三下乡"活动

文化志愿者公益广场舞培训班、少儿美术免费培训班等课程，并在市二完小等开展“戏曲进校园”活动。市美术展馆全年举办4次专题展。图书馆在2017年共开展阅读推广活动32次，其中开展青少年党史国史教育活动11场，公益讲座4场，培训10场，公益展览4场，开展送书下乡活动3次。（刘倩颖）

【文艺创作】借助津市深厚的文化底蕴，津市市文艺工作者在2017年创作大型歌舞《兰香四韵》《大湖水韵》，合鼓《最美基层文化人》《爱的呼唤》，渔鼓《歌颂毛里湖》，音乐情景剧《安监卫士》《画中情》，歌伴舞《共圆中国梦》等。其中《精准扶贫到我家》《打包》《广场大妈俏》《情游毛里湖》《志愿者光荣》获得津市市2017年百团大赛复赛原创作品奖。津市市药山镇传承皮影艺术团、津市市志愿者花鼓戏剧团、津市市星驰交谊舞协会、毛里湖湿地风情艺术团、津市市曲艺协会、津市市襄阳街志愿者协会艺术团、津市市京剧协会获得团体优秀表演奖。毛里湖镇政府文化站、药山镇政府文化站、襄阳街街道办事处文化站、嘉山街道办事处文化站获得组织奖。（刘倩颖）

【体育】体育设施建设快速发展，如共祥乒羽毛球馆、力美健身中心、澹津公园、灯光篮球场等全面建成并投入使用，环后湖步行道计划2018年竣工，全民健身中心工程已开工建设。2017年全市开展群众性体育活动在84次左右，参与活动人数达20.5万人次。2017年5月6日，举办“新天地”自行车骑行大赛，共有10000人(次)参加。6月开展乡村广场舞健身大赛，共有12支队伍参加。8月开展全民健身日展示活动，共有700人参加。组织开展4次公益骑行活动。10月成功举办津市市第二届“社保杯”广场舞联谊赛，共有1000人参与。10月–11月，作为“健康湖南·动起来”2017年全民健身大赛季的首发站，津市市成功举办电竞邀请赛、3V3篮球赛、城市定向深度体验活动等一系列活动，500多名来自长沙、常德以及周边县市的运动员在奔跑中品尝特色美食，感知

大鼓下乡惠民演出

津城建设，提高津市市知名度。

津市市竞技体育硕果累累。市代表队荣获湖南省2017年青少年乒乓球锦标赛团体女子组冠军。组织200多人的代表团备战常德第七届运动会，共获得16块金牌(青少年组15枚，成人组1枚)。德雅中学、津市一完小组织参加全国软式垒球培训，为津市棒垒运动的发展奠定基础。

体彩销售节节攀高。通过提高奖励额度，带动群众参加体彩的热情。开展大乐透五亿大派奖以及传足三亿大派奖活动，使得体彩销量有了很大的提升，总销量2560万，完成任务量的174%。其中概率玩法销量300万，竞猜玩法2160万，高频玩法销量70万，即开销量30万。（刘倩颖）

【文化市场管理】按照2017年报市优化办涉企计划，文化市场综合执法大队重点排查津市5家印刷包装企业和出版物市场经营情况，查看印刷企业落实“五项制度”情况及检查印刷企业是否超范围经营，排查6家出版物经营场所是否经营含有内容违禁类非法出版物等情况。同时，还开展“AirTVBox”等非法互联网电视机顶盒和地面卫星整治专项行动，有效遏制擅自销售、安装和使用卫星电视广播地面接收设施违法活动，坚决维护广播电视收听收看秩序，净化社会文化环境。按照省、常德市扫黄办统一部署，2017年执法大队共开展“清源”“护苗”“净网”“秋风”4次专项整治行动。全年共收缴非法出版物400余册，音像制品150余张，其他非法刊物210余册。全面启动网吧实时监控平台建设工作，加大全市网吧日常巡查密

大型原创歌舞剧《药山禅韵》在常德市“百团大赛”上演出

度，对网吧接纳未成年人的行为持“零容忍”态度。在暑假开展“阳光暑假”专项整治行动，共警告、处罚18家网吧，停业整改3家网吧。（刘倩颖）

文 物

【概况】津市市文物局属于文化体育广电新闻出版局管辖的参照公务员管理的事业单位，具有行政管理职能，人员编制10名，为副科级事业局。2011年3月中共津市市编制委员会下发（2011）7号文件，公布机构更名并升格的通知，内设文物股（含文物稽查中队）、博物馆、办公室。为湖南省考古学会团体会员单位，7人加入国家和省级有关学术团体；4人具有中级专业技术职称，1人具有抢救性发掘领队资格；副科级干部3人。

津市市有博物馆一座，馆藏文物2154套5158件，其中有国家三级以上珍贵文物163套182件，居常德市各区县（市）之首。全市有106处不可移动文物点。常年开展文物保护法律、法规宣传；对全市文物保护单位和馆藏文物及文物交易市场进行监管。实施文物行政许可审批，对基本建设项目进行考古调查斟探和抢救性发掘。（范雨涵）

【文物保护】2017年是津市文物保护工作取得突破性发展的一年。虎爪山遗址抢险加固工程受到市委、市政府的重视，根据津市市人民政府2017年第9次和第24次专题会议对虎爪山遗址保护相关工作的专题研究，经过方案设计、专家评审会、立项、财政投资评审、公开招标等程序，由湖南省弘古建筑公司中标，该遗址建设项目于2018年1月底已正式启动工程施工。该工程总投资2500多万元，由中央专项资金拨付。虎爪山遗址抢险加固项目建成后，将使虎爪山文化遗存得到有效保护和传承，丰富澧阳平原大遗址保护圈的内涵，扩大文物保护工作的社会影响，实现历史文化遗产有效保护、促进文化宣传和地区经济建设发展的全方位保护目标。

益泰绸布庄是津市保存较为完好的民国时期代表性建筑，是津市市最具有历史文化利用价值的一处建筑，属于县级文物保护单位。项目总投资200多万元，于2016年7月动工，到2017年12月底，工程北栋和南栋的整体修缮工作基本完工，后期修缮补充工作于2018年3月份复工。

市文物局根据市政府的工作部署主动作为，加强对全市范围内各级文物保护单位的保护与管理，全年对区域内文物点的安全检查和执法巡查100多次，坚持对省级以上文物保护单位日常巡查和重点监管，并联合市公安消防大队前往古大同寺、新州万寿宫2处古建筑进行消防安全检查，坚持发现问题立行整改的原则，避免一切文物不安全事故的发生。全面完成了省级文物保护单位“四有”档案的编制工作；为常德市文物局一普成果汇编提供素材。（范雨涵）

【对外交流与培训】2017年3月22日，常德市委常委、宣传部部长胡丘陵等一行，在津市市委书记傅勇等领导的陪同下视察市博物馆，了解津市博物馆目前工作的进展情况，听取博物馆负责人关于博物馆建设以及馆内文物收藏、保管等方面情况的汇报。视察组一行对津市文物保护工作给予肯定。

8月9日，省文物局副局长江文辉率专家组一行，来津市对虎爪山遗址深化设计方案进行评审。专家组一行首先深入到虎爪山遗址进行实地查看，现场与有关负责人交流。随后，听取设计方关于虎爪山遗址深化设计方案的相关汇报。专家组对虎爪山遗址深化设计方案给予肯定，并指出，遗址本体保护要规划好，本体保护要合理融入文化展示、文化创意等。

市文物局注重对年轻人的培养工作。2017年，1人于4月17日前往岳阳参加为期半个多月的车轱山遗址考古实习；1人于4月12日参加为期半个多月的湖南第一师范讲解员培训，又于8月7日与12月18日分别参加湖南可移动文物管理系统培训和长沙讲解员比赛参观学习；1人于8月7日至8月11日参加湖南省文物交流中心举办的玉器鉴定培训班，3人参加常德市文物局于11月15日举办的文物安全与行政执法培训班。（范雨涵）

【展示宣传】2017年，配合常德市青铜文物保护修复工程，如期完成38件馆藏青铜器的修复。为展示津市博物馆馆藏青铜器保护工程成果，向党的96周年献礼，“七一”期间举办“澧浦遗珍——青铜器保护工程成果专题展”，受到社会一致好评。

开展石刻文献集成工作，博物馆工作人员于9月到11月共完成24块碑刻的抄写、拓印工作，其中三级文物7件。以高标准完成拓片、辑录保存工作，

虎爪山遗址抢险加固工程开工

为编撰一部体例完备、内容实用的《湖南石刻文献集成》提供文献资料。

利用节假日对校园宣传，"5.18"博物馆日和文化遗产日，市博物馆工作人员走进校园，向同学们介绍博物馆基本情况、历史文物展、馆藏文物精品三方面内容，让学生对博物馆有基础认识，提高学生的人文素养；坚持开展"博物馆青少年课堂"活动，利用校园多媒体、PPT等多种形式，与学生面对面交流，宣传普及文物知识。

津市市博物馆实行免费开放，2017年共接待参观人数近8万人。

2017年5月12日，市文物局志愿者参加"2017保护母亲河·澧水溯源环保行"活动，此次活动是为挖掘澧水流域优秀文化，重点关注澧水保护问题，以正面积极的形式呼吁社会共同关注并着手解决由地域问题而导致的水资源保护问题，这项活动受到整个澧水溯源沿线的一致好评。不定时的组织文化志愿者担任宣传、讲解工作，并开展入校和街头宣传教育活动，利用各个节假日进入校园，为市民、学生讲解历史文化知识，与他们进行互动交流；10月20日开始在校园内进行"小小志愿者"招募活动，选拔出一批"小小志愿者"前往博物馆接受培训并担任"小小讲解员"。

文物局共有13篇新闻信息稿件在市级以上媒体登载，设计博物馆logo与文化遗产创意logo。（范雨涵）

【论文、专著、文献资料】市文物局编著的地方历史文化研究文集《朗澧锥指录》于2017年6月由岳麓书社出版发行，《朗澧锥指录》一书共37.6万字，对常德和澧州两地历史文化进行纯学术研究，对津市地名进行探源，对以前研究中歧义较大的方面加以考述。该书史料丰富，考据严谨，具有权威性。对明代地方文献《岳州府志》进行校注，已交付岳麓书社印刷出版。彭佳局长撰写的《浅谈药山寺出土的石刻文物》发表在《湖南省博物馆馆刊》第十三辑上。（范雨涵）

广播电视

【概况】津市市广播电视台是津市市委市政府直属的正科级事业单位。内设总编室（办公室）、人力资源部、计划财务部、综合部、广告中心、新闻中心、新媒体中心、技术中心、广播电台等部室。全台定编人数68人（均为全额拨款的事业编制），2017年有在岗人员68人，其中在编在岗人员57人，台聘11人，空编11个。

电视台开办有《津市新闻》、《湘泉开讲》、《津城故事》等自办栏目；新媒体有津市电视台微信公众号、手机报、津市广电微博、津市发布微博等多个平台；广播电台主要自办栏目有：《津市新闻》、《生活圈》、《CICI聊吧》、《生活如歌》、《音乐时光》、《健康生活》、《聚焦津城大交通》、《人社直通车》、《综艺大放送》、等。引进栏目有：《观点致胜》、《记者再报告》、《星空星发布》、《一点不夸张》。（马彬）

【新闻采播】2017年全年，电视台共播发《津市新闻》260期，发稿2109条，制作专题片23部。外宣方面《常德新闻联播》上稿301条，《湖南新闻联播》上稿34条，央视上稿3条。

新媒体中心共发稿6539篇，其中津市电视台微信号发稿2370篇，津市发布微信号发稿266篇，手机报发稿1689篇，津市广电微博754篇，津市新闻网1096篇。

央视上稿：2017年6月23日下午，药山镇陡降雨120mm，临东村山洪突发，记者迅速赶赴现场，拍摄后连夜编辑上传，24日上午《湖南津市：暴雨引发山洪、百余人被安全转移》在央视13套的《新闻直播间》播出；新闻《绿色银行，变废为宝》在央视新闻频道黄金时间播出；4月27日，央视新闻直播间播出采写的新闻《诈骗！微信朋友圈低价卖手机》；湖南卫视上稿：反映津市脱贫攻坚工作的6条稿件上湖南卫视《新闻联播》，环洞庭湖治理的新闻在省卫视上稿13条，其中，《本月底，完成西毛里湖退养撤网》上了2017年11月17日湖南卫视《新闻联播》提要，新闻中对市委书记傅勇同志的采访同期声播出；《常德新闻联播》上稿301条，电视新闻外宣数量在常德市各区县市中排名第四。

推出"砥砺奋进的五年"和"喜迎十九大"主题宣传报道。明确了"砥砺奋进的五年"重点报道津市各行各业在过去的五年，特别是在坚持工业立市、突出产业兴城，建设澧水流域现代化的中心城市的征程中取得的一系列成就，集中展示全市人民群众生活的新变化和实实在在的获得感；"喜迎十九大"重点报道全市各级各部门迎接党的十九大的实际行动和良好风貌。共推出"砥砺奋进的五年"报道25期，"喜迎十九大"报道48篇，两个专栏在津市人民广播电台同步开办。生活频道图文板块推出了"砥砺奋进的五年"图文展，每天10个版面，以图文并茂的形式展示国家五年来的发展成果。新闻频道和津市电视台微信公众号分别转播央视大型专题节目《将改革进行到底》。《津市新闻》还重点关注学习贯彻7.26讲话精神的情况，全市近20名单位一把手接受记者专访，谈如何贯彻落实7.26讲话精神。迎接十九大的宣传标语和相关公益广告在各个媒体滚动播放刊发，营造浓厚热烈的宣传氛围。

《津市新闻》推出喜迎十九大系列《筑梦他乡津市人》大型人物专访18期，记者分赴北京、上海、深圳、海南、浙江、长沙等地，对在外打拼的津市人进行采访，该专栏在十九大召开期间播出，在社会上引起强烈反响，津市电视台微信公众号也同步进行宣传报道。2017年5月，新媒体发起全媒体共同参与的《保护母亲河澧水溯源环保行》活动，活动以澧水尾闾为溯源起点，从下游至上游探访澧水源头，一路向西，跨津市、澧县、石门、慈利、桑植、龙山，到达澧水北源中源，行程1300多公里。澧水溯源活动得到沿河各县的大力支持，共进行了15场视频直播，累计观看超过

3万人次;新闻报道、新媒体报道、电台报道共计20多期,先后策划5场线上活动。这次大型溯源寻访活动,在社会上引起强烈反响,极具公益情怀与正能量,充分展现津市市广播电视台组织策划大型媒体活动的资质和能力。

配合市委市政府中心工作推出工业发展、项目建设、脱贫攻坚等多个系列报道。推出创卫《五城同创》专栏,共发稿125条;《工业立市》专栏发稿21条;《五一劳动者之歌—工匠精神》发稿16条;《旗帜飘扬》发稿48条;《巡察述廉专题报道》发稿12条;《筑梦他乡津市人》发稿16条,《喜迎十九大共建新津市》发稿68条;《澧水溯源》发稿8条;《贯彻市委经济工作会议精神》发稿46条,总计开辟新闻专栏14个,充分发挥电视媒体的主阵地功能,为党和政府的各项中心工作鼓与呼。(马彬)

【新闻获奖】2017年度津市市广播电视台荣获常德市全市内保工作先进单位,津市市脱贫攻坚工作先进后盾单位,统战工作先进单位,环境保护工作先进单位,档案工作优秀单位。有10部广播电视作品分获常德市广播电视新闻一、二、三等奖。(马彬)

【自办栏目】2017年电视台新开自办栏目《湘泉开讲》、《津城故事》。《湘泉开讲》以津市文化名片上的三位历史名人——药山寺惟俨禅师、囊萤夜读的车胤、千里寻夫斥暴政的孟姜女为突破口,讲述津市一千二百余年来,秀美的自然风光、厚重的历史文化和人文气息。《津城故事》以共建和谐社会,弘扬地方文化,为津市文化产业发展添砖加瓦为目的。塑造津市形象,发展本土文化。真实反映当代津市人及湘北地区的人生观、价值观。定位以"从观众中来,到观众中去"为宗旨,演津市百姓事,说津市百姓话,抒津市百姓情,用艺术的手法再现老百姓生活的方方面面。

广播电台每天播出栏目有《津市新闻》、《生活圈》、《CICI聊吧》、《生活如歌》、《音乐时光》、《健康生活》、《聚焦津城大交通》、《人社直通车》、《综艺大放送》。电台开办公众微信号(微信号"津市993"):设置"新闻头条"、"创学园地"、"津城交通"、"古镇新洲"、"澧水文学"、"健康生活"、"津市房源"、"违法查询"等板块,增加节目互动,为听友提供线下交流的平台。(马彬)

湖南有线津市网络有限公司

【概况】湖南有线津市网络有限公司(简称:津市有线网络公司)是省文产委下属企业省有线集团下属全资子公司,从原有线电视台改制而来。公司成立以来经过18年的发展,至2017年底已拥有总资产1亿元,在职员工100余人,年经营收入2400万元。已建成覆盖津市城乡的光纤网络,建设主干光缆398公里,接入光缆2056公里,传输标清、高清、付费等电视频道175套,发展有线电视用户70530多户,成为津市区域内具有品牌影响力的文化产业和信息化建设的生力军。

【业务发展】2017年底,津市农村"户户通"工程基本完成,架设光缆、电缆2515公里,有线电视入户16700户,宽带入户1769户,光纤覆盖全部村组,村村通应急广播。基本完成有线电视和应急广播工作任务。今年"户户通"工程领导小组继续落实国家"宽带中国"战略,实施农村宽带入户工程的通知,明确各乡镇的宽带入户目标任务。

2014年4月11日,津市市政府与湖南有线集团签订《津市"智慧城市"建设战略合作协议》,明确津市的智慧城市建设由有线集团规划设计、投资建设、运营维护;有线集团随即将津市列为广电网络参与全省智慧城市建设的试点,予以全力推进。项目建设实施三年来,采取有线集团作为投资主体进行项目建设,政府购买服务模式,通过项目招标正规流程,津市公司发挥具有上市公司雄厚资金,技术支撑强劲的背景,并在当地拥有一支成熟的建设运维队伍的优势,顺利完成市应急指挥中心、天网工程一期、智慧城管、智慧教育等智慧城市一期工程5600万元项目建设;二期工程智慧交通1189万元项目建设已全部完工,于2018年5月23日完成验收正式移交。天网工程二期、智慧教育二期均已完工,正在走验收决算程序。智慧党建(已先期建设7个村级党建试点)、综治视联网、雪亮工程等项目正在积极洽谈,为智慧城市建设打开局面。

公司在申报材料、评审答辩、考察评估等重要环节帮助市政府于2015年4月获得国家智慧城市建设第三批试点城市,2015年5月获得国家民政部首批智慧社区建设试点;2016年4月,成功申报国家发改委专项建设基金1亿元。

津市有线网络公司是津市本地唯一具有电视节目传输资质的机构,是党和政府舆论阵地,是落实党委意识形态责任的重要保障,是传达当地党和政府"声音"的主渠道,是"党网"。自成立以来,连续多次被常德市消委授予"消费者信得过"单位,并被常德市工商局授予"守合同、守信用"企业。(李峰)

图书发行销售

【概况】津市市新华书店,成立于1950年(主要经营图书、音像制品、课本、图片、文化用品等)。2009年1月8日改制为有限责任公司分公司,主要经营范围为:连锁经营中外图书、音像制品、课本、图片;连锁经营文化用品、小家电、数码产品、音像器材、体育用品、书法美术用品。公司位于津市市后湖路7号,在岗员工26人,连锁门店经营面积500平米,2017年销售总额约1088万,是一家具有着"新华书店"品牌的国有企业。(周哲)

【教材教辅发行】2017年是湖南省教材教辅新政实施的第一年,教材教辅发行受到前所未有的冲击。在严格落实中小学教辅发行专项整治工作要求的前提下,充分满足学生用书市场刚需,发挥自身优势和力量,动员全体员工深入社区、农村、企业和学生家庭,依托门店、校图书店,采用电话预订、流动供应等方式,探索学生用书营销新模式、新路径。确保地方教材教辅市场的主导地位。全年实现教材教辅销售码洋 741 万元。(周哲)

【一般图书销售】在倡导"全民阅读"、完善公共文化服务体系的宏观背景下,努力抢抓一般图书市场。一是重点抓好了《十九大报告辅导读本》、《党章》等政治理论读物的发行工作。二是借力津市新华书店微信公众号、阅达书城 APP 等新媒体推广,拓宽销售渠道,提升企业影响力。三是加强校园书店管理,2017 年下半年新华书店在一中新开的一中校园书店正式启航,极大的方便了教师、学生在校园内对文化知识的渴求。四是狠抓团购图书市场,鼓励员工走出店堂要销售。全年实现一般图书销售码洋 158 万元。(周哲)

【文化用品销售】面对日趋激烈的文化用品市场竞争,我们进一步强化服务意识、提高服务水平、优化服务质量,深耕文化用品市场。一是继续抓好团购业务,加强大客户管理,扩大销售。二是丰富门店商品,做到门店畅销品种不断货、滞销品种不存货、新品及时到货,用种类齐全、类别新颖的商品来赢得更多的消费者,以推动门店销售。三是注重开展营销活动促进销售。全年实现文化用品销售码洋 189 万元。(周哲)

图书借阅

【概况】津市市图书馆作为津市市综合性公共图书馆,始建于 1958 年 10 月,属全省首批建立的 20 个县(市)公共图书馆之一,设综合外借室、报刊阅览室、少儿借阅室、电子阅览室、地方文献室等部门,功能设施齐全,环境清雅,区域划分明显,为读者营造一个安静舒适的阅览环境和一种浓厚的阅读氛围。2017 年,有馆藏 23.5 万册,其中纸质文献 16 万册,电子图书 7.5 万册,报刊种类 95 种,总流通37215 人次。是年,津市市图书馆按照"倡导全民阅读,建设书香津城"的要求,举办了形式多样的阅读活动,积极打造颇具影响力、带动力的阅读活动品牌,取得良好的社会效果,被评为国家二级图书馆,荣获湖南省青少年党史国史主题教育活动先进集体、湖南省文化厅 2017年度优秀文化志愿服务团队等荣誉。

利用网站、微信、微博作为线上宣传窗口,通过媒体多层次多途径宣传报道,截至 2017 年 11 月底共上稿 200 余篇,其中湖南省文化厅网站 20 篇、湖南省文明网 6 篇、湖南省红网 3 篇、常德日报 3 篇、常德民生报 5 篇、常德文明网 17 篇、常德市文体广新局 6 篇、当地媒体 130 余篇。津市市图书馆逐步形成基础设施标准化、文献资料共享化、服务系统网络化的总分馆制体系,11 月 13 日,津市市图书馆卫计局分馆挂牌成立。12 月 14 日,津市市图书馆白衣镇分馆正式挂牌成立,这是津市市图书馆在乡镇建立的首个图书分馆。分馆面积 100 余平方米,文学类、科技类、少儿读物、期刊等书籍一应俱全。(周泳利)

【推广品牌阅读活动】2017 年,"书香致远伴成长"是津市图书馆为青少年儿童量身打造的志愿服务品牌。5 月 24 日,津市图书馆联合津市特殊教育学校在柏枝林社区分馆开展"车胤读书节"书香致远伴成长——"同在蓝天下·幸福迎六一"志愿服务活动,丰富特殊儿童的文化生活,培养孩子们良好的阅读习惯。10 月 27 日,津市市图书馆联合搏梦艺校来到火花幼儿园开展书香致远伴成长——"与孩子共享绘本之美"公益课堂活动,为小朋友送上一堂趣味盎然的绘本阅读课。"津图讲堂"是津市图书馆为弘扬志愿服务精神而搭建的文化交流平台,5 月 31 日,"津图讲堂"以轻松愉快的音乐课堂形式走进翊武中学,津市图书馆志愿者彭凤老师以《合唱指挥》为题展开"津图讲堂"的首讲。6 月 22 日举办的"津图讲堂"第二期——《让阅读成为一种习惯》的活动中,薛老师阐释阅读对个人成长的重要影响。8 月 7 日,开展"津图讲堂"第三期——"不动笔墨不读书"阅读笔记指导,旨在培养青少年儿童养成良好的阅读习惯。8 月 17 日,津市图书馆开展津图讲堂第四期——"与孩子共同成长"亲子阅读主题活动,16 个家庭组成的亲子团参加活动,孩子们与家长走进图书馆,共同享受阅读的快乐。(周泳利)

【举办"红色"主题年活动】2017 年,津市市图书馆于 7 月在车胤广场举办《红星闪闪耀童心——庆祝中国人民解放军建军 90 周年》军史连环画图片展。7 月 30 日至 8 月 31 日,军史连环画展继续在市图书馆大厅展出,吸引了广大读者朋友前来观展。图书馆在少儿阅览室设立"书香湖南·红星闪闪耀童心"红色书籍专题书架,并做了阅览标识和红色主题书目推荐索引,供广大青少年读者方便阅读。并开展青少年党史国史视频展播,开展"学党史、学国史"活动。8 月 8 日,津市图书馆与业堂画室联合在图书馆举办"书香湖南·红星闪闪耀童心之解放军叔叔,您好!——手绘明信片献给最可爱的人"手绘明信片评选活动。8 月 9 日,携手景天跆拳道馆在图书馆内开展青少年党史国史主题教育活动,8 月 28 日,举行的 2017 年暑期少年儿童阅读笔记小达人评选颁奖典礼。阅读笔记小达人评选活动自 7 月开始,历时两个月,共征集阅读笔记 40 余本,评选出 12 名阅读笔记达。8 月 24 日,开展"书香湖南·红星闪闪耀童心"红色故事分享会,引导青少年儿童讲出他们所知道的革命故事。10 月 23 日,携手津市五小开展"童心向党——津市五小党史国史主题教育活动走进图书馆"活动。(周泳利)

【送图书下乡】2 月 17 日,津市图书馆参加市委宣传部组织的"文化、科技、卫生三下乡活动",根据现代农民生产生活特征,为白衣镇村民送去了涉及农业科技、文学艺术、生活保健等方面的图书刊物,并为农民朋友发放移动图书馆宣传单,现场指导他们用手机下载并使用移动图书馆,免费阅览电子书和电子期刊,畅享图书馆移动数字化阅读服务的方便和快捷，真正让文化惠民的春风温暖广大村民的心头。3月7日，津市市图书馆联合津市市第五小学在图书馆多功能报告厅开展“情暖三月，与爱同行”关爱留守儿童志愿服务活动，亲子诵读、互动游戏、爱的告白等活动环节完美诠释了“爱与分享”的美好，图书馆志愿者们还根据留守儿童的需求采购了书籍分享给五小的图书室，真正让阅读流动起来。7月14日，开展“关爱留守儿童·牵手走进图书馆”志愿服务活动，第五小学的二十名留守儿童走进图书馆，在图书馆工作人员的引导下，依次参观了报刊阅览室、少儿阅览室、综合外借室等服务窗口，了解图书馆功能和特点、馆藏资源、借阅规则和程序，以及图书馆目前正在开展的各项暑期少儿活动，学习数字化移动图书馆和电子借阅机的使用方法，并观看周敦颐诞辰1000周年纪念展，参观红色展览馆。8月29日，津市市图书馆参加津市药山镇药山村——贫困攻坚“情系药山·助学扶智”活动，为药山阳光希望小学的孩子们捐赠图书。图书馆肩负着给予留守儿童群体文化关怀和知识服务的社会责任，津市图书馆将一如既往地坚持开展各种关爱帮扶活动，大力推广阅读延伸服务，让更多留守儿童感受关爱、快乐学习、健康成长。9月21日，图书馆志愿服务队赴毛里湖镇开展“学习促发展，书香溢农家”志愿服务活动，为农民群众送上丰盛的精神文化大餐，助力提升农民群众的文化素质和科技水平，培养农村群众良好的阅读习惯。

（周泳利）

毛里湖湿地公园风光

新洲镇

【概述】新洲镇是津市市的西南门户。全镇总面积86.12平方千米,辖长岭村、黄林堰村、车胤村、青山峪村、麓山村、庹家峪村、毛家岗村、五泉社区、孟姜女社区、嘉山社区、万寿宫社区等11个村(社区)。2017年末全镇共1.2万余户3.03万人。耕地面积49179亩,林地面积45000多亩,各类水域面积1400余亩。2017年,新洲镇党委政府坚持党建总揽全局,以全面建成美丽城镇、产业重镇和城乡一体化建设领先镇为目标,突出城乡建设、产业发展、民生普惠、生态治理、社会管理五个一体化建设重点,取得了令人瞩目的成绩,为全镇经济社会健康快速发展奠定了坚实基础。2017年被评为湖南省历史文化名镇、常德市安全生产示范乡镇、常德市综治维稳先进单位以及津市市绩效考核红旗单位。(叶小军)

【美丽城镇建设】2017年,累计投资5600多万元,实施孟姜女文化广场、小河综合提质改造、东南北街提质改造、小街小巷综合整治、5路公交车站等5项民生工程建设,配套亮化、绿化、美化、环卫等设施,进一步改善城镇设施条件。其中,孟姜女文化广场建设项目:规划用地面积27亩,预算投入1800万元,设计建造广场牌楼、南门古桥仿建、南门古城墙仿建、忠贞亭、文化墙、室内展馆、健身广场、护城河景观带、灯光带等景观,配套休憩、健身、游玩等设施。是集休闲健身与观光旅游于一体的综合文化广场。新洲镇南街、北街、东街提质改造项目:该项目属新洲生态旅游文化名镇基础设施建设项目,总投资2000万元。对新洲南街、北街、东街1200米街道实行仿古改造建设,涵盖下水管网新建、强电规整、弱电入地、亮化、绿化等建设,街道路面铺设拉丝青石岩,对两侧900多户民居实行仿古改造。小河提质改造项目:投入资金1100万元,对2千米护城河进行沟渠清淤,实施驳岸改造、亲水平台、澧州桥、南门桥仿建、假山叠水、小河广场、亮化、绿化等建设工程,优化小河生态和居民生活环境。小街小巷综合整治项目:投入资金500多万元,对孟姜女社区苍堰路、书院路、将军路等3条街巷1.5公里进行硬化与黑化,对下水管网进行改造建设,新建小区文化广场、2座公厕、配套绿化、亮化、环卫等设施,改善小区面貌和居民生活环境。五路车站建设项目:投入资金200万元,新建1200平米5路公交车站,配套候车室、停车坪、公厕等设施,改善群众乘车环境。加强集镇管理:投入

常德市主流媒体到新洲开展“城镇带动大会战”主题集中采访活动

常德市移风易俗现场会在新洲镇石子岭殡仪服务站召开

新洲镇鸟瞰图

资金80万元，实行集镇环卫保洁市场化管理；开展违章建筑清理拆除工作，拆除违建物416处，腾让公共建设面积1.5万平方米；开展集镇“八乱”治理，城镇管理水平显著提升。（叶小军）

【美丽乡村建设】2017年，村（社区）阵地平台建设：投入近400万元对万寿宫、车胤村、黄林堰村、长岭村、青山峪村、毛家岗村、庹家峪村、麓山村、孟姜女社区、五泉社区等10个村（社区）阵地平台进行新建与改扩建，其中，万寿宫社区、车胤村为新建。配套智慧党建设施设备，完善各项规章制度，改善基层组织办公环境与条件，提升为民服务质量与效率。加强村组道路建设：投入资金近1500万元，硬化和拓宽村组道路32.8千米，其中，庹家峪村硬化3、8组同组公路及庹家峪水库环湖公路共计5.6千米，黄林堰村硬化12、13组通组公路4.7千米，青山峪村硬化村级主干道6.2千米，毛家岗村硬化5组通组1.5千米，长岭村硬化3、7组通组2.5千米，长岭村、青山峪村、麓山村、庹家峪村拓宽通村公路12.3千米。加强农村水利设施建设：投入280万元实施澧水流域治理项目新洲闸翻新改造建设；青山峪村启动560万国土治理项目。新硬化沟渠8千米，新建改扩建堰塘10口，新建机耕道3千米，硬化公路3.1千米，

新洲镇孟姜女文化广场

启动农开治理项目。投入资金700万元，在黄林堰村、嘉山社区硬化沟渠18千米，对黄土坡、花山寺2处机埠进行了改造维修。投入资金300多万元，在车胤村、青山峪村、庹家峪村、麓山村、长岭村、毛家岗村等6个村实施“一事一议”建设项目。新建机耕道7千米，疏浚沟渠105千米，整修堰塘35口，维

改造后新洲镇湘北公路

改造后新洲镇梅花路

修机埠18处。农村水利设施条件得到改观,改善了农村农业生产条件。(叶小军)

【产业经济】2017年，巩固传统农业,新洲镇全面巩固粮食种植业,粮食规模种植面积达到1.2万多亩，年度粮食种植面积稳定在3万亩以上，机械化生产率达到90%以上。发展特色种植,致力发展丘岗山地经济。长岭村、麓山村建成300余亩优质柑橘生产基地。青山峪村建成乌梅基地40亩，黄桃种植基地210亩，长岭村新增油茶种植面积500亩。发展食用菌种植业。成功申报常德市特色产业生产基地项目,拓展庹家峪村食用菌种植面积200亩。发展旅游产业，省级嘉山风景名胜区启动新一轮景区调规工作,启动环肖家湖文旅康养基地建设规划,投入资金300万元,对神九堰、庹家峪2处乡村旅游基地设施进行了维修改造与新建。招引资金600多万元,启动新洲特色小吃一条街建设项目,致力将旅游业打造成为全镇的支柱产业。发展城镇经济,以新洲古城建设为契机,结合市工业集中区南拓、千吨级码头建设，拓展城镇面积1平方公里，吸纳城镇人口近3000人，引导和扶持餐饮、商贸、流通等三产服务业60多家,接洽返乡招商项目20余次,成功签约投资3000万农业产业发展项目2个；签约5000万新华机械厂项目落户高新区,新增就业人口700多人,繁荣了城镇经济。(叶小军)

【惠民保障】2017年，新洲镇坚持惠民保障,社会事业不断进步,人民福祉稳步提升。脱贫攻坚扎实有效,扎实开展结对帮扶工作，助学扶贫420人；产业扶贫313户504人；技能扶贫210户298人；危房改造176户540人；低保兜底28户84人；金融贷款扶贫41人204万元。清理“四类人员”(财政供养人员，有小车家庭，有工商营业执照家庭,有高标准自有房屋家庭)249户、698人，完成长岭村、麓山村、庹家峪村等3个贫困村摘帽与99户286人贫困户脱贫任务。普惠保障扩面提质,投入1200万元建成新洲敬老院并投入运营服务.该敬老院占地面积9700平方米，建筑面积6500平方米，设两厅一室套件24套,单间114套,床位138张,配套食堂餐厅、娱乐室、图书室、医务室、消防等设施,是津市市规模最大,服务最优的乡镇敬老院；投入500多万元,建成石子岭殡仪服务站,启动黄古山生态公墓区建设,移风易俗工作被常德市委宣传部推介；发放各类惠农补贴资金400多万元,发放低五保、残疾人、计生等困难补助450多万元,困难救助268人次30万元。农村土地确权登记5447户4.6万多亩。城乡居民生活保障体系日益健全,惠民保障能力不断增强。社会事业全面进步,新建镇文化站、农民工之家、三中校门、新洲中学校车停车坪、灵泉中心幼儿园、7个村级文化广场等公共文化设施,长岭村、五泉社区建成留守儿童之家,五泉社区、万寿宫社区、嘉山社区、孟姜女社区建成老人照料中心。社会公益事业得到全面发展和进步。(叶小军)

新洲敬老院

【生态环保】2017年，新洲镇全面治理面源污染，整治砖厂污染问题，拆除原李家村黏土砖厂，对新洲砖厂，马家砖厂实行环保改造；全面开展秸秆禁烧，发放禁烧倡议书5000余份，组织巡查300余次；强力推进养殖污染整治，下达整改通知书50余份，强制关停养殖场5家；深入开展封洲禁牧，退养牛羊435头；开展农村生活垃圾和生产垃圾清理工作，面源污染得到有效控制。落实河长制度，按"一库一策""一河一策"制度，明确专人落实大小河流、水库等水源保护工作。对河道、河坡存留垃圾进行集中清理，关停直排污染口10处，解决群众反映问题6件次。有效提升水系治理能力与水平。实施"增绿"工程，新增城镇公共绿地面积1.5万平方米，封山育林2万亩，新造林1000亩，培育林业生产基地6个2000余亩移植新棠、湘北公路两侧行道树6000余株。全镇绿地面积达70%以上，维护良好的自然生态环境。(叶小军)

【社会管理】2017年，新洲镇狠抓安全生产，落实安全生产"一岗双责"、"一单四制"工作制度，开展安全隐患排查100多次，开展安全执法活动60次，排查并整改安全隐患240处，完成上级交办的隐患整改任务12件次。全年度未发生一起安全生产责任事故，被评为常德市安全生产示范乡镇。狠抓信访稳定，深入开展"无上访村(社区)"创建和矛盾纠纷调处等工作，接访群众800多人次，化解矛盾300多件次，解决一批社会焦点难点问题，维护社会稳定，被常德市评为综治维稳先进单位和无上访村(社区)创建先进单位。狠抓治安管理，加大治安防控打击力度，治安巡逻120余次，处置治安案件60起，治安拘留15人，刑事拘留10人，强戒4人，逮捕6人，安置帮教"两牢"人员48名，社区矫正12人，社会治安持续向好，民调测评取得常德市第7名的优异成绩。(叶小军)

【基层组织】2017年，新洲镇坚持从严治党，狠抓基层党组织和党员干部管理，自身建设得到加强。建强基层组织。依法依规完成村(社区)"两委"换届选举工作，选聘11名村级党建联络员，健全村(社区)管理体系，优化村(社区)干部队伍结构，配优配强工作力量。实施村(社区)阵地平台新建和改扩建工作，强化基层阵地规范建设；新成立29个基层党支部、5个"两新"党组织，将党的建设延展到片组；培养入党积极分子15名，发展党员8名，转正党员15名，提升基层组织的工作效能和服务水平。加强党员管理。全面落实"两学一做"学习教育、"红星云"、党员冬春训等党员教育工作，组织开展党章党规、十九大精神报告、习近平系列讲话和社会主义核心价值观等政治学习，提升党员干部"四个意识"。坚持落实"三会一课"度，加强党务政务财务管理和自治组织建设，认真开展党日活动、党员量化积分管理、党员民主评议等工作，提升党员自律意识。强化党风廉政建设。全面落实党风廉政建设"一岗双责"制度，全年开展"两个责任""两同时"谈心谈话和诫勉谈话639次。严格落实干部队伍管理制度与规定，坚持开展反对"四风"工作，处分违规违纪行为党员干部4人，全面建设为民务实清廉政府，锻造出一支作风硬朗、务实创新、廉洁自律的基层干部队伍。(叶小军)

毛里湖镇

【概况】津市市毛里湖镇成立于2015年12月，由保河堤镇和李家铺乡成建制合并，镇政府驻大山社区中正路1号。

毛里湖镇地处津市市东南端，北与新洲镇毗邻，南接药山镇，西临省第二大淡水湖——毛里湖，与安乡县、鼎城区两县接壤，地形以平原和丘陵为主，全镇由澧水包绕。下辖15个村(社区)，总人口4.3万人，区域总面积118.6平方公里，耕地面积5510公顷。其中，水田3620公顷，旱地1870公顷，林地1010公顷。2017年，全镇基础设施建设

2018年2月11日，樟树举行美丽乡村颁奖仪式

2018年1月7日，花桥村"五户一家"评选颁奖仪式

腊月初八，青苗腊八节开幕式现场

2017年4月，大山社区党总支部换届投票现场

投资4600万，全镇粮食总产量40023吨，农林牧渔业总产值38398万元，年人均收入14259元。(周彪)

【基础设施建设】2017年，道路建设投资920万元，硬化村组公路23.6公里，道路拓宽4.8公里，新建和维修改造机耕道110公里。电网改造投资290万元，新增樟树村、荣台社区、大山社区变压器，共6台900KVA，以灯塔社区、田家山村低压电网改造为主，共改造27.5千米。争取省水利厅总投资680万元的西毛里湖溃堤加固项目，对四林垸、五儿嘴4.6公里溃堤全线除险加固。争取农业部1760万元的高标准农田建设项目，对垸区七星村、中心村、中南村、青苗社区、荣台社区、大山社区水利基础设施全面升级。全年维修六汉口、石龟山、药铺拐3座排涝泵站，维修抗旱机埠48座，对山区65处骨干堰塘进行了硬化和扩容，疏通垸区大中型沟渠23公里，管护53公里，投资34万元新建镇水利管理站标准站房，并配套完善绿化、硬化等基础设施。升级改造双坪村自来水主管网2.65公里，自来水管网全镇覆盖。(周彪)

【产业发展】2017年，加大农村产业结构调整力度，促进群众增产增收。一是发展优势产业。全镇共流转土地15000亩，建立800亩稻虾共养、1000亩高档小水果、3000亩红白菜苔、3000亩藠果、3000亩油茶、8000亩精养水面等6大特色产业基地。二是培育经营主体。共培育种植大户、家庭农场、专业合作社等农村新型经营主体60个，其中100亩以上的种植大户36户，家庭农场10家，专业合作社14个。三是创新发展模式。在田家山村推行土地入股分红产业发展模式，组织引导群众积极发展杂柑产业，现已建立“早熟砂糖桔”等高档杂柑基地1000亩，此模式将有效破解群众增收难、村级集体经济发展难等突出问题。在青苗社区积极探索田园综合体发展模式，“踏沙罩鱼·采莲品荷”、瓜果采摘、农事体验、腊八节等农旅活动，深受城乡居民喜爱，拓宽了农产品销售渠道，促进了乡村旅游业发展。(周彪)

【基层党建】2017年4~6月，全镇15个村(社区)全面完成村支“两委”换届，共选举村干部81人，其中，选任新党总支书记3人，选任30岁左右年轻干部15人，村(社区)“两委”班子综合素质、服务能力明显提升。党员发展强后劲。全年发展预备党员12名，如期转正16名，培养入党积极分子38名，聘任党建联络员15人到村任职，新成立社会组织党支部和非公企业党支部20个。严管严查强作风。开展全镇干部作风整训，全面落实党风廉政建设“两个责任”，发现问题不回避、不遮掩，全年与镇、村党员干部共谈心谈话63次，立案5件，纪律处分7人，组织处理37人。阵地建设强服务。新建、改扩建农村综合服务平台14个，建立镇村两级“一站式”服务大厅，方便群众办事、咨询。(周彪)

【美丽乡村建设】2017年以樟树、箭楼、花桥3个美丽乡村示范点村为重点，推进基础设施建设、生态环境整治、特色产业建设、文明乡风培育四大工程，取得阶段性效果。其中：樟树村向上争取700万元的农开项目、230万的国土项目等，共计1000余万元，基础设施全面升级；箭楼村引进柑橘打蜡包装厂，大力发展柑桔种植产业，年总产值950万元，群众和村级集体经济实现双丰收，“省级贫困村”摘帽成功。花桥村率先开展“五户一家”评选活动，表彰平安创建户、生态文明户、文明新风户、勤劳致富户、热心公益户各、幸福和美农家“五户一家”先进个人共20户，通过树立标杆，弘扬典型，农村群众见贤思齐、崇德向善风气高涨。(周彪)

【集镇建设】2017年，毛里湖镇狠抓集镇建设，持续改善集镇面貌，居住环境更加宜人。推进集镇房屋立面美化工程，完成李家铺集镇600户居民户墙面美化、屋面翻新、门窗更换、挑檐制作、统一店牌、弱电入地、绿化提质等项目改造。推进路面亮化工程。完成集镇街道路面高标准改造4795米，总面积31824平方米，完成下水道建设、水管改造、人行道板铺设、路面沥青铺设以及路面标识标线测画等，工程总造价920万元。市场建设工程投入305万元，对李家铺农贸市场进行全新改造，总占地面积948平方米，总建筑面积1896平方米，解决集镇居民菜篮子问题。实行集镇严管，充实调整城管队伍，对集镇车辆乱停乱靠、占道经营、乱堆乱挂以

2017 年年底，花桥村综合服务平台改建完成

箭楼特早熟柑橘采收

及私搭乱建等行为进行严厉打击，特别是对违规业主采取一次提醒、二次警告、三次查处的管理方法，经过严管严治，集镇秩序井然。（周彪）

【环保工作】2017 年，“绿色存折”首创首推（绿色存折：农户将生活垃圾进行收集分类后，交给村垃圾回收屋，村级卫生协会进行登记，并给予相应积分，当某农户积分达到一定数额后，即可在村卫生协会换取相应的生活用品）。毛里湖镇在湘北干线 7 个村（社区）探索推广“垃圾分类、绿色存折”制度，推行“户分类、村收集、乡转运、市处理”垃圾分类减量处理模式，赢得广泛好评。2017 年，全国各地 25批次 500 余人来镇参观学习，中央电视台等 20 多家新闻媒体进行专题采访报道。水体治污常抓不懈。在毛里湖及沿湖周边全面实施畜禽退养和“两拆两退”，依法关停李家铺砖厂、平和食品厂、长寿食品厂 3 家污染企业，拆除畜禽养殖场 86 家，退养转产 307 户，毛里湖饮用水水质明显提升。秸秆禁烧上下发力。按照不见火点、不见冒烟、不见黑疤“三不见”的要求，镇村干部在主要农作物收获季节加大禁烧宣传、巡防巡查和现场劝阻，农作物秸秆露天禁烧“蓝天保卫战”取得初步效果。（周彪）

【安全稳定】2017 年，毛里湖镇全面推进安全生产和稳定工作，促进社会平安和谐。化解矛盾促稳定。充分发挥司法调解作用，加强矛盾纠纷调处与信访积案化解，全面推进“无上访村居”创建，2017 年共调解各种矛盾纠纷 175 件，调解成功率 98.9%以上。七星村被评为常德市 2017年度“无上访村”，中心村被评为津市市 2017 年度 “无上访村”。强化安全促稳定。落实安全生产“一岗双责”工作责任，实行安全生产知识培训、工作例会、督导检查、问题整改常态化。开展道路交通安全、消防安全大治理，对摩托车、校车等实行专项整治，加强道路交通标识警示宣传，加强企业消防设施检查，加大事故多发地段防控力度。2017 年开展道路交通及消防安全专项检查、整治及宣传培训等活动共计 30 余次。（周彪）

【社会文化】2017 年，文化力量不断配强。在各村（社区）配备了一名文化专干，负责村级文化工作。做到中心工作有人抓，常规工作大家抓。文化活动不断丰富。以传统节日为契机，如中秋、元旦、春节等节日，“文化志愿者”自发在集镇组织筹办篝火晚会；结合“庆建党96周年”举办毛里湖镇“第一届广场舞大赛”，15 支队伍参赛，群众拍手叫好。文化队伍不断壮大，组建了广场舞、二胡、竹马等文化兴趣小组，并定期组织集体练习。文化交流更加频繁，创新性建立“镇综合文化交流微信群”，文化志愿者达到 190 余人。（周彪）

【脱贫攻坚】2017 年，毛里湖镇把脱贫攻坚作为重大政治任务，对 2017 年全镇 857 个建档立卡贫困户、2667 个贫困人口全面实施“两个帮扶全覆盖”、“五个精准到户”，14 支市级工作队进村结对帮扶，落实到户政策，取得较好效果。花桥、箭楼、同乐堡 3 个贫困点村“六件实事”顺利推进，箭楼村“摘帽”脱贫，年度共脱贫 184 户 556 人。（周彪）

【民政劳保】2017 年对全镇 268 个“五保”人口、1452 个城乡低保人口实施五保低保政策全覆盖。新农合全面普及，完成新农保11000多人，社会养老保险 384 人；对原李家铺敬老院进行改造建设，在原有基础上进行改扩建，占地面积 5939.26 平方米，新增床位 84 张，改扩建完成后的敬老院可容纳五保老人 132 人。全年申请大病医疗救助181 人，临时生活救助 148 人，贫困家庭慈善助学 12 人，为重度残疾人申办护理补贴 566 人，困难残疾人生活补贴 495 人，低收入家庭最低生活保障 547 人，残疾人爱心房建设 13 户，倒房重建 15 户；培训求职人员 480 余人次，技能培训 220 人，发布用工信息 1800 余条，向省内外 28 家企业输出务工人员 450 人。全年总计发放补助资金 500多万元。（周彪）

药山镇

【概况】药山镇位于津市市最南端，与临澧县和鼎城区接壤，距常德市 38 公里，距津市市 45 公里，镇内交通便利，S306 线、S205线、S238 线与县道 029 公路贯穿全境，常岳高速、二广高速比邻药山镇，是环洞庭湖公路沿线交通区位优势明显的交通重镇，为津市“南大门”。全镇总面积 142.8 平方公里，辖有

11个村,2个居委会，总人口4.3万人。耕地面积5.98万亩,水田4.4万亩。全镇有水库13座,其中小Ⅰ型水库2座,小Ⅱ型水库11座。

2017年是全面贯彻市第十二次党代会精神的第一年,镇党委、政府团结带领全镇广大干部群众,主动对接"四大会战"战略目标,按照"揽天下药山,筑梦里水乡"的总体目标,紧盯脱贫攻坚、城镇建设、药山景区、环境保护、基层党建、信访稳定等重点,克难奋进,扎实工作,各项工作有序推进,经济和社会发展呈现良好态势。

经济总量持续增长。实现财政收入2836万元,同比增长12.45%。

社会大局安全稳定。全镇范围内无重特大安全生产事故,无重特大群体事件,无重特大刑事治安案件。平稳渡过百年一遇的6.23特大洪灾,无一例伤亡事故。

群众生活水平不断提高。实现农民人均可支配收入13450元,同比增长8.7%,全年脱贫103户371人,完成各项民生发展目标。

四是环境治理效果明显。基本消除黑臭水体,哑河冲柳高水,各水库、湖泊水质总体为优，生活垃圾处理率达95%以上,森林覆盖率达34%。

各项工作取得了较好的成绩。有政法、安全、计生、农业等20余项被评为了省、常德和市里的红旗和先进,综合评定为"年度绩效考核评估良好单位"(乡镇排名第二)。

【经济发展】2017年共实现财政收入2836万元(不含棚改资金),同比增长12.45%；完成招商引资1.1亿元,超额完成0.5亿元;向上争资783万元,超额完成23万元；农民人均可支配收入13450元,全市领先。2017年来,全镇共种植水稻面积1.5万亩,棉花面积0.8万亩,油菜面积1.2万亩。新增大棚蔬菜面积近100多亩，培育科技种粮30亩以上大户65户,100亩以上的种粮大户35户。发展稻虾养殖面积1300多亩,再生稻、粳稻及稻虾养殖作为市农业局示范点向全市推广。全镇百亩以上大户数量达到60余家，农业组织化程度提高到60.04%;全省"平安农机示范乡镇"成功授牌。绿岛蓝湾、三禾鱼蟹园、黄金、众客来等规模"农家乐"蓬勃发展,其中投资100万元以上的规模"农家乐"达8家,接待游客量突破20万人次,收入达200余万元，绿岛蓝湾度假村获评省五星级乡村旅游点。

【城乡建设】2017年全面完成投资3600多万元的文昌阁、棠华铺两处集镇改造工程,整体实施了立面改造、杆线入地规整、下水管网改造、道路黑化、绿化、亮化等项目,集镇面貌焕然一新,功能和承载力全面提升。投入近700万元建设的药山殡仪馆全面竣工,并成功引入长沙恒泰殡葬服务公司经营。成功引进投资2000多万元的车站综合体项目落户文昌阁集镇,已启动基础工程。药山振兴发展创意暨药山文化旅游景区旅游总体规划设计出中期成果;在建项目快速推进,村部广场、道路硬化、窄路加宽、水系改造、唐风小镇改造一期等基础建设均已完工;安置点、竹林禅院基础设施正在抓紧实施;寺院大殿区域112亩规划范围已完成征拆，寺院三大工程(竹林禅院三期、祖师塔、大殿奠基)正有条不紊推进。投入200多万元,对临东、和平、西湖、三新垸、民康共11.7公里的通村公路实施窄路加宽工程。向上争取120多万元,对新民和新湾渍堤进行了水泥灌浆加固工程,解决了以往堤身渗漏的问题。投入400多万元启动下龙大堤阻脚护坡除险加固工程，有望解决下龙大堤堤身质量差、外坡崩岸等隐患问题。7月初，正式启动S238建设工作,在一个月之内,全面完成征地拆迁工作。整修和硬化堰塘21口，改造机耕道20公里，维修机埠34处,完成山区抗旱沟渠清淤15公里,湖区排灌沟渠清淤9.9公里，有效应对了50年一遇的旱情。

【民生保障】2017年严格按照"精准识别、精准帮扶、突出成效"的原则,进一步整合帮扶资源,强化责任,精准发力,取得了良好成效。按照"应清尽清,应进尽进"的原则,清理不符合政策标准贫困户132户489人,新增符合政策标准贫困户101户253人。落实贫困户危房改造计划165个，投入资金271.8万元,金融扶贫62户,共250万。雨露计划助学22人，发放资金66000,低保兜底83人,发放资金318720元。全年脱贫103户371人,杨坝垱和药山两个贫困村顺利摘帽,全面完成年度减贫任务。公平开展社会救助。清理低保户471户472人,推进"两线合一"(农村居民最低生活保障标准与农村困难群众扶贫标准),发放低保资金128.12万元;临时救助154人，发放救助资金19.06万元;实施大病医疗救助101人,发放资金19.67万元，实现社会救助扩面提标的预期目的。城镇新增就业人数275人，新增农村劳动力转移就业300人,其中建档立卡贫困劳动力新增就业47人;培训劳动力110人,选送53人参加贫困家庭"两后生"、市级养老护理员、月嫂育婴员等技能培训;养保缴费新增200人,医保筹资基本完成规定任务。计生服务管理水平持续提升,孕产妇健康管理、免费生殖健康检查、两癌筛查顺利完成任务;计生奖扶、困难家庭慰问等家庭发展支持政策大力实施，卫生院、派出所、工商、学校等驻镇单位计生工作职责落实到位率达到100%；药山镇被评为全省计划生育基层群众自治示范乡镇、全市计生工作优秀单位。

【社会事业】2017年共排查重点安全隐患90起,整改到位87起,整改率达97%,全年没有较大以上安全事故发生，安全生产工作获评全市红旗单位。镇村两级综治中心基本建成,综治阵地建设迈上新台阶;平安创建活动深入开展,群众安全感不断提升,全省民调测评位居常德市169年乡镇街道中第四名;智慧药山建设有序推进,三新垸村、新湖村雪亮工程成功试点,立体防控网络实现全覆盖。防邪反邪警示教育基地高标准建成，无邪创建活动有效开展,居民反邪意识进一步增强,省无邪乡镇成功验收,八宝湖村获评国家级"创建无邪教示范村"。明确了"无上访村居"创建目标,干部到户工作法得到较好落实,"三二一"矛盾纠纷调处机制全面推行,班子成员坐班接访逐步步入常态化,信访积案化解成功率得到提升,全年化解各类矛盾纠纷163起,处理各类来信来访140起,化解信访积案6起。和平村、西湖村分别被评为常德市建设"无上访村(社区)"工作优秀村、先进村,民康村被评为津市市建设"无上访村(社区)"工作优秀村。文明乡风逐步形成。辖区内有卫生院2个,村卫生室13个,中学2所,小学2所,幼儿园7所,国标校车13辆。成功举办了"百团大赛"、"培育文明新风,共建秀美药山"文艺演出暨"五星文明户"颁奖等重大文娱活动,精心开展了"同心乡村"扶贫帮困、医疗义诊、慈善捐助、民情收集等公益活动,启动殡葬改革工作,全镇乡风民风持续改善。

【党建工作】继续发挥党建统揽作用,突出"三个抓手",将党建工作做细、做活、做实。一是夯实党建基础。统一风格和功能,全面完成村级综合服务平台建设,进一步增强了为民服务功能;制定落实党建工作月例会调度制度、党建联络员制度、党建工作模块化制度。二是突破党建重点。拓宽基层党员学习途径。利用新媒体开展学习,在党员中利用红星网、微信群作为学习载体,定期进行送学;组织党员开展集中学习,先后组织了两次全镇性学习活动;谋划实施大型教育活动。在药山村开展"五好模范"评选活动,用优良党风带动民风改善;加强廉洁文化学习,联合棠华吉祥皮影戏艺术团制作廉洁文化特色节目《巡按斩子》,在棠华铺社区公开演出,深受欢迎。三是强化了队伍建设。注重发挥党委班子的表率作用,利用钉钉管理软件考勤管理机关站所干部,通过村(社区)"两委"换届工作,选优配强村级工作班子,优化队伍结构,共选举产生村(居)委会主任13名,委员43名,每个村配备有一名35岁以下的年轻干部,年龄结构不断优化,村支两委干部以高中学历居多,大专及以上文化程度15人。作风建设不断深入,强化纪律规定执行,深入开展专项治理行动,对发现的问题及时进行处理和整改,并在全镇范围内开展落实"两个责任"谈心谈话,畅通了交流渠道,增进了干部团结。(龙峥奇)

白衣镇

【概况】位于津市市西南方,东与原保河堤镇隔岸相望,南连原棠华乡,西与临澧县烽火乡、津市原灵泉镇毗邻,北与原李家铺乡接壤,西毛里湖南、中、北三大湖泊延伸其中,环毛里湖国家湿地公园,地势东北高西南地,属丘陵山区。

全镇共有7个自然村(建国村、钟灵村、金坪村、红光村、柏林村、清华驿村、金和村),2个街道居民委员会(白衣庵居委会、石板滩居委会),11个站所办(党政综合办公室、经济发展办公室、生态建设和环境保护办公室、社会管理综合治理办公室、卫生和计划生育办公室、农业和农村经营管理服务站、水利管理站、综合文化站、民政和劳动保障站、林业管理站、安全生产监督管理站)。全镇有14个党支部,共有党员1005人。总人口2.8万人,总面积92平方公里,耕地面积4.22万亩。是全省有名的"鱼米之乡"、"特产之乡"。

地理位置优越,交通便利。全镇共有一条县级主干道,由南往北贯穿全镇,东与省一级公路相毗邻。距津市市区仅18公里,距临澧县仅25公里,距常德市市区仅50公里。顺应美丽乡村建设的大好形势,结合农村工作实际及本地资源优势,进一步加快科技发展步伐,以"柑橘"、"葛果"两大产业为支柱,发展茶叶种植,有柑桔种植面积15000亩,茶叶1000亩,葛果12000亩。养殖业与第三产业的发展也来势喜人,以青龙嘴鱼湖、朱亮桥水库为主的8000亩水面综合养殖基地,年水产品产量已达3000吨。

2017年是全面贯彻市第十二次党代会精神的第一年。一年来,镇党委、政府团结带领全镇广大干部群众,在市委、市政府的坚强领导下,全力开展支村两委换届、乡风文明、脱贫攻坚、基础设施四大会战,经济社会保持平稳快速发展,全年共完成工农业生产总值4.52亿元;财政总收入2107.23万元,比去年同比增长7.5%;招商引资完成6000万元任务;向上争资380万元,超额完成全年任务。农村居民人均收入达到12843元,比去年增长12.1%。全镇上下呈现出团结向上、朝气蓬勃、快速发展的生动局面。(高侃)

乡风文明移风易俗重阳节敬老活动

【产业发展】2017年，白衣镇积极探索村级集体经济发展的致富路子，采取“公司+合作社+集体+农户”的生产销售模式，鼓励农户通过土地入股、扶贫贷款资金入股等方式，重点发展集体经济，初步形成了以白衣庵社区“朗州水蜜柚产业园”为起点，辐射带动其他村产业发展的良好态势。水蜜柚基地入社农户245户，全村农户入社率达85%，贫困户入股14户，占全村贫困户的82%，种植规模已达700亩，其中150亩已产生40余万元收益。柏林村世纪红柑橘基地规划种植400亩，其中已栽培200亩，预计第四年产生收益。金坪村油牡丹基地规划种植380亩，已种植180亩，预计第三年产生收益。同时，土地流转速度加快，家庭农村迅速发展。金和村望欣合作社香菇养殖、建国村稻田养殖小龙虾、金坪村油茶、钟灵村无公害藠果、红光村优质稻等产业呈现出遍地开花、百花齐放的生动局面。(高侃)

【精准扶贫】2017年，白衣镇扎实开展精准识贫工作，重新识别认定的贫困户294户904人。为深入推进脱贫攻坚工作，制定“一二三”工作法，即“召开一次户主会”，确保政策宣传到户；“召开两次民主评议会”，做到“应进尽进，应退尽退”；“开展三次入户走访调查”，确保精准识贫。截至目前,成立扶贫工作队6个，共12人；后盾单位30个，共347人；向建档立卡贫困户发放种子、肥料各1840包；确定了62户贫困户危房改造计划；对100户贫困户实施危房改造；为90户贫困户落实安全饮水；落实雨露计划24个42000元；“微善风”资助12名学生15200元；完成前期215万元的金融扶贫贷款；开展健康义诊活动，受益群众600人次；落实大病救助88人164878元，临时救助18人17900元。2017年白衣镇共脱贫41户140人、省级贫困村柏林村成功摘帽。(高侃)

【城乡统筹】2017年，白衣镇根据市小城镇建设和城乡一体化建设总体要求，结合白衣集镇发展的总体规划，形成了以绿为美，筹建白衣庵特色集镇；以人为本，领建蒲山坪新型社区的总体思路。筹建特色集镇。白衣庵街道棚改工程对实施路面整治、穿衣戴帽、管线入地、景观设置、增绿补绿五项综合整治、提质升级。2017年10月底已基本竣工，重点完成了立面改造1060户；新建文化路下水道1650米，完成下水道管网清淤3870米；完成集镇人行道铺设9000平方米；向阳路白改黑680米；新建2个文化广场；集镇绿化树木修剪及新植桂花树720株。2017年镇党委政府将农村基础设施建设列为重要议事日程，先后完成村、组级道路建设23公里，断头路建设9.5公里，窄路加宽5.5公里，机耕道建设12公里，整修堰塘63口，改造机埠6座，节水灌溉2000亩，完善了农村基础设施，在防汛抗旱中把灾害损失降到了最低。领建新型社区。即新建蒲山坪农民新型社区，新区毗邻白衣庵集镇和白衣庵溪水岸公园，其主要特色体现在通过重点配套新建农产品交易市场、农民大戏台、幸福小广场，并对接已建成的养老院设施，实现资源共享、服务均等的城乡一体化格局。(高侃)

津市市大喜农作物种植专业合作社

【生态环保】2017年，白衣镇按照《津市市贯彻落实中央环保督察反馈意见及整改方案》的工作要求，通过全面摸排，有针对性对重点问题进行整改。一是开展洞庭湖五大专项行动(沟渠塘坝清淤增蓄专项行动、畜禽养殖污染整治行动、河湖围网养殖清理专项行动、河湖沿岸垃圾清理专项行动、重点工业污染源排查专项行动)，对白衣镇沿毛里湖河湖及沿岸垃圾、水葫芦集中清理，并落实了河段包保责任制，建立了河长巡查制度，专人负责。二是关停了藠果厂7家，帮助藠果种植农户外销藠果11000吨；提前完成畜禽退养任务，转型升级典型的2家，被津市推介到常德；秸秆禁烧工作是津市唯一没有被常德通报过乡镇。三是实施环保项目工程。投资2000多万的白衣庵生态拦截工程和投资4000多万的宋家坪溪生态拦截工程已基本竣工，环境优美的生态公园正成为周边群众休闲漫步的好去处。胡家桥溪和辛家台溪生态拦截工程已经全面启动，环保工程完工后，将会对湖汉上游的污染进行拦截、过滤、净化，确保上游的污染不直接排放到毛里湖中。(刘林科)

【民政劳保】2018年城乡居民基本医疗保险工作征缴率已达96.2%以上；通过清理核查，新增农村低保149户178人、城镇低保13户18人、城镇三无人员3人、农村五保户195人，低保、五保清理率均居全市第一。2017年，白衣敬老院提档升级，已入住35人，被评为常德市三级敬老院。

开展城乡居民社会养老保险认领人员的生存认证工作。以村(社区)为单位，组织开展对全镇9个单位的城乡居民进行了社会养老保险认领人员的生存认证，白衣镇共有 3962 人次参加了认证，企业退休人员、灵活就业人员 351 人。

开展农村贫困劳动力转移就业信息工作。为落实湖南省人力资源和社会保障厅、湖南省财政厅、湖南省扶贫开发办公室《关于切实做好就业扶贫工作的实施意见》(湘人社发〔2017〕58 号)的精神，在全镇贫困人员中建立 16 周岁—59 岁贫困劳动力 300 人信息，帮助未就业贫困劳动力实现转移就业，帮助已就业贫困劳动力实现稳定就业。

开展了城乡居民社会养老保险续保交费工作。镇党委、政府高度重视，宣传发动起步早，镇村两级相互协调，全镇共完成城乡社会养老保险缴费总人数 5600 多人，新增参加社会养老保险人员 48 人。(刘林科)

【计生工作】截至计生年度，全镇共出生 205 人，其中计划内 204 人，符合政策生育率 99.5%，出生人口性别比 100:105；已婚育妇女4022 人，截止到 9 月 30 日全镇参加产筛检查 146 人，完成进度 84.02%，名列前茅；全员信息准确率达到 99.87%，全员信息完整率达 99.89%。享受计划生育将扶政策的今年新增 95 人，享受特扶政策的今年新增 5 人，资料已全部送审。各项奖励政策落实到位率 100%。(刘林科)

【移风易俗】2017 年，白衣镇紧扣“生态宜居镇”的发展方向，推行村民自治、守望相助的社区治理模式，以“大美白衣”活动为抓手，开展“五比五看”，树榜样、学榜样。支持各村建立了百姓大舞台 7 个、文化广场 2 个；在向阳路新建了以“仁义敬诚孝”为主题的五德礼堂，可容纳四百人参加移风易俗活动。2017 年 11 月初，常德市乡风文明流动现场会在白衣镇召开，白衣镇因组织得力、亮点突出，得到了各级领导的高度认可，荣获“常德市文明乡镇”的称号。(刘林科)

【安全生产】白衣镇组织对农用车辆、烟花爆竹、危险路段进行全面摸排和专项整治。全镇农用车辆 165 台实行全面摸排，对存在安全隐患进行逐一整改，年检年审率达到 98%，农用机安全事故为零。水上交通安全隐患排查，建立台账，每天巡查，无发生安全事故。农资打假 2 次，对全镇 45 家农资销售店进行整顿，收缴假劣农资 10 件，高毒禁用农药 21 件，从源头上控制食品安全，消除了各类安全隐患。积极应对冰雪灾害天气，主动开展电力扫障、路面除冰行动。全年没有发生一起重特大安全事故。(刘林科)

校车安全

【综治维稳】2017 年，白衣镇秉持既让群众吃好饭，更让群众睡好觉的工作思路，全镇 9 个村(社区)全部建立了义务治安联防巡逻队，共组织 86 人参与治安联防，主要负责昼夜巡逻、堵截、治安、调解民事纠纷、重点人群管理、普法帮教、服务群众等工作，通过实行治安承包责任制、十户联防制、巡逻制、邻村治安防范联动制，织密了防控网络。面对治安防控的新形势，探索创新治安防控机制，构筑起多层面、立体化、全覆盖的高效技防网络。2017 年在政府、医院、学校、主要路口和路段等安装了治安探头 60 余个，基本消除了防范“盲点”，做到了软件不软，硬件更硬。

创新“三二一”矛盾调解工作法，压实镇村干部责任，全力化解矛盾纠纷。今年群众工作日活动启动来，白衣镇压实责任，主动作为，开展接访，下访，约访共收到社情民意 108 条，成功调处 107 起，调解率 99%；排查各类矛盾纠纷 56 起，成功调处 53 起，调解率 95%；受理省长信箱 1 起，省信访 1 起、常德 4 起、津市 12 起、接待个访 18 起，集访 4 批；处理市长，市民留言、政府热线 49 起。特别是白衣镇藠果厂关停，四川民工工资追讨，畜禽退养，殡仪馆项目纠纷等问题出现后，包保领导及时介入，各部门主动配合、稳控工作到位，群众满意度非常高。2017 年，白衣镇没有发生一起越级上访的群体事件，成功创建常德市“无上访村(社区)”，民调工作综合成绩位列常德市第一。“三二一”矛盾纠纷调解工作法作为工作经验，被湖南信访网推荐。(高侃)

三洲驿街道办事处

【概况】三洲驿街道办事处位于津市城区西北部，东起万寿路，与汪家桥街道办事处接壤；西至临津桥，与澧县澧澹乡毗邻；南濒澧水，与襄阳街街道办事处隔河相望；北抵津市监狱。2017 年，辖区总面积 6.27 平方公里，共有 15836 户、32565 人，下设城隍庙、三洲街、后湖、柏枝林、桥北、护市、蔡家河 7 个社区居委会。辖区内驻有行政事业单位 48 家，企业 18 家，下设党总支 7 个，党支部 40 个，共有党员 1278 名。街道内设党政综合办公室、经济发展办公室、社会管理综治维稳办公室、计划生育办公室、民政和劳动保障站、计划生育技术服务所、社区工作站、综合文化站 8 个股室（站所），在编在岗人员 30 名，其中行政编制 19 名，事业编制人员 11 人。2017 年，街道以“党建引领、棚改提质、民生升温、文化强街”为工作主线，圆满完成了社区“两委”换届，选优配强了居社区“两委”队伍。强力推进了生产街、西河街等片区棚户区改造，为 3400 余户居民彻底改善了居住环境。先后投入 2600 多万元，完成了 20 余个老旧小区功能性改造，惠及居民约3200 余户。同时街道开设“小区论坛”与群众面对面交流互动，引导老旧小区成立业主委员会，全面推行小区居民自治管理，取得了较好成效。2017年街道办事处被评为常德市十九大特护期信访维稳先进单位，街道团工委被评为“常德市五四红旗团委”。（蔡婷）

【基层党建】2017年，三洲驿街道新组建“两新”党组织10家，发展党员9名，完成了1300余名党员的智慧党建、中组部系统信息采集，加强了红星云的关注及绑定。深化服务型党组织建设。积极推动便民服务中心、三洲街及后湖社区平台的改扩建，并以此为依托开展“小区论坛？社区协商”、“传承好家训？建设好家风”为主题的系列活动，吸引5个社区近3000名党员群众参加。增强基层党组织活力。组织开展“荷花品格、梅花精神”演讲比赛、庆祝建党96周年暨“七一”表彰先进基层党组织大会、喜迎十九大“不忘初心，牢记使命，建设幸福驿站”主题党日活动等，覆盖基层党组织达到20余个，进一步激发基层党组织活力。（蔡婷）

【居民自治】2017年，三洲驿街道圆满完成了7个社区“两委”换届选举，进一步配优配强了社区队伍。同时以船厂、同心小区为示范点，在18个已建示范小区全面推行自治管理。同时加强老旧小区物业管理。开展“最美小区、楼栋、家庭”评选活动，引导居民有序参与小区治理。继续实行“城管进社区”，推行“班次错制时”，加大治理力度，在环境和秩序上取得明显改善。深化服务，全面推行“党建＋志愿者”模式，成立“津市市爱心志愿者协会”，推出“一亮三员”活动，在23个网格中提供分类志愿服务，深化“党引民治”。工贸小区自治经验在湖南卫视《新闻联播》中播出。注重发展党员志愿者队伍，积极开展为残疾、空巢、孤寡老人提供生活料理，为边缘少年、单亲家庭及残疾儿童开展“一帮一”心理辅导，定期举办各种普法和咨询活动，形成党内带党外、党员带群众的良好风气。树立优秀党员典范，通过“传承好家训?建设好家风”系列活动，吸引近3000名党员群众参加，涌现出陈晓萍、周道柏等一批好家风典型，培育形成良好家风社风，后湖社区上半年被评为常德市优秀基层党组织（蔡婷）

【安全稳定】2017年，街道共召开安全生产例会6次，安全生产专项会议3次，党政主要领导坚持每月带队开展安全生产检查1次，班子成员与街道站、办、所负责人多次带队对管辖重点领域、重点部位进行安全生产隐患排查治理。街道在2017年预算中安排安全生产专项经费5万元，用于安全生产宣传、安全生产培训、信息化建设、应急救援、监管装备等安全生产基础设施建设。三洲驿街道始终坚持“安全第一、预防为主、综合治理”的安全方针，开展安全生产现场宣传活动3次、发放宣传资料3000份、开展消防安全演练2次。建立“一岗双责”安全生产责任制，逐级落实安全生产责任，层层签订安全生产目标管理责任书。建立消防、交警、街道、社区四方协作的的应急救援体系，并加强了重大节假日的安全值守与隐患排查。全年对辖区医疗机构、宾馆、黑瓦屋等重点区域的安全隐患摸底、排查和整治日常监督检查200多次，排查隐患50多处，其中下达重大事故隐患整治任务交办单4份，在整改过程中发现重大安全隐患2处，已全部整改到位，共开展联合执法3次。推进网格化服务管理，全办网格划分调整为22个网格。招聘网格信息员13名，每个网格均明确了网格联络员、网格长、网格志愿者，分别由街道联系干部、社区工作人员、热心居民担任，共清查流动人口1851人，出租屋998间。积极开展信访维稳，重点落实包保责任，制定应急预案及风险评估机制。实行一把手约访、下访和班子成员坐班接访制度，对重点信访问题、重大矛盾纠纷、重大涉稳个案实行包保稳控，跟踪管理。定期回访帮教社区矫正对象、刑释解教人员。全年党政主要领导接访、劝访87批次134人，市局接访36批次，市局交办及网上交件32件，劝访6起，党政主要领导接访、约访、下访34次，排查出各类矛盾纠纷96起，调处各类矛盾纠纷93起。定期对重点地段进行巡逻，结合民调工作进行入户宣传，平安家庭申报率达到80%以上。成立610专项工作小组，加大邪教防治打击力度，开辟宣传专栏，开展“法治论坛”、邻里联谊、书法作品展、文艺表演等丰富多彩的娱乐宣传活动，丰富居民业余生活，挤压邪教活动空间。（蔡婷）

【民生服务】2017年，三洲驿街道开展辖区所有出生入户、育龄妇女信息的清理排查。对流动人口实行每月一小查、每季度一大查，辖区共有流动人口5369人，其中流入1633人、流出人口3736人。开展流动人口均等化服务，建立流入人口健康档案。严格落实计生奖扶政策，105名独生子女伤残、死亡家庭享受奖励扶助金55万元。完成城镇就业1574人，城镇登记失业率低于4.5%。完成退休人员资格认证4651人。养老保险新增参保人数262人，医保参保人数16507人，基本实现应保尽保。组织民主评议，对低保对象进行全面清理排查，清退不符合条件低保户61户，新申报困难家庭73户。现有城乡低保家庭960户1225人，全年累计发放低保救助资金307万元。发放重度残疾人护理补贴、临时救助、大病救助460人30万元，优抚资金37万元。为53名年满90周岁的老人发放长寿生活补贴。（蔡婷）

【城市创建】2017年，三洲驿街道围绕后湖提质、主次干道美化、示范小区建设、热点难点五个方面，采取情、理、法三步走的方式，强力拆除各类违法建设。全年拆除违章建筑124处、4930平方米。全面掌握私房建设动态，街道分类管控，加大动态巡查力度，实行专人监管。制定十天一调度、一检查、一通报、一点评的考核方案，联合城管、公安、交警、交通等职能部门，开展联合执法重点整治行动，纵深推进市容市貌整治工作。按照劝导教育在前，收缴处罚在后的原则，从每条街、每条巷开始，从出店经营、乱停乱靠、流动摊贩入手，各个击破，大力整治早餐店、夜市，共计整治出店经营527家，占道经营105

家，规范广告招牌 278 个，处罚车辆 587 台，劝导流动摊贩在指定地点（金城银座和好润佳南门）经营 135 个。按照高起点规划、高标准建设、高效能管理的理念，把严格执行规划、严格建设标准、严把工程质量贯穿于示范小区改造全过程。2017 年基本完成老中医院、轻化纺等两个个示范小区的提质改造工程。（蔡婷）

【棚户区改造】2017 年，三洲驿街道坚持“三个结合”，把棚户区改造与切实改善百姓住房环境和条件、完善城市功能和提升城市形象有机结合起来，一方面抽调组织人员对棚户区进行调查摸底，征求住户意见，登记住房情况，统计住房面积，为编制项目改造实施方案和资金测算方案奠定基础；另一方面与规划部门衔接，确定用地红线和规划建设范围，落实规划设计条件，同时注重和周边环境有机融合，根据不同的功能定位，尊重居民群众的主体地位，先后完成老中医院、轻化纺小区两个棚改项目改造。西河街片区总任务数 327 户，完成321 户；其中公房 80 户，全部完成；私房 247 户，完成 236 户。西入城口及其他社区棚改片区总任务数为 22 户，完成 17 户。申请棚改安置补贴 106 户，发放补贴 68 户，申请 3 万 21 户，申请 5 万 47 户。（蔡婷）

【嘉晟新天地二期工程项目】湖南嘉晟置业有限责任公司于 2015 年 8 月 19 日通过拍卖方式取得位于津市市建设路北侧国有土地一块，总面积为 27964 平方米，土地成交价款为 7545 万元，购置契税 301 万元，用于开发“嘉晟新天地二期”商住小区项目。该项目预计总投资为约 34000 万元，资金来源为企业自筹。现嘉晟新天地二期工程已进入开发阶段，新建 8 栋住宅楼，一所幼儿园，房屋总建筑面积约145649平方米，计容面积约 120522 平方米，架空层约 2601 平方米，地下室约 22189 平方米。建成后项目将向津市市民提供商品住房 836套住房，计 114246 平方米，商业门店 7016 平方米。（蔡婷）

【办事处获 2017 年度常德市计划生育工作优秀单位】2017 年，三洲驿街道积极落实城镇计划生育特别家庭奖励扶助制度和农村部分计划生育家庭奖励扶助制度，经过摸底、调查、核实、公示，确定 105 名对象享受奖励扶助金。其中新增农村奖励扶助对象 4 人，新增特别扶助对象 13 人，死亡退出 4 人。237 名 14 周岁以下独生子女户享受独生子女保健费。认真清理全员信息系统内的数据信息，认真核对公安派出所的户籍信息，确保全员信息与公安户籍同步。每月出生上报与医院的住院分娩相对接，确保上报出生的准确性，与防疫部门联系，使预防接种与实时通对接，尽量减少遗漏出生的现象发生。多渠道、多形式全面宣传二胎政策，对育龄妇女进行孕前优生优育、孕期早筛中筛宣传。加强流动人口管理，每季度组织对辖区内所有门面、宾馆、茶楼等公共场所的流动人口进行彻底的清理排查，逐人登记，与全员人口信息一致。建立流动人口健康档案，与常住人口进行同等服务管理。落实长效节育措施，广泛开展“流动人口健康服务年”活动，落实流动人口均等化服务。（蔡婷）

汪家桥街道办事处

【概况】津市市汪家桥街道办事处位于津市市区东部。西起澧水大桥东侧（万寿路），东至小渡口，与澧县洪湖区毗邻，南濒澧水，北临阳由乡护市、城东村。辖新村、汪家桥、油榨坊、城东、澹津 5 个社区居委会，其中，城东、澹津社区为农村社区。辖区驻有行政事业单位29 家，各类企业近 54 家。辖区总人口 31690 人，其中城镇常住人口 23065 人，总面积 10.75 平方千米。辖区内有社区文化活动中心 5 处，图书馆 3 个，藏书 3300 册。幼儿园 5 所，小学 1 所，初中有 2 所，分别是德雅中学和双济实验学校。有社区医疗机构 5 个，门诊部（所）15 个。学校体育场 2 个，文体公园体育场 1 个，公园 1 个，室外晨、晚健身场所 13 处。

2017 年，办事处项目建设、安全生产、城建工作被津市市委、市政府评为红旗单位，维稳、环境保护、创建国家卫生城市、党管武装工作被津市市委、市政府评为先进单位，计划生育协会被津市市人口计生领导小组评为良好单位，计生工作被津市市委、市政府评为良好单位。（章慧红）

【居委会“两委”换届】2017 年 6 月中旬顺利完成换届，5 个社区共选举产生 36 名“两委”委员，平均年龄 35 岁左右，社区干部进一步年轻化。（章慧红）

【党组织活动】一是党性活动丰富多彩。组织党员开展强党性活动，增强了党员身份意识、责任意识和奉献意识；规范“三会一课”、主题党日活动、党员亮化积分管理等，丰富党员组织生活，增强了党员的主人翁意识。二是党风廉政常抓不懈。抓专项整治，开展政风反腐专项整治 50 余次；抓案件办理，今年共接到反映街居干部换届选举、低保清理、日常作风等问题的 8 个案件，都严格按照相关要求进行了查实回复；抓干部管理，修订完善了财务管理制度、各项规章制度，坚持每月开展 2 次干部作风纪律督查。同时，注重关爱干部，2017年 9 月23 日，开展了街居干部“迎国庆·健康行”登山比赛活动，增强了干部职工的凝聚力与向心力，全体街居干部参加了本次活动。三是特色工作亮点凸显。结合庆“七一”系列活动，组织辖区 300 多名党员集中开展“全面从严治党”专题党课；积极承办全市“荷花品格、梅花精神”廉政文艺汇演，评选出在街道征拆攻坚、为民服务、家庭美德、平安建设等方面作出突出贡献的 40 名“十佳”先进典型，街居干部大合唱增强了干部职工团结一心、奋勇拼搏的精神。（章慧红）

【棚改征收】2017 年，西河街棚改征收共有任务 2233 户，占全市棚改工作任务的 90%以上。从 4 月 23 日正式启动征收签约起，共完成私房 734 户，占任务 743 户的 98.79%。完成公房腾空 1510 户，占任务 1510 户的 100%，并完成倒房面积已超过11万平方米。截止到2018年5月7日,西河街片区棚改征收仅剩9户私房任务,按照安排,我们决心在6月30日前全面完成征收及倒房任务。整个棚改征收过程中,没有发生一起群体性事件和恶性事件。针对个别不配合的公房租赁户,组织派出所、司法局等部门联合开展强制腾退,对剩余房屋征收起到了极大的震慑作用。(章慧红)

【征地拆迁】2017年,办事处拆迁扫尾共有五环中心3户、澧水二桥12户、澹津城中村4户、发展大道5户、三湖改造1户、双济沟以东片区13户等共38户。到目前为止,除澧水二桥1户、双济沟以东片区6户外,完成31户征拆任务,重点项目如期交地,为相关工程建设打下了较好基础。(章慧红)

【项目建设】2017年6月底就完成争资208万元,提前超额完成年度任务,完成进度115.56%;开发总投资1.5亿元的"新家园"幼稚园建设项目已列入市"十三五"发展规划;招商引进了投资5000万的湖南荣瑞电力设备有限责任公司,投资1亿元的中草药烘干设备生产基地项目正在洽谈中。此外,酒厂小区立面改造项目已完工,澹津城中村改造基本完成,澹津六组组级道路硬化、城东七八组两条沟渠改造一事一议奖补项目已完成。(章慧红)

【安全生产】2017年,班子成员带队开展安全生产大检查20余次,投入20多万元解决了下水管脱落、墙体危险、北大沟盖板断裂等隐患,共查处各类隐患28处整改28处,整改率100%,未发生一起重大安全生产责任事故。(章慧红)

【综治维稳】结合"无上访村(社区)"建设,对辖区18名重点人员分别建档,全年接访162批110余人,化解处理矛盾90多个。"十九大"特护期间,通过情形研判清楚、情感沟通到位、情报信息掌握的"三情"工作方法,确保特护期间无一起赴省进京上访事件发生。(章慧红)

【环保督查】实行重点问题整改一周一督导、一周一通报,投入14万元完成河湖垃圾清理及拦网养鱼清退;开展香料厂、汇湘化工等企业污染治理;进行夜市摊点油烟、工地扬尘监督治理。结合综治工作建立环保网格员队伍,网格员同时肩负环保督查整治工作,城市社区未发生一起焚烧现象,农村社区焚烧秸秆5分钟处理到位。(章慧红)

【民生保障】一是就业渠道不断拓展。100名失业人员和失地农民参加30家企业现场招聘会,意向性就业和成功就业43人;大学生创业完成任务数的100%;城镇新增就业、下岗失业再就业、就业困难对象再就业均超额完成全年工作任务。二是民政保障有效规范。清出城市保障对象622户761人、农村低保25户32人,农村低保取消33户28人;全年发放城镇低保金472.3万元;全年共完成1100户租赁补贴申报,完成112户拆迁安置。三是群众诉求尽力解决。街道自筹资金10万多元改造下水道不通问题;群众反映居民楼落水管脱落问题一个星期内解决到位;借助卫生创建的契机,投入20多万元全面整治辖区环境;投入80多万元完成人民路道板砖铺设;帮助困难征拆对象解决低保、就业、医疗等难事60多件,群众满意度不断提高。(章慧红)

襄阳街街道办事处

【概况】襄阳街街道办事处北以澧水为界,南经大同路与金鱼岭街道办事处毗邻,总面积11.5平方公里,2017年有站、所、办12个,机关干部职工47人,下辖襄阳街、汤家湖、古大同、荷花、澧阳、阳由、盐矿7个社区居民委员会,居民9886户,总人口21554人,是全市重要党政机关、大型骨干企业、教育单位、医疗机构所在地。

2017年,街道党工委、办事处,以党的建设为根本,坚持民生优先,聚焦重点工程,推进产业发展,维护社会和谐稳定,实现街道经济社会又好又快发展。2017年襄阳街街道办事处获评常德市维护工程建设环境十佳满意单位、津市市维稳工作先进单位、津市市老干部工作先进单位、津市市计生工作优秀单位、津市市城建工作先进单位。

【基层党建】2017年,襄阳街街道坚持"围绕经济抓党建,抓好党建促经济",基层党组织建设和党员队伍建设得到不断强化。以"提质创新年"为方向,巩固"两学一做"教育成果,实现学习教育、干部培训、服务群众三个常态化。深入践行党的报告员制度,组织开展丰富多彩的党日活动,形成学党章党规、学系列讲话、做合格党员的良好氛围。开展智慧党建建设,录入党员信息725人次。紧抓支部建设,夯实基层基础:新成立了2个社会组织党支部,志愿者协会和农民用水协会党支部;3个非公企业党支部,江湾船舶党支部、三鑫化工与荣瑞电力、天成生物与明钰通讯联合党支部。完成对7个社区居支两委班子及社区干部的全面考察,完成换届选举年工作任务,7个社区换届选举共产生36名居支两委干部。2017年办事处培养入党积极分子4名,发展预备党员5名,完成8名预备党员转正。重新修订机关制度汇编、机关站所干部及社区考核办法,全面规范干部管理。严厉查处"四风"典型问题,坚决杜绝党员干部违规整酒。(王京二)

【重点工程】按照"扩容、提质、升级"的发展思路,开展重点工程攻坚战。完成襄阳街澧水桥头片区棚改综合整治工作,依法拆除违章建筑68户约3000平米;投资97万用时5个月完成机关院落的海绵庭院建设工程;投资80余万元耗时3个月完办事处便民服务中心提质扩容改造工程,现在街道便民服务中心面积约240平米,设有党建、民政、劳保、农林、文化、信访接待等便民服务窗口,基本达成居民办事只进一个门的目标;襄阳街完美社区平台建设于2017年3月开工,6月建设完成,总建筑面积3层约400平米,总投资38万元,内设服务大厅、党员活动室、文体活动中心、会议室等便民服务场所。(王京二)

【文化教育】襄阳街街道办事处现有幼儿园3所,幼儿园教师33人,群众性文化队伍24支,户外文体活动广场7处。2017年街道以丰富群众精神文化生活为重点,加强辖区文体基础设施建设,开展形式多样、内容丰富的群众性文化体育活动,营造健康、文明、向上的文化氛围,着力打造"文化襄阳"。2017年办事处积极开展群众性文化活动,举办"唱红歌"比赛、"庆七一"文艺汇演暨市广场舞大赛选拔赛、喜迎十九大"树荷花品格、梅花精神,展襄阳风采"演讲比赛、"浓浓重阳节,深深敬老情"文艺演出、国庆节职工趣味运动会等系列文艺活动。丰富群众精神生活,荷花社区书屋、阳由社区书屋、古大同社区书屋共有藏书6000多册,坚持向居民免费开放。2017年,街道文化站被常德市评为一级综合文化站。(王京二)

【产业发展】2017年街道农业种植面积2237亩,年产蔬菜近3000吨;渔业养殖面积2751亩,以四大家鱼养殖为主,年出鱼3000多吨。辖区宏福水产合作社快速发展壮大,2017年在湘西州成立分社,全年产值达2000多万元。街道大力发展第三产业,2017年新发展服务企业3家,"个转企"23户。全力抓招商引资工作,成功招引北京渔经生物技术有限公司入驻津市,完成招商引资6000万;积极向上争资,全年争资210万元,完成年度任务的118%。(王京二)

【社会保障】坚持以人民为中心不动摇,全力抓好民生工程。办事处通过各种途径解决居民就业难题,2017年实现新就业1031人,其中失业人员再就业852人;扩大城乡居民社会养老保险覆盖面,新帮100多名失地困难农民申请助保贷款200多万元;促进社会公平公正,清理城乡低保687户772人,截至2018年1月,街道享受低保185户257人;完成城乡居民医保购买13341人,基本实现城乡居民基本医疗保险全覆盖;为98人发放临时生活困难救助金108700元,71人大病救助款154685元。(王京二)

【志愿服务】2017年,志愿者协会进一步团结辖区群众和社会爱心人士,大力弘扬"奉献、友爱、互助、进步"的志愿精神,以社区志愿服务为新的增长点和着力点,推动志愿服务向着持久化、规范化、制度化的方向发展。关爱帮扶:在春节、妇女节、八一节、国际志愿者日等节日期间为困难家庭送去慰问品以及节日问候,经常性的慰问关怀社会低保人员、残疾人、优抚对象、留守儿童、失独老人等特殊人群,全年帮扶弱势群体355人;开办留守儿童看护学校和早教中心,为孩子们营造一个健康学习、成长的乐园。为全市100名困难残疾人提供家电维修、节日慰问、内务整理等方面的居家服务,共提供上门服务1200多次。在学雷锋日开展关爱困难留守儿童活动,为特殊学校、翊武中学、药山镇中学的165名困难留守儿童送去衣物及学习用品。文娱悦民:志愿者工作站组织一支文化艺术队伍在七一、中秋、重阳等节日,为辖区、津市监狱和养老院老人及离退休老干部带去精彩的演出,丰富老人们的文化娱乐生活,在百团大赛、"荷花品格梅花精神"等文艺活动上推出具有襄阳特色、志愿者风貌的文艺节目。卫生整治:组织志愿者定期开展维护小区卫生活动,以开展文明卫生示范街创建为契机,与辖区沿街商铺住户签订"门前三包"协议书并开展评比。在夏季开展"为环卫工人送清凉"活动,呼吁广大市民尊重环卫工人的劳动成果,不乱扔乱丢垃圾,自觉维护城市环境。(匡晓雪)

【综治治理】2017年办事处继续推行机关干部"网格化管理"制度,划分网格,责任到人。维护社会稳定,开展常态式群防群治巡逻活动,保持违法犯罪活动打击的高压态势和主攻态势,组织派出所民警、街居干部、志愿者共28人组成巡逻队伍,开展夜间治安巡逻工作。配合派出所抓获涉毒人员10人,刑事拘留6人,发现治安案件18件。创办社区综治、平安宣传栏12个,张贴横幅标语15条,张贴人民法院布告85余张,与辖区各单位、社区签订综治、稳定、610、信访工作责任状108份,处理市级网上交办信访回复11件,来信来访登记调处57件,排查化解矛盾纠纷195件,接待来访267人。处理突发事件1起。为确保全国高考和学校中考顺利进行,牵头组织安监站、派出所、社区居委会对一中、五完小及幼儿园开展校园周边环境整治,对多处占道经营摊点进行规劝和制止,取缔无证餐馆2家,责令补办卫生证2家;对学校周边出租房进行摸底排查,发放治安告示560余份。通过集中整治,学校周边治安环境明显好转。

调整街道安全生产委员会人员组成,由办事处主任任组长,分管负责人任副组长。2017年1月–2月上旬,街道发动组织以消防、"春运"、道路交通安全为重点的隐患大排查大整治,发现整改违规行为20多起。4月底和6月初,实施"五一节"、"高考"期间干部值班巡逻,消除隐患10多处。对辖区一中、五完小、幼儿园周边所有餐厅、小吃店及售卖袋装零食的门店进行常态化安全检查。对辖区所有运行电梯进行全面检查。组织辖区约300居民接参加省、市消防协会培训。春节前,组织办事处、湘澧盐矿、人民医院等单位开展消防演练活动,提高单位防火意识与能力。(王京二)

【计生服务】全办共出生216人,计内216人,符合政策生育率为100%;出生性别比为101:100;流出人口2628人,其中男性流出1320,女性流出1308人;流入人口858人,其中男性流入488人,女性流入370人,省内流入595人,省外流入174人。办理一孩生育服务证54人,二孩生育服务证75人,三孩生育证7人。办理流动人口婚育证明17人;坚持不懈做好民生工程,抓好优生优育及出生缺陷的宣传及利益导向的落实;免费孕前优生健康检查127人,孕中期免费产筛140人。2017年计生工作全省先进。(王京二)

金鱼岭街道办事处

【概况】金鱼岭街道办事处成立于1989年6月。2002年,津市实施撤乡并办,撤销原窑坡渡乡,与金鱼岭街道办事处合并,组成新的金鱼岭街道办事处。2005年明道社区、团湖村划归工业园。金鱼岭街道地处津市市城郊接合部,位于津市城区西南部,北与襄阳街街道相连,南与工业集中区、嘉山街道接壤,东与襄阳街街道相连,西临道河与澧县澧南相连,"东常高速"穿越大关山村。2017年辖燕子窝、文家湾、湖桥、丝绸4个社区居委会,大关山村1个行政村,总面积44平方公里,总人口2.2万人。有党员1172名、基层党组织31个。辖区内聚集汽配、盐化工、造纸、纺织等4大产业集群,共有各类企业14家。

2017年,金鱼岭街道共出生125人,其中一孩70人,二孩51人,计内三孩4人,无计外生育,共奖扶155人。符合政策生育率、全员人口信息上报准时率和及时率、奖扶扶助准确率、流动人口管理到位率全部100%,高于全市平均水平。金鱼岭街道被评选为2017年常德市计生工作先进街道。

综治维稳。金鱼岭街道积极探索社会维稳"基防、社防、调防"综治路径。抓"基防"。在巩固群防群治、自防自治、联防联治的基础上,2017年新招聘6名网格员,建立街道综治中心平台和5个社区平台,扎牢街区基础防控的根基。抓"社防"。除坚持街道月检查、社区周排查制度外,实行全员责任制、重点对象包保制,通过用群众看得见、摸得着的维稳实事赢得民意,金鱼岭街道民调工作在全常德市乡镇街道排名第四,4个社区并列本市社区民调排名第一。三是抓"调防"。通过持之以恒抓信访调处,本年共接待信访来访58件,办结56件,尤其是成功化解湖桥居民谭丽桥10多年上访的老积案,基本做到群众反映问题件件有着落、事事有回音。在十九大召开期间,无一人越级上访。

安全生产。坚持"党政同责、一岗双责",党政一把手调度督导,重大节假日深入辖区企业现场安全检查,确保辖区无重大安全事故发生。2017年,对辖区重点单位、重点行业领域检查80余次,查处各类隐患32起,无重大安全事故发生。

阵地建设。街道本级层面,投入资金30万元回购办事处一楼近120平方米的2间门面作为办事处"一体化"服务平台,构建便民服务的"快车道",现已完成改造;村居层面,完成丝绸社区平台主体建设,对广场进行硬化、铺砖及绿化,完成文化墙主体修建,下一步进行雕刻绘画;大关山村村部完成征地和土地流转工作,并对地上建筑部分的投资评审,目前已建造好村部墙体部分。(蒋训建)

【项目建设】2017年,金鱼岭街道党工委、办事处紧跟市委、市政府决策部署,务实创新促发展,自加压力求突破,以"五大建设"为抓手,推动城乡一体建设。

生态走廊。生态走廊由大同西路开始,经关山路、关山峪、关山洲路、关山13组,接嘉山街道戚关村止,全长9公里;另一条环线自孟姜女大道始,经丝绸路、垃圾填埋场、大旗路、大旗村、高速出口,全长7公里。自2015年始,进行全线打造,历经三年,全线贯通。通过将生态走廊与关山明月生态园、农业综合开发项目有机结合,通过全线绿化,民居打造,景观布局,基础建设,以"悠然关山、七彩田园"定位,整合各类资金4000万元,绿化面积达1600余亩,打造了大美关山传奇。

丝绸安置点建设。总建设面积达30亩,总共安置56户,其中征地款项共100多万,道路下水道建设80万,水电、光缆网络建设30多万。目前,绿化、亮化建设工作正在进行中。

纸厂示范小区建设。总投资125万,全面完成小区庭院建设、路面黑化硬化、停车棚改造和亮化工程。并对小区旁几十年没有整修的虎爪山路路面进行硬化。

关山三组增减挂钩项目。为配合开发区道路建设用地规划,完成对大关山村增减挂钩工程,总投资50多万,涉及关山3组44亩土地、28户居民户房屋拆迁,并退宅还耕。

集镇改造:120户穿衣戴帽。对大同路两侧房屋整改,穿衣戴帽,总建设额达560万,改造后的大同路焕然一新。

棚改攻坚。溢多利周边199户私房环保搬迁,通过层层摸底调查、制定方案、干部入户做工作,已经签约118户,剩余正在入户调查中。所有签约户全部完成产权置换。(蒋训建)

【征地拆迁】2017年,在服务澧水二桥重点建设项目的实践中,金鱼岭街道办事处运用班子成员包项目、街道干部包组织、社区干部包落实的"三包"工作法,按时间节点和拆迁进度,采取全程跟进、入户发动和集中攻坚等措施,确保拆迁任务的顺利进行。2017年完成农拆51户,征地9.97亩,房屋拆迁任务10户。另外,金鱼岭街道还启动市垃圾填埋场周边拆迁工作,现已完成一期20户(关山7户、丝绸13户)的协议签订工作,并全部安置在明道安置小区,现正在组织房屋拆除工作;二期21户(关山1户、丝绸20户)已完成协议签订。(蒋训建)

【民生保障】2017年,上半年对低保户进行摸底并审核公式,由38户(87人)缩减到15户(40人),清退23户53人合并1户1人,助学2人,大病救助1人,(低保清查后还是建档立卡低保脱贫户的还剩7户23人,因残重度贫困的5户14人,因病重度贫困的2户9人)。2017年,金鱼岭街道缴纳城乡居民医保9148人,城乡居民养老保险811人。金鱼岭街道办事处每月都组织帮干部对低保户进行帮扶慰问,宣讲扶贫惠农政策,定期开展健康扶贫活动,组织所有低保户在南区医院进行体检。2017年,金鱼岭街道辖区内津市市福利院共赡养35人。(蒋训建)

嘉山街道办事处

【概况】嘉山街道办事处地处津市市城市南部，东临澧水，西接二广高速，南与新洲镇毗邻，北与金鱼岭街道接壤，总面积21平方千米。嘉山街道成立于2016年1月，下辖明道、团湖2个社区，杉堰、戚关2个村，年末人口8153人。嘉山街道水陆交通便利，水路经澧水下洞庭直达长江，千吨级航运码头正在建设，省道S205线贯穿全境，二广高速在境内设有连接点。街道内设党政综合办公室、经济发展办公室、生态建设和环境保护办公室、社会管理综合治理办公室、卫生和计划生育办公室、农林水利综合服务站、综合文化站、民政和劳动保障站、社区工作站、安全生产监督管理站等股室(站所)，在编在岗人员23名，其中行政编制11名，事业编制人员12名。(彭欣翌)

【安全生产】2017年，安监站落实《安全生产法》、《职业病防治法》、《湖南省安全生产条例》和上级有关安全生产的一系列重要文件精神，以"落实企业安全生产主体责任年"为主线，坚守发展决不能以牺牲安全为代价这条红线，树立"零死亡"的理念，扎实有效地做好各个重点行业领域的安全隐患专项整治工作，落实重大隐患治理"一单四制"工作机制，查安全、除隐患、保平安，倡导安全文化，强化安全监管，推动辖区安全生产工作健康有序的发展，全年街道辖区范围内未发生一起安全生产事故。街道安监站以辖区在建工程为排查重点，严厉打击未报批的违建项目，2017年，共检查在建工程35次，发现安全隐患32处，下达责令停止建设通知书13份，责令整改通知书8份，有效预防了辖区建筑安全事故的发生。(彭欣翌)

【农林水利】2017年，嘉山街道规范农药，肥料市场，特别是种子市场，确保种子和树种品种纯正，禁止高毒高残留农药在水果和蔬菜上的使用，积极倡导使用生态农药和生态化肥，确保蔬菜和水果的农药残留达标，生产资料投入合格的达98%。处理农资纠纷案件2件。处理伪劣种子案件1件。2017年，街道农林站完成市局下达的天然林保护和退耕还林工作目标：加强天然林保护工程的宣传，制止处理牛羊上山和乱砍滥伐行为1件；加强退耕还林的管护，补植退耕还林70000株，确保保成率和存活率都达到85%以上，认真落实退耕还林补偿政策，发放退耕还林粮食补贴款50多万元。河长制方面，根据《津市市河长制实施方案》以及相关工作要求，制定津市市嘉山街道办事处《关于全面推行河长制的工作方案》。同时按照要求制定了《嘉山街道2017年实施河长制工作要点》及《嘉山街道河湖沿岸垃圾清理专项行动方案》并进行实施，全面开展辖区内河湖专项治理，明确各级河长和河湖巡查员，定期开展巡河、管河、治河工作。(彭欣翌)

【计划生育】2017年，计生办围绕稳定低生育水平及《决定》做好计划生育优质服务工作，结合辖区实际情况，按时做好月报表、季报表，并与微机数据相符，截至2017年底辖区共有2869户、共8153人，有育龄妇女3482人，流动育龄妇女666人.生育证办理情况，一孩生育证共办理48本，二孩生育证共办理64本，再生育证办理5本。新生婴儿143人，有一个政策外出生属未婚生育。计生办一年来为重点人员送药具13件(每件200盒，其中企业有5件，社区及村8件)。外用膜30盒，每盒100片。三湘片55盒，内用栓30盒。为提高妇女身体健康，5月底6月初组织4个村(居)在南区医院、灵泉卫生所、新洲卫生所对辖区内育龄妇女进行免费生殖健康查体，提高了妇女自我保健意识，做到有病早发现早治疗。2017年新增奖扶56人，退出7人，目前共有奖扶为352人，特扶新增1人子女死亡，目前共有特扶9人。(彭欣翌)

【社会保障】2017年，民政劳保站工作坚持"以民为本，为民解困"的工作宗旨，积极开展民政救助工作，认真解决好辖区内孤寡老人、重病重残等弱势群体基本生活问题，对辖区群众因灾、因病等出现紧急困难时及时实施临时救助。完成低保清理认定工作，清理以前，有城乡低保173户人200人，城乡特困40人。清退103户103人，新增4户6人，有城乡低保74户103人，城乡特困37人。嘉山街道有长期救助对象473人，每月发放救助资金50135元，一年发放资金601620元。其中：城乡特困人员37人每月发放救助金额15150元；城乡低保103人每月发放救助金额17570元；80、90岁老人高龄补助101人每月发放金额6420元；失能半失能老人补贴23人每月发放720元；贫困户社会保障兜底对象5人每月发放685元；重度残疾人补贴54人每月发放金额2850元；困难残疾人补贴51人每月发放金额2550元。2017年申请发放医疗救助23人69722元。主要救助对象是发生癌症、尿毒症等重大疾病，家庭无力承担医疗费的困难对象，批量发放救灾救济5万元，救济因灾、因病困难家庭100户。2017年总共救助各类困难对象642人，共发放各类救助资金762542元。(彭欣翌)

【城市创建】嘉山街道以"五城同创"为契机，巩固创建国家卫生城市的成果，控制违建势头反弹，始终贯彻执行市委、市政府控违拆违工作精神，进一步落实责任，强化措施，精心组织，强力推进拆违控违工作。嘉山街道组织多个部门联合对辖区企业、居民区全面展开摸底排查。重点对违法建筑漏摸情况进行全面清查，排查出2家企业有违规搭建的情况，检查人员登记每个违法建筑的基本情况，对企业负责人现场进行了交办，责令限期拆除。同时，拆除明道社区临津路以北居民户搭建的违章建筑7处，面积为142平方米。根据市创建办具体要求和安排，街道积极组织干部、社区居民群众参加各种健康教育培训活动，通过召开健康教育专题会议、发放宣传资料、入户宣传等形式，广泛普及健康知识。使街道全体干部和广大

居民的卫生知识率、健康行为形成率进一步提高。（彭欣翌）

【干部队伍建设】2017年，嘉山街道坚持以“基层党建”为引领，干事氛围日益浓厚。一是基层党建扎实开展。村（社区）“两委”换届圆满完成，调整配强支部书记1名，新进30岁以下年轻干部2名。街道综合服务平台、党群活动中心及村级综合服务平台建设有序推进。“两学一做”学习教育常态化制度化扎实开展。二是“两新”组织“两个覆盖”推进有力。全年新建非公企业党组织43家、社会组织党组织1家。打造了12个非公企业党建示范点，为20余家企业建立了“六个一”标准党员活动阵地。“两新”党建公积金试点效果明显，共筹集党建公积金42万余元，开展党建活动10余次。三是干部作风不断改进。进一步修订完善机关《工作手册》，制定《村（社区）目标管理考核办法》，调整村（社区）干部目标管理考核奖励标准，落实信息宣传奖励制度。“周例会、月考核、年总评”制度执行有力，干部干事创业意识不断增强。（彭欣翌）

【综治维稳】2017年，嘉山街道以综治维稳“八个坚决不发生”和市委市政府提出的“两保两创一坚守”为总体工作目标，着力建立津市工业集中区、街道综治维稳工作体系，突出抓好平安建设、治安防控，流动人口服务管理、矛盾纠纷排查调处等重点工作。建立了社区、企业涉稳信息情报网络，按照机关干部联企（联户）、社区干部包网格的工作要求，定期和不定期的组织开展摸排工作，澄清了辖区不稳定因素底数，并根据辖区重点涉稳群体人员、涉稳突出问题严格落实稳控包保（包案）责任，明确各班子成员、工作人员的工作任务和工作责任；同时加强对“法轮功”等邪教组织危害的正面宣传、预防和打击工作，确保“三个零指标”工作目标实现，在辖区没有发现有“法轮功”等邪教组织人员和开展活动的情况。依法稳妥处置各类突发事件。对辖区的各类突发事件，严格坚持“三个第一”即第一时间、第一责任人、赶到第一现场秉承依法处置、有法必依的处置原则，较好的处理了乔瑞、华星泰等企业职工因工资被拖欠和工伤等原因而引发的多次信访事件，团湖社区拆迁居民的安置问题。扎实抓好“无上访”村（社区）建设工作，有效稳控各类群体人员，确保各特护期的社会稳定。在认真做好对各类涉军群体的稳控工作的同时，加大对因土地款分配、宅基地安置、控违拆违等矛盾问题的排查，并严格遵循“抓早、抓小、抓苗头”的原则，落实群众工作日制度，开展化解工作和涉稳重点人员的稳控，各特护期间没有出现有到常赴省进京上访，实现全年无一人到市以上部门上访的目标。（彭欣翌）

二广高速津市段

【概况】津市高新技术产业开发区位于津市市城市南部，东邻澧水，西接二广高速。于2005年启动建设，规划面积18.96平方公里，已建成面积达8平方公里。开发区水路交通便利，空间布局合理，基础设施完善，产业特色鲜明。

2017年是园区加快发展的一年。园区上下紧紧围绕"1115"工程目标和"国家级园区"创建目标，全力园区攻坚大会战，圆满完成年初确定的各项工作任务。引进23项项目，总投资15.74亿元；基础建设11项，总投资2.02亿元；完成工业产值187亿元，税收1.56亿元，财政收入3164万元。至2017年12月，高新区共有工业企业80家，其中高新技术企业13家。（彭欣翌）

【税收与经济增长】2017年，主导产业发展来势好，生物医药产业实现主营业务收入35.35亿元，同比增长18.58%，上缴税金4142万元，同比增长10.53%，产业龙头地位进一步凸显。装备制造产业、特色食品产业完成工业产值41.78亿元、28.50亿元，同比增长12.15%、14.28%，发展前景可期。2017年，规上企业户数增长快，新增规模工业企业16家；80家规模工业企业完成规模工业产值187亿元，同比增长17.81%。2017年，税收增长达预期，园区实现入库工业税金1.56亿元，同比增长19.17%，加上个人所得税及建安税等，税收总额达2.17亿元，其中新区税收总额1.5亿元，同比增长28%。（彭欣翌）

【招商与项目发展】2017年，在项目引进方面，立足园区环境优势及现有产业基础，坚持领导带队，瞄准一切机会引客商、争项目，先后赴北京、广东、浙江、江苏、河南、湖北等10多个省市，对接洽谈项目70多项，迎接各类考察100多批次，完成项目签约23个，协议引资总额15.74亿元，超额完成任务31.2%。其中，亿元以上项目5个，生物医药产业项目4个，生物医药产业集聚态势进一步增强。项目建设方面，新开工项目17个，其中亿元项目7个；新投产项目14个，其中当年开工、当年投产项目6个。（彭欣翌）

【闲置企业盘活】2017年，高新区通过精准招商，成功盘活湘情酒业、楚天纺织、中宝食品、大汉客车、毕胜酒业、天泰食品、智鹏机械等7家闲置企业，乔锐纺织、百特机械、科凌新能源、津佳兔业、朝宏油泵、卡普吉诺建材等6家企业进入破产程序，有了明确的意向买家。高新区强化风险管控。建立企业风险长效预警机制，对新增工业用地采取先租后让、租让结合方式供应，从源头上防范土地闲置风险；对低效企业依法启用查处程序，通过追缴出让金、调整规划、收储收回等手段，督促企业投资履约，盘活低效存量用地；对节约集约用地、产出效益超过约定标准的，通过产业发展资金给予奖励，鼓励企业扩大生产，促进工业经济健康有序发展。（彭欣翌）

【园区形象提升】2017年，开发区加强基础设施投入，全年投入2.02亿元进行基础设施建设，是园区启动建设以来投入项目最多、园区建设最实、投资规模最大的一年。嘉山电排、工业污水处理厂、团湖新材料建房、胥家湖景观桥、沿江路、园区形象提质和绿化亮化等11个项目基本建成；团湖桥、团湖北路、杉堰路、团湖中心广场、实训基地、孵化园综合楼、边坡防护、信号灯、污水管网配套等项目有序推进。完善园区导视系统，新设企业导视牌22块，新设电子显示屏1块，23家企业完成了亮化改造。高规格举办2018年津市高新区"迈入新时代、开启新征程"园企文艺汇演，提振信心，提升形象，成功展示了园区积极向上、奋发有为的精神风貌。（彭欣翌）

【融资与服务企业】2017年，围绕"服务产业、服务企业"，着力提升服务水平。一是投融资明显增强。充分发挥嘉山实业平台公司职能，将融资触角向政策性银行和非银行金融机构延伸，全年融资8.02亿元，为项目建设提供有力资金保障；加大对外投资力度，全年对外投资1.04亿元，积极参股引航生物、襄阳邦乐、天泰天润等优质企业，主动参与企业帮扶。二是联产帮企解困难。组织园区40多名领导干部对74家企业开展"领导联产业、部门服务企业"活动，有效帮助企业解决实际问题。三是出台政策送实惠。牵头起草《关于进一步加快盘活闲置低效企业的实施意见(试行)》等一系列政策,为企业减负增效,激发企业发展活力。(彭欣翌)

【**土地处置与社会发展**】2017年,新建和改造道路5.7公里,妥善安置拆迁农户40多户。团湖小区广场全面建成,便民服务大厅重新开放,杉堰、戚关村级综合服务平台新建、改扩建完成,嘉山街道办公楼、园区党群活动中心启动装修,常态化推进小区环境综合整治,村居环境进一步优化。新引进餐饮店1家,新安装农商行ATM自动柜员机1台、移动通信等公共服务窗口入驻中设,街道社区卫生服务中心投入使用,园区生活更加便利。13家企业完成锅炉及环保设施改造,25家企业完成37处安全隐患整改,全年未发生一起较大安全事故。精准扶贫推进有力,非公党建、"无上访村"创建、民调工作在常德市名列前茅。(彭欣翌)

【**党风建设**】2017年,开发区坚持从严管党治党,狠抓作风建设,推进全面从严治党向纵深发展。一是强化思想建设。坚持以习近平新时代中国特色社会主义思想武装头脑,推进"两学一做"学习教育常态化制度化。二是强化组织建设。圆满完成村(居)"两委"换届选举,选优配强基层干部队伍;新建非公企业党组织32个、社会组织党组织1个,"两新"组织党组织实现全覆盖。三是强化党风廉政建设。全面落实两个专项整治、"两同时"谈话工作要求,持之以恒纠"四风"、治陋习,深入开展"雁过拔毛"式腐败等专项整治,干部作风持续转好。(彭欣翌)

毛里湖湿地公园风光

津市市城市公园(广场)管理暂行办法

津政办发〔2017〕19号

第一章　总　则

第一条　为了规范和促进城市公园、广场的保护与管理，改善城市生态和人居环境，根据《中华人民共和国治安管理处罚法》、《中华人民共和国环境噪声污染防治法》、《城市市容和环境卫生管理条例》、《城市绿化条例》、《湖南省实施〈城市市容和环境卫生管理条例〉办法》、《湖南省实施〈城市绿化条例〉办法》等规定，结合本市实际，制定本暂行办法。

第二条　本暂行办法适用于城市规划区的城市公园（广场）的建设、保护与管理。

第三条　城市公园(广场)的建设纳入国民经济和社会发展计划，城市公园(广场)的保护和管理经费纳入财政预算。

第四条　任何单位和个人，都有保护城市公园(广场)内设施设备，维护公共秩序的义务；都有制止、检举侵占、损害城市公园(广场)设施设备的权利。

第二章　建设管理

第五条　城市公园(广场)的建设和管理，实行分工负责制：

(一)市高新区管委会、市住建局、市林业局负责管辖范围内城市公园(广场)的建设、管理等工作；

(二)市城管执法局负责城市公园(广场)及周边市容市貌管理等工作；

(三)市公安局、市交警大队负责城市公园(广场)的治安、交通秩序管理等工作；

(四)市各街道办事处协助辖区内城市公园(广场)的保护和日常监管；

(五)市文体广新局、市卫计局、市食药工质局等行政主管部门按照法定职责和任务，参与城市公园(广场)的管理。

城市公园、广场主要管理部门应加强对城市公园(广场)的设施设备、园林绿化、卫生保洁等日常维护管理工作，各相关部门要定期组织巡查，对存在的问题及时进行整改。

第三章　责任追究

第六条　任何单位和个人不得擅自占用城市公园(广场)。

第七条　任何单位和个人不得擅自利用城市公园（广场）内公用设施从事经营性活动。

第八条　任何单位和个人不得擅自砍伐、毁坏城市公园(广场)树木花草。

第九条　任何单位和个人要维护城市公园(广场)环境卫生，不得损坏城市公园(广场)公共设施。

第十条　禁止在城市公园(广场)内从事扰乱社会公共秩序的活动。

第十一条　在城市公园(广场)内进行健身娱乐活动，使用的乐器、音响器材等设置的音量应当符合国家规定的环境噪声排放标准。

第十二条　违反本办法第六条至第十一条规定的，由相关行政主管部门依法给予处罚。

第十三条　对拒绝、阻碍执法人员执行公务，或者侮辱、殴打城市公园(广场)工作管理人员的，由公安机关依照《中华人民共和国治安管理处罚法》的相关规定予以处罚。

第十四条　对城市公园(广场)负有管理、执法责任的部门工作人员滥用职权,玩忽职守,徇私舞弊的,由其所在单位或上级主管机关给予行政处分。

第十五条　法律法规对相关违法行为已有规定的,从其规定;涉嫌犯罪的,移送司法机关依法处理。

第四章　附　则

第十六条　本办法由津市市人民政府授权市住建局负责解释。

第十七条　本办法自印发之日起施行。

2017年11月6日

津市市人民政府
关于禁止露天焚烧秸秆的通告

为了改善大气环境质量,保护生态环境,保障人民群众健康,维护公私财产安全,根据《中华人民共和国大气污染防治法》、《森林防火条例》、《湖南省大气污染防治条例》等有关法律法规规定,现将有关事项公告如下:

一、全市行政区划范围内禁止露天焚烧秸秆(包括水稻、油菜、棉花、玉米等农作物产生的秸秆和落叶等,以下简称秸秆)。

二、违反本公告规定,露天焚烧秸秆造成林木毁坏的,由林业部门责令停止其违法行为,责令补种树木,依法给予行政处罚。构成犯罪的,依法追究其刑事责任。

三、违反本公告规定,露天焚烧秸秆造成大气污染的,由农业部门责令改正,依法给予其行政处罚。

四、违反本公告规定,焚烧秸秆引发火灾尚不构成犯罪的,由公安机关依法给予行政处罚。构成犯罪的,依法追究其刑事责任。

五、违反本公告规定,露天焚烧秸秆不听劝阻、阻碍国家机关工作人员依法执行公务的,由公安机关依法给予其行政处罚。

六、各镇、街道负责本行政区域禁止秸秆露天焚烧工作,疏堵结合,层层落实,推进秸秆综合利用。

七、各农业专业合作社、种田大户等新型经营主体要带头做好秸秆禁烧和综合利用工作。

八、鼓励广大人民群众对露天焚烧秸秆污染环境的行为进行投诉、检举、揭发。举报电话:0736—4213804。

九、本公告自发布之日起施行。

津市市人民政府

2017年4月27日

津市市人民政府办公室
关于调整职工基本医疗保险政策的通知

各镇人民政府、街道办事处,高新区管委会,市直及驻津相关单位:

为进一步提高我市职工基本医疗保险和生育保险保障水平,促进全市职工基本医疗和生育保险制度持续健康发展,根据《湖南省人民政府关于印发〈湖南省建立城镇职工基本医疗保险制度实施意见〉的通知》(湘政发〔1999〕15号)精神,经市人民政府研究,决定调整我市职工基本医疗保险政策,现将有关事项通知如下。

1. 对参保单位中退休人数大于在职人数30%的超比例部分实行补缴,补缴比例与在职人员基本医疗缴费比例相同。

2.对退休人员超比例参保单位实行分类补缴,一类单位按年补缴额的100%补缴,二类单位按年补缴额的70%补缴,三类单位按年补缴额的50%补缴。

3.本通知从2017年1月1日起执行。

津市市人民政府办公室

2017年4月6日

津市市政府投资项目建设管理暂行办法

津政办发〔2017〕20号

第一章 总 则

第一条 为建立健全科学民主的政府投资项目决策和实施程序，规范政府投资项目的建设管理，保证工程质量，合理使用建设资金，提高政府投资效益，根据有关法律、法规的规定，结合本市实际，特制定本办法。

第二条 本办法适用于本市行政区域内全部或部分使用政府性资金投资项目的建设管理。

民营企业和民间投资不适用本办法。

第三条 本办法所称政府投资项目，是指使用下列资金进行建设的项目：

（一）本级财政预算资金；

（二）上级专项补助资金；

（三）国债资金；

（四）国际金融组织和国外政府贷款等政府主权外债资金；

（五）通过市属国有投资公司所投资的资金；

（六）其他政府性资金或资产；

（七）以ppp方式引进的，政府付费、可行性缺口补贴的资金。

第四条 政府投资应当重点投向基础性、公益性、生态环保性、科技进步和高新技术产业等发展项目。

第五条 政府投资项目的建设管理应当遵循以下原则：

（一）科学、民主决策原则；

（二）量入为出、综合平衡原则；

（三）概算、预算、决算控制原则；

（四）风险控制原则；

（五）责任追究原则。

第六条 政府投资项目的建设管理实行政府审批、部门（单位）分工负责、密切配合的工作机制。

第二章 项目计划管理

第七条 政府投资项目应严格实行计划管理。

编制计划应依据有关法律法规和政策、本市中长期发展规划及年度国民经济和社会发展计划。

第八条 各行业主管部门、镇人民政府、街道办事处和高新区管委会应当于每年的11月30日前申报下一年度政府投资计划，市发改局、市财政局组织有关部门和专家进行评审会商后，提出政府投资项目年度计划的建议方案，报市政府常务会议审议通过后实施。

第九条 政府投资项目的年度计划经批准后必须严格执行，任何单位和个人不得擅自变更。确需调整年度投资规模或变更项目的，由各行业主管部门、镇人民政府、街道办事处和高新区管委会提出意见，市发改局、市财政局等部门进行会商后，提出调整建议方案，报市政府常务会议审议通过后方可变更。

第十条 政府投资项目前期应当完成下列工作：

（一）项目建议书；

（二）可行性研究报告；

（三）初步设计（包括项目估算）。

政府投资的非经营性基础设施和公益性项目，可将项目建议书和可行性研究报告合并。

第十一条 项目建议书和项目可行性研究报告经发改部门批准后，建设单位方可委托有相应资质的单位，依照批准的项目建议书和可行性研究报告要求，进行初步设计和编制项目概算。

初步设计和项目概算应当报各行业主管部门进行审批，初步设计和项目概算应当按照相关规定规范编制，并达到相应的深度，概算应当包括建设项目所需的各项费用。

初步设计和项目概算未经批准，住建部门不得办理规划许可证和施工许可证，建设单位不得委托施工图设计，招投标部门不得办理招投标事宜，财政部门不得进行预算评审和拨付建设资金。

第十二条 项目概算超过投资估算10%以上的，项目建议书和项目可行性研究报告应当重新进行编制，并报请原审批机关审批。预算审减率（含审增）不得超过10%，竣工结算审减率（含审增）不得超过15%，超过以上控制标准产生的评审费用由项目建设单位承担。

第三章 项目建设管理

第十三条 按照国家有关规定应当实行项目法人责任制的项目，应当依法组建项目法人。

不需组建项目法人的项目，由市政府指定建设单位和项目实施单位负责项目的具体实施。

第十四条 政府投资项目经批准后，项目建设单位应当严格按照设计标准、工程预算和建设工期组织实施，严格控制工程造价，并对建设工期、工程质量、生产安全和建设资金进行严格管理。项目实施过程中，由市住建部门牵头实施，对施工单位关键岗位人员到岗履职情况实行严格考核。

第十五条 政府投资项目在实施过程中，项目法人应当建立严格的质量保证体系，督促落实各环节质量控制内容和目标，不得以任何理由要求工程设计、施工单位在项目实施过程中降低工程质量和安全标准。

第十六条 建设单位应当严格按照下达的投资计划和经批准的初步设计及概算，委托设计单位进行施工图设计。

第十七条 建设单位应当委托具备相应资质的中介机构编制项目预算,项目预算包括施工图预算和建设项目所必须支出的其他费用,项目预算应报市财政投资评审中心进行评审,市财政投资评审中心应在10个工作日内出具预算评审报告。

第十八条 经市财政投资评审中心评审造价超过100万元的政府投资项目,建设单位应委托具备相应资质的招标代理公司以评审造价作为上限值进行公开招投标。

不需进行公开招投标的政府投资项目,建设单位应以评审造价作为上限值实行竞价谈判。

第十九条 政府投资项目必须严格合同管理。

项目法人应按公开招投标的中标价或谈判竞价与施工单位签订施工合同。

未组建项目法人的,建设单位和项目实施单位应共同与施工单位签订施工合同,合同内容由项目实施单位具体负责。

第二十条 政府投资项目开工前必须明确资金来源,按相关规定办理项目报建手续;必须在取得建设用地规划许可证、建设工程规划许可证和建筑工程施工许可证后,方可开工建设。

第二十一条 勘察、设计、施工和监理单位应当按照国家有关法律法规的规定建立质量安全保证体系,分别对其勘察、设计、施工和监理质量承担责任。

工程质量安全监督部门应当依法对工程质量和安全进行严格的监督检查,及时查处有关工程质量和安全问题。

第二十二条 政府投资项目在建设过程中,现场签证由建设单位、监管单位、监理单位和施工单位四方共同签字认可,市财政投资评审中心应经常到施工现场对签证结果进行抽查,抽查结果作为其拨付资金的依据。

市财政投资评审中心指定要求检查的项目工程在施工前,项目实施单位应提前通知市财政投资评审中心派员到施工现场予以签字认定,未经市财政投资评审中心签字认定前,项目实施单位不得擅自开工建设。

第二十三条 政府投资项目应当严格按照批准的设计图纸进行施工。确需变更设计的,在不突破预算的前提下,由施工单位提出意见,经建设单位同意并由原设计单位出具设计变更后,方可按变更的设计施工。

第二十四条 政府投资项目在实际施工过程中,因特殊情况确需变更部分工程,造成工程造价增加的,由建设单位提出工程项目变更申请,按照"谁签字、谁负责"的原则,经设计单位、监理单位、建设单位、监管单位四方责任人署名签署意见并加盖单位公章后,送市财政投资评审中心进行评审,按下列审批权限报分管副市长、常务副市长或市长进行审批后,方可予以工程变更施工:

(一)单项变更增加工程造价在3万元以下的,由项目法人审批;

(二)单项变更增加工程造价在3万元以上5万元以下的,由项目法人初审后,报市政府分管副市长审批;

(三)单项变更增加工程造价在5万元以上10万元以下的,由项目法人初审,市政府分管副市长核查后报市政府常务副市长审批;

(四)单项变更增加工程造价在10万元以上的,由项目法人初审,市政府分管副市长、常务副市长核对核查后报市政府市长审批。其中单项变更增加工程造价在100万元以上的,应先提交市公共资源交易管理委员会研究审核并提出明确意见,再提请召开市政府专题会议或市政府常务会议审议通过后,方可予以变更;变更事项同时报市监察局、市检察院备案;

(五)总造价增补资金额超过合同金额10%以上,且增加工程造价50万元以内,报常务副市长审批;超过合同金额10%以上,且增加工程造价100万元以内,报市长审批。超过合同金额10%以上,且增加工程造价100万元以上,应先提交市公共资源交易管理委员会研究审核并提出明确意见,再提请召开市政府专题会议或市政府常务会议审议通过后,方可予以变更;增补事项同时报市监察局、市检察院备案;

(六)暂列金额中的设计变更、材料调差、现场签证等均可参照单项变更增加造价审批权限审批;

(七)需变更的工程符合招投标条件的应按照招投标程序进行。

上述工程的变更内容还应同时报市财政投资评审中心和市审计局备案,其中由市城投公司担任项目法人的投资项目,其工程内容和工程造价的变更,由项目具体实施单位负责。

第二十五条 市公共资源交易管理委员会对单个政府投资项目工程变更事项原则上只会审一次(特殊情况除外),如有下列情形之一者,不予研究会审:

(一)建设(或代建)单位对需变更会审的项目未事先报告而造成变更已全部实施的;

(二)已通过一次会审,又再次要求会审变更的;

(三)变更事项发生时间或项目竣工验收在1年以上的;

(四)没有做好勘察、设计等前期工作组织施工而导致工程变更造成损失的;

(五)勘察、设计应公开招标而没有公开招标的;

(六)不签订合同就开工建设的;

(七)对工程计量、签证、质量监督、安全监督等工程现场监管不到位造成损失的;

(八)没有以合同形式明确与勘察、设计、监理等中介服务机构的权利和义务,或没有采取有效监管措施造成损失责任不明,或对中介服务机构不履行合同造成损失而不追究责任的;

(九)对工程变更项目不按程序办理审批手续,擅自实施的;

(十)对自行实施应报告而未报告的变更项目批准支付工程款或进入竣工结算的;

(十一)建设(或代建)单位擅自修改设计,提高建设(或装修)标准造成变更的。

因上述情形而给施工单位造成损失的,由相关单位或责任人自行承担；涉嫌违纪违法的，移交有关部门并依纪依法追究其相关责任。

第四章　项目资金管理

第二十六条　政府投资项目工程款的拨付严格按照施工单位申请，监理核查，建设单位及项目实施单位签字认可，市财政局审查，市政府领导签字审批的程序进行。

第二十七条　市财政局、市发改局负责组织编写政府投资项目年度执行情况报告。

第二十八条　项目竣工决算完成之前，工程款支付总额不得超过合同价款的65%。确需超过的，按审批权限报分管副市长、常务副市长或市长批准后方可支付。

第五章　项目验收管理

第二十九条　政府投资项目具备竣工验收条件的，项目单位应先组织质监、勘察、设计、监理、施工等单位进行初步验收；初步验收合格后，施工单位应在1个月内向项目业主提供完整的竣工验收申请报告，由项目业主向市发改局、市财政局及行业主管部门提出验收申请，由建设单位或项目实施单位牵头，会同市财政、发改、规划、审计、环保、国土、消防等职能部门进行综合竣工验收。未经验收或验收不合格的，不得进行工程结算。

第三十条　建设单位或项目实施单位应在项目综合竣工验收合格后3个月内督促施工单位完成工程结算并在此基础上编制决算报告（具体包括竣工财务决算说明书、财务决算报表、工程竣工图和竣工造价对比分析四个部分），再报送市财政局和市审计局。

第三十一条　政府投资项目竣工验收合格的，建设单位应及时向项目接收单位进行移交，项目接收单位应在接收后3个月内向市国有资产管理部门办理产权登记手续。未及时办理资产移交和登记手续的，追究相关单位责任人的责任。

第三十二条　政府投资项目从立项阶段起，建设单位应指派专人负责资料的收集整理，做到一个项目一套档案，确保档案资料真实、完整。城建项目档案应在项目竣工验收合格后3个月内移送市城建档案馆。

第六章　项目监督管理

第三十三条　政府投资项目应接受市人民代表大会及其常务委员会的依法监督和检查。

第三十四条　市发改局负责监督检查政府投资项目计划的执行，向市政府报告执行情况，并参照《国家重大建设项目稽查办法》，对政府投资项目特别是国家投资项目实施全过程稽查。

第三十五条　市财政局对政府投资项目资金实施管理和监督，确保资金专款专用，并负责向市政府报告预算执行情况。市财政投资评审中心负责对竣工结算进行结算评审，并在7个工作日内将评审结论报市审计局备案。

第三十六条　市审计局依法对政府投资项目的决算进行审计监督，市审计局可以根据财政投资评审结论作出审计报告。对于投资超过200万元（含200万元）的项目或认为应当进行审计的项目应当进行跟踪审计。

第三十七条　市审计局出具的竣工决算审计报告，对建设、勘察、设计、监理和施工单位均具有约束力，并作为有关单位办理工程决算和财务结算的依据。

第三十八条　市监察局对政府投资项目实行监管，对违法违规行为要及时查处。

第七章　责任追究

第三十九条　有下列行为之一的，有关职能部门应责令限期改正，造成财产损失的，依法追究其主要负责人和直接责任人的责任；情节特别严重，构成犯罪的，依法追究其刑事责任：

（一）违法批准项目可行性研究报告、项目概算的；

（二）违法批准设计文件的；

（三）项目初步设计和概算未经批准，违法办理建设工程规划许可证、施工许可证、土地使用证、办理工程招投标、拨付建设资金的；

（四）其他违反法律、法规和本办法规定的有关行为。

第四十条　建设单位有下列行为之一的，有关职能部门应责令限期整改，并依法追究建设单位负责人和直接责任人的行政责任；情节特别严重，构成犯罪的，依法追究其刑事责任：

（一）项目初步设计和概算未经批准擅自开工的；

（二）未经批准擅自改变建设标准、扩大投资规模、改变建设内容的；

（三）未依法组织招投标的；

（四）未经竣工验收即交付使用的；

（五）违反建设工程招投标管理规定，采取强制指定或暗示默许等手段干预招投标的；

（六）其他严重违反法律法规和本办法规定的行为。

第四十一条　强令或者授意有关部门违反本办法规定的建设程序或者违法干预政府投资项目决策的人员，由监察部门依法给予行政处分。

第四十二条　政府投资项目发生重大质量或安全事故的，对有关责任人员依法追究其行政责任；构成犯罪的，依法追究刑事责任。

第四十三条　国家机关及有关单位的工作人员在政府投资项目审批和建设过程中滥用职权、玩忽职守、徇私舞弊、索贿受贿的，依法追究其行政责任；构成犯罪的，依法追究刑事责任。

第八章　附　则

第四十四条　本办法未规定事项，按有关法律法规及上级有关规定执行。

第四十五条　本办法由市政府法制办负责解释，自发布之日起施行；市政府原有规定与本办法不一致的，以本办法规定为准。

2017年11月7日

关于进一步加快盘活闲置低效企业的实施意见(试行)

津政发〔2017〕30号

为进一步加快推进企业闲置资产盘活工作进程,提高资源利用效率,促进集约发展,结合我市实际,特制定本实施意见。

一、切实降低企业成本

1.对于已进入破产程序的企业,市税务机关申报债权应以市人民法院破产案件受理日为时间节点进行核算,列清该企业欠税、滞纳金、罚款等明细,由破产管理人依法按程序审核。

2. 对承受破产企业抵偿债务的土地、房屋权属的债权人(包括破产企业职工),依法免征契税。对承受破产企业土地、房屋权属的非债权人,凡按照有关法律法规政策妥善安置原企业全部职工,与原企业全部职工签订服务年限不少于三年的劳动用工合同的,对其承受所购企业土地、房屋权属,依法免征契税;与原企业超过30%的职工签订服务年限不少于三年的劳动用工合同的,依法减半征收契税。

3.对企业职工从破产企业取得的一次性安置费,依法免征个人所得税。

4.企业在资产重组过程中,通过合并、分立、出售、置换等方式,将全部或部分实物资产以及与其相关联的债权、负债和劳动力一并转让给其他企业的,对其转让过程中涉及的货物、不动产、土地使用权转让行为,不征收增值税。按照法律规定或合同约定,如两个或两个以上企业合并为一个企业,且原企业投资主体存续的,对合并后的企业承受原合并各方土地使用权、房屋权属,依法免征契税;对原企业将国有土地、房屋权属转移、变更到合并后的企业,依法暂不征收土地增值税。如企业分设为两个或两个以上与原企业投资主体相同的企业,对分立后企业承受原企业土地使用权、房屋权属的,依法免征契税;对原企业将国有土地、房屋权属转移、变更到分立后的企业,依法暂不征收土地增值税。

5.在破产清算期间,破产企业确无资金来源的,所发生的法院诉讼费、资产评估费和审计费等有关费用,可在资产变现后支付,对特别困难的企业适当给予减免。

6.市高新区管委会、市国土资源局、市财政局、市房管局、市食药工质局、市国税局、市地税局等部门应做好企业破产和闲置资产处置协调服务工作,简化审批手续,免收一切市本级行政事业性收费。市人民法院应积极引导中介服务机构为企业破产清算提供优惠服务,服务性收费按不超过下限的30%收取。

二、强化资金激励引导

7.由市财政设立1000万元的产业发展资金,重点支持重大并购重组、盘活存量低效企业等工作。

8.关于破产企业资产拍卖过程中涉及的税款。在出卖方和买受方依法缴纳到位后,以其实际缴纳税收的地方留成金额的80%为基数,从产业发展资金中分别对出卖方和买受方进行奖励,用于企业维稳、资产盘活等相关工作,特殊情况实行“一事一议”。

9.关于闲置低效企业协议转让过程中涉及的税款。在转让方和受让方依法缴纳到位后,以其实际缴纳税收的地方留成金额的80%为基数,从产业发展资金中分别对转让方和受让方进行奖励,用于企业维稳、资产盘活等相关工作,特殊情况实行“一事一议”。

10.成立市产业发展资金管理工作领导小组,由市政府常务副市长任组长,分管副市长任副组长,市高新区管委会、市科技工信局、市财政局、市审计局、市商务粮食局为成员单位,全面负责产业发展资金的审核、发放、管理等工作。

三、加大高新区商住楼盘活力度

11.对选择在高新区范围内购买新建商品住宅的高新区征拆安置户,其货币化安置补偿比照城北区标准,并可按市政府出台的《津市市棚户区改造安置补贴审批操作细则》(津政办函〔2016〕4号)文件规定,由市财政给予5万元/户的安置补贴。购房者对享受补贴后的住房享有有限产权,在办理该套房按揭之外的商业抵押或转移、变更登记时,须将补贴款全额退缴。

12.对年度纳税额达到100万元的企业,如有连续在岗达到和超过5年的企业员工选择在高新区范围内购买商品住宅的,由高新区财政给予5万元/户的购房奖励,仅限50套。

13. 对市属国有公司在高新区范围内收购的闲置资产,企业或个人租用其门面从事三产服务业经营的,三年内一律免收租金。

四、创新土地供管方式

14.工业用地可采取先租后让、租让结合的方式进行供应。即对于有用地需求的工业企业,可先以“招拍挂”方式租赁取得土地使用权,按8万元/亩的标准缴纳履约保证金,待达到约定的投资强度、投资金额、税收标准等条件后,再申请办理出让或续租手续,未建设的多余用地由出租方无偿收回。工业用地先租后让,租赁年限不超过5年,租赁和出让总年限不超过50年。

15.建立企业供地服务绿色通道,简化工业用地挂牌出让程序,缩短办理时限。即在市国土资源局高新区分局提供规划条件和预估价报告后，由市国土资源局在3个工作日内确定公告内容，并向市公共资源交易平台发布挂牌公告，发布公告后30日内完成挂牌出让程序，挂牌成交后20日内签订出让合同。

16.鼓励企业节约集约用地，对项目投产后五年内、年实缴税金超过土地出让合同约定税收标准的，以其超过部分的税收地方留成金额的80%为基数，从产业发展资金中对项目进行奖励，用于扩大生产，奖励总额不超过企业实际缴纳的土地出让金。

17.对于低效企业（投产三年后亩平税收低于2万元的企业），市国土资源局应依法启动查处程序，通过追缴出让金、调整规划、收储收回等手段，督促企业加快投资履约，盘活低效存量建设用地。

五、加强企业风险管控

18.建立企业风险监测预警机制。由市科技工信局会同市金融办、市高新区管委会、市财政局、市人社局、市国土资源局、市商务粮食局、市食药工质局、市国税局、市地税局等部门，加强对工业企业日常运行经营行为的风险防控，及时摸清欠薪、欠税、欠息、欠费等企业风险状况，做到早发现、早预警、早介入、早处置。

19.高新区内的企业在办理各类不动产（动产）登记、抵押、法人变更、股权变更、股权质押等各类企业登记信息事项时，由高新区管委会全程代办，提供一站式服务。享受了优惠政策的企业，由高新区管委会对照投资协议严格审核，未达到约定的投资金额、投资强度和税收回报标准的，须在投资方履行补缴土地出让金等违约责任后方可办理相关手续。

20.本实施意见自印发之日起施行，试行两年；实施意见与国家法律法规、上级文件规定相抵触的，以国家法律法规、上级文件规定为准。

2017年10月25日

津市市人民政府办公室关于在市场体系建设中建立公平竞争审查制度的实施意见

津政办发〔2017〕18号

各镇人民政府、街道办事处，高新区管委会，市直有关单位：

为营造公平竞争的市场环境，根据《国务院关于在市场体系建设中建立公平竞争审查制度的意见》（国发 [2016]34号）、《湖南省人民政府办公厅关于在市场体系建设中建立公平竞争审查制度的实施意见》（湘政办发[2016]63号）、《常德市人民政府办公室关于在市场体系建设中建立公平竞争审查制度的通知》（常政办发[2017]13号）精神，结合我市实际，现就在市场体系建设中建立公平竞争审查制度提出如下实施意见：

一、总体目标

按照加快建立统一开放、竞争有序的市场体系要求，开展公平竞争审查，确保政府行为符合公平竞争和相关法律法规要求，维护公平竞争秩序，保障各类市场主体平等使用生产要素、公平参与市场竞争、同等受到法律保护，激发市场活力，提高资源配置效率，营造有利于大众创业、万众创新的市场环境，促进经济持续健康发展。

二、基本原则

（一）市场竞争，政策引领。建立公平竞争审查制度，确立竞争政策的基础性地位。以促进和保护市场公平竞争为重点，深入推进政府简政放权、放管结合、优化服务改革，树立竞争意识，最大限度减少对微观经济的干预，激发市场活力，提高资源配置效率。

（二）立足全局，统筹兼顾。摒弃影响公平竞争的观念和做法，积极清除市场壁垒，促进商品和要素自由流动。打破地区封锁和行业垄断，增强市场创新动力，培育经济发展新动能。

（三）科学谋划，分步实施。统筹考虑国家利益、区域发展、经济转型等多种需要，做好整体规划，研究制定具有可操作性的方案，结合实际分阶段、分步骤稳妥推进，在实践中不断完善我市公平竞争审查制度。坚持先增量后存量，在规范增量政策的同时，坚持分类处理、不溯及既往的原则，逐步清理废除妨碍统一市场和公平竞争的存量政策。

（四）依法审查，强化监督。建立健全公平竞争审查工作和保障机制，坚持自我审查与专门机构指导监督相结合，通过听取利害关系人意见、向社会公开征求意见、第三方评估等多种方式，加强社会监督和执法监督，加大宣传和信息公开力度，及时纠正滥用行政权力排除、限制竞争行为。

三、主要内容

（一）审查范围。行政机关和法律、法规授权的具有管理公共事务职能的组织（以下统称政策制定机关）制定市场准入、产业发展、招商引资、招标投标、政府采购、经营行为规范、资质标准等涉及市场主体经济活动的规范性文件和其他政策措施，应当进行公平竞争审查。规范性文件的起草部门,应该在起草过程中进行公平竞争审查;未进行自我审查的,不得提交审议。

(二)审查方式。政策制定机关在政策措施制定过程中,要严格对照审查标准进行自我审查。审查工作由其法制部门负责,经审查认为不具有排除、限制竞争效果的,可以实施;具有排除、限制竞争效果的,不予出台,或调整至符合相关要求后出台。没有进行公平竞争审查的,不得出台。制定政策措施等相关文件及开展公平竞争审查应当听取利害关系人的意见,或者向社会公开征求意见。法律法规规章规定制定相关政策措施必须组织听证的,应当在听证中增加公平竞争审查内容。政策制定机关应当做出公平竞争审查报告, 公开公平竞争审查结果,有关政策措施出台后,要按照《中华人民共和国政府信息公开条例》要求向社会公开。

(三)审查标准。政策制定机关在制定政策措施时应当维护和促进市场竞争。没有法律、法规依据,各地各部门不得制定减损市场主体合法权益或者增加其义务的政策措施; 不得违反《中华人民共和国反垄断法》,制定含有排除、限制竞争内容的政策措施。要从维护全国统一市场和公平竞争的角度,按照以下标准进行审查:

1、市场准入和退出标准。(1)不得设置不合理和歧视性的准入和退出条件;(2)公布特许经营权目录清单,且未经公平竞争,不得授予经营者特许经营权;(3)不得限定经营、购买、使用特定经营者提供的商品和服务;(4) 不得设置没有法律法规依据的审批或者事前备案程序;(5) 不得对市场准入负面清单以外的行业、领域、业务等设置审批程序。

2、商品和要素自由流动标准。(1)不得对外地和进口商品、服务实行歧视性价格和歧视性补贴政策;(2) 不得限制外地和进口商品、服务进入本地市场或者阻碍本地商品运出、服务输出;(3)不得排斥或者限制外地经营者参加本地招标投标活动;(4)不得排斥、限制或强制外地经营者在本地投资或者设立分支机构;(5) 不得对外地经营者在本地的投资或者设立的分支机构实行歧视性待遇,侵害其合法权益。

3、影响生产经营成本标准。(1)不得违法给予特定经营者优惠政策;(2) 安排财政支出一般不得与企业缴纳的税收或非税收入挂钩;(3) 不得违法减免特定经营者需要缴纳的社会保险费用;(4) 不得在法律规定之外要求经营者提供或者扣留经营者各类保证金。

4、影响生产经营行为标准。(1)不得强制经营者从事《中华人民共和国反垄断法》规定的垄断行为;(2)不得违法披露或者要求经营者披露生产经营敏感信息,为经营者从事垄断行为提供便利条件;(3)不得超越定价权限进行政府定价;(4)不得违法干预实行市场调节价的商品和服务的价格水平。

5、例外规定。属于下列情形的政策措施,如果具有排除和限制竞争的效果,在符合规定的情况下可以实施:(1)维护国家经济安全、文化安全或者涉及国防建设的;(2) 为实现扶贫开发、救灾救助等社会保障目的的;(3)为实现节约能源资源、保护生态环境等社会公共利益的;(4)法律、行政法规规定的其他情形。

政策制定机关应当说明相关政策措施对实现政策目的不可或缺,且不会严重排除和限制市场竞争,并明确实施期限。

四、实施方式

(一)及时规范增量。自本实施意见公布之日起,各部门在有关政策措施制定过程中要实行公平竞争审查。以政府或政府办公室名义制定的政策性文件,由文件起草部门进行公平竞争审查。未经公平竞争审查的,不得提交政府法制部门审查。政府所属部门或部门联合制定的政策性文件,由各部门或牵头部门进行公平竞争审查,未经审查的,不得出台。

(二)有序清理存量。按照"谁制定、谁清理"原则,各部门要对照公平竞争审查标准,对现行政策性文件区分不同情况开展自查,稳妥把握节奏,有序清理和废除妨碍统一市场和公平竞争的各种政策和规定。对市场主体反映比较强烈、问题暴露比较集中、影响比较突出的规定和做法,本实施意见公布之日起12个月内清理完毕;对以合同、协议等形式给予部分市场主体的优惠政策,以及立即终止会带来重大影响的政策措施,可设置过渡期,逐步清理和废止;对已兑现的优惠政策,不溯及既往。各部门应当对清理情况形成报告,并按要求及时向社会公开。

(三)定期评估完善。对公平竞争审查制度实施后出台的政策性文件,各部门应当就其是否存在影响统一市场和公平竞争的情况,每年至少开展1次集中评估。经评估,妨碍统一市场和公平竞争的政策文件,应依法废止或者修改完善。鼓励按照有关规定委托第三方评估机构进行评估。评估报告应依照有关规定向社会征求意见,评估流程、评估结果依法向社会公开。政策制定机关还要逐年评估相关政策规定的实施效果,实施期限到期或未达到预期效果的政策规定,应及时停止执行或者进行调整。

五、保障机制

(一)建立联席会议制度。公平竞争审查工作在市人民政府统一领导下,由市发改局、市法制办、市商务粮食局、市食品药品工商质量监督管理局具体牵头负责。建立市公平竞争审查工作联席会议制度, 市公平竞争审查工作办公室设市发改局,由市发改局主要负责人任召集人,由市法制办、市商务粮食局、市食品药品工商质量监督管理局相关负责人任副召集人。市发改局会同有关部门,建立健全工作机制,研究制定具体工作措施和办法,落实制度要求,指导各部门开展公平竞争审查工作。市公平竞争审查工作联席会议在条件成熟时,对各部门的审查和清理情况组织开展第三方评估,不定期开展抽查。

(二)强化协同配合。按照"行政推动、部门联动"的要求,落实"权责明晰、措施扎实、整体联动、齐抓共管"的工作机制,坚持问题导向,循序渐进,在落细落小落实上下功夫。联席会议各成员单位、各相关责任部门(单位)要对照国务院、省政府和常德市政府、津市市政府的要求和审查内容,严格落实公平竞争审查制度，加快建立竞争政策与产业、投资政策的协调机制，加强市场监管，维护公平竞争的市场秩序，促进形成统一开放、竞争有序的现代市场体系。

（三）完善政府守信机制。进一步加强政府信用体系建设，向社会作出的承诺和签订的各类合约，要认真履行、严格兑现。不断健全政务诚信约束和问责机制，把政务履约和守诺服务纳入绩效评价体系，逐步建立健全政务和行政承诺考评制度。进一步推广重大决策事项公示和听证制度，拓宽公众参与政府决策渠道，加强对权力运行的社会监督和约束。

（四）强化监督和问责机制。逐步建立公平竞争审查工作考评、督查和责任追究制度，对未进行公平竞争审查或者违反公平竞争审查标准出台政策性文件，以及不及时纠正相关政策措施的政策制定部门（单位），依法作出处理。对失职渎职等需要追究有关人员责任的，及时将有关情况移送纪检监察机关。对涉嫌违反公平竞争审查标准的政策措施，任何单位和个人有权举报，有关部门应及时处理。

（五）强化宣传引导。各部门要切实加大宣传力度，加强政策解读和舆论引导，推进公平竞争倡导，增进全社会对公平竞争审查制度的认识和理解，培育公平竞争文化，为我市公平竞争审查制度实施营造良好的舆论氛围和工作环境。

津市市人民政府办公室

2017年9月8日

毛里湖湿地公园风光